CHARLES NICHOLL

LEONARDO DA VINCI

EL VUELO DE LA MENTE

Traducción de Carmen Criado y Borja García Bercero

taurus

memorias y biografías

Título original: *Leonardo. The Flights of The Mind*
D.R. © Charles Nicholl, 2004
D.R. © De la traducción: Carmen Criado y Borja Bercero
D.R. © De la edición española:
   Santillana Ediciones Generales, S. L., 2005
   Torrelaguna, 60. 28043 Madrid
   Teléfono: 91 744 90 60
   Telefax: 91 744 92 24
   www.taurus.santillana.es

D.R. © De esta edición:
   Santillana Ediciones Generales, S. A. de C. V., 2005
   Avda. Universidad, 767, Col. del Valle,
   México, D.F. C. P. 03100
   Teléfono: 5420 7530
   www.taurusaguilar.com.mx

* Distribuidora y Editora Aguilar, Altea,Taurus, Alfaguara, S.A.
  Calle 80 No. 10-23. Santafé de Bogotá-Colombia.
  Tel: 635 12 00.
* Santillana S.A.
  Torrelaguna 60-28043. Madrid.
* Santillana S.A., Avda. San Felipe 731, Lima.
* Editorial Santillana S.A.
  Av. Rómulo Gallegos, Edif. Zulia 1er. piso.
  Boleita Nte. Caracas 1071. Venezuela.
* Editorial Santillana Inc.
  P.O. Box 5462, Hato Rey, Puerto Rico, 00919.
* Santillana Publishing Company Inc.
  2105 N.W. 86th Avenue Miami, Fl., 33122, E.U.A.
* Ediciones Santillana S.A.(ROU).
  Javier de Viana 2350, Montevideo 11200. Uruguay.
* Aguilar, Altea, Taurus, Alfaguara, S.A.
  Beazley 3860, 1437. Buenos Aires.
* Aguilar Chilena de Ediciones Ltda.
  Dr. Aníbal Aristía 1444, Providencia Santiago de Chile.
  Tel: 600 731 10 03.
* Santillana de Costa Rica, S.A.
  La Uruca, 100m Oeste de Migración y Extranjería, San José, Costa Rica.

Primera edición en México: octubre de 2005

ISBN: 968-19-1507-0

D.R. © Diseño de cubierta: Lupina Becerra Posada
D.R. © Ilustración de cubierta: *Leonardo entrado ya en la tercera edad.*
Retrato atribuido a Francesco Melzi, h. 1510-1512.

Impreso en México

Para Kit,
L'inglesino

¿Cómo se podría describir este corazón con palabras sin llenar un libro entero?

Nota escrita por Leonardo da Vinci
junto a un dibujo anatómico del corazón, h. 1513.

ÍNDICE

Capítulo VIII. Los últimos años. 1513-1519

Nota del Autor

Una nota sobre monedas y medidas. El lector encontrará en este libro una variedad de monedas del Renacimiento que puede inducirle a confusión. La *lira* imperial, dividida en 20 sueldos de 12 denarios cada uno, era una especie de referente, pero en toda Italia se acuñaron monedas regionales: florines, ducados, escudos, julios, etcétera. Durante gran parte del periodo que abarca esta obra, el florín florentino y el ducado veneciano eran equivalentes a unas 4 liras. Éstas fueron las tres monedas que utilizó principalmente Leonardo da Vinci.

Para dar una idea, en líneas generales, acerca de su valor, a fines del siglo XV, en Milán, con 1 lira se podía comprar la provisión mensual de pan para una familia integrada por cuatro personas, o 5 kilos de ternera, o 20 botellas de vino del país, o 1.5 kilos de cera para velas, o medio kilo de un artículo de lujo, el azúcar. En la década de 1490, Leonardo compró un libro de matemáticas de 600 páginas, en folio, por 6 liras, y una capa plateada ribeteada de terciopelo verde por 15 liras. Un buen caballo costaba 40 ducados o 160 liras. En Florencia, un trabajador de la construcción ganaba 2 florines al mes, y un funcionario de la Signoria, 11 florines. Edificar las grandes mansiones de los Medici y los Strozzi costó alrededor de 30,000 florines. En una declaración de la renta, Cosimo de Medici declaró bienes por un valor superior a los 100,000 florines, aunque podemos imaginar que se quedó corto.

Una medida de longitud que utiliza con frecuencia Leonardo es el *braccio,* o brazo. De acuerdo con una interpretación, un brazo florentino equivalía a 55.1 centímetros, y un brazo milanés, a 59.4 centímetros, aunque de algunos cálculos incluidos en uno de los cuadernos de Leonardo resultan 61.2 centímetros. En cuanto a medidas de distancia, Leonardo utiliza la milla de mil pasos.

Un *staio* era una medida volumétrica para áridos, pero aquí se encontrará como medida de superficie. Un *staio* de tierra era un terreno capaz de producir un *staio* de cebada cada año. A juzgar por los contratos de arrendamiento del periodo (la renta se pagaba en especie) equivalía aproximadamente a 2,000 metros cuadrados.

Las traducciones de textos de Leonardo son, por lo general, mías, aunque, naturalmente, he consultado las admirables versiones de Jean Paul Richter, Edward MacCurdy, A. P. McMahon, Martin Kemp, Margaret Walker y Carlo Pedretti. Una gran parte de los textos de Leonardo siguen sin traducirse al inglés. La versión de George Bull de las *Vidas* de Vasari me ha resultado extremadamente útil, aunque difiero de ella en algunas pequeñas cuestiones de interpretación.

En cuanto a las citas en italiano, he procurado mantener la redacción y la ortografía de Leonardo, por parecerme que forman parte de su particular expresión. Con objeto de facilitar la lectura, he hecho las modificaciones acostumbradas: sustituir la *j* arcaica por la *i*, desarrollar las contracciones, suprimir las elisiones, etcétera. Sin embargo, en ocasiones su ortografía es demasiado opaca para que tenga sentido en un breve extracto. Las citas de poemas italianos de la época se dan con la ortografía original. En casi todos los otros casos la he modernizado.

También he modernizado las fechas. En el calendario florentino el año comenzaba el 25 de marzo (día de la Anunciación), de forma que un acontecimiento fechado en un documento el día 1 de febrero de 1480, en realidad había tenido lugar dos meses *después* de un acontecimiento fechado el 1 de diciembre de 1480; en este libro esa fecha aparecería, según el cómputo moderno, como el 1 de febrero de 1481.

En el curso de mi investigación para este libro he contado con la inestimable ayuda del personal de la Biblioteca Leonardiana de Vinci, del British Institute y del Archivio di Stato de Florencia, de la Biblioteca Statale de Lucca, de la British Library y de la Royal Library de Windsor, y con la asistencia (en ningún caso menor) del personal de la London Library. Gracias asimismo a Antonio Natali, Alfio del Serra, Gianni Masucci, la honorable Jane Roberts, Lauro Martines, Gordon Wetherell, Christie Brown, Bernie Sahlins y Liz Donnelly. Mi agradecimiento también a la Sra. Drue Heinz, por proporcionarme una Writer's Fellowship en el castillo de Hawthornden, a los empleados del castillo y también al resto de los *fellows*, que escucharon la lectura de las primeras páginas, recién pergeñadas, de este libro. Debo la génesis de esta obra a David Godwin y su realización final a mi editor Stuart Proffitt, a la editora gráfica Cecilia Mackay y al corrector de pruebas Bob Davenport, y también a Liz Friend-Smith y a Richard Duguid. He contraído muchas otras deudas de gratitud, demasiado numerosas para corresponder a ellas aquí si no es con el más amplio de los *ringraziamenti:* gracias a los habitantes de Compitese, que tan calurosamente nos acogieron; a mis hijos, que compartieron valientemente esta aventura italiana, y a Sally, que todo lo hace posible.

Corte Briganti
Agosto de 2004

La sopa se enfría

En el Departamento de Manuscritos de la British Library se encuentra una hoja en la que Leonardo da Vinci escribió unas notas sobre geometría. Se trata de uno de sus últimos escritos: probablemente data de 1518, el año en que murió. El papel tiene un tono grisáceo, pero la tinta se conserva bien. Hay algunos diagramas y, junto a ellos, un bloque de texto muy ordenado, escrito en su habitual «escritura especular» (de derecha a izquierda). No es, a primera vista, uno de los manuscritos más interesantes de Leonardo, excepto para los aficionados a la geometría del Renacimiento. Pero merece una mayor atención, porque al final ofrece una sorpresa. En el último cuarto de la página, el texto se interrumpe con un brusco «etcétera». La última línea parece un fragmento de un teorema —la mano apenas ha vacilado—, pero lo que realmente dice es *perche la minesstra si fredda*. Leonardo ha dejado de escribir «porque la sopa se enfría».[1]

Hay otras alusiones a detalles domésticos en los manuscritos de Leonardo, pero ésta es la que más me gusta. No es que nos diga mucho: que tomara un cuenco de sopa templada un día de 1518 apenas puede considerarse un dato biográfico importante. Lo que lo convierte en algo especial es el elemento de sorpresa, de espontaneidad. Entre las áridas abstracciones de sus estudios de geometría se ha introducido este momento de humanidad sencilla y cotidiana. Vemos a un anciano sentado a la mesa, escribiendo con atención. En otra habitación vemos un cuenco de sopa, humeando intensamente. Probablemente es una sopa de verduras, porque en la última etapa de su vida Leonardo se hizo vegetariano, y probablemente también la había cocinado su criada, Mathurine, a la cual dejaría pronto en su testamento una «capa de fino paño negro forrada de piel» en premio a sus «buenos servicios».[2] ¿Es ella la que llama a Leonardo para decirle que la sopa se enfría? Él continúa escribiendo unos momentos —el tiempo que tarda en escribir *perche la minesstra si fredda*—, y luego deja la pluma.

Hay en esto una sombra de presagio. Que sepamos, nunca reanudó esas notas, de forma que esa interrupción parece augurar esa otra interrupción definitiva que no tardaría en llegar. Podríamos titular esta página de aspecto no especialmente llamativo «el último teorema de Leonardo», un proyecto inacabado más. La gran empresa de investigación y exposición a la que ha dedicado su vida se cierra con esta broma intrascendente, esta frase jocosa acerca del imperativo de la cena.

Para el biógrafo, estos atisbos entre bastidores resultan alentadores. Leonardo era un hombre extraordinario, pero su vida se entrecruzaba constantemente con lo normal, y es precisamente en esos puntos de intersección en los que el biógrafo —el emisario enviado desde el mundo de la normalidad— puede establecer algún tipo de contacto con él. Existen, desde luego, todas esas complejidades y profundidades y pinturas mundialmente famosas que es preciso tratar de descifrar, todas esas cosas que convierten a Leonardo en un ser único; pero en estos otros momentos es, por un instante, un hombre como nosotros.

Lo que este libro se propone es tratar de recuperar algo del hombre que fue Leonardo, es decir, del hombre real que vivió en un tiempo real y comió cuencos de sopa reales, frente al «Hombre Universal», sobrehumano y multidisciplinar, cuya imagen se nos ofrece habitualmente. Son uno y el mismo, por supuesto; relatar su vida no es más que otra forma de abordar su formidable y, en última instancia, misteriosa grandeza como artista, científico y filósofo; pero creo que es importante alejarse de la idea hagiográfica del genio universal. Me animan a hacerlo algunas palabras del mismo Leonardo. En una de sus *profezie,* que son esencialmente adivinanzas presentadas en forma profética, escribe: «Aparecerán figuras gigantescas de forma humana, pero cuanto más te acerques a ellas más disminuirá su inmensa estatura».[3] La respuesta de la adivinanza es «la sombra que proyecta un hombre con un farol por la noche», pero me gusta creer que puede ser también Leonardo da Vinci, a quien me acerco a través de la oscuridad, esperando nerviosamente que su inmensa estatura se reduzca a dimensiones humanas.

Escribir un libro sobre Leonardo sin utilizar ni una sola vez la palabra «genio» sería una hazaña digna del escritor francés Georges Perec, quien consiguió escribir toda una obra sin utilizar la letra *e.* Yo no la he suprimido totalmente —puede resultar útil para traducir la palabra italiana *ingegno,* que se usaba con frecuencia en el Renacimiento para designar lo que superaba el «talento» o la «inteligencia»—, pero es un término que conviene utilizar con moderación, pues puede oscurecer fácilmente la humanidad de aquellos a quienes se les aplica. Ensalza sus obras como si fueran una especie de milagro o maravilla, lo cual es acertado en parte, pero bastante inútil. Lo que hizo Leonardo fue ciertamente maravilloso, pero debemos preguntarnos cómo y por qué lo hizo y no dar como respuesta una idea nebulosa o semimística de la «inspiración». A los admiradores de Shakespeare les gustaba afirmar que «nunca tachó un solo verso», a lo cual Ben Jonson respondía con firmeza: «Y aunque hubiera tachado mil».[4] En otras palabras, que Shakespeare era un poeta excelente pero no infalible; su genio radicaba, precisamente, en su capacidad de superar su falibilidad. Y añadía Jonson: «Rindo homenaje a su memoria, pero sin llegar a la idolatría», que es sin duda lo mejor que puede hacer un biógrafo. Naturalmente Leonardo era un genio, pero el término tiende a lo idolátrico y se opone a su propia mentalidad rigurosa y escéptica; por eso lo evito.

Relacionado en parte con el estereotipo del genio está el del «hombre renacentista». No soy de los que defienden que el Renacimiento «no tuvo lugar»; se trata de un término general, perfectamente útil para describir los cambios culturales que tuvieron lugar en Europa durante los siglos XV y XVI (para los italianos, el Quattrocento y el Cinquecento). Pero también en este caso hay que recelar de los tópicos. Consideramos el Renacimiento una época de gran optimismo intelectual, de «nuevo amanecer» de la razón, de liberación de las supersticiones, de ampliación de horizontes. Visto desde la posición ventajosa de fines del siglo XIX, que es cuando esta lectura bastante triunfalista adquirió su forma definitiva, fue así, efectivamente. Pero ¿cómo era mientras estaba sucediendo? Las viejas creencias se derrumbaban; se trataba de un momento de transición rápida, de corrupción política, de quiebras y crecimiento económico, de extrañas noticias llegadas desde rincones del mundo hasta entonces desconocidos. La experiencia del Renacimiento —que aún no se definía con esta palabra ni se consideraba un «nuevo nacimiento»— fue quizá de ruptura tanto como de optimismo. La excitación palpable que caracterizó este periodo estaba entreverada de peligro. Se estaban volviendo a reescribir todas las normas. Y si todo era posible, nada era seguro, lo cual llevaba implícito una especie de vértigo filosófico.

El talante ambicioso y osado del hombre del Renacimiento no fue algo negativo: de hecho el subtítulo de este libro constituye precisamente un homenaje al maravilloso impulso del intelecto de Leonardo, a ese vertiginoso «vuelo de la mente» que le permitió ver tanto y tan lejos, y que yo relaciono metafórica y psicológicamente con la obsesión que manifestó a lo largo de toda su vida por el vuelo de los cuerpos. Pero al sueño de volar le acompaña el temor a caer, de manera que comprenderemos mejor a este hombre renacentista si lo consideramos también un traficante de dudas y preguntas, incluidas las dudas y preguntas acerca de sí mismo.

El Genio Universal y el hombre renacentista son como esas sombras «gigantescas» de la adivinanza de Leonardo. No son exactamente una ilusión, pero sí el producto de cierto punto de vista, y cuanto más se acerca uno a ellas mejor se empieza a ver, y de una forma mucho más interesante, al hombre que las proyecta.

Para conocer la historia de la vida de Leonardo debemos volver a las fuentes más próximas a él: las fuentes primarias correspondientes a su época o cercanas a ella, las más importantes de las cuales son sus propios manuscritos. En parte, este libro se ha convertido en un estudio de Leonardo como escritor, un tema curiosamente ignorado si tenemos en cuenta su producción enormemente prolífica —si bien, en general, no debemos entender el término «escritor» en un sentido estrictamente literario—. Más de 7,000 páginas escritas por Leonardo han llegado hasta nosotros, y podemos deducir que existieron muchos miles más que se han perdido. Algunas de ellas pueden reaparecer algún día: dos cuadernos enteros fueron descubiertos por azar en Madrid en 1967, y hay noticias fascinantes, aunque no confirmadas, de la existencia de un tratado perdido sobre la luz y la sombra conocido como Libro W.[5]

Los manuscritos han sobrevivido en tres formas: en colecciones encuadernadas, recopiladas después de la muerte de Leonardo; en cuadernos que se han conservado más o menos intactos desde el momento en que él los utilizó; y en hojas sueltas. La más famosa de las recopilaciones misceláneas es el Códice Atlántico, que se conserva en la Biblioteca Ambrosiana de Milán. En su forma original, resultado de la labor de compilación que llevó a cabo a fines del siglo XVI el escultor y bibliófilo Pompeo Leoni, el Códice Atlántico era un imponente volumen, encuadernado en piel, de más de 60 centímetros de altura. Contenía 481 folios, algunos de ellos hojas enteras de manuscritos de Leonardo, pero la mayoría eran montajes de fragmentos, hasta cinco o seis por página, unos pegados con goma y otros montados en ventanas de forma que pudieran verse ambos lados del papel. El nombre del Códice no tiene nada que ver con el océano, sino que se refiere al tamaño, «formato atlas». Fue acuñado por el bibliotecario de la Ambrosiana, Baldassare Oltrocchi, quien lo catalogó en 1780 como *codice in forma atlantica*. En la década de 1960 este suntuoso álbum de recortes fue desmontado y reordenado de forma que todas sus piezas ahora están montadas por separado.

Existen otras dos misceláneas fundamentales, las dos en Inglaterra. Una es la colección de dibujos y manuscritos de la Royal Library del castillo de Windsor. También es herencia de Pompeo Leoni; de hecho, algunos de los fragmentos más pequeños de Windsor fueron recortados por él de hojas más grandes incluidas hoy en el Códice Atlántico. En un momento determinado lo compró el ávido coleccionista que fue Carlos I de Inglaterra, aunque no ha sobrevivido documentación al respecto. Apareció en el palacio de Kensington a mediados del siglo XVIII: según un relato contemporáneo, «esta gran curiosidad» había sido depositada durante la guerra civil en un «cofre grande y fuerte», donde permaneció «ignorado y olvidado durante casi 120 años hasta que el Sr. Dalton lo descubrió, afortunadamente, en el fondo del citado cofre a comienzos del reinado de Su Majestad actual [Jorge III]».[6] En esta soberbia compilación de dibujos y manuscritos se incluyen las famosas hojas de dibujos anatómicos. La otra colección fundamental es el Códice Arundel de la British Library, una mezcolanza de 283 folios escritos a lo largo de casi cuarenta años, entre ellos la página interrumpida de notas sobre geometría anteriormente mencionada. El nombre del códice se debe al conde de Arundel, quien lo adquirió en España en la década de 1630.

A estas compilaciones de manuscritos deberíamos añadir otro tipo de miscelánea: el Códice Urbinas del Vaticano, una colección de escritos de Leonardo sobre pintura reunida después de su muerte por su secretario y albacea literario, Francesco Melzi. En 1651 se publicó en París una versión abreviada, conocida generalmente como *Trattato della pittura* (*Tratado de la pintura*). Al final del Códice Urbinas, Melzi enumera dieciocho cuadernos de Leonardo, grandes y pequeños (*libri* y *libricini*) que había utilizado como fuentes: diez de ellos se han perdido. Un pequeño tesoro que reúne obra dispersa es el Códice Huygens, ahora en Nueva York, que incluye copias de fines del siglo XVI de estudios de figuras del artista cuyos originales han desaparecido.

Estas recopilaciones son realmente magníficas. No obstante, la verdadera huella de Leonardo se encuentra en sus cuadernos. Han sobrevivido unos veinticinco —el número exacto depende de cómo se contabilicen, ya que algunos de ellos se han encuadernado en volúmenes junto con otros: por ejemplo, los tres códices Forster (que se conservan en el Victoria & Albert Museum de Londres) reúnen cinco cuadernos. La mayor concentración se encuentra en el Institut de France, en París; llegaron a Francia en masa en la década de 1790, como botín napoleónico, procedentes de la Biblioteca Ambrosiana. Otros se hallan en Milán, Turín, Londres, Madrid y Seattle. Se han perdido algunas páginas aquí o allá —un bibliófilo de manos bastante largas, el conde Guglielmo Libri, robó varias a mediados del siglo XIX—; pero, esencialmente, los cuadernos se encuentran tal como el artista los dejó. Algunos mantienen aún su encuadernación original; a Leonardo le gustaba una especie de envoltura de vitela o de cuero cerrada por una presilla y un cazonete de madera (algo parecido al sistema con que hoy se abrochan las trencas).

El tamaño de los cuadernos abarca desde el formato en octavo hasta pequeñas libretas de bolsillo no mayores que una baraja. Estas últimas, que Francesco Melzi llamó *libricini*, servían como cuadernos de notas y de dibujo y algunas de ellas muestran claras señales de haber acompa-

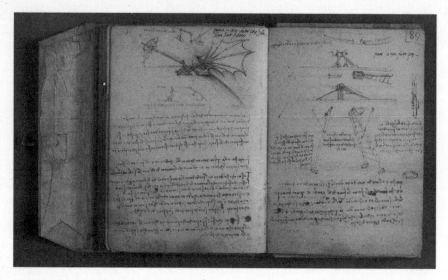

Uno de los cuadernos de Leonardo (MS B de París) con su encuadernación original.

ñado en sus viajes a Leonardo. El relato de un testigo que le vio en Milán menciona «un librito que llevaba siempre colgado del cinto».[7] Uno de éstos era el que llevaba con él cuando pasó por Cesena en 1502 e hizo un rápido bosquejo que tituló «Así es como llevan las uvas en Cesena».[8] Allí lo imaginamos, en la calle, como un periodista con su cuaderno, registrando atentamente lo que veía. El pintor, dice, debe estar siempre preparado para realizar sus apuntes «con arreglo a lo que le permitan las circunstancias»:

> Observa atentamente a las gentes en la calle, y en la plaza, y en los campos. Toma nota de ellas con una breve indicación de las formas: así para una cabeza haz una O, y para un brazo una línea recta o inclinada, y lo mismo para las piernas y el cuerpo, y cuando vuelvas a casa desarrolla esas notas hasta formar figuras completas.[9]

A veces las anotaciones adquieren la fuerza de la poesía:

> *onde del mare di Piombino*
> *tutta d'acqua sciumosa*
> *dell'acqua che risalta del sito*
> *dove chadano li gran pesi perchussori delle acque*

[Olas del mar en Piombino / agua espumosa toda ella / agua que se eleva desde el lugar / donde cae el gran peso del agua que golpea].[10]

O este haiku que cuelga casi ilegible:

la luna densa
ogni densa e grave
come sta la lu
na

[La luna es densa / todo lo denso es pesado / ¿cuál es la naturaleza de la lu / na?].[11]

Algunos de los cuadernos forman una suerte de tratados independientes o colecciones de apuntes sobre una materia específica —el MS C de París sobre la luz y la sombra, el Códice Leicester sobre geofísica, el pequeño códice de Turín sobre el vuelo de las aves, etcétera—; pero incluso éstos contienen abundante material ajeno al tema. Lo que caracteriza a los manuscritos de Leonardo es su diversidad, su condición de misceláneas; el formar una acumulación, a menudo abigarrada, de diferentes asuntos. Fechar las páginas es a veces tarea difícil, porque los hábitos mentales de Leonardo eran repetitivos: como un ave de presa, trazaba círculos sobre sus múltiples intereses, y volvía sobre ideas y observaciones ya expresadas para seguir trabajando sobre ellas años después. Él mismo es consciente de las dificultades que esto origina y se disculpa ante el hipotético lector del futuro: «No me culpes, lector, porque los temas son muchos y la memoria no puede retenerlos y decir: "No voy a escribir esto porque ya lo he escrito"».[12]

Los manuscritos constituyen un mapa de la mente de Leonardo. Contienen desde medias frases mínimas o cálculos garabateados hasta tratados científicos y ejercicios literarios perfectamente resueltos. Los temas abarcan desde la anatomía a la zoología, pasando por la aerodinámica, la arquitectura, la botánica, el diseño de trajes, la ingeniería militar y civil, el estudio de los fósiles, la hidrografía, las matemáticas, la mecánica, la música, la óptica, la filosofía, la robótica, la astronomía, el diseño de decorados teatrales y la viticultura. La gran lección de sus manuscritos es que todo ha de ser cuestionado, investigado, examinado, trabajosamente analizado y devuelto a sus principios. Leonardo se impone tareas grandes y pequeñas:

Describir cómo se forman las nubes y cómo se disuelven, y qué provoca que el vapor se eleve de las aguas en el aire, o qué causa la neblina, y por qué se adensa el aire, y por qué parece más o menos azul en momentos diferentes...

Describir... qué es estornudar, bostezar, qué es la epilepsia, el espasmo, la parálisis, tiritar de frío, el sudor, la fatiga, el hambre, el sueño, la sed, la lujuria...

Describir la lengua del pájaro carpintero...[13]

Leonardo fue, como observa Kenneth Clark, «el hombre más tercamente curioso de la historia». Sus cuadernos registran una incansable búsqueda de intereses. Tienden por acumulación hacia una idea grandiosa del conocimiento universal, pero en una página concreta, en un momento determinado, se centran en lo particular y lo preciso: en observaciones, experimentos, preguntas y soluciones. Es el empirista por excelencia y firma con un florido *Leonardo Vinci disscepolo della sperientia* (lo que puede traducirse tanto por «discípulo de la experiencia» como por «discípulo del experimento»).[14] Su curiosidad se manifiesta incluso en un pequeño tic que se encuentra en decenas de páginas manuscritas: cuando quería probar una nueva pluma generalmente garabateaba la palabra *dimmi*, «dime». Es la voz de Leonardo preguntando, buscando un dato más. Dime qué, dime cómo, dime por qué. Sin duda eran muchos los que en Florencia, en Milán, y en otros lugares habían escuchado el tono retador de sus *dimmi*.

En su *Trattato della pittura*, Leonardo escribe que un cuadro debe representar «acontecimientos mentales» —*accidenti mentali*— por medio de los gestos físicos de las figuras que lo componen.[15] Recuerdo esa frase cuando leo sus cuadernos, que están llenos de «acontecimientos mentales», grandes y pequeños, rigurosamente anotados, curiosamente entremezclados con una rica miscelánea compuesta por chistes, garabatos, fragmentos de poesías, borradores de cartas, cuentas domésticas, recetas, listas de la compra, cálculos, extractos de cuentas bancarias, nombres y direcciones de modelos, y muchas cosas más.

La otra fuente principal de material primario se encuentra en las primeras biografías de Leonardo. La más famosa es la incluida en *Le vite de' piu eccellenti pittori, scultori et architettori*, de Giorgio Vasari, obra conocida comúnmente como *Vidas de los artistas*. Publicada por primera vez en Florencia en 1550, es fundamental para la biografía de cualquier artista del Renacimiento italiano y, en general, hace justicia a los exagerados elogios que le dedicó un Miguel Ángel ya anciano:

Al volver a iluminar las memorias que murieron,
a pesar del tiempo y la naturaleza has ganado
para ellos [los artistas] y para ti eterna fama.[16]

Una típica hoja miscelánea de h. 1490.

(El hecho de que Vasari idolatrara a Miguel Ángel y le dedicara la más larga, con mucho, de las *Vidas* —unas 40,000 palabras frente a las 5,000 que le dedica a Leonardo— puede tener algo que ver con esta alabanza).

A pesar de la importancia de Vasari como fuente biográfica y del encanto de su estilo, no tenemos más remedio que reconocer sus fallos: es descuidado con respecto a las fechas, parcial y subjetivo en sus juicios, y tendenciosamente pro-florentino (era un protegido de los Medici). Su principal defecto radica, quizá, en su debilidad por los tópicos. Es posible que la precoz genialidad de Leonardo indujera a su maestro, Andrea del Verrocchio, a abandonar los pinceles, pero nos cabe la duda, porque en otra de las *Vidas* encontramos la misma imagen del maestro superado por el discípulo. A Vasari le gustaban esas viejas vestiduras retóricas —y esperaba que gustaran también a sus lectores—, pero como dato histórico carecen de valor alguno. Aun así, y a pesar de la adulación que contiene, la obra de Vasari representa una fuente de valor incalculable: fue un observador agudo y extremadamente bien informado, además de crítico sensible, y aunque no conoció directamente a Leonardo —tenía once años cuando éste murió y nunca había salido de su Arezzo natal— indudablemente se relacionó con gente que sí le había conocido. Sabemos que recogía activamente información para sus *Vidas* a finales de la década de 1540.[17]

Vasari es el más famoso pero no es el único, ni siquiera el primero, de los biógrafos de Leonardo, y creo que será útil decir algo acerca de otras fuentes, menos conocidas, que utilizaré en este libro. La más antigua es un breve esbozo biográfico incluido en el *zibaldone* —recopilación de hechos, citas y lugares comunes— de un mercader florentino, Antonio Billi, fechado a comienzos de la década de 1520, es decir, poco después de la muerte de Leonardo. El original ha desaparecido, pero el texto ha llegado hasta nosotros a través de dos copias del siglo XVI.[18] Es muy poco lo que sabemos de Billi, pero se supone que tuvo acceso a las memorias perdidas del pintor florentino Domenico Ghirlandaio. Sus notas fueron utilizadas y ampliadas más tarde por otro florentino que reunió gran cantidad de noticias acerca de diferentes artistas, desde Cimabue a Miguel Ángel. La obra de este autor, no identificado, se conoce generalmente como el *Anónimo Gaddiano*, dado que ha sobrevivido en un manuscrito que perteneció a la familia Gaddi.[19] Según evidencias internas, este manuscrito de 128 folios fue compilado en torno a 1540. Una y otra son fuentes independientes anteriores a Vasari (aunque conocidas por él), y el *Anónimo* en particular ofrece un material fascinante. Incluye sabrosas anécdotas proporcionadas por un artista florentino a quien el autor llama Il Gavina y que conoció directamente a Leonardo.

El interés de sus contemporáneos por Leonardo se concentró también en Milán, donde vivió y trabajó durante muchos años (de hecho, más de los que vivió y trabajó en Florencia). Así, encontramos importante material biográfico en un manuscrito latino del historiador, físico y creador de emblemas lombardo Paolo Giovio, obispo de Nocera, titulado *Dialogi de viris et foeminis aetate nostra florentibus* («Diálogos sobre hombres y mujeres famosos de nuestro tiempo»).[20] Fue escrito en la isla de Ischia, a fines de la década de 1520. Es probable que Giovio conociera a Leonardo personalmente. Pudieron encontrarse en Milán, donde el primero ejerció como médico a partir, más o menos, de 1508, o quizá en Roma unos años después, cuando enseñaba filosofía en el Archiginnasio. El material que proporciona sobre Leonardo fue también conocido por el omnipresente Vasari: de hecho, Giovio fue quien plantó la semilla de las *Vidas,* en el curso de una animada discusión sobre el nuevo arte de la biografía que tuvo lugar durante una cena celebrada en los apartamentos del cardenal Farnesio en Roma.[21]

Otra fuente milanesa es el artista Giovanni Paolo Lomazzo, un pintor muy prometedor que, a causa de un accidente, quedó ciego en 1571, a la edad de treinta y tres años. A partir de ese momento dedicó sus energías, considerables aunque algo caóticas, a escribir, produciendo una serie de libros entre los cuales destaca su *Trattato dell'arte della pittura (Tratado del arte de la pintura),* publicado en 1584.[22] Sus comentarios son muy valiosos porque era un devoto incondicional de Leonardo: un especialista. Conoció a su albacea, Francesco Melzi; estudió los manuscritos sobre los que éste ejercía un control exclusivo y documentó algunos de los que se han perdido. Lomazzo es a veces el palo que detiene la rueda, pues proporciona ideas e informaciones opuestas a la ortodoxia de los estudios leonardianos (como su afirmación de que la *Mona Lisa* y *La Gioconda* son dos pinturas diferentes). Fue también el primero que manifestó más o menos abiertamente que Leonardo era homosexual.

Tenemos también los cuadros, que, en cierto sentido, son asimismo documentos. Una pintura del Renacimiento no es una declaración de tipo personal, como puede serlo una contemporánea; pero, aun así, puede decirnos cosas acerca del artista y de las circunstancias en las que trabajaba. Encierra mensajes tanto en el plano bidimensional de la pintura (con las habituales advertencias acerca de la interpretación de la obra de arte con fines biográficos), como en esa misteriosa tercera dimensión de la superficie del cuadro, con sus capas de pigmentos de un micrón de grosor (1 micrón = 0,001 mm), que nos cuentan la historia de la composición de una pintura del mismo modo que los estratos de una roca nos narran su historia geológica. A veces, el toque de la mano de Leonardo quedó regis-

27

trado en la superficie del cuadro —al alisar o difuminar—, o en ocasiones en forma de una huella digital. Según ciertos científicos optimistas, las pinturas pueden encerrar, incluso, el mensaje de su ADN, microscópicamente presente en rastros de sangre y de saliva, pero hasta el momento esto corresponde al reino de la ciencia ficción.

Las pinturas y dibujos que obviamente poseen mayor valor documental son aquellos que retratan al artista. Cualquiera a quien preguntemos acerca de la imagen visual de Leonardo da Vinci sacará probablemente a colación al sabio anciano de larga barba representado en el famoso autorretrato de la Biblioteca Real de Turín. El dibujo ha sido y es objeto de polémica: la inscripción borrosa que vemos debajo, contemporánea del artista, fascina por su ilegibilidad. Algunos afirman que no se trata de un autorretrato. Yo creo que efectivamente lo es, pero creo también que ha influido excesivamente en nuestra representación visual de su figura. Tenemos que recordar que no siempre tuvo el aspecto de un druida de larga barba blanca, como tampoco Shakespeare fue siempre ese tipo calvo con perilla que nos muestra el grabado de Martin Droeshout. Estas imágenes se abren paso hasta el inconsciente colectivo y se convierten en una especie de símbolo. Es discutible que Leonardo tuviera barba antes de los cincuenta y tantos años: en el supuesto autorretrato de *La Adoración de los Magos*, de hacia 1481 (Lámina 1), aparece afeitado, lo mismo que en el probable retrato del fresco de la Casa Panigarola de Milán, que corresponde a mediados de la década de 1490 (véase p. 348).

El *Anónimo Gaddiano* contiene una maravillosa instantánea del artista: «Era atractivo, bien proporcionado, elegante y agraciado. Vestía una túnica rosa hasta la rodilla en un momento en que la mayoría llevaba túnicas largas. Tenía un hermoso cabello rizado, cuidadosamente peinado, que le llegaba hasta la mitad del pecho». Hay matices de moda y de sociología que nos resulta difícil captar, pero la imagen esencial es la de un hombre muy elegante, una especie de dandi. La descripción corresponde a un recuerdo de ese oscuro pintor llamado Il Gavina; otra mención aportada por este mismo personaje puede fecharse en torno a 1504-1505, cuando Leonardo tenía poco más de cincuenta años. Tampoco en este caso se dice que tuviera barba. El primer retrato cierto de Leonardo barbado es el hermoso perfil dibujado a sanguina que se conserva en Windsor (Lámina 15). Casi con seguridad es obra de Francesco Melzi, aunque quizá con algunos retoques de su maestro.[23] Puede fecharse hacia 1510-1512, cuando Leonardo contaba sesenta años o estaba próximo a cumplirlos. Su retrato de perfil se convirtió en modelo de las representaciones póstumas del artista: así aparece en varios retratos del siglo XVI, incluido el grabado que ilustra su biografía en la edición de 1568 de las *Vidas* de Vasari.

El autorretrato de Turín.

Existen otros retratos y autorretratos de Leonardo que podemos tener en cuenta, incluido el que considero un retrato no identificado hasta el momento, obra de uno de sus más brillantes discípulos de Milán. El autorretrato de Turín es la última visión que tenemos del artista: auténtica y profunda. Le representa con el aspecto que debía de tener aquel día de 1518 en que le apartaron de sus estudios porque se enfriaba la sopa. La imagen es, en cualquier caso, huidiza, como siempre lo es Leonardo. Vemos la figura venerable, semejante a la de un mago, del genio que fue; pero una segunda ojeada nos revela a un anciano con la mirada fija en recuerdos ya lejanos.

Capítulo I

Infancia
1452-1466

Cosas que ocurrieron hace muchos años nos parecen con frecuencia próximas y cercanas al presente, mientras que muchas cosas ocurridas recientemente nos parecen tan lejanas como los días de la juventud.

Códice Atlántico, fol. 29v-a

NACIMIENTO

Hace quinientos años, el paisaje no era muy diferente. Desde una colina cercana al pueblo toscano de Vinci, la vista habría recorrido, como ahora, un panorama modelado por siglos de agricultura: los cañaverales a lo largo del río, los estrechos viñedos, las casas enmarcadas por árboles de sombra, y, por encima de ellas, los campos de olivos, con su brillo característico cuando los agita la brisa, trepando en terrazas hacia esa línea de arbolado irregular, serpenteante, allá donde comienzan las tierras altas del Mont'Albano. Las laderas estaban pobladas de árboles: pino y laurel, roble de Turquía, castaño dulce. Los campesinos molían el fruto de este último para hacer harina como algunos siguen haciendo hoy; lo llamaban *albero di pane*, árbol del pan.

Probablemente todo tendría entonces un aspecto algo más descuidado. La proporción entre terreno cultivado y sin cultivar era diferente, así como el régimen de propiedad de la tierra. Pero la imagen era esencialmente la misma: esa composición en mosaico que vemos hoy. Y en el centro de ella, sobre una hondonada en lo alto de una colina, en un lugar que parece al mismo tiempo resguardado y estratégico, se alzaba Vinci, con sus edificios de piedra apiñados en torno a las torres gemelas del castillo y de la iglesia. Políticamente era una avanzadilla de la república florentina: desde 1254 había sido una posesión de Florencia, y antes de eso, durante más de dos siglos, propiedad de los condes de Guidi, quienes habían construido el castillo. Florencia se hallaba a una larga jornada de camino que pasaba por Empoli y Montelupo. Vinci era tranquilo, provinciano, agrario; el campo llegaba hasta sus mismas ventanas.

Aquí fue donde nació Leonardo di Ser Piero da Vinci una tarde de primavera de 1452. En qué lugar exactamente —si en el pueblo o en la campiña cercana— no se sabe con certeza. Los Da Vinci, una respetada familia local unida por fuertes lazos profesionales a Florencia, poseían, desde luego, una casa en el pueblo. En el catastro de 1451 aparece descrita como *una casa posta nel borgo di Vinci*.[1] En otras palabras, estaba si-

Vista de Vinci.

tuada inmediatamente detrás de los muros del castillo, en el arrabal medieval, el primero de Vinci. Probablemente se hallaba cerca de la cima de la pendiente que hoy lleva el nombre de via Roma. Tenía un pequeño jardín de unas tres *staia*. Entre los vecinos más próximos se contaban el herrero, Giusto di Pietro, y el párroco, Piero di Bartolomeo Cecci. Es muy posible que Leonardo naciera en esta casa, pero una sólida mezcla de suposición y tradición insiste en que no fue así. La suposición consiste en que el nacimiento de un hijo ilegítimo, como lo fue Leonardo, habría tenido lugar de una forma mucho más discreta, en una propiedad familiar que estuviera fuera del pueblo. La tradición, por su parte, afirma que nació en una pequeña casa de piedra que aún puede verse en Anchiano, una aldea situada en las colinas, a unos tres kilómetros del pueblo en dirección norte.

La casa de Anchiano en una fotografía de h. 1900.

No se sabe desde cuándo existe esta tradición: lo más que puede decirse es que ya era conocida a mediados del siglo XIX. La menciona por primera vez en letra impresa

34

Emanuele Repetti en 1845. Se refiere éste a la casa de Anchiano como el lugar en el que «se dice que nació» el artista. Subraya su modestia: una *casa colonica*, típica de arrendatarios, como tantas otras que se encuentran por toda la Toscana.[2] Más tarde, en ese mismo siglo, el gran especialista en Leonardo, Gustavo Uzielli, respaldó esa identificación, aunque advirtiendo que no existía «confirmación segura» de ella.

Se trata de una vivienda de un solo piso, construida con la piedra local de color amarillo grisáceo. El edificio principal consta de tres habitaciones, con suelo de barro cocido, vigas de castaño y una gran chimenea de piedra. Forma ángulo recto con él otro más pequeño, con un horno de pan en el extremo. Estos dos edificios se corresponden con la descripción que encontramos en antiguos documentos: una *casa di signore* para los dueños y una *casa di lavoratori* para los arrendatarios que trabajaban la tierra y pagaban la renta en especie: aceite, trigo, vino, fruta, queso, miel, madera y otros productos semejantes. La estructura en forma de *L* cierra dos de los lados de un patio abierto al valle, una zona ahora bastante estropeada por la pavimentación y las plantas colocadas allí por el Ayuntamiento. El exterior de la casa parece, en general, restaurado en exceso, y quizá por ello resulte más ilustrativa una vieja fotografía borrosa, fechada en torno a 1900, que muestra el lugar en su estado anterior, muy deteriorado, con sus rústicos ventanucos horadando la fachada y un grupo de mujeres, vestidas con faldas largas, de pie en torno a un montón de uvas recién vendimiadas.

Desde los días de Repetti y de Uzielli se ha investigado mucho en los archivos acerca de esta construcción, que aparece documentada ya a comienzos del siglo XV. La tradición que la relaciona con Leonardo tiene cierta base histórica, pero ese paso final que la convierte en el lugar de nacimiento del artista constituye un acto de fe. Efectivamente, fue propiedad de los Da Vinci —en su fachada aparece tallado el escudo familiar con su león alado—, pero hay un inconveniente, y es que en 1452, cuando nació Leonardo, aún no les pertenecía. La compró su padre, Ser Piero da Vinci, unos treinta años después, y siguió siendo propiedad de la familia hasta 1624, cuando un descendiente de Guglielmo, hermanastro de Leonardo, la vendió a un convento florentino. En la fecha en que vino al mundo el artista pertenecía a un notario, Ser Tomme di Marco. Aparece descrita entonces como *frantoio*, o molino de aceite. (Según Uzielli, aún se veía un molino cerca de la casa a finales del siglo XIX). Entre el notario Ser Tomme y los Da Vinci existían ciertos vínculos: una relación de tipo general, a causa de su común profesión —los Da Vinci eran una familia de notarios—, y una curiosa relación particular, pues el 18 de octubre de 1449 Ser Tomme hizo redactar un contrato por el que hacía cesión de una parte de la propiedad a otras dos personas, y el que redactó el contrato y firmó como testigo fue

Antonio da Vinci, abuelo de Leonardo. Algunas notas relativas a este documento indican que Antonio estaba en Anchiano, en cierta «casa campesina», cuando le llamaron para redactarlo. *Si giocava a tavola:* estaba jugando a lo que luego se conocerá como backgammon cuando le interrumpieron.[3]

El dato es interesante con respecto a los pasatiempos en que ocupaba su ocio Antonio da Vinci, pero la relación casual de éste con la casa no puede considerarse una prueba de que su nieto naciera en ella. Desde luego es el tipo de vivienda que los Da Vinci habrían podido tener en el campo y representa una imagen importante de la educación de Leonardo, que fue rural, muy cercana a la tierra y modesta, aunque en ningún caso humilde; por otro lado, responde a nuestro deseo de tangibilidad, de asignar un lugar concreto a su nacimiento.

Aunque el lugar sigue siendo dudoso, la fecha e incluso la hora en que nació se conocen con certeza. El acontecimiento fue registrado detalladamente por su abuelo Antonio, entonces de unos ochenta años de edad, en el reverso de la última página de un viejo cuaderno que había pertenecido a su abuelo y en el que había anotado los nacimientos y bautismos de sus cuatro hijos. Apenas quedaba espacio al pie de la página para registrar la llegada de la nueva generación: «1452. Uno de mis nietos, hijo de Ser Piero, mi hijo, nació el día 15 de abril, sábado, a tercera hora de la noche. Lleva el nombre de Lionardo».[4] Las horas se contaban entonces a partir de la puesta de sol (más precisamente a partir de las campanadas del Ave María después de vísperas). La tercera hora era alrededor de las diez y media de la noche.

El niño fue bautizado, continúa Antonio, por el párroco, Piero di Bartolomeo, vecino de la familia, lo cual probablemente significa que la ceremonia tuvo lugar en Vinci, en la parroquia de la Santa Croce. La pila bautismal de piedra ha permanecido allí sin interrupción desde los tiempos de Leonardo. Lo habitual entonces era bautizar a un niño al día siguiente de su nacimiento; en este caso fue el día 16 de abril, que en 1452 coincidió con el primer domingo después de Pascua, la *domenica in albis*. Probablemente el bautizo se inscribió en el registro parroquial de Vinci, pero el primer apunte de ese tipo que ha sobrevivido hasta hoy corresponde a la década de 1550.[5] No menos de diez padrinos estuvieron presentes, un número muy elevado comparado con los seis que apadrinaron a Piero, el padre de Leonardo, y con el promedio de entre dos y cuatro habitual en los bautizos de Vinci en el siglo XVI. Entre ellos figuraban dos vecinos de la familia: Papino di Nanni Banti, y Maria, hija de Nanni di Venzo. También estuvo presente Arrigo di Giovanni Tedesco, el administrador alemán de la poderosa familia Ridolfi, que poseía tierras en los alrededores del pueblo, y una tal Monna Lisa di Domenico di Brettone, lo cual nos recuerda que el nombre ligado a la obra más famosa del artista era bastante común. («Monna» o «Mona» es una contracción de Madonna y significa simplemente «señora»). Si el nacimiento de Leonardo fue hasta cierto punto encubierto —como sugieren los defensores de la tesis de Anchiano—, el bautismo, por el contrario, fue al parecer una ceremonia públicamente anunciada y muy probablemente rematada con una fiesta regada con gran cantidad de vino bermellón de los viñedos de Vinci. A pesar de ser hijo ilegítimo, Leonardo fue bien recibido en el mundo y en la familia. Nada en las palabras de Antonio ni en la ceremonia de la que dan noticia sugiere otra cosa.

Este valioso documento que registra el nacimiento y bautismo de Leonardo fue hallado en los archivos florentinos en la década de 1930 por un erudito alemán, el doctor Emil Möller. (El hecho de que la carta en que éste anunció su descubrimiento lleve una posdata que dice *Viva il Führer! Viva il Duce!*, quizá no nos lo haga simpático, pero desde luego no altera el valor de su descubrimiento). La figura de Leonardo es escurridiza, y esta condición se extiende con frecuencia a las noticias históricas que a él se refieren: los documentos resultan ambiguos, los hechos se convierten en adivinanzas. Se agradece, pues, esta relación prosaica, escrita con la letra firme y clara del abuelo octogenario, que sitúa el nacimiento de Leonardo en el paisaje tangible de la primavera de Vinci. Rompen a brotar las higueras, las terrazas huelen a caléndulas silvestres y en los lugares más abrigados comienzan a florecer los olivos con diminutas flores amarillas que anuncian la futura cosecha.

Los Da Vinci

La familia Da Vinci era una familia acomodada; no eran nobles, ni especialmente ricos, ni demasiado dados a la magnificencia, pero sí de buena casta y desahogada posición social. Disfrutaban de esa envidiable doble vida de los señores del Quattrocento: *città e villa,* negocios en la ciudad, agricultura en el campo. Cultivaban la relación con influyentes personajes florentinos y los matrimonios ventajosos, tan cuidadosamente como administraban sus viñas y sus huertos. Los beneficios los dedicaban a adquirir propiedades. No se trata de dar una visión romántica de su estilo de vida, que indudablemente «entrañaba molestias y dificultades, pero parece ser que a ellos les satisfacía. Por otra parte, sabemos de aquellos cuya edad nos es dado conocer que murieron a una edad avanzada.

Se trataba de una familia de notarios, una profesión que había crecido en importancia con el auge mercantil del siglo anterior. El notario era quien redactaba los contratos, registraba los acuerdos y presentaba y protestaba las letras de cambio. Los notarios eran los creadores y guardianes de los registros, y su trabajo se solapaba con el de otros profesionales —abogados, contables, intermediarios financieros— que engrasaban las ruedas del comercio. En Florencia, su gremio, el *Arte dei Giudici e Notai,* era el más apreciado de los siete *arti maggiori.* El primer Da Vinci del que se tiene noticia, Ser Michele, era notario, como lo fue su hijo, Ser Guido. (Este «Ser» honorífico, lejanamente equivalente al «Sir» inglés, era prerrogativa de notarios y abogados). Ser Guido aparece en un acta notarial de 1339, la primera fecha firme en la historia de la familia. Su viejo cuaderno sirvió a Antonio da Vinci para registrar los nacimientos ocurridos en la familia, incluido el de Leonardo, tataranieto de Guido. El más famoso de los notarios Da Vinci fue Ser Piero, hijo de Guido (al que llamaré Ser Piero el Viejo para distinguirlo del padre de Leonardo). Se trataba de un distinguido joven de la Florencia de fines del siglo XIV, en el periodo anterior al ascenso de los Medici. En 1361, un año después de su investidura como notario, fue enviado por la ciudad a la corte de Sassoferrato y más tarde fue notario de la Signoria, el gobierno de la república florentina. Su hermano Giovanni ejerció la misma profesión; al parecer murió en España hacia 1406. Un Da Vinci viajero, atípico en este aspecto.[6]

Para esas generaciones de los Da Vinci del siglo XIV, Florencia encarnaba su ciudad, la capital política y comercial donde era necesario estar, mientras que Vinci era el solar de sus antepasados, el lugar donde tenían propiedades heredadas y al que en verano escapaban del calor de la urbe. Aunque no siempre resultaba seguro, pues se hallaba cerca del límite occidental de la influencia florentina y con bastante frecuencia era asolado por los enemigos de la ciudad. En la década de 1320, vio al hombre fuerte de Lucca, Castruccio Castracani («El castrador de perros»), acampado bajo sus murallas durante más de seis años, y más tarde fue objeto de las nada apreciadas atenciones de Sir John Hawkwood, el *condottiere* nacido en Essex y cuyo ejército paramilitar, la Compañía Blanca, sembró el pánico en la zona. Ocurrió en 1364. Hawkwood —cuyo nombre se italianizó transformándose en Giovanni d'Acuto, es decir, Juan Agudo— estaba entonces a sueldo de Pisa, pero años después pasó a ser un fiel caudillo al servicio de Florencia, y como tal se le celebra en la catedral de la ciudad, a horcajadas sobre un corcel blanco en un retrato mural de Uccello que sin duda conoció Leonardo. Se ha afirmado que Hawkwood fue el modelo del caballero de los *Cuentos de Canterbury* de Chaucer, el *parfit gentil knyght,* «el perfecto gentil caballero», un retrato irónico de un hombre que en realidad era un mercenario implacable. Chaucer visitó Florencia a comienzos de la década de 1370 en misión diplomática. Ser Piero el Viejo, que se movía durante aquellos años en el ámbito político, quizá llegara a conocer a esos dos imponentes ingleses. «Recelad de alguaciles y notarios», escribe Chaucer en «El cuento del párroco», recordándonos así que esa profesión no siempre ha sido considerada honrada.[7]

El hijo de Ser Piero el Viejo —al parecer el único que tuvo— resultó ser un hombre de índole muy diferente. Se trataba de Antonio, el abuelo de Leonardo al que ya hemos hecho referencia, aquel al que hemos sorprendido jugando una partida de backgammon en Anchiano y el que anotaba detalladamente los nacimientos y bautismos que tenían lugar en la familia. Nacido en 1372, probablemente fue aprendiz de su padre, pero nunca llegó a ser notario. Que sepamos, eligió vivir exclusivamente en Vinci, cultivando lo que podríamos llamar la figura de un caballero hacendado de comienzos del Renacimiento.

En vida de Antonio, en el año 1427, se instauró el catastro, un nuevo sistema de impuestos sobre la tierra que se aplicó a todos los propietarios de la república. Exigía a éstos declarar el producto anual de sus tierras, que se gravaba un uno y medio por ciento, así como el número de miembros de su familia, por cada uno de los cuales se concedía una exención de doscientos florines. Las personas que tenían a su cargo, y por las que podían desgravar esta cuota, se describían simplemente como *bocche*, es decir, bocas. Las declaraciones obtenidas gracias a este catastro, ahora reunidas en una serie de fajos de olor acre en el Archivo Estatal de Florencia, proporcionan una especie de *Domesday Book* (extenso listado de propietarios en Inglaterra, encargado por Guillermo el Conquistador en 1085 para saber qué impuestos podía cobrar) de la Toscana del Quattrocento, y en sus páginas la familia Da Vinci —y miles de familias más, unas más ricas y otras más pobres que ella— aparece iluminada por un potente foco histórico. En el primer catastro de 1427, encontramos a Antonio, entonces de unos cincuenta y cinco años, casado y con un hijo de corta edad.[8] Su esposa era Lucia, veinte años más joven que él e hija de otro notario. Procedía de Toia di Bacchereto, un pueblo situado en la ladera oriental del Mont'Albano, no lejos de Vinci, y su familia se dedicaba a la producción de cerámica, especialmente mayólica pintada, que tenía una gran aceptación. Al hijo de Antonio —un *fanciullo* de catorce meses— le pusieron de nombre Piero por sus dos abuelos. Nacido el 19 de abril de 1426, fue el padre de Leonardo. Al año siguiente Lucia dio a luz a otro hijo, Giuliano, que no aparece mencionado en sucesivas declaraciones del catastro y que, por lo tanto, debió de morir cuando aún era un niño de pecho. La pérdida se compensó en parte, en 1432, con el nacimiento de una hija, Violante.

Por entonces Antonio poseía una finca en Costereccia, cerca de Vinci, así como otras propiedades más pequeñas: su producción anual consistía en unas 33 fanegas de trigo, algo más de 3 fanegas de mijo, 26 barriles de vino y 2 cántaros de aceite. Era dueño también de dos solares en Vinci, uno dentro del recinto de las murallas y otro fuera. En 1427, la familia vivía, no

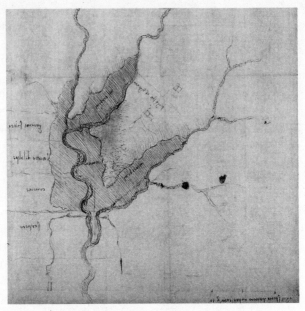

*Bosquejo de mapa hecho por Leonardo que muestra una
de las propiedades de la familia cerca de Vinci.*

en una de sus propiedades, sino en una «casita en el campo» que pertenecía a un hombre que debía dinero a Antonio. Se trataba de un acuerdo muy ventajoso para éste, ya que cobraba la deuda disfrutando de un alojamiento libre de renta que, además, le permitía declarar que, técnicamente, era un hombre *sanza casa* («sin casa»). No puede sorprendernos que esas tempranas declaraciones de la renta italianas estén llenas de testimonios de gentes que trataban de parecer más pobres de lo que en realidad eran. Seis años después, en el catastro de 1433, Antonio y su familia aparecen como vecinos de Vinci, viviendo en una «casita» con «un poquito de jardín»,[9] diminutivos dirigidos sin duda al funcionario de hacienda.

Antonio es un personaje atractivo y también importante, en el sentido de que fue el cabeza de familia durante la mayor parte de la infancia de Leonardo. Era un hombre culto —a juzgar por su letra—, que prefirió la vida del hacendado a las tensiones y recompensas de una carrera profesional en Florencia. No parece muy diferente de su contemporáneo algo más joven, el abogado florentino Bernardo Machiavelli, padre del famoso autor, que como él volvió la espalda al estrés provocado por la vida competitiva para disfrutar de los placeres más tranquilos del *contado*. Bernardo fue un erudito: en un documento aparece llevando al encuadernador un ejemplar de la *Historia de Roma* de Tito Livio y dejando como señal «tres frascas de vino bermellón y una frasca de vinagre» de sus viñedos.[10]

Tipifica cierto estrato de la vida intelectual toscana, el del hombre de campo culto y amante de los libros, y puede que algo de eso tuviera también Antonio da Vinci. La elección que ambos hicieron conllevaba ciertas renuncias, o al menos así se percibía entonces. Como con su habitual acritud dijo Maquiavelo acerca de su infancia, «Aprendí a prescindir antes de aprender a disfrutar».[11] También Leonardo valoraría cierta austeridad y sencillez en su vida, herencia sin duda de su educación campesina.

El péndulo familiar osciló de nuevo y el hijo mayor de Antonio, Piero, se incorporó con fruición al mundo de los «alguaciles y notarios». El dinámico Ser Piero el Joven, reencarnación de su abuelo del mismo nombre, llegaría a ocupar también una posición preeminente en los asuntos financieros de Florencia. En 1446 había abandonado Vinci: la declaración de Antonio para el catastro no le incluye aquel año entre los familiares a su cargo. Probablemente fue investido como notario el año siguiente, a la edad habitual de veintiún años. El primer documento legal escrito de su puño y letra data de 1448. Un par de años después ejercía en Pistoia, donde quizá vivía con su hermana Violante, ahora casada e instalada en aquella ciudad. Aparece también en Pisa, pero pronto sigue el habitual camino a Florencia y comienza a ejercer su profesión allí. Podemos apreciar su distintivo notarial —una especie de sello no muy distinto al de un impresor— en un contrato fechado en noviembre de 1458. Está dibujado a mano y representa una nube con una letra *P* y algo que surge de ella y que parece en parte una espada y en parte un árbol estilizado.[12] El contrato concierne a los Rucellai, una de las familias más importantes de mercaderes de Florencia, con la que Leonardo llegaría a algunos acuerdos más adelante.

Podría decirse que Piero era un Da Vinci típico, ambicioso, cortés y no demasiado afable. La otra vena de la familia, la vena contemplativa, más amante del campo, hallaría continuidad en el hijo pequeño de Antonio, Francesco, nacido en 1436. No ambicionaba éste prosperar gracias a la profesión de notario: su mayor acercamiento al mundo de los negocios consistió en cultivar gusanos de seda con fines especulativos. Al parecer, vivió toda su vida en Vinci, como su padre, al cuidado de las fincas y los viñedos de la familia. En su declaración del catastro de 1498 escribe simplemente: «Vivo en el campo sin perspectivas de empleo».[13] Francesco sólo tenía quince años cuando nació Leonardo, muy joven para ser tío, pero figura de vital importancia, no obstante, en el temprano desarrollo del artista. Se ha observado que en la primera edición de sus *Vidas*, Vasari describe erróneamente a Ser Piero da Vinci como tío de Leonardo. Es posible que este curioso error (debidamente corregido en la siguiente edición) refleje una tradición, no bien entendida, según la cual Leonardo habría tenido una relación más cercana con su tío que con su progenitor.[14] Es muy posible que Piero fuera un padre ausente, ocupado y no muy cariñoso. Lo cierto es que no dejó nada a Leonardo en su testamento y, aunque a su muerte contara con numerosos hijos legítimos, el hecho de que a él no le legara nada es sin duda significativo. Su tío Francesco, que murió sin hijos, le dejó, por el contrario, toda su fortuna, una herencia enconadamente impugnada por los hijos legítimos de Piero.

Así era la familia en cuyo seno nació Leonardo: una colección de individuos medianamente complejos, cuyas peculiaridades individuales nos resultan en su mayor parte imposibles de conocer; pero que, en un sentido esquemático, refleja los dos aspectos gemelos de la identidad social del Renacimiento: *città e villa,* lo urbano y lo pastoral, lo activo y lo contemplativo, cuyos méritos respectivos fueron descritos por tantos escritores y pintores de la época, como lo habían sido desde al menos los tiempos del poeta romano Horacio. No es difícil ver ambas facetas reflejadas en la vida y la obra de Leonardo. Vivió éste en ciudades casi toda su vida adulta, en parte, aunque no totalmente, porque así lo exigía su profesión; sin embargo, el profundo amor que sentía por el campo, sus formas y su ambiente, se muestra en su pintura y en sus escritos.

Los genes de los Da Vinci son hasta cierto punto reconocibles en Leonardo. Percibimos en él, a grandes rasgos, la herencia familiar, y captamos algo del medio social, cultural, financiero, físico y hasta psicológico en el que nació. Pero esto, naturalmente, constituye sólo la mitad de su historial genético. De la otra mitad, de su madre y de los antepasados de ésta, no sabemos casi nada. En la historia de los años formativos del artista, ella conforma una oscura zona de sombra, y, como en sus pinturas, son esas lustrosas áreas de oscuridad las que atraen nuestra vista como si tuvieran un secreto que transmitir.

Caterina

El corazón no late ni los pulmones respiran mientras el hijo permanece en el vientre lleno de agua, porque si respirara se ahogaría instantáneamente. Pero la respiración de la madre y el latido de su corazón dan vida al hijo.

MS Anatómico C2, fol. 11r

La primavera llega a Vinci y una mujer se prepara para dar a luz a su primer hijo. Todo lo que sabemos de la madre de Leonardo en aquellos días de comienzos de 1452 puede resumirse muy brevemente. Se llamaba Caterina, tenía unos veinticinco años y llevaba en su vientre un hijo de Ser Piero da Vinci, pero él no quería, o no podía, casarse con ella.

Generalmente se describe a Caterina como una «campesina» *(contadina)* o «sirvienta» *(servitore).* Según otra versión sería la hija de un leñador de Cerreto Guidi, por entonces un extenso robledal al suroeste de Vinci. Se trata de meras suposiciones —la última más embellecida pero no muy antigua—, de diferentes versiones de una conjetura básica: que Caterina era una muchacha pobre de clase humilde y que por eso Piero no podía casarse con ella. Puede que sea cierto, pero no es ésa la única razón posible del rechazo. Otra, quizá más acuciante, pudiera ser que él ya estuviera prometido, pues se casó con la hija de un acaudalado notario florentino llamada Albiera en 1452, como mucho ocho meses después del nacimiento de Leonardo. La novia tenía dieciséis años. Es probable que ese matrimonio, así como los compromisos financieros que sin duda lo acompañaron, se hubiera acordado anteriormente. El rechazo que sufrió Caterina ya embarazada pudo deberse, pues, tanto a un contrato característico de ese mundo notarial de los Da Vinci como a un problema de clase social. Se han investigado a fondo los catastros de la época en busca de algún rastro de ella o de su familia en Vinci, pero no se ha encontrado ninguna Caterina que responda a sus circunstancias. (Gracias a un documento muy posterior se sabe que nació hacia 1427). Tal vez su aparente ausencia del catastro demuestre la humildad de su origen, aunque también podría demostrar sencillamente que procedía de otro lugar.

Ciertamente es posible que Caterina fuera una joven sin tierras o posición social, pero es curioso que la única biografía temprana de Leonardo que la menciona diga de ella exactamente lo contrario: *Era per madre nato di buon sangue* («Era, por parte de madre, de buena sangre»). Leemos este comentario en el *Anónimo Gaddiano,* escrito en torno a 1540 y que constituye una fuente fiable aunque no impecable. Su autor es el primer biógrafo de Leonardo que afirma que fue hijo ilegítimo.[15] Ninguna de las otras fuentes —Billi, Giovio, Vasari, etcétera— lo menciona. (En el caso de Vasari, que evidentemente conocía el *Anónimo,* es posible que eligiera no mencionarlo.) Quizá el biógrafo acierte al referirse a la «buena sangre» de Caterina, aunque también puede tratarse de una interpolación destinada a contrapesar el baldón de la ilegitimidad.

Fuera cual fuese su orígen, lo que sí debe de ser cierto es que Leonardo fue fruto de la pasión, un hijo del amor. Si esa pasión fue efímera y carnal, o si Piero «realmente quería» a Caterina pero se vio obligado a casarse con otra, es imposible saberlo. En una hoja de dibujos anatómicos fechada en torno a 1507, Leonardo escribió: «El hombre que mantiene una relación carnal violenta y desasosegada tendrá hijos irritables y poco dignos de confianza; pero si la relación tiene lugar con gran amor y deseo por ambas partes, el hijo será entonces de gran inteligencia, agudo, vivaz y encantador».[16] La idea no era nueva —Edmund, el bastardo de *El rey Lear* de Shakespeare, dice más o menos lo mismo—, pero quizá Leonardo pensaba que tenía una especial relevancia con respecto a su propia concepción. Si es así, cuando se refiere a los hijos irritables producto de una unión carente de amor podría estar pensando en sus hermanastros legítimos y mucho más jóvenes que él, con los que mantenía un áspero litigio en el tiempo en que escribió esa nota.

Más o menos un año después del nacimiento de Leonardo, o quizá antes, Caterina se casó —resulta tentador decir que la casaron— con un hombre de la región. Se le conocía por el nombre de Accattabriga o Accattabrighe, un apodo que significa literalmente «el que busca *[accatta]* pelea *[briga]*», es decir, «pendenciero» o «camorrista».[17] Puede ser una descripción de su personalidad o puede simplemente denotar que había sido soldado, como lo había sido su hermano y como lo sería su hijo. Accattabriga era un apodo habitual entre los mercenarios: un famoso capitán florentino de aquellos días, Jacopo da Castelfranco, era conocido también por este nombre. En este contexto significa, en un sentido amplio, lo que hoy llamaríamos un «tipo duro».

El primero que se refiere a Accattabriga como marido de Caterina es el siempre informativo Antonio da Vinci. En su declaración del catastro de 1457, Antonio incluye a Leonardo, entonces de cinco años de edad, entre las personas que tiene a su cargo, describiéndole como «Leonardo, hijo ilegítimo del mencionado Ser Piero y de Chaterina, ahora esposa de Accattabriga».[18] El nombre completo del marido era Antonio di Piero Buti del Vacca. Cuando se casó con Caterina tenía unos veinticuatro años —dos menos que ella— y era *fornaciaio*, es decir, que trabajaba en un horno en el que se quemaba la piedra del lugar para la producción de cal para argamasa, cerámica o abono. En Mercatale, en el camino de Empoli, unos cuantos kilómetros al sur de Vinci, tenía un horno que alquilaba a los monjes de un monasterio florentino, el de San Pier Martire. Según el registro del monasterio, lo alquiló desde 1449 hasta 1453, probablemente el año en que contrajo matrimonio. En 1469 ese mismo horno fue alquilado por Ser Piero da Vinci, posiblemente en nombre de Accattabriga. Hoy existe en Mercatale, un lugar bastante pobre, una pequeña industria.

Durante generaciones, la familia de Accattabriga, los Buti, había trabajado la tierra en Campo Zeppi, una pequeña elevación sobre el río Vincio que se hallaba a poca distancia de Vinci y que correspondía a la parroquia de San Pantaleone. Eran propietarios de la tierra y por lo tanto pertenecían a un nivel superior a los arrendatarios, pero vivían muy próximos al nivel de la subsistencia y en los catastros comprobamos que la curva de la fortuna familiar sigue una dirección descendente a lo largo de todo el siglo xv. Allí fue a vivir Caterina con su marido, quizá con una dote pagada por los Da Vinci, y allí fue donde residió a partir de entonces tal vez durante décadas. Que su hijo Leonardo la acompañara, es algo posible pero no seguro. En el catastro de 1457 aparece como un miembro más de la familia Da Vinci, pero en ello puede haber un motivo de tipo fiscal —como *bocca* desgravable valía 200 florines— y quizá no refleja la situación real. La probabilidad, como dijo Berkeley, es la guía fundamental en la vida, y, aunque no siempre sea una buena máxima para el biógrafo, creo que en este caso nos dice con bastante contundencia que, en sus primeros años, Leonardo debió de pasar mucho tiempo en Campo Zeppi al cuidado de su madre, y que ese humilde asentamiento de casas levantadas a lo largo de una cresta fue el escenario de su infancia en la misma medida que Vinci o que ese otro candidato más generalmente aceptado por la tradición, pero también más dudoso, que es Anchiano. La vida de Ser Piero se desarrollaba en Florencia, donde vivía junto a su esposa, Albiera, la hija del notario Giovanni Amadori. Ésta fue madrastra de Leonardo en la ciudad, del mismo modo que Accattabriga era su padrastro en el campo. Las coordenadas emocionales de su infancia, pues, se muestran complicadas.

Hacia 1454, cuando Leonardo tenía dos años, Caterina dio a luz a una hija que fue bautizada con el nombre de Piera, lo que ha provocado una excitación innecesaria. ¿Un eco del abandono de Ser Piero? Probablemente no. A la niña se le impone el nombre, de acuerdo con la costumbre, de la madre de Accattabriga, quien aparece registrada en el catastro como «Monna Piera».[19] En 1457 nació una segunda hija, Maria. Sorprendemos a la familia en la instantánea de su declaración de la renta del 15 de octubre de 1459: Accattabriga y «Monna Catherina, su esposa», Piera, de cinco años, y Maria, de dos. Viven en Campo Zeppi con el padre de Accattabriga, Piero; su madrastra, Antonia; su hermano mayor, Jacopo; su cuñada, Fiore, y sus sobrinos Lisa, Simone y Michele, éste de pocos meses. La casa se valora en 10 florines y las tierras en 60. Estas últimas, en parte cultivadas y en parte baldías, producen 3 fanegas de trigo al año, mientras que las viñas proporcionan 4 barriles de vino, cifras que sitúan a los Buti en un nivel económico muy inferior al de los Da Vinci.

Tres hijos más nacieron en rápida sucesión: Lisabetta, Francesco y Sandra. En 1463, año del nacimiento de esta última, Caterina había dado a luz a seis hijos en el plazo de once años, cinco de ellos legítimos y bautizados, sin duda, en la diminuta parroquia de San Pantaleone, al otro lado del río frente a Campo Zeppi, una iglesia hoy en ruinas y poco frecuentada si exceptuamos las palomas que picotean y escarban en el tejado de su pórtico de columnas. El único hijo varón legítimo de Caterina, Francesco, nacido en 1461, se alistó como soldado y murió en Pisa alcanzado por el disparo de una espingarda a la edad de treinta años.[20]

Vislumbramos a Accattabriga, quizá haciendo honor a su nombre, en un día de finales del verano de 1470. Disfruta de una excursión a Massa Piscatoria, en el *padule,* la zona pantanosa que se extiende hacia el oeste entre el Mont'Albano y las colinas de Pisa. Es una fiesta religiosa —el 8 de septiembre, día del nacimiento de la Virgen María— , pero una pelea o alboroto *(tumulto* es la palabra utilizada) agua la celebración y Accattabriga se encuentra entre los requeridos como testigos en una investigación judicial un par de semanas después. Su compañero aquel día fue un tal Giovanni Gangalandi, descrito como un *frantoiano,* o dueño de un molino de aceite, y vecino de Anchiano, lo cual vuelve a recordarnos cuán reducido era el mundo de Vinci.

La unión de Caterina y Antonio Buti comenzó como un matrimonio de conveniencia: la conveniencia de unos señores, los Da Vinci, para los cuales ella representaba una deshonra ante la sociedad, y la conveniencia más apremiante de Caterina, una mujer caída y rechazada, y en una situación que la abocaba a la indigencia. Fue probablemente un incentivo económico lo que indujo a Accattabriga a aceptarla, pero hubo quizá otro aliciente más: la posibilidad de establecer un vínculo familiar con los Da Vinci. Accattabriga figura en los acuerdos comerciales menores de la familia. En 1472, aparece como testigo de Piero y Francesco da Vinci en un contrato concerniente a unas tierras; años después lo encontramos de nuevo como testigo de un testamento que Ser Piero certifica en Florencia como notario. Francesco da Vinci actúa a su vez como testigo cuando en agosto de 1480 Accattabriga vende una finca, una pequeña parcela conocida con el nombre de Caffaggio y colindante con las tierras de la iglesia de San Pantaleone; la adquiere la familia Ridolfi, que a lo largo de los años fue absorbiendo gran parte de las propiedades de los Buti. Pero si en un comienzo aquél fue un matrimonio de conveniencia, un ejemplo de cómo se resolvían los problemas en Vinci, al menos resultó ser una unión larga y fructífera, ya que en el catastro de 1487 encontramos a Accattabriga y a Caterina todavía juntos, viviendo con cuatro de sus cinco hijos en la casa familiar (Maria se había casado, vivía en otro lugar o quizá había muerto). «Monna Caterina» aparece registrada como una mujer de sesenta años en esta declaración, única clave documental con respecto a la fecha de su nacimiento. La propiedad de Campo Zeppi se ha dividido entre Accattabriga y su hermano; ambos aparecen como propietarios de «media casa», valorada en seis florines, y poco más de cinco *staia* de tierra.

Es poco lo que sabemos acerca del padrastro de Leonardo, una presencia que se alza imponente en la vida del niño, quizá más que la de su padre y su abuelo. Y ese poco que sabemos aporta a su infancia un toque de pobreza rural, de trabajo manual, de violencia desgarrada; una visión fugaz, quizá, del entorno que aguardaba a ese hijo ilegítimo si no se las arreglaba para escapar de él.

Accattabriga murió hacia 1490 cuando contaba poco más de sesenta años. Después de su muerte sucedió una última aventura en la vida de Caterina, pero eso pertenece a un epígrafe posterior.

«MI PRIMER RECUERDO...»

El recuerdo más temprano de Leonardo no tuvo que ver con su madre, ni con su padre, ni con ninguna otra persona. Tuvo que ver con un pájaro. Muchas décadas después, cuando contaba algo más de cincuenta años, escribía unas notas sobre el vuelo de las aves —su famoso y eterno tema—, y en particular sobre el vuelo del milano rojo de cola ahorquillada, *Milvus vulgaris*, cuando algo se disparó en su memoria y al comienzo de la página escribió esta breves líneas:

> Escribir así, tan particularmente, sobre el milano parece ser mi destino, pues el primer recuerdo de mi infancia es que, hallándome en la cuna, me pareció que un milano venía hacia mí, me abría la boca con su cola y me golpeaba muchas veces con ella entre los labios.[21]

Mucho se ha debatido acerca de si esta extraña imagen es realmente un recuerdo, una *ricordazione* como la llama Leonardo, o si se trata de una fantasía. Si efectivamente es una fantasía, se plantea un nuevo debate —al menos en el terreno de los estudios psiquiátricos sobre el artista—, esta vez acerca de a qué parte de su vida corresponde. ¿Pertenece realmente a su infancia? ¿Es un sueño temprano, o una pesadilla tan vívida que parece un recuerdo real? ¿O se trata de la fantasía de un adulto proyectada sobre la infancia, pero que concierne más al autor de la anotación —el Leonardo maduro de hacia 1505— que al niño en la cuna?

Era habitual ver milanos volando en las alturas del Mont'Albano sobre Vinci. Con suerte, aún puede verse alguno hoy en día. Son inconfundibles: la larga cola ahorquillada, la ancha envergadura elegantemente curvada, el color rojizo intenso y sin embargo suave, a través del cual, en los extremos de las alas y en las plumas de la cola, resplandece la luz del cielo. Por el contorno del pájaro y su forma de volar trazando círculos se le ha dado en inglés su nombre a la cometa *(kite)*, aunque ésta en italiano se llame «águila» *(aquilone)*. Los milanos son las aves de presa que mejor se han adaptado a la compañía del hombre: son carroñeros y le siguen en sus acampadas. Shakespeare da testimonio de su presencia en la Inglaterra isabelina, y aún puede vérselos hoy sobrevolando los pueblos y ciudades del Tercer Mundo. Entre los soldados británicos de la India el milano era conocido como *shite hawk*. Según el halconero británico Jemimah Parry-Jones, los milanos «aprovechan toda oportunidad ventajosa para hacerse con su presa» y son «muy conocidos por su costumbre de descender en picado y robar comida del plato».[22] Como demuestra este último comentario, es perfectamente posible que el recuerdo de Leonardo respondiera a una experiencia real. Un milano hambriento pudo descender en busca de algún bocado y asustar al niño en su cuna. Sin embargo, el aspecto más memorable y extraño del relato, que el pájaro introdujera la cola en su boca y golpeara o percutiese entre sus labios con ella *(percuotesse,* escribe Leonardo, utilizando la forma arcaica de esta palabra relacionada con la idea original de percusión), es mucho más improbable que ocurriese y constituye, por tanto, un elemento fantástico, una elaboración inconsciente de la memoria.

Las palabras mismas de Leonardo alientan la idea de que ese elemento fantástico está efectivamente presente. Aunque califica de recuerdo el incidente, éste reviste una especie de vaguedad que expresa nuestras dudas sobre nuestras reminiscencias más lejanas y hasta qué punto éstas son elaboraciones más que recuerdos auténticos. Dice Leonardo que le «pareció» que un milano descendía sobre él. Hay, pues, cierta imprecisión en su memoria. Retrocede en el tiempo para captar algo que tiene una gran fuerza en su mente pero que no se aparece claramente a su razón. Cree que ocurrió, pero quizá no fue así. Ha utilizado ya el verbo «parecer» en ese mismo texto: estudiar los milanos «parece ser mi destino». También es interesante la palabra «destino», porque en este contexto sugiere lo que podríamos calificar de compulsión o fijación. Dice que algo le impulsa a volver una y otra vez sobre este pájaro, a escribir sobre él «particularmente». La palabra «destino» sugiere que se trata de algo distinto de una volición consciente, que es un mecanismo oculto lo que está funcionando.

Pájaros volando, Códice de Turín (h. 1505).

En cierto sentido, la nota de Leonardo acerca de los milanos está relacionada con su renovado interés en torno a 1505 por el vuelo del hombre. Por entonces fue cuando compuso el pequeño códice *Sobre el vuelo de las aves* que se conserva en Turín y que incluye una famosa proclamación: «El gran pájaro emprenderá su primer vuelo desde la cumbre del Gran Cecero, llenando de asombro el universo, inundando las crónicas con su fama y trayendo gloria eterna al nido en que nació».[23] La interpretación que suele darse a estas palabras es que Leonardo proyectaba probar su máquina voladora o «gran pájaro» despegando del Monte Ceceri, cercano a Fiésole, al norte de Florencia. Una nota garabateada en el mismo folio del códice da testimonio de su presencia en las cercanías de aquella ciudad en marzo de 1505.[24] Así pues, el recuerdo del milano le viene a la mente en una ocasión en que se hallaba intensamente preocupado por la posibilidad de que el hombre pudiera volar, convirtiéndose en una especie de fuente privada de esa preocupación. El milano bajó volando hasta él y le mostró su «destino» cuando todavía se hallaba en la cuna.

El primer estudio psicológico acerca de la fantasía del milano de Leonardo fue el de Freud: *Eine Kindheitserinnerung des Leonardo da Vinci* («Un recuerdo infantil de Leonardo da Vinci»), publicado en 1910. En él Freud analiza esencialmente el relato como si se tratara de un sueño, con sus significados inconscientes y recuerdos codificados. La clave para interpretarlo se encuentra, cree él, en la relación de Leonardo niño con su madre. Parte de lo que dice a este respecto es insostenible, porque argumenta la relación con la figura materna basándose en las asociaciones simbólicas concernientes al buitre (utilizó una versión alemana de la nota de Leonardo que traducía erróneamente la palabra milano por *Geier*, buitre).[25] Su erudita digresión acerca del simbolismo del buitre en Egipto debe ser, pues, descartada, junto con muchas otras cosas que, en opinión de este biógrafo, son demasiado específicas o elaboradamente «freudianas». Pero la idea básica de que este sueño o fantasía de Leonardo, centrado específicamente en su cuna, esté relacionado con sus sentimientos hacia su madre sí parece una valiosa intuición psicoanalítica.

Según Freud, el pájaro que pone la cola en la boca del niño es un recuerdo soterrado de cuando había sido amamantado: «Lo que la fantasía esconde no es más que una reminiscencia del acto de mamar —o de ser amamantado por la madre—, una escena de humana belleza que Leonardo representó como hicieron tantos otros pintores». (Freud se refiere aquí a la *Madonna Litta*, obra ejecutada por el artista en Milán a finales de la década de 1480). Ser amamantado es «nuestra primera fuente de placer», y la impresión que nos produce «queda indeleblemente impresa en nosotros».[26] Pero la idea de que la cola del pájaro representa el pezón de la madre hay que interpretarla con matices, porque la fantasía de Leonardo no es sólo, ni siquiera principalmente, una imagen de la seguridad infantil. La sensación que produce es completamente diferente. La acción del pájaro llega a ser intrusiva, amenazadora, percusiva, lo cual podría significar que los sentimientos de Leonardo con respecto a su madre eran en sí ambivalentes, que es el miedo a su rechazo u hostilidad lo que expresa esta alusión opresiva. Recordemos el nacimiento de la primera hija de Caterina en 1454, cuando Leonardo tenía dos años, una edad en la que el niño tiende a considerar la llegada de una nueva criatura como una desastrosa privación del afecto materno. O quizá —más en la línea de Freud—, el inquietante aspecto de la cola del pájaro tenga un significado fálico y represente la amenazadora competición con el padre.

Freud aplicó estas percepciones a lo que se sabía acerca de la infancia del artista, que en 1910 no era tanto como lo que sabemos hoy, pero que en líneas generales estaba suficientemente claro gracias a la publicación, unos cuantos años antes, de las declaraciones de Antonio da Vinci para el catastro. Su fantasía «parece decirnos» —observa Freud— que Leonardo «pasó los primeros y decisivos años de su vida, no con su padre y su madrastra, sino con su verdadera madre, pobre y abandonada». En esta fase crítica de la infancia «quedan fijadas ciertas impresiones y establecidas ciertas formas de reaccionar ante el mundo exterior», y lo que en este caso se fija concretamente es la ausencia del padre. Ser Piero estaba ausente de la casa, ajeno al intenso círculo de la relación madre-hijo, pero era, además, una amenaza para esa relación, un trastorno en potencia. La fantasía del milano sugiere así una temprana tensión entre el bienestar que supone la madre y la amenaza que supone el padre, preparando el escenario de tensiones posteriores. «Ningún hombre que de niño haya deseado a su madre puede escapar al deseo de ocupar el lugar de su padre, ni puede dejar de identificarse con él en su imaginación, ni puede dejar más tarde de dedicar su vida a ganar ascendiente sobre él».[27] El hecho de que el padre de Leonardo hubiera muerto en 1504 —fecha bastante cercana a la de la anotación relativa al milano— puede ser significativo. Los críticos del análisis de Freud afirman que éste añade una interpretación psicológica en gran medida especulativa a una historia ya de por sí especulativa, y no les falta razón; pero lo que es indudable es que su interpretación es coherente. Es muy poco lo que sabemos con respecto a la infancia de Leonardo y, por lo tanto, las especulaciones de Freud merecen toda nuestra atención.

Existe otro escrito de Leonardo acerca de los milanos, al parecer desconocido por Freud, que conduce al mismo terreno que el anterior. En él cita una asociación, presente en el folclore, entre el milano y la envidia. «Se ha escrito del milano que cuando ve que sus crías comienzan a engordar demasiado en su nido, picotea sus costillas llevado por la envidia y se niega a alimentarlas».[28] Corresponde este texto a su «bestiario», una colección de dichos y relatos emblemáticos relativos todos ellos a animales, escritos en una pequeña libreta que utilizaba en Milán a mediados de la década de 1490. Precede, por lo tanto, en unos cuantos años a la nota referente al «recuerdo» del milano. Por otra parte, refleja un pasaje de una miscelánea popular, *Fiore di virtù*, de un fraile del siglo XIII, Tommaso Gozzadini, un libro que Leonardo poseyó. Aunque carece del peso que como asociación personal tiene el famoso recuerdo, guarda con éste una relación interesante. De nuevo encontramos aquí un milano y una cría (en este caso sus propios polluelos). La clave de la viñeta está en la retirada del amor paterno. La que debería ser una figura reconfortante y protectora —el pájaro que alimenta en el nido a sus crías— se convierte en una imagen de inquietante hostilidad: el milano «picotea» a la cría del mismo modo que en el recuerdo «golpea» al niño con la cola. Podría interpretarse también como el miedo a la madre, que de alimentar pasa a destruir *(quod me nutrit me destruit*, según el antiguo emblema), o el miedo al padre en cuanto rival hostil por el afecto de la madre. De nuevo nos conduce el milano al terreno de los miedos y tensiones infantiles.[29]

Otro pasaje que sin duda habría interesado a Freud aparece en una de las colecciones de *profezie* de Leonardo, adivinanzas y juegos de palabras humorísticamente expresadas en forma de profecías. Uno de sus aspectos más interesantes consiste en que suelen comunicar significados inesperados que trascienden la solución de la adivinanza. Un ejemplo es la profecía que reza: «Las plumas elevarán a los hombres, como hacen con los pájaros, hacia el cielo». La respuesta es «cálamos», plumas con las que se escriben palabras que elevan al hombre; pero la solución secreta parece ser «el vuelo del hombre». Lo mismo ocurre con «Criaturas voladoras sostendrán al hombre con sus plumas» (la respuesta es, en este caso, «lechos de plumas»).[30] La más irresistible de todas es la profecía cuya solución es simplemente «soñar» y que, sin duda, constituye nada menos que una descripción de los inquietos sueños de Leonardo:

Les parecerá a los hombres que ven una destrucción desconocida en el cielo. Les parecerá que vuelan muy alto hasta el cielo y que luego huyen aterrorizados de las llamas que caen de allí. Oirán a toda clase de animales hablando las lenguas de los hombres. Sus cuerpos se deslizarán en un instante hasta distintas partes del mundo sin moverse. En medio de la oscuridad verán los esplendores más asombrosos. ¡Oh maravilla de la especie humana! ¿Qué locura te ha llevado a esto? Hablarás con animales de todas las especies y ellos hablarán contigo en la lengua de los hombres. Te verás caer desde las alturas sin hacerte daño. Los torrentes te arrastrarán con su rápida corriente...

Una rasgadura del papel hace ilegible la línea siguiente. Sólo se distingue *Usera[i] car[...]n madre e sorell [...]*. Carlo Pedretti conjetura que la frase dice: *Userai carnalmente con madre e sorelle* («Conocerás carnalmente a tu madre y a tus hermanas»), y la compara con una frase del bestiario sobre la lujuria del camello: *Se usasse continuo con la madre e sorelle mai le tocca...* [31] De este modo los sueños acerca de «volar alto en el cielo» y de «hablar con los animales» se mezclan extrañamente con una fantasía de relaciones incestuosas con la madre. De nuevo nos encontramos en el tipo de terreno cartografiado por Freud en su análisis de la fantasía del milano.

Este trasfondo psicológico se distingue también en una de las pinturas más misteriosas de Leonardo, la de *Leda y el cisne* (Lámina 29). El cuadro se ha perdido, pero es posible reconstruirlo parcialmente a partir de los bocetos preliminares de Leonardo y de las copias realizadas por discípulos y seguidores. Los primeros bocetos que se conocen están fechados en 1504-1505, es decir, son contemporáneos de la nota acerca del milano. El tema procede de la mitología clásica. Júpiter o Zeus, enamorado de la princesa espartana Leda, se transforma en cisne y de su unión nacen —en la pintura salen literalmente del cascarón— dos parejas de gemelos: Cástor y Pólux por una parte, y Helena y Clitemnestra por otra. De este modo —con el pájaro, la madre y los niños-pájaro saliendo del cascarón en primer plano— Leonardo parece volver una vez más al ámbito de su fantasía del milano. Al igual que esta fantasía, el cuadro está claramente relacionado con la preocupación del artista en esa época por el vuelo del hombre. *Cecero* —como en el Monte Ceceri desde el cual Leonardo proyectaba lanzar su «gran pájaro» o máquina voladora hacia 1505— significa «cisne» en el dialecto florentino.

Otra pintura del Louvre, *La Virgen y el Niño con Santa Ana,* añade una curiosa nota a pie de página a esta historia del milano. La pintura es tardía, de hacia 1510, pero ya en 1501 existía una versión de ella —un cartón a tamaño natural—, de forma que pertenece aproximadamente al periodo en que Leonardo tenía poco más de cincuenta años. Versa, obviamente, sobre el tema de la maternidad. Santa Ana es la madre de María, aunque suele observarse que Leonardo la pinta como si ambas tuvieran la misma edad, por lo que parece una reflexión más acerca de las enrevesadas relaciones que rodearon la infancia de Leonardo, con la trinidad formada por Caterina, Albiera y Lucia, madre, madrastra y abuela. La cosa podría haber quedado ahí de no haber sido por el cu-

Niños pájaro: detalle de la Leda y el cisne *de los Uffizi.*

rioso descubrimiento de un discípulo de Freud, Oskar Pfister, que vio un «pájaro oculto» en los pliegues del manto de la Virgen. Ocurrió en 1913, por lo que Pfister —siguiendo el error original de Freud— llama al pájaro «buitre», pero eso no afecta al fondo de la cuestión. El «pájaro» se ve mejor si colocamos la pintura de lado. Una vez que se nos ha señalado parece hallarse efectivamente ahí, pero (al igual que esos recuerdos inculcados de la infancia), ¿está *realmente?* Esto es lo que vio Pfister: «En el manto azul visible en torno a la cadera de la mujer que aparece en primer plano (es decir, María) y que se extiende sobre su regazo y su rodilla derecha, se ve la cabeza extremadamente característica del buitre, su cuello y la marcada curva donde comienza su cuerpo». Reconoció las alas del pájaro en la longitud de la tela que llega hasta el pie de María. Otra parte del manto «se extiende en dirección ascendente y descansa sobre el hombro derecho de la Virgen y sobre el Niño», y aquí es donde Pfister ve la «cola extendida» del pájaro, completada con «líneas radiantes que parecen el perfil de las plumas». Y, lo que es más extraño de todo —«exactamente como en el fantástico sueño infantil de Leonardo»—, la cola llega hasta la boca del niño, es decir, hasta el mismo Leonardo.[32]

53

El pájaro oculto que distinguió Oskar Pfister en el cuadro del Louvre La Virgen y el
Niño con Santa Ana.

Hay tres posibles explicaciones de este «enigma pictórico», como lo
llama Pfister. La primera, que Leonardo pintó ahí un pájaro deliberadamente. La segunda, que proyectó involuntariamente la forma del pájaro
sobre su reflexión acerca de la maternidad. La tercera, que ese pájaro no
es más que una configuración fortuita de líneas y sombras y no tiene otro
significado que el de la representación de unos pliegues, una habilidad
de virtuoso que Leonardo llevaba treinta años cultivando. La respuesta
más segura es esta última, si es seguridad lo que buscamos.

De este modo, el eco de ese primer recuerdo —el de un pájaro que vino
hacia él cuando se hallaba en su cuna— resuena en su interior a través de
los años, entrelazado con los sentimientos de amor y pérdida de la madre y
con la jactanciosa ambición de fabricar una máquina para volar, como si así
pudiera volver a encontrar a ese, en parte recordado, en parte imaginado,
visitante del cielo.

EN EL MOLINO

A las afueras de Vinci, a la derecha de la carretera que va hacia el norte en dirección a Pistoia, hay una casona de piedra llamada Il Molino della Doccia. Hoy es una casa particular, pero hasta hace poco tiempo —to-

davía hay quien lo recuerda— era un molino de aceite o *frantoio*. Así lo conoció sin duda Leonardo, que titula un rápido bosquejo de una prensa de aceitunas con las palabras «Molino della Doccia di Vinci». Lo hizo entre 1504 y 1505, probablemente durante una visita a su pueblo natal.[33] Corresponde al mismo periodo que su nota sobre el milano y quizá contenga también un elemento de reminiscencia. Allí, en el Molino della Doccia, se ve rodeado de los paisajes y los olores de su infancia.

Leonardo era un niño de campo. Hablando en términos generales, se puede afirmar que creció en una hacienda —ya fuera en la pequeña finca de su padrastro en Campo Zeppi o en las modestas posesiones de su abuelo cercanas a Vinci—, y que desde sus primeros años estuvo inmerso en el mundo de la producción agrícola: el mundo del arado y las acequias, de la siembra y la recolección, de los huertos, trigales, viñedos y olivares. El producto típico de las colinas toscanas, más aún que el vino, era el aceite de oliva. Además de utilizarse en la cocina por sus virtudes culinarias, se usaba como combustible para lámparas, como lubricante, como medicina o ungüento y para otros usos prácticos. En Vinci, como en otros mil lugares semejantes, la recogida de la aceituna era una tarea en la que participaba la comunidad entera; aún hoy ocupa un lugar importante en la vida de los pueblos de la Toscana. Un viejo dicho popular anuncia que las aceitunas ya están maduras a primeros de octubre: *Per Santa Reparata* [8 de octubre] *l'oliva è oliata,* pero la recolección es un acontecimiento que se prolonga hasta primeros de diciembre. La aceituna se vareaba con unas varas largas, generalmente de la *Phragmites communis* que crece con abundancia a lo largo de los ríos. Una de las «profecías» o adivinanzas de Leonardo incluye una imagen de estos trabajos: «Caerán del cielo las que nos proporcionan comida y luz», cuya respuesta es: «Las aceitunas cayendo del olivo».[34] El fruto se recogía en capachos y se llevaba a almazaras como el Molino della Doccia, donde se prensaba. En la actualidad los molinos de aceite funcionan a base de electricidad y no de energía hidráulica o de fuerza animal, pero algunos de ellos siguen utilizando el sistema básico de muelas y prensa por torsión que se empleaba en tiempos de Leonardo. El aire aromático y húmedo del *frantoio*, el suelo resbaladizo, las jarras de un aceite turbio de color verdoso, el apreciado *olio nuovo...* nada de eso ha cambiado.

Junto al dibujo de Leonardo de la prensa del Molino della Doccia y claramente inspirado por él, vemos el de un mecanismo más complicado que lleva el siguiente título: *Da macinare colori ad acqua* («Para moler colores por medio del agua»), el cual nos recuerda que el pintor trabajaba también con los frutos y los productos de la tierra. Los colores que utilizaba procedían de plantas, corteza de árbol, tierra y minerales que era necesario triturar y preparar para convertirlos en pigmento. Hay frecuentes refe-

Labores del campo, de una página de dibujos de h. 1506-1508.

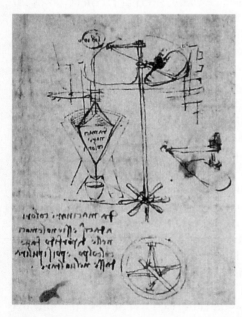

Máquina para moler colores inspirada por el molino de aceite de Vinci.

rencias a aprendices de taller a quienes estaba encomendada la tarea de «moler los colores», generalmente con la maja y el mortero. El artefacto dibujado en esa hoja estaba destinado a mecanizar ese trabajo.[35]

Existe una relación entre el tratamiento de la aceituna en el molino de aceite y el de la pintura en el taller del artista, y la relación se hace todavía más cercana cuando recordamos que Leonardo fue sobre todo un pintor de óleos. Los aceites que con mayor frecuencia se utilizaban para la pintura eran el de linaza y el de nogal; Leonardo experimentó toda su vida con diferentes mezclas —añadiendo, entre otras cosas, distintos tipos de trementina y semillas de mostaza molidas—, pero esos dos aceites eran los básicos. Ambos se producían del mismo modo y con el mismo tipo de maquinaria usada para el aceite de oliva (que por lo general no se empleaba para la pintura por ser demasiado espeso). Una nota del Códice Atlántico sugiere que Leonardo intervenía personalmente en el proceso de obtención del aceite de nogal: «Rodea las nueces una gruesa cáscara semejante a una piel, y si no se quita cuando se extrae de ellas el aceite, esa piel lo tiñe, y cuando estás trabajando con él la piel se separa y sube a la superficie del cuadro y la hace cambiar [por ejemplo, decolorándola]».[36]

Hay en sus cuadernos otros dibujos de molinos de aceitunas que pueden estar relacionados con la producción de aceite para pinturas. En uno de los cuadernos de Madrid aparece perfectamente analizado un mecanismo de tracción animal descrito como «prensa para aceitunas y nueces». Las instrucciones son muy precisas: «La pieza de hierro marcada con una *a* tiene la anchura de un dedo», y «La bolsa que contiene las nueces o las aceitunas es de una lana muy gruesa, tejida como la cincha de las sillas de los mulos».[37]

Existe en todo esto una continuidad que tiene su origen en la infancia de Leonardo. Los molinos de aceituna son una especie de prototipo del taller del artista, en el que no faltaba ni la molienda, ni el prensado, ni el olor acre del aceite recién obtenido.

Otra actividad rural que Leonardo tuvo sin duda que ver de niño es el entretejido de mimbres para hacer cestos. Se trataba de una especialidad de la región, en la que el mimbre era abundante *(Salix viminalis)*. De hecho está relacionada con el nombre de Vinci, por lo que debió presentar un especial atractivo para él.

Tanto en sus días de gloria como en días posteriores, le fueron dedicados a Leonardo muchos epigramas que casi invariablemente incluían un juego de palabras entre Vinci y *vincere*, conquistar. Pero el origen de su nombre no tiene nada que ver con ninguna conquista sino que se encuentra en una antigua palabra italiana que designaba el mimbre: *vinco*, en latín *vincus*. El río Vincio, que pasa junto a Vinci, es, pues, «el río en que crecen los mimbres». El término se deriva del latín *vinculus* o unión (el mimbre se utiliza mucho para atar), y se encuentra en la literatura italiana describiendo metafóricamente diferentes tipos de lazos, como los «dulces vínculos» *(dolci vinci)* del amor de los que habla Dante.[38] Si rastreamos su etimología por un momento, hallaremos que el latín *vincus* está relacionado con la antigua palabra nórdica que designaba el mimbre, *viker*, de la que procede la palabra inglesa *wicker*, del mismo significado, así como la palabra *weak*, cuyo sentido original estaba relacionado

con la flexibilidad. Así, curiosamente, el juego de palabras relacionado con Vinci, que parte de la idea de la conquista, llega a dar en los conceptos de «debilidad» y «flexibilidad».

Leonardo tomó esta artesanía local de la cestería e hizo de ella su emblema personal, casi podríamos decir que su «logotipo». Existen una serie de grabados, basados en dibujos ejecutados por él probablemente en Venecia poco después de 1500, que muestran complejos diseños de líneas entrelazadas y llevan en el centro las palabras «Acade-

Entrelazados. Diseño de nudos para la «academia» de Leonardo (arriba), y cabello trenzado de un estudio para la cabeza de Leda.

mia Leonardi Vinci». El juego de palabras *vinci* = mimbres es indudablemente intencionado. Sabemos que el cortesano y poeta Niccolò da Correggio diseñó en 1492 una *fantasia dei vinci* —probablemente un diseño de nudos de algún tipo— para la marquesa de Mantua, Isabella d'Este.[39] Leonardo encontró sin duda irresistible este juego de palabras a que se prestaba su nombre, quizá porque le recordaba a las tejedoras de mimbres que había visto en su infancia en torno a Vinci. Hacer cestos se consideraba un trabajo de mujeres y no es improbable que Caterina lo practicara, por lo que Leonardo plasmaría en el papel los movimientos hipnóticos de las manos de su madre cuando trenzaba los mimbres empapados. Este tipo de diseños los ejecutaba ya en sus años florentinos, pues en una lista de sus dibujos, elaborada hacia 1482, se mencionan *molti disegni di groppi* («muchos diseños de nudos»), sin duda del tipo ejemplificado por los grabados de Venecia: Vasari utiliza específicamente la palabra *groppo* cuando se refiere a ellos.[40] Estos intrincados diseños se encuentran también en los adornos de los vestidos de la *Mona Lisa* y de la *Dama del armiño,* en trenzados de cabello, en las ondas del agua y en el entrecruzado del follaje de sus frescos de la Sala delle Asse de Milán. Giovanni Paolo Lomazzo se refiere a estos últimos cuando escribe: «En los árboles hallamos una bella invención de Leonardo, que forma con todas las ramas extraños diseños de nudos».[41] Lomazzo parece haber comprendido la conexión básica al utilizar el verbo *canestrare* para describir la creación de esos diseños, un verbo que significa exactamente «tejer como para hacer una canasta *[canestra]*».

Así pues, de una forma característicamente leonardesca, etimológicamente «Vinci» nos aparta del machismo militar implícito en la palabra *vincere,* simbolizada ésta por la fortaleza de Castello Guidi, y nos acerca a la forma ambivalente, tortuosa, inacabada de los *vinci* entrelazados: una fantasía, una adivinanza visual, una pregunta que nunca llega a obtener respuesta.

HABLAR CON LOS ANIMALES

> *El hombre tiene una gran capacidad para el lenguaje, pero lo que dice suele ser vano y falso; los animales tienen poca, pero lo que dicen es útil y cierto.*
>
> MS F de París, fol. 96v

Un perro tendido sobre una vieja piel de oveja; una tela de araña en una viña; un mirlo entre los espinos; una hormiga transportando un grano de mijo; una rata «asediada en su casita» por una comadreja; un cuervo volando hasta lo alto de un campanario con una nuez en el pico... Todas estas hermosas imágenes campesinas se encuentran en las *favole* o fábulas de Leonardo, que, escritas en Milán a comienzos de la década de 1490, se nutren de un rico acervo de tradiciones. Semejantes a las fábulas de Esopo —por una de las listas de sus libros sabemos que poseyó una edición de ellas—, parecen originales en sus particularidades y en su expresión. Constituyen relatos llenos de vida, algunos de ellos de sólo unas líneas, en los que animales, pájaros e insectos tienen una voz propia y una historia que contar.[42] Quizá exista una relación entre ellos y la vida onírica de Leonardo, esa vida que la «profecía» citada en relación con su fantasía del milano nos ha permitido vislumbrar: «Hablarás con animales de todas las especies y ellos hablarán contigo en la lengua de los hombres». La fantasía del milano parece pertenecer al mundo animista de las fábulas. Casi podría ser una de ellas, sólo que en ese caso Leonardo tendría que haberle dado la vuelta para narrarla desde el punto de vista del pájaro: «Un día un milano miró hacia abajo desde el cielo y vio a un niño dormido en su cuna...». Nos gustaría saber cómo habría continuado esta versión de la historia.

No es raro que un niño un poco solitario y criado en el campo llegue a sentir una fuerte afinidad con los animales, y que una vez que éstos han entrado a formar parte de su vida, no pueda ser feliz durante mucho tiempo lejos de su compañía. Que Leonardo «amaba» a los animales es casi un truismo. Vasari dice:

> Le deleitaban especialmente los animales de todas clases, a los que trataba con gran amor y paciencia. Por ejemplo, cuando pasaba por lugares donde se vendían pájaros, con frecuencia los sacaba de la jaula con sus propias manos, y, tras pagar al vendedor el precio que éste le pedía, los echaba a volar en el aire, devolviéndoles la libertad perdida.

Su famoso vegetarianismo parece formar parte de esa relación. (No existen pruebas de que fuese vegetariano toda su vida, pero lo fue con certeza durante sus últimos años). Una carta fechada en 1516 de un viajero italiano en la India, Andrea Corsali, describe a los gujarati como «hombres amables... que no se alimentan de nada que tenga sangre ni permiten que nadie haga daño a ningún ser vivo, como nuestro Leonardo da Vinci».[43] Uno de los compañeros más próximos de Leonardo, el excéntrico Tommaso Masini, tenía de él una opinión semejante: «No habría matado a una pulga por ningún motivo y prefería cubrirse con ropas de lino para no vestir nada muerto».[44]

Las fábulas y profecías de Leonardo nos lo muestran extremadamente sensible con respecto al sufrimiento de los animales, pero su respeto hacia estas criaturas no le hizo caer en el sentimentalismo. Sus manuscritos anatómicos contienen estudios basados sin duda en disecciones, que van desde la pata de un oso al vientre de un buey. Y no olvidemos ese lagarto tan «extraño» que le trajo un día el jardinero del Papa. Lo guardaba en una caja para asustar a sus amigos, después de equiparle con alas, cuernos y una barba pegada «con una mezcla de azogue». Hasta qué punto disfrutó el lagarto de este *jeu d'esprit* es algo que ignoramos. Esta anécdota de Vasari tiene un toque de broma infantil, pero corresponde a la etapa romana de Leonardo, cuando ya había cumplido los sesenta años. Puede que sea apócrifa y puede que no.

Leonardo siempre «mantuvo» caballos, dice Vasari. La información por sí misma sería irrelevante —en la Italia del Renacimiento todos, menos los más pobres, «mantenían» un caballo—, de modo que suponemos que Vasari quería decir algo más: que Leonardo era un excelente conocedor de estos animales, algo que de todos modos podríamos deducir de los muchos y bellos estudios que les dedicó en sus cuadernos de dibujos. Los primeros de ellos corresponden a finales de la década de 1470. Son bocetos preparatorios para una *Adoración de los pastores* que se ha perdido, o que, más probablemente, nunca pasó de ser un proyecto. De acuerdo con la imaginería sencilla propia del tema del cuadro, representan caballos del tipo que Leonardo habría visto en las faenas cotidianas del campo. El caballo que aparece visto por detrás, comiendo hierba, es huesudo y un poco desgarbado. La misma realidad desnuda de romanticismo es la que caracteriza a un dibujo parejo (el tipo de papel es idéntico) que representa un buey y un asno.[45] Algo posteriores son los bocetos para la inacabada *Adoración de los Magos* (1481-1482), en la que vemos varios caballos y jinetes al fondo, en esta ocasión más dinámicos y románticos. Uno de estos estudios tempranos, el del caballo y el jinete que lo monta a pelo, anteriormente en la Colección Brown de Newport, Rhode Island, es hoy por hoy el dibujo más caro del mundo. Fue vendido en Christie's en julio de 2001 por 12 millones de dólares, igualando el récord mundial alcanzado el año anterior por un estudio de Miguel Ángel de un Cristo resucitado. El dibujo de Leonardo, del tamaño de una postal, sale a unos 155,000 dólares por centímetro cuadrado.[46] Existen muchos estudios posteriores de caballos realizados por Leonardo —para la estatua ecuestre de Francesco Sforza (hacia 1488-1494), para el mural de *La Batalla de Anghiari* (hacia 1503-1506) y para el monumento funerario del *condottiere* Giangiacomo Trivulzio (hacia 1508-1511)—, pero aquellos primeros dibujos florentinos se cuentan entre los más atractivos. Representan los caballos de tiro y los percherones de su infancia rural y no los marciales corceles que exigirían los encargos posteriores, más relacionados con la milicia.

Dibujar caballos fue algo que Leonardo nunca dejó de hacer. Veamos, por ejemplo, el dibujo de Windsor de un carro militar. Con él se propone representar la temible máquina de guerra, con sus ruedas dentadas y sus balas de cañón, pero no puede resistir individualizar los dos caballos que tiran del vehículo, uno de los cuales se vuelve con las orejas erguidas y la mirada alerta, como sorprendido por una presencia inesperada. Son animales de granja más que de guerra; si cubrimos el carro militar lo que vemos es dos caballos tirando de una carreta o de un arado.[47]

En el Museo Británico se conserva un dibujo maravillosamente fresco y natural de un perro, y me atrevería a decir que ese perro —aunque debería decir perra, porque puede demostrarse que lo es— era el de Leonardo. Es un terrier pequeño, de poca altura y pelo suave, como los que aún se ven hoy por toda Italia. El artista ha captado perfectamente su carácter. El perro permanece sentado más por obediencia que por voluntad propia, con las orejas aplastadas en actitud zalamera y la boca casi sonriente, pero con la mirada atenta a ese otro mundo más interesante que se abre más allá de las órdenes temporales de su maestro. Otros dibujos de Leonardo muestran un animal muy semejante, aunque eso no significa que se trate del mismo. Un dibujo a sanguina de un perro de perfil aparece también en una libreta fechada a fines de la década de 1490, veinte años después del dibujo del animal obedientemente sentado del Museo Británico, lo que demuestra casi con certeza que se trata de un perro distinto.[48]

Uno de mis textos favoritos entre los de Leonardo se refiere a un perro. Una página del MS F de París, un cuaderno de tamaño mediano que utilizaba el artista en torno a 1508, incluye una anotación que parece ser una de sus «demostraciones» o «conclusiones» científicas, pero cuyo título dice: *Perche li cani oderan volentieri il culo l'uno all'altro*, «Por qué los perros se huelen el culo unos a otros con gusto». (Me gusta ese «con gusto»). La explicación que da es que de ese modo averiguan cuánta «esencia de carne» *(virtù di carne)* puede distinguirse en ese preciso lugar:

> Los excrementos de los animales siempre retienen algo de la esencia de su origen... y los perros tienen un sentido del olfato tan agudo que pueden distinguir con su nariz la esencia que queda en las heces. Si por medio del olfato descubren que el perro está bien alimentado, lo respetan, pues juzgan que tiene un amo rico y poderoso; y si no distinguen el olor de esa esencia (por ejemplo, de carne) juzgan que el perro es de poca monta y que tiene un amo pobre y humilde, y, por lo tanto, le muerden.[49]

Una observación equilibrada entre la exactitud —efectivamente los perros obtienen información de esta manera a través del olfato— y la exageración humorística de las sutilidades sociológicas implícitas en la acción.

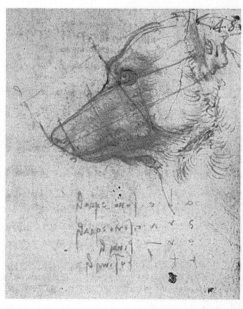

Estudios de animales. Arriba: Asno y buey, y Caballo y jinete, estudios preparatorios para pinturas florentinas. Abajo: estudios de un perro sentado y un gato, y estudio de proporciones de un perro de perfil.

En numerosos dibujos tempranos y tardíos de Leonardo aparecen gatos, y de nuevo hay buenas razones para suponer que pertenecían al pintor o que al menos estaban adscritos a su taller en su tradicional papel de cazadores de ratones. Si sus maravillosos estudios para *La Virgen y el Niño con un gato* (otra obra perdida o abandonada de fines de la década de 1470)[50] fueron tomados del natural, como ciertamente parece, podríamos deducir que el gato representado en ellos no es sólo un animal real y específico, sino que es también un animal en el que se confía. El niño lo abraza, lo aprieta y lo manosea; en algunos momentos el animal parece bastante a disgusto, pero es evidente que no hará daño a nadie. Otro gato aparece en una breve nota de hacia 1494: «Si de noche fijas la vista entre la luz y el ojo de un gato, verás que sus ojos parecen arder».[51] La famosa página de gatos de Windsor —quizá uno sólo en diferentes posturas— reúne dibujos tardíos realizados por Leonardo probablemente durante sus años romanos, entre 1513 y 1516. Si miramos con atención, uno de los gatos resulta ser un dragón diminuto.[52]

Me arriesgo a formular un *addendum* a Vasari: que Leonardo «siempre mantuvo» perros y gatos además de caballos y que los animales formaron parte de su vida.

La Virgen de las Nieves

El niño criado en el campo conoce las formas y contornos de la tierra. Conoce los caminos que suben, bajan y rodean, los senderos de las colinas y los rincones ignorados. Conoce un lugar, a cierta altura, donde un bosquecillo va a morir en un sendero pedregoso, un lugar que se encuentra en una de las fábulas de Leonardo, en la que un «canto rodado» lamenta el desasosiego que le llevó a abandonar un paraje tan encantador.[53] La moraleja de la fábula consiste en que «aquellos que abandonen la vida de contemplación solitaria para vivir en la ciudad» lo lamentarán. Cuando Leonardo escribe en Milán estas palabras, la imagen de un camino pedregoso serpenteando entre los árboles adquiere un toque de nostalgia personal. Este camino resume para él la vida campesina que ha dejado atrás.

El amor que Leonardo sentía por el campo se refleja en toda su obra: en los paisajes luminosos y llenos de misterio de sus cuadros, en sus dibujos soberbiamente detallados de plantas, árboles y bosques. Se refleja también en sus cuadernos, que revelan un profundo conocimiento del mundo natural, de la botánica, la agricultura y el folclore. En ellos se encuentran referencias de más de cien especies de plantas y de cuarenta especies de árboles. Nos hablan de pedos de lobo y de trufas, de moras y nueces moscadas, de ortigas y de cardos, de acónito y de ajenjo.[54] Y ese profundo conocimiento de la botánica añade una dimensión de exactitud científica a la representación poética de la naturaleza en su obra pictórica.

En el *Trattato della pittura* Leonardo subraya la importancia de que el pintor salga al campo y lo conozca de primera mano (lo que no era desde luego una práctica habitual entre los artistas del Renacimiento). Lo presenta como una peregrinación: debes «abandonar tu casa de la ciudad, dejar a tu familia y a tus amigos y dirigirte al campo a través de montañas y valles». Debes «exponerte al ardiente calor del sol». Sería más fácil, afirma, llegar a ese conocimiento de manera indirecta, a través de la pintura de otros artistas o de una descripción libresca: «¿No sería eso más conveniente y menos fatigoso, ya que podrías así permanecer en un sitio fresco, sin moverte y sin exponerte a una enfermedad?». Pero si uno se limitara a hacer eso, su espíritu no podría experimentar, a través de la «ventana» del ojo, la sugerente belleza del paisaje: «No podría captar los reflejos de los lugares luminosos, ni vería los valles sombreados».[55] La mejor forma de sentir la naturaleza, insiste, es ir sin compañía. «Cuando estés solo te pertenecerás por entero; si vas con un compañero, no serás más que la mitad de ti mismo». El pintor «debe apartarse para estudiar mejor las formas de los objetos naturales». Debe «permanecer en soledad, especialmente cuando estudia y considera aquellas cosas que continuamente aparecen ante sus ojos y que le proporcionan material que puede almacenar cuidadosamente en la memoria». Esta ansia de soledad, advierte Leonardo, no será comprendida: «Os digo que os tomarán por locos».[56]

Tales palabras, escritas en torno a 1490, se repiten veinticinco años después en una página del Códice Atlántico, en un breve texto titulado *Vita del pictore filosofo ne paesi* («La vida del pintor filósofo en el campo»). De nuevo subraya aquí Leonardo que el pintor debe «prescindir de compañeros» y ofrece esta bella sinopsis de la receptividad que el artista debe cultivar: «Su cerebro debe cambiar en función de las variaciones de los objetos que se presentan ante él, y debe estar libre de todo cuidado... Sobre todo, su mente debe ser como la superficie de un espejo que recibe los diversos colores de los objetos colocados frente a él».[57]

Como en el caso de su profundo apego hacia los animales, en los hábitos de paseante solitario de Leonardo veo algo profundamente enraizado en su infancia campesina. La mente libre de preocupaciones, los sentidos atentos, el cerebro tan receptivo a toda clase de impresiones como la superficie de un espejo... El que el pintor se esfuerza por recrear es casi explícitamente un estado mental semejante al de un niño abierto a todo.

Se ha afirmado que parte de la fuerza de los paisajes de Leonardo radica precisamente en que contienen la memoria poética de los que ro-

El «icono mnemónico». De izquierda a derecha: detalle del dibujo de paisaje de Leonardo de 1473; detalle de su mapa de la Toscana, h. 1503; Monsummano visto desde las cercanías de Montevettolini.

dearon su infancia. Según su biógrafo francés Serge Bramly, lo que vemos en los fondos de sus cuadros es «el paisaje privado de Leonardo», una recreación de la accidentada topografía de Vinci, «los peñascos, los riachuelos de montaña, las rocas escarpadas de su juventud... magnificados por la doble lente del arte y la memoria».[58] Leonardo mismo parece referirse a esta idea en su *Trattato della pittura,* cuando dice que mirar un paisaje pintado puede evocar el recuerdo de otros reales, «en los cuales uno se complació alguna vez». En ese paisaje imaginario «puedes volver a verte, como un amante con su amada, en los campos en flor o bajo la suave sombra de los árboles». El amante con su amada añaden un toque decorativo a la descripción, pero la idea central es la de un paisaje que codifica y evoca un recuerdo: *tu possi rivedere tu.*[59]

Esta relación entre paisaje y memoria aparece más concretamente en la primera obra fechada de Leonardo, un dibujo a pluma que se encuentra hoy en los Uffizi (Lámina 2). Es de pequeño tamaño —19 x 28 cm—, pero como composición es maravillosamente teatral y espaciosa. Se trata de una vista panorámica de unas colinas rocosas y de una extensa llanura anegada que se extiende hacia otras colinas más lejanas que se alzan en el horizonte. El dibujo tiene el aspecto de un bosquejo ejecutado *in situ:* los trazos son rápidos, sugerentes, impresionistas, a veces casi abstractos —en los árboles de la derecha, por ejemplo—, y, sin embargo, en medio de ese vibrante torbellino puntúan el paisaje detalles reposados: un castillo que se alza sobre un promontorio, unas diminutas barcas sobre el agua, una cascada. Estos detalles dirigen la vista, a su vez, hacia lo que parece ser el foco de la escena: una colina distante, cónica, coronada por una torre que surge súbitamente de la neblina del llano. Un rasgo que sirve también para identificar el paisaje, porque la colina cónica es indudablemente la de Monsummano (o Monsomano, según escribe Leonardo en uno de sus mapas).[60] Está situada al noroeste de Vinci, a unos trece kilómetros de distancia en línea recta y a un par de horas de camino por la carretera que baja serpenteando a través de Lamporecchio y Larciano. Nos encontramos, específicamente, en el paisaje que rodeó la infancia de Leonardo.

Si el monte es Monsummano, podemos deducir a qué corresponden los otros elementos del paisaje: las tierras llanas son el Padule di Fucecchio, situado al suroeste de Monsummano; las montañas que se alzan al fondo son las del Val di Nievole; las colinas bajas y redondeadas de la izquierda sugieren Montecarlo, y así sucesivamente. Éstos son los ingredientes del paisaje; pero cuando tratamos de relacionarlos con un mapa de la zona o con el panorama que se avista desde las colinas reales, el dibujo se sume inmediatamente en el misterio. La forma característica de Monsummano se divisa desde muchos puntos del Mont'Albano, pero nadie ha podido encontrar todavía el lugar exacto que proporcione esa perspectiva concreta.[61] Mi opinión personal, después de haber recorrido la zona en su busca, es que ese lugar no existe. El castillo o aldea fortificada de la izquierda presenta un problema particular: ninguno de los candidatos que se han sugerido —Montevettolini, Larciano, Papiano— guarda ese tipo de relación espacial con Monsummano. Otra dificultad consiste en que para mirar a través del *padule* hacia Monsummano habría que encontrarse en algún lugar de lo alto de las colinas de Pisa, pero entonces el monte no se vería del modo en que aparece en el dibujo. Se trata, en resumen, de una vista idealizada o imaginada del paisaje que rodea Vinci. Incluye lugares reales, vívida y hermosamente dibujados, pero no es una perspectiva real. Lo que muestra no puede ser encontrado ni fotografiado, aunque quizá podría ser más o menos recreado por medio de un hábil *collage* de fotografías. O quizá también podría recrearse volando sobre esas tierras en un planeador (confieso que no lo he intentado), porque la perspectiva que más claramente sugiere es la de una vista aérea. El paisaje se aparece a vista de pájaro; la imaginación se eleva sobre la tierra y eso es lo que ve. Nos trae a la memoria una frase del Códice de Turín: «El pájaro» —en otras palabras, el «gran pájaro» o máquina voladora— «debe moverse siempre a mayor altura que las nubes para que sus alas no se mojen y para que uno pueda ver más campo». *Per iscoprire più paese:* precisamente lo que había conseguido treinta años antes con la perspectiva de planeador del dibujo de los Uffizi.[62]

En el ángulo superior izquierdo del dibujo, en lo que constituye la muestra más temprana de su caligrafía, escribe Leonardo: *Di di santa Maria della neve addi 5 daghossto 1473* («En el día de la Virgen de las Nieves,

5 de agosto de 1473»), lo que nos dice que llevó a cabo este dibujo a la edad de veintiún años, después de haber pasado varios viviendo y trabajando en Florencia. El dibujo puede estar relacionado con el paisaje de fondo del *Bautismo de Cristo* de Verrocchio, obra encargada alrededor de 1473 y de la que sabemos que incluye añadidos de Leonardo. La fecha concreta del dibujo está también relacionada con el paisaje, ya que la Virgen de las Nieves era particularmente venerada en una pequeña capilla situada a las afueras del pueblo fortificado de Montevettolini. Esta capilla, fundada en el siglo XIII y conocida hoy por el nombre de Oratorio della Madonna della Neve, se encuentra aproximadamente a un kilómetro y medio de la base meridional de Monsummano. Era un pequeño tabernáculo, más pequeño de lo que es hoy, pero lo suficientemente importante como para albergar un fresco bastante bueno de la Virgen y el Niño flanqueados por cuatro santos, cuyo estilo se ha comparado con el del retablo de Quaranesi (1425) de Gentile da Fabriano.

La historia de la Virgen de las Nieves comenzó como una leyenda relativa a la fundación de la iglesia de Santa Maria Maggiore en la colina Esquilina de Roma, según la cual una misteriosa nevada caída en verano marcó el lugar en el que había de alzarse el templo. La construcción de éste dio comienzo en el siglo IV, pero la leyenda no aparece hasta el periodo medieval. La de la Virgen de las Nieves fue una de las numerosas representaciones de la Virgen destinadas al culto que se extendieron por Italia en aquella época. Se asociaban a poderes especiales y sus santuarios estaban a veces, como el de Montevettolini, fuera de los límites de un pueblo o una ciudad. Luca Landucci, autor de un diario en el siglo XV, se refiere a los poderes curativos de otra imagen que se veneraba «en un tabernáculo situado a tiro de ballesta de Bibbona».[63]

La fiesta de la Virgen de las Nieves se ha celebrado el 5 de agosto en la capilla de Montevettolini durante siglos y se sigue celebrando hoy, aunque las ancianas sentadas al sol de la tarde digan a coro que ya no es lo que era cuando los visitantes («invitados» fue la palabra que utilizaron) atestaban el pueblo. Culpan de esta decadencia a los jóvenes de hoy que están *sempre in giro* («siempre de acá para allá») y no tienen tiempo para las tradiciones. Nada parece ocurrir hasta la puesta de sol, cuando la pequeña plaza que hay frente a la capilla comienza de pronto a animarse. Se forma un grupo de hombres vestidos con camisa blanca de manga corta: son los músicos de la banda del pueblo. Una vieja furgoneta roja extiende un toldo y se convierte en un bar. El sacerdote llega con sus vestiduras dobladas bajo el brazo. Sacan al pórtico de la capilla la imagen de la Virgen —ni muy antigua, ni visiblemente relacionada con la nieve— envuelta en tafetán azul claro. Se celebra una misa y comienza la procesión, que sube describiendo un círculo en torno al pie de las murallas del pueblo —con el cerro de Monsummano alzándose imponente en el horizonte—, y cruza la antigua Porta Barbacci. El sacerdote entona oraciones a través de un megáfono; la imagen de la Madona se mece en lo alto transportada en andas por cuatro hombres robustos. Este paseo crepuscular en una calurosa tarde de agosto resulta hermoso y ligeramente surrealista. Las luces parpadean en la llanura y el acompañamiento *andante* de la banda parece, incluso en los momentos más solemnes, revelar indicios de viveza.

El paisaje, la fecha, esa fiesta local antes tan concurrida a la que los dos primeros parecen apuntar, ¿cómo encaja todo ello?

Para llegar a alguna conclusión debemos plantearnos primero otra pregunta: ¿Dónde se hallaba Leonardo da Vinci el 5 de agosto de 1473? Si interpretamos al pie de la letra lo que dice ese trozo de papel, se encontraba sentado con su cuaderno en la ladera de una colina cercana a Vinci dibujando ese maravilloso paisaje. Algunos argumentarán que existe otra prueba de ello en el dorso del dibujo, donde aparece otro bosquejo —inacabado, mínimo—, y garabateada en él una frase críptica que dice: *Io morando dant sono chontento*. La palabra *dant* puede interpretarse como una contracción de *d'Antonio*, pero el sentido general de la frase se nos escapa. Bramly lo traduce del siguiente modo: «Yo, en casa de Antonio, soy feliz». Razona, además, que como ese Antonio no puede ser el abuelo de Leonardo, muerto algunos años antes, tiene que ser su padrastro, Antonio Buti, apodado Accattabriga, lo cual sugiere que el dibujo fue realizado con ocasión de una visita a Vinci, durante la cual Leonardo se alojó en casa de su madre y de la familia de ésta en Campo Zeppi y se sintió «feliz». Tras la huida de la ciudad en agosto, ¿dónde podía estar Leonardo si no era en Vinci? Pero esto no pasa de ser una conjetura. Carlo Pedretti interpreta la frase como un frío remedo del comienzo de un contrato: «Yo, Morando d'Antonio, me comprometo a...». De ser así, estas palabras no tendrían ningún significado personal y no ofrecerían ninguna prueba de la presencia de Leonardo en Vinci.[64] Podría estar en Florencia, en cuyo caso los elementos fundamentales del dibujo serían la imaginación y la memoria: una vista de Vinci conjurada por el ojo de la mente, el recuerdo de un paseo por las colinas hasta la feria estival de Montevettolini. Así caracteriza Pedretti el dibujo: como un *rapporto scenico* —una representación visual, una escena teatral— centrada en el «icono mnemónico» de Monsummano.[65]

Mi búsqueda del paisaje «real» que inspiró este dibujo resultó inútil, pero me llevó a descubrir algo que puede ser significativo. La vista «mnemónica» de Monsummano no es solamente visible desde varias alturas en torno a Vinci, sino que puede verse también, alzándose al frente (aunque a varios kilómetros de distancia), desde la carretera que lleva de Vin-

Paisaje con ala. Detalle de la Anunciación *de Leonardo, h. 1470-1472.*

ci a San Pantaleone, en otras palabras, desde el camino que Leonardo conocía bien por haberlo recorrido de niño al ir y volver de la casa de su
madre en Campo Zeppi. Su poder «mnemónico» podría haber quedado
impreso en el ojo y en la mente de Leonardo desde muy pronto, quizá
asociado a la figura materna. Un eco de los rasgos icónicos del dibujo de
los Uffizi resuena en el paisaje de la *Anunciación* de Leonardo, obra ejecutada a comienzos de la década de 1470 y contemporánea en líneas generales, por lo tanto, del dibujo. En ese paisaje se distingue (y con mayor
claridad desde la restauración de 1999) la misma colina cónica con su
protuberancia en forma de pezón. Se encuentra en el horizonte inmediatamente a la izquierda del ángel anunciador, dentro del ángulo formado por el ala. Más próximas a nosotros, de nuevo como en el dibujo,
se encuentran unas altas rocas cuya absoluta verticalidad actúa como
contrapunto de las curvas femeninas del cerro. Mas allá, las extensas y
nebulosas llanuras de tierra y agua que recuerdan el *padule* pantanoso situado al pie de Vinci. La repetición de este motivo contribuye a afianzar
la idea de que se encontraba firmemente enraizado en la psique de
Leonardo, mientras que la yuxtaposición de la colina en forma de seno
femenino y el ala semejante a la de un pájaro nos devuelve una vez más a
su «primer recuerdo», el que Freud interpreta como la reminiscencia de
haber mamado del pecho de su madre.

EDUCACIÓN

> *Todo nuestro conocimiento se basa en nuestros sentidos...*
> Códice Trivulziano, fol. 20v

He tratado de ensamblar algunos fragmentos de las experiencias vividas por Leonardo niño en Vinci y sus alrededores. Por un lado están las corrientes emocionales, cuyo esquema sólo podemos adivinar —la familia rota, el padre ausente, los sueños inquietantes, la madre de cuyo amor depende todo—, y por otro, la realidad cotidiana del campo de la Toscana con la que se entrelazan de algún modo esas emociones, de forma que años después un significado difícil de captar permanece codificado en el vuelo de un milano, en el olor de la aceituna recién prensada, en el entramado de un cesto de mimbre o en los contornos de un paisaje. Éstos son los contados aspectos recuperables de la educación sentimental de Leonardo: cosas que «parecen ser su destino» y cuyos ecos resuenan a lo largo de su vida adulta de «pintor-filósofo».

Acerca de su educación formal —o de la falta de ella— sabemos muy poco. Entre sus primeros biógrafos, Vasari es el único que menciona el tema y sus comentarios son breves y circunstanciales. Describe a Leonardo como un alumno brillante pero de reacciones imprevisibles:

> Habría sacado mucho provecho de sus primeras lecciones si no hubiera sido tan voluble e inestable. Se ponía a aprender muchas cosas y las abandonaba casi inmediatamente. Cuando comenzó a aprender aritmética, en pocos meses hizo tales progresos que bombardeaba al maestro que le enseñaba con preguntas y problemas, y muy a menudo le superaba.

Menciona también que Leonardo estudió música y que, aunque se dedicaba a diferentes cosas, «nunca dejó de dibujar ni de esculpir, actividades que satisfacían su imaginación más que cualquier otra cosa». Nada de esto sugiere que Vasari tuviera un conocimiento específico sobre la educación de Leonardo; simplemente sigue la idea generalizada acerca de la personalidad y aptitudes del artista. Da por supuesto que tuvo un «maestro», pero no precisa si se refiere a un maestro de escuela o a un profesor privado. Probablemente había en Vinci una *scuola dell'abaco*, a la que, por lo general, se comenzaba a asistir a los diez u once años.

Es bien sabido que Leonardo se describió a sí mismo como *omo sanza lettere* u «hombre iletrado».[66] No quería decir con ello que lo fuera literalmente, pero sí que no había recibido el tipo de educación que conducía a la universidad y, por lo tanto, al estudio de las siete «artes liberales» (así llamadas precisamente por no estar ligadas a la necesidad de aprender un oficio): la gramática, la lógica, la retórica, la aritmética, la geometría, la música y la astronomía. Había seguido, en cambio, el camino del aprendizaje práctico, que era, evidentemente, una forma de educación, pero que tenía lugar en un taller y no en una antigua universidad, enseñaba un oficio en lugar de ejercicios intelectuales y se impartía en italiano en vez de en latín.[67] Leonardo se embarcó posteriormente en un curso intensivo de latín —uno de sus cuadernos, lleno de vocabulario latino, data de fines de la década de 1480—, pero permaneció ligado a la lengua vulgar como medio de expresión, fuera cual fuese el tema que tratara. Más tarde escribiría: «Dispongo de tantas palabras en mi lengua materna que debería quejarme de no comprender bien las cosas antes que de la falta de vocabulario con que expresar las ideas que hay en mi mente».[68] Aunque hace algunas incursiones conscientes en el terreno del estilo literario, el tono general de sus escritos, tal como se conserva en sus cuadernos, es parco, coloquial, práctico y lacónico. En su pintura es un maestro del matiz, pero como escritor tiende a lo plano e incoloro. Es, utilizando una frase de Ben Jonson, un «carpintero de palabras».

Esta distinción entre la educación académica y el aprendizaje artesanal no debe tomarse de forma excesivamente rígida. La tendencia del arte renacentista era acortar la distancia entre una y otro, y subrayar que el artista podía y debía pertenecer a la categoría de los eruditos, los filósofos y los científicos. Uno de los primeros defensores de esta teoría fue Lorenzo Ghiberti, el maestro de las puertas del baptisterio de Florencia, quien escribió en sus *Comentarios* (1450): «Es conveniente que el escultor y el pintor tengan un conocimiento sólido de las siguientes artes liberales: la gramática, la geometría, la filosofía, la medicina, la astronomía, la perspectiva, la historia, la anatomía, la teoría, el diseño y la aritmética». Leon Battista Alberti confecciona una lista semejante de conocimientos deseables en su *De re aedificatoria*. Ambos autores se hacen eco de los preceptos de Vitruvio, el gran arquitecto romano.[69] Leonardo, el epítome del «hombre renacentista» multidisciplinar, dominó todas estas materias y algunas más.

Cuando se describe a sí mismo como *omo sanza lettere*, Leonardo está ironizando acerca de su falta de educación formal, pero no se está rebajando. Por el contrario, reafirma su independencia. Se siente orgulloso de su condición de iletrado: él ha llegado al conocimiento a través de la observación y no lo ha recibido de otros en forma de opinión preconcebida. Leonardo es un «discípulo de la experiencia», un coleccionista de pruebas: «prefiero una pequeña certeza a una gran mentira».[70] No puede citar a los eruditos, los minoristas de la sabiduría del *ipse dixit*, «pero sí citaré algo mucho más grande y más valioso: la experiencia, maestra de sus maestros». Aquellos que se limitan a «citar» —en el sentido de «seguir» o «imitar» además del literal— son *gente gonfiata*, «inflada» con información de segunda mano, «voceros y recitadores de obras ajenas».[71]

A este conocimiento de segunda mano opone Leonardo la «Naturaleza», que en este contexto significa tanto los fenómenos físicos del mundo material como los poderes y principios innatos subyacentes a ellos, todo lo que estudia la «filosofía natural». «Aquellos que toman por modelo cualquier cosa que no sea la Naturaleza, maestra de maestros, se fatigan en vano». Presentar la Naturaleza como maestra es una figura retórica convencional, pero para Leonardo, que la repite a lo largo de sus cuadernos, parece revestir un particular atractivo. «Ella» tiene un poder mayor que la grandeza masculina del razonamiento y la erudición. Tampoco en la pintura, dice, el pintor debe imitar el estilo de otros, porque si lo hace «será nieto y no hijo de la Naturaleza».[72] Elogia a Giotto como el clásico artista autodidacta: «Giotto el florentino... no se contentó con imitar las obras de Cimabue, su maestro. Nacido en la soledad de montañas habitadas solamente por cabras y animales semejantes, y guiado hacia el arte por la Naturaleza, comenzó dibujando en las piedras los movimientos de las cabras que cuidaba».[73] En este pasaje —uno de los pocos en que Leonardo se refiere admirativamente a un artista anterior a él— resuenan los ecos de su propia falta de educación formal.

Así pues, «iletrado» significa también para Leonardo «despejado», con la mente libre de la carga que suponen los preceptos, lo cual está relacionado con su idea crucial de la claridad: percibir la evidencia visual del mundo que tiene ante él, con una exactitud y una intuición que conduce directamente al corazón de las cosas. Para Leonardo, el órgano clave para comprender el mundo no es el cerebro sino el ojo: «El ojo, al que se ha llamado la ventana del espíritu, es el medio principal para que el conocimiento pueda apreciar más completa y abundantemente las obras infinitas de la Naturaleza»,[74] escribe en uno de sus muchos *paragoni* o comparaciones dirigidas a demostrar la superioridad de la pintura sobre aquellas artes supuestamente más propias de caballeros como la poesía. A pesar de la desconfianza que le inspiraba el lenguaje como algo que interfiere y confunde, algo que a menudo oscurece los mensajes que la Naturaleza emite, escribió miles de páginas. En el Códice Atlántico encontramos un comentario revelador acerca del diseño de una máquina: «Cuando quieras alcanzar un determinado propósito con un mecanismo, no caigas en la confusión que causan las muchas piezas distintas y busca en cambio el método más conciso: no actúes como aquellos que, no sabiendo cómo expresar algo con el vocabulario apropiado, eligen la tortuosa ruta de un confuso rodeo».[75] Asocia aquí el lenguaje con la confusión y la falta de claridad: las palabras enredan las cosas, son un mecanismo excesivamente complicado. Es posible que esto sugiera la imagen de un Leonardo carente de facilidad para la conversación, propenso a las expresiones gnómicas y desconcertantes y a los silencios contemplativos, lo cual contradiría a sus primeros biógrafos que le presentan como un fácil conversador, aunque me pregunto si esa faceta suya respondería a una actuación más que a una inclinación natural.

Vasari nos ofrece la imagen de un muchacho cuyo profundo interés por el arte subyace a sus estudios más caprichosos de materias como las matemáticas. «Nunca dejó de dibujar y de hacer relieves, actividades que se avenían con su imaginación». De nuevo uno se resiste a la idea del genio surgido del vacío y se pregunta qué tipo de formación artística tenía. No sabemos que recibiera ninguna antes de iniciar su aprendizaje en Florencia, aunque según una interesante teoría, su abuela Lucia podría haberle proporcionado alguna. Como ya he mencionado, su familia poseía en Toia di Bacchereto, cerca de Carmignano, unos cuantos kilómetros al este de Vinci, una alfarería cuyo horno fue heredado más tarde por el padre de Leonardo. Las cerámicas de mayólica que producía eran muy conocidas en Florencia, lo que permite suponer que eran de buena calidad. Algunos dibujos geométricos de Leonardo recuerdan los diseños de tracería utilizados en cerámica y quizá apunten a un temprano interés despertado por sus visitas a la familia de su abuela.[76]

Algo sabemos acerca de las influencias artísticas que se filtraron en el mundo provinciano de Vinci. En Santa Croce, la iglesia en que fue bautizado Leonardo, se hallaba una buena escultura de madera policromada que representaba a María Magdalena. Data probablemente de una fecha anterior a la década de 1450, por lo que en los años correspondientes a su infancia habría sido una adquisición reciente y, muy posiblemente, costosa. Está visiblemente influida por la famosa *Magdalena* de Donatello (hacia 1456) y quizá sea obra de uno de sus discípulos como Neri di Bicci o Romualdo de Candeli. Esta poderosa pieza pudo ser el primer contacto discernible de Leonardo con el arte renacentista. Otra obra de marcada inspiración donatellesca es la *Madonna de la Bienvenida,* un bajorrelieve de mármol de la iglesia de Santa Maria del Pruno del cercano pueblo de Orbignano.[77] A través de estas imitaciones provincianas llegó hasta Leonardo la influencia formativa de Donatello, una figura, por entonces ya anciana, del apogeo del primer Renacimiento, colega de Ghiberti y Brunelleschi. Sus esculturas —expresivas, tensas, saturadas del espíritu de la antigüedad clásica— influyeron en todos los artistas posteriores, incluido el maestro de Leonardo, Verrocchio, que era principalmente escultor. Donatello murió en Florencia en 1466, más o menos cuando Leonardo llegó a la ciudad.

Aunque más alejados, Leonardo pudo quizá ver también los magníficos bajorrelieves de comienzos del siglo XIV de Giovanni Pisano en el púlpito de Sant'Andrea de Pistoia, ciudad en la que vivía su tía Violante y su padre tenía intereses mercantiles. Es muy posible que visitara, además, el puerto fluvial de Empoli, la ciudad de cierto tamaño más cercana a Vinci y lugar de tránsito para Florencia. Sabemos que el padre de Accattabriga había estado allí, pues en una de las declaraciones de ingresos de la familia se menciona la deuda que había contraído con la ciudad por impago de impuestos. En Empoli, el joven Leonardo habría tenido ocasión de contemplar pinturas de artistas de la talla de Masolino y Agnolo Gaddi.

Habría visto también la gran curva que describe el Arno —una experiencia muy educativa, podría decirse, teniendo en cuenta el profundo interés que le inspiraban los principios y modelos relativos a movimientos de aguas—, y, sobre un banco de arena no lejos de la ciudad, los restos de la desdichada *Badalone,* la enorme barca movida por medio de álabes y construida por Filippo Brunelleschi para transportar mármol hasta Florencia.[78] La barca encalló en su viaje inaugural, enterrando cien toneladas del mejor mármol blanco en el cieno del río. El suceso había ocurrido en 1428, dentro del margen, pues, de la memoria viva: un fracaso clamoroso, pero también heroico. Brunelleschi fue un gigante del primer Renacimiento, un arquitecto e ingeniero visionario, y el casco de la embarcación pudriéndose en el meandro del río debía de significar una muestra de grandeza procedente de un mundo muy diferente del de Vinci.

Cualquier consideración acerca de la formación de Leonardo nos aparta de la idea de una educación formal: ciertamente no le enseñaron latín; a lo largo de su vida prefirió la experiencia de primera mano al aprendizaje libresco; y, muy probablemente, su primera conciencia artística despertó en él a través de la contemplación de las esculturas y tallas de las iglesias locales y no de una educación específica en los principios del arte.

Otro rasgo de Leonardo viene a reforzar la idea de que su educación fue informal y en gran medida autodidacta: su caligrafía. Se ha debatido mucho acerca de las razones de su «escritura especular». (Es algo más que eso. No sólo la línea va de derecha a izquierda sino que las letras están invertidas: por ejemplo, una *d* de Leonardo parece una *b* normal). Desde luego hay en ella un poderoso elemento psicológico de secretismo: no es exactamente una clave, pero sí un tipo de ocultación que convierte la lectura de sus manuscritos en una experiencia agotadora. Sabemos que Leonardo se hallaba constantemente en guardia contra un posible robo de sus ideas y diseños.

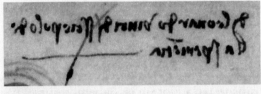

Dos firmas: Leonardo Vinci disscepolo della sperientia, *en su escritura especular,* y Leonardo da Vinci Fiorentino, *escrita con esfuerzo de izquierda a derecha.*

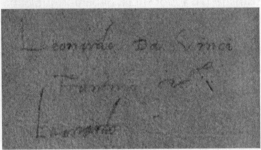

Pero la raíz de este tipo de escritura se encuentra probablemente en una razón muy sencilla: Leonardo era zurdo. Escribir de derecha a izquierda es algo natural para los zurdos. La presión de los educadores prevalece normalmente sobre esta inclinación, pero en el caso de Leonardo, al no existir esa presión, llegó a convertirse en un hábito que le acompañaría toda su vida.[79] Su caligrafía evolucionaría a lo largo de los años, pasando del estilo florido de la década de 1470 a la letra densa y minimalista de cuarenta años después —un cambio que constituye una importante herramienta para la datación de sus manuscritos—, pero la dirección sigue siendo la misma. Se mueve desafiante de derecha a izquierda; es una caligrafía difícil y diferente (y, de acuerdo con la asociación tradicional, «siniestra»). Un aspecto más del Leonardo «iletrado», de su profunda independencia mental, quizá el legado más importante de su infancia rural.

Capítulo II

Aprendizaje
1466-1477

Florencia es un lugar de tránsito por el que pasan muchos forasteros.

Códice Atlántico, fol. 323r-b

En algún momento de mediados de la década de 1460, un Leonardo adolescente sale de Vinci camino de Florencia, ciudad donde trabajaría como aprendiz del escultor Andrea del Verrocchio. Aquel traslado significó en su vida un punto de inflexión decisivo, pero es muy poco lo que sabemos acerca de él. Según Vasari, nuestra única fuente en relación con este asunto, el aprendizaje fue estipulado por el padre de Leonardo:

> Un día Ser Piero tomó algunos de los dibujos de Leonardo y se los llevó a Andrea del Verrocchio, que era amigo suyo, y le preguntó si creía provechoso que el niño estudiara dibujo. Andrea se asombró al ver los extraordinarios inicios de Leonardo e instó a Piero a que le instruyera. Así fue concertado entre Piero y Andrea que Leonardo entraría en el taller de éste. El niño se mostró muy complacido de la decisión.

Vasari no dice cuántos años tenía Leonardo pero utiliza la palabra «niño» (*fanciullo*), lo que revela cómo se imaginaba él la escena. El asunto ha sido «concertado» entre el padre y el maestro —incluido un acuerdo financiero— y el niño es informado de la «decisión». La edad habitual para ingresar en un taller como aprendiz era más o menos los trece o catorce años: en el caso de Leonardo eso significaría que entró en el estudio de Verrocchio hacia 1466. Se trata de una aproximación vaga: muchos empezaban más jóvenes y otros mayores: Fra Bartolomeo comenzó, al parecer, a los diez años; Mantegna y Caravaggio a los once; Miguel Ángel y Francesco Botticini a los trece; Benvenuto Cellini a los quince.[1]

Algo sabemos, al menos, acerca de la situación de Ser Piero en ese momento: estaba próximo a cumplir los cuarenta años y prosperaba como notario, pero se hallaba también en un momento de cambio. Su esposa, Albiera, tras concebir después de casi doce años de matrimonio sin hijos, había muerto de parto. Fue enterrada en junio de 1464 cuando contaba unos veintiocho años.[2] Su muerte representó indudablemente una pérdi-

El «*Plano de la cadena*» *de Florencia, h. 1470-1472.*

da personal también para Leonardo, quien muchos años después seguía manteniendo contacto con el hermano de Albiera, Alessandro Amadori. Al año siguiente Ser Piero volvió a casarse: fue otro emparejamiento notarial y sin duda ventajoso. La novia, Francesca, hija de Ser Giuliano Lanfredini, tenía quince años de edad. El matrimonio se instaló en una casa de la via delle Prestanze, en la esquina norte del Palazzo della Signoria, una dirección prestigiosa. El edificio (que ya no existe) pertenecía al poderoso gremio de los mercaderes, el Arte dei Mercanti, que la alquilaba a Ser Piero por la suma de 24 florines al año.[3]

Otro de los factores que pudieron precipitar el traslado de Leonardo a Florencia fue la muerte de su abuelo, el anciano patriarca de su infancia en Vinci. En 1465, Ser Piero se refiere ya a él como *olim Antonio*, «el difunto Antonio».[4] Piero era ahora el jefe de la familia. Había llegado la

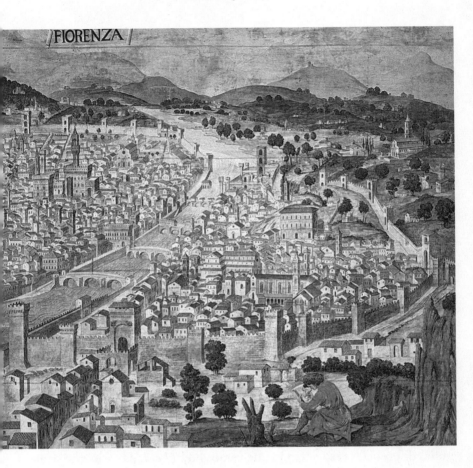

hora de descargarse de algunas responsabilidades con respecto al futuro de su hijo, su único hijo, ya que los meses pasaban y su nueva esposa resultaba tan improductiva como su predecesora en el lecho conyugal.

Las circunstancias familiares parecen, pues, confirmar la fecha aproximada de 1466 como la del comienzo del aprendizaje de Leonardo. Su infancia —ese paisaje de recuerdos y pérdidas con el que parece estar relacionada gran parte de su obra— ha terminado. Deja atrás esta etapa de su vida para adentrarse en el mundo competitivo, urbano y adulto de su padre, un mundo de gremios, contratos y fechas de entrega en el que nunca llegará a encajar.

A mediados de la década de 1460, Florencia era una ciudad de unos 50,000 habitantes. El puntilloso Benedetto Dei —diplomático y viajero a quien más tarde conocería Leonardo— desgrana las siguientes estadísticas: las murallas de la ciudad se extienden a lo largo de 11 kilómetros y están fortificadas por ochenta torres de vigilancia. Dentro del recinto amurallado hay ciento ocho iglesias, cincuenta plazas, treinta y tres bancos y veintitrés grandes *palazzi* o mansiones «donde viven los señores, los oficiales, cancilleres, intendentes, proveedores, notarios y funcionarios con sus familias». Hay doscientos setenta talleres especializados en lana, ochenta y cuatro especializados en talla y taracea de madera, y ochenta y tres en seda.[5] Se trata de una ciudad preeminentemente artesanal, una ciudad donde hay más tallistas que carniceros. Es también un centro de la moda y de la industria del vestido; abundan los tejedores, los tintoreros, los curtidores, los peleteros y las tiendas de ropa, que sin duda habrían de tentar a un adolescente ansioso de deshacerse de su aspecto más rústico.

Las murallas y torres han desaparecido en gran parte, pero los monumentos de la Florencia de Leonardo siguen allí: la catedral o Duomo de Santa Maria del Fiore, con su maravillosa cúpula de ladrillo, obra de Brunelleschi; junto a ella, el esbelto y elegante campanario de Giotto; el Baptisterio con sus puertas de bronce con relieves de Ghiberti; el Palazzo della Signoria (que aún no se llamaba Palazzo Vecchio) con sus altas torres; el Bargello o Palazzo del Podestà; la lonja y lugar de reunión de los gremios en Orsanmichele; y el Ponte Vecchio, el más antiguo de los cuatro puentes de piedra tendidos sobre el río Arno. Todos ellos pueden verse en el «Plano de la cadena» de hacia 1470-1472, en el que, en el ángulo inferior derecho, desde una colina dibuja la vista un joven que se asemeja curiosamente a la imagen que tenemos del joven Leonardo.[6] Había algunas diferencias respecto a lo que vemos hoy. El campanario que se alzaba junto a Santa Croce ha desaparecido —fue destruido por un rayo en 1529—, como ha desaparecido también el antiguo mercado de la ciudad, el Mercato Vecchio, siempre atestado y lleno de olores, que fue demolido a fines del siglo XIX. La Piazza della Signoria, el centro político de la ciudad, era entonces aún más grande de lo que es hoy; en teoría podía dar cabida a toda la población adulta masculina de la ciudad. En momentos de crisis, sonaba la campana de la Signoria, que por su sonido grave como el de un mugido se conocía por el nombre de La Vacca; los ciudadanos se reunían bajo los estandartes de los *gonfaloni* (los dieciséis distritos administrativos de la ciudad) y se dirigían a la plaza para asistir al *parlamento*. Cuando Carlos VIII de Francia ocupó la ciudad en 1494 y amenazó con «tocar las trompetas» como señal para que sus soldados saquearan la ciudad, recibió de los florentinos esta famosa respuesta: «Entonces nosotros tocaremos nuestras campanas».[7]

Florencia era una ciudad hermosa, pero no era ni alegre ni despilfarradora. Las virtudes mercantiles del ahorro, el trabajo, la industria y la atención al bien público se proclamaban constantemente, aunque no siempre se cumplían. Se consideraban virtudes propias de la república, pues la ciudad se enorgullecía de su independencia con respecto a duques y reyes despóticos. Grabadas en la base de la estatua de Donatello que representaba a Judith y Holofernes y estaba situada entonces en el patio del Palazzo Medici, se leían las siguientes palabras: *Regna cadunt luxu, surgunt virtutibus urbes*, «Los reinos caen por el lujo, las ciudades se alzan por sus virtudes».[8] Estas virtudes se expresaban acompañadas por cierta opulencia, y las grandes obras de arte del Renacimiento florentino transmiten un mensaje de prestigio y de riqueza tanto como de verdad y belleza. Pero la línea que separaba el orgullo cívico de la prodigalidad decadente era muy sutil. La avaricia, dijo Poggio Bracciolini con su acerbo ingenio, es «la pasión que hace posible la civilización». Los ricos mercaderes que encargaban para una iglesia una obra religiosa —que a menudo incluía su propia imagen— expiaban así parcialmente el exceso de su margen de beneficio. «La fe de mis florentinos es como la cera», dijo el predicador Savonarola, «un poco de calor basta para fundirla».[9]

En las pinturas del Quattrocento, Florencia tiene un aspecto sombrío y apagado. Era una ciudad construida a base de arenisca: la *pietra forte* de color miel y la *pietra serena* de un gris suave. Se veía poco de ese estuco coloreado que hoy consideramos típicamente italiano y menos aún del mármol multicolor que caracteriza el exterior de sus iglesias. (La fachada de mármol del Duomo no se completó hasta 1887). Las casas de la ciudad se construían a base de grandes bloques rectangulares de piedra con esa superficie característica, áspera y rústica, que da a la fachada de un gran *palazzo* el aspecto de un peñasco rectangular. Tuvo lugar por entonces un auge de la construcción. Benedetto Dei escribía hacia 1470 que en los últimos treinta años habían surgido treinta palacios nuevos. Cada una de las familias más destacadas —las de los Rucellai, los Tornabuoni, los Spini, los Pazzi, los Benci, algunas de las cuales desempeñarían un papel en la historia de Leonardo— tenía su gran palacio. Pero ninguno era más grandioso que el Palazzo Medici de via Larga, comenzado a fines de la década de 1450 según un proyecto de Michelozzo Michelozzi. En el patio había estatuas de Donatello; en el dormitorio principal colgaba el cuadro de Uccello *La batalla de San Romano;* en la capilla, un brillante fresco de Benozzo Gozzoli representaba a los miembros de la familia en la cabalgata de los Magos. Allí se encontraba también la gran biblioteca creada por Cosimo de Medici. Estos *palazzi* eran la sede central de una empresa tanto como residencias privadas: tenían chambelanes y oficinas de administración. Eran también una especie de cuartel general de un determinado clan: indicaban que cierta parte de la ciudad era propiedad exclusiva de una determinada familia.

El auge de la construcción se consideró una señal de buena salud ciudadana y fue activamente apoyado por las autoridades. Pronto se aprobó una ley que ofrecía una exención de impuestos locales durante cuarenta años a cualquiera que construyera un nuevo *palazzo*. El autor de un diario de la época, Luca Landucci, vio cómo se construía el palacio Strozzi desde el umbral de su botica, situada al otro lado de la calle. Se quejaba: «Las calles de alrededor estaban llenas de mulas y burros que se llevaban los escombros y traían grava, lo cual dificultaba el paso a la gente. El polvo y la aglomeración de mirones resultaban extremadamente perjudiciales para nosotros los comerciantes». A pesar de todo contempló, y registró, cómo tomaba forma el edificio: cómo excavaban los cimientos, cómo echaban la creta y la grava, cómo colocaban las primeras cornisas, y, sobre ellas, las ásperas piedras saledizas llamadas *bozzi*. La gente arrojaba medallas y monedas a las zanjas pensando que les traería buena suerte. Otro pequeño comerciante, Tribaldo de Rossi, recuerda haber visitado el lugar con Guarnieri, su hijo de cuatro años: «Alcé a Guarnieri en mis brazos para que pudiera ver los cimientos. Él llevaba un ramillete de rosas de Damasco, e hice que las arrojara al interior. Recordarás esto, ¿verdad?, le dije. Y él me contestó: Sí».[10]

Para muchos, estos nuevos palacios representaban, al parecer, una nueva e inhumana monumentalidad: constituían los grandes bloques de viviendas y los rascacielos de la época que acababan con la Florencia medieval, más íntima y abigarrada. Más de veinte casas fueron derruidas con el fin de dar paso al Palazzo Medici, del mismo modo que la casa de Ser Piero de la via delle Prestanze, probablemente el primer hogar de Leonardo en la ciudad, sería derribado más tarde con el fin de despejar el terreno para el grandioso Palazzo Gondi. Los palacios eran el rostro visible del poder social y político de Florencia, un mundo que Ser Piero llegaba a rozar como proveedor de servicios profesionales prestados a familias como la de los Medici. Él franqueaba algunas de esas puertas, pero para su hijo adolescente —ilegítimo, provinciano, apenas educado— esos muros macizos suponían otros tantos símbolos de exclusión. A pesar de la imagen de meritocracia que ofrecía la propaganda, la ciudad tenía sus sancta sanctórum de poder e influencia. «En Florencia», dice un personaje de Maquiavelo en su obra *La Mandrágora*, «si no tienes poder, ni los perros te ladran».[11]

En la década de 1460 «poder» significaba la familia Medici y su enorme red de aliados y compinches. Cuando Cosimo de Medici murió en 1464, un decreto oficial de la Signoria le concedió el título de «Pater Patriae», un término convenientemente vago que reconocía a la familia como una especie de dinastía presidencial sin declararlo abiertamente. Los Medici gobernaban *de facto* Florencia: lo hacían colocando a sus partidarios en los puestos clave de la administración de la ciudad y por medio de la supremacía absoluta que les conferían sus intereses comerciales y bancarios.[12] Sucedió a Cosimo su hijo Piero, conocido como Il Gottoso: de casi cincuenta años, aficionado a la lectura y delicado de salud, Piero carecía de la habilidad política y del atractivo popular de su padre. Su proyecto de recuperar cantidades masivas de dinero prestadas por el banco de los Medici causó una gran alarma. Se formaron facciones, denominadas topográficamente como el Poggio y el Piano: la Colina y el Llano. La facción contraria a los Medici, agrupada en torno al acaudalado e irascible Luca Pitti, era la del *poggio*, una referencia a la elevación del terreno al sur del Arno donde se hallaba su *palazzo;* los leales a los Medici eran los del *piano*. Después de un intento de golpe de Estado en 1466, los principales agitadores de la facción del Poggio fueron desterrados. Consiguieron el apoyo militar de Venecia, siempre dispuesta a provocar conflictos en Florencia, y en julio de 1467 hubo un enfrentamiento de tropas cerca de Imola. Tales sucesos constituyeron el telón de fondo de los primeros años de Leonardo en la ciudad. El carismático hijo de Piero, Lorenzo, esperaba entre bastidores; finalmente se hizo con el poder en 1469, cuando contaba veinte años de edad.

En medio de estas vicisitudes Ser Piero da Vinci fue lo bastante astuto como para especializarse en proporcionar servicios notariales a las instituciones religiosas de la ciudad, menos vulnerables a los vientos del cambio político. Estaba relacionado con varias órdenes monásticas, entre ellas las de los Siervos de la Santissima Annunziata y los Agustinos de San Donato, las cuales encargarían obras a su hijo más adelante.[13]

Suele describirse la llegada de Leonardo a Florencia como un momento de asombrada revelación —el joven pueblerino cegado por la energía y el esplendor de la gran urbe—; no obstante, es posible que hubiera visitado la ciudad antes de ir a vivir y trabajar en ella. No sabemos (aunque suele darse por supuesto) si entró inmediatamente en el estudio de Verrocchio. Se ha sugerido que el maestro de matemáticas mencionado por Vasari —aquel a quien Leonardo bombardeaba a preguntas— podría haber sido un profesor florentino contratado por Ser Piero con el fin de que preparara a su hijo para el oficio de ayudante de notario.[14] En teoría, su condición de hijo ilegítimo le prohibía ingresar en la profesión, pero no había razón alguna que le impidiera ser útil en una oficina al menos durante una temporada. La caligrafía de Leonardo en esta primera época, con sus florituras y adornos, se ha considerado típicamente «notarial».

La oficina de Ser Piero se hallaba a pocos minutos de camino de su casa. Era una antigua pañería, amueblada —como especifica claramente el contrato de alquiler— con un «mostrador adecuado para el trabajo de un notario». De acuerdo con la descripción, se hallaba «frente a la puerta del Palagio del Podestà», es decir, frente al Bargello.[15] Era probablemente una de las tiendas semisubterráneas empotradas en la antigua muralla romana bajo la iglesia de La Badia, donde se encuentran hoy el bar del mismo nombre y la orfebrería Fantini. Esta calle, hoy parte de la via del Proconsolo, se llamaba entonces via de Librai (calle de los Libreros). Junto a ella estaba el Canto de Cartolai, la Esquina de los Papeleros, los cuales proporcionarían la materia prima necesaria a Ser Piero en cuanto generador y guardián de registros, asentador de transacciones y anotador oficial. Quizá exista un eco del oficio —y de la mentalidad— de su padre en la producción casi obsesiva de material escrito que caracterizó a Leonardo, en aquellas resmas de papel que registran sus propias y muy diversas transacciones con el mundo.

En cualquier caso, podemos imaginar que durante algún tiempo desempeñó en esa pequeña oficina frente al Bargello un trabajo que habría de resultarle antipático. Pero si Ser Piero había previsto ese futuro para él, tuvo la sensatez de cambiar de opinión.

LOS HOMBRES DEL RENACIMIENTO

La política, el comercio, la moda, el ruido, el polvo de la construcción, los perros callejeros... a todos estos eternos ingredientes de la vida en la gran ciudad tenemos que añadir algo menos definible, porque la Florencia del siglo XV fue también, como no olvidan decirnos las guías de turismo, «la cuna del Renacimiento», o al menos una de las cunas. Qué fue el Renacimiento y cuándo y por qué se produjo no es algo fácil de concretar. La versión académica es que comenzó con la caída de Constantinopla en 1453, en cuyo caso podemos considerar responsable a un fabricante de armas húngaro llamado Urbano, cuyo nuevo cañón resultó ser un factor decisivo en la apertura de una brecha en la triple muralla de Bizancio por parte del ejército del sultán otomano Mehmet II.[16] Fue éste sin duda un momento crucial, ya que una riada de eruditos vino a refugiarse en Italia con sus fajos de manuscritos en los que se contenía toda la ciencia y la filosofía griegas: Euclides, Ptolomeo, Platón, Aristóteles... nombres, naturalmente, ya conocidos en el país, pero sólo parcialmente estudiados. Estos inmigrantes bizantinos todavía eran unos recién llegados cuando Leonardo se trasladó a Florencia. Uno de ellos era el gran estudioso de Aristóteles Joannes Argyropoulos, cuyo nombre aparece en una lista elaborada por Leonardo a fines de la década de 1470. Se trataba de alguien a quien conoció o a quien deseaba conocer.[17]

Pero esta afluencia de erudición bizantina sólo vino a acelerar una corriente de ideas existente desde hacía siglos. La ciencia árabe, basada gran parte de ella en la tradición griega, se había ido filtrando en Europa al menos desde el siglo XII, y la revitalización de la cultura de la Roma clásica por parte de los humanistas se hallaba ya en pleno apogeo. Una y otra contribuyeron al *Rinascimento* o Renacimiento en su sentido más primario: el de un «renacer» de la sabiduría clásica. La doctrina según la cual se dio una súbita ruptura entre la Edad Media y el Renacimiento fue en gran parte una invención de comentaristas del siglo XIX como Jacob Burckhardt y Jules Michelet. Su intención, según el historiador marxista Arnold Hauser, era «proporcionar una genealogía al liberalismo»; en otras palabras, con el Renacimiento se forjó un modelo para las ideas posteriores de la ilustración política racionalista.[18] Hoy día el péndulo de la interpretación se ha alejado de la retórica de un «nuevo amanecer» y las fuentes del Renacimiento se buscan en factores socioeconómicos menos atrayentes: no en la caída de Constantinopla, sino en el auge de la contabilidad por partida doble y la letra de cambio internacional, que crearon un clima económico en el que florecieron las ideas y el arte.

A pesar de todo, el atractivo eslogan con que definió Michelet el proyecto renacentista —*la découverte de l'homme et de la nature,* «el descubrimiento del hombre y de la naturaleza»— expresa bastante bien el espíritu imperante en la Florencia de la década de 1460, una ciudad rebosante de formas e ideas nuevas, que a menudo no eran sino viejas formas e ideas reexaminadas a una nueva luz.

Las lumbreras intelectuales del entorno de los Medici eran personajes como el filósofo Marsilio Ficino o los eruditos, traductores y poetas Agnolo Poliziano y Cristoforo Landino. Pero este refinado círculo no atrajo durante mucho tiempo la atención de Leonardo, a pesar de que mantuvo con él interesantes contactos. Para el artista, el hombre que simbolizaba más que ningún otro el nuevo espíritu del Renacimiento era Leon Battista Alberti, cuyos libros poseyó más tarde y el eco de cuyas ideas resuena en sus cuadernos. Suele llamarse a Alberti «el primer hombre del Renacimiento», un término vago pero que refleja su importancia como modelo. El mismo epíteto suele dedicarse con frecuencia a Brunelleschi, pero éste había muerto hacía veinte años cuando Leonardo llegó a Florencia, mientras que Alberti era aún una presencia viva en la ciudad. A sus sesenta y tantos años resumía esas cualidades de versatilidad y rigor intelectual que hoy consideramos propias de Leonardo. Era arquitecto, escritor, estudioso de la antigüedad clásica, teórico del arte, músico, diseñador de escenarios teatrales, urbanista... La lista sería interminable. Después de su muerte, acaecida en 1472, Cristoforo Landino se preguntaba: «¿Cómo debo clasificar a Alberti? ¿En qué categoría de sabios debo incluirle? Entre los especialistas en ciencias naturales [*fisici*], creo. Ciertamente nació para investigar los secretos de la Naturaleza».[19] Esta última frase resuena en nuestra mente como una posible sinopsis de Leonardo.

Alberti era famoso también por su estilo y distinción: «la encarnación de la elegancia», le llamó alguien. El hombre cultivado, afirmó, «debe aplicar el mayor arte a tres cosas: andar en la ciudad, montar a caballo y hablar», pero a esto había que añadir algo más, «a saber, que ninguna de estas cosas parezca que se hacen con afectación». Era un notable atleta —se decía que podía saltar por encima de un hombre, partiendo de una posición erecta, y que podía arrojar una moneda a lo alto dentro del Duomo de forma que tocara el techo de la cúpula[20]—, y, a juzgar por su autorretrato, grabado en un medallón de bronce de hacia 1450, era bien parecido, con finos rasgos y un poderoso perfil ciceroniano. La belleza física, las ropas elegantes, los buenos modales, los caballos hermosos... todo esto fue siempre importante para Leonardo, una parte de la imagen que de él tenían sus contemporáneos, a pesar de la inclinación que, en sentido contrario, experimentaba por las sencillas costumbres del campo.

También Alberti era hijo natural. Su padre fue un próspero mercader florentino que tuvo que abandonar la ciudad por motivos políticos y se estableció en Génova, donde nació Leon Battista en 1404. Como en el caso de Leonardo, su condición de hijo ilegítimo dio lugar a una importante paradoja: le colocaba, por una parte, en una posición social desventajosa, mientras que por otra le proporcionaba cierta marginalidad, una exención con respecto a las expectativas y tradiciones familiares que a la larga le resultó beneficiosa. Como observa su biógrafo Anthony Grafton, le movía un deseo de «vengar en el terreno intelectual sus derrotas iniciales en el aspecto económico».[21] Creó para él mismo una carrera que no había existido hasta entonces: la de una especie de asesor independiente para asuntos relacionados con la arquitectura, la ciencia, el arte y la filosofía. Como asesor, sirvió a la curia papal y a las cortes de Urbino y de Mantua y también a los Medici y a los Rucellai en Florencia, un puesto al que aspiraría más tarde Leonardo cuando dirigió su mirada, más allá del horizonte de Florencia, hacia el Milán de los Sforza.

Para Burckhardt, Alberti fue la luz nueva y potente del humanismo italiano, pero existían también en su interior esos estratos de duda y de falta de seguridad en sí mismo que, como ya he sugerido, formaron parte de la psique renacentista. Luchó contra los demonios de la depresión; fue, afirma Grafton, «un equilibrista de la autocreación». La primavera y el otoño le producían melancolía, decía, porque la profusión de flores y frutas le mostraba cuán poco había producido en su vida. «Battista», se decía, «te ha llegado el momento de prometer algún tipo de fruto a la especie humana». Leonardo experimentaría igualmente esa sensación obsesiva de improductividad que constituye el envés del espíritu expansionista del Renacimiento. Si bien las posibilidades son infinitas, sólo pueden realizarse en parte.[22]

Otro anciano gurú cuyo nombre aparece en los cuadernos de Leonardo es Paolo dal Pozzo Toscanelli, nacido en 1387. Astrónomo, astrólogo, matemático, geógrafo, físico y lingüista famoso, fue el gran decano de la ciencia florentina. En la década de 1420 había sido amigo de Brunelleschi y, según Vasari, le había ayudado en el diseño de la cúpula de la catedral. Fue amigo también de Alberti, a quien dedicó sus ingeniosos *Intercenales,* «en consideración a una antigua amistad». Gran parte de la obra de Toscanelli se ha perdido, pero sí ha sobrevivido un largo manuscrito, en su mayoría autobiográfico, que se conserva en la misma colección florentina en que se guardan los bocetos biográficos del *Anónimo Gaddiano.* La traducción del título latino es la siguiente: «Los inmensos trabajos y largas vigilias de Paolo Toscanelli en torno a la medida de los cometas». Efectivamente, contiene las mediciones, notablemente exactas, de las trayectorias de distintos cometas, incluida la del Halley en 1456.[23] Esos trabajos y vigilias eran la moneda corriente del nuevo empirismo: la insistencia en la observación directa, la acumulación de datos, la comprobación y el cuestionamiento de la sabiduría antigua. Toscanelli es uno de los primeros modelos del Leonardo «discípulo de la experiencia». Hoy se le conoce sobre todo como el geógrafo y cartógrafo que cuestionó el viejo mapa del mundo ptolomeico, contribuyendo así a que Colón descubriera América. Hacia 1474 escribió una carta a un religioso portugués, Fernão Martines, en la que demostraba, con ayuda de un mapa, que el camino más corto para llegar a Asia era navegar hacia el oeste cruzando el Atlántico (o el «Mar Océano» como se llamaba entonces) a la altura de Iberia. Es posible que Colón llegara a conocer dicha carta a través de su relación con el rey de Portugal.

Poliziano escribió sobre Toscanelli: «Paolo recorre la tierra con sus pies y el cielo estrellado con su mente, y es a la vez mortal e inmortal»[24], una elegante metáfora que sintetiza las aspiraciones del científico del Renacimiento.

Alberti y Toscanelli resumen la idea de «hombre del Renacimiento» tal como debía de percibirse, aunque no con ese nombre, en la Florencia de mediados de la década de 1460: en palabras de Landino, hombres nacidos «para investigar los secretos de la Naturaleza». Hasta qué punto impresionaron sus nombres al aprendiz de catorce años que era Leonardo da Vinci es una pregunta a la que no podemos responder —las menciones que hace de ellos son, naturalmente, posteriores—, pero esos hombres formaron parte del aire que respiraba, de ese maravilloso oxígeno para el cerebro que fue el Renacimiento, y le proporcionaron un modelo para su propia carrera multidisciplinar, una tradición que seguir. Sin duda debió de estudiar el tratado de Alberti, *De pittura*, como parte de su aprendizaje en el taller de Verrocchio y admirar las serenas fachadas clásicas de Santa Maria Novella y del Palazzo Rucellai.

Los pintores y escultores de Florencia se sentían partícipes de ese nuevo espíritu de descubrimiento, aunque desde el punto de vista artístico fuera aquél un momento más de transición que de realizaciones destacadas. Los grandes maestros que habían dominado la primera mitad del siglo eran ya ancianos o habían desaparecido. Entre los pintores, Fra Angelico había muerto en 1455, Andrea del Castagno, en 1457, y Domenico Veneziano, en 1461. (Este último, por razones implícitas en esta lista, no fue asesinado por Castagno, como aseguraba el pintoresco rumor difundido por Vasari). El principal escultor del momento, Donatello, cuya influencia, según hemos visto, había llegado hasta Vinci, murió en 1466. El conflictivo Fra Filippo Lippi había abandonado Florencia definitivamente para trabajar en los frescos de la catedral de Spoleto y murió en esta ciudad en 1469. Paolo Uccello, el gran maestro de la perspectiva, era un hombre acabado que en su declaración del catastro de 1469 manifestaba tristemente: «Soy viejo, estoy enfermo y sin trabajo, y mi mujer está enferma también».[25]

Los artistas de la generación que floreció a mediados de la década de 1460 eran magníficos profesionales, pero no las brillantes figuras de antaño. Los talleres más importantes eran el de Verrocchio (que en aquel momento se dedicaba principalmente a la escultura); el de los hermanos Pollaiuolo, Antonio y Piero; el de Neri di Bicci, discípulo de Donatello; el de Benozzo Gozzoli, discípulo de Fra Angelico; y el de Cosimo Rosselli. Estaba también el taller de Luca y Andrea della Robbia, especializado en obras de barro vidriado, que gozaba de un enorme éxito. Artistas prometedores eran Sandro Filipepi, más conocido como Botticelli (nacido hacia 1444), y el especialista en frescos Domenico Ghirlandaio (nacido en 1449), quien se convertiría en el gran periodista gráfico de la vida florentina. A muchos de estos artistas, si no a todos, Leonardo los habría tratado personalmente en el mundo cerrado, mezcla de rivalidad y colaboración, de los talleres artísticos. Miguel Ángel y Rafael todavía no habían nacido. Como tampoco había nacido el gran cronista del arte florentino, Giorgio Vasari.

LA *BOTTEGA* DE ANDREA

Cuando decimos que Leonardo entró en el taller de Andrea del Verrocchio debemos evitar cualquier concepción errónea acerca de lo que era entonces el estudio de un artista y el aspecto que ofrecía. La palabra utilizada para designarlo en tiempos de Leonardo era *bottega,* que significa simplemente taller y que transmite con bastante exactitud la realidad cotidiana del estudio de Verrocchio, una pequeña fábrica dedicada a la producción de obras de arte. Algunos talleres estaban especializados, pero no así éste, que a lo largo de los años produjo pinturas de distintos tipos y tamaños; esculturas en mármol, bronce, madera y barro; trabajos en oro, plata y hierro; lápidas funerarias, arcones de boda, gallardetes para justas, escudos heráldicos, armaduras y decorados y disfraces teatrales. Se trataba de una empresa comercial —Kenneth Clark lo llamó *Verrocchio & Co.,* «Verrocchio y Compañía»—, y ya desde los tiempos de Vasari ha existido la tendencia a considerar a Verrocchio más un maestro artesano que un «gran artista». «El estilo de su pintura y su escultura era crudo y sin blandura», afirma Vasari, «porque procedía de un estudio concienzudo y no de un don innato».[26]

Más conocido como escultor, Verrocchio se había formado, sin embargo, como orfebre y pertenecía a ese gremio. En eso seguía las huellas de Brunelleschi, Donatello, Ghiberti, Antonio del Pollaiuolo y Ghirlandaio. Uno de sus maestros fue un cierto Francesco di Luca Verrocchio, del que tomó su nombre profesional (el verdadero era Andrea di Cione). Por entonces no era raro que un aprendiz adoptara el nombre de su maestro, convirtiéndose así, dentro del ámbito de los secretos del oficio, en su «hijo», una metáfora de iniciación. El nombre de Piero di Cosimo, por ejemplo, significa que fue «hijo» de su maestro, Cosimo Rosselli. En una temprana referencia a Verrocchio como artista independiente se le llama Verrocchino, es decir, «Pequeño Verrocchio». Él, a su vez, llegaría a ser uno de los principales maestros de su generación: entre sus discípulos y ayudantes se encontraban, además de Leonardo, los pintores Pietro Vanucci (conocido como Perugino) y Lorenzo di Credi, así como el escultor Agnolo di Polo. Al parecer, mantenía buenas relaciones con otros artistas autónomos como Botticelli, Ghirlandaio, Francesco Botticini, Biagio d'Antonio y Francesco di Simone Ferrucci, todos ellos relacionados con su taller en un momento u otro.

Su *bottega* se hallaba en la parroquia de Sant'Ambrogio, en dirección al flanco oriental de las murallas. Verrocchio era oriundo de la ciudad; había nacido y crecido allí, y, aunque murió en Venecia, su cuerpo fue llevado a Florencia para ser enterrado, junto al de su padre, en la iglesia parroquial. Nació entre 1434 y 1437, de forma que tenía unos treinta años cuando se convirtió en maestro de Leonardo. Su padre, Michele, está documentado como *fornaciaio,* u operario de un horno, como lo había sido Accattabriga, el padrastro de Leonardo, mientras que su hermano mayor, Simone, había dedicado su vida a la iglesia. La casa familiar existe todavía. Según varios documentos, es la que vemos en la esquina noroeste de la via del Agnolo con via de Macci. La *bottega* se encontraba cerca, en la via Ghibellina, no lejos de los muros ciegos e imponentes de la cárcel de la ciudad, Le Stinche, que se alzaba en el lugar que ocupa hoy el Teatro Verdi.[27]

El taller donde Leonardo comenzó su aprendizaje se encontraba también a poca distancia de las oficinas que Ser Piero da Vinci tenía frente al Bargello. Todo esto —la proximidad física de la familia y el trabajo, el hecho de que todo se hallara a una distancia que les permitía ir andando para verse y hablarse— sugiere que Florencia era una ciudad íntima. Pero en esas poblaciones tan abigarradas existen fronteras sociales invisibles, y una de ellas es la que habríamos cruzado para pasar de un centro opulento al barrio artesano y populoso de Sant'Ambrogio. Los nombres de las calles nos permiten experimentar el sabor de la zona: en el caso de la via della Salvia, en la que se vendían esta y otras hierbas, el nombre nos permite también experimentar el olor. Una de las especialidades del barrio era la alfarería: en la via dei Pentolini se compraban las pequeñas ollas provistas de dos asas que daban nombre a la calle, y en la via delle Conche, vasijas de mayor tamaño y tinajas. Al norte de la iglesia, se hallaba la via della Mattonaia o calle de los Ladrillos. Quizá fuera allí donde se encontraba el horno de Michele di Cione. Más hacia el este, en dirección a las murallas, se llegaba a un par de conventos, de aspecto bastante lúgubre, de *murate* o monjas de clausura. En el Monasterio delle Murate había ciento cincuenta monjas que se dedicaban a hacer bordados de plata y oro, por lo que fueron reprendidas por Savonarola. Junto a éste se encontraba el convento de Santa Verdiana, llamado así en honor de la anacoreta por excelencia, santa Verdiana de Castelfiorentina, una *murata* del siglo XIII de la que se cuenta que vivió treinta y cuatro años en una celda tapiada y con dos serpientes por toda compañía. Más allá de las puertas de la ciudad —la Porta alla Croce— se abrían grandes espacios verdes: nos imaginamos con cuánta frecuencia debió de acudir allí Leonardo para despejar la mente.[28]

Es imposible relacionar el taller de Andrea con un edificio concreto de la via Ghibellina, pero, en líneas generales, podemos saber qué aspecto tendría. La *bottega* típica era un espacio grande y abierto en una planta baja, se abría a la calle y solía tener la vivienda arriba o en la parte trasera. En el camino desde Sant'Ambrogio a Santa Croce todavía se pueden ver los restos de algunas de ellas. En los muros de ladrillo se distinguen aún viejas entradas en forma de arco, y alguna pizzería, lavandería o taller de reparación de automóviles ha conservado el interior tal como era entonces: el techo bajo y abovedado y la zona de trabajo ocupando todo el fondo del edificio hasta donde se vislumbra el patio trasero. A través del umbral de un taller de la via delle Casine llega hasta nosotros el ruido de martillazos, el reflejo de la llamarada de un soplete. Así debieron de ser para Leonardo las primeras experiencias de su vida de artista hacia 1466: trabajo físico, polvo, ruido, los olores penetrantes de barnices y disolventes... Más una especie de garaje que un estudio.

Por entonces Andrea del Verrocchio conocía su primera racha de éxito. En 1467, un año de intenso trabajo, estaba completando la tumba de Cosimo de Medici en la capilla Medici de San Lorenzo, mientras comenzaba una de sus obras maestras de escultura, el grupo en bronce de *Cristo y Santo Tomás,* para uno de los nichos exteriores de Orsanmichele. Ambos eran trabajos importantes. La escultura era un encargo del poderoso Tribunale della Mercanzia, encargado de juzgar aquellos casos en que estaban involucrados miembros de gremios y comerciantes (una organización con la que su «buen amigo» Ser Piero da Vinci mantenía buenas relaciones). Intervenía también por entonces en el vaciado y colocación de una enorme campana de bronce en el convento de San Marco, conocida más tarde como La Piagnona por el nombre que recibieron los seguidores de Savonarola, los *piagnoni* o llorones.

Recientemente, se ha fechado como correspondiente a este periodo otro famoso bronce de Verrocchio, algo que reviste un particular interés dado que es posible que el modelo fuera Leonardo. Se trata de su *David.* Mide poco más de 1.20 metros de altura y representa al guerrero como un joven de cabello fuerte y rizado, que tiene la cabeza de Goliat, con su espesa barba, a sus pies. En las botas, la armadura y el cabello de la figura quedan restos de lo que fue probablemente un revestimiento dorado. La escultura se halla hoy en el Bargello, a pocos metros de donde fue creada. Ha sido fechada por algunos a mediados de la década de 1470, ya que en 1476 fue vendida por Lorenzo de Medici a la Signoria. Sin embargo, el especialista en Verrocchio Andrew Butterfield ha demostrado, basándose en criterios estilísticos, que corresponde a una fecha mucho más temprana. Butterfield la sitúa en torno a 1466: de hecho es posible que fuera un encargo del padre de Lorenzo, Piero, para el jardín de la Villa Medici en Careggi.[29] Si esta datación es correcta, la estatua correspondería a los primeros tiempos de Leonardo en la *bottega.* ¿Y no sería lo más natural que aquel atractivo aprendiz recién llegado al taller sirviera de modelo para el joven David? Que Leonardo era un muchacho atractivo es algo en lo que coinciden sus primeros biógrafos, y la comparación visual del guerrero con el probable autorretrato del artista en la *Adoración* de hacia 1481 añade peso a este argumento. No existe documento alguno que corrobore esta idea, pero es posible que el *ragazzo* gracioso, delgado, de pelo ondulado, sea Leonardo a los catorce años.

 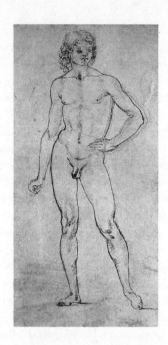

David *de bronce de Verrocchio, h. 1466, y estudio de un joven
en la misma postura, de un cuaderno de dibujos de Ferrucci.*

Si así fuera, tendríamos otro retrato de él (aunque esta vez indirecto)
en un dibujo a pluma que representa a un joven desnudo exactamente
en la misma postura del *David* de Verrocchio. El dibujo se halla actualmente en el Louvre. Formaba parte de un cuaderno de dibujos, ahora
dispersos, que perteneció al escultor florentino Franceso di Simone
Ferrucci. En otra página de ese mismo cuaderno Ferrucci anota que Lorenzo di Credi —otro discípulo de Verrocchio— le ha proporcionado
algunos de los «modelos» de su maestro (figuras de barro, dibujos, plan-
tillas) para que pueda copiarlos. En otra hoja, entre unos bocetos de un
ángel, hay una línea escrita de derecha a izquierda que parece de mano
de Leonardo. La fecha concreta del cuaderno es incierta: la mención a
Di Credi no puede ser muy anterior a fines de la década de 1470 y algunas de las páginas contienen material escrito fechado entre 1487 y 1488.[30]
No es probable que el dibujo sea un estudio directo del joven modelo
que posó para el *David*, pero sí podría ser una copia posterior, realizada
por Ferrucci, de uno de los bocetos de Verrocchio para la escultura. Así
pues, filtrado y por aproximación, y con el añadido de algunas conjeturas, podría mostrarnos al joven Leonardo da Vinci de pie y desnudo en el
estudio de via Ghibellina.

Nada expresa de forma más intensa, o más conmovedora, la realidad del estudio de un artista florentino que el inventario de las pertenencias que, a su muerte en 1488, Verrocchio dejó en su taller. No se trata de la *bottega* de la via Ghibellina —se había trasladado a un lugar más céntrico, cerca del Duomo, poco antes de 1480—, pero la dirección no tiene mucha importancia. Transcribo la lista exactamente, con sus modulaciones intactas. Había un lecho de plumas, una colcha blanca, un colchón, un par de sábanas, un armazón de cama pintado, una mesa, un banco para la mesa, un cubo para sacar agua del pozo, un arcón para guardar grano, una jarra de aceite, tres toneles que contenían 14 barriles de vino, un barril de vinagre de vino *(agresto),* un modelo de cúpula (la de la catedral), un buen laúd, una Biblia en lengua vulgar, un ejemplar de las *Cento novelle,* un *Moscino* impreso, los *Trionfi* de Petrarca, las *Epistole* de Ovidio, una pintura de la cabeza de Andrea, una figura de niño en terracota, un cuadro grande, una esfera, dos arcones antiguos, una figura de San Juan, dos pares de fuelles valorados en 15 florines, dos pares de fuelles pequeños, dos cabezas en bajorrelieve, un yunque, una escultura de Nuestra Señora, una cabeza de perfil, dos manos de almirez de pórfido, un par de tenazas, un monumento funerario dedicado al cardenal de Pistoia, una figura esculpida grande, tres amorcillos y sus modelos de arcilla, varios martillos de diversos tamaños, un horno con distintas herramientas, cierta cantidad de leña de pino y otras maderas y cinco moldes para balas de cañón grandes y pequeñas.[31]

En esta mezcla de ajuar doméstico y material artístico, un par de cosas llaman la atención. El «buen laúd» confirma la afirmación de Vasari según la cual Verrocchio era también músico; es posible que bajo su tutela desarrollara Leonardo sus dotes musicales. Los libros nos proporcionan una idea acerca de la textura intelectual de la *bottega.* Tres de ellos eran obras muy conocidas, cultas y al mismo tiempo populares: lecturas para entretener el ocio. Así las *Cento novelle,* una recopilación de relatos del novelista florentino del siglo XIV Franco Sacchetti, que siguen el modelo de Boccaccio. También los *Trionfi (Triunfos)* de Petrarca, poemas moralizantes en *terzine.* Y una edición de las *Epístolas* de Ovidio conocidas también como *Heroidas,* probablemente en la traducción al italiano de Luca Pulci publicada en Florencia en 1481. Leonardo poseyó más tarde un ejemplar de esta misma obra, junto a otro de las *Metamorfosis* de Ovidio.[32] El cuarto libro que se menciona entre los efectos de Verrocchio —el «*Moscino* impreso»— puede ser *La mosca* de Leon Battista Alberti, una obra humorística basada en el *Laus muscae (Elogio de la mosca)* de Luciano.

La mención de un retrato o autorretrato («una pintura de la cabeza de Andrea») es interesantísima. No es probable que se trate del retrato al óleo de media figura que se encuentra en los Uffizi, en el que vemos a un hombre moreno, de labios finos y expresión adusta. Se ha afirmado con frecuencia que es un retrato de Verrocchio, pero lo más probable es que represente a Perugino, uno de sus discípulos, ya que su semejanza con el autorretrato firmado por este último y expuesto en el Collegio di Cambio de Perugia es más que notable.[33] En las *Vidas* de Vasari hay un grabado que representa a Verrocchio, al parecer en su madurez. Algunos de estos grabados, producidos masivamente a fines de la década de 1560, son puras adivinanzas en cuanto retratos, pero en este caso la imagen nos conduce a otra. El rostro muestra una profunda semejanza con un vigoroso dibujo a pluma y tinta de los Uffizi que pertenece sin duda a la escuela de Verrocchio (véase p. 106). Es probable que se trate de un retrato del artista en torno a los cuarenta años. No es un rostro atractivo —ancho, con papada, levemente epiceno—, pero la intensidad de la mirada es sorprendente. No se trata de la obra incluida en el inventario (la que se describe como *quadro* y era, por lo tanto, una pintura), pero podría estar relacionada con ella. Es lo más aproximado que ha llegado hasta nosotros de un retrato del maestro de Leonardo.

APRENDIENDO EL OFICIO

Muchos quieren aprender a dibujar y gustan de hacerlo, pero no tienen verdaderas aptitudes para ello. Se revela en su falta de perseverancia, pues son como niños que dibujan todo apresuradamente, sin acabado ni sombreado...

MS G de París, fol. 25r

Mientras trabajaba como obrero, ayudante o mozo para todo en el estudio, y quizá también como modelo, Leonardo era también un alumno o *discepolo,* lo que quiere decir que recibía una enseñanza específica del Maestro Andrea. Un contrato redactado en 1467 nos da una idea aproximada de qué era lo que un aprendiz esperaba a este respecto. En él, el pintor de Padua Francesco Squarcione se compromete a enseñar a su discípulo «el principio de un plano, con líneas trazadas de acuerdo con mi método», y cómo «colocar figuras en dicho plano» y «cómo colocar objetos en él, como una silla, un banco o una casa», y «cómo representar la cabeza de un hombre en escorzo en proyección isométrica», y «el sistema de un cuerpo desnudo».[34] De esta forma aprendía el alumno las técnicas de la perspectiva y el dibujo de figuras. Squarcione promete también «mantenerle con papel en la mano» y «proporcionarle modelos», los cuales podían ser tanto sus propios dibujos como objetos o personas reales. El alumno pasaba mucho tiempo copiando del «libro de modelos» de su maestro.

El papel era caro, por lo que los aprendices practicaban también con una tabla de madera y un punzón de metal. En su famoso manual, el *Libro dell'arte,* Cennino Cennini recomienda «una tablilla de 33 centímetros cuadrados de madera de boj» alisada «con cuchillo como hacen los orfebres» y cubierta de cenizas de huesos humedecidas con saliva: aconsejaba que dichas cenizas fueran de huesos de pollo, «como los que encontrarás debajo de la mesa».[35] Los primeros dibujos de Leonardo sobre papel demuestran que habitualmente utilizaba una punta de plomo o de plata antes de rellenar las líneas con tinta.

El dibujo era la base de la educación del artista. Así lo destaca Vasari cuando especifica que Ser Piero decidió que Leonardo «estudiara dibujo» con Verrocchio, y así lo destaca el mismo Leonardo cuando se convirtió a su vez en maestro de sus propios discípulos. Según Paolo Giovio, «Leonardo no permitía que los jóvenes menores de veinte años tocaran los pinceles y los colores, y sólo les permitía practicar con punta de plomo, siguiendo diligentemente los mejores ejemplo de los antiguos e imitando la fuerza de la naturaleza y las formas del cuerpo con las líneas más sencillas».[36] Que fuera ésta la práctica que siguiera el activo estudio comercial de Verrocchio es poco probable —Leonardo pintaba, sin duda, antes de cumplir los veinte años—, pero la cita refleja el estricto adiestramiento en dibujo a punta de metal que aprendió de Verrocchio. No podía haber encontrado mejor maestro: fue éste, probablemente, el mejor dibujante florentino de su generación. La famosa colección de Vasari incluía algunas de sus obras, «hechas con la mayor paciencia y con buen juicio», entre ellas «varias cabezas femeninas con hermosos cabellos y expresiones, que Leonardo imitaba siempre por su belleza». Varios ejemplos de ellas han llegado hasta nosotros. El «siempre» de Vasari no es meramente retórico; los ecos de un retrato a carboncillo de Verrocchio que se conserva en el Museo Británico resuenan claramente en los bocetos de Leonardo para su *Leda* ejecutados más de treinta años después.[37]

Vasari poseía también varios dibujos de Leonardo, entre ellos algunos de sus primeros estudios de paños, que describe como ejercicios de aprendiz: «Hacía modelos de arcilla, cubriendo las figuras con trapos empapados en yeso, y los dibujaba minuciosamente sobre finos tejidos de Reims o lino preparado. Hacía esos dibujos, en blanco y negro, con la punta del pincel, y el resultado era maravilloso, como puede verse en los ejemplos de mi libro de dibujos». Algunos de estos primeros estudios han sobrevivido. Varios de ellos pueden relacionarse con los paños de la *Anunciación* de los Uffizi, probablemente la primera pintura atribuida exclusivamente a Leonardo (hacia 1470-1472).[38] Un dibujo que se conserva en el Christ Church College de Oxford es un estudio para la manga del ángel de la *Anunciación;* se trata de un fragmento de un folio algo ma-

Estudio de paños sobre lino de Leonardo.

yor, que probablemente incluyó un boceto de una cabeza (quizá la cabeza de un ángel), ya que, en el margen derecho, se ven restos de largos cabellos rizados. La manga puede compararse también con la del ángel de San Gennaro, una pequeña escultura de terracota recientemente atribuida al artista.

La maestría de Leonardo en este terreno constituye un precedente de la de los manieristas, que tanta importancia dieron a la representación de los pliegues. «Él la llevó más allá de un puro ejercicio académico», dice Alessandro Vezzosi, «poniendo de manifiesto toda su abstracción y su fuerza latentes».[39] Las ampliaciones de estos estudios de paños parecen versiones de las rocas y montañas de sus paisajes posteriores. El tema continuó preocupándole: su *Tratado de la pintura* incluye un capítulo titulado «Sobre la naturaleza de los pliegues en los paños». El paño «debe ceñirse al cuerpo y no parecer un fardo de ropas vacías» ni una serie de «pliegues deshabitados». Y continúa precisando las distinciones visuales:

> Paños finos, paños gruesos, paños nuevos y viejos; con pliegues quebrados y pliegues enteros, pliegues suaves, sombreados y menos sombreados, con reflejos y sin reflejos, aislados o confundidos de acuerdo con su colocación y colores; vestiduras acordes con el rango, largas y cortas, flotantes o rígidas de acuerdo con los movimientos, tal como convenga a la figura y según ondeen hacia arriba o hacia abajo.[40]

Otro estudio temprano de Leonardo que recuerda la *Anunciación* es el de un lirio (Lámina 3) vigorosamente dibujado a lápiz negro, retocado a pluma y con una aguada sepia subrayada aquí y allá con realces blancos. Se parece al lirio de la *Anunciación* pero no está directamente relacionado con éste, ya que la flor se inclina hacia el otro lado. Se asemeja más al lirio de *La Virgen y el Niño con dos ángeles* de Verrocchio, que se conserva en la National Gallery de Londres, pero la pintura está recortada y sólo se ve una parte de la flor. En el tercio inferior del papel, el dibujo tiene unas líneas muy tenues, apenas perceptibles en la reproducción: parece que son estudios geométricos de perspectiva, lo cual refuerza la idea de que se trata de un ejercicio de aprendizaje.

Parte también del adiestramiento de un aprendiz era el modelado en arcilla y terracota. Vasari afirma que, «en su juventud», Leonardo «hizo con arcilla varias cabezas de mujeres riendo, de las cuales aún hoy se hacen modelos de yeso, y también varias cabezas de niños que parecían obra de un artista maduro». No queda rastro alguno de ninguna de esas «mujeres riendo», y aunque hay muchos amorcillos en las esculturas monumentales de Verrocchio, nada indica que alguno de ellos pueda ser de Leonardo.

Los inicios de la carrera de escultor de Leonardo son misteriosos. Existe una hermosa cabeza de terracota, un *Cristo giovanotto* o *Cristo joven* (véase p. 144) que se considera obra suya, aunque las opiniones difieren acerca de si se trata de una obra temprana o de mediados de la década de 1490 (presenta afinidades con algunos estudios para los discípulos de *La Última Cena*). Puede que sea ésta la «cabecita» que perteneció más tarde a Giovanni Paolo Lomazzo:

Dibujo a punta de metal de un guerrero de perfil, basado probablemente en un bajorrelieve de Verrocchio.

Tengo también una cabecita de Cristo niño *[fanciullo]* de terracota, modelada por el mismo Leonardo, en la que se ve la sencillez y pureza del niño junto con un algo que revela sabiduría, inteligencia y majestad. Posee la ternura de la juventud, pero, al mismo tiempo, parece viejo y sabio.[41]

Lo que dice Lomazzo acerca de la actividad de Leonardo como escultor es interesante, porque había visto un manuscrito, hoy perdido, en el que el artista se refería a la escultura como «la hermana de la pintura», y añadía: «Me he deleitado y me sigo deleitando con ella», citando como «testigos» de esta afirmación sus distintas obras escultóricas: «caballos, piernas, cabezas y también cabezas humanas [es decir, que parecen vivas] de Nuestra Señora, y Cristos jóvenes, tanto de cuerpo entero como en parte, y numerosas cabezas de ancianos».[42] Este pasaje (suponiendo que la versión de Lomazzo sea fiel a ese manuscrito perdido) nos lleva a volver la mirada a la famosa lista del Códice Atlántico, datada en torno a 1482, en la que Leonardo cataloga varias obras que había completado antes de su partida para Milán. Algunas de ellas —«muchas cabezas de ancianos», «muchos desnudos de cuerpo entero», «muchas piernas, pies y actitudes *[attitudini]»*—podrían ser esculturas o modelos de arcilla y no dibujos.[43]

Habría aprendido también las técnicas del modelado y del relieve *(rilievo)*. En el Louvre se conservan un par de ángeles de terracota en bajorrelieve producidos sin duda en el taller de Verrocchio y que en ocasiones se han atribuido a Leonardo a causa de su semejanza con el ángel del *Bautismo de Cristo*. Vasari menciona un bajorrelieve en bronce de Verrocchio que representaba al belicoso emperador persa Darío; la obra se ha perdido pero casi con seguridad ha quedado registrada en el expresivo retrato a punta de metal de un guerrero de perfil, obra de Leonardo, que se conserva en el Museo Británico.[44]

Del dibujo al natural, de los estudios de perspectiva y del modelado del barro, el aprendiz pasaba finalmente a iniciarse en la profesión de pintor. No se sabe con certeza cuándo comenzó a pintar Verrocchio, como tampoco se sabe quién fue su maestro. Aparece documentado por primera vez como pintor en 1468, cuando presentó los bocetos de una serie de cuadros destinados al Palazzo della Mercanzia que representaban las Siete Virtudes, pero es probable que se encontrara en activo antes de esa fecha.[45] La principal producción del estudio consistía en pinturas de la Virgen y el Niño pequeñas o medianas, de las que subsisten muchas y que responden al estilo llamado *verrocchiesco;* su principal antecedente se encuentra en las dulces y lustrosas Madonas de Fra Filippo Lippi y en la pintura holandesa, cuya influencia llegó a Italia a través de éste. Suelen ser de una belleza edulcorada, pero muestran un vigoroso sentido del volumen y del movimiento que se deriva del trabajo de Verrocchio como escultor. De acuerdo con criterios estilísticos, la pequeña *Virgen con el Niño* de Berlín, fechada hacia 1468, es probablemente una de las primeras. Otros ejemplos son la *Madonna Ruskin* de Edimburgo; *La Virgen y el Niño con dos ángeles,* de la National Gallery de Londres; *La Virgen del Mar,* de la Accademia de Florencia; la *Madonna Dreyfus,* de Washington, DC; y *La Virgen del clavel,* de Múnich. La mayoría están fechadas a comienzos o mediados de la década de 1470. Son todas pinturas sobre tabla; el lienzo no se utilizaba aún y no hay pruebas de que «Verrocchio y Compañía» hiciera trabajos al fresco, lo que constituía la especialidad del taller de Ghirlandaio.

Pero mucho antes de tomar los pinceles, Leonardo debió de trabajar intensamente para conocer la mecánica básica del oficio. Tuvo que aprender cuáles eran las maderas más apropiadas para las tablas: la del álamo, el nogal, el peral o el serbal. De éstas, la primera era la más utilizada en los talleres, especialmente la del álamo blanco conocido como *gattice,* una madera barata y práctica utilizada por carpinteros y ebanistas. Tuvo que aprender a preparar los diferentes tipos de imprimación, el yeso blanco con que se cubría la tabla para formar la «base» a la que se aplicaba la pintura: las capas finales del sedoso *gesso sottile* que daban una superficie de un blanco brillante con un escaso poder de absorción. A lo largo de los años Leonardo experimentaría con imprimaciones cada vez más complicadas preparadas a medida de sus necesidades:

> Embadúrnala [la tabla] con almáciga y trementina blanca procedente de una segunda destilación... añade dos o tres capas de aguardiente en el que habrás disuelto arsénico o cualquier otro sublimado corrosivo. Aplica luego aceite de linaza hirviendo de forma que penetre toda la superficie, y, antes de que se enfríe, frótala bien con un paño para secarla. Aplica sobre esto, con un estique, un barniz blanco líquido y lávala luego con orina.[46]

Así preparada, la tabla ya estaba lista para el siguiente paso: la aplicación a la superficie virgen de los dibujos preparatorios. Solía utilizarse un boceto a tamaño natural que abarcaba toda la composición: el cartón, del italiano *cartone,* una hoja grande de papel. Las líneas se picaban con agujeritos, como los que aún se ven en muchos dibujos. El cartón se colocaba plano sobre la tabla y se espolvoreaba con carbón o piedra pómez en el proceso conocido como *spolveratura:* el polvo pasaba a través de los agujeritos y dejaba una marca en la tabla que quedaba así preparada para recibir la pintura.

Leonardo se formó en la tradición de la pintura al temple, aunque el óleo llegaría a ser pronto la técnica dominante. El temple es un líquido glutinoso que se emplea para desleír los colores y darles mayor fijeza, pero en el Quattrocento el aglutinante era invariablemente el huevo. Los colores se mezclaban con yema de huevo fresca (o con la clara si era para iluminar manuscritos) y la mezcla se rebajaba luego con agua. El temple de huevo se seca casi instantáneamente, dando un tono mucho más claro, y es resistente y duradero. Los brillantes frescos de Florencia —los de Masaccio en el Carmine, los de Gozzoli en el Palazzo Medici, los de Ghirlandaio en Santa Maria Novella— fueron pintados *al fresco* (sobre un muro humedecido) con temple. A los sonidos y olores de la *bottega* tenemos que añadir los de las gallinas que proporcionaban los huevos necesarios para la producción de pintura de un estudio muy activo.

La pintura al óleo —una técnica importada de Holanda— ya se utilizaba, pero se destinaba principalmente al acabado, ya que modificaba el temple opaco proporcionándole una capa de brillo transparente. Era un toque decorativo que se añadía a la pintura al temple.[47] Leonardo se encuentra en un punto de inflexión de la técnica: comienza a trabajar con la tradición de la pintura al temple, pero pronto se entusiasma con la riqueza de la pintura al óleo, de la que llegó a ser un maestro. Supo reconocer la sutileza de modelado y sombreado que el óleo ofrecía. El hecho de que la pintura al temple se secara rápidamente significaba que había que pintar las sombras a base de líneas (paralelas y cruzadas), mientras que el óleo ofrecía la posibilidad de trabajar con capas de pinceladas, con lo cual se conseguía una nueva profundidad de tono y una mayor complejidad óptica: el *sfumato,* una de sus marcas de fábrica. Y, lo que representaba una ventaja crucial para el perfeccionismo de Leonardo: no había necesidad de darse prisa.

El *discepolo* debía conocer también los secretos de los colores, los materiales de los que se extraían, la forma de prepararlos y los efectos que producía su mezcla. Unos procedían de la tierra local (ocres, sombras, sienas), otros de plantas (negro vegetal), y otros eran producto de un proceso químico perjudicial pero sencillo (el blanco de plomo o el amarillo de plomo o estaño). Todos ellos proporcionaban la base de la paleta del pintor. Una mezcla tradicional para imitar los tonos de la carne era la del ocre amarillo, el negro vegetal y el blanco de plomo; Cennino la llamaba *verdaccio.*

Pero para conseguir los matices brillantes deseados por el artista y sus clientes se necesitaban materiales más exóticos. El pigmento principal de la primitiva pintura italiana era ese poético azul brillante llamado *oltremare,* el azul ultramar, que se obtenía moliendo lapislázuli (del latín *lapis,* piedra, y *lazulus,* derivado del persa *lazhward,* azul), un silicato rico en sulfuro. La palabra «ultramar» parece hacer referencia a un azul más intenso que el marino, pero significa simplemente que procedía «del otro lado del mar». Era un material importado, extraordinariamente caro, y que por ello se convirtió en sinónimo del precio, y, por lo tanto, del prestigio de una obra. El contrato de Ghirlandaio para *La Adoración de los Magos* (1485) estipula que «el azul debe ser de ultramar y de a unos cuatro florines la onza», aunque por entonces esa exigencia estaba desapareciendo y se generalizaba el uso de sustitutos más baratos como el azul de Prusia o azurita.[48]

Otros pigmentos importantes de origen mineral eran la malaquita verde, muy utilizada para pintar paisajes y follaje,[49] y el rojo brillante, o bermellón, que se obtenía moliendo cinabrio (sulfuro de mercurio). La palabra procede del latín *vermiculus,* o gusano pequeño, porque el rojo del cinabrio se comparaba con el tinte rojo que se extraía de un insecto, el quermes. También se obtenía de un insecto la laca, que se añadía al pigmento en polvo para producir un brillo lustroso.

Las recetas para conseguir efectos especiales con el color llenaban manuales tan populares como el *Libro dell'arte* de Cennino o los *Commentarii* de Ghiberti, y son muchas las que aparecen en los manuscritos de

Leonardo. En el Códice Atlántico, escrito con las florituras ornamentales que caracterizan la primera caligrafía del artista, leemos:

Toma color verde [es decir, malaquita] y mézclalo con betún, y eso hará las sombras más oscuras. Y si quieres sombras más claras, mezcla el verde con ocre amarillo, y para obtenerlas aún más claras mezcla verde con amarillo, y para los toques de luz usa sólo el amarillo. Luego mezcla verde con cúrcuma y barniza todo con ello... Para obtener un hermoso color rojo toma cinabrio o tiza roja u ocre quemado para las sombras más oscuras, y para las más claras usa tiza roja y bermellón, y para los toques de luz sólo bermellón, y luego aplica una capa fina de laca.[50]

La utilización de estas materias primas explica por qué los pintores pertenecían al *Arte dei Medici, Speziali e Mercai,* es decir, al Gremio de los Médicos, Especieros y Merceros. Los especieros comerciaban con todo tipo de productos exóticos: a ellos se acudía en busca de especias, medicinas, hierbas, pociones y fármacos. Las farmacias italianas más clásicas aún llevan el nombre de *spezierie.* En esos establecimientos, llenos de intensos olores, el pintor se proveía de lo que podríamos llamar condimentos visuales. En Florencia, también se especializaban en el comercio de pigmentos los frailes Ingesuati de San Giusto alle Mura. Filippo Lippi, Botticelli, Ghirlandaio y Miguel Ángel están documentados como clientes, así como Leonardo, que en el verano de 1481 pagó cuatro liras por «una onza de *azzuro* [azurita] que compró a los Ingesuati».[51]

Todos éstos eran conocimientos técnicos que se exigían a un aprendiz de pintor, pero había otras cosas, menos palpables, que también debía aprender. Además de un taller y de una fábrica de arte, la *bottega* era un lugar de encuentro de artistas, un foro de discusión y murmuraciones, un semillero de nuevas técnicas e ideas. La *bottega* fue la universidad del iletrado Leonardo.

Un pintor estrechamente relacionado con el nacimiento del estilo de Verrocchio es Sandro Botticelli. Era un artista independiente, pero sus primeras obras consisten en tablas que representan a la Virgen y el Niño en un estilo muy semejante al de Verrocchio, o quizá fuera el estilo de Verrocchio el que se asemejaba al de Botticelli: no tenemos noticia de que el maestro de Leonardo recibiera una educación como pintor, y probablemente estaba dispuesto a aprender del joven artista que había sido discípulo del gran Filippo Lippi y que, a la muerte de éste, ocurrida en 1469, se había convertido a su vez en maestro de su hijo ilegítimo, Filippino. Botticelli debió de representar también una influencia importante en los comienzos de Leonardo como pintor a fines de la década de 1460 y principios de la siguiente, una influencia que se puede argumentar acudiendo al ángel de la *Anunciación,* que tiene algo de ese aire estilizado, característico del ballet, que suele asociarse con Botticelli. Éste, siete u ocho años mayor que Leonardo, era un hombre excitable que llegó a ser muy devoto de Savonarola, aunque Vasari le retrata como un aficionado a las bromas pesadas.

Leonardo ha dejado pocos comentarios acerca de los artistas de su tiempo, pero sí hizo algunos sobre Botticelli. El tono es sorprendentemente crítico. Habla con desdén de sus «mediocres paisajes», y sin duda está pensando en sus irreales bosques mitológicos cuando dice: «No pintes, como hacen muchos, todos los tipos de árboles del mismo verde, aun cuando estén a una distancia equivalente». Y vuelve a arremeter contra él cuando se queja humorísticamente de la falta de decoro presente en la *Anunciación:* «Hace pocos días vi una pintura de un ángel de la Anunciación que parecía estar expulsando a Nuestra Señora de la habitación con movimientos que revelaban el mismo tipo de agresividad que uno mostraría hacia un enemigo al que odia, y Nuestra Señora parecía como si fuera a arrojarse desesperada por la ventana». Probablemente se refería a la *Anunciación* que pintó Botticelli para la capilla de la familia Guardi hacia 1490, sobre la que podría afirmarse que el ángel está agazapado con gesto amenazador, si bien se trataría de una interpretación maliciosa. Una crítica igualmente malintencionada se encuentra en una nota de Leonardo que comienza así: «¡Sandro! No dices por qué los segundos parecen estar a un nivel más bajo que los terceros», una referencia a la *Natividad Mística* de Botticelli pintada en 1500 y en la que las jerarquías de ángeles aparecen representadas de un modo que desafía las leyes de la perspectiva.[52] Estos reproches no parecen característicos de Leonardo. Puede haber en ellos un componente psicológico, un deseo de superar una influencia temprana, de definirse a uno mismo por medio de la diferencia. La imitación era para Leonardo una forma de debilidad.

Otro pintor cercano a la *bottega* era Pietro Vanucci, conocido como Il Perugino. Nacido cerca de Perugia a fines de la década de 1440, había estudiado con un maestro de Umbría —probablemente Piero della Francesca— antes de llegar a Florencia, de forma que para entonces ya no era un joven aprendiz como Leonardo. En un documento florentino de 1472 se le otorga el prefijo de «Mag» *(magister* o maestro). Como Leonardo, hizo la transición a la pintura al óleo muy rápidamente. El nombre del Perugino aparece unido al de Leonardo en una crónica rimada de Giovanni de Santis, el padre de Rafael:

Colegas de Florencia. Arriba izquierda: probable retrato de Andrea del Verrocchio pintado por uno de sus discípulos. Arriba derecha: Sandro Botticelli, probable autorretrato en su Adoración de los Magos, h. 1478. Abajo izquierda: Pietro Perugino, autorretrato, 1500. Abajo derecha: Lorenzo di Credi, autorretrato, 1488.

Due giovin par d'etade e par d'amori
Leonardo da Vinci e 'l Perugino,
Pier della Pieve, ch'e un divin pittor...

Describe el autor a ambos artistas como «dos jóvenes, iguales en edad y en el amor», aunque entre los dos destaca a Perugino como «pintor divino».[53]

Otro discípulo muy conocido de Verrocchio era un joven atractivo, hijo de un orfebre, Lorenzo di Credi. Nacido hacia 1457, era más joven que Leonardo y llegó más tarde al taller. Hacia 1476 dio comienzo a la primera de sus obras aceptadas, *La Virgen y el Niño con San Juan Bautista y San Donato* de Pistoia. Una de las predelas de este retablo era una pequeña *Anunciación* evidentemente basada en la pintura de Leonardo y ejecutada quizá por los dos en colaboración.[54] En 1480, su madre, viuda, afirmaba en su declaración del catastro que Lorenzo ganaba doce florines al año en el taller. Éste debía de ser el jornal básico de un aprendiz, al que habría de añadirse el pago de trabajos específicos en encargos concretos. Cuando Verrocchio se trasladó a Venecia, a comienzos de la década de 1480, Di Credi, al que había designado heredero y albacea testamentario, quedó a cargo de su taller.[55] Según Vasari, Verrocchio «amaba» a Lorenzo más que a cualquier otro de sus discípulos, aludiendo así quizá, ignoramos si con razón o sin ella, a su posible homosexualidad. Se ha afirmado con frecuencia que Leonardo fue «iniciado» en este aspecto en el estudio de Verrocchio, pero no existe prueba alguna de ello.

Nada sabemos acerca de la relación de Leonardo con Perugino o con Di Credi. Ninguno de los dos aparece mencionado en sus manuscritos, como tampoco Verrocchio, su maestro. Crítica o silencio altanero: en cualquier caso no tenemos la sensación de que Leonardo sintiera una especial gratitud con respecto a los artistas de los cuales, y con los cuales, aprendió el oficio.

Finalmente el aprendiz está preparado para pintar, lo que en la práctica significa que está preparado para *pintar una parte* de un cuadro. Es bien sabido que en el taller renacentista los trabajos se hacían en colaboración, y que, con frecuencia, la obra de un artista determinado sólo estaba pintada parcialmente por él, quedando el resto a cargo de ayudantes y aprendices que trabajaban bajo su supervisión. A veces los acuerdos especificaban hasta qué punto podía delegar el maestro. Uno de los contratos de Piero della Francesca estipulaba que ningún pintor que no fuera el mismo Piero podía «tomar los pinceles», mientras que Filippino Lippi tuvo que acceder a que su fresco de la capilla Strozzi de Santa Maria Novella fuera «por entero de su mano, especialmente las figuras».[56]

Pero, en general, se admitía que una pintura de taller no fuera exclusivamente de un maestro determinado.

Una de las obras más encantadoras salida del estudio de Verrocchio es la pequeña tabla de la National Gallery de Londres que representa a *Tobías y el Ángel,* pintada alrededor de 1468-1470. La historia de Tobías (en italiano, Tobiolo) se narra en un libro apócrifo, el Libro de Tobit: trata de un joven decidido a encontrar curación para la ceguera de su padre, y de cómo el arcángel Rafael le acompaña como guardián durante sus aventuras. La historia posee los rasgos característicos de una leyenda o un cuento de hadas —además de un reconfortante trasfondo de valores familiares—, y para entonces se había convertido en un tema pictórico de gran aceptación. El *Tobías* de Verrocchio es uno más de los que se pintaron en aquel tiempo: los hermanos Pollaiuolo y Francesco Botticini hicieron versiones muy semejantes del tema. En todas ellas aparecen el pez y el perro que forman parte del relato. El cuadro de los Pollaiuolo, pintado al óleo, fue el primero de los tres; Verrocchio sigue su composición[57], aunque dando a las dos figuras más energía y movimiento: el viento agita sus ropas y la borla del cinturón de Tobías se funde ingeniosamente con un arbolillo en la distancia; pero las alas del ángel no tienen la calidad de las que pintó Pollaiuolo y el fondo está ejecutado con descuido. Verrocchio carecía de sensibilidad para el paisaje.

Según el historiador del arte David A. Brown, precisamente esta limitación técnica es la que proporciona la clave de la autoría compartida: «Verrocchio era inexperto en la representación de la naturaleza, pero, contrariamente a lo que cabría esperar, las criaturas que aparecen en la tabla de Londres, así como las figuras humanas, superan a las del cuadro de los Pollaiuolo».[58] En otras palabras: los animales son demasiado buenos como para ser obra de Verrocchio. Las escamas del pez relucen en tonos grises y blancos; aunque pintado con la técnica tradicional de la pintura al temple, capta con brillantez el sentido de la luz y de la superficie. Y el pequeño perro blanco que brinca junto al ángel es de la misma raza en ambas pinturas —un terrier boloñés—, pero en el cuadro de Verrocchio está vivo, trota, atiende. Su pelo largo ondea y se desparrama pintado con tal sutileza que su figura parece diáfana. Bajo él pueden verse las líneas del paisaje que le precedió en el cuadro. El animal parece flotar como un holograma justo encima de la superficie de la pintura: es el perro de un cuento de hadas (Lámina 4).

Es evidente que el perro y el pez no son obra de Verrocchio, cuyo estilo robusto y escultural se pone de manifiesto en las dos figuras principales. Son obra de un ayudante, y ese ayudante fue sin duda Leonardo da Vinci. Una comparación entre el pelo del perro y los cabellos de los ángeles pintados por Leonardo a comienzos de la década de 1470 revela

Tobías y el Ángel, *de Verrocchio.*

una clara semejanza entre uno y otros. Probablemente el joven artista intervino también en la pintura del cabello de Tobías, en el que vemos el mismo mechón rebelde del ángel de su *Anunciación*. Un análisis microscópico revela pinceladas de una mano izquierda en los rizos que rodean la oreja del muchacho. Otros cuadros de Verrocchio pueden incluir pinceladas del primer Leonardo en algún paño o en un rincón de un paisaje, pero éstas son sus primeras contribuciones discernibles: un perro, un pez y una cascada de cabellos rizados, todo ello ejecutado con ese toque delicado, ese brillo trémulo que ese notable aprendiz perfeccionaría a lo largo de los años pero que, al parecer, constituían ya por entonces su marca de fábrica.

ESPECTÁCULOS

El 7 de febrero de 1469 se celebraron en Florencia unas justas en honor de Lorenzo de Medici, entonces de veinte años de edad: fueron su rito de iniciación en la vida pública y una celebración de su próxima boda con Clarice Orsini (su novia romana, una elección no muy bien recibida en ese momento). Lorenzo recorrió las calles, con su séquito de caballeros, desde el Palazzo Medici hasta el lugar donde se celebraría el torneo en la Piazza Santa Croce. Es innecesario hacer referencia al esplendor que rodeó el acontecimiento —las sedas, los terciopelos, las perlas, las armaduras cinceladas, el corcel blanco, regalo del rey de Nápoles—, pero reparemos por un momento en el estandarte que ondea sobre la cabeza de Lorenzo, especialmente diseñado para la ocasión: un «estandarte de tafetán blanco». El poeta Luigi Pulci describe el diseño. Estaba «decorado con un sol arriba y un arco iris abajo, y en el centro una dama de pie, en una pradera, vestida al estilo antiguo con una túnica [drappo alessandrino] bordada con flores de oro y plata». Al fondo, «el tronco de un laurel con varias hojas marchitas y una sola rama verde en el centro».[59] El laurel (lauro) da pie a un juego de palabras con el nombre de Lorenzo; por otra parte, frente a su padre enfermo —moriría a fines de aquel mismo año—, simbolizaba que él era el nuevo y poderoso brote en el árbol genealógico familiar.

El estandarte de Lorenzo era obra de Andrea del Verrocchio. Desapareció hace mucho tiempo y, desde luego, no fue una de

Busto de Lorenzo de Medici, obra de Verrocchio.

sus obras principales, pero dice mucho acerca del prestigio de su taller en ese momento de sucesión semiprincipesca. Con toda seguridad, era el mejor estandarte que se podía comprar. La anécdota revela también la participación del artista en todos y cada uno de los aspectos visuales de la vida cívica florentina, no sólo en lo referente a pinturas, esculturas y arquitectura, sino también en cuanto a suntuosos espectáculos públicos como las justas. El calendario florentino estaba repleto de festividades de todo tipo. Durante las semanas anteriores a la Cuaresma se celebraban los carnavales; seguían las procesiones de Pascua; y, más tarde, las fiestas de *Calendimaggio* o Día de Mayo, que continuaban intermitentemente hasta el 24 de junio, fiesta del santo patrón de la ciudad, San Juan Bautista. Se organizaban «cacerías de leones» en la Piazza della Signoria, partidos de fútbol en Piazza Santa Croce —el *calcio storico*, como se llama el juego ahora, tenía 27 jugadores en cada equipo y «se jugaba menos con los pies que con los puños»—, y también la carrera de caballos anual, el Palio, en la que se disputaban duramente la victoria los distintos *gonfaloni* de la ciudad. La pista cruzaba Florencia desde Porta a Prato hasta Porta alla Croce, y tres campanadas de la Vacca daban comienzo a la carrera; el trofeo (el *palio)* era un trozo de seda carmesí ribeteado con piel y borlas doradas y se consideraba una especie de talismán. Un famoso jinete de la época fue Gostanzo Landucci, hermano de Luca, autor de un diario.[60]

Los Medici comprendieron que las festividades públicas constituían una terapia y Lorenzo estimuló enormemente estos espectáculos. Podía rumorearse que eran una forma de distraer al pueblo mientras sus gobernantes erosionaban sus libertades con la ayuda de sus compinches y sus votaciones amañadas, pero si bien es cierto que había en esas exhibiciones un elemento de «pan y circo», también lo es que Lorenzo disfrutaba de verdad con ellas. El carnaval se convirtió en un espectáculo cada vez más elaborado. Había desfiles con antorchas y carretas decoradas —precedentes de las carrozas de las cabalgatas actuales— que tradicionalmente representaban a los distintos gremios. Muchas de las canciones propias del carnaval estaban relacionadas con diferentes oficios —la «Canción de los sastres», la «Canción de los aceiteros», etcétera—, pero en aquel momento la moda exigía, además, temas cortesanos, ya fueran clásicos o mitológicos. Cada vez más opulentos e ingeniosos, estos acontecimientos festivos se convirtieron en una especie de retórica política triunfalista; de hecho, se les daba el nombre de *trionfi*, en recuerdo de los festivales que acompañaban a las victorias militares en la Roma imperial, sólo que ahora venían a celebrar la gloria y el poder de los Medici. Como se había hecho siempre, se entonaban coplas obscenas; pero los ciudadanos más distinguidos pedían que se interpretaran números como la «Canción de los confiteros» o «El triunfo de Ariadna y Baco» (obras ambas del propio Lorenzo), u otras composiciones de sus amigos literatos como Agnolo Poliziano o Luigi Pulci. El heraldo de Lorenzo, Battista del Ottonaio, era particularmente experto en este género.

Con su pompa exagerada, estas justas y carnavales de los Medici constituían el equivalente del teatro popular de la época, y todo el atrezzo que contribuía a su celebración —los estandartes, pendones, trajes, máscaras, armaduras, gualdrapas y carretas engalanadas— salía del taller de Verrocchio y de otros semejantes. No nos imaginamos a Leonardo como el alegre tipo extrovertido que disfrutaba del caos del carnaval, pero, en cuanto espectáculo teatral, debió de fascinarle. Seguramente encontraríamos su rostro entre los de la muchedumbre que presenciaba las justas de Lorenzo: era buen conocedor de caballos y jinetes; quizá había trabajado en el estandarte; y más tarde colaboraría en los fastos que rodeaban las justas de Milán. Creo que le encontraríamos también entre el gentío reunido frente al Duomo el Domingo de Pascua, contemplando el famoso *scioppio del carro,* una incendiaria interpretación de la venida del Espíritu Santo en la que una paloma artificial, impulsada por un cable tendido entre el Duomo y el Baptisterio, prendía la mecha de una carreta cargada con fuegos artificiales y tirada desde la Porta al Prato por una yunta de bueyes blancos. Quizá se encuentre una reminiscencia de esta fiesta en un boceto del Códice Atlántico que representa a un pájaro mecánico sujeto a un cable bajo el epígrafe «pájaro para una comedia». Los primeros biógrafos de Leonardo coinciden en que también creó artilugios de este tipo propios del ilusionismo teatral: «Utilizando cierto material hizo pájaros que podían volar».[61]

Otra modalidad de teatro público eran las *sacre rappresentazioni,* versión florentina de los milagros medievales ingleses, que con ocasión de festividades religiosas se escenificaban en iglesias y claustros por jóvenes pertenecientes a instituciones religiosas. Se trataba de producciones a gran escala, manifiestamente financiadas por familias como la de los Medici, que incluían efectos especiales como enormes discos giratorios para cambiar el escenario o cables y poleas para hacer volar a los actores. Según Vasari, Brunelleschi fue quien inventó muchos de los ingeniosos mecanismos o *ingegni* que hacían posibles esos efectos. Cada 25 de marzo, día de la Anunciación, en la iglesia de San Felice se celebraba la conmemoración de este acontecimiento. El cielo se instalaba en el entramado del techo, y la casa de María en un escenario colocado en la nave del templo; con ayuda de una polea, el ángel Gabriel era bajado de una nube de madera con el consiguiente peligro. Otra *rappresentazione* popular era la que tenía lugar el día de la Ascensión en el monasterio del Carmine. Todos estos espectáculos personificaban las mismas escenas que retrataba el pintor: la composición de los grupos, los gestos y los *tableaux vivants* alimentaban las convenciones narrativas, más sutiles, propias de la pintura. Un obispo que visitaba Florencia estableció esta conexión al comentar, después de la representación de la Anunciación, que «el ángel Gabriel era un hermoso joven vestido con una túnica blanca como la nieve adornada con oro, como las que visten los ángeles del cielo en los cuadros». Cuando Leonardo se preparó para pintar su propia versión de la Anunciación, sin duda estas representaciones que había presenciado formaban parte del material con el que tenía que trabajar.[62]

El amor de Leonardo por el teatro se pondría de manifiesto más tarde en Milán, pero sin duda se enraíza en las justas, procesiones y *sacre rappresentazioni* de la Florencia de los Medici. Él es ese joven atractivo y ligeramente misterioso que vemos al margen de la multitud: absorto pero atento, observando y calculando, reflexionando sobre la ejecución de todo aquello.

En 1471, Verrocchio trabajaba con sus ayudantes en la preparación de otro tipo de espectáculo: la visita de estado del duque de Milán. Lorenzo de Medici le había encargado un casco y una armadura «de estilo romano» que deseaba regalar a su huésped, y también la nueva decoración de los aposentos de invitados del *palazzo*. Se trata de la primera ocasión en que encontramos con seguridad a Leonardo en el entorno de los Medici, aunque sólo sea como decorador de interiores. Para él suponía su primer contacto con la corte milanesa, que años después se convertiría en su hábitat.

La visita fue polémica. El viejo duque, Francesco Sforza, había sido uno de los principales aliados de los Medici, pero su hijo, Galeazzo Maria Sforza, que le sucedió en 1466 con poco más de veinte años, era un joven libertino y siniestro, famoso por su crueldad. Según el cronista milanés Bernardino Corio, «hizo cosas demasiado vergonzosas para ponerlas por escrito». Entre las que sí llegaron a registrarse (aunque eso no garantiza que fueran ciertas), figuran que «violaba a vírgenes y robaba las esposas de otros hombres», que le cortó las manos a un hombre a cuya esposa deseaba, y que ordenó matar a un cazador furtivo obligándole a tragarse una liebre entera, con pelo incluido.[63] Los enemigos de los Medici argumentaban que había que cortar la relación con ese indeseable y que Florencia debía restablecer su antigua alianza con Venecia, pero Lorenzo mantenía que las buenas relaciones con Milán eran esenciales para la prosperidad de su ciudad. El hecho de que la esposa de Galeazzo, Bona de Saboya, fuera hija del rey de Francia añadía al conflicto una dimensión diplomática.

La magnífica comitiva del duque entró en Florencia el 15 de marzo de 1471. Un documento que se conserva en los archivos de la corte milanesa titulado *Le liste dell'andata in Fiorenza* nos da una idea de su importancia: unos ochocientos caballos en total y un séquito de cortesanos, capellanes, mayordomos, barberos, cocineros, trompeteros, gaiteros, cuidadores de perros, halconeros, heraldos, pajes, camareras y lacayos (entre éstos uno llamado Johanne Grande, o Juan el Grande).[64] En un retrato de Piero del Pollaiuolo pintado probablemente durante esta visita, aparece Galeazzo con una nariz ganchuda, las cejas arqueadas en una curva sardónica, la boca pequeña y sosteniendo delicadamente un guante en una mano. Formaba parte del séquito el hermano pequeño de Galeazzo, Ludovico, conocido por su tez oscura como *Il Moro*. Aún adolescente y en la periferia del poder político de Milán, era, sin embargo, una figura digna de consideración. Diez años después de este fugaz primer encuentro, Leonardo se dirigiría al norte para solicitar su mecenazgo.

Teniendo en cuenta su futura relación con el hombre fuerte de Milán, la reacción florentina con respecto a la visita del duque resulta interesante, pues sugiere que, aunque quizá de forma inconsciente en aquel momento, algo atrajo al joven Leonardo. Maquiavelo criticó el hedonismo —hoy lo llamaríamos «consumismo»— de los jóvenes de la Florencia de su tiempo, asociándolo concretamente a la perniciosa influencia de la visita del milanés:

> Empezaron entonces a producirse desórdenes típicos de tiempos de paz. Los jóvenes de la ciudad, más independientes, gastaban sumas excesivas en ropas, festines y libertinaje. Ociosos, malgastaban su tiempo y su dinero dedicándose al juego y a las mujeres; su único afán consistía en superar a los demás en el lujo de sus vestidos, en lenguaje y en ingenio... Estas desgraciadas costumbres empeoraron aún más con la llegada del cortejo del Duque de Milán... Si el Duque encontró la ciudad corrompida por un afeminamiento merecedor del castigo de los jueces y contrario a los principios de la república, la dejó en un estado de corrupción aún más deplorable.[65]

Ignoramos los motivos que impulsaron a Leonardo a trasladarse a Milán a comienzos de la década de 1480, pero es posible que esas características de la corte milanesa, que tan negativo juicio merecen a Maquiavelo —los vestidos llamativos, las chanzas ingeniosas, los modales afeminados—, le resultaran más agradables que el carácter sólidamente burgués de la república de Florencia.

Entre las *sacre rappresentazioni* organizadas en honor del duque de Milán, figuró una Venida del Espíritu Santo representada en la iglesia de Brunelleschi del San Spirito en Oltr'Arno. La noche del 21 de marzo se declaró un incendio durante la celebración del espectáculo, que provocó el pánico y causó daños considerables. Los predicadores de Florencia lo interpretaron como un castigo divino por la decadencia y la ostentación de los milaneses y por los banquetes que celebraban durante la Cuaresma, pero un ascua de ese fuego siguió viva en la memoria de Leonardo.

EN LA LINTERNA

En 1470, o quizá a principios de 1471, un pintor secundario de Florencia llamado Biagio d'Antonio Tucci pintó un cuadro titulado *Tobías con tres arcángeles,* una variante del popular tema que Verrocchio y Leonardo habían abordado.[66] Detrás de las figuras contemplamos la conocida vista de Florencia: murallas, torres, colinas y, en el centro, la gran cúpula del Duomo. El panorama es el convencional, pero Biagio pintó lo que realmente veía: un complicado andamiaje de madera que rodeaba la linterna de mármol de la catedral. La pintura se convierte así en un documento visual único de cómo se aplicó a la cúpula el toque final. La estructura principal había sido completada casi cincuenta años antes por Brunelleschi —«desafiando al mismo cielo», según la memorable frase de Vasari—, pero aún no había sido coronada con el orbe y la cruz tal como especificaba el diseño original del arquitecto. El proyecto fue encomendado a «Verrocchio y Compañía», de forma que si pudiéramos acercar una lupa mágica al cuadro de Tucci y pudiéramos distinguir unas cuantas figuras encaramadas en lo alto del andamiaje, una de ellas podría ser el ayudante de Verrocchio, Leonardo da Vinci.

Este prestigioso contrato había sido adjudicado a Verrocchio por la *fabbriceria,* o departamento de obras, de la catedral en septiembre de 1468. Durante la primavera siguiente, el artista viajó a Venecia y a Treviso para comprar cobre de buena calidad para el orbe —o, como invariablemente se le llama, la *palla* o bola—, el cual, ya terminado, medía dos metros y medio de diámetro y pesaba más de dos toneladas.[67] Según Vasari, «exigió mucho trabajo e ingenio colocarlo de forma que se pudiese entrar desde abajo y que no lo perjudicaran los vientos». El molde fue probablemente aquella «esfera» mencionada en el inventario póstumo de los bienes de Verrocchio.

El lunes 27 de mayo de 1471, el orbe fue izado a más de 100 metros de altura, hasta lo alto de la linterna de mármol que corona la cúpula. Los libros de cuentas de la Opera del Duomo registran el pago de dos liras destinadas «a comprar pan y vino para los obreros cuando coloquen la bola». Instalarla y sujetarla a su pedestal llevó tres días de trabajo. Luego, el 30 de mayo, se colocó sobre ella la cruz. Entre los que contemplaban el trabajo desde abajo se hallaba el boticario Luca Landucci: «Colocaron la cruz sobre la mencionada bola, y los canónigos y muchas otras personas entonaron un *Te Deum* allí mismo». Las cuentas registran el pago de tres liras «a los trompeteros del Palagio [es decir, de la Signoria] por tocar en la linterna cuando se colocó la cruz».[68]

Evidentemente Leonardo conocía de primera mano el proyecto y los problemas de ingeniería que planteaba. En uno de sus cuadernos figura un memorándum que contiene una advertencia específica: «Recuerda las soldaduras de la bola de Santa Maria del Fiore».[69] Se puede fechar esta nota en torno a 1515, cuando su interés se centraba en la posibilidad de fabricar espejos parabólicos a base de soldar diferentes facetas. Retrocede entonces en su memoria más de cuarenta años, hasta aquel vertiginoso proyecto florentino en el que había colaborado de joven.

Naturalmente, es imposible demostrar que Leonardo estaba encaramado en aquel andamio colocado sobre los tejados de Florencia «desafiando al mismo cielo». ¿Pero dónde si no esperaríamos encontrarle?

El proyecto acercó a Leonardo a la obra de figuras ya legendarias como Filippo (o Pippo) Brunelleschi, el maestro de la cúpula, que tanto había hecho por proporcionar un nuevo estatus al ingeniero-arquitecto del Renacimiento. Era un hombre pequeño, feo, combativo; «de aspecto insignificante», dice Vasari, «pero dotado de un genio tan elevado que bien se puede decir que nos lo trajo el cielo». La famosa anécdota del huevo resume su talante provocador. En el concurso convocado para construir la cúpula, se cuenta que Brunelleschi se negó a dar a conocer su plan, pero ganó la competición con un reto, pidiendo «que hiciese la cúpula aquel que pudiera demostrar su ingenio colocando un huevo derecho sobre un trozo de mármol plano». Trajeron efectivamente un huevo y los competidores trataron en vano de conseguir que se mantuviera de pie sobre un extremo. Luego se acercó Filippo y «cogiendo el huevo con gracia, rompió la base en el mármol y lo colocó de pie». Los otros se quejaron, argumentando que podrían haber hecho lo mismo, pero Filippo se echó a reír y dijo que «también sabrían construir la cúpula si hubieran visto su maqueta».[70] El incidente es probablemente apócrifo, pero la mezcla de exhibicionismo y originalidad que lo caracteriza (lo que hoy llamaríamos «aproximación indirecta» o creativa) es cierta, como es cierto el motivo del secreto profesional. A Brunelleschi le obsesionaba el temor a la piratería y al plagio, otra característica que heredó Leonardo.

La obra se considera aún una de las maravillas de la arquitectura europea y hoy, casi seiscientos años después, sigue siendo la cúpula de mampostería más grande del mundo. De acuerdo con los cálculos modernos contiene cuatro millones de ladrillos, pesa unas 36,000 toneladas y se construyó sin «cimbra» (un armazón de madera que sostiene la fábrica). En realidad se compone de dos cúpulas, una dentro de la otra, de las cuales la mayor mide 55 metros de un extremo al otro. Cada una de ellas está formada por ocho segmentos curvos construidos simultáneamente y reforzados por aros circulares.[71] Una de las innovaciones de Brunelleschi consistió en la introducción de arneses de seguridad para los trabajadores: sólo uno de ellos murió al caer desde lo alto durante la construcción, algo sorprendente si se tiene en cuenta la media de accidentes de este tipo en aquella época.

La colocación de un orbe o «bola» de cobre de dos toneladas de peso sobre la cúpula planteaba problemas de ingeniería no muy diferentes de aquellos con los que se había enfrentado Brunelleschi al comienzo de su trabajo, siendo el primero de ellos cómo subirlo hasta lo alto. Su participación en el proyecto tuvo que proporcionar a Leonardo acceso directo al taller de la catedral y a los famosos diseños de cabrias y grúas del arquitecto. Algunos de sus estudios incluidos en el Códice Atlántico reproducen formas y detalles de los ingenios de Brunelleschi; aunque fechados a finales de la década de 1470, probablemente responden a su relación anterior con los trabajos de ingeniería de la catedral. Las mismas máquinas aparecen en varios cuadernos de otros ingenieros del Renacimiento, pero la forma en que Leonardo aísla y analiza cada uno de sus componentes sugiere que las dibujó directamente a partir de las originales.[72] Uno de los dibujos representa el *collo grande* («cuello grande»), una máquina construida en 1421 por Brunelleschi para izar la piedra y otros materiales pesados hasta lo alto de la catedral. Su característica más señalada consistía en un mecanismo de engranaje gracias al cual se podían subir o bajar materiales sin que los animales que hacían girar el torno en la base tuvieran que cambiar de dirección. Otro dibujo muestra la grúa giratoria de Brunelleschi, diseñada para facilitar la colocación de las piedras ya trabajadas de una forma precisa durante la construcción de la cúpula; y otro más proporciona bocetos detallados de una máquina para levantar pesos que gira sobre raíles circulares. Todos estos ingenios debieron de estar directamente relacionados con la subida y colocación de la esfera de cobre.[73]

En un folio de finales de la década de 1480, Leonardo, que entonces proyectaba un sistema de ataque naval, anota que debe «hacer un vaciado de una de las tres tuercas de los trabajos de Santa Liberata»[74] (otro nombre por el que se conocía a la catedral), una referencia a otro mecanismo inventado por Brunelleschi para mantener tensos los cables y que se hallaba en el taller de la catedral. Por aquel entonces, el interés de Leonardo se centraba en las cúpulas debido a un proyecto relacionado con la catedral de Milán. En sus estudios para este proyecto encontramos un reflejo de la arquitectura de Brunelleschi, mientras que dibujos posteriores muestran los ladrillos de una cúpula colocados en forma de espina, disposición en la que resuena de nuevo el eco del gran prototipo de Florencia.[75]

Catedral de Florencia: cúpula, linterna y orbe.

En la actualidad es posible hacer una peregrinación vertical a la base de la linterna del Duomo. Una escalera formada por 463 peldaños de piedra arranca de una entrada en el lado sur del crucero, desemboca brevemente en el reborde inferior de la cúpula —donde se pasa junto a los enormes pies calzados con sandalias y los bordes ondeantes de las túnicas del fresco de Vasari dedicado al *Juicio final*— y vuelve a ascender en círculo por detrás del revestimiento de la cúpula para emerger en lo alto de la ciudad, con los tejados del casco antiguo diseminados allá abajo y las calles abriéndose paso entre ellos co-

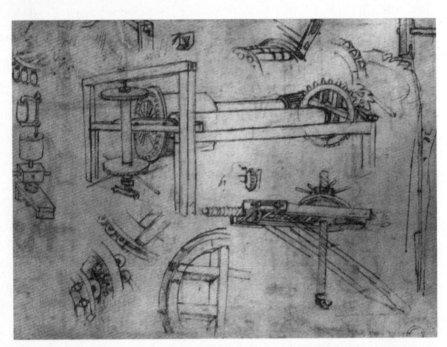

Estudio técnico de Leonardo de la máquina reversible para levantar pesos de Brunelleschi.

mo los radios de una rueda de bicicleta ligeramente aplastada. Desde allí vemos el trazado de la via Ghibellina, en la que se hallaba la *bottega* de Verrocchio, la esbelta aguja de la Badia que marca el lugar donde estaba la oficina de Ser Piero, y, hacia el norte, el enorme cubo de arenisca del Palazzo Medici, que todavía da la impresión de que acabaran de colocarlo en ese lugar.

Aquí arriba estuvo Leonardo un día de comienzos del verano de 1471. Intuimos la importancia que la ocasión revistió para él, en parte por la euforia de verse tan alto como un pájaro y en parte por sentir el poder de la tecnología de Brunelleschi, la magia, precisamente calibrada, capaz de arrojar hacia el cielo una estructura semejante desafiando la fuerza de la gravedad. Un momento apasionante en la historia del Renacimiento.

LAS PRIMERAS PINTURAS

En el verano de 1472, a los veinte años de edad, Leonardo se inscribió en la cofradía de pintores florentinos, la Compagnia di San Luca. Los libros de la *compagnia* registran que «Lyonardo di Ser Piero da Vinci, *dipintore*» pagó treinta y dos sueldos por el honor de pertenecer a ella: dieciséis por la suscripción anual, a pagar en plazos mensuales a partir del 1 de julio de 1472, y diez como contribución a las prácticas de la observancia del día de San Lucas, el 18 de octubre.[76] San Lucas, el supuesto autor de un retrato de la Virgen María, es el santo patrón de los pintores. Aquel mismo año, también se inscribieron en la cofradía Verrocchio, Botticelli, Perugino, Domenico Ghirlandaio, los hermanos Pollaiuolo y Filippino Lippi, la flor y nata de la pintura florentina a comienzos de la década de 1470.

Fundada a mediados del siglo XIV, la Compagnia di San Luca era una agrupación de pintores de todo tipo. Otras semejantes se establecieron en Siena y Milán, y más tarde en París, Roma y Londres. (Esta última, el St Luke's Club, llamada también de los Virtuosos, fue fundada en 1638 por Anthony Van Dyck, y sus socios se reunían en la Rose Tavern de Fleet Street). La *compagnia* florentina tenía connotaciones religiosas, pero era esencialmente un club de artistas, un club donde reinaba el compañerismo y el buen humor. Era distinta del gremio de los pintores, el *Arte dei Medici e Speziali*, aunque compartía con éste algunas de las funciones. Muchos de sus miembros pertenecían también al gremio, aunque no era algo obligatorio (como lo demuestra el hecho de que Filippino Lippi aparezca en la cofradía en 1472, a los quince años de edad, cuando era demasiado joven para pertenecer a una asociación gremial). En la práctica, el control del gremio sobre los asuntos artísticos había decaído mucho y muchos artistas preferían no pertenecer a él. Su decadencia se debió en gran parte a la creciente movilidad del artista en busca de patronazgo; los gremios tenían un área de influencia estrictamente local, mientras que el arte se estaba convirtiendo en un mercado nacional e internacional. Ignoramos si Leonardo llegó a pertenecer al *Arte dei Medici e Speziali,* pues los registros de esta asociación son fragmentarios; no obstante, no hay prueba alguna que demuestre que fue así.

También son fragmentarios los registros de la *Compagnia di San Luca,* por lo que no sabemos con certeza por qué todos estos pintores aparecen registrados en el mismo año; es posible que se hubiera dado anteriormente una interrupción de las actividades de la cofradía. En cualquier caso, el hecho de que Leonardo aparezca en el *libro rosso* de la *compagnia* significa un dato tangible en la por otra parte oscura cronología de su desarrollo artístico. Sabemos así que a mediados de 1472 era un pintor en activo.

¿Qué cuadros completos había pintado Leonardo hasta entonces? Existen varios posibles (descontando sus aportaciones al *Tobías* de Verrocchio, encantadoras pero limitadas), aunque sin duda el más evidente es la *Anunciación* de los Uffizi (Lámina 5). Probablemente fue pintado para el monasterio de San Bartolomeo del Monte Oliveto, situado en las colinas del suroeste de Florencia. Allí se encontraba a fines del siglo XVIII, cuando aparece documentado por primera vez.[77] En 1867 fue adquirido por los Uffizi; según la etiqueta de la parte trasera de la tabla, en ese momento colgaba en la sacristía de San Bartolomeo. Su formato oblongo sugiere que pudo ser diseñado para ser colocado encima de los muebles de esa dependencia del monasterio; en la sacristía norte de la catedral de Florencia existe una *Anunciación* de Giuliano da Maiano que tiene una forma semejante. Se sabe que San Bartolomeo fue parcialmente reconstruido en 1472 —el pórtico, atribuido a Michelozzi, corresponde a esa fecha— y es posible que la pintura se encargase como parte de esa rehabilitación. El monasterio es hoy un hospital militar.

Antes de su traslado a los Uffizi, esta *Anunciación* se creía obra de Domenico Ghirlandaio. En el catálogo de los Uffizi de 1869, se le atribuye por primera vez a Leonardo. Esta atribución es aceptada hoy en día de forma prácticamente generalizada, aunque uno o dos revisionistas abrigan todavía algunas dudas, basadas, acertadamente, en que el estilo de la obra es difícil de diferenciar: se trata de un Leonardo joven, todavía visiblemente asociado con las formas y las técnicas del taller de Verrocchio. David A. Brown lo resume así: «Combinando pasajes innovadores y líricos con préstamos y errores, la *Anunciación* es la obra de un artista inmensamente dotado pero inmaduro».[78] Los préstamos son evidentes en el rostro y los colores de la Virgen, en su dedo meñique levantado, un amaneramiento típico de Verrocchio, y en la elaborada decoración del atril, que recuerda la del sarcófago de San Lorenzo, obra completada por éste en 1472.[79] Los errores son esencialmente de perspectiva. El ciprés de la derecha, por ejemplo, parece estar en el mismo plano que los otros cipreses, pero si fuera así, la pared que vemos junto a él tendría una longitud imposible. Y lo que es más importante, la relación espacial entre la Virgen y el atril es ilógica. Visto desde el pedestal hacia arriba, está más cerca de nosotros que la figura, pero si lo miramos desde la mano derecha de la Virgen hacia abajo, debería estar más alejado. El brazo excesivamente alargado es resultado de esa indecisión. Ambos errores de composición se producen en el lado derecho de la pintura. El otro —el ángel, el jardín, el paisaje maravillosamente difuminado— parece más rico y más logrado. Se ha pensado que el cuadro podría haber sido ejecutado en dos momentos distintos. En general adolece de cierta rigidez estilizada y gana en atractivo gracias a la belleza de efebo del ángel y de lo que Martin Kemp califica de «enfoque miope» en los detalles individuales.[80]

El tema fue uno de los preferidos por el arte renacentista y casi todo pintor notable hizo una o más versiones de él. Representa el momento en que María recibe la visita del arcángel San Gabriel, quien le anuncia que será la madre del Mesías (Lucas I: 26-38). El texto fue objeto de numerosas exégesis por parte de comentadores y predicadores, que expusieron los cinco «atributos» de la Virgen durante la escena narrada por San Lucas: *conturbatio*, o turbación («ella se conturbó»); *cogitatio*, o reflexión («discurría qué significaría aquel saludo»); *interrogatio*, o interrogación («¿Cómo será esto, puesto que no conozco varón?»); *humiliatio*, o sumisión («He aquí la esclava del Señor»); y *meritatio*, o mérito, que describe su estado beatífico posterior a la partida del ángel. Las diferentes pinturas de la Anunciación se centran en uno de los cinco atributos. Así, la de Filippo Lippi en San Lorenzo expresa claramente la turbación, como también lo hace la de Botticelli de los Uffizi (que Leonardo criticó por sus gestos excesivos; en otras palabras, por su excesiva *conturbatio*); la de Fra Angelico de San Marco, por el contrario, se centra en la sumisión.[81] Las tres muestran una interesante relación entre la teología del púlpito y el vocabulario visual del estudio, pero la *Anunciación* de Leonardo no parece tan fácil de clasificar: la mano izquierda de la Virgen sugiere un resto de *conturbatio*, mientras que la inexpresividad de su rostro sugiere el comienzo de la *humiliatio*. Hay pues en el cuadro un atisbo de una dinámica psicológica, de esos *accidenti mentali*, o acontecimientos mentales, que Leonardo quiso expresar en sus obras de madurez como *La Última Cena* o *La Virgen y el Niño con Santa Ana*. En el momento representado en la pintura intuimos una historia, un antes y un después, algo que también transmite esa problemática mano derecha que mantiene abierto el libro que la Virgen estaba leyendo cuando apareció el ángel, lo cual proporciona un elemento de temporalidad al acontecimiento arquetípico: la visita del ángel es una interrupción momentánea.

El libro es un ingrediente tradicional de la iconografía de la Anunciación: María lee el texto de un profeta del Viejo Testamento sobre la llegada del Mesías. El aspecto de la página quiere sugerir que está escrita en hebreo, pero se trata de una combinación de letras carente de sentido. Si se mira de cerca se puede ver que una de las líneas dice simplemente *«m n o p q»*. Las abundantes flores y hierbas del primer plano del cuadro son también una convención. La fiesta de la Anunciación, que se celebra el 25 de marzo, se asociaba con la primavera (el lugar en que, según la Biblia, sucede el episodio, Nazaret, significa «flor» en hebreo). El lirio que sostiene la mano del ángel alude a esa estación; era, por otra parte, una flor que solía destacarse particularmente en el arte florentino por figurar en el escudo de la ciudad. Sin embargo, parece ser que en un aspecto no fue convencional el tratamiento que hizo Leonardo del tema de la Anunciación. El predicador Fra Roberto Caracciolo afirma que los pintores tienen «licencia para dar alas a los ángeles con el fin de representar su rápido progreso en todas las cosas»,[82] pero, al parecer, había ciertas normas establecidas al respecto. Leonardo dio a su ángel unas alas cortas y fuertes, verdaderas alas de pájaro, que fueron prolongadas más tarde por una mano desconocida y no muy comprensiva. La prolongación, de un color castaño opaco, se adentra en el plano más profundo del paisaje original, cuyos vestigios continúan siendo visibles a través de la superficie repintada.

Entre las distintas composiciones de la Virgen con el Niño que salieron del taller de Verrocchio a comienzos de la década de 1470, una particularmente podría ser obra de Leonardo. Es *La Virgen del clavel*, que se conserva en la Alte Pinakothek de Múnich. La figura de la Virgen responde en general al modelo de Verrocchio —el aspecto pálido, bastante nórdico; los bucles rubios; la vista baja—, pero presenta marcadas afinidades con la Virgen de la *Anunciación* de Leonardo. Las dos llevan el mismo vestido de un azul oscuro, resaltado por las mangas rojas, y el mismo manto dorado. El broche, con su atractivo brillo de topacio, constituirá en el futuro el sello de Leonardo, como vemos en la *Madonna Benois* y en *La Virgen de las rocas*. Quizá lo más característico sea el dramático paisaje que se entrevé más allá de la arquería del fondo —una cadena de picos rocosos, serrados y ásperos—, muy diferente de los fondos toscanos más tradicionales que encontramos en otras obras de taller y que llegó a ser también un rasgo distintivo de obras posteriores de Leonardo como *La Virgen del huso*, la *Santa Ana* y la *Mona Lisa*.

En primer plano, el codo de la madre está rozando apenas un jarro de flores, lo que ha servido para identificar la tabla de Múnich con la que Va-

Leonardo da Vinci, La Virgen del clavel.

sari describe en su vida de Leonardo como una «*madonna* de gran valor», «y junto a ella un vaso con agua que contiene algunas flores». La palabra italiana que utiliza el autor, *caraffa*, describe exactamente el tipo de vaso de cristal panzudo representado en el cuadro. Elogia también Vasari las «gotas de rocío» de las flores, «más convincentes que la misma realidad», pero el cuadro se encuentra en un estado de conservación que no permite ver ya ese detalle. Vasari atribuye la pintura sin la menor duda a Leonardo, y la sitúa en la etapa en que éste permaneció en el taller de Verrocchio. Dice también que perteneció más tarde al papa Clemente VII, hijo ilegítimo de Giuliano de Medici, el hermano menor de Lorenzo. Giuliano era uno de los patronos de Verrocchio y es posible que fuera él quien encargara la obra. Kenneth Clark consideraba que ésta «carecía de encanto» pero no abrigaba dudas acerca de su autoría: «tiene la desagradable vitalidad del genio inmaduro».[83]

Los detalles intrínsecamente leonardianos, las correspondencias con la *Anunciación* y la temprana atribución de Vasari constituyen sólidos argumentos en favor de que *La Virgen del clavel* sea efectivamente una obra de Leonardo de comienzos de la década de 1470. Otra Madona con el Niño en el estilo de Verrocchio que se ha atribuido en ocasiones a Leonardo es *La Virgen de la granada* de la National Gallery de Washington DC, llamada también *Madonna Dreyfus* a causa de un propietario anterior. Se trata de otra pintura encantadora, pero no hay nada en ella que la relacione específicamente con Leonardo. Clark la consideraba obra temprana de Lorenzo di Credi. La suavidad y redondez del modelado recuerdan mucho a Lippi y sugieren una vez más la influencia de Botticelli en la formación del estilo de Verrocchio.

A este periodo corresponde también la famosa colaboración entre Verrocchio y Leonardo, el dramático *Bautismo de Cristo* que se conserva en los Uffizi (Lámina 7). Fue pintado para la iglesia de San Salvi, cuyo abad, Simone di Cione, hermano mayor de Verrocchio, probablemente había contribuido a que se hiciera el encargo.[84] Vasari la presenta como la última pintura de éste:

> Andrea trabajaba en una tabla que representaba el bautismo de Cristo por San Juan, para la cual Leonardo pintó un ángel que sostenía unos ropajes, y a pesar de su juventud lo hizo tan bien, que el ángel era mejor que las figuras pintadas por su maestro, debido a lo cual éste no volvió a tocar los pinceles, avergonzado de que un muchacho supiera utilizarlos mejor que él.

Se trata de una anécdota intercambiable que no debe interpretarse al pie de la letra. Leonardo tendría entonces unos veintiún años y, por lo tanto, ya no era un «muchacho». Es muy probable que pintara también el paisaje brumoso del fondo; la parte izquierda recuerda la topografía del dibujo de «La Virgen de las Nieves» de los Uffizi, cuya fecha —5 de agosto de 1473— encaja bastante bien con la del *Bautismo*.

Nunca me ha convencido la idea, lanzada por Vasari y relanzada más o menos continuadamente desde entonces, de que el ángel arrodillado de Leonardo es lo mejor del cuadro y deja en muy mal lugar el trabajo de su maestro. Me suena a pura «Leonardolatría». Las dos figuras centrales, que son exclusivamente de Verrocchio, poseen una gran fuerza: la cara del Bautista, demacrada y dura; el Cristo de rasgos humildemente comunes, casi feo (un tipo de rostro importado de Holanda, como las madonas rubias). Me llama también la atención la belleza de los pies de Cristo, vistos a través del prisma del río, realmente un arroyo, que corre sobre un lecho de piedras de un rojo pardusco. El ángel de Leonardo es ciertamente exquisito, con sus rizos dorados y vuelto el rostro hacia el centro de la escena. Muestra una sutileza de modelado y movimiento mucho mayor que la de su maestro, que permaneció aferrado a los usos de la escultura. (La figura del Bautista está íntimamente relacionada con el Cristo de bronce de Verrocchio en Orsanmichele). Pero el drama humano, el presagio trágico, la sensación de grandes fuerzas puestas a prueba, todo eso corresponde a Verrocchio. Si sus figuras tienen alguna carencia respecto a la técnica, no tienen ninguna en cuanto a la pura fuerza de la escena. Junto a ellas, el ángel de Leonardo parece brillante pero quizá ligeramente superficial: un magnífico ejercicio de un joven virtuoso de la pintura.

EL DRAGÓN

La *Anunciación*, *La Virgen del clavel* y el *Bautismo de Cristo* son sólo tres obras de devoción entre las muchas que salieron del estudio de Verrocchio, pero las tres fueron tocadas por el pincel luminoso del joven Leonardo da Vinci. Sus primeros biógrafos mencionan otras obras, hoy perdidas, correspondientes a este primer periodo florentino. Es de lamentar especialmente la pérdida de la obra descrita por el *Anónimo Gaddiano* como «una acuarela de Adán y Eva». Según Vasari, le fue encargada a Leonardo después de que pintara el ángel del *Bautismo*. Se trataba de «un cartón para un tapiz que iba a ser tejido en Flandes en oro y seda y enviado después al rey de Portugal, con la representación de Adán y Eva cuando pecan en el Paraíso». Ambos biógrafos afirman que la obra se hallaba entonces —es decir, en la década de 1540— en la casa de Ottaviano de Medici. La descripción de Vasari parece ser de primera mano y lo que le extasiaba era la representación del Edén:

> Para esto pintó en claroscuro, iluminado de albayalde, un prado lujuriante con hierbas y animales, hecho con tal diligencia y fidelidad que nada en el mundo podía igualársele. Hay en él una higuera en escorzo, con sus hojas y ramas representadas con tanto amor que la mente se resiste a aceptar que un hombre pueda tener semejante paciencia. Y hay una palmera cuyas ramas están tratadas con tan maravillosa habilidad que sólo puede ser obra de un hombre del ingenio y la paciencia de Leonardo.

Vasari menciona un dato interesante, según el cual el cuadro habría sido regalado a Ottaviano de Medici por un tío de Leonardo. No puede tratarse de Francesco —que había muerto en 1507 y que, en cualquier caso, no es probable que se codeara con los Medici—; pero podría tratarse de Alessandro Amadori, canónigo de Fiésole y hermano de Albiera, la primera esposa del padre de Leonardo. Éste siguió teniendo relación con él hasta mucho después de la muerte de su madrastra, ocurrida en 1464, y ya en edad avanzada aún se pregunta «si el sacerdote Alessandro Amadori seguirá vivo o no».[85] Es posible que le regalara su cartón de Adán y Eva cuando abandonó Florencia en 1482, del mismo modo que dejó su obra inacabada, *La Adoración de los Magos*, en manos de su amigo Giovanni de Benci. La técnica del cartón —dibujado con pincel en claroscuro e iluminado con albayalde— es semejante a la de la *Adoración*, obra que incluye asimismo una palmera maravillosamente dibujada.

También por aquella época pintó Leonardo «un óleo que representaba la cabeza de la Medusa adornada con un anillo de serpientes», al parecer su primera obra basada en un tema clásico. La mencionan el *Anónimo* y Vasari (aunque éste sólo en la segunda edición de sus *Vidas),* y quizá sea la obra incluida en el catálogo de la colección de los Medici de hacia 1553 y descrita como «pintura sobre tabla de una furia infernal, sin ornamento, obra de Leonardo da Vinci».[86] No queda rastro de ella, aunque durante mucho tiempo se confundió con el *tondo* de la Medusa de Caravaggio.

Otra obra perdida de Leonardo correspondiente a este primer periodo sobrevive solamente en una larga anécdota relatada por Vasari. El pasaje parece un episodio de una *novella* italiana y es muy posible que la pintura a la que se refiere sea pura ficción, pero el autor narra la historia tan minuciosamente y con tal lujo de detalles circunstanciales que no podemos evitar pensar que puede haber algo de verdad en ella. Comienza de una forma muy convincente: «Se cuenta que estando Ser Piero da Vinci en su casa de campo, recibió la visita de uno de sus campesinos». Había hecho éste una rodela o escudo circular *(rotello)*, con la madera del tronco de una higuera que había cortado, y le pidió a Ser Piero que lo llevase a Florencia para que pintaran algo en ella. Ser Piero se mostró encantado de complacer a ese hombre «que era muy diestro en cazar pájaros y pescar y le servía muy bien en esos quehaceres». Llevó la rodela a Florencia y le pidió a Leonardo que pintara algo en ella. Leonardo la examinó con aire desdeñoso —«estaba torcida y toscamente hecha»—, pero unos días después se puso a trabajar en ella:

La enderezó con fuego y se la entregó a un tornero, quien transformó aquella obra tosca y torpe en algo parejo y muy suave. Luego, tras aplicarle una capa de yeso y prepararla de acuerdo con sus métodos, empezó a considerar qué podría pintar en ella que asustara a todo el que la viera, como había ocurrido antes con la cabeza de Medusa. Para ello recogió lagartos, salamanquesas, grillos, mariposas, langostas, murciélagos y toda clase de extrañas criaturas y las llevó a un aposento suyo en el cual no entraba nadie sino él mismo, y, combinando las diferentes partes de estas criaturas, formó un monstruo temible... y lo pintó saliendo de una grieta oscura de una roca, arrojando veneno por la boca, fuego por los ojos y humo por la nariz.

Tanto tiempo le llevó este trabajo que el hedor que despedían los animales muertos que tenía en su habitación llegó a ser insoportable, pero «Leonardo no lo notaba debido al gran amor que sentía por su arte». Cuando lo terminó, su padre, al igual que el campesino, se había olvidado del encargo. Leonardo le envió recado para comunicarle que lo había terminado:

Y así, una mañana, Ser Piero fue al aposento de Leonardo a recoger la rodela y llamó a la puerta. Leonardo le abrió, le dijo que esperara un momento, colocó la rodela sobre un atril y veló la ventana de forma que hubiera poca luz, hecho lo cual le invitó a verla. Tomado completamente por sorpresa, Ser Piero se sobresaltó, sin pensar que lo que veía era lo que estaba pintado en la madera. Comenzó a retroceder, pero Leonardo le detuvo y le dijo: «Veo que mi trabajo ha dado resultado, de forma que puedes recoger la rodela y llevártela porque ha conseguido lo que se esperaba de ella». A Ser Piero le pareció algo maravilloso y elogió en voz alta la imaginación de Leonardo.

Es imposible demostrar la veracidad de esta maravillosa anécdota, pero en su esencia es muy probable. La historia sucede en Florencia: en su obra, Vasari la hace contemporánea de la ejecución del *Bautismo de Cristo,* la acuarela perdida de Adán y Eva y *La Virgen del clavel,* es decir, la sitúa a comienzos de la década de 1470, cuando Leonardo trabajaba en el estudio de Verrocchio. El marco es interesante. Nos hallamos en el taller —Leonardo endereza la rodela «con fuego» y la prepara «de acuerdo con sus propios métodos»—; pero él tiene también su propio estudio, «en el cual no entraba nadie sino él mismo», todo lo cual refleja, probablemente, cómo estaba organizada una *bottega,* al menos a mediados de la década de 1470, cuando el joven artista debía de haber alcanzado la categoría de primer ayudante. El relato le presenta como un hombre dotado de una gran fantasía, incubando su criatura gótica —su *animalaccio,* como lo llama Vasari— en la intimidad de su habitación, lo que nos trae a la memoria un comentario del *Trattato della pittura:* «El pintor que desee representar criaturas o demonios del infierno habrá de tener una imaginación rebosante de inventiva».[87]

Vienen a apoyar la veracidad de la historia los estudios de dragones de Windsor y el dibujo de una pelea de dragones del Louvre, ambos de la década de 1470, así como un pasaje del *Tratado* en el que Leonardo recomienda precisamente el tipo de técnica combinatoria del que nos habla la anécdota de Vasari: «No puedes fabricar animal alguno cuyas partes no se asemejen a las de algún otro animal, de forma que si quieres fabricar... un dragón, toma la cabeza de un mastín o un perdiguero, los ojos de un gato [etcétera]».[88] Lomazzo habla de una pintura de Leonardo de un dragón luchando con un león, «ejecutada con tal arte que nadie podrá decir cuál de los dos saldrá victorioso». Y añade: «Una vez poseí un dibujo de esa pintura y lo tuve en gran aprecio». En los Uffizi se conserva un dramático dibujo sobre este mismo tema considerado por algunos copia de un boceto original del artista.[89] Estos estudios de dragón, unos reales, otros de los que sólo existen noticias basadas en rumores, no pueden tomarse como prueba de que la historia de Vasari relativa a la rodela ocurriera efectivamente alguna vez, pero demuestran que Leonardo no era ajeno a la teoría, o a la práctica, de la pintura de dragones.

La historia deja también entrever las espinosas relaciones y la rivalidad existentes entre el pintor y Ser Piero. Leonardo disfruta gastando una broma pesada a su padre y sobresaltándole con su revelación del dragón. El padre, a su vez, le juega secretamente una mala pasada, ya que acaba vendiendo el escudo: «Compró otra rodela a un vendedor ambulante, la pintó con un corazón atravesado por una flecha, y se la entregó al campesino, que le agradeció el favor durante el resto de sus días. Más tarde, vendió la rodela de Leonardo a unos mercaderes de Florencia por cien ducados». Como de costumbre, Ser Piero se beneficia económicamente, pero resulta ser el perdedor en otro sentido, ya que aparece en la historia como el cínico de Oscar Wilde, que «conoce el precio de todo pero desconoce el valor de nada».

Aunque la auténtica mala pasada que Ser Piero le juega a Leonardo por aquellos días es que vuelve a ser padre. En 1475 se casa por tercera vez; y al año siguiente, pocos días antes de cumplir cincuenta y cinco años, la larga sombra de esterilidad que se cernía sobre sus matrimonios se disipa con el nacimiento de un hijo. Le impusieron el nombre de Antonio en recuerdo del padre de Ser Piero y como confirmación de su estatus de hijo legítimo (el primogénito en términos legales ya que no biológicos).[90] Para Leonardo representó sin duda un duro golpe, un acontecimiento que venía a cimentar definitivamente su condición de hijo natural. Hasta entonces había disfrutado de la protección y el aliento de su padre, por muy rudamente que éste lo expresara, y quizá esperaba que si Ser Piero no llegaba a tener ningún hijo, al final llegaría a convertirse en su heredero. En 1476, con el nacimiento de Antonio di Ser Piero da Vinci Leonardo queda definitivamente desheredado. Vuelve a ser el hijo bastardo, el ciudadano de segunda clase. De algún modo, sin quererlo, la historia de Vasari está relacionada con todo esto: la trampa del padre, el talento secretamente desdeñado, la herencia perdida de los cien ducados. Ser Piero se aleja calle abajo con la pintura bajo el brazo, contento de haber salido de aquel extraño aposento que huele a lagartos muertos.

GINEVRA

L'aer d'intorno si fa tutto ameno,
Ovunque gira le luci amorose...
Agnolo Poliziano, *Stanze per la giostra*

El retrato de Ginevra de Benci pintado por Leonardo (Lámina 6) aparece mencionado por primera vez a comienzos del siglo XVI por Antonio Billi y más tarde por el *Anónimo* y por Vasari, pero durante mucho tiempo se creyó perdido. A principios del siglo pasado, se identificó con un pequeño retrato de media figura sobre tabla oscuramente albergado en la colección del castillo de Vaduz del príncipe de Liechtenstein.[91] La

Mujer con ramillete de flores,
estatua en mármol
de Verrocchio (h. 1476).

*Probable estudio para las manos de
Ginevra de Benci tal y como
debían de aparecer en el fragmento
perdido del retrato.*

modelo está colocada ante un enebro, en italiano *ginepro,* típico juego de palabras basado en su nombre, «Ginevra». Investigaciones posteriores confirmaron que se trataba, efectivamente, de la obra de Leonardo. El cuadro se conserva hoy en la National Gallery of Art en Washington, DC, la única obra importante del artista que se encuentra fuera de Europa. Fue el primer retrato que hizo Leonardo. Yo diría que fue también su primera obra maestra.

Se trata de un cuadro pequeño —mide poco más de 38 centímetros de alto, aunque originalmente fue bastante mayor—, pero de una extraordinaria intensidad. El rostro es pálido, redondo, melancólico; resplandece sobre el oscuro follaje del enebro como la luna que surge de detrás de una nube, y, efectivamente, la luz que cae sobre el fondo más distante, centelleando sobre el agua y flotando sobre los delgados árboles fantasmagóricos, podría ser tanto la de la luna como la del crepúsculo con que tradicionalmente se la ha identificado. Los párpados de la mujer son pesados, su mirada, abstraída: sea lo que fuere lo que miran esos ojos felinos, lo cierto es que parecen no ver. Ella contempla una lejanía físicamente inconmensurable. Se encuentra, podríamos decir, a kilómetros de distancia. Sus cabellos, rubios o castaños, son lisos y lustrosos en los lugares en que aparecen pegados al cuero cabelludo —en torno a ella flota un leve perfume a aceite de Makasar—, pero allá donde enmarcan su rostro forman una pequeña cascada de rizos. En la hermética quietud de la pintura, esos cabellos enroscados, esos rizos iluminados, proporcionan una súbita sensación de libertad, de liberación de todo tipo de trabas. Son una fuente de vitalidad en la atmósfera de serenidad casi opresiva que caracteriza el cuadro y también una especie de marca de fábrica de Leonardo (recordemos su Tobías, sus ángeles). Son lo que el cliente entendido le exige.

He afirmado que, en mi opinión, se trata de la primera obra maestra de Leonardo, una expresión subjetiva y, en última instancia, inútil, pero que expresa cabalmente el estremecimiento de belleza y misterio que la pintura produce. Sin duda pertenece al círculo de Verrocchio. Presenta una notable afinidad con la figura de mármol del maestro de Leonardo *Mujer con ramillete de flores* (Bargello, Florencia), quizá también un retrato de Ginevra. Pero la poesía inherente a la pintura no es algo aprendido de Verrocchio sino producto exclusivo de la sensibilidad del pintor. Es el primer cuadro de Leonardo que despierta en nosotros la sensación de que estamos mirando, como a través de una ventana, al interior de un espacio encantado. Representa el mundo visto en una especie de trance. La suavidad de alabastro del rostro de Ginevra, no totalmente humana, contribuye a crear esta cualidad onírica. Y ése fue precisamente el efecto deseado: la superficie del rostro la alisó Leonardo con su propia mano.

Ginevra de Benci, o «La Bencina», como la llama Poliziano, era joven, ingeniosa, hermosa y rica.[92] El poeta Alessandro Braccesi escribió acerca de ella: *Pulchrior hac tota non cernitur urbe puella / Altera nec maior ulla pudicitia,* «No se encontrará en toda la ciudad una muchacha más hermosa ni más modesta». Nació en el verano de 1457, probablemente en la finca que poseían los Benci en Antello, al sur de Florencia. La familia había alcanzado su posición preeminente gracias a los Medici, a los que servían como banqueros y consejeros. El abuelo de Ginevra, Giovanni, que había pertenecido originalmente a la clase media baja, había llegado a ser socio de Cosimo de Medici; su padre, Amerigo de Benci, dirigía el banco de esta familia en Ginebra. Tenían un hermoso palacio en el barrio de Santa Croce, en la calle que hoy se llama via de Benci. En el catastro de 1457, el año en que nació Ginevra, Amerigo poseía aproximadamente una fortuna de 26,000 florines, lo que convertía a su familia en la más rica de Florencia después de los Medici (cuya fortuna era cuatro veces mayor). Amerigo era también famoso como coleccionista de arte y protector de artistas. No fue él quien encargó el retrato a Leonardo —murió en 1468 antes de cumplir los cuarenta años—, pero sí fue mecenas del filósofo florentino Marsilio Ficino, al que regaló un raro manuscrito de Platón.

En enero de 1474, a la edad de dieciséis años, casaron a Ginevra con un comerciante de paños, Luigi di Bernardo Niccolini. Se pensaba que el cuadro de Leonardo era un retrato de bodas encargado por su marido, pero es conocida la relación de Ginevra con un brillante diplomático veneciano, Bernardo Bembo, y pruebas recientes sugieren que fue él quien lo encargó. Bembo llegó a Florencia como embajador de Venecia en enero de 1475; tenía entonces poco más de cuarenta años, arrastraba una esposa, un hijo, una amante y un hijo natural habido en algún momento de su vida, pero se lanzó abiertamente a un idilio platónico con Ginevra. La sociedad permitía una relación de este tipo: él era, según las convenciones de la época, su *cavaliere servente*, aunque hay datos que sugieren que su trato traspasó los límites de la castidad. Cristoforo Landino escribió un poema sobre Ginevra, en el que jocosamente observa que sólo tenía que cambiar dos letras de su nombre para fundirse con su amado, «y aunque alguna vez fue Bencia, su nombre será Bembia». El poeta Braccesi aliviaba el dolor de la separación «recogiendo las violetas que Ginevra dejaba caer deliberadamente de su seno de forma que él pudiera llevárselas a Bernardo en secreto». (Es posible que las flores que vemos en la escultura de Verrocchio aludan a este juego amoroso, aunque generalmente se identifican con prímulas). Una nota escrita de puño y letra por Bembo la describe como «la mujer más hermosa, famosa por su virtud y sus modales». Ginevra era también poeta, y sin duda respondía con sus versos a las caballerosas atenciones de Bembo. Sólo uno ha sobrevivido: *Chieggo merzede e sono alpestro tygre*, «Pido clemencia; soy un tigre salvaje».

En el reverso de la tabla Leonardo pintó un emblema decorativo, basado de nuevo en el juego de palabras que le brindaba el enebro: una rama de este arbusto rodeada de una guirnalda de laurel y palma. En una cinta decorativa se lee la siguiente inscripción: *Virtutem forma decorat* («La forma adorna la virtud»), una referencia al lugar común basado en Platón y Petrarca según el cual la belleza física exterior encarna la virtud interior.[93]

El emblema resulta inesperadamente informativo. Para empezar, no está centrado, ni vertical ni lateralmente, y, de hecho, falta una parte. Si originalmente había estado centrado en el reverso del cuadro, la tabla tenía que haber sido unos cuantos centímetros más ancha en el lado derecho (es decir, en el lado izquierdo del cuadro visto de frente), y como un tercio más larga por abajo. El hecho resulta fascinante en cuanto al retrato en sí, ya que, en ese caso, debió de representar a Ginevra casi hasta la cintura. En la colección de Windsor se conserva un bello estudio de manos, o, mejor dicho, dos estudios, ya que cada uno de ellos se centra en una mano. La derecha sostiene algo, aunque no se sabe bien qué es. Las líneas parecen sugerir los tallos de un ramillete de flores, ya que de nuevo existe una fuerte conexión visual con las manos de la *Mujer con ramillete de flores* de Verrocchio. El dibujo podría ser un estudio para las manos de Ginevra de Benci tal como aparecían en la parte baja, hoy perdida, del retrato.[94] Tanto Landino como Braccesi hacen referencia a la hermosura de las manos de Ginebra en la vida real y a sus «dedos blancos como el marfil».

El adorno del reverso de la tabla confirma también la relación de Bernardo Bembo con el retrato, ya que precisamente el laurel y la palma que vemos aquí rodeando las ramas de enebro constituían su emblema. Lo encontramos en dos manuscritos relacionados con Bembo que se conservan ahora en Inglaterra. Una de las versiones, dibujada por él mismo, aparece en su ejemplar autógrafo del *De amore* de Marsilio Ficino, un comentario del *Symposium* de Platón escrito a comienzos de la década de 1460 y publicado en 1469; fue precisamente en el margen de este manuscrito donde escribió el elogio de Ginevra anteriormente citado. La otra versión se encuentra en la biblioteca de Eton College, en una copia manuscrita de los *Bembicae Peregrinae* («Los viajes de Bembo»), un poema en el que Bernardo describe su viaje a España de 1468-1469.[95] El adorno pintado por Leonardo muestra, pues, a Ginevra emblemáticamente entrelazada con Bembo, lo cual confirma que el retrato no fue encargado por su marido en 1474, como se pensaba hasta ahora, sino por su amante platónico un año o dos más tarde. Bembo fue embajador en Florencia en dos ocasiones: entre enero de 1475 y abril de 1476, y entre julio de 1478 y mayo de 1480. Criterios estilísticos señalan el primer periodo como el más probable para el encargo de la obra.

La primera noticia que tenemos acerca de la estancia de Bembo en Florencia es la que registra su presencia en las justas de Giuliano de Medici, celebradas el 28 de enero de 1475. Probablemente entonces fue cuando conoció a Ginevra y se vio arrastrado por el *ethos* del amor cortesano, lo que en gran medida constituía el tema de las justas, como deducimos del edulcorado y elegante poema de Poliziano escrito para la ocasión. El pareado que cito al comienzo de este epígrafe responde al tono típico de este tipo de acontecimientos: «El aire es dulce todo alrededor, las luces del amor parpadean por doquier».[96] Es muy probable que el taller de Verrocchio diseñara estandartes para las justas de Giuliano, como había hecho anteriormente para las de Lorenzo. En los Uffizi se conserva un boceto de Verrocchio de Venus y Cupido: su forma triangular alargada sugiere que se trata de un estudio para un gallardete. La Venus es la típica figura femenina del artista, elegante y dulce. El Cupido, con sus rápidos movimientos —con una de las manos saca una flecha de su carcaj mientras alarga la otra con descaro para desnudar el pecho de la diosa—ha sido atribuido a Leonardo.[97]

El símbolo de la *giostra* era la propia amante de Giuliano, la joven belleza genovesa Simonetta Cattanei, esposa de Matteo di Vespucci. (Fue amante de Giuliano en el mismo sentido platónico y juguetón en que Ginevra lo había sido de Bembo, sólo que a Vespucci no le gustó su papel de cornudo platónico y, como resultado, surgieron tensiones entre su familia y los Medici). En el marco de la iconografía de la *giostra*, Simonetta fue asociada con Venus, la diosa del amor, como nos recuerdan muchos versos de Poliziano. Según una vieja tradición, Simonetta habría sido el modelo de la diosa del *Nacimiento de Venus* de Botticelli, así como de la figura venusina situada a la izquierda en *La Primavera*. En este último cuadro, está mirando fijamente a un joven moreno que alarga la mano para coger una manzana, un posible retrato de Giuliano. Las dos obras fueron encargadas a comienzos de la década de 1480 por el primo de Giuliano, Lorenzo di Pierfrancesco de Medici, para su villa de Castello.[98] Cuando Botticelli las pintaba, tanto Simonetta como Giuliano habían muerto, ella de tuberculosis en 1476 y él herido por una daga asesina en 1478. La imagen de Simonetta aparece nostálgicamente evocada, una reminiscencia de aquel momento mágico que fueron las justas.

¿Es posible, me pregunto, que el tema poético venusino que emana de la *giostra* de 1475, evocado más tarde en las famosas pinturas de Botticelli, pueda ser también una clave de la especial atmósfera que rodea a la Ginevra de Leonardo? Un breve pasaje de la obra de Marsilio Ficino así lo sugiere. En su *De vita coelitus comparanda*, escrito a comienzos de la década de 1470, Ficino diserta acerca de lo que puede resumirse como magia neoplatónica. En un capítulo del tratado dedicado al diseño de talismanes, uno de éstos, que proporciona «salud y fuerza», aparece descrito como «una imagen de Venus joven *[puella]* portando manzanas y flores y vestida de blanco y oro».[99] Creo que, a instancias de Bembo, el retrato de Leonardo pudo ser concebido como una especie de imagen venusina de Ginevra, una suerte de talismán. No «portaba» ninguna manzana (que sepamos), pero probablemente sostenía un ramillete de flores; su vestido es dorado, su camisa blanca, y su cabello y su rostro repiten esa combinación de colores. El cuadro de Leonardo nos mostraría así a Ginevra como Venus, del mismo modo que —quizá como consecuencia— Botticelli mostraría con posterioridad a Simonetta Cattanei. Para Ficino, naturalmente, la diosa simbolizaba el amor espiritual más que el sexual; en su obra *De amore*, de la que como hemos visto Bembo poseía un ejemplar, afirma que «el éxtasis *[furor]* de Venus transmuta el espíritu del hombre en un dios por el fuego del amor».[100] A los ojos de Bembo y de Leonardo, este significado se transmitiría al cuadro, convertido así en un talismán de amor filosófico.

La relación de Bembo con el filósofo Ficino durante estos años está bien documentada. Asistió a la «academia» platónica que éste dirigía en Careggi, mantuvo correspondencia con él y escribió el elogio de Ginevra en su ejemplar del *De amore*. Su relación con ella tuvo lugar en el marco de un neoplatonismo diletante. Los Benci también formaban parte del círculo de Ficino. Sabemos que el padre de Ginevra regaló al filósofo un raro manuscrito griego de Platón, y que dos de sus primos, Tommaso y Giovanni di Lorenzo de Benci, fueron ayudantes suyos.

De esta forma, el retrato de Ginevra acerca a Leonardo a la academia de filósofos y poetas de Marsilio Ficino. Tanto el que hizo el encargo como la mujer que sirvió de modelo pertenecían a ese círculo, y la pintura misma posee el resplandor de amor y magia característico del filósofo. Leonardo queda quizá un poco al margen: era un simple pintor de taller, un artesano a sueldo, pero un artesano cuya brillante inteligencia sería reconocida. Leonardo no era un platónico: el «discípulo de la experiencia» tenía un proyecto distinto y las «causas primeras» que buscaba no eran emanaciones de la Mente platónica. En la clara división filosófica de la época, él era un aristotélico, más interesado en el funcionamiento del mundo material que en las manifestaciones numinosas del espíritu. Aun así, para el joven aspirante a artista de mediados de la década de 1470, Ficino debió de ser una figura carismática. Sin duda a Leonardo debió de impresionarle su deseo de comunicar ideas complejas en una prosa sencilla y limpia —y en italiano, para más señas, pues el *De amore* fue traducido en 1474 «para que su salutífero maná estuviera al alcance de todos». ¿Cómo podía resistirse a la sinopsis que hizo Ficino de las aspiraciones filosóficas de Platón, según la cual las mentes de aquellos que practican la filosofía han «recuperado las alas por medio de la sabiduría» y por lo tanto «vuelven volando al reino de los cielos»?[101]

En una página del Códice Atlántico encontramos una prueba fragmentaria de la relación de Leonardo con este círculo. En dicha página figura una lista de nombres escritos de su puño y letra, a la cabeza de la cual aparece un tal Bernardo di Simone; en el dorso vuelve a aparecer en escritura especular, entre una serie de garabatos: *bernardo di sim / di di disimon / ber bern berna*.[102] El nombre podría corresponder a Bernardo di Simone Canigiani, uno de los discípulos de Ficino. Basándose en la escritura y los tempranos dibujos tecnológicos del reverso, la página puede ser fechada en torno a 1478-1480. En esa misma hoja figuran también fragmentos de texto. Leonardo se encuentra en un estado de ánimo melancólico o filosófico: *Chi tempo ha e tempo aspetta perde l'amico* («El que tiene tiempo y espera pierde a su amigo»); y *Come io vi disse ne di passati, voi sapete che io sono sanza alcuni degli amici* («Como os he dicho hace tiempo, sabéis que no tengo amigos»), y escribe este atormentado memo-rándum:

Essendomi sollecitato
S'amor non è che dunque

[Ahora que estoy excitado, si no hay amor, ¿qué hacer?]

En el retrato de Ginevra hay algo de esta melancolía, de este lamento de amor. La expresión de la joven es etérea, pero en ella se adivina una verdad más humana, que consiste en que detrás de esos divertidos entretenimien-tos platónicos hay corazones reales que pueden romperse. En su declara-ción para el catastro de 1480, el marido de la joven, Luigi —siento la tenta-ción de llamarle «su sufrido marido»— se refiere a los gastos en que ha incurrido debido a la «enfermedad» de su esposa. La declaración no puede tomarse al pie de la letra (debido a la desgravación que tales gastos conlleva-ban), pero coincide con la partida final de Bembo de Florencia, en mayo de 1480, y con la tradición según la cual Ginevra se retiró al campo. Así sugie-ren que lo hizo dos sonetos compuestos para ella por Lorenzo de Medici, en los que elogia su decisión de «abandonar la pasión y el mal de la ciudad» y no «volver la vista hacia ellos». No sabemos si, como sugieren estos poemas, se dedicó efectivamente a una vida de oración en su retiro campestre, pero lo cierto es que, acabada su breve y brillante relación con Bembo, apenas se vuelve a saber de ella, y lo poco que se sabe parece ser retrospectivo: una fa-mosa belleza de una época pasada. Murió, viuda y sin hijos, hacia 1520.

EL ASUNTO SALTARELLI

¿Juegos de amor platónicos o emociones reales? La pregunta que flota en torno al retrato de Ginevra se dirige ahora a la propia vida de Leonardo.

A principios de abril de 1476, una denuncia anónima fue depositada en uno de los receptáculos colocados a este propósito en toda la ciudad, conocidos con el nombre de *tamburi* (tambores) o, de una forma más pin-toresca, como *buchi della verità* (agujeros de la verdad). Una copia notarial de este documento ha sobrevivido en los archivos de los *Ufficiali di Notte* —Oficiales de la Noche y Custodios de la Moralidad de los Monaste-rios—, esencialmente una guardia nocturna florentina, aunque también podría ser descrita como una suerte de brigada contra el vicio. Dice así:

A los oficiales de la Signoria: por la presente testifico que Jacopo Salta-relli, hermano de Giovanni Saltarelli, vive con éste en el comercio de orfe-

135

brería de Vacchereccia, exactamente frente al *buco;* viste de negro y tiene diecisiete años más o menos. El tal Jacopo lleva a cabo muchas prácticas inmorales y accede a satisfacer a aquellos que solicitan de él estas pecaminosas acciones. Y de esta manera ha hecho muchas cosas, es decir, que ha prestado estos servicios a muchas docenas de personas acerca de las cuales tengo buena información y a algunas de las cuales nombraré seguidamente. Estos hombres han sodomizado al antedicho Jacopo y así lo juraré.

El denunciante proporciona a continuación los nombres de cuatro de estos supuestos clientes:

• Bartolomeo di Pasquino, orfebre, que vive en Vacchereccia
• Lionardo di Ser Piero da Vinci, que vive con Andrea del Verrocchio
• Baccino, sastre de jubones, que vive cerca de Orsanmichele, en la calle en que hay dos esquiladores y que desemboca en la loggia de los Cierchi; acaba de abrir una nueva tienda
• Lionardo Tornabuoni, alias «Il Teri», que viste de negro

Junto a los nombres puede leerse en el documento notarial: *absoluti cum conditione ut retamburentur,* lo que indica que quedaban en libertad mientras se llevaba a cabo una investigación y que estaban obligados a presentarse ante el tribunal cuando fueran convocados para ello. Así ocurrió dos meses después, el día 7 de junio. Al parecer, la investigación no prosiguió.[103]

Este espeluznante documento fue publicado por primera vez en 1896, aunque sin duda se sabía de su existencia anteriormente. En el cuarto volumen de su edición de Vasari, publicado en 1879, Gaetano Milanesi se refiere a «ciertos cargos» formulados contra Leonardo, pero no dice en qué consistían. También Jean-Paul Richter y Gustavo Uzielli se refieren a un delito sin especificar de qué se trataba: Uzielli lo califica de «rumor malicioso». Cuando Nino Smiraglia Scognamiglio publicó finalmente la denuncia, tuvo buen cuidado de añadir que Leonardo se hallaba «por encima de toda sospecha» y que «que era ajeno a cualquier tipo de amor en contra de las leyes de la naturaleza».[104]

A partir del estudio de Freud, y de otros subsiguientes como el de Giuseppina Fumagalli titulado *Eros e Leonardo,* este periodo inicial de negación resulta bastante pintoresco. Hoy por lo general se acepta que Leonardo era homosexual. Al menos uno de sus primeros biógrafos, Giovanni Paolo Lomazzo, se refiere explícitamente al tema. En sus *Sogni e raggionamenti,* obra escrita hacia 1564, imagina el siguiente diálogo entre Leonardo y Fidias, el gran escultor de la antigüedad. Le pregunta éste a Leonardo acerca de uno de sus «discípulos favoritos»:

Your receipt

Customer ID: **********0922

Items that you checked out

Title: Historia de dos ciudades
ID: 33477000868144
Due: Saturday, October 19, 2019

Title: Leonardo da Vinci : el vuelo de la mente
ID: 33477003685406
Due: Saturday, October 19, 2019

Total items: 2
Account balance: $1.60
9/28/2019 12:08 PM
Checked out: 2
Overdue: 0
Hold requests: 0
Ready for pickup: 0

Thank you for using the 3M™ SelfCheck System.

Your receipt

FIDIAS: ¿Has jugado alguna vez con él a ese juego que se practica «por detrás» y que tanto les gusta a los florentinos?

LEONARDO: Muchas veces. Has de saber que él era un joven muy hermoso, especialmente cuando tenía unos quince años.

FIDIAS: ¿Y no te da vergüenza confesarlo?

LEONARDO: No. ¿Por qué iba a darme vergüenza? Entre hombres de mérito no hay mayor causa de orgullo...[105]

Lomazzo se refiere en particular a la relación de Leonardo con su discípulo milanés Giacomo Caprotti, conocido como «Salai». Vasari es más discreto, pero su descripción de Salai probablemente obedece a la misma idea: «Era extraordinariamente hermoso y atractivo y tenía un hermoso cabello rizado que Leonardo adoraba». El adjetivo que utiliza Vasari —*vago*, es decir, hermoso, atractivo, encantador— probablemente alude a su afeminamiento. Otros jóvenes aparecen en contextos que sugieren homosexualidad, como un aprendiz llamado Paolo o un joven llamado Fioravanti, a quienes volveremos a encontrar posteriormente. Y mientras que la preponderancia de desnudos masculinos en los cuadernos de dibujo de Leonardo es algo habitual en la época, algunos de los bocetos revelan claramente un erotismo homosexual. El ejemplo más evidente es el llamado *Angelo incarnato,* con su erección frontal (véase p. 525), El dibujo se relaciona con el *San Juan* del Louvre, probablemente su última pintura, un poético estudio de un joven de aspecto andrógino que luce los bucles en cascada que Leonardo «adoraba» en Salai y que son una constante en su obra desde sus primeras pinturas de taller de comienzos de la década de 1470.

A algunos les gustaría mantener la sexualidad de Leonardo dentro de los límites de este registro poético y de ángeles y jóvenes andróginos resplandecientes a lo Walter Pater, pero tienen que enfrentarse con documentos como el folio 44 del Códice Arundel, en el que aparece una especie de lista de variantes de la palabra *cazzo,* un término grosero para designar el pene; o con el dibujo de uno de los cuadernos Forster que Carlo Pedretti ha titulado *Il cazzo in corso* («Polla corriendo»), o con el dorso, recientemente recuperado, de un fragmento del Códice Atlántico en el que vemos dos falos con piernas, uno de los cuales hurga con la «nariz» en un círculo o agujero sobre el que aparece garabateado el nombre de «Salai». Este último no es obra de Leonardo, pero permite adivinar lo que consideraban un comentario humorístico sus discípulos y aprendices.[106]

Todo es, a fin de cuentas, cuestión de interpretación. Como la mayoría de los actuales especialistas en Leonardo, personalmente considero que era homosexual, aunque existen pruebas, como veremos más adelante, de que no lo era de forma exclusiva. La acusación formulada contra él en 1476 es plausible, lo cual no quiere decir que fuera cierta.

¿Qué significaba ser gay en la Florencia del Quattrocento?[107] La respuesta a esta pregunta es compleja y ambigua. Por una parte la homosexualidad estaba muy generalizada, como sugiere el diálogo de Lomazzo en el que el «juego» de la sodomía se asocia concretamente con Florencia; de hecho, los alemanes llegaron a utilizar el término *Florenzer* (florentino) para designar al sodomita. En el círculo de los Medici se toleraba abiertamente: todos sabían que el escultor Donatello, el poeta Poliziano, o el banquero Filippo Strozzi eran homosexuales. Botticelli tenía fama de serlo, y, como Leonardo, fue víctima de una denuncia anónima; y entre los artistas homosexuales posteriores se contaron Miguel Ángel y Benvenuto Cellini. Este último era, al parecer, bisexual: en su autobiografía se complace en describir sus conquistas heterosexuales, pero es un hecho que en 1523 la justicia florentina le impuso una multa por llevar a cabo «actos obscenos» con un tal Giovanni Rigogli. Cuando el escultor Bandinelli le acusó de ser un «sucio sodomita», Cellini le replicó: «Ojalá supiera ejercer ese arte tan noble, porque, según leemos, Júpiter lo practicó con Ganimedes en el paraíso mientras que en la tierra lo practican los más grandes reyes y emperadores».[108] Lo que apunta, aunque irónicamente, a la misma idea que Leonardo expresa en el diálogo de Lomazzo: que la homosexualidad es un motivo de orgullo entre «hombres de mérito».

Otro factor que hay que tener en cuenta es la pasión florentina por el platonismo. El ideal platónico del amor entre hombres y muchachos era bien conocido; aparece tratado en el *De amore* de Ficino, y aunque éste lo presenta como casto y asexuado, es evidente que sirvió de elegante disfraz para la homosexualidad. Hemos visto que Leonardo se hallaba muy próximo al círculo de Ficino: uno de los atractivos que pudo revestir para él tal vez fue ese agradable tono de refinado erotismo masculino.

Todo esto proporcionó un nuevo lustre a la homosexualidad en la Florencia de la década de 1470, pero no lo reconoció así la brigada contra el vicio que era la Guardia Nocturna. Nominalmente, la sodomía era un delito punible con la pena de muerte, castigado (en teoría, aunque casi nunca en la práctica) con la hoguera. Un estudio estadístico de las actuaciones de la Guardia revela que, a lo largo de un periodo de setenta y cinco años (de 1430 a 1505), más de diez mil hombres fueron denunciados por el delito de sodomía, una media de ciento treinta al año. De ellos, sólo uno de cada cinco fue declarado culpable. Unos cuantos fueron ejecutados; otros fueron exiliados, marcados con hierros candentes, multados o humillados públicamente.[109] Así pues, los cargos formulados contra Leonardo en 1476 no eran en absoluto ni extraordinarios ni insignificantes. Es casi seguro que le detuvieron y que corrió peligro de ser duramente castigado. Entre la languidez filosófica del amor platónico y las celdas de la Guardia Nocturna mediaba un abismo.

La persecución de la justicia, por otra parte, no era sino la manifestación más directa de la desaprobación general de la mayoría temerosa de Dios. La homosexualidad se denunciaba constantemente desde los púlpitos, aunque no todos los religiosos llegaron tan lejos como el predicador Bernardino da Siena, que exhortaba a los fieles a escupir en el suelo de Santa Croce y gritar: *Al fuoco! Bruciate tutti i sodomiti!* («¡A la hoguera con ellos! ¡Quemad a todos los sodomitas!»). Las cosas empeoraron en 1484, cuando una bula papal estigmatizó a los homosexuales como seres diabólicos: sus «perversiones heréticas» se equipararon entonces con el «trato carnal de los demonios», como el que se decía que tenían las brujas. Aquellos que tenían aficiones literarias podían leer acerca del castigo eterno que aguardaba a los homosexuales en el *Infierno* de Dante. En el séptimo círculo del infierno se encuentran los que practican la «violencia contra Dios, la Naturaleza y el Arte», es decir, los blasfemos, los sodomitas y los usureros. Los sodomitas, una «turba despreciable» *(turba grana)* o «sucia escoria» *(tigna brama)*, están condenados a vagar por un «desierto ardiente», describiendo un círculo infinito. Tanto el desierto como el círculo cerrado *(fenno una rota di se,* «hicieron una rueda de sí mismos») son metáforas de la esterilidad: la sodomía es tabú —una «violencia contra la naturaleza»— porque no genera vida.[110] En esta lectura más sutil de Dante, más que en las rimbombantes arengas homófobas de los predicadores, radica la verdadera inquietud. Leonardo conocía la obra de Dante y la cita en sus cuadernos. Debió de conocer también las ilustraciones de Botticelli para la *Divina Comedia,* las primeras de las cuales datan de la década de 1470; algunos grabados basados en ellas fueron incluidos en la edición de Landino publicada en Florencia en 1481. Sólo conocemos las últimas series, ejecutadas a mediados de la década de 1490 para Lorenzo di Pierfrancesco de Medici,[111] pero la imagen de unos homosexuales desnudos torturados con teas y arrastrándose pesadamente en círculo como una eterna cuerda de presos nos habla del sentimiento de culpabilidad y de los presentimientos que pudieron atormentar a un joven sensible detenido por sodomía.

Éste es el telón de fondo de la denuncia presentada a las autoridades en abril de 1476. Lo único que sabemos sobre sus motivos es que pretendía crear dificultades a Jacopo Saltarelli y a los cuatro hombres acusados de tratos con él. Se trataba de un acto —o de la primera escena de un acto— de criminalización.

¿Quién era Jacopo Saltarelli? El denunciante nos dice que contaba unos diecisiete años, que tenía un hermano llamado Giovanni con el que vivía, y que éste trabajaba en un taller de orfebrería de la Vacchereccia.

Los tormentos de la homosexualidad. Detalle de una ilustración de Botticelli para el séptimo círculo del "Infierno" de Dante.

Los catastros florentinos nos dicen que los Saltarelli eran un clan numeroso que se concentraba en un área muy concreta, el Gonfalone Carro del barrio de Santa Croce: de las siete familias Saltarelli que aparecen en el registro de 1427, seis pertenecen a ese *gonfalone*. El más rico de la familia era Giovanni di Renzo Saltarelli, cuya fortuna ascendía a 2,918 florines; era *vaiaio* o *pellicaio* de profesión, es decir, comerciante en pieles, especialmente en la de la ardilla de un gris azulado conocida como *vaio*. En 1427, Giovanni tenía siete personas a su cargo; y una generación después, en el catastro de 1457, encontramos a tres de sus hijos, Bartolomeo, Antonio y Bernardo, viviendo todavía en el mismo barrio.[112] Parece probable que Jacopo Saltarelli perteneciera a este clan; si fue así, probablemente creció en el barrio de Santa Croce donde Leonardo vivió y trabajó.

Es notable hasta qué punto se limitan a una zona concreta esta denuncia y todo aquello a lo que hace referencia. Dos de los acusados, Saltarelli y Pasquino, viven y trabajan en la Vacchereccia. (De la forma en que se expresa el denunciante no se deduce claramente si ambos vivían y trabajaban en el mismo taller de orfebrería o si lo hacían en talleres cercanos). El delator es también del vecindario, pues describe el taller donde trabaja Jacopo como el que se encuentra frente al *buco* o *tamburo*, refiriéndose probablemente a aquel en el que puso la denuncia. La Vacchereccia es la calle corta y ancha que sale de la esquina suroeste de la Piazza della Signoria. Dos manzanas hacia el norte se encuentra la via dei Cimatori, donde vivía otro de los acusados, Baccino, el que confeccionaba jubones. La denuncia podría deberse a un vecino entrometido, escandalizado por ciertas idas y venidas. O quizá se trataba de un competidor. El artista Antonio del Pollaiuolo tenía en la misma calle otro taller de orfebrería, que figura entre sus «posesiones» en su declaración del catastro de 1480. Lo dirigía Paolo di Giovanni Sogliani, que aparece descrito como «pintor y ayudante» de Pollaiuolo.[113] ¿Es posible que fuera Sogliani quien pusiera en el *buco* la denuncia con el fin de causar problemas a dos orfebres rivales, Saltarelli y Pasquino, y a un pintor rival, Leonardo? La utilización de la denuncia anónima contra los competidores continúa siendo hoy día una característica de la vida italiana.

La excepción la constituye el nombre que ocupa el último lugar en la lista de pecadores: Leonardo Tornabuoni, o *Il Teri*. No se da su dirección, probablemente porque todos los florentinos sabían que a un Tornabuoni se le encontraba en el *Palazzo* de la calle amplia y bien cuidada que partía del Ponte Santa Trinità. Los Tornabuoni eran una de las principales familias de la ciudad. Su larga alianza con los Medici se cimentó a comienzos de la década de 1440 con el matrimonio de Piero de Medici y Lucrezia Tornabuoni. Muy querida por los cronistas, Lucrezia era afectuosa, ingeniosa, poeta y mujer de negocios, el prototipo de la nueva florentina que abrió el camino a mujeres como Ginevra de Benci en la generación siguiente. El hermano de Lucrezia, Giovanni, dirigía la sucursal romana del banco de los Medici, pero estaba ligado también a los tradicionales enemigos de esta familia, los Pitti, por su matrimonio con la hija de Luca, Francesca. Fue Giovanni quien encargó a Ghirlandaio los maravillosos frescos de Santa Maria Novella en los que vemos, captados por la «cámara» del artista, a varios miembros de la familia. Quizá Leonardo Tornabuoni se encuentre entre ellos.

Se trataba de una familia muy numerosa, y Leonardo, en concreto, no ha sido identificado. Pero el hecho de que fuera pariente en algún grado de la madre de Lorenzo de Medici podría añadir una nueva dimensión a la denuncia. Algunos se han preguntado si no obedecería ésta a un enfrentamiento político. ¿Se vio Leonardo da Vinci alcanzado por una campaña de desprestigio dirigida contra Leonardo Tornabuoni, y a través de él, contra los Medici? Como mi acusación contra el encargado del taller de Pollaiuolo, tampoco esta idea ha sido corroborada. Lo que parece más probable es que la conexión entre los Tornabuoni y los Medici añadiera al incidente un ejercicio de influencias *después* de que éste ocurriera: que alguien susurrara en determinados oídos ciertas palabras para conseguir que se diese carpetazo al asunto rápida y discretamente. La palabra «absuelto» escrita junto al nombre de Leonardo nos dice que se desestimó la acusación, no que fuera inocente; y la presencia de un protegido de los Medici en la denuncia sugiere la posibilidad de que fuera la influencia de éstos, y no su inocencia, lo que le libró de la condena.

Según el delator, Jacopo Saltarelli llevaba a cabo «prácticas inmorales» y «había prestado estos servicios a muchas docenas de personas». No queda claro si presenta a Jacopo como un promiscuo joven homosexual o como un prostituto. La distinción puede parecer imprecisa, pero es importante: ¿Se relaciona Leonardo con un amante o visita a un muchacho al que paga por sus servicios? En general, el tono es distinguido: la Vacchereccia es una dirección prestigiosa, donde Saltarelli desempeña un trabajo remunerado como aprendiz o ayudante de un orfebre. Se da en esta denuncia un juego de prestidigitación muy común en los informes de los delatores: se supone que hay «muchas docenas» de clientes, pero sólo cuatro de ellos tienen nombre y rostro. Cuatro amantes no convierten a un muchacho exactamente en un prostituto, aunque reciba de ellos ciertos regalos.

Cuando Smiraglia Scognamiglio publicó por primera vez la denuncia en 1896, supuso que Leonardo había sido acusado injustamente, al haber utilizado —de modo inocente— a Saltarelli como modelo. Es ciertamente posible, aunque si aceptamos la verdad de la homosexualidad de Leonardo, la relación artista-modelo puede ser considerada más un contexto que una exculpación. Una críptica nota que Leonardo escribió en una página del Códice Atlántico, para tacharla después, viene a reforzar la posibilidad de que Jacopo le sirviera de modelo. La página está fechada en torno a 1505 y la frase escrita por Leonardo es la siguiente: *Quando io feci domeneddio putto voi mi metteste in prigione, ora s'io lo fo grande voi mi farete pegio*, «Cuando hice un Cristo niño me encarcelasteis; si ahora lo muestro adulto me haréis algo peor».[114] Es difícil interpretar estas palabras, pero podrían significar que el Cristo niño era una obra para la cual Jacopo habría posado como modelo; que esto había causado problemas con las autoridades a Leonardo cuando el muchacho fue acusado de homosexualidad; y que ahora una pintura o una escultura que mostrara a Cristo «adulto» podría acarrearle problemas semejantes. La única obra de Leonardo que ha llegado hasta nosotros y que podría describirse como un Cristo niño es la cabeza de terracota que se conoce con el nombre de *Cristo joven,* posiblemente perteneciente a la década de 1470. ¿Es Jacopo el muchacho que vemos con el cabello largo y la vista baja y que, en palabras de Giovanni Paolo Lomazzo, «posee la ternura de la juventud pero, al mismo tiempo, parece viejo»?

Otra imagen de un joven en la que veo un posible retrato de Jacopo aparece en un dibujo que se conserva en la Biblioteca Pierpont Morgan de Nueva York (véase p. 145). Indudablemente pertenece al círculo de Verrocchio y ha sido atribuido tanto a éste como a Leonardo. Representa a un muchacho de cara redonda, muy bella, y cabello espeso y rizado. Sus labios están fruncidos en un mohín que, junto a su lánguida mirada, nos lo muestra apasionado y con cierto aire de arrogancia. El dibujo, en perfil de tres cuartos, presenta una rara afinidad con la Virgen de la *Anunciación* de Leonardo y sugiere la misma inquietante combinación entre erotismo homosexual y tema sagrado que el *Cristo joven.* Un dibujo de Verrocchio que se conserva en Berlín representa, probablemente, al mismo modelo. También éste fue atribuido a Leonardo, cuyo nombre escribió un conservador en el ángulo inferior derecho. Está picado para pasarlo a tabla y podría ser un estudio temprano para uno de los ángeles del Monumento Fortaguerri, encargado en 1476. En cualquier caso, es el tipo de muchacho bien parecido que servía de modelo a los artistas de via Ghibellina, y que si le proponían ciertas «cosas pecaminosas», diríamos por su aspecto que podía acceder a ellas.

La idea de que el críptico comentario de Leonardo acerca del Cristo niño se refiere al asunto Saltarelli podría sugerir que la denuncia de 1476 condujo a un periodo de encarcelamiento. Probablemente sería breve —quizá sólo una detención por parte de la Guardia Nocturna—, pero habría dejado una huella en el artista. Esto añadiría un nuevo sentido a unos curiosos artilugios dibujados por Leonardo en torno a 1480 y descritos por él como instrumentos para liberar a presos. Se encuentran en el Códice Atlántico y consisten en un mecanismo para arrancar los barrotes de las ventanas y otro que lleva el siguiente título: «Para abrir una prisión desde dentro».[115] Ambos se cuentan entre las primeras invenciones de Leonardo y es posible que se relacionaran con su experiencia de 1476, presente aún en su memoria treinta años después: «me metisteis en la cárcel». «La libertad», escribió una vez Leonardo, «es el mayor don de la Naturaleza»,[116] y todo lo que sabemos acerca de él nos hace suponer que cualquier tipo de confinamiento —físico, profesional, intelectual o, por supuesto, emocional— debía de resultarle intolerable.

El asunto Saltarelli es lo primero, pero no lo único que apunta a la homosexualidad de Leonardo durante sus años de juventud en Florencia. Existe también un críptico memorándum que debe ser tenido en cuenta

Cabeza de terracota de Cristo joven
atribuida a Leonardo.

—críptico, en este caso, porque en parte es ilegible—, y que se encuentra en una hoja de dibujos y diagramas que se conserva en los Uffizi.[117] Entre los dibujos se incluyen un par de cabezas, una de las cuales podría ser un autorretrato (véase p. 199). El texto está escrito en la característica caligrafía «notarial» correspondiente a la primera época de Leonardo, llena de adornos y florituras; en algunos lugares diríase que el artista está garabateando o quizá probando una pluma nueva. Al comienzo de la página ha escrito algo acerca de un joven llamado Fioravanti di Domenico que vive en Florencia. En general la lectura del texto es dificultosa, pero en el ángulo superior izquierdo, donde el papel está emborronado, se hace totalmente imposible. Así lo transcribió J.-P. Richter en la década de 1880:

Fioravanti di domenicho j[n] Firenze e co[m]pere
Amantissimo quant'e mio...

quien lo traduce como «Fioravanti di Domenico en Florencia es mi amigo más amado, como si fuera mi [hermano]». La última palabra es pura conjetura ya que el final de la segunda línea es absolutamente ilegible. En su estudio de 1913 sobre Leonardo, Jens Thiis ofrece una lectura diferente:

Fioravanti di domenicho j[n] Firenze e che aparve
Amantissimo quanto mi e una vergine che io ami

Lo que significaría: «Fioravanti di Domenico de Florencia parece amarme y es un joven virgen a quien yo podría amar».

Carlo Pedretti prefiere la lectura de Richter, pero en la segunda línea, después de «mio», sólo ve «garabatos caligráficos sin sentido alguno». Desde luego es muy difícil distinguir los trazos que Thiis afirma ver ahí, de forma que no puede asegurarse que la nota se refiera abiertamente a una relación homosexual, pero es evidente que Leonardo abrigaba sen-

Retrato a pluma y tinta de un joven, h. 1475, del estudio de Verrocchio.

timientos muy tiernos con respecto a su «amado» Fioravanti. El patronímico dificulta mucho su identificación.[118] Quizá sus rasgos se conserven en alguna página de los cuadernos florentinos de Leonardo, pero al igual que Jacopo Saltarelli, sigue siendo una figura huidiza: no un rostro, sino un cierto tono, una emoción.

«COMPAÑEROS DE PISTOIA»

Es posible que, tras el asunto Saltarelli, resultara muy conveniente que Verrocchio tuviera en marcha trabajos importantes en la ciudad de

145

Pistoia. El 15 de mayo de 1476, precisamente durante el tenso periodo que medió entre la denuncia y la absolución, le fue encargado un enorme cenotafio de mármol para la catedral de Pistoia en memoria del cardenal Niccolò Fortaguerri. Siguió al encargo una disputa, pues el Consiglio de Pistoia había asignado por votación 300 florines para la obra y Verrocchio exigía 350. A comienzos de 1477 Piero del Pollaiuolo presentó un boceto que el Consiglio estaba dispuesto a aceptar, pero el conflicto fue arbitrado por Lorenzo de Medici, quien lo resolvió a favor de Verrocchio.[119]

También por entonces recibió éste el encargo de pintar un retablo en memoria de un antiguo obispo de Pistoia, Donato de Medici, pariente lejano de Lorenzo. El retablo, con la Madona y el Niño flanqueados por San Donato y San Juan Bautista, fue pintado, según el estilo de Verrocchio, por Lorenzo di Credi. Es la primera de sus obras que se ha datado con seguridad. En 1478 se hallaba muy avanzada, pero una vez más surgieron desacuerdos financieros y no fue acabada hasta aproximadamente 1485. Hay poderosos indicios a favor de la participación de Leonardo en la concepción de este retablo. Recientemente se ha propuesto como obra suya un pequeño estudio preparatorio para la figura de San Donato (el santo homónimo del obispo Medici a quien estaba dedicado el retablo). Existe también en Windsor un estudio a punta de plata de San Juan Bautista que ofrece una clara semejanza con el San Juan del retablo de Di Credi.[120] Y, finalmente, está la pequeña *Anunciación* del Louvre, originalmente una de las predelas o estrechas tablas pintadas en la parte inferior del retablo de Pistoia basada en la composición de la *Anunciación* de Leonardo. En alguna ocasión se ha afirmado que esta versión de la predela es también obra de Leonardo, pero es más probable que fuera pintada por Di Credi bajo su supervisión.

Tales conexiones apuntan a la participación de Leonardo en las etapas preparatorias del retablo de Pistoia. Él era entonces el pintor más experto del taller de Verrocchio y, por lo tanto, es natural suponer que Di Credi, más joven que él, trabajara bajo su supervisión. Leonardo habría intervenido también en la etapa inicial del cenotafio de Fortaguerri; en el Victoria & Albert Museum de Londres se conserva un modelo de terracota de este monumento que algunos consideran en parte obra suya. Estos proyectos de Pistoia de hacia 1476 habrían ofrecido a Leonardo un oportuno cambio de escenario una vez cerrado el asunto Saltarelli. Pistoia era una ciudad que él conocía bien: de hecho tenía familia allí, pues su tía Violante se había casado con un hombre de esta ciudad. Era el tipo de lugar apartado y provinciano al que podía retirarse un joven —o al que podía enviarle su patrón— mientras en Florencia amainaba la tormenta provocada por el escándalo.

Podemos encontrar una confirmación de esta teoría en la misma hoja de notas y dibujos que incluye la referencia amorosa a Fioravanti di Domenico. Al pie de la página hay una frase incompleta. El comienzo ha sido arrancado y sólo queda *e chompa in pisstoja*, «y compañeros de Pistoia». (*Chompa* es una contracción de *compare*, un término afectuoso para referirse a un camarada o compañero). Otro fragmento de la misma página lleva la fecha de 1478. De todo ello deducimos que Leonardo había hecho algunas amistades en la ciudad anteriormente. Es posible que Fioravanti fuera una de ellas; otra podría haber sido el poeta Antonio Cammelli, a quien veremos en compañía de Leonardo un par de años después. Esta frase incompleta, de difícil lectura, constituye una prueba más de que Leonardo aprovechó la oportunidad de alejarse de Florencia en el periodo posterior al escándalo Saltarelli.

A pocos kilómetros de Pistoia, en dirección oeste, se alza sobre una colina la aldea de San Gennaro, con su iglesia parroquial románica fundada por los refugiados napolitanos que habían huido de una erupción del Vesubio a comienzos del siglo VI. Leonardo conocía sin duda esta aldea, marcada por él en uno de sus mapas de la Toscana central en relación con un proyecto de canalización del río Arno a través de Pistoia y Serravalle.[121]

En el interior de la iglesia, sobre un pedestal bajo y junto a la puerta occidental, se encuentra una pequeña escultura de terracota que representa a un ángel. Ignorada durante siglos, se reconoció hace unos cincuenta años como perteneciente a la escuela de Verrocchio; ahora se acepta que se debe enteramente a Leonardo (Lámina 8). Es una pieza preciosa, viva y llena de movimiento. Unas partes están modeladas con precisión, otras con esa rapidez y ese descuido más típicos de un esbozo que de una escultura acabada. En el brazo derecho vemos un eco inconfundible del ángel de la *Anunciación*, y su cabello largo y rizado es una marca de fábrica de Leonardo. Me llama la atención el maravilloso realismo del pie derecho, que sobresale ligeramente del pedestal: el cincelado de las articulaciones, la sandalia gastada y la curva del dedo meñique. La postura del ángel se repite en algunas de las figuras de una página del cuaderno de dibujo de Francesco Ferrucci, el mismo cuaderno en que figura el modelo del David de Verrocchio; las figuras no son de Leonardo, pero una línea escrita en la misma página sí parece de su mano.

Nada se sabe sobre el origen de esta pieza. Se hallaba ya en San Gennaro en el siglo XVIII; aparece por primera vez registrada el 31 de julio de 1773, cuando la escalera de un obrero cayó sobre ella rompiendo la parte superior en varios pedazos. Fue trabajosamente restaurada por un hombre del pueblo llamado Barsotti. Aún puede verse en la frente del ángel una fina grieta, como la cicatriz de un accidente. Los restos de pintura —amarilla, verde y roja— probablemente corresponden a la que aplicó el restaurador, pero pueden indicar que éste trabajó sobre un original coloreado; es decir, que se trataba de una escultura policromada, como habitualmente lo eran las imágenes de las iglesias cuando el material consistía en terracota o madera.[122] Sigue siendo un misterio cómo una escultura de Leonardo da Vinci ha llegado a encontrarse en un rincón ignorado de la pequeña iglesia de una aldea cercana a Pistoia. La respuesta podría ser que ha estado allí desde el primer momento, es decir, desde que fue modelada hacia 1477 por un joven artista florentino temporalmente escondido en aquella zona, contento de recibir pequeños encargos locales, contento de disfrutar de la tregua que le ofrecían las verdes colinas toscanas.

Un día del mes de abril de 1477 Leonardo cumplió veinticinco años. Me lo imagino contemplando su rostro en el espejo —una acción sobre cuya complejidad optométrica reflexionaría más tarde bajo una rúbrica que comienza «Digamos que *a-b* es un rostro que envía su simulacro al espejo *c-d*».[123] Se pregunta si le gusta lo que ve. De acuerdo con la esperanza de vida de un hombre del Quattrocento florentino, ya no es tan joven. En cierta medida ya ha llegado a ser lo que será siempre.

Para otros, el rostro del espejo reflejaba una gran belleza y una lúcida inteligencia. Los primeros biógrafos son unánimes en este aspecto. Paolo Giovio, que le había conocido personalmente, escribió: «Era por naturaleza cortés, cultivado y generoso, y su rostro era extraordinariamente hermoso». Un escritor francés de la corte de Luis XII, Jean Lemaire, habla de la «gracia sobrenatural» de Leonardo en un poema publicado en 1509; probablemente se trata también de una impresión de primera mano.[124] El *Anónimo Gaddiano* dice: «Era muy atractivo, bien proporcionado, gracioso y bien parecido»; tenía un hermoso cabello rizado, «que le llegaba hasta la mitad del pecho». Ninguna de estas fuentes alude a su larga barba, un rasgo tan importante del mito y, probablemente, una adición tardía a su imagen.

Vasari insiste hasta llegar a la hipérbole. Leonardo era un hombre de «belleza extraordinaria» e «infinita gracia». «Era alto y hermoso, y su gran presencia consolaba a los espíritus más desdichados». Si Vasari escribiera hoy día, podría resumir esa «gran presencia» que elevaba el espíritu de las gentes, esa gracia natural con la que «atraía hacia sí el afecto de todos» en una sola palabra: «carisma». Vasari presenta también a Leonardo como un hombre de gran fuerza y destreza físicas: era «tan fuerte que podía soportar cualquier violencia; con la mano derecha podía torcer una herradura o el aro de hierro de una aldaba como si fueran de plomo». Algunas de estas alabanzas tenemos que atribuirlas a la tendencia del autor a presentar a sus personajes como héroes: en sus elogios resuenan los ecos de las proezas atléticas que le atribuye a Leon Battista Alberti y que deben leerse también con ciertas reservas. Se trata de un tropo, de una imagen retórica de Leonardo como un superhéroe en todos los aspectos. Es posible que responda a un deseo de rectificar una sugerencia de afeminamiento presente en las descripciones que de la belleza de Leonardo hacen sus primeros biógrafos.

Pudiera o no doblar herraduras con sus manos, el consenso general es que era un hombre alto y atractivo, una figura imponente, un buen jinete y un andariego incansable. Sabemos también que le gustaba vestir bien, que era una especie de dandi. Se peinaba el cabello cuidadosamente. Llevaba túnicas de color rosa, mantos forrados de piel, anillos de jaspe y botas de cordobán. Era en extremo delicado: «Toma agua de rosas fresca y humédecete con ella las manos, luego toma una flor de lavanda y frótala entre las manos; te hará bien».[125] En una de sus comparaciones entre el pintor y el escultor imagina a este último sucio y sudoroso, con «la cara cubierta de polvo de mármol, de forma que parece un pastelero». El pintor, por el contrario, trabaja «cómodamente», va «bien vestido», «maneja un ligero pincel mojado en colores delicados» y «se adorna con los vestidos que le placen».[126]

No obstante, no entenderemos a este joven algo exhibicionista a no ser que reconozcamos las tensiones que crean en su rostro reflejado en el espejo la incertidumbre, la soledad y la insatisfacción, su convicción de que es un ser marginado, ilegítimo, iletrado y sexualmente proscrito. Con el tiempo irá ocultando más y más esos sentimientos con una actitud de distanciamiento. Lo adivinamos en frases fragmentarias salpicadas en sus manuscritos, pequeños resquicios que se abren en la oscuridad: «Si amas la libertad, no reveles que mi rostro es la prisión del amor...».[127]

Capítulo III

Independencia
1477-1482

Mal discípulo es el que no sobrepasa a su maestro.

MS Forster 3, fol. 66v

El estudio de Leonardo

Hacia 1477, Leonardo abrió su propio taller en Florencia como resultado de una evolución natural: había pasado diez años con Verrocchio como discípulo, aprendiz y ayudante. El retrato de Ginevra le muestra ya rompiendo barreras: está visiblemente relacionado con el mundo de Verrocchio, pero su tono poético es completamente nuevo. Leonardo entra ahora en un periodo difícil, el comienzo de su independencia: es un maestro joven en un mercado saturado y competitivo.

El primer dato claro acerca de su nueva situación es un contrato firmado el 10 de enero de 1478; pero otro documento, recientemente descubierto, nos proporciona una curiosa indicación sobre el ambiente que reinaba en su *bottega*. Se trata de una carta de Giovanni Bentivoglio, señor de Bolonia, dirigida a Lorenzo de Medici, en la que le habla de un joven que en la misiva aparece con el nombre de «Paulo de Leonardo da Vinci da Firenze».[1] Un revuelo de excitación sacudió a la prensa italiana cuando el documento salió a la luz en la década de 1990, ya que el nombre podía sugerir que el tal Pablo era un hijo de Leonardo da Vinci del que nada se había sabido hasta entonces. Un momento de reflexión nos indica que se trata de algo muy poco probable: por razones implícitas en la carta, Paolo no podía haber nacido mucho después de 1462, cuando Leonardo tenía diez años. Es mucho más probable que se tratase de un discípulo del artista. Como hemos visto, era tradicional que un aprendiz adoptase el nombre de su maestro, como había hecho Verrocchio.

Parece, pues, que se trata del nombre de uno de los primeros aprendices de Leonardo, y unida a ese nombre va toda una historia. Por la carta de Bentivoglio, fechada el 4 de febrero de 1479, sabemos que Paolo había sido expulsado de Florencia hacía «algún tiempo» a causa de «la vida de perversión que había llevado allí». El propósito del exilio consistía en «reformarle» y «apartarle de las malas compañías». Al parecer, Lorenzo de Medici estaba personalmente interesado en el asunto, pues cuando Paolo llegó a Bolonia fue inmediatamente apresado, según dice específicamente Bentivoglio, a petición de aquél: «De acuerdo con las cartas recibidas de Su Excelencia, ha sido encarcelado». Paolo pasó seis meses en la cárcel, pero cuando le liberaron, «después de haber purgado sus pecados», «se dedicó al arte de la marquetería, que ya había comenzado a aprender allí [es decir, en Florencia], de forma que ha llegado a ser un experto artesano y ejerce ese oficio». Ahora ansía volver a Florencia y sus hermanos han escrito a Bentivoglio para pedirle que se lo permita. Tal es el motivo de la carta de Bentivoglio: pedir a Lorenzo «su benevolente permiso y su perdón» para que Paolo pueda regresar. Es un hombre rehabilitado, dice Bentivoglio, que promete «ser un hombre honrado y vivir de manera ordenada» en adelante.

Se trata de una historia jugosa que nos devuelve otra vez a Leonardo, identificado patronímicamente como maestro de Paolo. Teniendo en cuenta que este último había pasado seis meses en la cárcel de Bolonia y que más tarde se había establecido y ganado la vida como *intarsiatore* o especialista en marquetería, podemos decir que su escandalosa partida de Florencia debió de tener lugar al menos un año antes de la fecha de la carta, es decir, a fines de 1477 o comienzos de 1478. Podemos reconstruir retrospectivamente la situación de la manera siguiente. En 1477 Leonardo tenía un aprendiz o sirviente florentino llamado Paolo. Era, probablemente, un adolescente. Tenía hermanos cuya posición social no era de despreciar: Bentivoglio los menciona dos veces en su carta. Es también posible que fuera huérfano de padre, lo que explicaría el papel que, al parecer, asumieron sus hermanos en el asunto y su estatus de hijo adoptivo de Leonardo en el sentido que se daba en un taller a esta relación. Había comenzado sus estudios en marquetería, un oficio muy especializado y que tenía una gran demanda. Llevaba, sin embargo, una «vida de perversión», frecuentaba «malas compañías» *(mala conversatione)*, y a comienzos de 1478 había sido expulsado de la ciudad. No se especifica la naturaleza de su perversión, pero es muy posible que fuera homosexual. Otra imputación —sólo imputación, pero difícil de evitar— consistía en que entre las malas compañías de las que había que apartarle estaba su maestro Leonardo da Vinci. De modo que a los nombres de Jacopo Saltarelli y Fioravanti di Domenico tenemos que añadir el de otro amor de Leonardo. Que además fuera, de acuerdo con la tradición de los talleres de la época, su «hijo», es un detalle que a Freud le habría gustado analizar.

Un olorcillo de escándalo flota, pues, en torno al nuevo estudio del artista. Poco más de un año después de su roce con la Guardia Nocturna, vuelve a alcanzarle la acusación de homosexualidad. Es posible que Lorenzo de Medici tuviera noticia de aquel primer escándalo, ya que afectaba a un miembro de la familia de su madre, y desde luego es segura su intervención con respecto a la expulsión de Paolo di Leonardo.

A pesar de esta situación tan poco favorable, Leonardo recibió su primer encargo documentado como pintor independiente el 10 de enero de 1478.[2] La Signoria le encomendó la ejecución de un retablo que habría de colgar en la capilla de San Bernardo del Palazzo Vecchio. No fue el primer elegido para hacer el trabajo: Piero del Pollaiuolo había rechazado la propuesta de la comisión el mes anterior. Se trataba, al parecer, de una oferta muy prestigiosa, respaldada con un anticipo en metálico de 25 florines pagado a mediados de marzo, de forma que resulta extraño que Leonardo nunca llegara a entregar la obra. Fue el primero de los incumplimientos que marcaron su carrera profesional.

El nuevo retablo tenía que sustituir a una pintura anterior de Bernardo Daddi que representaba la aparición de la Virgen a San Bernardo y, según el acuerdo, Leonardo debía realizar una pintura sobre el mismo tema. No se encuentra un solo boceto ni estudio para una *Visión de San Bernardo* entre sus dibujos, pero es posible que un eco de esta obra fantasma se encuentre en una pintura de Filippino Lippi. Según el *Anónimo Gaddiano*, Leonardo comenzó a trabajar en la obra, posteriormente acabada por Filippino a partir de sus bocetos preparatorios. Existe, efectivamente, un retablo de éste dedicado a la visión de San Bernardo, una buena pintura que se conserva hoy en la Badia florentina. Fue pintado a mediados de la década de 1480 para la capilla familiar de los Pugliese en Marignolle, cerca de Florencia; el donante, Piero del Pugliese, aparece abajo a la derecha. ¿Está en lo cierto el *Anónimo*? ¿Es el grupo de la izquierda —compuesto por la Madona y los ángeles y ciertamente leonardesco— una interpretación de un cartón perdido dibujado por Leonardo hacia 1478? Es posible, aunque uno de los ángeles revela una marcada similitud con la *Anunciación* de Leonardo, de manera que no necesitamos un supuesto dibujo perdido para explicarnos ese aspecto leonardesco.[3]

Una frase parcialmente tachada de la hoja de notas y dibujos en que se menciona a Fioravanti di Domenico dice: *[...]mbre 1478 inchomincai le 2 vergini Marie*. La fecha puede ser septiembre, noviembre o diciembre de 1478. ¿Cuáles son las «2 vírgenes María» que Leonardo comenzó por entonces? ¿Son las mismas que aparecen en su lista de hacia 1482, en la que se detallan las distintas obras que había ejecutado en Florencia y se llevaba con él a Milán? En la lista aparecen descritas como «una Virgen terminada» y «otra casi acabada, de perfil».

Kenneth Clark creía que la Virgen de perfil era la *Madonna Litta* que se conserva hoy en San Petersburgo. La obra, terminada más tarde, es un producto del taller milanés de Leonardo, probablemente de finales de la década de 1480. Pero, según Clark, el artista la comenzó en Florencia y la llevó después a Milán inacabada, como se menciona en la lista de 1482. En su forma final tiene aspectos manifiestamente ajenos a Leonardo, como son la extraña cabeza del niño, debidos todos ellos a sus discípulos milaneses, Giovanni Antonio Boltraffio o Marco d'Oggiono, pero existe un estudio a punta de plata para la cabeza de la Virgen, dibujado sobre papel verdoso, que indudablemente es obra del maestro.[4]

No se ha podido demostrar la génesis florentina de la *Madonna Litta*. Pisamos terreno mucho más seguro en lo que respecta a otro cuadro de Leonardo conservado en el Ermitage, la *Madonna Benois* (Lámina 9). Estilísticamente corresponde al primer periodo florentino de Leonardo. Es muy probablemente una de las *«2 vergini»* que comenzó en 1478, aunque no es tan seguro que sea también la Virgen «terminada» que figura en la lista de 1482: a algunos aspectos de la pintura les falta acabado.

Esta pequeña pintura al óleo (48 x 30 cm), trasladada a lienzo por una mano bastante inexperta en el siglo XIX, es una de las obras más infravaloradas de Leonardo. A pesar de todas sus imperfecciones de detalle, posee una dulzura, una frescura y un movimiento que la sitúan muy por encima de las Vírgenes de Verrocchio con su afectada y hierática elegancia, sus cabellos rubios y sus meñiques levantados. Esta Virgen es evidentemente una niña, pero ni siquiera una niña hermosa. Sus largos cabellos castaños, que caen en cascada sobre su hombro izquierdo, recuerdan por un momento la imagen de Simonetta Cattanei, pero sólo por un momento: de nuevo tenemos la sensación de saber cuál era el modelo que Leonardo rehuía ostensiblemente. La *Madonna Benois* es la antítesis de las Vírgenes de ojos almendrados, hermosas y lánguidas de Botticelli. El gran Bernard Berenson, que siempre prefirió los dibujos de Leonardo a sus pinturas, la encontraba francamente fea: «una mujer mofletuda, con la frente calva, una sonrisa sin dientes, la vista nublada y el cuello arrugado».

Totalmente ajena también a Verrocchio es la nueva tonalidad oscura y aterciopelada de la pintura. Las figuras aparecen teatralmente iluminadas sobre los sugerentes grises y rojizos del fondo. El tono es apagado, modesto, doméstico. El análisis técnico revela una preparación previa de tierra sombra tostada, con los colores extendidos sobre ella «en sedimentos, como una especie de rocío».[5]

En los detalles hay ciertos enigmas. Sin duda ha habido retoques: el cuello de la Virgen y la mano derecha del niño muestran señales de un pincel posterior que ha aplanado la pintura; la parte baja del drapeado también ha perdido algo. Pero es la boca lo que suele causar más problemas al espectador. La Virgen parece, como tan poco amablemente subraya Berenson, no tener dientes. Según De Liphart, que examinó la obra en 1909, la boca entreabierta revela «la presencia de unos dientes casi imperceptiblemente dibujados sobre la preparación negra», pero esos vestigios han desaparecido completamente, debido, al parecer, a la oxidación del barniz.[6] La ventana ciega también resulta problemática. ¿Se ha cubierto ahí algo inexplicablemente, o responde a un truco original de Leonardo? Privados del paisaje esperado, los ojos vuelven con renovado interés a la intimidad de la escena. La altura de la ventana confiere a la pareja una sensación de aislamiento. No están a la vista del mundo: nos parece que verlos es un privilegio, sensación que viene a reforzar la ausencia de contacto visual —ni la madre ni el niño miran al espectador—; sólo ellos dos representan la escena, centrada en la flor que el niño contempla. No es ésta, como se ha dicho en ocasiones, una ramita de jazmín, cuya flor tiene cinco pétalos (y que como tal aparece representada en la *Leda* de los Uffizi), sino que pertenece a la familia de flores de cuatro pétalos conocidas como crucíferas. Según el botanista William Embolden, probablemente se trata de la *Eruca sativa* o rúcula, que tradicionalmente ha simbolizado la pasión de Cristo, tanto por su forma cruciforme como por su sabor amargo.[7] Como en una obra posterior de Leonardo, *La Virgen del huso,* el niño contempla un símbolo de su futura agonía. La madre, que le ofrece la flor sonriente, lo hace sin saberlo; está tan protegida de su trágico futuro como el niño del suyo.

La tabla (pues tabla fue originalmente) tiene una historia llena de vicisitudes románticas. Se desconoce cuál fue su paradero hasta comienzos del siglo XIX, aunque podría ser la Virgen con el Niño descrita en 1591 como «pequeña tabla al óleo pintada por Leonardo», que se hallaba entonces en la casa de la familia Botti en Florencia. En la década de 1820, aparece inesperadamente en Crimea, en la provincia de Astracán. Al parecer llegó allí en el equipaje de un músico itinerante italiano. En 1824 se hallaba en posesión de la familia Sapojnikov; según los archivos familiares, en esta fecha la trasladó a lienzo un restaurador llamado Korotkov. El cuadro reaparece más tarde en Francia, en la colección del artista Léon Benois, cuya esposa era una Sapojnikov. Tras la muerte de su marido, la dama volvió a San Petersburgo. La *Madonna Benois,* que es como se llama ahora, se exhibió allí por primera vez en 1908 y fue comprada para el Ermitage por el zar Nicolás II en 1914.

Existen tres dibujos íntimamente relacionados con la *Madonna Benois:* el de una cabeza de niño que se conserva en los Uffizi y que capta la intensa atención de la criatura mientras inspecciona la flor; el de una Virgen con el Niño y un cuenco de frutas que se encuentra en el Louvre; y una hoja de estudios del Museo Británico.[8] Éstos nos conducen a su vez a otros bocetos relacionados con la Virgen y el Niño (o en cualquier caso con una madre y un niño) pertenecientes al mismo periodo. Un dibujo encantador, muy poco conocido, que se conserva en la Escola de Belas Artes de Oporto, tiene algo de la *Madonna Benois:* muestra al niño sentado en el regazo de la madre mientras ella le lava los pies en una jofaina. Hasta hace muy poco se atribuía a Raffaellino da Reggio, un seguidor de Taddeo Zuccaro de mediados del siglo XVI. En 1965 fue identificado como obra de Leonardo por Philip Pouncey, quien descubrió algunos trazos de la caligrafía del artista que se transparentaban desde el envés del papel. Como el dibujo está adherido al soporte y no puede levantarse sin que corra un grave peligro, sólo se ha podido descifrar una parte del texto. (Escritas en su escritura especular, las palabras que se transparentan pueden leerse, como se hace habitualmente, de izquierda a derecha). Se trata de un vocabulario en el que se distinguen siete palabras, todas ellas comenzadas por a: *affabile, armonia,* etcétera, lo cual relaciona el dibujo de Oporto con otro de Windsor que representa a un niño regordete sentado en la curva de los brazos de su madre y que tiene también unas listas de palabras ordenadas alfabéticamente en el reverso.[9]

Parte también de esta serie encadenada de dibujos de fines de la década de 1470 es un boceto de la Virgen con el Niño y San Juan niño, también de Windsor. Es posible que pasara a cartón o incluso a pintura acabada, ya que las figuras de la madre y el niño aparecen reproducidas casi exactamente en un cuadro de Andrea da Salerno que se conserva en Nápoles. En el dibujo, las tres figuras están comprimidas en una pirámide, una composición a la que regresaría Leonardo en el grupo de *Santa Ana* veinte años después. Al fondo aparece un atisbo de paisaje que muestra, ya desarrollado, su característico gusto por los montes escarpados. Este dibujo es la primera versión de una agrupación cuyo eco resuena a través de toda la obra de Leonardo: me refiero al encuentro entre Cristo y San Juan Bautista siendo ambos niños (un episodio que se encuentra solamente en los Apócrifos). Vuelve a aparecer en *La Virgen de las rocas* y, más tarde, en el cartón de *La Virgen y el Niño con Santa Ana y San Juan Bautista* que se conserva en la National Gallery. Se trata de una agrupación rara en el arte italiano de la época: Leonardo está innovando, o, por decirlo de otra manera, la idea le llega por una vía que no es la de la tradición pictórica. Si recordamos las circunstancias que rodearon su infancia, podríamos preguntarnos si ese «otro» niño recurrente, ese extraño que mira a la pareja cerrada que forman la Virgen y Cristo, tiene una resonancia particular para Leonardo, cuya relación con su madre parece cargada de temor al rechazo.

Pero el sentimiento que permea estos estudios florentinos de madre e hijo no es el rechazo, sino la celebración: la madre que hace saltar al hijo en las rodillas, le alimenta, le lava y —si la *Madonna Litta* forma realmente parte de este grupo— le amamanta. Los más alegres de todos son los que forman la serie de la Virgen y el niño con un gato. Como en la *Madonna Benois,* María es casi una niña. (Recuerda la campesina adolescente que es la Vir-

Madres e hijos, h. 1478-1480. Arriba izquierda: cabeza de niño, probablemente un boceto preparatorio para el niño de la Madonna Benois. *Arriba derecha: dibujo de Oporto conocido como* Il Bagnetto. *Abajo izquierda: bocetos de un niño con un gato. Abajo derecha: estudio para una Virgen con el Niño y un gato.*

gen en *El evangelio según San Mateo* de Pasolini). Estos bocetos se cuentan
entre los más vibrantes de los trabajos florentinos de Leonardo. Su movimiento, su ternura, los hace saltar de la página: pertenecen, a diferencia de
la pintura acabada, a la realidad del momento en que se dibujaron. Sus personajes son presencias reales, en el taller o en una habitación. Son cuatro
hojas de bocetos ejecutados muy rápidamente, a pluma, carboncillo y punta de metal. Las figuras se entrelazan en un ballet de movimientos, mientras el artista, absorto, las dibuja a toda velocidad, apresurándose a capturar
la verdad momentánea de sus cuerpos y de sus gestos, de sus vidas. Hay cuatro estudios más, uno de los cuales se prolonga en el reverso de la página,
donde Leonardo experimenta con una posición distinta para la cabeza de
la madre. El más acabado de todos, preciso y sereno, es el dibujo a pluma y
tinta, con una ligera aguada, de los Uffizi.[10]

No hay pruebas de que estos maravillosos dibujos dieran lugar a pinturas, excepto en la medida en que representan diferentes etapas en dirección a la más grande de sus obras florentinas de este primer periodo,
La Adoración de los Magos, en la que el niño, sentado en el regazo de su
madre e inclinado hacia delante, es muy semejante a los anteriores. Pero
el gato ha desaparecido y con él la nota vibrante y festiva de los dibujos.

EL AHORCADO

Poco antes del mediodía del domingo 26 de abril de 1478, una súbita
conmoción interrumpió la celebración de la misa en la catedral de Florencia. Mientras el sacerdote levantaba la hostia y sonaba la campana de
la iglesia, un hombre llamado Bernardo di Bandino Baroncelli sacó un
puñal que llevaba bajo su capa y lo hundió en el cuerpo de Giuliano de
Medici, hermano menor de Lorenzo de Medici. Mientras la víctima re-
trocedía tambaleándose, era apuñalada de nuevo, ferozmente, por otro
hombre, Francesco de Pazzi: en el cuerpo se encontraron diecinueve puñaladas. El propio Lorenzo fue también el objetivo de otros dos asesinos
—sacerdotes descontentos—, que fracasaron en su intento de asesinarle.
Fue conducido precipitadamente a la sacristía norte mientras sangraba
con abundancia. Las grandes puertas de bronce se cerraron tras él, aunque en la refriega uno de sus amigos, Francesco Nori, fue apuñalado de
muerte, también por Bernardo di Bandino.

Aquél fue el día de la conspiración de los Pazzi,[11] llamada también el
Complot de Abril, un intento desesperado de golpe de estado contra el
gobierno de los Medici fomentado por una poderosa familia de mercaderes florentinos, los Pazzi, y discretamente apoyado por el papa Sixto IV
y otros personajes con intereses contrarios a los Medici, entre ellos el ar-

zobispo de Pisa. Conocemos varios relatos contemporáneos de la conspiración, como el del poeta Agnolo Poliziano, que se hallaba en la catedral cuando tuvo lugar el asalto; el de Luca Landucci, autor de un diario y testigo de las terribles represalias que sucedieron al acontecimiento, y los de varios historiadores florentinos como Maquiavelo o Francesco Guicciardini. La reconstrucción del hecho proporcionada por estas fuentes, y que se ha transmitido hasta nuestros días, es abierta o implícitamente favorable a los Medici, pero un libro reciente de Lauro Martines ha abierto otras perspectivas. Las razones de los conspiradores eran complejas, pero éstos tenían sinceros motivos de queja con respecto al cinismo que caracterizaba la política de los Medici, dedicada a acrecentar su poder y a lo que Martines llama la «usurpación progresiva» de las tan cacareadas libertades políticas de Florencia por medio del soborno, la manipulación de los votos y la apropiación de fondos públicos.[12] El asesinato del duque de Milán, ocurrido más o menos el año anterior, fue un precedente del suceso —el asalto había tenido lugar de manera semejante, durante la misa mayor y en la catedral de la ciudad—, y la bárbara ejecución de los conspiradores, un presagio.

Los asesinos escaparon en medio de la confusión creada en la catedral, pero la otra mitad del plan —la toma del Palazzo de la Signoria por un contingente de mercenarios de Perugia— había fracasado, y cuando Jacopo de Pazzi entró en la *piazza* al galope gritando *Popolo e libertà!* («¡Por el pueblo y por la libertad!») encontró las puertas del palacio cerradas a cal y canto. La campana conocida como La Vacca resonaba en su torre y ciudadanos armados se lanzaban a las calles; el alzamiento había fracasado. Jacopo, el jefe de la familia en Florencia, se había mostrado escéptico desde un principio con respecto al golpe, promovido por su sobrino Francesco, que dirigía el banco de los Pazzi en Roma: «Os romperéis el cuello», había advertido a los conjurados. Finalmente éstos lograron convencerle, aunque su predicción resultó acertada y su propio cuello fue uno de los que sufrieron las consecuencias del fracaso.

Luego comenzaron las sangrientas represalias. Se suspendieron las siniestras ceremonias que acompañaban a las ejecuciones públicas en Florencia: la primera noche tuvo lugar un linchamiento en masa. Según Landucci, más de veinte conspiradores colgaban de las ventanas de la Signoria y del Bargello. Otros sesenta, al menos, murieron en los días siguientes. El primer día, mientras las cuadrillas de vengadores recorrían las calles, Lorenzo apareció en la ventana del palacio de los Medici con el cuello vendado con un pañuelo: había vencido. Según Vasari, Verrocchio recibió el encargo de hacer tres figuras de cera de tamaño natural que representaran a Lorenzo tal y como iba vestido en ese momento de amargo triunfo. No quedan rastros de ellas, ni tampoco de los retratos que hizo

Botticelli de los traidores ahorcados, un encargo por el que el artista recibió la cantidad de 40 florines a mediados de julio.[13] Así servían los talleres a sus amos políticos.

El 28 de abril Lorenzo recibió una discreta visita de Ludovico Sforza, el futuro mecenas de Leonardo y hermano menor del duque asesinado, Galeazzo Maria. Aunque el hijo de éste, Gian Galeazzo, de diez años de edad, era el duque en apariencia, Ludovico se había convertido en el verdadero hombre fuerte de Milán. Era él quien manejaba los hilos del poder, y así lo seguiría haciendo, de forma notable, durante más de veinte años. Venía para expresar a Lorenzo sus condolencias y sus promesas de apoyo.

De los cuatro asesinos de la catedral, tres fueron capturados. Francesco de Pazzi fue ahorcado la primera noche y los dos sacerdotes que habían fracasado en su asalto a Lorenzo, murieron el 5 de mayo (se dice que antes de colgarlos los castraron). El cuarto, el asesino por partida doble, Bernardo di Bandino, fue más astuto o más afortunado, o quizá ambas cosas. En la confusión creada tras la muerte de Giuliano, se escondió a sólo unos metros del escenario del crimen, en el campanario de la catedral. A pesar de la vigilancia, escapó de Florencia, consiguió llegar hasta Senigallia, en la costa adriática, y abandonó Italia en un barco. Desapareció. Pero los ojos y los oídos de los Medici alcanzaban los lugares más lejanos, y al año siguiente les llegaron noticias de que Bandino se hallaba en Constantinopla. El cónsul florentino en aquella ciudad, Lorenzo Carducci, presentó las necesarias reclamaciones, se despacharon enviados cargados de regalos y el asesino fue detenido por los agentes del sultán. Fue devuelto encadenado a Florencia, donde fue interrogado, indudablemente torturado, y el 28 de diciembre de 1479 colgado de las ventanas del Bargello.[14]

Bernardo di Bandino Baroncelli ahorcado.

Leonardo se encontraba presente, pues el boceto que representa a Bandino ahorcado fue realizado, sin la menor duda, *in situ*. Las detalladas notas escritas en el ángulo superior izquierdo del papel registran exactamente las ropas que vestía el asesino en esa ocasión: «Gorro de color castaño, jubón de sarga negro, bata negra forrada, ropón forrado de piel de zorro [literalmente «gargantas de zorro»], el cuello de la bata cubierto con terciopelo rojo y negro, y calzas negras». Estas notas confieren al dibujo un aire de reportaje: son el testimonio de un acontecimiento histórico menor. Sugieren también que Leonardo se proponía hacer una pintura basada en ese trabajo, como las que había realizado Botticelli un año antes. O bien le habían hecho el encargo, o bien se hallaba profundamente impresionado por la escena que tenía lugar prácticamente en el umbral de la puerta de la casa de Ser Piero.[15]

Mientras el cuerpo se balancea en su humillación postrera, con las manos atadas y los pies descalzos, Leonardo capta una extraña sensación de reposo. El delgado rostro de Bandino, con los labios curvados hacia abajo, tiene un aire casi melancólico, como si contemplara, desde ese nuevo y extremo mirador, los errores que había cometido. En el ángulo inferior izquierdo, Leonardo dibuja de nuevo su cabeza, ajustando ligeramente el ángulo y dándole esa inclinación de resignación exhausta que con tanta frecuencia vemos en las representaciones de Cristo crucificado.

ZOROASTRO

Ha llegado el momento de rescatar de la oscuridad a uno de los personajes más curiosos y atractivos del séquito de Leonardo: Tommaso di Giovanni Masini, conocido generalmente por el imponente alias de «Zoroastro». El *Anónimo Gaddiano* menciona que era uno de los ayudantes del artista cuando éste pintaba el fresco de *La Batalla de Anghiari* en el Palazzo Vecchio, un dato confirmado por varios documentos que registran los pagos que le fueron efectuados en abril y agosto de 1505, y en los que se le describe como *garzone* de Leonardo, cuya tarea consistía en «moler los colores».[16] Esta mención precisa y el estatus inferior que se le atribuye han llevado a la mayor parte de los biógrafos a suponer que en 1505 era un joven aprendiz del pintor. Pero de hecho formaba ya parte del círculo de Leonardo en Milán en la década de 1490 —en un poema milanés anónimo dedicado a éste hacia 1498, aparece mencionado como «Geroastro»—, y existen pruebas documentales que sugieren que su relación se remontaba al primer periodo florentino.

Tommaso había nacido hacia 1462 en Peretola, un pueblo situado en la llanura entre Florencia y Prato. Murió en Roma en 1520 a la edad de cincuenta y ocho años y fue enterrado en la iglesia de Sant'Agata dei Goti.[17] En los *Opusculi* de Scipione Ammirato, publicados en Florencia en 1637, se hace este breve y pintoresco resumen de su vida:

> El nombre de Zoroastro era Tommaso Masini; nació en Peretola, más o menos a kilómetro y medio de Florencia. Era hijo de un jardinero, pero decía ser hijo ilegítimo de Bernardo Rucellai, cuñado de Lorenzo el Magnífico. Luego se colocó [*si mise con*] con Leonardo da Vinci, quien le hizo un ropón adornado con agallas de una planta, y por esta razón le llamaron durante

mucho tiempo Il Gallozzolo. Acompañó a Leonardo a Milán, donde se le conoció con el nombre de Indovino [El Adivino], pues profesaba las artes de la magia. Más tarde se trasladó a Roma, donde vivió primero con Giovanni Rucellai, castellano de Sant'Agnolo, luego con Viseo, el embajador portugués, y finalmente con Ridolfi. Era un gran experto en técnicas de minería... Cuando murió, fue enterrado en Santa Ágata, entre las tumbas de Tressino y Giovanni Lascari. Sobre su tumba hay un ángel golpeando con un par de tenazas y un martillo el esqueleto de un muerto, lo que representa su fe en la resurrección. No habría matado a una pulga por ningún motivo. Prefería vestir ropas de lino para no llevar encima nada muerto.[18]

El resumen tiene sus zonas oscuras, pero transmite una atractiva idea de Zoroastro como una mezcla de bufón, mago e ingeniero, además de vegetariano, lo que al parecer también era Leonardo. En cuanto al ropón de agallas, es curioso pero encontramos un paralelo en algunas notas sobre disfraces en las que Leonardo describe una prenda hecha a base de pegar granos de mijo a una tela a la que se ha aplicado una capa de trementina y cola.[19] Sin embargo, Ammirato no alude a un contexto teatral: parece querer decir que Leonardo hizo este extraño ropaje, quizá un manto, y que Tommaso, que era un joven excéntrico, lo llevaba habitualmente, ganándose así su apodo.

Zoroastro es probablemente el «Maestro Tommaso» al que se refiere Leonardo en unas notas fechadas en 1492-1493:

Jueves 27 de septiembre: el Maestro Tommaso ha vuelto [de Milán]. Ha trabajado por su cuenta hasta el penúltimo día de febrero...

El penúltimo día de noviembre ajustamos cuentas... El Maestro Tommaso tenía nueve meses para pagar. Hizo 6 palmatorias.[20]

Esto parece indicar que Zoroastro era un artesano independiente que trabajaba bajo el patrocinio del taller milanés de Leonardo y se especializaba en metalistería, lo que concuerda con la mención de Ammirato sobre su interés por la minería. En otra fuente casi contemporánea —un manuscrito veneciano que incluye algunas copias de maquinaria de Leonardo—, se le describe como «herrero».[21] En 1492-1493 Leonardo trabajó en una obra muy ambiciosa —una estatua ecuestre gigantesca conocida como el Caballo Sforza—, y sin duda un experto metalista como Masini tuvo que participar en este proyecto, así como en muchos otros: militares, de arquitectura y, desde luego, de aviación.

Zoroastro es una figura versátil: su estatus es difícil de precisar. Para Leonardo es el «Maestro Tommaso», pero para los contables que ajustan los costes del fresco de Anghiari sólo es el *garzone,* el ayudante de taller que mezcla los colores. Probablemente es también «Tommaso, mi criado» —*mio famiglio*—, el que hacía las compras domésticas para Leonardo en 1504. Si es así, tenemos algunas muestras de su escritura preservadas entre los papeles del artista en el Códice Arundel: una letra redonda y bien formada.[22]

Recientemente se ha publicado otro testimonio de primera mano sobre Zoroastro. Se trata de una carta de Dom Miguel da Silva, obispo de Viseo, un caballero portugués bien relacionado y uno de los interlocutores en *El cortesano* de Castiglione. Fechada el 21 de febrero de 1520, la misiva está dirigida a Giovanni Rucellai, hijo de Bernardo. (Lo cual viene a validar la biografía de Ammirato, quien menciona la relación de Zoroastro con Da Silva y Rucellai.) Antes de que fuera escrita, se nos dice, Zoroastro había vivido en Quaracci, la villa campestre que los Rucellai poseían a las afueras de Florencia. Da Silva afirma que visitó la casa, donde tuvo el placer de encontrar «todo dispuesto como si Zoroastro aún estuviera allí; por todas partes se veía una gran cantidad de cacharros de cocina, con pasta seca de la utilizada para fabricar gemas, y otros cacharros que habían estado ya en el fuego». Debemos entender que esos «cacharros de cocina» eran, en realidad, retortas o alambiques, como deja clara la continuación de la carta de Da Silva:

Zoroastro está ahora en mi casa [en Roma] y me domina completamente. Tenemos unas habitaciones secretas y en un rincón de una bonita habitación cuadrada, en el lugar en que antes se encontraba una pequeña capilla, hemos instalado una excelente cocina [es decir, un laboratorio] donde yo no hago nada más que manejar los fuelles y verter enormes torrentes de plomo derretido. Hacemos esferas que brillan mucho y en las cuales aparecen extrañas figuras humanas con cuernos en la cabeza y patas de cangrejo y narices parecidas a un camarón. En una antigua chimenea hemos hecho un horno de ladrillo donde destilamos y separamos los elementos de todo; y con ellos extraemos el fuego de un monstruo marino *[dactilo marino]* que arde y brilla para siempre. En el centro de la habitación hay una gran mesa llena de cacharros y matraces de todo tipo, y pasta seca y barro y pez y cinabrio, y dientes de hombres ahorcados y raíces. Hay una peana hecha de azufre pulido en un torno y sobre ella una vasija de ámbar amarillo que contiene solamente una serpiente de cuatro patas que consideramos un milagro. Zoroastro cree que un grifo la trajo por el aire desde Libia y la dejó caer en el puente Mamolo, donde él la encontró y la domesticó. Las paredes de esa habitación están pintadas con rostros grotescos y dibujos sobre papel, entre ellos el de un mono que está narrando una historia a una muchedumbre de ratas que le escuchan atentamente, y otras mil cosas llenas de misterio.[23]

Esta vívida descripción nos revela al Zoroastro alquimista destilando y concentrando extraños brebajes; al Zoroastro coleccionista de extraños reptiles; y, por supuesto, al Zoroastro artista que pinta las paredes de su laboratorio romano con caras grotescas y animales parlantes. Es casi una versión cómica, folclórica, de Leonardo da Vinci. Su interés por la alquimia y la química (que en aquel tiempo eran, en líneas generales, la misma actividad, aunque sus fines fueran diferentes) está relacionado con su oficio de metalista. No puedo resistirme a atribuirle la receta escrita por Leonardo, probablemente a fines de la década de 1480. Lleva el título de «Humo mortal» (*Fumo mortale*) y aparece en una hoja dedicada a la guerra naval. Sus ingredientes son:

Arsénico mezclado con sulfuro y rejalgar
Agua de rosas medicinal
Veneno de sapo, es decir, de sapo de tierra
Baba de perro rabioso
Extracto de frutos del cornejo
Tarántula de Taranto[24]

Puro Zoroastro; casi como un poema.

Unos meses después de que Da Silva escribiera su carta, murió Zoroastro. Su epitafio, escrito sobre su tumba de Sant'Agata, le recuerda como «Zoroastro Masino, un hombre notable por su honradez, su inocencia y su liberalidad, y un verdadero filósofo que estudió la oscuridad de la Naturaleza en beneficio de la Naturaleza». Leonardo no habría tenido ningún inconveniente en que éste hubiera sido su propio epitafio: *ad naturae obscuritatem spectat...*

El recuerdo de Zoroastro siguió vivo mucho tiempo. El novelista cómico Anton Francesco Grazzini (conocido por el sospechoso seudónimo de Il Lasca, «El gobio»), incluye un mago «loco» llamado Zoroastro en su obra *Le Cene* (*Las cenas*). Grazzini nació en Florencia en 1503 y escribió esta obra a mediados de siglo. Es posible que el personaje esté basado lejanamente en el Zoroastro real, aunque quizá demasiado lejanamente como para sernos de utilidad en cuanto a su biografía. El Zoroastro de Grazzini es un mago de cómic, un estereotipo, y no hay forma de saber si su aspecto físico —un «hombre alto, bien proporcionado, cetrino, de gesto hosco, aire altivo y una espesa barba negra que nunca peinaba»— coincide con el de Tommaso Masini.[25]

Zoroastro ha sido infravalorado por los especialistas: no ha pasado de ser considerado una nota a pie de página pintoresca, un excéntrico con una enorme facilidad para el engaño. Las primeras descripciones que encontramos de él incluyen un elemento de folclore, tanto el esbozo de Ammirato como la versión novelada de Grazzini, e incluso la carta de Da Silva, que es un informe de primera mano sobre el personaje, aunque convenientemente sazonado para diversión de Giovanni Rucellai. La versión que nos ofrece Leonardo, si es que nos ofrece alguna, es bastante diferente: para él es el Tommaso que hace palmatorias, el que muele los colores, el que compra las provisiones, el que lleva a cabo trabajos eminentemente prácticos. Es de destacar también que su relación fue duradera. Según Ammirato, había comenzado a trabajar con Leonardo antes de que éste abandonara Florencia hacia 1482; le acompaña a Milán, donde le encontramos trabajando en el taller del maestro a comienzos de la década de 1490, y, en 1505, de vuelta en Florencia, le vemos mezclando colores para el fresco de *Anghiari*. Casi veinticinco años de amistad (aunque no necesariamente de empleo continuado); es posible también que se hallaran juntos en Roma entre 1513 y 1516. Quizá Tommaso fuera un bufón, pero evidentemente no era tonto. La lista de sus protectores y anfitriones en Roma es también impresionante: Giovanni Rucellai, Miguel da Silva y Giovan Battista Ridolfi.

Cuando Ammirato dice que «se colocó» con Leonardo, quiere decir que entró en su taller como aprendiz o ayudante. Quizá reemplazara al joven Paolo di Leonardo en 1478, cuando éste fue expulsado de Florencia por su «vida de perversión». Tommaso tendría entonces dieciséis años: era hijo de un jardinero de Peretola, pero también un joven prometedor. Según Ammirato, decía ser hijo natural de Bernardo Rucellai, lo cual es, o una broma muy del estilo de Zoroastro o, más probablemente, un malentendido del biógrafo, única fuente con respecto a este dato. (Rucellai tenía trece años cuando nació Tommaso, lo cual hace su paternidad improbable, aunque no imposible.) Es más verosímil que fuera un descubrimiento de Bernardo, uno de sus protegidos, como lo sería más tarde del hijo de éste, Giovanni. Bernardo fue un miembro asiduo del círculo de Ficino y más tarde fundaría su propia academia platónica en los Orti Oricellari, o Jardines Rucellai, a la vuelta de la esquina de Santa Maria Novella. El aspecto «zoroastriano» de Tommaso Masini pudo tener su origen, precisamente, en el ámbito de la magia de Ficino, con el que estuvo relacionado Leonardo a través de su conexión con Bernardo Bembo y los Benci.

No queremos renunciar al pintoresco Zoroastro de la leyenda: la magia y la alquimia, así como su exhibicionismo, fueron sin duda parte de la imagen que se fabricó, y parte también del atractivo que veían en él sus distinguidos anfitriones de Roma. (La alquimia, por supuesto, ofrecía un atractivo más: la posibilidad remota, pero tentadora, de acceder a una riqueza infinita). Pero detrás del exhibicionismo se esconde un hombre real valorado por Leonardo. Un hombre íntegro, dice su epitafio: un inocente, un filósofo.

EL TECNÓLOGO

Si Tommaso Masini, el futuro metalista y alquimista, era ya aprendiz de Leonardo a fines de la década de 1470, sin duda debió de estar asociado con las primeras tentativas del artista en el terreno de la ingeniería. Durante este periodo, en efecto, encontramos las primeras incursiones coherentes de Leonardo en el terreno de la tecnología. Se encuentran tanto en el Códice Atlántico como en las páginas de Vasari, quien alude a su interés por diversos aspectos técnicos cuando «todavía era joven [*giovanetto*]», una referencia vaga pero que indudablemente nos traslada a su primer periodo florentino. Es dudoso que alguna de sus ideas de entonces se tradujera en un proyecto real.

Como hemos visto, Leonardo había adquirido un conocimiento de primera mano de los ingeniosos aparejos y cabrias de Brunelleschi en 1471, cuando participó en la colocación de la *palla* en lo alto del Duomo. Al parecer, volvió a interesarse por ellos en el periodo comprendido entre 1478 y 1480, fecha que corresponde, probablemente, a los dibujos de máquinas brunelleschianas para elevar pesos que incluye el Códice Atlántico. Vasari menciona el interés de Leonardo por este tipo de ingenios: «Demostró cómo levantar y arrastrar grandes pesos por medio de palancas, cabrias y tornos». Unas y otros habrían de ser particularmente apropiados para un ambicioso proyecto que describe Vasari:

> Entre sus modelos y proyectos había uno que propuso varias veces a los ciudadanos que gobernaban entonces Florencia y que mostraba cómo levantar el templo de San Giovanni [es decir, el Baptisterio] para colocar escaleras debajo sin dañarlo. Sus argumentos eran tan poderosos que convenció a muchos de que era posible hacerlo, hasta que se retiraron, meditaron sobre ello y se dieron cuenta de que era imposible.

La idea no era tan extravagante como Vasari suponía. Una hazaña semejante —la de mover la torre de una iglesia— la había llevado a cabo veinticinco años antes en Bolonia el ingeniero Aristotele Fioravanti. Elevar el Baptisterio habría tenido ventajas, tanto estéticas (ponerlo al nivel del Duomo que se encuentra enfrente), como prácticas (protegerlo de las inundaciones periódicas del Arno). La idea de colocarlo sobre peldaños seguía viva un siglo después, cuando un amigo de Vasari, Vincenzo

Borghini, publicó dos grabados de una reconstrucción imaginaria del Baptisterio, al que se había dado un aspecto clásico y se había colocado sobre un pedestal con escalones.[26]

El curioso artilugio, mencionado anteriormente, que servía para «abrir una prisión desde dentro», es una aplicación más de la ingeniería de Brunelleschi. El dibujo del Códice Atlántico muestra una sólida cabria de tres puntales con un perno que se atornilla en ángulo recto; el perno tiene en un extremo un mecanismo de sujeción al que Leonardo da el nombre de «tenazas» *(tanagli)*. En uno de los dibujos aparece arrancando los barrotes de hierro de una ventana. Podríamos incluir este artefacto bajo el epígrafe de ingeniería militar, pero es posible que se encuentre también relacionado con el recuerdo vivo en Leonardo de su encarcelamiento —*voi mi metteste in prigione*— tras la denuncia a Jacopo Saltarelli. Tal vez se trate del ingenio mencionado en un oscuro rincón de las *Vidas* de Vasari, en relación con un herrero florentino llamado Caparra: «Unos jóvenes le llevaron un dibujo de un instrumento con el que se podían romper y arrancar barrotes de hierro, y le pidieron que lo fabricara para ellos». El herrero se negó airadamente, creyendo que era «una de esas herramientas que utilizan los ladrones para robar casas ajenas y deshonrar doncellas». Pensaba que aquellos jóvenes eran hombres de bien *(uomini de bene)*, pero se negó a hacer nada que tuviera que ver con aquella «villanía».[27] ¿Podría ser este dibujo el que se encuentra ahora en el Códice Atlántico, y podría ser Leonardo uno de aquellos dudosos ciudadanos, aunque básicamente decentes, que le propusieron a Caparra que fabricara el instrumento?

Vasari también afirma que Leonardo diseñó «molinos, batanes y máquinas que podían funcionar impulsadas por el agua», algo que vemos plasmado en unos dibujos, correspondientes a esta primera época, de molinos, trituradoras y hornos. Otros diseños de juventud representan higrómetros para medir la humedad del aire y aparatos hidráulicos para subir agua. Estos últimos ponen de manifiesto su temprano interés por el tornillo de Arquímedes, un mecanismo utilizado con este fin y que funciona por medio de una hélice que rota dentro de un cilindro.[28] Estos instrumentos, u otros muy semejantes, aparecen en una lista de «máquinas hidráulicas» y «máquinas para barcos» compuesta por el artista hacia 1482. La lista menciona también unos «dibujos para hornos», que, al parecer, se han perdido.

Éstos son algunos de los primeros diseños técnicos de Leonardo. Corresponden todavía al estilo algo bidimensional de los ingenieros del Quattrocento, el que vemos en los dibujos de contemporáneos suyos como Buonaccorso Ghiberti, Francesco di Giorgio Martini y Giuliano da Sangallo. Sólo después de ejecutar sus estudios sobre la «máquina huma-

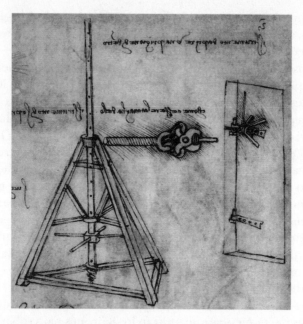

*Tecnología temprana. Artilugios de Leonardo para
«abrir una prisión» y (abajo) para subir agua.*

na» realizará Leonardo sus auténticos dibujos técnicos: multifacéticos, suntuosamente detallados y perfectamente modelados y sombreados sin perder por ello su función analítica, un lenguaje visual por medio del cual se hacía posible explicar estructuras y procesos mecánicos.

En otra hoja del Códice Atlántico de ese mismo periodo, aparece una lista que incluye ocho nombres: los de un círculo de amigos o quizá de personajes que Leonardo aspiraba a conocer.[29] De los cinco que pueden ser identificados, sólo uno, Domenico di Michelino, era pintor. Los otros cuatro eran científicos y eruditos. De nuevo aparece aquí el científico en ciernes que era Leonardo a finales de la década de 1470. La lista comienza con el *Quadrante di Carlo Marmocchi*. Marmocchi era un ingeniero y matemático que se hallaba al servicio de la Signoria: el *quadrante* al que se hace referencia puede ser un tratado escrito por él o un verdadero cuadrante, es decir, un instrumento para medir la altitud de las estrellas, que poseyera. Benedetto de l'Abaco es el nombre de otro importante matemático florentino, conocido también como Benedetto Arithmeticus.

El personaje más famoso de la lista es aquel al que Leonardo llama simplemente «Maestro Paolo, el físico», casi con seguridad el gran Paolo dal Pozzo Toscanelli, que, como ya he mencionado, era el gran patriarca de la ciencia florentina. Una de las disciplinas que cultivaba, y que sin duda habría interesado a Leonardo, era la óptica. Se cree que fue el autor de un tratado de perspectiva, una copia del cual se conserva en la Biblioteca Riccardiana de Florencia, que incluye comentarios acerca de la perspectiva aérea, la ilusión óptica y la observación de fenómenos celestes. La obra fue muy conocida en el Quattrocento y fue utilizada por los artistas como una especie de manual de perspectiva; Leonardo lo cita, al parecer, en unas cuantas notas encabezadas por el epígrafe «Razones por las que el sol aumenta de tamaño en el oeste».[30] Un interesante dibujo del Códice Atlántico pertenece también a este periodo. Representa a un hombre mirando a través de un «perspectógrafo», un instrumento óptico que ayudaba al artista a representar un objeto a escala en las proporciones correctas. Bajo un letrero que dice «Acerca el ojo al tubo» (es decir, a la mira del tubo), representa a un hombre joven vestido con una larga túnica suelta y cabellos rizados cubiertos por una *berretta*.[31] Podría ser el mismo Leonardo: la figura se asemeja a su probable autorretrato de *La Adoración de los Magos,* pintada en 1481-1482.

El último nombre en la lista es el de «Messer Giovanni Argiropolo». Se trata del erudito griego Joannes Argyropoulos, probablemente el aristotélico más famoso del país.[32] Había nacido en Constantinopla hacia 1415 y, como tantos otros eruditos bizantinos, había buscado refugio en Italia tras la caída de la ciudad en 1453. Durante quince años (de 1456 a 1471) fue

Estudio de corrientes y remolinos, h. 1508-1510.

profesor en la Universidad de Florencia, el *Studium*, donde disertaba sobre textos aristotélicos de ética, física, metafísica, analítica, etcétera, todos los cuales tradujo al latín. Fue una figura fundamental en cuanto a la reevaluación de Aristóteles que llevó a cabo el Renacimiento, destacando el aspecto científico y analítico de su filosofía frente a su metafísica, tan apreciada por la erudición medieval. Argyropoulos influyó en toda una generación de intelectuales florentinos: Ficino, Landino y Poliziano fueron discípulos y admiradores suyos, como lo fue también Lorenzo de Medici. En 1477, tras pasar una temporada en Roma, volvió a su puesto en la universidad, pero su estrella había periclitado y fue expulsado. Abandonó Florencia en 1481. La nota de Leonardo corresponde a esta última fase de su influencia. Como Toscanelli, otro gurú de avanzada edad, Argyropoulos fue un pionero del empirismo. Todos los «que investigan la sabiduría inmortal» le están agradecidos, escribe Poliziano, por haber arrancado «la niebla y la oscuridad» de sus ojos.

En la misma hoja en que aparecen los nombres, Leonardo dibujó un boceto de un reloj accionado por aire comprimido, el cual evocaba en él lúgubres pensamientos acerca del paso del tiempo y del temor a que «esta vida miserable» pasara «sin dejar memoria de nosotros en la mente de los mortales». Este boceto confiere a la lista de eruditos y científicos

La primera máquina para volar, hacia 1478-1480.

un tono especial de determinación: Leonardo está decidido a buscar y frecuentar la compañía de esos importantes personajes, a tratar de hacer algo memorable para que su vida «no transcurra en vano».

Levantar grandes pesos, arrancar los barrotes de hierro de las ventanas, subir y canalizar agua, tales fueron las primeras aspiraciones del joven tecnólogo: el enfrentamiento del ingenio humano y la mecánica con la fuerza bruta de la gravedad, un freno impuesto a las energías naturales. En los mecanismos hidráulicos y en los tornillos de Arquímedes encontramos la génesis de uno de los grandes principios de la física de Leonardo: la espiral, o, como él la llama, la *coclea* (la concha del caracol), en la que radica la fuerza de los tornillos, los taladros, las hélices y las turbinas, y, en la naturaleza, la de los tornados y los remolinos. La fuerza vortiginosa del agua aparece elocuentemente descrita en el tratado de Alberti sobre ingeniería civil, *De re aedificatoria* (un tratado que sin duda conoció Leonardo): «La rotación de las aguas o torbellinos es como un taladro líquido, y nada es lo bastante duro como para resistirse a ella».[33] La fuerza del vórtice ejercía sobre Leonardo una fascinación que se expresa especialmente en los dibujos tardíos conocidos como la serie de *El Diluvio,* pero que ya está presente, en miniatura, en la cascada de bucles de *Ginevra.*

Pero hay algo más en estos folios de técnica rudimentaria: el desafío supremo a la gravedad. Entre los dibujos de Leonardo fechados hacia 1478-1480 que se conservan en los Uffizi figura una hoja muy estropeada.[34] En el reverso aparece el primer dibujo que se conserva de una máquina para volar ideada por Leonardo. No es más que un garabato, pero es inconfundible. Aparece vista directamente desde arriba o desde abajo; tiene alas reticuladas como las de un murciélago, una cola desplegada como la de un pájaro, y una cabina bastante parecida a un kayak. Junto a ella hay un dibujo más detallado de un mecanismo para mover las alas por medio de una palanca accionada por el piloto. El movimiento limitado de esta palanca sugiere que la máquina es un planeador (frente a diseños posteriores en que vemos mecanismos destinados a hacer que las alas puedan subir y bajar). Viene a confirmarlo una sola línea en zigzag trazada en el ángulo superior izquierdo de la página y que va acompañada de la siguiente anotación: *Questo è il modo del chalare degli uccelli*, «Así es como descienden los pájaros». La línea representa el descenso de un pájaro como una caída en ángulo puntuada por breves impulsos ascendentes para aminorar el ímpetu de la bajada.

Esta breve frase y la línea apenas perceptible que la ilustra constituyen el primer comentario conocido de Leonardo acerca de la mecánica del vuelo de las aves, unido ya —como muestra claramente la máquina del reverso— al sueño del vuelo humano: su «destino», como dirá más tarde, al recordar (o inventar) aquel milano que descendió sobre él cuando se hallaba en la cuna.

POETAS APRESURADOS

En otra lista escrita por entonces encontramos el nombre de Antonio da Pistoia. Se trata del poeta Antonio Cammelli, un diamante en bruto conocido como «Il Pistoia» o «Il Pistoiese», quien nos muestra otro aspecto del círculo florentino de Leonardo a fines de la década de 1470.[35] Es posible que se conocieran cuando Leonardo estuvo en Pistoia en 1477; Cammelli podría ser uno de los «compañeros» de esa ciudad a los que se refiere el artista. Algunos poemas encontrados entre sus papeles están, con bastante certeza, escritos por Cammelli; uno de ellos puede fecharse concretamente hacia noviembre de 1479.

Por entonces de unos cuarenta y cinco años, «Il Pistoiese» fue uno de los mejores poetas en lengua vernácula de su generación. Tipifica el estilo satírico, burlesco, coloquial que con frecuencia se ha llamado *burchiellesco,* a partir de un anterior exponente del género, el barbero florentino Domenico di Giovanni, llamado Il Burchiello. El nombre procede de una frase, *alla burchia*, que significa literalmente «apresuradamente» o «a la buena de Dios». Estos poetas «apresurados», que escribían con un sentido de la improvisación, una tosquedad y un coloquialismo deliberados, fueron los *jazz poets* o artistas del *rap* del Quattrocento, una casta muy diferente de aquella a la que pertenecían los poetas humanistas como Poliziano y Landino, con sus alusiones clásicas y sus agudezas a lo Petrarca. A esta corriente de anticlasicismo pertenecían también los florentinos Luigi Pulci y Bernardo Bellincioni, y, algo después, Francesco Berni, nacido en 1498 un poco más allá de Vinci, en Lamporecchio. Berni rindió homenaje a Cammelli —*O spirito bizarro del Pistoia!*—, mientras que el gran satírico Pietro Aretino elogiaba «el ingenio y la rapidez» de su pluma.[36]

Cammelli escribió sonetos, pero no de catorce versos como los que adoptó más tarde la Inglaterra isabelina. El término era entonces más genérico: *sonetto* significaba simplemente «cancioncilla» y apenas se distinguía de otras formas líricas —*frottole, rispetti, strambotti*, etcétera— cultivadas por otros poetas. Con frecuencia, estos versos se acompañaban con música, y algunos poetas, como Serafino Aquilino, eran conocidos también como músicos. Cammelli es romántico en ocasiones, pero con mayor frecuencia se nos muestra cínico, como en el jocoso poema titulado *Orsu che fia?* (¿Qué te propones?), gran parte del cual pone en boca de la frustrada esposa de un poeta:

> *Io starei meglio moglie d'un sartore,*
> *che mi mettria tre punti in uno occhiello.*
> *Ognor tu scrivi e canzone e rispetti,*
> *vivo a marito a guisa di donzella:*
> *che'l diavol te ne porti e tua sonnetti...*

[Mejor sería yo mujer de un sastre que me diera tres puntadas en un ojal. Tú te pasas las horas escribiendo canciones y coplas, y yo vivo con un marido que es como una doncella: que el diablo se os lleve a ti y a tus sonetos...]

Resulta que la desgana del poeta no se debe a que escriba «canciones y coplas», sino a que teme que su mujer vuelva a quedarse embarazada:

> *Quel che a te piace a me non par bel gioco,*
> *ch'io non vo' piu cagnoli intorno al foco...*

[No me gusta ese juego que a ti tanto te place, pues no quiero más crías junto al fuego...][37]

La pobreza, el hambre, la decepción y la cárcel son temas comunes que se expresan en un tono humorístico y desafiante. Un soneto típico es el que juega con variaciones acerca de la fealdad de Cammelli —es «flaco y feo», parece «una lechuza sin pico», etcétera— para lanzar luego la agudeza final:

Dunque chi vol veder guardi mi tutto:
Un uom senza dinar quanto par brutto.

[Así que miradme bien los que queráis hacerlo: ved qué feo parece un hombre sin dinero.]

Algunos de estos poemas satíricos no son más que un repertorio de insultos ingeniosos —una retahíla que Cammelli llama «decir pimienta» *(dire pepe)*—, pero, por lo general, el tono es atractivo e intrascendente:

Cantava il concubin della gallina;
La rugiada sul giorno era nei prati...

[Cantaba el amante de la gallina; el rocío del amanecer se hallaba sobre los prados...][38]

El elegante cardenal Bibbiena resumió bien el estilo de Cammelli: *le facezie, il sale e il miele*, «bromas, sal y miel».

Es muy posible que fuera Cammelli el autor del breve poema humorístico en dísticos latinos que se encuentra en una página del Códice Atlántico,[39] escrito con ocasión del asedio de Colle Val d'Elsa por parte de las tropas de la Liga Papal en noviembre de 1479 (un episodio de la guerra que siguió a la conspiración de los Pazzi). La ciudad capituló el día 14 de noviembre después de que sus murallas fueran reducidas a escombros por una enorme pieza de artillería apodada La Ghibellina. Ella constituye, precisamente, el tema —y la protagonista imaginaria— del poema hallado entre los papeles de Leonardo y que comienza así:

Pandite iam portas, miseri, et subducite pontes
Nam Federigus adest quem Gebellina sequor...

[Abrid ahora las puertas, miserables, y bajad los puentes
Aquí está Federico, a quien yo, la Ghibellina, sigo...]

«Federico» es Federico da Montefeltro, duque de Urbino, uno de los generales de la liga antiflorentina. En la misma página aparecen varios dibujos de piezas de artillería: el poema y los dibujos van juntos, son inseparables.

Cammelli es probablemente el autor de estos versos; hay datos circunstanciales que apuntan a ello. Su mecenas en ese momento, el cortesano de Ferrara Niccolò da Correggio, era un militar destacado de la alianza florentina y Cammelli pudo militar bajo su bandera. Sabemos que éste se hallaba en Florencia en el verano de 1479 —el 20 de agosto había respondido a una citación judicial por deudas—, de forma que no es improbable que se encontrara allí a fines de noviembre o en diciembre, cuando el poema fue escrito.

Si este excéntrico *braggadoccio* es de la pluma de Il Pistoiese, también deben de serlo entonces otros pasajes del Códice Atlántico escritos por la misma mano. Uno de ellos es un poema muy personal dirigido a Leonardo, o mejor dicho, un boceto de poema. Desgraciadamente está oscurecido por un borrón de gran tamaño, pero una lectura de rayos infrarrojos ha permitido descifrar al menos una parte. Del título sólo se lee «S [...] 4», probablemente *Sonetto 4*. Comienza así:

> *Lionardo mio non avete d[...]*
> *Lionardo perche tanto penato[?]*

> [Leonardo mío no tienes [...] Leonardo, ¿por qué tan apenado?]

El resto es difícil de interpretar, pero parece revestir un tono de reconciliación o disculpa: la última palabra del poema es «perdonado». La misma página incluye fragmentos de poesía en la escritura especular de Leonardo. Hay dos citas de Ovidio —«Cosas hechas sin testigos, cosas conocidas sólo por la oscura noche» y «¡Oh, Tiempo, que todo lo consume!»— y una de Petrarca. Incluye también un bonito pareado, muy del estilo de Cammelli, que es en realidad una cita de Luca Pulci (hermano de Luigi):

> *Deh non m'avete a vil ch'io son povero*
> *Povero e quel che assai cose desidera*

> [No me desprecies porque soy pobre
> Pobre es el que desea muchas cosas.][40]

La página nos revela a un Leonardo abierto a las posibilidades que le ofrecía la poesía, quizá bajo la caprichosa influencia de Antonio Cammelli.

Otro poema escrito con la misma letra parece ser una composición satírica dirigida contra Bernardo Bellincioni, poeta florentino que cultivaba la misma vena *burchiellesca* de Cammelli, aunque era más joven que él. Se trataba de un favorito de Lorenzo de Medici, con quien intercambiaba sonetos desvergonzados, y de la madre de Lorenzo, Lucrezia Tornabuoni, de forma que constituía una diana perfecta para el irascible Cammelli.[41] Por entonces Leonardo también debía de conocerle (lo que es seguro es que se encontraron más tarde en Milán y colaboraron). Ambos tenían la misma edad y Bernardo era un niño pobre que había prosperado gracias a su ingenio, el tipo de persona que gustaba a Leonardo. Era un hombre irritable y difícil: un *enfant terrible*. Uno de sus enemigos fue el poeta y sacerdote de los Medici, Matteo Franco, quien escribió contra él un soneto que comenzaba así: *Taci, non ciarlar piu che tu schimazzi* («Calla, no hables más o te convertirás en mono»). El acerbo Luigi Pulci le apreciaba y elogió su ingenio en su gran obra: el poema épico burlesco, publicado en 1481, *Morgante maggiore,* un libro que Leonardo poseyó más tarde y del que extrajo varias citas. Así pues, todas las corrientes literarias florentinas fluían tanto hacia el taller del artista como en torno a él.

Si tuviéramos que buscar una influencia literaria en Leonardo, el estilo áspero y lacónico de Cammelli parecería más compatible con él que el más amanerado de Poliziano, cuya influencia hemos visto flotar en torno al retrato de Ginevra. Leonardo nunca fue un exponente de las bellas letras; hizo algunas incursiones en algunos géneros literarios, pero su estilo es directo, coloquial y algo tosco, y si a veces alcanza la poesía lo hace por medio de su lucidez y su densidad de expresión, no gracias a trucos verbales o a bonitas asonancias.

Hay algo reconfortante en su amistad con el duro poeta de Pistoia —ese *Lionardo mio* ciertamente sugiere ese sentimiento— , aunque también sabemos por ese poema que Leonardo estaba *penato:* literalmente «apenado» y por lo tanto preocupado, estresado o abatido (aunque también puede interpretarse «pena» como «trabajo», es decir, que trabajaba demasiado). Y es «pobre», pero lo asume con una actitud filosófica. Quizá su *bottega* no era un negocio floreciente, pero sin duda las noches eran alegres.

EL MÚSICO

La relación de Leonardo con poetas como Cammelli y Bellincioni nos conduce a otra de las numerosas facetas de su talento, a menudo olvidada. Sus primeros biógrafos coinciden unánimemente en que era un músico brillante y que descollaba especialmente cuando tocaba la lira. Debió de destacar ya durante su primer periodo florentino, pues tanto el *Anónimo* como Vasari insisten en que, cuando fue a Milán, probablemente a principios de 1482, fue presentado ante la corte milanesa no como pintor ni

Ángel tocando una lira da braccio *en la tabla atribuida a Ambrogio de Predis.*

como tecnólogo, sino como músico. Se trata de una idea tan singular que sólo podemos darla por cierta.

Lo que Leonardo tocaba no era la lira en forma de arpa que aparece en las representaciones cómicas del Elíseo. Era un instrumento más evolucionado conocido como *lira da braccio,* literalmente «lira de brazo», que se trataba esencialmente de una variante de la *viola da braccio,* precursora a su vez del violín. Tenía por lo general siete cuerdas, cinco de las cuales se afinaban por medio de clavijas fijadas en un clavijero, se frotaban con un arco y se pisaban con los dedos contra el diapasón para producir diferentes notas. Tenía además dos bordones *(corde di bordone)* que corrían paralelos por fuera del diapasón y se pulsaban con el pulgar de la mano izquierda (quizá en el caso de Leonardo, de la derecha) para producir un sonido rítmico de una sola nota. Estas últimas cuerdas, comparables en sonido y técnica a las de la lira, fueron las que dieron su nombre al instrumento. En el Museo Nacional de Música de Dakota del Sur se conserva una *lira da braccio* veneciana del siglo XVI. En sus costados está pintada una frase en latín: «Cuando el caballo se mueve sobre la oveja, hacia delante y hacia atrás, la madera devuelve un sonido melifluo». Este juego de palabras pastoral —que se refiere al pelo de caballo del arco, a la tripa de oveja de las cuerdas y a la madera de la caja— parece una de las profecías, o adivinanzas, de Leonardo.[42]

En la pintura de la época, la *lira* o *viola da braccio* (a menudo es difícil distinguirlas) suele tocarla un ángel. Aparece en cuadros de Giovanni Bellini, Carpaccio, Rafael y Mantegna, y en una iluminación del margen de una página del *Libro de Horas* de los Sforza. Sin duda es una *lira da braccio* la que toca el ángel de la tabla de Ambrogio de Predis que se conserva en la National Gallery de Londres: se ven claramente los bordones por encima del pulgar izquierdo de la figura. La pintura fue originalmente una tabla lateral del políptico de *La Virgen de las rocas* de Leonardo, pintada por uno de sus principales colegas de Milán, y quizá refleje de algún modo la experiencia que debió de significar para Ambrogio ver —y oír— tocar a Leonardo.

El instrumento era, pues, una especie de violín, un violín *avant la lettre*. Cuándo y de quién aprendió a tocar Leonardo, no lo sabemos. Vasari presenta su aptitud para la interpretación como uno de los grandes dones del joven artista, pero puede que sea una percepción retrospectiva del biógrafo. Sabemos que entre las pertenencias de Verrocchio se contaba un laúd, lo cual sugiere que en su *bottega* se tocaba música; es posible que también se enseñara, al menos informalmente. Benvenuto Cellini, refiriéndose al periodo de aprendizaje de su padre Giovanni en Florencia durante la década de 1480, escribe: «Según Vitruvio, si quieres progresar en la arquitectura debes tener algunos conocimientos tanto de música como de dibujo. Así pues, Giovanni, hábil ya en el manejo de la pluma, comenzó a estudiar música y aprendió al mismo tiempo a tocar de manera excelente la viola y la flauta». Cellini dice también que los *pifferi* florentinos y otros músicos que tocaban en las fiestas de la ciudad —su padre entre ellos— eran todos artesanos muy respetables y «algunos de ellos pertenecían a gremios importantes como el de la seda o el de la lana, y por esa razón mi padre nunca consideró indigno ejercer esa profesión».[43] Ambos comentarios podrían aplicarse al caso de Leonardo: tanto el primero, que el estudio de la música acompañaba al estudio del arte y de la arquitectura, como el segundo, que existía una fuerte tradición musical entre los gremios florentinos.

¿Qué clase de música tocaba Leonardo? Ninguna de sus composiciones ha sobrevivido y la banda sonora de fines del Quattrocento en Italia es muy variada: los pífanos y los tambores de los *pifferi,* las coplas coreadas del carnaval, los preludios e interludios instrumentales que acompañaban a las *sacre rappresentazioni,* los elegantes aires de danza de Guglielmo Ebreo, o la música de órgano del virtuoso Francesco Squarcialupi. Vasari nos proporciona una clave (o al menos una suposición) cuando añade a propósito del talento musical de Leonardo que «improvisaba cantos mejor que ningún otro de su época». Nos presenta, pues, al artista acompañándose con la *lira* mientras recitaba o cantaba poemas improvisados. En estos casos se utilizaban especialmente instrumentos del tipo de la viola. El músico flamenco Johannes Tinctoris, compositor por entonces de la corte napolitana, recomendaba esta última para «el acompañamiento y la ornamentación de la música vocal y la recitación de poemas épicos». La tradición de la improvisación llega hasta tiempos modernos. El novelista escocés Tobias Smollett describe una interpretación de este tipo en 1765:

«Una vez elegido el tema, su hermano afina el violín para acompañarlo, y él comienza a ensayar, recitando con maravillosa facilidad y precisión. Será capaz, con un minuto de aviso, de recitar doscientos o trescientos versos, bien entonados y bien adaptados».[44] Esta habilidad se relacionaba estrechamente con la del *frottolista,* el que cantaba canciones de amor. Las *frottole* eran esencialmente poemas cantados: el término se utiliza genéricamente para designar una gran variedad de composiciones líricas —sonetos, odas, *strambotti,* etcétera— adaptados a la música. Se han descrito estas composiciones como «mitad populares, mitad aristocráticas»; los aires populares se interpretaban de una forma que pudiera complacer también al oyente cultivado. El auge de la *frottola* tuvo lugar poco después de la llegada de Leonardo a Milán, es decir, en torno a finales de siglo, y se asocia especialmente con la corte de Isabella d'Este en Mantua, donde dominaban expertos poetas-músicos como Serafino Aquilino.

En líneas generales podemos decir que si Leonardo era el típico intérprete de *lira da braccio* en la Florencia de hacia 1480, probablemente habría tocado el tipo de música de cuerda, amorosa y ligera tipificada por las canciones de carnaval de los Medici y la *frotella* de Mantua. Habría cantado o recitado poemas de amor de Petrarca, Poliziano y Lorenzo de Medici, o las cancioncillas más picantes de Cammelli y Bellincioni, muchas de las cuales fueron escritas para ser interpretadas de ese modo. Su amistad con Cammelli evoca noches de diversión improvisada, interpretaciones únicas de *Orsu che fia?* y otros números semejantes, con la voz de Il Pistoiese y con Leonardo da Vinci al violín. Pero Leonardo no era el in-

Juegos musicales. Boceto de un instrumento de cuerda imaginario, y adivinanza con anotación musical, ambos de fines de la década de 1480.

térprete típico, y, por lo tanto, cultivaría también otros géneros. Había otro famoso florentino que tocaba la *lira da braccio,* el filósofo Marsilio Ficino, que componía «himnos órficos» (así los llamaba él) y los interpretaba con la lira. Así pues, otro tipo de influencia que pudo alcanzar a Leonardo emana del ambiente enrarecido de las veladas filosóficas de Careggi. Es posible que su relación con el círculo de Ficino despertara en el artista una mayor sofisticación musical. Más tarde describiría la música como «la representación de cosas invisibles», una frase que exhala un ligero aroma a neoplatonismo.[45] Y así, a los agradables rasgueos del *frottolista* viene a sumarse algo etéreo y alejado del mundo que impulsa al hombre a detenerse y a cerrar los ojos mientras la música le invade.

He dicho anteriormente que no se conserva ninguna composición de Leonardo, pero sí han llegado hasta nosotros algunos vestigios de fraseo musical en varias de las adivinanzas que creó. En la colección de Windsor hay media docena de ellas con anotación musical. Se trata, por lo general, de una combinación de símbolos verbales, musicales y pictóricos. El siguiente ejemplo puede leerse fácilmente (siempre que sepamos que la palabra italiana para designar un anzuelo es *amo):*

> *amo* [dibujo de anzuelo]; *re sol la mi fa re mi* [notas musicales]; *rare* [escrito]; *la sol mi fa sol* [notas musicales]; *lecita* [escrito].

Lo que da lugar a la siguiente cancioncilla romántica: *Amore sola mi fa remirare, la sol mi fa sollecita,* «Sólo el amor me hace recordar; sólo él me excita». Los dos pasajes de anotación musical pueden tocarse al piano. Es una melodía de Leonardo da Vinci.[46]

Según Vasari, para impresionar a sus anfitriones milaneses Leonardo fabricó una *lira da braccio* especial: «Llevó una lira de plata, fabricada por él mismo, en forma de cabeza de caballo, un diseño extraño y original que daba al instrumento un mayor timbre y resonancia». Al parecer no existe dibujo alguno de esta lira en sus cuadernos, aunque según el erudito del siglo XVIII Carlo Amoretti, que conoció bien los manuscritos de Leonardo de la Biblioteca Ambrosiana antes de que fueran enviados a Francia, existió efectivamente un dibujo de una lira que podía ser aquella «en forma de cabeza de caballo» a la que se refiere Vasari. Este raro instrumento ha sido reconstruido, a partir de conjeturas, por un equipo de especialistas de Cremona.[47] En los cuadernos de Leonardo encontramos, sin embargo, una variedad de dibujos de extraños instrumentos: versiones ingeniosas de zanfoñas, cítaras, clavicordios, tambores mecánicos, una *viola organista,* etcétera. Y en torno a 1490, llevó a cabo un pequeño experimento en armonía: «La cuerda pulsada de un laúd producirá un movimiento correspondiente en una cuerda similar de otro ajustada a la misma frecuencia, como se verá si se coloca una pajita en la cuerda similar a la que se está pulsando».[48]

En el *Anónimo Gaddiano* encontramos otro fragmento de información, según el cual Leonardo enseñó música a un joven llamado Atalante Migliorotti, quien le acompañó a Milán: de este modo un nuevo personaje del círculo florentino de Leonardo da Vinci centra nuestra atención. Atalante di Manetto Migliorotti, probablemente hijo ilegítimo, nació hacia 1466 y, por lo tanto, tenía dieciséis años cuando se trasladó a Milán con su maestro. Uno de los dibujos que Leonardo llevó consigo a esta ciudad, como revela la lista de hacia 1482, pudo ser un retrato de él: *una testa ritratta d'Atalante che alzava il volto* («un retrato de Atalante levantando el rostro»).[49] Quizá lo sea también un hermoso dibujo de un joven desnudo tocando un instrumento de cuerda. (El instrumento, dibujado a punta de metal, no fue rellenado con tinta y apenas se distingue en las reproducciones).[50] No sabemos cuánto tiempo permaneció Atalante en Milán con Leonardo. Vuelve a aparecer en Mantua en 1491, interpretando el papel principal de la ópera de Poliziano *Orfeo* para deleite de Isabella d'Este. Al parecer se instaló allí como fabricante de instrumentos, ya que en 1493 Isabella le encargó que le hiciera una guitarra «con tantas cuerdas como quisiera», y en 1505 escribió al marqués de Mantua, marido de aquélla, para decirle que había construido una nueva lira de doce cuerdas y una «rara forma», quizá en recuerdo de aquella extraña lira de plata que años antes había fabricado su maestro.

SAN JERÓNIMO Y EL LEÓN

«Leonardo, ¿por qué estás tan apenado?», escribió el poeta Cammelli, y ese estado de ánimo es el que vemos reflejado en el poderoso y angustiado *San Jerónimo* de Leonardo, comenzado alrededor de 1480. El artista no llegó a terminar el cuadro, que se conserva ahora en el Vaticano en el mismo estado —monocromo e inacabado— que *La Adoración de los Magos*, la obra encargada a comienzos de 1481 y que Leonardo dejó inacabada cuando partió para Milán al año siguiente. En la lista de hacia 1482 se mencionan varios estudios preparatorios —«muchas figuras de San Jerónimo»—, pero ninguno ha llegado hasta nosotros. Los únicos dibujos que podemos relacionar directamente con la pintura son un par de cabezas de leones que vemos al pie de una de sus páginas de fines de la década de 1470 dedicadas a la Virgen con el Niño.[51]

San Jerónimo en el desierto era un tema que tenía gran aceptación. Existen versiones de Masaccio, Piero della Francesca, Mantegna, Bellini y Lorenzo Lotto. Más o menos de la misma época que el cuadro de Leonardo, es también un pequeño fresco de Ghirlandaio que aún se conserva en la iglesia florentina de Ognissanti. Erudito griego del siglo IV, San Jerónimo (o Girolamo o Hieronymus) fue el más sabio y elocuente de los primeros padres de la Iglesia, famoso por su traducción de la Biblia al latín (la Vulgata). Simbolizaba la conjunción de la religión y el humanismo intelectual y resultaba atractivo para los pintores por el potencial de dramatismo que ofrecía su retiro como eremita en el desierto sirio. Fuentes históricas sugieren que pasó allí cinco años, aproximadamente entre 374 y 378, cuando tenía treinta y tantos años de edad; pero casi siempre se le representa como un anciano. Así le vemos en la versión de Leonardo, en la que, en contra de lo habitual, aparece sin barba. Sus rasgos recuerdan los de un famoso busto de Séneca, el filósofo y dramaturgo estoico, lo que subraya su condición de figura tanto clásica como cristiana.[52]

La pintura nos lo muestra demacrado y golpeándose con una piedra, de acuerdo con la iconografía típica del San Jerónimo penitente. Cada uno de sus tendones se hace visible a través de la tirantez del cuello y de los hombros: en cierto sentido, es el primer dibujo anatómico de Leonardo. Aparecen también bosquejados otros elementos tradicionales de la iconografía del santo: el capelo cardenalicio, la mancha roja que vemos junto a los pliegues de sus ropas; el crucifijo, apenas discernible en el borde superior derecho del cuadro; la calavera, en la esquina izquierda, dentro del arco que forma la cola del león; y, naturalmente, el león mismo. Parte de la dinámica de la pintura radica en las líneas de las miradas: el león mira al santo y el santo mira el cuerpo de Cristo crucificado.

No existe documentación de la época acerca de esta obra, pero en una curiosa ventanita abierta en la roca en el ángulo superior derecho se distingue el boceto rudimentario de un templo. Se trata de una típica alusión a San Jerónimo como padre de la Iglesia, pero en este caso tiene un sentido más concreto. Cualquier florentino reconocería instantáneamente en la fachada clásica del templo, con sus dos arquitrabes curvos, la iglesia de Santa Ma-

El San Jerónimo *inacabado de Leonardo, h. 1480.*

Detalle del fondo de San Jerónimo *con una iglesia semejante a Santa María Novella (abajo).*

ria Novella, diseñada por Leon Battista Alberti y terminada en 1472. Se trataba de un monumento a la familia Rucellai, cuyo nombre aparece grabado al frente, y cuyo emblema, una vela (símbolo de buena suerte), remedan sus características curvas. La presencia de esta iglesia en el cuadro puede constituir una referencia al personaje que encargó el San Jerónimo a Leonardo, que no sería el gran benefactor de Alberti, Giovanni Rucellai, ya muerto, sino su hijo Bernardo. Le hemos visto aparecer fugazmente en epígrafes anteriores como seguidor entusiasta de Ficino y probable protector (o supuesto padre) del excéntrico Tommaso Masini, conocido como Zoroastro. Generoso, culto y muy versado en la antigüedad clásica —véase su erudito tratado *De urbe Roma*, escrito en 1471— pudo ser Bernardo Rucellai quien encargara la obra.[53]

Como en casi todas las pinturas de este tema, San Jerónimo está acompañado por un león. Se trata de una confusión del Renacimiento que tiene una larga historia: el santo que se granjeó la amistad del animal al arrancarle una espina que tenía clavada en la pata fue San Gerasimo y no San Girolamo, pero el león había arraigado ya en la iconografía de este último.

El de Leonardo es un león magnífico: sólo unos hábiles trazos proporcionan a la fiera una curva elegante y felina. Está casi con seguridad dibujado del natural. En Florencia había una famosa «leonera» detrás de la Signoria. En ocasiones especiales, sacaban los animales a la Piazza para celebrar una «cacería»; el joven Luca Landucci presenció una de ellas, organizada con ocasión de la visita del duque de Milán a comienzos de la década de 1450: el león «se lanzó sobre un caballo aterrorizado y lo arrastró desde la Mercanzia hasta el centro de la plaza». Landucci también relata su visita a la leonera en 1487: «Había allí un guardián con el que se mostraban muy dóciles, de forma que podía entrar en sus jaulas y tocarlos, especialmente a uno de ellos».[54]

Indudablemente Leonardo vio estos leones, ya que en uno de sus manuscritos anatómicos de Windsor recuerda: «Una vez vi cómo un león lamía a un cordero en nuestra ciudad de Florencia, donde siempre tienen a veinticinco o treinta de ellos criados allí mismo. Con unos cuantos lametones, el león arrancó casi toda la lana que cubría al cordero, y después de habérsela arrancado, lo devoró». El pasaje puede datarse en la década de 1500, pero es posible que registre una experiencia muy anterior. Constituye un interesante contrapunto de otro texto más literario del «bestiario» de Leonardo: »Cuando a los leones enjaulados les dan de comer corderos, éstos se someten a las fieras como si fueran su propia madre, de forma que a menudo se ve que los leones no desean matarlos».[55] Ésta es la visión emblemática, bastante sentimental, del cordero que yace junto al león; el recuerdo real, por el contrario, es preciso, escueto, realista y directo. Vemos allí a Leonardo mirando intensamente, sombrío, la eficacia destructiva de la bestia.

Debido a un giro de la perspectiva, en su *San Jerónimo* el león del primer plano es el espectador de la penitencia del santo. Le está mirando. Su boca registra algo intermedio entre un gruñido felino y la sorpresa, lo que confiere a la pintura la cualidad de drama momentáneo que Leonardo buscaba. En cierto sentido, a través de un juego de palabras que relaciona la palabra *leone* con Leonardo, el león representa al artista, una relación verbal presente en una de las adivinanzas o pictogramas dibujados a fines de la década de 1480 para deleite de la corte milanesa. Muestra un león envuelto en llamas junto a una mesa con el siguiente pie: «leonardesco» (es decir, *leone*, león + *ardere*, arder + *desco,* mesa). «Leonardesco» es, por supuesto, el adjetivo que corresponde a Leonardo: el acertijo es, pues, un autorretrato o logotipo. Leon Battista Alberti había utilizado ya el mismo juego de palabras (Leon/ *leone)* en sus *Fábulas* al compararse a sí mismo con el león que «arde en deseos de gloria»: es probable que Leonardo conociera esta obra.[56]

La presencia del león pintado sugiere, pues, la presencia del pintor, Leonardo, testigos uno y otro del sufrimiento del santo.

La topografía del cuadro es curiosa. Tradicionalmente se representa a San Jerónimo sentado a la entrada de su cueva de ermitaño. El espacio casi cuadrado que vemos en la parte superior derecha del cuadro podría haber sugerido la entrada a la cueva, pero al abrirse a la vista distante de una iglesia se convierte, en cambio, en una especie de ventana. ¿Nos hallamos, por tanto, *dentro* de la cueva mirando hacia fuera? La pintura, al menos en su condición de inacabada, no resuelve la cuestión. La mágica *Virgen de las rocas,* comenzada dos años más tarde, se enmarca también en una especie de cueva o gruta fantástica, a través de cuyas aperturas se vislumbra un paisaje.

Ambos escenarios parecen estar relacionados con un interesante texto del Códice Arundel que describe lo que sintió Leonardo al contemplar la entrada de una cueva oscura.[57] Escrito con la caligrafía florida típica de su primer periodo florentino, data probablemente de hacia 1480, por lo que, en líneas generales, es contemporáneo de las dos pinturas. La página comienza con cuatro notas fragmentarias que describen una erupción volcánica de forma bastante hiperbólica y forzada —«las llamas vomitadas», etcétera—; pero más tarde el estilo cambia y emerge una pequeña historia o episodio, un solo párrafo redactado sencillamente y sin ningún signo ortográfico indicador de cierta duda:

> Después de vagar durante algún tiempo entre rocas sombrías, llegué a la entrada de una enorme cueva frente a la cual me detuve durante algún tiempo, asombrado ante este lugar cuya existencia desconocía. Me agaché arqueando la espalda, apoyé la mano izquierda en una rodilla, y, con la derecha, me protegí el ceño fruncido; inclinado de esta manera, miré hacia el interior y traté de ver si había algo dentro, pero la intensa oscuridad me impidió distinguir nada. Llevaba allí algún tiempo cuando súbitamente despertaron en mí dos sentimientos: el miedo y el deseo; miedo a aquella cueva oscura y amenazadora; deseo de ver si en su interior había algo maravilloso.

Se trata de un texto conscientemente literario —la primera tentativa de Leonardo en esa dirección—, pero su inmediatez sugiere que quizá responda a un recuerdo archivado en su memoria posiblemente desde su niñez, lo cual lo colocaría al nivel de la fantasía del milano: un raro ejemplo de narrativa personal que, como aquella fantasía, expresa un tipo semejante de ambigüedad psicológica: «miedo y deseo».

Puede decirse que *La Virgen de las rocas* muestra precisamente «algo maravilloso» dentro de la oscuridad de la cueva: en esa agrupación icónica, el mensaje redentor del cristianismo se anuncia en el encuentro de Cristo niño y San Juan niño. Parte del impacto de la pintura se debe a la dulzura inserta en ese marco rocoso y sombrío. Es lo contrario de lo que se esperaba, ya que en la imaginación medieval la boca de una caverna sugería la entrada a un mundo infernal. También éste aparece en la obra de Leonardo, no en una pintura, sino en un decorado teatral diseñado para una representación del drama musical de Poliziano, *Orfeo,* que trata del descenso a los infiernos del legendario poeta para rescatar a Eurídice. Los bocetos muestran una cadena de montañas rocosas que se abren, gracias a una ingeniosa maquinaria, para revelar una cámara circular que hay en su interior. Esta caverna teatral es una imagen del infierno, o, como escribe Leonardo, la «residencia» de Plutón, el dios del mundo subterráneo. En sus notas describe el dramático momento de la revelación: «Cuando se abre el paraíso de Plutón, aparecen unos demonios tocando doce tambores en forma de bocas infernales, y la Muerte, y las Furias, y Cerbero, y muchos niños desnudos llorando, y luego estallan fuegos artificiales de diferentes colores».[58]

De este modo Leonardo vuelve a la cueva oscura del texto de Arundel y a los miedos y deseos que en él evoca. En su *San Jerónimo,* constituye un lugar de desolación y de rigurosa renuncia; en *La Virgen de las rocas,* el marco de una escena de serena bendición; y en un escenario de Milán, una visión del fuego del infierno. Qué es lo que allí se revela sigue siendo ambiguo, como lo es en el texto citado; pero si la cueva tiene algún significado, quizá sea precisamente ése: la ambigüedad de lo desconocido. Si miramos al interior de los oscuros secretos de la Naturaleza, ¿qué nos revelarán? ¿Algo terrible o algo maravilloso?[59] Vislumbramos, pues, a Leonardo en un raro episodio de autorreflexión, como un explorador dubitativo que se detiene a la entrada de la cueva; y volvemos a experimentar la inquietud que acompañó a la gran búsqueda renacentista del conocimiento, la que caracterizó esos momentos en los que Leonardo se preguntaba si no sería mejor no tratar de iluminar la oscuridad.

LOS JARDINES DE LOS MEDICI

Conocemos parcialmente el «círculo» de Leonardo en Florencia: sus discípulos Tommaso y Atalante; sus compinches literarios Cammelli y Bellincioni; sus gurús filosóficos Toscanelli y Argyropoulos; sus amores Jacopo y Fioravanti. Suponemos que se trataba con sus compañeros florentinos —Botticelli, Pollaiuolo, Ghirlandaio, Perugino, Di Credi, Filippino Lippi y otros— aunque no menciona a ninguno en sus escritos, salvo a Botticelli y de forma despectiva. (Verrocchio se trasladó a Venecia en 1480 y, que sepamos, no volvió a Florencia antes de su muerte, ocurrida ocho años después). Sabemos que tuvo también contactos con una clase social más alta, con los que podríamos llamar sus mecenas: la familia Benci, Bernardo Rucellai, y quizá otros miembros de ese distinguido círculo platónico reunido en torno a la academia de Ficino en Careggi. Pero de su relación con la familia principal de la ciudad, y particularmente con Lorenzo de Medici, no sabemos casi nada.

Si creemos lo que dice el *Anónimo Gaddiano*, Leonardo era un protegido predilecto de Lorenzo: «De joven estuvo con Lorenzo de Medici, el Magnífico, quien le mantuvo y le dio trabajo en los jardines de la Piazza di San Marco en Florencia». Lorenzo compró estos jardines en 1480 como regalo para su esposa, Clarice. Pertenecían al convento de los dominicos de San Marco, donde los Medici tenían unas celdas muy bien acondicionadas, decoradas por Fra Angelico, a las cuales se retiraban para dedicarse a sus devociones. Bajo la dirección de Bertoldo di Giovanni, un antiguo discípulo de Donatello, creó en aquellos jardines una especie de parque de esculturas, al que invitaba a los artistas para que estudiaran sus estatuas clásicas, les sirvieran de inspiración e hicieran en ellas trabajos de restauración.[60]

Esta afirmación del *Anónimo* suele repetirse como si se tratara de un hecho histórico, pero, en mi opinión, debe manejarse con cautela. Vasari no menciona que Lorenzo proporcionara alojamiento a Leonardo (el *Anónimo* utiliza la expresión *stare con,* que generalmente significa «vivir con»), ni que pagara su manutención *(provisione)*. Una disparidad semejante entre ambas fuentes se da con respecto al traslado de Leonardo a Milán en 1482. Según el *Anónimo*, Leonardo fue «enviado» allí por Lorenzo, mientras que Vasari afirma que fue «invitado» por Ludovico Sforza. Vasari era un protegido de Cosimo de Medici y sin duda habría dado al antepasado de su ilustre patrón el reconocimiento debido por promocionar el talento del joven Leonardo. La biografía del *Anónimo,* que Vasari conoció y utilizó, le proporcionaba dos oportunidades para hacerlo, pero en ambos casos las rechazó. No hace ninguna referencia a que Lorenzo mantuviera a Leonardo y contradice la idea de que le enviara como emisario a Milán en 1482. Sospecho que si eliminó la figura de Lorenzo en la historia de Leonardo, lo hizo porque conocía bien el caso. Su silencio casi equivale a la afirmación de que Lorenzo *no* apoyó ni alentó al artista.

Otra razón que nos lleva a sospechar de la versión del *Anónimo* acerca de esta relación es que las afirmaciones sobre Leonardo describen acertadamente el patronazgo que ejerció Lorenzo con respecto al joven Miguel Ángel diez años más tarde. Dice Vasari: «Miguel Ángel siempre tenía las llaves del jardín [de San Marco]... Vivió en la residencia de los Medici durante cuatro años... Tenía allí una habitación y comía en la mesa de Lorenzo, y recibía una asignación de 5 ducados al mes».[61] Otras fuentes vienen a apoyar esta información; los cuatro años que menciona Vasari serían los transcurridos entre 1489 y 1492. Es muy posible que el autor del *Anónimo,* que escribía medio siglo después de ocurridos los hechos que relata, se confundiera y creyera que había sido Leonardo quien había recibido esos favores. No quiero apartar totalmente a éste del estimulante ambiente del jardín de esculturas de Lorenzo. Es muy posible que tuviera acceso a él: el modelado escultórico de su *San Jerónimo* podría ser un resultado directo de ello, como ha sugerido Pietro Marani entre otros. Pero nada apoya la idea más general según la cual Leonardo fue un protegido de Lorenzo.[62]

Su trabajo en el taller de Verrocchio puso sin duda a Leonardo en contacto con los Medici: los preparativos de la visita de los milaneses en 1471; el diseño de estandartes y pendones para las justas; el retrato de Ginevra de Benci que tanto admiró Lorenzo; el retablo de Pistoia en memoria de un obispo Medici... Pero una vez que sale del círculo de la *bottega* la cosa cambia. En 1476 se ve envuelto en un caso de homosexualidad que podía resultar embarazoso para los Tornabuoni, la familia de la madre de Lorenzo. Al año siguiente, otro escándalo da lugar al exilio, aprobado por Lorenzo, de Paolo, discípulo o sirviente del artista. En 1478, Leonardo da comienzo a un importante encargo de la Signoria (el retablo de San Bernardo), pero no llega a completarlo. En 1479 lleva a cabo un esbozo del cadáver ahorcado del asesino de Giuliano de Medici, pero, al parecer, no recibe el encargo —como lo recibieron Verrocchio y Botticelli— de realizar, a tamaño natural, una pieza de la maquinaria propagandística de los Medici. Ninguna de estas cosas podría servir por sí sola como prueba de que Lorenzo tenía efectivamente una visión negativa de Leonardo, pero todas ellas juntas parecen apuntar a esta conclusión.

Otra indicación más surge en 1481, cuando Lorenzo envía varios artistas a Roma como muestra del nuevo clima de amistad entre Florencia y el papado. Los elegidos para colaborar en la decoración de la Capilla Sixtina, entonces recién construida, son Perugino, Botticelli, Ghirlandaio y Cosimo Rosselli. Su contrato colectivo para pintar diez *storie*, o escenas de la Biblia, lleva la fecha del 27 de octubre de 1481. Se trataba de un encargo inmensamente prestigioso y también muy productivo: Ghirlandaio recibió 250 ducados por su *Vocación de San Pedro y San Andrés*.[63] Quizá Lorenzo no enviara a Leonardo por razones puramente prácticas (porque no era pintor de frescos o porque por entonces trabajaba en otro encargo), pero el hecho de que no lo hiciera reafirma mi idea de que no era uno de sus artistas favoritos, de que le consideraba poco de fiar, demasiado difícil y, quizá, demasiado abiertamente homosexual como para representar a Florencia como embajador cultural. Al menos eso debió de parecerle a Leonardo en octubre de 1481, cuando esos otros artistas —en su opinión, inferiores a él— hicieron su equipaje y emprendieron viaje a Roma.

Ya de edad avanzada —probablemente hacia 1515— Leonardo escribiría: *Li medici mi crearono e distrussono*,[64] lo cual puede traducirse como «Los Medici me crearon y me destruyeron», o como «Los médicos me crearon y me destruyeron». La primera interpretación podría significar que Leonardo recibió el apoyo de Lorenzo en los comienzos de su carrera, y, por lo tanto, fue «creado» por los Medici; pero que en 1515 dijera que fue destruido por la misma familia resulta bastante extraño, ya que por entonces vivía en Roma a expensas del hijo de Lorenzo, Giuliano, con el que mantenía buenas relaciones. La frase tiene un significado perfectamente válido sin invocar a los Medici. En otro lugar, Leonardo describe a los médicos como «destructores de vidas» *(destruttori di vite)*, y, en general, era muy crítico con respecto a esa profesión. Por entonces tenía más de sesenta años y su salud comenzaba a flaquear. Quizá cuando escribió esta frase pensara en un juego de palabras basado en el término *medici* y el apellido Medici, pero aun así no puede tomarse como prueba de un patronazgo activo por parte de Lorenzo.

Se entrelazan en este epígrafe las negaciones de pruebas, lo cual nunca resulta muy legible; pero creo que vale la pena cuestionar la afirmación habitual según la cual Leonardo fue un protegido de los Medici en Florencia. Sin duda su talento fue reconocido, pero percibimos con respecto a él una actitud de exclusión: la exclusión de un joven que no acaba de encajar.

Existe un dibujo de Leonardo, un perfil diminuto, que parece un retrato de Lorenzo. Se trata de uno de esos «fragmentos de Windsor» que se suponen parte originalmente del Códice Atlántico.[65] De acuerdo con criterios estilísticos, se ha fechado en torno a 1485 o después, lo que significa que fue dibujado en Milán. Puede basarse, pues, en un recuerdo del personaje, pero no se trata de un boceto *dal vivo*.

LA *ADORACIÓN*

A comienzos de 1481, Leonardo recibió el encargo de pintar un gran retablo para el monasterio de los agustinos de San Donato en Scopeto, un pueblo situado fuera de las murallas de la ciudad, no lejos de la Puerta del Prato. Era un monasterio rico, que también adquirió obras de Botticelli y Filippino Lippi. Desde 1479 sus negocios habían sido administrados por Ser Piero da Vinci, quien probablemente tuvo que ver con el encargo y quizá, también, con los complicados detalles del contrato. En la medida en que éste no parece muy ventajoso para Leonardo, adivinamos que se redactó en circunstancias de extrema dificultad: había que hacer algo para ayudarle y eso fue lo mejor que Ser Piero pudo conseguirle.

El acuerdo inicial tuvo lugar en marzo de 1481; estipulaba que Leonardo entregaría la obra «dentro de veinticuatro meses o, a lo más, de treinta; y en el caso de que no lo termine, perderá todo lo que haya hecho y tendremos el derecho de hacer lo que queramos con ello». Los términos no son insólitos, pero sugieren que Leonardo tenía ya fama de ser poco de fiar. La forma de pago, sin embargo, no era la habitual. Al parecer, no recibió dinero en efectivo por adelantado, sino «un tercio de una propiedad de Val d'Elsa» que había sido legada al monasterio por «Simone, padre del hermano Francesco». La propiedad es inalienable («no puede hacer otro contrato relacionado con ella»), aunque se le ofrece la opción de volver a vendérsela a los frailes después de tres años, «si ellos así lo desean», por la suma de 300 florines. Pero conlleva, además, otra complicación: Leonardo se obliga a aportar «lo que sea necesario para proporcionar una dote de 150 florines a la hija de Salvestro di Giovanni». Este vínculo formaba parte, probablemente, del legado original de Simone: pagar una dote a la hija de una familia pobre era una obra de caridad que aparecía a menudo en los testamentos de la época. Leonardo se compromete también a pagar de su propio bolsillo «los colores, el oro y otros costes que de la obra se deriven».[66]

En resumen, por este curioso contrato el monasterio ofrece pagar a Leonardo 150 florines (el valor asignado a la propiedad menos la deuda vinculada a ella). El pago será atrasado (Leonardo no podrá vender la propiedad durante tres años), y no incluye ninguna provisión para gastos. La cantidad final es razonable, pero las condiciones son incómodas. La propiedad de Val d'Elsa, una zona rural del sur de Florencia, es lo único que el artista recibe por adelantado: quizá instaló su residencia en ella.

En junio, tres meses después del acuerdo inicial, las dificultades de la situación se hacen patentes. Leonardo tiene que pedir al monasterio que pague la mencionada dote, «porque ha dicho que él no tiene medios para pagarla y el tiempo pasa y se ha convertido en un perjuicio para noso-tros». Por este servicio adeudará al monasterio 28 florines. Más tarde se añadirán a la deuda otras cantidades adelantadas por los frailes para que pueda comprar pinturas para la obra. También en junio, se nos dice que «el maestro Leonardo, el pintor» ha recibido «una carga de haces de leña y una carga de troncos» como pago por la decoración del reloj del monas-terio. En agosto, «nos adeuda una *moggia* [unos 180 litros] de grano que nuestro carretero le ha llevado a su propia casa» (probablemente la pro-piedad de Val d'Elsa). Y el 28 de septiembre, fecha del último documen-to de la serie, «nos adeuda un barril de vino bermellón».[67]

Éstas son las circunstancias reales que rodean la vida de Leonardo en 1481: no tiene dinero suficiente para adquirir sus pinturas, compra gra-no y vino a crédito, y hace trabajos de poca importancia para el monaste-rio, que le paga en leña para el fuego. Y, conforme se acortan las noches, los primeros rasgos de las figuras del retablo comienzan a tomar forma sobre una tabla de madera de álamo.

Resultado de este contrato, y de estas apuradas circunstancias, es *La Adoración de los Magos,* la última y la mejor de las obras de Leonardo co-rrespondientes a su primer periodo florentino (Lámina 10). Es la más grande de sus pinturas de caballete: 2.46 metros de alto por 2.43 de an-cho. Las dimensiones y el formato cuadrado, poco habitual, responden, probablemente, al espacio disponible sobre el altar de San Donato.

La obra nunca fue entregada (quizá por fortuna, ya que el monasterio fue derribado a comienzos del siglo XVI). Quedó sin terminar cuando Leonardo partió para Milán en 1482. Según Vasari, se la dejó a su amigo Giovanni de Benci, el hermano de Ginevra, para que se la guardara en su casa. Pasó a la colección de los Medici poco antes de 1621, año en que aparece incluida entre las pinturas del Palazzo Medici. Hoy es uno de los cuadros más famosos de los Uffizi, aunque se trata de una obra inacabada. Su compleja composición está totalmente resuelta, pero en muchos de los detalles no pasa de ser un boceto. Leonardo utilizó para el fondo el negro humo mezclado con cola diluida y blanco de plomo y finalizó con una capa de pintura de un color pardo, aunque recientemente se ha cuestio-nado que esta última fuera de su mano. La tonalidad marrón rojiza de la pintura se debe a la decoloración de capas posteriores de barniz.

El tema de la *Adoración*—la llegada de los tres reyes, o magos, que vie-nen a rendir homenaje al Niño Jesús en Belén— es uno de los más popu-lares en la pintura del Renacimiento. Leonardo conoció sin duda el fres-co de Benozzo Gozzoli del Palazzo Medici y la versión del mismo tema que llevó a cabo Botticelli, en Santa Maria Novella, por encargo de Gio-vanni Lami, del Gremio de Cambistas, en torno a 1476. (Esta obra, ahora en los Uffizi, es la segunda de las cuatro *Adoraciones* de Botticelli que han llegado hasta nosotros; la primera, quizá anterior a 1470, se encuentra en la National Gallery de Londres). Leonardo utiliza todos los elementos tradicionales, pero la obra es revolucionaria en cuanto al tratamiento de un nutrido grupo de personajes. No se trata de una comitiva, sino de un borrascoso torbellino de figuras y de rostros, casi sesenta en total, entre figuras humanas y de animales. Tiene algo de ambiguo este abigarramiento en su nebulosa forma inacabada: el grupo de personajes en actitud de adoración y asombro parece casi una multitud. La madre y el niño están encerrados en un espacio reducido, un punto inmóvil en el centro del cuadro, pero la presión de la multitud en torno a ellos sugiere también su vulnerabilidad. Algo está a punto de arrastrarlos, un vórtice amenazador que anuncia la historia del niño tanto como los presentes simbólicos que le ofrecen los reyes.

En la obra se encuentran algunas sutilezas de interpretación religiosa.[68] Las raíces del árbol del centro bajan sinuosas hasta tocar la cabeza de Cristo, una alusión a la profecía de Isaías: «Saldrá un vástago del tronco de Jesé y brotará un retoño de sus raíces». La arquitectura en ruinas, con las hierbas creciendo entre la mampostería, es una alusión tradicional a la «casa de David» que el nacimiento de Cristo vendrá a restaurar —en las escaleras, apenas visibles, hay varios obreros trabajando en su reconstrucción—, pero el edificio es inconfundiblemente florentino. Sus columnas y sus arcos constituyen un eco del presbiterio de San Miniato del Monte, la iglesia más antigua de Florencia después del Baptisterio, construida, se dice, sobre la tumba del mártir más famoso de la ciudad, Minias o Miniato. Como la fachada de Santa Maria Novella en *San Jerónimo*, esta referencia visual aúna las creencias religiosas formativas con un paisaje florentino.

Los distintos elementos iconográficos de la Epifanía están presentes en el cuadro, pero falta un ingrediente básico. ¿Dónde está José? Miembro invariable de cualquier otra *Adoración,* en ésta no aparece de forma destacada. ¿Es el hombre barbado del grupo de la derecha que se lleva la mano a la frente en actitud de asombro? ¿O es la figura pensativa que mira desde el extremo izquierdo del cuadro? Probablemente es el primero, pero la ambigüedad es extrema: el padre, sumergido en la periferia de la escena, no está claramente identificado. Podríamos resistirnos a llevar a cabo una interpretación psicoanalítica de ello, pero se trata de un motivo demasiado recurrente como para ignorarlo: Leonardo siempre excluye a San José de la Sagrada Familia. No aparece en la escena de *La Virgen de las rocas* (que tiene lugar durante la huida a Egipto y, por lo tanto, debería incluirle), ni aparece en las distintas versiones de *La Virgen y el Niño con Santa Ana,* en las que el tercer miembro de la familia no es el padre del niño sino la abuela. No hace falta ser freudiano para intuir que en ello influyen profundas corrientes psicológicas.

A comienzos de 2001 los Uffizi anunciaron su intención de limpiar y restaurar la *Adoración,* lo que levantó inmediatamente un coro de indignadas protestas, encabezadas por la del decano de los enemigos de las restauraciones, el profesor James Beck de la Universidad de Columbia en Nueva York.[69] La pintura era demasiado delicada, sus sombras y matices demasiado complejos, su pátina demasiado intrínseca para ser restaurada. Cuando hablé acerca de este asunto con Antonio Natali, director de arte renacentista de los Uffizi, utilizó la palabra favorita del lobby pro-restauración: «legibilidad». Habló elocuentemente del cuadro como de un «poema enterrado». «Si estuviéramos estudiando a Petrarca, ¿nos gustaría leer unas cuantas palabras aquí y unas cuantas allá? No. Lo mismo ocurre con un cuadro: queremos ser capaces de poder leerlo *por entero*».

De que el cuadro está en mal estado no cabe la menor duda. La superficie está recubierta por una sucia «piel» de barnices posteriores, una pesada mezcla de cola, aceites y resinas. En las zonas más oscuras de la tabla, estos barnices han formado una gruesa pátina de un marrón oscuro. Se ha producido también un *imbianchimento* o «blanqueo», provocado por la oxidación, que se manifiesta en forma de un reticulado de grietas muy finas y que ha afectado a la superficie produciendo un efecto semejante al de un parabrisas hecho añicos. Pero los que se oponen a la restauración ponen en duda la idea de la legibilidad, que interpretan como un deseo de «clarificar» algo que (al menos en el caso de la *Adoración)* el pintor quiso dejar deliberadamente ambiguo. El actual torrente de restauraciones, argumentan, complace a un gusto moderno por el brillo y la claridad, una claridad de tipo fotográfico o electrónico. La restauración es, por lo tanto, una decisión comercial de los museos, una cuestión de marketing tanto como de conservación. «En realidad se trata de una cuestión de filosofía», dice el profesor Beck. «¿Queremos modernizar las pinturas del pasado? Limpiar este cuadro es como hacer un lifting a una persona de setenta años».

Los departamentos técnicos de los Uffizi se encuentran alojados en un patio anodino frente al museo. En un cuartito del segundo piso, tendido sobre tres borriquetas de forma que parece una gran mesa rústica, se encuentra la *Adoración* de Leonardo. La habitación es pequeña y está alicatada en blanco; un papel color crema cubre los cristales de las ventanas de forma que dejen pasar la *luce velata,* más saludable para las pinturas. De un gancho cuelgan un plumero y una bolsa de supermercado. Un vago olorcillo a productos químicos nos hace pensar en un laboratorio médico o en la sala de operaciones de un veterinario. La metáfora de la medicina, del cuadro como un paciente anciano, es una imagen evocada con frecuencia por los restauradores. La situación reviste cierta intimidad: la pintura se encuentra despojada de la grandeza que le confiere el museo, en posición horizontal, en espera de la intervención.

El famoso restaurador Alfio del Serra merodea en torno a ella, evaluándola: se encuentran en las primeras semanas del proceso y la controversia ha causado una interrupción de las tareas. Del Serra, oriundo de Pistoia, es un hombre rechoncho, de poco más de sesenta años, pelo blanco muy corto y camisa de manga corta. Tiene aspecto de artesano, que es lo que le gusta que le consideren. La lista de restauraciones que ha llevado a cabo incluye obras de Martini, Duccio, Cimabue, Giotto, Mantegna, Perugino, Rafael y Tiziano. Entre las obras en las que ha trabajado recientemente figuran el *Nacimiento de Venus* de Botticelli y la *Anunciación* de Leonardo. Se encoge de hombros ante la controversia: al menos le ha proporcionado tiempo para familiarizarse con el cuadro, para llegar a conocerlo. «Toda restauración», afirma, «es un trabajo de interpretación. No hay reglas universales que puedan aplicarse automáticamente a todas las situaciones. Es necesario tener sensibilidad, respeto y conocimientos, y preguntarse continuamente qué es lo que se debe hacer».[70]

Nos agachamos y miramos el reverso de la pintura. El tablero está formado por diez tablas verticales encoladas; los tirantes transversales se añadieron más tarde, quizá en el siglo XVII. La anchura de las tablas es bastante uniforme (unos 23 centímetros), pero se añadió una más estrecha en el extremo izquierdo, probablemente para que el tablero alcanzara el tamaño exacto. Del Serra señala la *convessità* o alabeo de las tablas centrales, que amenaza con agrietar la superficie pintada, un problema debido a los efectos del tiempo y la humedad, pero también a la madera elegida por Leonardo hace 500 años. El restaurador explica con diagramas la importancia del material original. Para crear las tablas se corta verticalmente una sección de un tronco, en este caso del álamo blanco llamado *gattice*. El corte más cercano al centro, el *radiale*, es el mejor, porque los tres anillos están simétricamente equilibrados; el corte exterior o *peripherale*, no es tan bueno. Del Serra acaba de restaurar la *Anunciación* y conoce bien el *Bautismo de Cristo:* en ambos casos las tablas se hallaban en excelentes condiciones. Los dos cuadros se pintaron en el taller de Verrocchio y en ellos se utilizó material de calidad. En el caso de la *Adoración* —una obra de un artista independiente que compraba trigo y vino a crédito a sus patronos— Leonardo tuvo que arreglárselas con los cortes más baratos. En esto, añade Serra, se le anticipó Cimabue, el maestro de Giotto, «que utilizó unos trozos de madera muy finos, de esos que suelen tirar los carpinteros», es decir, recortes.

Del Serra se muestra relajado y poco ceremonioso con la pintura: no llega a apoyar el codo en ella mientras hablamos, pero intuyo que podría hacerlo. Humedece una bola de algodón y frota ligeramente con ella una zona de la derecha del cuadro: las cabezas apenas bosquejadas de un buey y un asno, que tan fácilmente pasan inadvertidas, surgen de pronto de la oscuridad.

Durante los meses siguientes la historia de la restauración se complicaría aún más. A fines de 2001, los Uffizi decidieron pedir un estudio técnico a un especialista en diagnósticos de ese tipo, Maurizio Seracini. Tras varios meses de trabajosos análisis, Seracini dejó caer una bomba: la capa de pintura de color pardo rojizo presente en varias partes de la *Adoración* no era de Leonardo. Así lo había revelado el análisis microscópico de varios cortes transversales de diminutas muestras de pintura, esa misteriosa dimensión, del grueso de una micra, de la superficie del cuadro. En casi todos los cortes transversales había encontrado que la capa superior de pintura color pardo había penetrado en el estrato monocromo anterior. Para cuando se aplicó, la superficie ya se había agrietado y las fisuras eran lo bastante profundas como para que la pintura fresca se filtrara en su interior. Seracini afirma, y ahí está el quid de la cuestión, que esas grietas sólo pudieron producirse a lo largo de un periodo de tiempo significativo, quizá de entre cincuenta y cien años. La capa superior, por lo tanto, fue aplicada después de la muerte de Leonardo por un artista desconocido, de acuerdo con la despreocupada actitud de su tiempo con respecto a cómo mejorar una pintura.[71]

Desde entonces se ha puesto en duda la interpretación de Seracini, pero ante la nueva dimensión que adquiría la polémica, el proyecto de restauración fue discreta y prudentemente archivado y la *Adoración* cuelga de nuevo en la Sala de Leonardo de los Uffizi, con su suciedad y su misterio intactos, mientras la discusión continúa.

La obra maestra inacabada del primer periodo florentino de Leonardo nos proporciona una serie de percepciones profundas, aunque difíciles de concretar, respecto a su mentalidad, su método de trabajo, su manejo de los diversos hilos del simbolismo cristiano y de la imaginería de la tradición florentina, así como su extraordinario sentido del dinamismo y de la fuerza vorticial. Pero nos dice también algo más, porque en el extremo derecho del cuadro se alza un joven alto, vestido con una larga capa, que es casi con seguridad un autorretrato del artista cuando contaba veintinueve años de edad (Lámina 1).

El tema del autorretrato en el Renacimiento constituye una cuestión espinosa, porque la evidencia visual es a menudo circular. Pero sabemos que los artistas italianos del Quattrocento incluían con frecuencia su propia imagen en pinturas de grupo, y que lo habitual era mostrar al artista mirando al exterior del cuadro, definiéndose así como un mediador entre la escena de ficción que ha creado y el mundo real del espectador. En ocasiones el autorretrato es seguro, como ocurre en el caso del de Gozzoli en la *Procesión de los Magos*, obra en la que el artista nos ayuda a identificar el rostro que mira desde la aglomeración de figuras pintando su nombre en su sombrero. Pero con mayor frecuencia, hacemos deducciones o nos basamos en las de los contemporáneos del pintor. Los grabados de retratos de artistas que adornan la segunda edición de las *Vidas* de Vasari (ejecutados por el alemán Christopher Coriolano de acuerdo con las instrucciones del autor) constituyen una guía muy útil en este sentido. Por ejemplo, el grabado correspondiente a Masaccio nos indica claramente que Vasari consideraba que el rostro cetrino y bastante adusto que aparece en *El tributo,* uno de los frescos de Masaccio de la capilla Brancacci, era un autorretrato del pintor. Pero Vasari no siempre acierta: el grabado que corresponde a Cimabue está basado en una figura de *La Iglesia Triunfante* de Santa Maria Novella, obra de Andrea da Firenze; pero esa figura lleva la insignia de la Orden de la Jarretera y es por lo tanto, casi con seguridad, un visitante inglés.[72]

El primero que incluyó su autorretrato en sus obras de forma habitual fue Fra Filippo Lippi, quien nos contempla desde la muchedumbre del retablo Barbadori (antes en San Spirito y ahora en el Louvre). Encargada en 1437, la pintura muestra a Lippi cuando tenía poco más de treinta años. Aparece progresivamente mayor en la *Coronación de la Virgen* (Uffizi), completada en 1447, y en el *Martirio de San Esteban* de la catedral de Prato, obra fechada en la década de 1450. En todas estas pinturas vemos un fraile cetrino, de cara redonda y orejas prominentes, ligeramente cómicas; unas orejas que se convirtieron en el rasgo distintivo de su fisonomía y que como tal se destacan en la cabeza esculpida en su tumba de la catedral de Spoleto. La cabeza fue añadida hacia 1490, veinte años después de la muerte del pintor, pero es evidente que sus orejas todavía se recordaban.

Andrea Mantegna es otro de los pintores de mediados de siglo en cuya obra abundan los autorretratos. Su rostro hinchado, de gesto preocupado, se destaca monocromo en una de las pilastras de la *Camara degli Sposi* (Cámara de los desposados) del castillo de los Gonzaga de Mantua, transmitiendo la ingeniosa idea del artista prisionero de su propia fantasía. El joven que se asoma desde la oscuridad en su *Presentación en el templo* (Berlín) es también un autorretrato. La obra está relacionada con su matrimonio, celebrado en 1454, con Nicolosia Bellini, hermana del pintor veneciano Giovanni Bellini. (La versión de este último de la *Presentación* es casi idéntica a la de Mantegna en cuanto a la composición, sólo que en la de Bellini son dos las figuras que miran desde la derecha, una de ellas es la de Mantegna y otra la del propio Bellini. El modelo para la Madona en ambas pinturas fue probablemente Nicolosia). Las imágenes en que

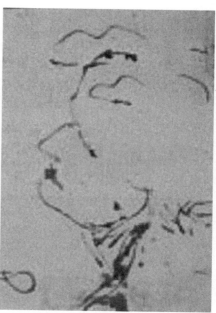

¿Imágenes del joven Leonardo? Arriba izquierda: detalle del David de Verrocchio, h. 1466. Arriba derecha: apunte del folio de Fioravanti, 1478. Abajo izquierda: estudio para el commentatore de la Adoración, h. 1481. Abajo derecha: artista utilizando un «perspectógrafo», h. 1478-1480.

el autor de la *Presentación* se representa a sí mismo tienen un rasgo unificador, la curva descendente de los labios, algo que vemos también en el grabado correspondiente a su biografía en la obra de Vasari.[73]

A comienzos de la década de 1480, cuando Leonardo trabajaba en su *Adoración*, el hecho de que los artistas incluyeran su autorretrato en sus obras se había convertido en algo habitual. Los rasgos poco atractivos de Perugino, que destacan entre los de una fila de rostros en su fresco de *San Pedro recibiendo las llaves*, son identificables por comparación con el confirmado de hacia 1500 que se conserva en el Collegio di Cambio de Perugia. Y, con toda seguridad, es el hermoso rostro de ojos oscuros de Domenico Ghirlandaio el que nos contempla desde tantos de sus frescos.

Esta inclusión del artista en su propia obra constituye en parte una afirmación de su identidad personal y, desde luego, de su estatus: se incluye a sí mismo del mismo modo que incluye al «donante» o comitente del cuadro. En su posición de «mediador» que mira hacia fuera, el artista hace el papel de lo que Leon Battista llamaba el *commentatore* o comentador. Para Alberti esta figura es un componente esencial del tipo de pintura que él llama *storia* y que significa esencialmente la representación de una escena o episodio con un número de figuras. «En la *storia* debe haber una figura que nos avisa e informa acerca de lo que esta sucediendo, o que nos hace señas con la mano para que miremos».[74] Las representaciones de la *Adoración*, tan densamente pobladas, son un ejemplo clásico de pintura de *storia*, es decir, de representación de una escena o historia arquetípicamente dramática. El joven que se encuentra al margen de la multitud en la *Adoración* de Leonardo cumple exactamente la función del *commentatore* tal como lo define Alberti y ocupa exactamente la misma posición que aquel que se vuelve hacia el espectador en la *Adoración* de Botticelli, una figura que también se cree autorretrato del pintor. Indudablemente, Leonardo conoció esta obra, terminada un par de años antes para la iglesia de Santa Maria Novella.

Una comparación visual parece confirmar que es Leonardo el personaje que aparece en el margen de la pintura. El rostro se asemeja al del *David* de Verrocchio, al del joven de la página de Fioravanti, y al del artista que mira a través de un «perspectógrafo». Entre los estudios dibujados a pluma y tinta para la *Adoración* del Louvre figura el de un joven alto y de cabello largo que no corresponde a ninguno de los personajes del cuadro, pero cuyo gesto sugiere que puede tratarse de un estudio temprano para la figura del *commentatore*. También éste podría considerarse un autorretrato.

Una ligera limpieza con un algodón húmedo en el laboratorio de restauración de los Uffizi y el hermoso joven de rostro ancho se ilumina brevemente. ¿Cuál es su actitud? Vuelve la espalda a las figuras centrales de la madre y el niño, aunque parece extender el brazo derecho hacia atrás invitándonos a mirarlas. Es el comentador: distanciado, marginal, dubitativo, quizá incluso escéptico. Nos muestra esa escena trascendental, pero no forma parte de ella.

LA PARTIDA

El joven del cuadro mira hacia fuera y a lo lejos, más allá del marco que le contiene y le constriñe. En algún momento posterior a septiembre de 1481— fecha de la última referencia a él que encontramos en las cuentas de San Donato—, Leonardo abandonó Florencia para trasladarse a Milán. No volvería (que sepamos) hasta pasados dieciocho años, aunque eso era algo que él ignoraba en el momento de su marcha, de forma que no podemos decir si partía desafiante y definitivamente, volviendo la espalda a su ciudad, su padre y su incierta carrera, o si se iba sencillamente por una temporada: un viaje al norte debido al deseo de experimentar algo nuevo.

Como ya he mencionado, la circunstancia más sorprendente de la partida de Leonardo para Milán es que fue a esa ciudad en calidad de músico. Como también he observado anteriormente, existe una discrepancia en las fuentes más antiguas en torno a si fue allí «enviado» por Lorenzo de Medici o si fue «invitado» por Ludovico Sforza. Tras este pequeño enigma se oculta una pregunta de mayor trascendencia: ¿en qué estado de ánimo dejó Leonardo Florencia? ¿Fue enviado como embajador cultural, como un ejemplo del talento y el ingenio florentino? ¿O partió invadido por una sensación de fracaso y frustración, con sus obras inacabadas, su forma de vida objeto de polémica y famoso tanto por su genialidad como por sus problemas? No se trata de decidir entre un estado de ánimo u otro; los dos pudieron coexistir. Leonardo estaba dispuesto a partir y Lorenzo estaba dispuesto a dejarle ir. Desasosiego y conveniencia: dos poderosas motivaciones que se funden en una curiosa fantasía: un violín con una caja de resonancia de plata en forma de cabeza de caballo.

La fecha de la partida es dudosa. La última referencia que encontramos en Florencia (la entrega del «vino bermellón» de las viñas de San Donato) corresponde al 28 de septiembre de 1481; la primera que encontramos en Milán (el contrato de *La Virgen de las rocas*) corresponde al 25 de abril de 1483. Según el *Anónimo,* cuando se fue tenía treinta años: si interpretamos literalmente ese dato, partió después del 15 de abril de 1482.

Una posibilidad interesante es que marchara como integrante del séquito de Bernardo Rucellai y Pier Francesco da San Miniato, enviados a Milán como *oratori* o mensajeros florentinos a comienzos de 1482.[75] No resulta difícil, desde luego, relacionar a Leonardo con el popular erudito Bernardo Rucellai, el platónico de moda, protector de Tommaso Masini y quizá comitente del *San Jerónimo* de Leonardo. Contaba entonces cerca de cuarenta años y era uno de los hombres más ricos de la ciudad y cuñado de Lorenzo de Medici; permanecería en Milán durante cuatro años, los dos últimos (de 1484 a 1486) como embajador de Florencia. Un soneto del chismoso Bernardo Bellincioni puede apuntar a la relación de Leonardo con Rucellai y con el otro enviado a Milán, Pier Francesco da San Miniato. Lleva por título *S a Madonna Lucretia essendo l'auctore a Fiesole,* es decir, que se trata de un soneto escrito en Fiésole y dedicado a Lucrezia Tornabuoni, madre de Lorenzo de Medici. Hace referencia a «Messer Bernardo» y a «Piero», plausiblemente identificados como Rucellai y San Miniato, e incluye los siguientes versos:

A Fiesole con Piero é Leonardo
E fanno insieme una conclusione

[En Fiésole con Piero está Leonardo, y juntos llegan a un acuerdo.] [76]

Bernardo y Pier Francesco fueron nombrados *oratori* el 10 de diciembre de 1481 y abandonaron Florencia para dirigirse a Milán el 7 de febrero de 1482. Quizá sea ésta también la fecha de la partida de Leonardo.

Poco antes de partir, Leonardo confeccionó la lista de sus trabajos florentinos que con tanta frecuencia he citado. Son las pinturas, modelos y dibujos que se lleva con él a Milán: su carpeta. Incluye «dos madonas», una de las cuales es, probablemente, la *Madonna Benois;* «ciertas figuras de San Jerónimo»; un retrato de Atalante Migliorotti «levantando el rostro»; algunas «máquinas para barcos» y «algunas máquinas para agua»; «muchas flores dibujadas del natural», y «muchos diseños de nudos» o *vinci.* Podemos identificar estos trabajos con obras conocidas de finales de la década de 1470, pero el documento produce cierta melancolía en el sentido de que muchos otros no pueden ser identificados y casi con seguridad se han perdido. ¿Dónde están los «8 San Sebastianes», o la «cabeza de gitano», o la «cabeza del duque» (probablemente, por razones que pronto veremos, la del difunto duque de Milán, Francesco Sforza)? En algunos casos, la descripción no es ni siquiera inteligible: los *4 disegni della tavola da santo angiolo* ¿son dibujos para un cuadro en que debía aparecer un ángel o para una pintura destinada a la iglesia de Sant Angelo? Las *componimenti d'angioli* ¿son composiciones de ángeles o de ángulos? La fascinación que producía en él el cabello se hace evidente («una cabeza de perfil con una hermosa cabellera», «un rostro con cabello rizado», «cabeza de muchacha con trenzas anudadas», etcétera). Entre las obras de arte figura una calcedonia, una formación criptocristalina del cuarzo cuyas variedades más conocidas son el ágata y la cornalina.

*Lista de obras de Leonardo, h. 1482, en una página llena de apuntes
y garabatos del Códice Atlántico.*

La hoja en que aparece la lista ofrece otras sorpresas. La primera línea, o la que se da como primera en las transcripciones modernas —«una cabeza, de frente, de un joven con una hermosa cabellera»—, fue escrita por una persona que no era Leonardo y, posiblemente, en un momento distinto. Está invertida con respecto al resto de la lista y escrita de izquierda a derecha. La caligrafía es casi idéntica a la de los dísticos latinos referentes a la pieza de artillería llamada La Ghibellina y a la del soneto emborronado que comienza *Leonardo mio*, lo que significa, en otras palabras, que fue escrita por el poeta de Pistoia Antonio Cammelli. En el ángulo inferior izquierdo de la hoja vemos una caricatura bastante tosca, de perfil, de un joven de expresión apesadumbrada con pelo largo y *berretta*. Me pregunto si será una última imagen de Leonardo en Florencia: *Lionardo mio... perche tanto penato?*, «Leonardo mío... ¿por qué estás tan apenado?». Quizá este dibujo sea obra del propio Il Pistoiese; o quizá de Zoroastro, cuyo laboratorio de Roma tenía las paredes «pintadas con rostros grotescos».

Si la lista de trabajos constituye un documento retrospectivo, la famosa «carta de presentación» dirigida a Ludovico Sforza mira en cambio ambiciosamente hacia delante, hacia el futuro de Leonardo en Milán. Probablemente fue escrita en Florencia para ser presentada al Moro a la primera oportunidad. La copia que ha sobrevivido está escrita con una bella caligrafía, quizá la de un escriba profesional, aunque, debido a las ligeras correcciones que presenta, sabemos que no puede ser la definitiva.[77] Se trata de una propuesta, muy elaborada, que informa acerca de las diversas competencias que Leonardo puede ofrecer al duque, presentadas en un tono de gran seguridad, cosa que resulta sorprendente dado que se trata principalmente de competencias relacionadas con la ingeniería militar, de la que por entonces no tenía ni conocimientos ni experiencia. Mientras se prepara para abandonar Florencia sueña con un nuevo papel: el de ingeniero del duque de Milán.

Comienza con un estilo florido:

> Mi muy Ilustre Señor:
> habiendo visto y examinado suficientemente las invenciones de todos aquellos que se dicen maestros y artífices de instrumentos de guerra, he hallado que, en lo concerniente a diseño y funcionamiento, sus máquinas no son de ningún modo diferentes de aquellas que se utilizan comúnmente. Me atrevo, pues, sin mostrar mala voluntad hacia nadie, a ofrecer mis competencias a Su Excelencia y a informar a Su Señoría de mis secretos, y me ofrezco igualmente a hacer una eficaz demostración de todas ellas en el momento que Su Señoría considere más conveniente...

Sigue a continuación una lista numerada de los «instrumentos» cuyos secretos quiere ofrecer a Ludovico, un auténtico folleto informativo de maquinaria militar:

1. Poseo métodos para construir puentes fuertes y muy ligeros, fáciles de transportar y útiles ya sea para perseguir o eludir al enemigo; y otros más sólidos que no pueden ser destruidos ni por el fuego ni por un asalto...

2. En caso de asedio, sé cómo extraer el agua de los fosos y construir todo tipo de puentes y pasos cubiertos, escalas y otros ingenios adecuados a este tipo de operaciones.

3. Si la plaza sitiada no puede ser tomada por medio de un bombardeo, ya sea por la altura de sus defensas o por la fuerza de su posición, tengo métodos para destruir cualquier fortaleza o reducto aunque se asiente sobre la roca...

4. Poseo cierto tipo de cañón, extremadamente fácil de transportar, que dispara una lluvia de pequeñas piedras, como si se tratara de una granizada, y el humo que despide causa gran terror al enemigo, produciendo las consiguientes bajas y una gran confusión...

5. Conozco métodos para construir silenciosamente túneles subterráneos y pasajes sinuosos que permiten llegar al punto deseado, aun en el caso de que sea necesario pasar bajo fosos o bajo un río.

6. Haré carros acorazados totalmente imposibles de atacar y capaces de penetrar las filas del enemigo con su artillería, y no habrá compañía de soldados tan grande que pueda resistirlos. Y tras ellos podrá seguir la artillería, sin sufrir bajas, sin encontrar resistencia.

7. En caso de necesidad construiré cañones y morteros y piezas de artillería ligera tan hermosos como útiles, muy diferentes de los que se utilizan comúnmente.

8. Allá donde sea imposible llevar a cabo bombardeos, fabricaré catapultas, manganas, abrojos[78] y otros muchos ingenios maravillosamente eficaces y de uso poco común...

9. Y cuando la lucha tenga lugar en el mar, tengo muchas máquinas muy eficaces para el ataque y para la defensa, y barcos que resistirán el ataque de los bombardeos, de la pólvora y de los gases.

«En resumen», continúa, «puedo idear una infinita variedad de máquinas para el ataque o la defensa». La cuestión que inmediatamente nos planteamos, y que pronto se plantearía Ludovico Sforza, es: ¿Podía hacerlo? Quizá. Leonardo tenía conocimientos básicos de ingeniería, era capaz de aprender rápidamente y contaba con la colaboración de Tommaso Masini, un metalista, pero no existen pruebas de que ninguna de esas máquinas llegara a existir fuera del papel.[79] El documento suena a ciencia ficción, como si la imaginación de Leonardo corriera por delante de él. Es la propuesta de un soñador polifacético que aportará los detalles más adelante.

Al final de la carta, Leonardo recuerda que también es un artista —«en cuanto a pintura, puedo hacerlo tan bien como el mejor»—, y traslada a Ludovico una última oferta, considerada por muchos el verdadero motivo de su traslado a Milán: «Podría comenzar a trabajar en el caballo de bronce que se erigirá para gloria y honor eterno de la feliz memoria del Príncipe, padre de Su Señoría, y de la muy ilustre casa de los Sforza». Ésta es la primera mención a la gran estatua ecuestre de Francesco Sforza, que ocuparía a Leonardo, infructuosamente, durante los años venideros. En 1480, Verrocchio, su ex maestro, se había trasladado a Venecia para crear una obra semejante: la estatua ecuestre del *condottiere* Bartolomeo Colleoni. La noticia de que los Sforza proyectaban encargar la obra había circulado por Florencia durante dos años y el estudio de Pollaiuolo había ejecutado ya algunos diseños.[80] Estos monumentos constituían obras grandiosas, muy caras y de gran proyección pública: Leonardo pensaba a lo grande.

El artista envuelve estos documentos cuidadosamente con su característica reserva: son un inventario del pasado y una perspectiva de futuro, y como tales los guarda en el cofre que le acompañará en el viaje o en una alforja, junto con los dibujos y las pinturas inacabadas, y las figuritas de barro, y la calcedonia brillante, y la lira de plata que ha enfundado en su estuche.

Capítulo IV

Nuevos horizontes
1482-1490

... Seggendo in piuma
In fama non si vien, ne sotto coltre,
Sanza la qual chi sua vita consuma
Cotal vestigio in terra di se lascia
Qual fummo in aere ed in acqua la schiuma.

[... ni sentado entre plumas,
a la fama se llega, ni en la cama,
y quien sin ella su vida consume
igual vestigio en la tierra deja
que el humo en el aire y en el agua la espuma.]

Versos del *Infierno* de Dante copiados por Leonardo,
Windsor fol. 12349v

Leonardo calculó que viajar de Florencia a Milán suponía recorrer una distancia de 180 millas (siempre utilizaba la *miglia* premétrica para este tipo de cómputos).[1] Según un mapa de carreteras moderno, son 188 las que separan las dos ciudades. Basándonos, a grandes rasgos, en relatos de viajes contemporáneos, a lo largo de una jornada a caballo se recorría una media de 20 o 30 millas (dos o tres etapas por día si se utilizaban caballos de posta). Hablamos, pues, de un viaje de una semana aproximadamente. El camino habitual cruzaba los Apeninos hacia el norte hasta Bolonia, paralelo a la actual *autostrada* A1, y recorría luego la cuenca del valle del Po hasta llegar a la pequeña ciudad de Módena, parte del feudo de los Este.

Módena evoca una singular asociación en el estudiante atento de los manuscritos de Leonardo por ser el tema de un chiste bastante subido de tono. Aunque encontramos obscenidades diseminadas por todos sus cuadernos de notas, ésta se narra con una particular franqueza. Se trata de una anécdota, o más bien un comentario sarcástico, acerca del peaje que obligaban a pagar las autoridades de la ciudad a todo el que entraba en ella:

> Un hombre que iba a Módena tuvo que pagar un peaje de 5 sueldos para entrar en la ciudad. Organizó tal escándalo que atrajo a varios mirones que le preguntaron por qué estaba tan asombrado. Y Maso replicó: «Me asombra ver que un hombre puede entrar aquí todo entero por sólo 5 sueldos, cuando en Florencia tengo que pagar 10 ducados de oro sólo para que entre mi polla. Aquí puedo meter la polla y los cojones y el resto de mi cuerpo por una cantidad insignificante. ¡Que Dios salve y proteja a esta buena ciudad y a todos los que la gobiernan!»[2]

La traducción se aproxima a la crudeza del original: «polla» por *cazzo* y «cojones» por *coghone* (es decir, *coglioni*). El chiste se refiere, naturalmente, al pago exigido por mantener relaciones sexuales con una prostituta florentina. La introducción del nombre de Maso (Tomás) en la historia puede deberse a una convención de la época o puede indicar que fue alguien que Leonardo conocía quien dijo esas palabras en su presencia. Pudo ser incluso Tommaso Masini, conocido como Zoroastro, quien así hablara un día de comienzos de 1482 cuando pasaban por Módena camino de Milán.

Continuarían su camino los viajeros a través de las tierras bajas del Po —Reggio Emilia, Parma, Piacenza—, y finalmente avistarían Milán, con sus torres góticas surgiendo de la fría llanura lombarda. Los romanos llamaron a la ciudad Mediolanum (*in medio plano*, en medio de la llanura). Los conquistadores lombardos convirtieron Mediolanum en Mayland, de donde procede el nombre de Milano (Milán). Era un cruce de caminos en constante crecimiento: el lugar en el que se alzaba no era estratégico, ni salubre, ni se encontraba cerca de ninguno de los ríos que señalan los límites de la llanura. En invierno el clima es húmedo y brumoso, de forma que nos es fácil imaginar la llegada de Leonardo: todo aparece teñido por esa amortiguada luz septentrional que más tarde rezumarán sus cuadros.

En 1482 Milán era una ciudad dispuesta a prosperar a cualquier precio. Tenía 80,000 habitantes, algo más que Florencia, pero carecía de las estructuras comerciales y políticas que daban cohesión a esta ciudad. Milán era una ciudad-estado al viejo estilo feudal, gobernada por una dinastía cuyo poder se basaba más en la fuerza y en el ejército que en las leyes. Los Sforza eran nobles desde hacía muy poco tiempo. Una generación antes, en 1450, el padre de Ludovico, Francesco, había sucedido a los anteriores gobernantes de la ciudad, los Visconti, proclamándose duque de Milán. El apellido de la familia se remontaba sólo hasta el abuelo de Ludovico, Muzzo Attendolo, un campesino convertido en mercenario que utilizaba Sforza como nombre de guerra (de *sforzare*, forzar u obligar). Para los historiadores románticos como Jules Michelet, los Sforza fueron «héroes pacientes y astutos que se hicieron a sí mismos de la nada», pero para sus contemporáneos no eran más que «vulgares soldados»,[3] algo que redundaba en beneficio del itinerante Leonardo, ya que el arribista es siempre un mecenas insaciable. El lujo y la ostentación eran la impronta de los Sforza, que pretendían sustituir con ellos su falta de pedigrí. La ciudad, empapada en las modas borgoñonas y la tecnología alemana, tenía ya un barniz de sofisticación septentrional. Leonardo había vislumbrado fugazmente su opulencia diez años antes, cuando la comitiva de los Sforza había deslumbrado y escandalizado a los ciudadanos de Florencia.

La forma del Milán medieval —el Milán que Leonardo conoció en la década de 1480— aún puede distinguirse en un plano moderno: la elipse que formaban las desaparecidas murallas puede rastrearse a lo largo de una serie de amplias calles que ahora sirven como anillo de circunvalación del centro de la ciudad. Las murallas originales, construidas a fines del siglo XII, después de que el Emperador del Sacro Imperio Romano Federico I, conocido como Barbarroja, destruyera la ciudad, no deben confundirse con el anillo exterior de murallas abastionadas, parte de las cuales continúa en pie (por ejemplo, el Bastione Porta Venezia, situado al fondo de los jardines públicos). Estas últimas defensas fueron construidas por los españoles a mediados del siglo XVI y no existían en tiempos de Leonardo. La circunferencia de las murallas medievales era de algo más de cinco kilómetros —más o menos como la de las murallas que aún se conservan en Lucca— , y, por lo tanto, podían recorrerse en unos tres cuartos de hora. Dado que «Lucca *dentro*» tiene hoy menos de 10,000 habitantes, podemos imaginar hasta qué punto vivían apiñados los 80,000 del Milán del Quattrocento. Diez puertas jalonaban las murallas. Ocho de ellas aparecen señaladas en un plano esquemático de Milán incluido en el Códice Atlántico, bajo el cual vemos una panorámica de la ciudad vista desde el oeste, con el castillo, la catedral y la alta torre puntiaguda de San Gottardo.[4]

Teniendo en cuenta que llegaba desde el sur, la delegación florentina de Rucellai y San Miniato —con su séquito, que, presuntamente, incluiría a Leonardo da Vinci, Tommaso Masini y Atalante Migliorotti— debió de entrar por la Porta Romana. La fachada de mármol de la puerta mostraba unos feroces relieves de «San Ambrosio expulsando a los arrianos de Milán con un látigo» y de un «Hombre con un dragón», este último considerado tradicionalmente un retrato de Barbarroja. Los nombres de los canteros del siglo XII que los labraron están grabados en la piedra: Girardi y Anselmo.[5]

Al adentrarse en la ciudad, tras dejar atrás la masa gótica de la catedral, la delegación llegaría a la imponente mole del Castello Sforzesco que domina el flanco norte de la ciudad. Conocido anteriormente por el nombre de Castello San Giovio, había sido ampliado y fortificado por el hermano de Ludovico, Galeazzo Maria, a fines de la década de 1460, con el fin de trasladar allí el centro de poder localizado hasta entonces en el viejo Castello Visconti, junto a la catedral. Un autor anónimo florentino, que lo vio en 1480, dos años antes que Leonardo, lo describe como «un castillo muy fuerte y hermoso, rodeado de fosos, que abarcaba ochocientos metros cuadrados o más, con un jardín amurallado de unos 5 kilómetros de perímetro».[6]

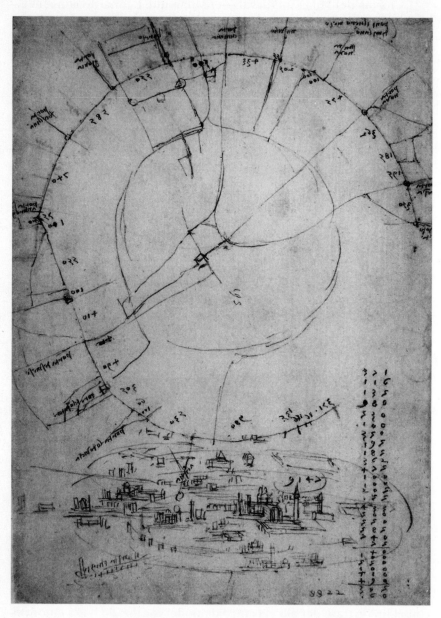

Boceto de plano de Milán dibujado por Leonardo, h. 1508.

Ludovico Sforza por un artista lombardo desconocido, de un retablo de comienzos de la década de 1490.

Desde fuera, el castillo es un severo reducto de muros de un ladrillo rojo oscuro. Cruzando la enorme puerta de entrada, diseñada por el arquitecto florentino Filarete, se pasa a un enorme patio exterior —es evidente que las dimensiones eran importantes para los Sforza—, y de ahí a los patios interiores del norte rodeados de fosos: a la derecha queda la Corte Ducale, utilizada para ceremonias cortesanas, y a la izquierda el Cortile della Rocchetta, donde se encontraban los aposentos privados del duque, un sanctasanctórum rodeado por murallas y soldados. Las elegantes columnatas que añadió Ludovico no reducen la sensación de que se trataba de un enclave extremadamente protegido en una época de paranoia justificada.

Cuando llegó a Milán, Leonardo no podía saber que permanecería durante mucho tiempo en esa corte-fortaleza, ni que su relación con el generoso pero imprevisible duque pasaría por una serie de altibajos. Dejó su marca, ligeramente, en las paredes y los techos decorados de la Sala delle Asse, en la esquina noreste del castillo. Y digo ligeramente porque la restauración llevada a cabo hace cien años incluyó un extenso repintado: es fácil constatarlo una vez en el interior de la habitación, pero, por casualidad, yo la vi por primera vez desde el exterior, desde la parte

Grabado de un plano de Milán de Josef Hoefnagel, h. 1572.

213

trasera del castillo, donde las paredes están cubiertas de hiedra y donde los cuervos anidan ruidosamente en las rendijas de la ventilación, y desde donde, a través de una ventana del piso superior, puede vislumbrarse ese exuberante entrelazado de ramas que Leonardo pintó en 1498 y que ahora se alía con los cuervos para recordarnos la vanidad del poder político frente a la Naturaleza, «la maestra de todos los maestros».

Los florentinos, llegados a Milán a mediados o finales de febrero de 1482, se encontraron una ciudad inmersa en la celebración del «carnaval ambrosiano», que unía el carnaval anterior a la Cuaresma con la festividad de San Ambrosio o Ambrogio, patrón de la ciudad, que se celebraba el 23 de febrero. Este contexto da sentido a la presentación musical de Leonardo en la corte, descrita por el *Anónimo* y elaborada por Vasari: «El Duque, que gustaba del sonido de la lira, invitó a ir a Milán a Leonardo... que superó a todos los que se habían reunido allí para tocar». Podemos, quizá, imaginar una especie de concurso o competición que formaría parte de la celebración del carnaval en la corte, probablemente en el marco de los Salones de Estado de la Corte Ducale. Una nota posterior de Leonardo puede hacer referencia a una ocasión similar: «Tadeo, hijo de Nicholaio del Turco, tenía nueve años en la vigilia de San Miguel del año 1497; aquel día fue a Milán, y tocó allí el laúd, y fue considerado uno de los mejores intérpretes de Italia».[7]

Así, como animador, es como se introduce Leonardo en el mundo de Ludovico Sforza, Il Moro, el hombre fuerte de Milán (aún no era el duque, aunque Vasari le dé este título). Probablemente se conocieron en aquella ocasión, aunque Leonardo habría visto sin duda a Ludovico diez años antes, cuando éste acompañó a su hermano Galeazzo en aquella suntuosa visita de estado a Florencia. Tenían exactamente la misma edad: Ludovico, cuarto hijo legítimo de Francesco Sforza, había nacido en Vigevano a comienzos de 1452. Su apodo de «Il Moro» se debía en parte a un juego de palabras basado en uno de sus nombres, Mauro, y en parte a su tez oscura. Su escudo de armas incluía una cabeza de moro y en un arcón de boda aparece a caballo escoltado por un negro. Uno de sus emblemas, en aquel mundo fascinado por los juegos de palabras, era una morera (en italiano, *moro),* una referencia a la producción de seda de Milán, industria que él fomentó con entusiasmo. Cuando Galeazzo Maria fue asesinado en 1476, Ludovico procedió inmediatamente a aislar a la duquesa viuda, Bona de Saboya, y al duque legítimo, Gian Galeazzo, entonces de diez años de edad. En calidad de regente gobernó como duque en todos los aspectos, aunque sin arrogarse ese título. Sin duda era ambicioso, cruel y avaricioso, pero también era pragmático e inteligente (o al menos lo fue hasta que su debilidad por la astrología y los augurios comenzó a dominarle), y estaba auténticamente deseoso de crear un Renacimiento milanés. En los muchos retratos estereotipados que nos han llegado de él, en los que aparece siempre de perfil, vemos a un hombre fornido, grueso, y con un gran mentón. El que incluye la Pala Sforzesca o retablo Sforza (ahora en la Galería Brera) constituye un verdadero estudio de autoestima. Ludovico podría estar tarareando para su capote el estribillo de una cancioncilla popular de propaganda:

> Un Dios hay en los Cielos
> Y en la tierra hay un Moro.[8]

El 6 de marzo, Bernardo Rucellai envía un informe a Lorenzo de Medici. Ha hablado con Ludovico acerca del «proyecto y diseño de la fortaleza de Casalmaggiore» y éste le ha expresado su satisfacción. Quizá el hecho de que Leonardo formara parte del séquito de Rucellai estuviera relacionado también con el proyecto de fortificación del Po. Leonardo estaría, pues, en Milán con motivo de lo que hoy llamaríamos un acuerdo de «cooperación técnica» entre las dos ciudades, y también debido a sus dotes en cuanto artífice e intérprete de novedosos instrumentos musicales.

Por un momento Leonardo es una novedad. Su música ha cautivado los oídos del Moro y sus conocimientos de ingeniería pueden resultar útiles. Ha llegado el momento de mostrar a Ludovico su famosa «carta de presentación», la propuesta que ha traído con él desde Florencia, con su tentadora lista de máquinas de guerra —cañones y carros acorazados, ingenios adecuados para asedios, perforadoras para abrir túneles, y puentes para murallas exteriores— que él «sabe» construir. Existen dibujos hechos en Milán que representan estas máquinas, de forma que quizá Ludovico se mostró interesado en ellas. El cañón portátil o mortero que «dispara una lluvia de pequeñas piedras, como si se tratara de una granizada» aparece en un dibujo de Windsor de hacia 1484; en el reverso vemos una ciudad fortificada bajo un bombardeo. El carro acorazado aparece en un dibujo de hacia 1487-1488 que se conserva en el Museo Británico y se comenta en una nota del MS B de París, según la cual este tipo de vehículos sirve para «sustituir a los elefantes», una observación curiosamente arcaica. En estos proyectos militares, dice Martin Kemp, «la inventiva práctica, los precedentes de la antigüedad y la inverosimilitud imaginativa se funden en una mezcla sin fisuras».[9]

El atractivo que ofrecía el armamento descrito en la propuesta y elaborado en dibujos posteriores era, quizá, tanto psicológico como práctico. Constituía un reto a la ambición, la vanidad y la vulnerabilidad de un déspota del Quattrocento, una figura retórica de la omnipotencia. El so-

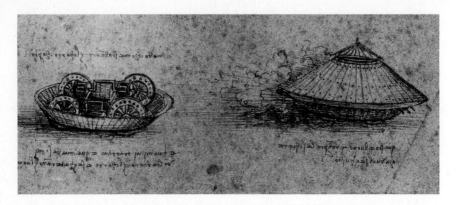

Carro blindado de Leonardo, h. 1487-1488.

berbio dibujo que representa una fundición o fábrica de piezas de artillería con sus obreros desnudos y empequeñecidos manejando palancas y cureñas gigantescas —automáticamente se nos viene a la memoria *Metrópolis,* de Fritz Lang— transmite la sensación de grandeza y drama tecnológico implícitos en sus promesas, el *frisson* (escalofrío) de Brunelleschi. ¿Será el Moro, se pregunta Leonardo, el mecenas capaz de mostrarse a la altura de sus sueños y aspiraciones? Pero ya en ese momento se hace evidente una cierta desilusión porque sobre el dibujo del cañón que dispara una lluvia de proyectiles, escribe media frase: «Si los hombres de Milán hicieran por una vez algo fuera de lo común...».[10]

Casi como una reflexión tardía, cierra la propuesta de Leonardo una referencia a sus aptitudes ajenas al teatro de la guerra:

> En tiempos de paz creo que podría dar completa satisfacción, tanto como el mejor, en cuestiones de arquitectura, en el diseño de edificios, tanto públicos como privados, y en llevar agua de un lugar a otro. Puedo también esculpir en mármol, bronce o arcilla, y en pintura puedo hacerlo tan bien como el mejor, sea quien fuere.

Nos resulta extraño encontrar al Leonardo pintor, escultor y arquitecto cerrando la marcha, por detrás del constructor de tanques, morteros y bombardas. Pero ésa era la idea que se había hecho él de la situación, con una clara percepción de las prioridades del Milán de los Sforza, y quizá también —como tantas veces repite Vasari— con una percepción errónea de sus propias facultades.

El teatro de la guerra. Dramático dibujo de una fundición milanesa de piezas de artillería.

EXPATRIADOS Y ARTISTAS

La Lombardía era un país extranjero: allí se hacían las cosas de diferente manera. El clima, el paisaje, el modo de vida, la lengua —un dialecto con fuerte influencia del alemán y gran énfasis en las zetas, en el que Giovanni era Zoane y Giorgio era Zorzo—; todo era nuevo y extraño. Una velada musical y las promesas de ventajas militares no bastan para sugerir (como se da a entender con frecuencia) que Leonardo triunfase de la noche a la mañana en la corte milanesa. Ahora, más que nunca, es un extraño, un expatriado, un hombre que vuelve a empezar. Se trata de una experiencia que le aísla y, al mismo tiempo, le define: raramente aparece por entonces en un documento sin que el epíteto «florentino» se añada a su nombre. Se convierte así en florentino de una forma en que nunca lo había sido, ni nunca llegaría a serlo, en Florencia.

Había en Milán una fuerte presencia florentina, y ése debió de ser el medio en el que se desenvolvió la vida de Leonardo durante los primeros meses de su estancia en esa ciudad. En el aspecto comercial, la influencia de Florencia estaba representada, como era habitual, por el banco de los Medici. Tenía su cuartel general en un gran *palazzo* situado en la actual via Bossi, regalo del padre de Ludovico a Cosimo de Medici, al que se accedía por un arco corintio, muy ornamentado, en el que se entremezclaban diplomáticamente motivos toscanos y lombardos. Era tanto una oficina como un lugar de encuentro, una especie de consulado para florentinos itinerantes. Los principales agentes de los Medici en Milán eran los miembros de la familia Portinari, a quienes sin duda llegó a conocer Leonardo. En un memorándum de comienzos de la década de 1490, anota: preguntar a Benedetto Portinari «cómo se mueve la gente sobre el hielo en Flandes».[11]

Un florentino muy conocido que residía en Milán en 1482 era el veterano viajero, autor y diplomático Benedetto Dei, que por entonces contaba unos sesenta y cinco años. Había visitado la ciudad por primera vez a finales de la década de 1440 y se hallaba en ella cuando Francesco Sforza la tomó, según sus propias palabras, «espada en mano». Él también conocía a los Portinari, y en 1476 viajó a Francia y Holanda como agente suyo. (Esa relación de negocios explica probablemente que tuviera información acerca de los patinadores flamencos). Es posible que Leonardo hubiera conocido a Dei en Florencia, ya que éste era amigo del científico Toscanelli y del poeta Luigi Pulci, quien le dedicó un soneto, *In principio era buio, e buio fia* («En un comienzo fue la oscuridad / y oscuridad habrá siempre», una parodia del Génesis), que provocó cierto escándalo. De él se deduce que Dei era un escéptico en materia de religión:

Hai tu veduto, Benedetto Dei,
Come sel beccon questi gabbadei
Che dicon ginocchion l'ave Maria!
Tu riderai in capo della via
Che tu vedrai le squadre de' Romei ...

[¡Has visto, Benedetto Dei, qué necios son esos hipócritas que se arrodillan y mascullan el Ave María! Cómo te reirías desde el comienzo de la calle si pudieras ver las hordas de peregrinos que se dirigen a Roma ...]

Pulci fue denunciado por el filósofo Ficino por estas infamias que había «vomitado contra Dios». Ocurría todo esto a comienzos de 1476, cuando Leonardo pintaba el retrato de Ginevra con sus connotaciones ficinianas. Pulci y Dei, como Antonio Cammelli, representaban un talante más incisivo, más escéptico, que, al parecer, era más del agrado de Leonardo. Entre 1480 y 1487, Dei permaneció de forma más o menos continuada en Milán al servicio de los Sforza. Se hallaba entonces en el cenit de su carrera como diplomático y periodista: era el hombre que conocía todo y a todos, *la tromba della verità* («la trompeta de la verdad»). Recababa y distribuía información a través de una red de corresponsales que incluía desde familiares y amigos de Florencia, a los que pedía que le escribieran semanalmente, hasta las poderosas dinastías de los Gonzaga, los Este y los Bentivoglio.[12]

Sin duda Leonardo conocía a este infatigable y sociable florentino, bien situado como asesor político del Moro, aunque no siempre bien remunerado. (Dei se refiere amargamente a cómo se ve obligado a «desafiar a la peste» para conseguir su «paga»). Le escucharía con atención mientras aquél narraba sus viajes a Turquía, Grecia, los Balcanes y el norte de África: no había muchos hombres que, como él, tuvieran información de primera mano acerca de la vida en Tombuctú. Su interés se hace evidente en un curioso texto fechado en torno a 1487, más o menos cuando Dei partió de Milán, y que comienza así: «Querido Benedetto Dei». Su carácter de texto de ficción permite adivinar en él un elemento de parodia: Dei era considerado un narrador de relatos increíbles. Su historia de gigantes recuerda el famoso *Morgante maggiore* de su viejo amigo Luigi Pulci, un libro que se sabe que Leonardo poseyó.[13]

Otro florentino al servicio del Moro era Piero di Vespucci. Estuvo encarcelado en Le Stinche, después de la conspiración de los Pazzi, acusado de incitar a la huida a los conspiradores, aunque el verdadero motivo de su encarcelamiento pudo ser su condición de viejo enemigo de Giuliano de Medici, quien había cortejado a Simonetta Cattanei, casada con su hijo Matteo. En 1480 se le restituyeron «todos sus derechos», pero él eligió la dignidad del exilio.[14] Ludovico le recibió con los brazos abiertos y le nombró consejero ducal. En 1485, Piero di Vespucci murió en una escaramuza en la vecina ciudad de Alessandria.

Banqueros, diplomáticos y exiliados formaban un círculo cerrado de influencia florentina en la corte del Moro y debieron de constituir buenos contactos para Leonardo. Entre ellos se contaba también Bartolomeo Calco, un distinguido helenista a quien Ludovico nombró su secretario como parte de una campaña dirigida a «purificar el tosco lenguaje de los milaneses». La frase implica cierto esnobismo intelectual y quizá los cortesanos locales no vieran con buenos ojos la presencia de los florentinos. Protegido de Ludovico fue también el chismoso poeta florentino Bernardo Bellincioni, a quien Leonardo había conocido en Florencia, aunque probablemente no llegó a Milán hasta alrededor de 1485.

Artísticamente Milán era el resultado de una mezcolanza ecléctica. Como cruce de caminos, absorbía influencias del norte —de Alemania, Francia, Borgoña y Países Bajos—, así como de centros artísticos vecinos como Venecia y Padua. La ciudad estaba llena de albañiles y escultores franco-alemanes. Sus trabajos, influidos por el gótico, adornaban la catedral, cuyas obras dirigía a comienzos de la década de 1480 Johann Nexemperger, un alemán de Graz. Esta mezcla de influencias impidió que se desarrollara un estilo local característico, pero en la nueva era de ostentación y aspiraciones de los Sforza abundaba la actividad artística. En 1481, la cofradía de pintores milaneses, la Scuola di San Luca, tenía sesenta miembros.

El artista más importante que en 1482 trabajaba en Milán era otro inmigrante, aunque éste procedía de la región menos culta de Le Marche, al este de los Apeninos. Se trataba del pintor y arquitecto Donato Bramante. Llegó a ser un buen amigo de Leonardo, quien se refiere a él en una nota como «Donnino», y es probable que su amistad se cimentara mucho antes. Bramante había nacido cerca de Urbino en 1444 y, por lo tanto, era ocho años mayor que Leonardo. Es posible que de joven conociera en aquella ciudad al gran Alberti en la corte de Federico da Montefeltro. Vivió una vida itinerante como pintor antes de establecerse en Milán en la década de 1470. En 1482 trabajaba en su encargo más importante, la construcción del oratorio de Santa María. Muy apreciado por los poetas de la corte milanesa, escribió también algunos versos satíricos. Vasari le describe como un hombre amable y cordial, y menciona que gustaba de tocar el laúd. Aparece retratado por Rafael en el fresco de *La Escuela de Atenas* y en un dibujo a sanguina que se conserva en el Museo del Louvre. Ambas imágenes, muy posteriores, muestran a un hombre fuerte de cara redonda y pelo escaso y despeinado.[15]

Entre los artistas locales destacados de aquel momento figura asimismo Vincenzo Foppa, nacido en Brescia, que había absorbido la influencia de Mantegna y Giovanni Bellini y cuyo dominio de un cierto tipo de luz tenue y plateada parece anticipar los efectos de luz leonardescos; también otros artistas más jóvenes como Ambrogio da Fossano (conocido como Il Bergognone, es decir, «el borgoñón»), Bernardino Butinone y Bernardo Zenale. Pero los artistas locales más estrechamente relacionados con Leonardo durante los primeros años de su estancia en la ciudad fueron los hermanos De Predis, dos de los cuales aparecen documentados como colegas o socios suyos a principios de 1483.

El estudio de los De Predis era una floreciente empresa familiar, con cuatro hermanos en activo. El mayor, Cristoforo (descrito en los documentos como *mutus*, mudo), trabajaba principalmente como iluminador, haciendo maravillosas miniaturas detalladas al estilo de los maestros flamencos. Leonardo mantenía una relación especial, que perduró durante muchos años, con el hermanastro más pequeño de Cristoforo, Ambrogio, nacido hacia 1455. Comenzó éste su carrera en el taller de Cristoforo; sus primeros trabajos, documentados hacia 1472-1474, fueron las miniaturas iluminadas de un libro de horas para la familia Borromeo. Más tarde trabajó con otro hermano, Bernardino, en la Casa de la moneda de Milán. Hacia 1482 había comenzado a destacar como pintor de retratos; ese mismo año la duquesa de Ferrara regaló diez *braccia* de satén a *Zoane Ambrosio di Predi da Milano dipintore de lo Ill. Sig. Ludovico Sforza*. Era ya, por lo tanto, «pintor de Ludovico» cuando Leonardo llegó a Milán, probablemente especializado en retratos, un género en el que, como he señalado, descollaba especialmente.[16]

Leonardo llegó a intimar pronto con aquella familia de artistas bien relacionada, y en el contrato de *La Virgen de las rocas*, fechado en abril de 1483, aparece como socio de Ambrogio y Evangelista de Predis. Se trataba de una relación mutuamente beneficiosa: Leonardo era el mayor y artísticamente superior a ellos, pero los De Predis tenían los contactos y la clientela. En el contrato, se presenta a Leonardo como «maestro», mientras que a Evangelista y a Ambrogio no se les da ningún título. Al parecer vive con ellos, o en cualquier caso cerca, ya que los tres figuran con la misma dirección: «la parroquia de San Vincenzo in Prato *intus*». La antigua iglesia románica de San Vincenzo in Prato se hallaba al otro lado del lienzo suroeste de las murallas, cerca de Porta Ticinese. La parte de la parroquia llamada *intus* —en el interior de la muralla— sería la zona delimitada ahora por la Piazza della Resistenza y el Circo Torcio. En este lugar se alojó Leonardo durante los primeros meses de 1483, con Zoroastro y Atalante Migliorotti a su servicio y el taller de los De Predis a su disposición.

LA VIRGEN DE LAS ROCAS

El resultado tangible de la asociación de Leonardo con los hermanos De Predis es una pintura tan atractiva como misteriosa conocida como *Virgen de las rocas* (Lámina 11). Parte del misterio es intrínseco a la pintura —la atmósfera enigmática, el tono crepuscular, la iconografía hermética—, pero también encierra un misterio su propia historia. Se trata de una obra ampliamente documentada, pero lo que nos dicen los documentos es confuso y contradictorio. La pintura existe en dos versiones distintas, semejantes pero no idénticas, cuya relación exacta ha sido objeto de debate. El consenso general es que la versión del Louvre es la más temprana, de hacia 1483-1485, y esencialmente obra exclusiva de Leonardo, mientras que la versión de la National Gallery de Londres habría sido pintada posteriormente por Ambrogio de Predis junto con Leonardo, aunque el momento en que se hizo está en función de cómo se interpreten los documentos.

El comienzo, en cualquier caso, parece estar bastante claro. La obra fue encargada por medio de un contrato fechado el 25 de abril de 1483 y redactado por un notario llamado Antonio de Capitani.[17] Este documento, encontrado en los archivos hace un siglo, es el primero que registra la presencia de Leonardo en Milán. El acuerdo se establece entre éste —*magister Leonardus de Vinciis florentinus*—, Evangelista y Ambrogio de Predis de una parte, y una institución religiosa, la Cofradía de la Inmaculada Concepción, de otra. Esta última les encarga una *ancona* (un retablo con la parte superior curva) para adornar la capilla de la cofradía en San Francesco Grande. Se trataba de un contrato prestigioso: la iglesia, fundada por los Visconti a comienzos del siglo XIV, era la más grande de Milán después del Duomo. (Fue destruida en 1576, y en el lugar donde se alzaba se halla ahora el Cuartel de Garibaldi). A pesar de su denominación, la Cofradía constituía un club cerrado de ricas familias milanesas: las de los Corio, los Casati, los Pozzobonelli y otras semejantes.

Los artistas se comprometían a entregar tres tablas: una central, de casi 2 metros de alto por 1.20 de ancho, y dos laterales más pequeñas. Las dimensiones se especificaban porque la obra tenía que encajar en un marco de madera ya existente, una pieza muy elaborada, con figuras en bajorrelieve, del *intagliatore* Giacomo del Maino. Los pintores se comprometían también a dorar y pintar en color el marco, y a hacer en él las reparaciones que fueran precisas. Podemos imaginar de qué forma se dividieron el trabajo: Evangelista, cuya carrera conocida se limitaba al trabajo de miniaturista, decoraría el marco; el pintor de la corte, Ambrogio, pintaría las dos tablas laterales, y la tabla central quedaría encomendada al *maestro* florentino.

Debían acabarlo para el 8 de diciembre de aquel mismo año, día de la Inmaculada Concepción, un plazo muy corto ya que quedaban menos de ocho meses. Los honorarios consistirían en 800 liras, aunque el calendario de pagos no parece muy ventajoso para los artistas. Éstos recibirían una entrega inicial de 100 liras el 1 de mayo de 1483, y después 40 liras al mes a partir de julio. Teniendo en cuenta que tendrían que entregar el retablo en diciembre de aquel mismo año, más de la mitad de los plazos se abonarían ya terminada la obra. El contrato sugiere la misma resistencia al pago por parte de la Cofradía que la que habían mostrado los frailes de San Donato en el contrato de la *Adoración*.

Así comienza la historia, pero a partir de este momento de claridad meridiana —un documento fechado, un acuerdo comprensible— el asunto se sumerge rápidamente en la habitual bruma de incertidumbre que rodea a Leonardo.

La *Virgen de las rocas* es, sin duda, la pintura que resultó del encargo, pero difiere extrañamente de las instrucciones dadas por el cliente. Según el contrato, la tabla central tenía que representar a la Virgen con el Niño, rodeados de un grupo de ángeles y dos profetas, mientras que cada una de las tablas laterales debía incluir cuatro ángeles cantando o tocando instrumentos musicales. Aparte de la Virgen y el Niño, nada de esto aparece en *La Virgen de las rocas*, en la que hay un solo ángel, no aparece ningún profeta, e incluye, en cambio, a un San Juan niño cuya presencia no se había estipulado. Las tablas laterales tampoco responden al acuerdo, ya que cada una representa sólo a un ángel.

Se ha propuesto como posible motivo que, a la firma del contrato, Leonardo estuviera ya trabajando en la pintura o en alguna versión de ella, y que siguió adelante con la composición sin tener en cuenta las condiciones estipuladas. Para Kenneth Clark, el pintor habría comenzado *La Virgen de las rocas* del Louvre en Florencia, una teoría que también propuso con respecto a la *Madonna Litta*.[18] Es cierto que la pintura tiene un aire florentino: en la hermosura de su rostro, el movimiento de la cabeza y el largo cabello rizado, tanto la Virgen como el ángel responden aún al estilo de Verrocchio. Pero eso era algo que cabía esperar; y era también lo que se supone que debían desear los clientes milaneses, que habían elegido precisamente a Leonardo porque querían una pintura sofisticada a la manera florentina. La versión posterior del cuadro, la de Londres, tiene un tono muy diferente. Es más austera, los rostros tienen un lustre pálido y cerúleo, y, en general, posee una belleza más recluida, más triste, más plana. Si la versión de París es crepuscular en cuanto al tono, esta muestra el contraste más duro de la luz de la luna. El añadido de los halos —rigurosamente ausentes en la primera versión, como en casi todas las Madonas florentinas de Leonardo— fue, al parecer, una exigencia doctrinal de la Cofradía.

La relación entre estas dos obras sigue siendo un misterio que no contribuye a iluminar una serie de documentos legales posteriores relativos al tema, consistentes sobre todo en disputas (la última de las cuales data de 1508, veinticinco años después del encargo original). Demuestran que los pintores habían entregado el trabajo hacia 1485, pero que había desacuerdos acerca del pago. Como éstos siguieran sin resolverse, hacia 1492 Leonardo y Ambrogio de Predis dirigieron una *supplica* a Ludovico Sforza en la que le pedían ayuda para conseguir que la Cofradía les pagara.[19] En ella la pintura aparece descrita, con esa maravillosa concisión que caracteriza a los documentos legales, como *la Nostra Donna facta da dicto fiorentino,* «la Madona hecha por el mencionado florentino». Por la petición sabemos que los artistas habían reclamado un *conguaglio* o ajuste de precio de 1,200 liras, alegando que las 800 recibidas de acuerdo con el contrato apenas habían alcanzado para costear el trabajo que les había llevado preparar el marco. La Cofradía había respondido ofreciéndoles la miserable suma de 100 liras. Pedían ahora una remuneración más justa, o, en su defecto, el permiso para recuperar el cuadro, por el que habían recibido una oferta de compra. Esta mención de otro comprador en potencia puede darnos una clave para entender el caso. ¿Era Ludovico la persona interesada en el cuadro y era *La Virgen de las rocas* la tabla sin nombre que envió como regalo al emperador Maximiliano en 1493 con ocasión de los esponsales de éste con su sobrina Bianca Maria? Un comentario incluido en la primera biografía del artista —el breve bosquejo que leemos en el cuaderno de Antonio Billi— sugiere que así fue: «Pintó para el Señor Lodovico de Milán un retablo que, según dicen, es la pintura más bella que se puede contemplar, y que fue enviada por este Señor a Alemania, al Emperador». La *Virgen de las rocas* es, que sepamos, el único retablo que Leonardo pintó en Milán. No lo pintó para Ludovico, como dice Billi, pero es muy posible que éste lo comprara a la Cofradía en 1492 o 1943 y se lo mandara como regalo a Maximiliano. La presencia de Ambrogio en torno a esa fecha en la corte imperial de Innsbruck proporciona a esta teoría mayor credibilidad.[20]

El traslado de la pintura a Alemania podría explicar también cómo fue a parar al Louvre. Algunas de las obras de Leonardo que se conservan en este museo llegaron a Francia con el pintor en 1516, pero no existe indicación alguna de que *La Virgen de las rocas* se contara entre ellas. Es posible que pasara de la colección de los Habsburgo a Francia en 1528, o quizá después, cuando la nieta de Maximiliano, Eleonora, contrajo matrimonio con Francisco I, y que de este modo llegara hasta el Louvre. Sabemos que el cuadro se hallaba en Francia en 1625, cuando fue visto en Fontainebleau por Cassiano dal Pozzo.

Esta teoría proporciona un motivo concreto para la segunda versión de la pintura, la de Londres, que sería una copia pintada para la Cofradía destinada a reemplazar al cuadro enviado al emperador. Si es así, Leonardo habría dado comienzo a la versión de Londres entre 1493 y 1499, fecha en la que abandonó Milán, y sería a esta pintura, y no a la de París, a la que se referirían los litigios posteriores de 1503-1508. En apoyo de estas fechas tenemos el hermoso dibujo a sanguina de Windsor que representa un niño de perfil exactamente en la misma postura del Niño Jesús de la versión de Londres, cuyo estilo es el característico de Leonardo de mediados de la década de 1490.[21]

La *Virgen de las rocas* es una de las obras más enigmáticas de Leonardo da Vinci. El extraordinario ballet que componen las manos en el primer plano —la de la madre que protege, la del ángel que señala, la del Niño que bendice— atrae inmediatamente la mirada.

El paisaje rocoso que da su nombre al cuadro tiene posibles antecedentes en la *Natividad* de Filippo Lippi, ahora en Berlín, y en *La Adoración de los Magos* de Mantegna, pintada a comienzos de la década de 1460 para los Gonzaga de Mantua. Ambos artistas imaginan el lugar

Niño Jesús y ángel de La Virgen de las rocas *de Londres (izquierda), y estudio a sanguina para la cabeza y los hombros del Niño.*

donde tuvo lugar la Natividad como una pequeña cueva abierta entre las rocas. La pintura de Leonardo, por su parte, muestra el encuentro del Niño Jesús con San Juan niño, que, según la tradición, tuvo lugar durante la huida de la Sagrada Familia a Egipto. (El encuentro no se narra en la Biblia, sino en el evangelio apócrifo de Santiago). Las rocas son una imagen de la soledad y el desierto (tal como este último se entendía en el Renacimiento: como un lugar deshabitado).[22] Hay un atisbo de narrativa en esta pintura extremadamente serena: la familia ha pasado el día viajando, está descansando y cae la noche; dormirán aquí, en esta tosca oquedad que les ofrece abrigo. Ya he mencionado el motivo de la caverna que se encuentra en ese interesante texto de hacia 1480 incluido en el Códice Arundel: el cuadro muestra precisamente «algo maravilloso» en medio de la oscuridad de la cueva. Al mirarlo, tenemos la sensación de contemplar una revelación. De algún modo nos encontramos como el narrador del texto quien «después de vagar durante algún tiempo entre rocas sombrías», se detiene: «Llegué a la entrada de una enorme cueva frente a la cual me detuve durante algún tiempo, asombrado...».

Una serie de flores, hermosamente representadas y poseedoras todas ellas de atributos simbólicos religiosos, viene a subrayar la interacción entre el entorno natural y la imagen piadosa. A la derecha de la cabeza de la Virgen se encuentra la aguileña *(Aquilegia vulgaris),* cuyo nombre vulgar en inglés, *columbine,* sugiere la paloma *(colomba)* del Espíritu Santo, mientras que sobre su mano derecha vemos una especie de galio, tradicionalmente asociado con el pesebre. Más abajo del pie del Niño Jesús hay varios ciclámenes, cuyas hojas en forma de corazón convierten a la planta en un símbolo del amor y la devoción, y junto a su rodilla, una mata de prímulas, emblema de la virtud (como en la escultura de Verrocchio *Mujer con ramillete de flores).* Otra planta familiar, ésta bajo San Juan de niño arrodillado, es el acanto *(Acanthus mollis),* que tradicionalmente se plantaba sobre las tumbas y se consideraba un símbolo de la resurrección debido al rápido crecimiento en primavera de sus hojas, de un verde brillante. En las cornisas de la roca, vemos también el hipérico o hierba de San Juan, cuyos puntos de color rojo sobre sus pétalos amarillos simbolizan la sangre del martirio del Bautista.[23] Estas asociaciones simbólicas formaban parte de un vocabulario visual compartido por el pintor y el público más culto, pero, en este caso, la exactitud y la empatía que caracterizan la pintura indican también que se trata de plantas reales, y que lo que vemos es la Naturaleza material —rocas, y piedras, y vegetación— transmutada en algo espiritual. La figura central de la escena es la Virgen a la que la Cofradía de la Inmaculada Concepción rendía homenaje, pero que representa también, en cierta medida, la personificación femenina de la Naturaleza —«la maestra de todos los maestros» de la que Leonardo era particularmente devoto—.

FORMAS DE ESCAPAR

En 1485 Milán se hallaba sumida en una epidemia de peste bubónica que duró tres años. Leonardo había experimentado algo semejante en Florencia: allí había habido un brote en 1479, pero aquél había amainado a las pocas semanas. Éste fue mucho peor. Según algunos cálculos, posiblemente exagerados, acabó con casi un tercio de la población urbana. Conocemos las imágenes: barrios terriblemente castigados, ambiente brumoso, cadáveres transportados en carretas hasta la fosa común. Retórica histérica en los púlpitos. Exploración angustiosa del propio cuerpo en busca de inflamaciones glandulares o «bubas», síntomas de la enfermedad. El 16 de marzo de 1485 hubo un eclipse total de sol que se interpretó como un presagio. Leonardo lo contempló a través de una hoja de papel perforado, como recomendaba hacer en una breve nota titulada: «Cómo ver el eclipse de sol sin dañarse los ojos».[24]

Durante el tiempo que duró la epidemia, Leonardo trabajó en *La Virgen de las rocas:* no hay motivo alguno que induzca a pensar que se hallara en otro sitio que no fuera Milán, y, más concretamente, el estudio de los De Predis cercano a la Porta Ticinese. Sabemos que era muy quisquilloso, un hombre que se perfumaba los dedos con agua de rosas. El hedor le abrumaba, al igual que la muchedumbre hormigueante y la enfermedad que transportaba: «Esta multitud de seres apiñados como un rebaño de cabras, uno detrás de otro, llenan hasta el último rincón con su fetidez y siembran la pestilencia y la muerte».[25] El cuadro es un lugar encantado del que está excluido todo aquello: una fresca gruta de piedra, apartada de todo, que confiere los beneficios de la naturaleza.

Por entonces escribió una receta para una medicina, quizá una panacea para la peste:

Tomar semillas de cizaña medicinal...
espíritu de vino en un algodón
beleño blanco
cardencha
semillas y raíz de acónito
Secar todo. Mezclar este polvo con alcanfor y ya está hecho.[26]

De este caldero de la peste y de la urgencia que la enfermedad imponía, surgen las primeras ideas ordenadas de Leonardo acerca de la forma y la práctica de «la ciudad ideal», un tema muy en boga en el Renacimiento. Lo habían tratado ya Alberti y Filarete, y, antes que ellos, Vitruvio, el gran arquitecto romano, y podemos imaginarnos a Leonardo conversando sobre este asunto con su amigo Donato Bramante. Sus notas y dibujos, fechados en torno a 1487, muestran una ciudad abierta, ventilada, geométrica, futurista, de *piazzas* y *loggias*, túneles y canales («futurista» en el curioso sentido de un callejón sin salida: el futuro visto desde el pasado). La ciudad se construiría en dos niveles: el superior, destinado a los peatones, atendería a las necesidades sociales y estéticas, como las «zonas peatonales» de las ciudades modernas, mientras que el nivel inferior, que daría directamente a una red de canales, estaría destinado al transporte de mercancías y animales, a comerciantes y almacenes, y a viviendas de lo que Leonardo llama gente «normal». Las calles son anchas, la altura de las fachadas está regulada y las chimeneas son altas para que el humo se disperse por encima de los tejados. Leonardo recomienda construir escaleras en espiral en los edificios públicos, porque las cuadradas dan lugar a rincones oscuros que la gente utiliza como urinarios. Le preocupa mucho mejorar la higiene, sin duda como consecuencia de la peste. Piensa también en una letrina ideal, no exactamente un retrete de agua corriente, como el que inventaría Sir John Harington un siglo después, pero sí bien determinada: «El asiento deberá girar como el torno de un convento y volver a su posición inicial con ayuda de un contrapeso. El techo deberá tener muchas aberturas para permitir la ventilación».[27]

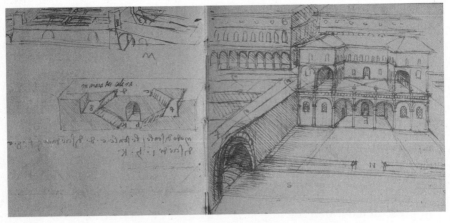

Notas y dibujos sobre el tema de la ciudad ideal.

El paracaídas de Leonardo: diseño y descripción, Códice Atlántico, h. 1485.

También en esta ocasión sus pensamientos vuelven al motivo que le obsesionaba, el vuelo del hombre:

Mira cómo el batir de las alas sostiene en el aire enrarecido a un águila pesada... Observa también cómo el aire en movimiento hincha las velas sobre el mar y mueve barcos extremadamente cargados... Un hombre provisto de unas alas bien sujetas y de un tamaño lo bastante grande, podría aprender a vencer la resistencia del aire, dominarla y elevarse.[28]

El pasaje continúa con la descripción y el esbozo de un paracaídas: «Si un hombre tiene un casquete de lino de 12 brazos de ancho y 12 de largo, puede arrojarse desde una gran altura sin hacerse daño», lo cual sugiere que Leonardo consideraba seriamente la posibilidad de que el hombre volara. De otro modo, ¿por qué pensar en un paracaídas?

El esbozo de Leonardo, en forma de pirámide, no pasó de ser un dibujo hasta el 26 de junio de 2000, cuando un paracaidista inglés, Adrian Nicholas, lo probó saltando desde una altura de 3,000 metros en el Parque Kruger de Suráfrica. El paracaídas respondía casi exactamente a la descripción de Leonardo, excepto que se utilizó una lona de algodón en lugar de lino. El casquete, amarrado a unos palos de madera de pino, pesaba casi 100 kilos, unas cuarenta veces más que un paracaídas moderno, pero aun así funcionó perfectamente. Nicholas descendió 2,000 metros en cinco minutos: una caída lenta. Para la última parte del descenso utilizó un paracaídas normal: el fallo del modelo de Leonardo estaba en que no se plegaba, de forma que existía el peligro de que todo el artilugio aterrizara sobre él. «Experimenté una sensación de júbilo», dijo después Nicholas. «No pude resistirme a decir: "Sr. Da Vinci, ha cumplido usted su promesa. Muchas gracias"».[29]

Hasta aquí hemos visto diversas formas de escapar mentalmente de una ciudad asolada por la peste: el desierto acogedor de *La Virgen de las rocas*, las ventiladas avenidas de la ciudad utópica, los espacios abiertos del cielo. Pero hay cosas de las cuales el hombre no puede escapar, cosas que lleva en su interior, y a ellas responde una curiosa serie, muy reveladora, de dibujos alegóricos que se conservan en el Christ Church College de Oxford y corresponden a ese mismo periodo.[30] Se centran en dos temas —la inevitabilidad del dolor tras el placer, y el ataque de la envidia a la virtud—, pero ambos tienden a fundirse en uno e intuimos que tratan de una sola cosa: el dualismo fundamental de la experiencia, lo negativo que existe en todo lo positivo, lo «otro» inevitable que acecha y destruye. Toscamente dibujados, transmiten una sensación de urgencia.

El Placer y el Dolor están representados por una criatura masculina, híbrida, con un solo cuerpo del que brotan dos cabezas y dos pares de brazos. La leyenda dice: «El Placer y el Dolor son como dos gemelos, porque el uno nunca existe sin el otro, como si estuvieran pegados [*appiccati*]». El Dolor es un anciano con barba; el Placer, un joven de cabellos largos. El dibujo constituye así un comentario sobre los muchos estudios que ejecutó Leonardo, en momentos diferentes y diferentes estilos, de un viejo (llamado con frecuencia «el cascanueces», con mentón prominente y labios hundidos que sugieren la ausencia de dientes) frente a un joven hermoso y de pelo rizado. Bajo la figura, dos inscripciones nos informan de que un pie de este cuerpo híbrido descansa sobre oro y el otro sobre barro.

En otro lugar del mismo texto se lee: «Si te das al placer, recuerda que éste lleva tras él a uno que te traerá tribulación y arrepentimiento». Leonardo no puede resistirse a un juego de palabras, por lo que la tribulación (*tribolatione*) está representada por unos misteriosos objetos puntiagudos que caen de la mano derecha del anciano, un arma llamada en italiano *tribolo* (en castellano «abrojo»). Aparecen también en un dibujo de fines de la década de 1480, bajo el título *triboli di ferro*, acompañados de un texto que explica cómo se han de diseminar por el suelo en el fondo de las trincheras para impedir que avance el enemigo. Al comentar este pasaje en 1881, el conde Giulio Perro recuerda: «Hace algunos años, cuando construían la nueva escuela de equitación en el castillo de Milán, encontraron dos de ellos que vi con mis propios ojos y que eran precisamente como los que describió y dibujó Leonardo».[31] El juego de palabras relaciona el dibujo con la actividad del artista (quizá sólo deseada) como ingeniero militar.

El Dolor deja caer los abrojos que lleva en una mano mientras que en la otra blande una rama que probablemente representa el flagelo del

Alegoría del Placer y el Dolor.

arrepentimiento. El Placer le imita: con una mano va dejando un reguero de monedas, ya que el placer es caro (recordemos el chiste de Módena: «Tengo que pagar 10 ducados de oro sólo para que entre mi polla»), mientras que sostiene un junco con la otra. La explicación que da Leonardo acerca de este último es fascinante, ya que se trata de uno de esos textos de doble fondo —no muy distinto al relativo al milano— en que un tema evidente se entreabre de pronto para revelar otro mucho más personal. Explica que el Placer aparece «con un junco en la mano derecha, un junco inútil y desmayado que inflige heridas ponzoñosas». Este significado, evidentemente simbólico, se funde con una especie de reminiscencia o ensueño de la siguiente manera:

> En la Toscana utilizan juncos como soportes de las camas para indicar que es ahí donde se tienen sueños vanos y donde se consume gran parte de nuestra vida, y que ahí malgastamos mucho de nuestro tiempo útil, y que por la mañana, cuando la mente está tranquila y descansada y el cuerpo preparado para dar comienzo al trabajo, entonces se entregan a placeres vanos tanto la mente, que imagina cosas imposibles, como el cuerpo, que se da a esos placeres que tan a menudo causan la falta de vida *[mancamento di vita]*, y por eso utilizan los juncos, con este propósito.

Suponemos que si se utilizaban juncos entretejidos en las camas de la Toscana era por razones prácticas más que simbólicas, y que la moral que Leonardo deduce y elabora con una sintaxis que apenas da lugar al respiro, era de naturaleza más personal. Se trata de una confesión: él tiene «sueños vanos», es decir, fantasías sexuales, cuando yace en el lecho por la mañana; se siente culpable, porque debería estar levantado y trabajando, y quizá, también, porque esas fantasías son de naturaleza homosexual. El hecho de que el tallo fálico que lleva el Placer en la mano no sea más que un junco desmayado e «inútil» constituye claramente un símbolo de una detumescencia que, a tenor del texto, podría suponerse posterior a la masturbación más que al coito. La referencia a la infección —«inflige heridas ponzoñosas»— completa la sensación de disgusto que ha acumulado en torno a esta imagen y parece conectarla una vez más con la peste de Milán.

Los dibujos de «La Virtud y la Envidia» apuntan en la misma dirección. Expresan también la idea de que esas cualidades opuestas son inseparables la una de la otra, y lo hacen por medio de unas imágenes que tienden a lo erótico. «Virtud», recordamos, no significa sólo bondad moral: significa también esa fuerza (literalmente «masculinidad», ya que la palabra se deriva del término latino *vir*) del espíritu y del intelecto que aspira a la excelencia. La Virtud, en líneas generales, es el yo mejor y más alto en todas sus manifestaciones; la Envidia es lo que ataca al yo, lo degrada y lo expone al peligro. Al igual que el Dolor y el Placer, la Virtud y la Envidia aparecen representadas como dos cuerpos entrelazados. El texto escrito al pie dice: «En el momento en que nace, la Virtud da a luz a la Envidia en contra de ella misma, pues antes encontrarás un cuerpo sin sombra que virtud sin envidia». En el dibujo, una rama de olivo hiere el ojo de la Envidia mientras que una rama de laurel o de mirto se introduce en su oído, lo cual, explica Leonardo, «significa que la victoria y la verdad le ofenden». Aunque en el texto la Virtud aparece como hembra («da a luz»), en el dibujo su sexo no queda nada claro —la figura carece de senos visibles— y la coreografía sugiere un coito más que un parto; de hecho, recuerda un famoso dibujo anatómico de Windsor que representa una pareja durante el coito.[32]

En otro dibujo vemos dos figuras femeninas, identificadas como la Envidia y la Ingratitud, cabalgando sobre un sapo gigante; tras ellas corre la esquelética figura de la Muerte con una guadaña; de nuevo intuimos la presencia de la peste. La Envidia dispara una flecha en cuya punta hay una lengua humana, símbolo habitual de una «información falsa». En otro dibujo aparece cabalgando sobre un esqueleto. En ambos dibujos está representada como una vieja con los pechos caídos («secos y ajados»), pero lleva «sobre la cara una máscara de hermosa apariencia». Esta imagen de una mujer cabalgando tiene un significado sexual. Recuerda un curioso dibujo de juventud de Leonardo en el que una joven con las mejillas pintadas cabalga sobre la espalda de un anciano. Generalmente se da a este dibujo el título de «Aristóteles y Filis».[33] Se sabe que Aristóteles se casó con una mujer mucho más joven que él, sobrina de un amigo, y aunque sólo contaba entonces cuarenta años, la historia evolucionó hasta presentarlo como un anciano filósofo que ha perdido la cabeza por una joven belleza núbil. «Filis cabalgando a lomos de Aristóteles», observa A. E. Popham, «es uno de esos temas, caros al cinismo medieval, que tipifican el sometimiento del intelecto al amor. Pertenece al mismo ciclo de historias que la de Virgilio en la cesta y la de Sansón y Dalila».[34] En el reverso del boceto Leonardo escribe una serie de palabras: «amantes placer dolor amor celos felicidad envidia fortuna penitencia».

Este dibujo de Aristóteles y Filis puede ser anterior en unos cuantos años a las alegorías de Oxford, pero uno y otras nos conducen al mismo terreno. El tema del primero es intrínsecamente erótico mientras las alegorías poseen un erotismo más tortuoso; pero en todos esos dibujos está presente la idea de trampa o de entropía: todo impulso será anulado por su contrario; todo lo que se ha unido se hará pedazos; el oro volverá a ser barro. El hombre que se esfuerza por subir será arrastrado por un impulso contrario, que puede ser la envidia y la malicia de los otros, pero

Alegoría de la Envidia cabalgando sobre la Muerte.

que puede ser también algo que él lleva en su interior: una debilidad fatal, culpable, que mina su energía, la «infección» de su sexualidad.

LOS PRIMEROS CUADERNOS

Los primeros cuadernos que conocemos de Leonardo, y que se han conservado intactos, datan de mediados de la década de 1480. La mayor parte de los documentos y bocetos que hemos mencionado hasta el momento se corresponde con hojas sueltas reunidas en una u otra de las grandes misceláneas, o conservadas en colecciones como la del Christ Church College de Oxford. Es posible que algunas de ellas formaran parte originalmente de un cuaderno de notas o dibujos; sin embargo, de acuerdo con las pruebas de que hoy disponemos, Leonardo comenzó a llenar sistemáticamente sus cuadernos hacia mediados de la década de los ochenta. Hay en ellos un esfuerzo por acercarse a la palabra escrita, por superar las dificultades y el resentimiento provocado por la educación recibida, por el hecho de ser un *omo sanza lettere*. Esto se traduce en parte en una mayor destreza, porque ahora la caligrafía de Leonardo se vuelve más rápida y más concisa; pierde lo que Augusto Marinoni llama la «superfluidad y las florituras» de su escritura anterior.[35]

El cuaderno más antiguo que ha llegado hasta nosotros es probablemente el MS B de París, que se conserva en el Institut de France y que está fechado entre 1487 y 1490, aunque una o dos páginas pueden ser algo anteriores.[36] Se trata de un cuaderno de tamaño normal: las páginas miden 23 x 18 centímetros, más o menos como el papel de cartas actual. Ha sobrevivido en su envoltura original de vitela, con una solapa que se cierra por medio de una presilla y un cazonete. En cuanto al texto, está casi intacto, aunque dividido físicamente en dos. Originalmente contenía cien folios, pero en la década de 1840 se convirtió en uno de los objetivos de un ladrón, el conde Libri, quien desgajó la última parte (folios 91-100) y la vendió, junto con el producto de otros robos, a un bibliófilo inglés, lord Ashburnham. Las páginas fueron devueltas a París, pero han permanecido encuadernadas por separado.

Los temas sobre los que versa el MS B son increíblemente variados; se trata de un compendio de sucesivos entusiasmos de Leonardo. Contiene material sobre arquitectura, incluida la utópica ciudad del futuro y algunos diseños de iglesias. Incluye asimismo gran cantidad de tecnología militar, tanto práctica como «futurista». Hay submarinos y naves de aspecto siniestro, útiles en el caso de ataques furtivos, ya que «sirven para disparar sobre puentes por la noche; las velas han de ser negras».[37] Ahí está también el Architronito, un cañón de vapor basado, según nos dice el mismo Leonardo, en Arquímedes: cuando se vierte agua en el interior de una abertura caliente, la presión dispara la bala: «La vista de su furia y el estruendo causado por su rugido parecerán un milagro».[38] Sus ingenios bélicos siempre tienen un aspecto dramático: «el teatro de la guerra». En otro lugar hay hombres musculosos trabajando y un soldado encaramándose a un muro. Todo ello está relacionado con la aspiración de Leonardo de llegar a convertirse en arquitecto e ingeniero de los Sforza.

Mientras tanto, el problema del vuelo sigue ocupando su mente. El MS B contiene los primeros diseños detallados de la clásica máquina para volar de Leonardo, correctamente llamada «ornitóptero», que se fundamenta en los principios del vuelo de las aves y es distinta del helicóptero, basado en el principio de la hélice o el tornillo. (El segundo elemento de la palabra procede del griego *pteron*, ala). Algunos consideran que una apasionante serie de dibujos, que va del folio 73 al 79, es la más coherente de todos sus diseños de este tipo de máquinas.[39] Incluye dos versiones del «ornitóptero horizontal», en el que el piloto va tendido boca abajo, con el mecanismo para mover las alas sobre la espalda, utilizando pedales y manillas para subirlas y bajarlas, y cuerdas y palancas para controlar la dirección. En el dibujo del folio 75, Leonardo añade a la máquina una innovación: «el timón montado sobre el cuello», una larga cola, con aletas, y una cuerda o barra que corre a todo lo largo de la nave hasta una abrazadera que se cierra en torno al cuello del piloto. En el folio 79 dibuja un ornitóptero horizontal diferente, más complicado y menos plausible que el anterior, y, finalmente, en el reverso de la página, el «ornitóptero vertical», el más fantástico, en el que el piloto permanece de pie en una barquilla o cabina, manejando cuatro alas gigantescas que dan al aparato el aspecto de una libélula. Los dos pares de alas «baten entrecruzándose, como se mueve un caballo». El piloto utiliza la cabeza, además de las manos y los pies, para accionar el mecanismo de las alas: la cabeza, calcula Leonardo, «ejercerá una fuerza equivalente a 45 kilos». La cabina medirá 20 brazos de largo (unos 12 metros) y la envergadura de las alas será de 40 brazos. Una hoja posterior muestra la plataforma de lanzamiento, construida sobre escalas retráctiles de 20 brazos de altura. (Este número, así como sus múltiplos, aparece una y otra vez en todos sus experimentos con máquinas voladoras). También aquí leemos una analogía con el pájaro: «Fíjate en el vencejo, que posado en el suelo no puede alzar el vuelo por tener las patas muy cortas... Las escalas hacen el papel de patas».[40]

Como en el caso de la maquinaria bélica, viene a la mente la expresión «ciencia ficción», por no mencionar a Heath Robinson (caricaturista y dibujante de inventos extraños famoso a principios del siglo xx). ¿Se

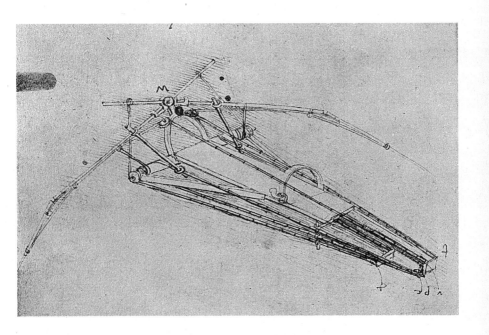

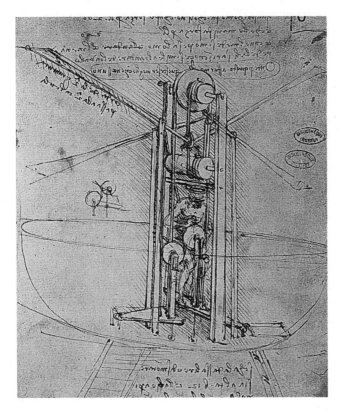

*El ornitóptero.
Diseños de máquina
para volar del MS B
de París, en versiones
horizontal y vertical.*

construyeron alguna vez estas máquinas, o no pasaron de ser ilusiones muy elaboradas? Ninguno de estos dibujos, observa Martin Kemp, «está totalmente resuelto de forma clara y definitiva»; «constituyen un debate inacabado sobre diferentes modos y maneras».[41] Pero no todo era teoría: un aparatoso dibujo en el reverso del folio 88 muestra el ensayo de una enorme ala artificial. Un hombre se esfuerza por accionar una palanca de madera que hace batir el ala. Las instrucciones dicen:

> Si quieres probar las alas debidamente, haz una de papel y móntala sobre una estructura de caña de 20 brazos de largo y la misma medida de ancho. Fíjala a una tabla que pese 45 kilos y aplica un impulso súbito, como se indica arriba, y si la tabla se eleva antes de que vuelva a bajar el ala podrás considerar un éxito la prueba. Asegúrate de que el impulso es rápido.

Y concluye lacónicamente:

> Si no consigues el efecto deseado, no pierdas más tiempo con ella.[42]

En otro lugar Leonardo explica el funcionamiento de un prototipo de helicóptero. Si se hace girar rápidamente este aparato, escribe, «el tornillo encontrará su tuerca en el aire y subirá hacia arriba». Como en el caso del paracaídas, las palas de este primitivo helicóptero deberán estar cubiertas con «lino recubierto de un almidón que tapone los poros».[43]

Máquinas para volar y armas, ciudades e iglesias, engranajes y ruedas, figuras geométricas, y muchas cosas más: el MS B incluye también el dibujo de un instrumento de cuerda con una cabeza de monstruo que se ha relacionado con la *lira da braccio* que Leonardo había llevado a Milán unos años antes. Figura en la primera de las páginas robadas por Libri, el folio 91; el siguiente, el 92, reúne una serie de cuchillos y cimitarras de mangos fantásticamente tallados.

La última página, el reverso del folio 100, actuaba como cubierta posterior cuando el libro estaba fuera de su envoltura de vitela, y a lo largo de los años se convirtió en receptor de todo tipo de listas y garabatos, una miscelánea de momentos vividos por Leonardo en su *studiolo*. En el ángulo superior izquierdo hay un cálculo numérico, probablemente de dinero; a la derecha de éste, una serie de palabras, una de las cuales *(sorbire)* aparece también en una lista de términos latinos incluida en otro cuaderno, el Códice Trivulziano. Luego viene un críptico memorándum que termina así: «Preguntar al Maestro Lodovicho por las cañerías de agua, el horno pequeño, el yesquero, el movimiento perpetuo [¿una máquina?], los fuelles pequeños y los fuelles de fragua».[44] Debajo vemos tres líneas de jeroglíficos de aspecto vagamente hebraico, y, más abajo, cuatro bocetos que representan una polilla, un murciélago, una libélula y una mariposa. Bajo el murciélago, justo donde el papel comienza a estar desgarrado, en el ángulo inferior izquierdo, aparecen las palabras *animale che fuge dell'uno elemento nell'altro,* una hermosa sinopsis del concepto de vuelo típica de Leonardo: «animal que escapa de un elemento a otro». En el ángulo inferior derecho vemos el boceto de una figura que Marinoni describe como «un hombre con capa en actitud reverente», pero el rostro es cómico y la figura parece estar más en cuclillas que respetuosamente arrodillada. Estira la mano con el fin de asir la parte baja de un ala del murciélago, que Leonardo ha sombreado proporcionándole cierta carnadura, de forma que el hombre que busca a tientas adquiere un aspecto levemente obsceno y, desde luego, constituye un freno en potencia para la criatura alada, deseosa de «escapar» a otro elemento. La figura parece formar parte de la serie de oposiciones Virtud-Envidia, Placer-Dolor que encontramos en las alegorías de Oxford: es lo que arrastra hacia abajo. Éstos son los esquemas inconscientes atrapados en la superficie de esta vieja cubierta.

Existen otros dos cuadernos fechados en torno a 1487-1490. Uno de ellos es una pequeña libreta de bolsillo que forma parte de los códices Forster conservados en el Victoria & Albert Museum de Londres.[45] Trata de los tornillos de Arquímedes o *cocleae* (literalmente «conchas de caracol»), utilizados para subir agua, y de otras máquinas hidráulicas. Contiene varias fórmulas químicas que quizá respondan a la presencia de Zoroastro, el «Maestro Tommaso», como le llama Leonardo en 1492, e investiga el enigma del movimiento perpetuo, un tema que más tarde desechó como ilusión o fruto de la superstición, junto con los quiméricos sueños de fabricar oro de los alquimistas.

El otro cuaderno correspondiente a esta época es el Códice Trivulziano, llamado así por haber pertenecido en el siglo XVIII a la familia milanesa del mismo nombre (sin relación específica con Giangiacomo Trivulzio, el *condottiere* renacentista al que Leonardo conoció). Muestra, como su contemporáneo, el MS B, el interés del artista por la arquitectura, y contiene caricaturas ingeniosas, algunas de las cuales se cuentan entre las primeras figuras grotescas que llegaron a convertirse en un fascinante subgénero de dibujos leonardescos. Pero lo que llena la mayoría de sus páginas es una esmerada lista de términos latinos que incluye cientos de palabras, traducidas al italiano cuando Leonardo lo consideró necesario; un verdadero curso acelerado en lo que seguía siendo el idioma internacional del saber y la filosofía. La lista transmite una sensación de trabajo arduo, de tareas de estudiante, de horarios agotadores.

En una de las páginas del Códice Trivulziano[46] hay una columna formada por cinco palabras:

donato
lapidario
plinio
dabacho
morgante

A primera vista parece otra lista de vocablos, pero no lo es. Se trata de una serie de títulos abreviados. No lleva encabezamiento alguno, de forma que no podemos saber con seguridad si constituye una enumeración de los libros que poseía Leonardo; si bien, dado que todos ellos reaparecen en listas posteriores —sin duda inventarios de su biblioteca—, podemos deducir que se trata, efectivamente, de la primera relación de los que figuraban entonces en su estantería. ¿Eran los únicos que poseía en ese momento? Es probable: los libros impresos eran caros y todavía se consideraban una novedad. Por otra parte, no siempre eran apreciados por los bibliófilos de la época: el librero florentino Vespasiano da Bisticci, tras elogiar la biblioteca de manuscritos del duque de Urbino, «bellamente iluminados y encuadernados en plata y escarlata», añadía: «¡De haberse hallado allí un solo libro impreso, se habría avergonzado al verse en semejante compañía!».[47] Las listas posteriores de Leonardo sugieren una continua adquisición de libros; una de ellas, incluida en el Códice Atlántico y correspondiente a comienzos de la década de 1490, enumera ya cuarenta títulos, mientras que el famoso inventario de Madrid de 1504 incluye 116.

Los cinco libros que componen la lista del Códice Trivulziano nos proporcionan una especie de instantánea de los intereses del artista a fines de la década de los ochenta. *Donato* hace referencia a un popular libro de gramática y sintaxis latina, el *De octo partibus orationis* de Aelius Donatus; en el siglo XV, las ediciones de esta obra eran muy numerosas, hasta el punto de que la palabra se convirtió en una referencia estándar a cualquier libro de gramática latina (y «donatello», o pequeño Donato, a cualquier libro de gramática latina elemental). Su presencia aquí enlaza con las listas de vocablos latinos.

El término *lapidario* es demasiado vago como para poder identificarlo con certeza: se trata sin duda de algún manual de minerales y piedras preciosas. Un bibliófilo del siglo XIX, el conde Girolamo d'Adda, el primero que llevó a cabo un estudio sistemático de las lecturas de Leonardo, pensó que podía tratarse de una traducción italiana del *Liber lapidum* (Libro de las piedras) escrito por un obispo francés del siglo XII, Marbodeus. La obra, llamada también *De gemmis (Sobre las gemas)*, versa en especial sobre las propiedades medicinales de las piedras preciosas.[48]

Plinio hace referencia, indudablemente, a la *Historia naturalis* de Plinio el Viejo, el autor tan observador y erudito como crédulo, que murió a causa de la erupción del Vesubio en el año 79 d.C. Su *Historia natural*, un compendio de la tradición y la sabiduría clásicas, llegó a ser enormemente popular. Abarcaba la geografía, las ciencias naturales, las invenciones y las artes. Plinio había nacido en Como y en Lombardía se le consideraba un héroe nacional. La edición que poseyó Leonardo fue probablemente la publicada en Venecia en 1476 en traducción de Cristoforo Landino, a quien Leonardo debió de conocer en Florencia.

Dabacho (es decir, *d'abaco*) es también un término demasiado vago: la palabra «ábaco», en este contexto, puede hacer referencia a cualquier libro de aritmética. Existía un *Trattato d'abaco*, muy conocido, de Paolo Dagomari, pero para entonces había quedado anticuado. Más moderna era la *Nobel opera de arithmetica*, publicada en 1484, de Piero Borgi da Venezia, un autor al que Leonardo llama en otro lugar el «Maestro Piero dal Borgo».

Morgante nos devuelve a Florencia, al popular poema épico romántico de Luigi Pulci, el descreído y calumnioso amigo de Lorenzo de Medici y Benedetto Dei. Este poema burlesco, escrito en lengua coloquial y en un estilo no muy diferente al de Antonio Cammelli, aunque más sostenido y sutil en cuanto a la forma, apareció en dos versiones. La de 28 cantos, la más larga, conocida como *Morgante maggiore*, fue publicada en Florencia en 1482. Leonardo cita la obra en más de una ocasión y es muy probable que encontrara en ella el apodo de «Salai» —«Diablillo»— que puso a su díscolo aprendiz milanés Giacomo Caprotti.

Gramática, ciencias naturales, matemáticas, poesía: una pequeña hilera de libros en el estante de un autodidacta, pero en ellos está el origen de la bibliofilia de Leonardo. La lista de títulos escrita a sanguina en una hoja del Códice Atlántico corresponde, al parecer, a 1492: en el reverso figuran algunas notas que aparecen transcritas casi al pie de la letra en el MS A de París, que corresponde a esa misma fecha.[49] Para entonces, unos cinco años después de la mínima lista del Códice Trivulziano, la biblioteca de Leonardo había aumentado hasta incluir treinta y siete títulos. (En realidad leemos cuarenta, porque los tres volúmenes de las *Décadas* de Tito Livio aparecen como tres obras distintas y las *Epístolas* de Filelfo se mencionan dos veces).

En líneas generales, de estos treinta y siete libros, seis son de naturaleza religiosa y filosófica, quince son textos científicos y técnicos y dieciséis son obras literarias. En la primera categoría se incluyen la Biblia, los Salmos, un ejemplar de las *Vidas de los filósofos* y una obra identificada como *de immorta-*

lita d'anima, casi con seguridad una versión italiana de la *Theologia platonica* de Ficino, publicada en latín en 1481 con el subtítulo *De animarum immortalitate.* Las obras científicas son, como cabía esperar, muy variadas: libros de matemáticas, ciencia militar, agricultura, cirugía, derecho, música, quiromancia y piedras preciosas, además de tres libros sueltos dedicados a la salud. (¿Adivinamos un toque de hiponcondría?). Lo que quizá constituye una sorpresa es la abundancia de títulos literarios. Ciertamente la categoría es amplia: he incluido en ella tres libros de gramática y de retórica, que tratan de cómo escribir, y un libro de viajes (una edición de «Giovan di Mandivilla» o John de Mandeville) que trata más de ficciones que de hechos. El resto forman una impresionante colección de prosa y poesía que incluye obras de Esopo, Tito Livio y Ovidio; una edición de Petrarca; una imitación de la *Divina Comedia* del dominico Federigo Frezzi titulada *Quadriregio;* la recopilación en prosa *Fiore di virtù;* las aleluyas obscenas que llevan por título *Il Manganello;* los poemas burlescos de «Il Burchiello»; las *Facetiae* de Poggio Bracciolini; las *Epístolas* de Filelfo; el *Driadeo* de Luca Pulci, y el *Morgante* del hermano de éste, Luigi Pulci. El ejemplar de esta última obra era probablemente el mencionado en la lista del Códice Trivulziano. Libros leídos por placer, en busca de una distracción muy necesaria.

GRANDES FICCIONES Y PEQUEÑAS ADIVINANZAS

Un día de 1487 probablemente, Leonardo decidió utilizar el papel sobrante de un libro mayor de la catedral para redactar, en el reverso de un par de páginas, el borrador de una pintoresca historia acerca de un gigante africano.[50] Iba dirigida al viajero y epistológrafo Benedetto Dei, uno de los florentinos de la corte de Milán. Dei abandonó esta ciudad en 1487, que es más o menos la fecha que sugiere la caligrafía del borrador; es posible que la obra se concibiera con la intención de ofrecérsela como regalo. Quizá se recitara en una fiesta de despedida, con Zoroastro adecuadamente caracterizado para representar el papel de gigante; o quizá, como tantos otros de los *ghiribizzi* o caprichos de Leonardo, nunca pasó de ser el borrador fragmentario que conocemos. Comienza así:

> Querido Benedetto Dei: para que tengas noticia de las cosas que ocurren aquí en Oriente, debes saber que en el mes de junio apareció un gigante procedente de los desiertos de Libia. Este gigante había nacido en el Monte Atlas, era negro, y había luchado contra Artajerjes y contra los egipcios y los árabes, los medos y los persas. Vivía en el mar y se alimentaba de ballenas, serpientes marinas y naves.

Continúa Leonardo refiriéndose a una batalla, que hace temblar la tierra, entre los habitantes de la región y el gigante, incluyendo una descripción, muy del estilo de Gulliver, de cómo unos hombrecitos diminutos «corren furiosamente sobre su cuerpo como hormigas sobre el tronco de una encina caída». Despertado por el «picor» que le producen las puñaladas, el gigante emite un «rugido semejante a un trueno espantoso» y, «al llevarse una mano a la cara, encuentra que la tiene llena de hombres que trepan hasta sus cabellos».

Richter considera este texto una «pieza satírica», mientras que nosotros quizá lo llamaríamos una parodia, un relato evidentemente fantástico disfrazado de carta de un viajero. La mayoría de los relatos de viajes de esa época se escribían en forma epistolar. Se trata, pues, de una broma acerca de la dudosa veracidad de tales noticias, y quizá, también, de una pulla privada —y amable— dirigida a Benedetto Dei como narrador de historias increíbles. El escenario está relacionado con los viajes de Benedetto por África, cuyo relato, sin duda, estaba sazonado con la tradicional dosis de exageración.

Es posible que Leonardo tuviera en la cabeza la leyenda de Anteo, el gigante muerto a manos de Hércules, de quien se dice que procedía de Libia; pero su creación es más específicamente una temible caricatura del africano, con su «horripilante cara negra», sus «ojos inyectados en sangre», su «nariz achatada» y sus «labios gruesos». No hay duda de que Leonardo da rienda suelta aquí despreocupadamente a todos los estereotipos raciales, y es difícil decidir si está parodiando a los autores de hiperbólicos relatos de viajes o si está expresando algún sentimiento latente. Los negros africanos eran una figura exótica en Italia, pero en ningún caso desconocida; muchos artistas del Renacimiento los representaron, especialmente en escenas de la Adoración, en la que acompañan a los Reyes Magos, aunque no aparecen en la *Adoración* de Leonardo. Se les asociaba con proezas sexuales, como ocurre en *Il Manganello*, un libro obsceno que figura entre los que poseía Leonardo hacia 1492 y en el que la esposa de un rico mercader admira el *gran manganello* (la gran herramienta) de su criado etíope.[51] El apodo de «el Moro», aplicado a Ludovico, probablemente aludía a su potencia sexual. El término «moro» describía entonces al africano negro más que (o además de) al árabe o magrebí. El Otelo de Shakespeare, indudablemente negro, era el «Moro de Venecia».

El monstruo negro de Leonardo acaba devorando a todos y pisoteando sus casas, y así su breve parodia enlaza con el tema de la destrucción por medio de un cataclismo, una de sus obsesiones recurrentes, magníficamente expresada en sus dibujos de *El Diluvio*. La historia termina con esta ominosa frase: «No sé qué decir o qué hacer, porque en todas partes me parece verme bajar nadando por esa enorme garganta y enterrado en ese gran vientre en medio de la confusión de la muerte». La frase evoca el viejo truco del narrador que finalmente se representa arrastrado por los acontecimientos que describe —en este caso, devorado por un gigante—, pero posee también un carácter onírico que se expresa por medio de una sintaxis imprecisa («en todas partes me parece verme bajar nadando»). Tenemos la sensación de que se trata de algo más que de un truco literario, de que Leonardo está accediendo a algo que guarda en su interior: una pesadilla en que se ve a sí mismo tragado y sumergido, y cuyo significado puede quizá encontrarse en la palabra que concluye la frase. Nos trae a la memoria aquella «profecía» de Leonardo, que resulta ser una especie de compendio de sueños: el vuelo y la caída, la comunicación con los animales y los deseos incestuosos.

En un cuaderno posterior figura otro pintoresco gigante negro, menos interesante porque el pasaje en que aparece es una transcripción de otro libro, *La Reina de Oriente* de Antonio Pucci; pero el hecho de que Leonardo deseara copiarlo lo convierte en algo digno de mención. La transcripción no es exacta. Me gusta especialmente el cambio de la primera línea: donde Pucci describe al gigante como «más negro que el carbón *[carbone]*», Leonardo escribe «más negro que un *calabrone*».[52] El *calabrone* es un escarabajo negro volador muy común todavía en la Toscana; un gigante en el reino de los insectos. Al añadir una sola sílaba, Leonardo transforma un tópico en un símil preciso, concreto y poéticamente acertado, digno de su viejo amigo Il Pistoiese.

Constatamos la creciente seguridad de Leonardo con respecto al lenguaje, a los recursos literarios, a los mecanismos de la narrativa. La historia del gigante, aunque insignificante en sí misma, demuestra su habilidad. Corresponde al periodo de fines de la década de 1480, cuando el artista comienza a adquirir una biblioteca básica de poesía y prosa y cuando empieza a escribir y dibujar habitualmente en sus cuadernos de notas. No son cuadernos literarios. El lenguaje que utiliza Leonardo se relaciona directamente con su trabajo —descripciones, observaciones, problemas, soluciones, listas— , pero refleja, a pesar de todo, un ideal de lucidez y concisión, la conciencia de que la escritura es un complemento vital del lenguaje visual en el que ya era maestro. Los libros de gramática y retórica que tiene en sus estantes quizá se relacionen más con sus estudios científicos, con su labor expositiva, que con sus mucho más vagas aspiraciones literarias.

Para Leonardo, escribir, en el sentido literario de la palabra, sigue siendo algo marginal. (Paradójicamente, uno de sus ejercicios favoritos era el *paragone* o comparación entre la pintura y la poesía, en la que la pintura aparece siempre como superior, un debate incluido en la introducción a su *Trattato della pittura*). Al parecer, cultiva principalmente la literatura como una práctica social o cortesana. En Florencia frecuenta la compañía de poetas como Cammelli y Bellincioni, pero sus resultados en el terreno de la poesía se limitan, que sepamos, a su habilidad como improvisador, como un animador con su *lira da braccio*. La carta a Dei comienza en ese mismo tono: el de un entretenimiento, un *jeu d'esprit* escrito probablemente para una ocasión concreta. La hermosa frase final es una gema inesperada: un toque teatral que da fin a la representación con una nota inquietante. Para mí es el ejemplo típico de la escritura de Leonardo: formatos populares y lenguaje coloquial junto a momentos inesperadamente poéticos.

La afición de Leonardo a los juegos de palabras forma parte de su interesante visión del escritor, curiosamente limitada; existe una página fascinante, fechada a fines de la década de 1480, que corresponde exactamente a ese tipo de artificio literario y que nos descubre, fugaz y oblicuamente, sus mecanismos mentales. Es una hoja grande de la colección de Windsor, llena de lo que Kenneth Clark calificó extrañamente de «escritura en acertijo», y que generalmente se llaman pictogramas o criptogramas.[53]

Un pictograma es una palabra, una frase o un nombre expresados de forma pictórica: un código visual. Aunque el secreto consiste en evitar las palabras, se trata, naturalmente, de un juego totalmente verbal, ya que la solución de la adivinanza depende enteramente de relaciones lingüísticas y, a menudo, de dobles sentidos. En italiano se designan con la palabra *rebus,* quizá por las hojas impresas en carnaval que comenzaban con la frase *De rebus quae geruntur* («Sobre las cosas que han sucedido») y en las que, con el fin de evitar la acusación de libelo, se utilizaban jeroglíficos y pictogramas en lugar de nombres. O quizá el término se derive de la fórmula *non verbis sed rebus* («no con palabras sino con cosas») utilizada con referencia a una explicación. Desde hacía mucho tiempo existía en Italia un gusto especial por estos jeroglíficos —los criptogramas heráldicos que representaban el nombre de una familia eran particularmente apreciados—, aunque los manuales más sofisticados para la elaboración de emblemas e *imprese* aún no se habían compuesto.

Leonardo consigue incluir un total de 154 pictogramas en las dos caras de la hoja de Windsor. (Si se incluyen los que aparecen en otros fragmentos del mismo periodo, suman alrededor de 200).[54] Están dibujados apresuradamente y su mérito reside en el ingenio. A veces sólo utiliza imágenes, pero a menudo lo que vemos es una combinación de imágenes y palabras o letras (no son, pues, pictogramas puros). Parecen ser borradores en los que se ensayan ideas; evidentemente, las peores han sido descartadas. Bajo cada uno de ellos está escrita la clave, la solución de la adivinanza visual. Así la del pictograma que muestra unas espigas de maíz y una piedra es *gran calamità,* «una gran calamidad», resultado del juego de palabras formado por «grano» y «calamita», una piedra magnética. Una *o* y una

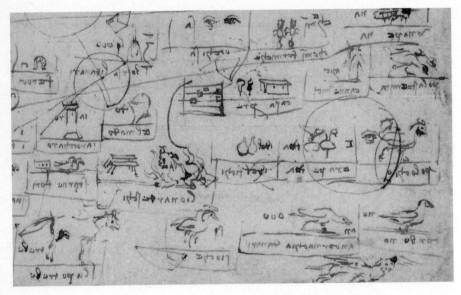

Parte de la gran hoja de jeroglíficos conservada en Windsor.

«pera» dan *opera*, trabajos. Una cara *(faccia)* y un asno *(asino)* dan *fa casino*, una expresión de argot que significa «organizar un gran embrollo». Algunos juegos de palabras vuelven a aparecer en el contexto de una frase completa: así las dos palabras «si la» *(se la)* aparecen siempre representadas por una silla *(sella)*, y la palabra «feliz» *(felice)* por un helecho *(felce)*. Forman parte de un vocabulario pictórico reutilizable.

Estos entretenimientos gráficos, estos pasatiempos de sociedad, nos ofrecen una imagen de Leonardo como un bufón de la corte, pero un bufón intelectual. Nos lo imaginamos expectante, como el enigmático presentador de un concurso, mientras los cortesanos se esfuerzan por adivinar la respuesta. Por otra parte, los pictogramas se prestaban a un aprovechamiento práctico, ya que eran muy apreciados como decoración arquitectónica. Según el arquitecto milanés Cesare Cesariano, el castillo de los Sforza estaba decorado con jeroglíficos alegóricos de este tipo que no han llegado hasta nosotros. Bramante, el amigo de Leonardo, diseñó más tarde, para el Belvedere vaticano, una inscripción en honor de Julio II, en la que el nombre del Papa aparece grabado en pictogramas. Así pues, esta habilidad de Leonardo resultaba útil al aspirante a arquitecto de mediados de la década de 1480.

Fueran útiles o no, hay en los pictogramas algo de esos juegos de «asociación libre» que practican los psiquiatras. La mente de Leonardo vaga entre diferentes niveles de significado, entre imágenes y letras, disfrutando de la excitación semiótica de la cual emergen extraños significados híbridos. Algunas de las frases que propone tienen un interés psicológico: *siamo scarico di vergogna* («nos hemos librado de la vergüenza»); *ora sono fritto* («ahora estoy acabado» [literalmente, «frito»]). Y el psiquiatra quizá llegue a arquear una ceja por un instante ante el garabato de autorretrato ya mencionado a propósito del león del *San Jerónimo,* el león ardiendo: *leone + ardere* = Leonardo. Como jeroglífico autodescriptivo parece bastante deprimente: el león, axiomáticamente noble y poderoso, es consumido y destruido por las llamas. Una vez más, nos hallamos, al parecer, en el mundo turbulento de las alegorías de Oxford. Incluso en estos juegos cortesanos, descubrimos que las palabras abren pequeños resquicios que nos permiten vislumbrar la vida interior de Leonardo.

También estaban destinadas al entretenimiento de la corte las «profecías» o adivinanzas, algunas de las cuales he citado anteriormente. Una de ellas incluye lo que equivale a una acotación teatral: «Pronúnciala como en un estado de locura o frenesí, como si procediera de una enajenación del cerebro».[55] En otras palabras, en una especie de fingido éxtasis o furor profético. Evidente candidato para este tipo de representación sería Zoroastro, uno de cuyos apodos era Indovino, el «profeta» o el «adivino», un término que sugiere la idea de un galimatías esotérico (*indovinello* significa «acertijo») muy acorde con estas pretendidas predicciones.

El humor de las profecías radica en sus explicaciones ingeniosamente anticlimáticas. La mayoría de ellas se basa en simples giros de significado no muy distintos de los que caracterizan los juegos de palabras visuales propios de los pictogramas: los que «andarán sobre los árboles» son los hombres que llevan zuecos de madera; los que «andarán sobre la piel de grandes animales» son los hombres que llevan zapatos de piel de vaca, y los que «irán tan deprisa como la más rápida de las criaturas gracias a las estrellas» son los que utilizan espuelas en forma de estrella. Los cuerpos que «crecerán cuando se les quite la cabeza y disminuirán cuando se les devuelva la cabeza» son las almohadas. El animal que «será visto con la lengua dentro del trasero de otro animal» es una referencia a la costumbre de los carniceros de la época de envolver en tripa la lengua de cerdo y de ternera.[56] Éstos eran los significados que los espectadores tenían que adivinar.

Pero en las profecías hay una trampa oculta: son textos muy breves, de una expresividad mordaz, que con frecuencia permanecen en la mente después de haber sido resueltas y explicadas, y, como la falsa carta dirigida a Dei, derivan hacia imágenes de cataclismos y violencia. Expresan también una idea de la Naturaleza vista como víctima explotada, herida, por la rapiña del hombre:

Muchos desollarán a su madre y le arrancarán la piel. [Los que abren surcos en la tierra]

Los hombres golpearán severamente a lo que les da la vida. [Los que trillan]

Volverán los tiempos de Herodes; las crías inocentes serán arrebatadas a sus nodrizas y morirán con grandes heridas a manos de hombres crueles. [Los cabritos]

Muchos hijos serán arrancados cruelmente de los brazos de sus madres, arrojados al suelo y despedazados. [Las nueces, las aceitunas, etcétera][57]

Una actitud semejante con respecto a la naturaleza encontramos en las fábulas de Leonardo, escritas también, probablemente, para recitar en la corte. Que sepamos, las treinta más o menos que han sobrevivido son composiciones originales.[58] Emulan las de Esopo, pero no las reproducen. (Leonardo pudo conocer también los *Apologhi* de Alberti, que no se publicaron hasta 1568, pero que debieron de circular en manuscrito). Están llenas de un sentimiento animista que ve el paisaje como algo vivo. No sólo tienen voz los animales, sino también los árboles, las plantas y las piedras. Todos ellos se convierten en criaturas que sienten, capaces de experimentar dolor, un dolor que el hombre les inflige constantemente. El castaño aparece como una madre protectora a la que arrancan sus «dulces hijos». El «desventurado sauce» es «mutilado, cercenado y destruido». Segar es herir. He aquí una breve fábula acerca de un nogal, casi un poema gnómico en prosa: *Il noce mostrando sopra una strada ai viandante la richezza de sua frutta, ogni omo lapidava* («Todos lapidaban al nogal que, al borde del camino, mostraba a los viandantes la riqueza de sus frutos»).[59]

A Leonardo le gustaban los chistes y anotó algunos de ellos, una actividad habitual a la que no debe atribuirse un significado concreto: los *zibaldoni* o misceláneas de la época estaban llenos de ellos. Estos chistes escritos deben considerarse un pálido reflejo de los verbales. Imaginamos a Leonardo contándolos con una falsa solemnidad. Los elogios de Vasari a sus dotes de conversador sugieren que podía ser un hombre verbalmente expresivo. Ya he mencionado que existe también una imagen opuesta de Leonardo como hombre taciturno y reservado, pero, a pesar de ello, hacer reír a la gente —y reírse él también— era algo que formaba parte de su vida. Quizá no sea una casualidad que su obra más famosa se conozca por el nombre de *La Gioconda*.

Los chistes de Leonardo son de muy variada calidad: algunos de ellos se centran tediosamente en juegos de palabras mientras que dos o tres parecen haber perdido su sentido original en un laberinto léxico. Unos son satíricos —especialmente anticlericales—, y otros son obscenos al estilo de Chaucer. Tanto la sátira como la obscenidad tienen sus antecedentes en los cuentos de Boccaccio y de sus imitadores, y, de forma más inmediata, en las colecciones renacentistas de *facetiae,* especialmente las de Poggio Bracciolini, algunas de los cuales son bastante picantes.

Hay chistes diseminados por todos los cuadernos y manuscritos de Leonardo. He aquí algunos de ellos:

Un hombre trataba de demostrar, basándose en la autoridad de Pitágoras, que había vivido anteriormente en este mundo, y otro se negaba a aceptar su argumento. Así que el primero le dijo: «Como prueba de que he estado aquí antes, te diré que recuerdo que eras molinero». Y el otro, creyendo que se estaba burlando de él, le contestó: «Tienes razón, porque yo también recuerdo que eras el asno que llevaba la harina».

Preguntaron a un pintor por qué pintaba imágenes tan hermosas, aunque eran de cosas muertas, y sin embargo sus hijos eran tan feos. A lo cual él replicó que hacía sus pinturas de día, y a sus hijos, de noche.

Una mujer que estaba lavando ropa tenía los pies enrojecidos a causa del frío. Un cura que pasaba por allí le preguntó, sorprendido, a qué se debía ese color, a lo que la mujer respondió inmediatamente que era por un fuego que tenía bajo los pies. Entonces el cura tomó en una mano esa parte de su cuerpo que le hacía más sacerdote que monja y, acercándose a la mujer, le pidió muy cortésmente que le hiciera el favor de encenderle su vela.

Si Petrarca estaba tan locamente enamorado de las hojas de laurel era por lo bien que saben con salchichas y tordos.[60]

Este último chiste juega con la palabra *lauro,* laurel, y el nombre de Laura, a quien Petrarca dedicó sus poemas de amor.

PROYECTOS ARQUITECTÓNICOS

En 1487, la *fabbriceria* o departamento de obras de la catedral de Milán estaba considerando cubrir el crucero de la catedral con un *tiburio* o cimborrio —una construcción en forma de torre rematada por una cúpula—, y Leonardo fue uno de los que presentaron proyectos para llevarlo a cabo. Con ayuda de un carpintero llamado Bernardo, construyó una maqueta. La *fabbriceria* le concedió una pequeña subvención para cubrir los gastos que ésta le había ocasionado; entre julio de 1487 y enero de 1488 se registraron siete pagos,[61] circunstancia que puede explicar por qué utilizó papel de la catedral para escribir su «carta» a Benedetto Dei. Entre los otros arquitectos que aspiraban a realizar el trabajo se encontraba su amigo Donato Bramante.

Un dibujo incluido en el MS B de París muestra un sistema de contrafuertes diseñado para proporcionar una base más amplia al tambor; los textos que lo acompañan describen un experimento destinado a demostrar cómo se distribuye el peso sobre un arco:

> Colocad a un hombre sobre una báscula en el centro de un pozo y haced que apoye con fuerza las manos y los pies en las paredes del pozo. Encontraréis que su peso disminuye mucho en la báscula. Si colocáis pesos sobre sus hombros, veréis que cuanto más peso añadís, mayor es la fuerza con que extiende los brazos y las piernas y presiona la pared y menor será su peso sobre la báscula.[62]

Este experimento, tan ingenioso como lleno de peligro, ilustra la propiedad de los arcos de distribuir el peso transversalmente en lugar de cargarlo sobre las columnas. La figura con los brazos y las piernas extendidas me recuerda el famoso «Hombre de Vitruvio» de Leonardo, y también a Zoroastro, a quien siempre imagino o como el hombre que se prestaba a realizar esta especie de «demostraciones» o como piloto de pruebas, sujeto con correas al ornitóptero.

Entre los papeles de Leonardo existe un borrador de discurso relacionado con la presentación del proyecto del cimborrio. Comienza con un florido *Signori padri diputati,* «Señores padres diputados», y trata de una analogía entre la armonía visual y estructural de la arquitectura y el equilibro armonioso del cuerpo. En los edificios, como en los cuerpos, «la salud se mantiene gracias al equilibrio o la concordia de los elementos y desaparece cuando surge la discordia entre ellos». El arquitecto es, pues, una especie de médico:

> Sabéis que las medicinas, cuando se utilizan adecuadamente, devuelven la salud a los enfermos, y que el que las conoce a fondo hará el uso adecuado de ellas si comprende la naturaleza del hombre, de la vida y de su constitución y de la salud. El que conoce a fondo estas cosas sabrá también qué es lo que se opone a ellas, y será, por lo tanto, mejor sanador que cualquier otro. Esto es lo que esta catedral enferma necesita, un médico-arquitecto que comprenda la naturaleza del edificio y las leyes en que se basa la construcción adecuada...

La analogía no es original de Leonardo: la encontramos en los escritos de arquitectos renacentistas como Alberti y Filarete, y antes, en Vitruvio.[63] Leonardo desarrolla exhaustivamente el tema en este borrador, del que he citado sólo un fragmento. Si lo imaginamos como un discurso real, suena adulador, pedagógico y repetitivo. Nos da la sensación de que este tipo de cosas no eran su fuerte. De pronto, se cansa de la actuación y acaba con lo que casi podríamos calificar de encogimiento de hombros lingüístico: «Elegidme a mí o elegid a otro que presente el caso mejor que yo; dejad a un lado todo sentimiento».

Es dudoso que este discurso llegara a pronunciarse. El proyecto entró en el limbo habitual de los retrasos y pasaron tres años antes de que se fallara el concurso. Para entonces Leonardo, al parecer, había perdido interés en él; ni siquiera se contó entre los finalistas.[64] La «consulta» tuvo lugar en el castillo el 27 de junio de 1490 y a ella asistieron Ludovico y el arzobispo de Milán; ganó el proyecto de dos arquitectos lombardos, Amadeo y Dolcebuono.

También corresponden a esta época una serie de proyectos para templos de planta central.[65] Leonardo podría haber encontrado ejemplos de este tipo de iglesias en los tratados de arquitectura de Vitruvio y Alberti, aunque, dado que se asocian particularmente con los últimos trabajos de Bramante, podría ser que respondieran a un intercambio de ideas entre ellos dos. En su renovación de la iglesia de Santa Maria delle Grazie (donde Leonardo pintó *La Última Cena*), Bramante utilizó un diseño semicentralizado.

El dibujo del templo incluido aquí (procedente de una de las páginas del MS B robadas por Libri y ahora encuadernadas por separado) está primorosamente ejecutado. Se ha demostrado que la planta se basa en un complejo sistema geométrico llamado «progresión theta». De nuevo vemos aquí la influencia de Alberti, según el cual las «proporciones naturales» en arquitectura deben proceder «no de los números, sino de raíces y cuadrados»; pero también intuimos la influencia personal de Bramante, por entonces indudablemente más experto en matemáticas y geometría que Leonardo.[66] Una nota en el ángulo inferior izquierdo de la hoja revela que por entonces éste pensaba en iglesias reales y no sólo en progresiones geométricas. Se pregunta si el *campanile* debería estar exento, como en las catedrales de Florencia y Pisa, en las que «muestra su perfección independientemente», o si debería estar incorporado a la iglesia, «de forma que la linterna hiciese el papel de campanario, como en la iglesia de Chiaravalle». Esta abadía medieval se hallaba a pocos kilómetros de Milán; Leonardo se refiere en otro lugar a su reloj astrológico, que mostraba «la luna, el sol, las horas y los minutos».[67]

En un folio que puede fecharse a comienzos de 1489, figuran los dibujos de la planta y alzado de un pequeño edificio, cubierto por una cúpula, que no es una iglesia. La inscripción lo identifica como el «pabellón del jardín de la duquesa de Milán».[68] Se refiere a la construcción

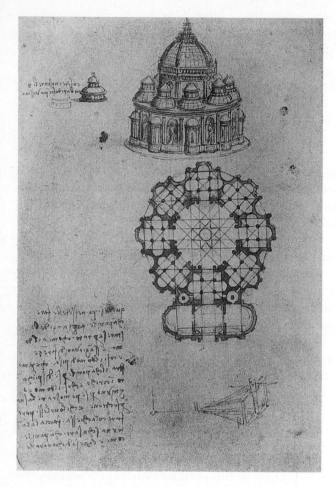

Diseño de un «templo» de planta central.

existente en el parque del castillo de los Sforza, descrita en un documento de 1480 como un edificio de ladrillo «rodeado de agua corriente y setos en forma de laberinto», que probablemente se utilizaba como baño durante los húmedos y calurosos veranos milaneses. Es posible que el proyecto de renovación del pabellón estuviera relacionado con la boda del joven duque de Milán e Isabel de Aragón, nieta del rey de Nápoles, celebrada en febrero de 1489. Un folio perdido del MS B de París pudo incluir otro diseño de esta construcción, además de instrucciones para su decoración: paredes de mármol rosa, baños blancos, mosaicos en los que aparecía representada la diosa Diana y «grifos en forma de cabezas de anguila para agua caliente y fría» —si creemos el testimonio del biógrafo francés del siglo XIX Arsène Houssaye, que pudo ver el cuaderno antes de su mutilación a manos del conde Libri—. Una nota posterior acerca de la instalación de calefacción en el «baño de la duquesa» se refiere probablemente al mismo edificio.[69] Incluyo este proyecto entre los primeros estudios arquitectónicos de Leonardo, aunque esta última anotación se relaciona más bien con su papel de factótum.

LA AMANTE DEL MORO

> ... *Con sua pictura*
> *La fa che par che ascolti e non favella.*
> Bernardo Bellincioni, *Soneto*

Los primeros cuadernos de Leonardo están repletos de planes y proyectos increíblemente diversos —la diversidad es su marca de fábrica—, pero todos ellos formaban parte de un único plan: conseguir un empleo en la corte de Ludovico Sforza. Los ingenios bélicos, la planificación urbana, las máquinas para volar, los diseños de arquitectura, incluso las adivinanzas cortesanas, todo ello, que hoy sobrevive fosilizado en papel, formaba parte de su empeño en convertirse en el técnico o asesor en muy distintas materias de Ludovico el Moro, en ingenioso «ingeniero» en el más amplio sentido posbrunelleschiano del término. Cómo respondió Ludovico a todo ello, no lo sabemos; indudablemente estaba impresionado por el talento del florentino, ¿pero se tradujo eso en un mecenazgo concreto? Es posible que, como su compañero florentino Benedetto Dei, Leonardo cobrara una pequeña *mancia* —una gratificación, una limosna, un estipendio irregular— de las arcas de los Sforza; o quizá le pagaban para que desarrollara sus ideas sobre el submarino de ataque o el cañón de vapor, o para que rediseñara el pabellón de la duquesa en los jardines del castillo. En cualquier caso, no debió de ser mucho lo que recibió si recordamos el amargo proverbio expresado por el cortesano milanés de la época Tommaso Tebaldi: *Chi vive al corte muore al spedale*, «El que vive en la corte, muere en el asilo».[70] Los cuadernos nos dicen más acerca de las ambiciones y aspiraciones de Leonardo que sobre la fuente de sus ingresos. De hecho, el primer encargo que recibió de Ludovico no fue para ninguna obra de ingeniería ni de arquitectura. Fue el retrato de la joven amante del duque, la bella Cecilia Gallerani.[71]

Ludovico Sforza no era un modelo de depravación como lo había sido su hermano el duque, pero disfrutaba de las ventajas que en el terreno sexual ofrece el despotismo. Consideraba que sus súbditas, como los ciervos de sus cotos de caza, estaban a su disposición, y cualquier mujer en la que se posaran sus ojos, fueran cuales fuesen sus sentimientos, sabía que ese favor equivalía a un pasaporte a un mundo de comodidades y privilegios del que disfrutarían no solamente ella, sino también toda su familia. Cecilia Gallerani nació a comienzos de 1473; su padre, Fazio, era un alto funcionario que había servido como embajador en Florencia y en Lucca; su madre, Margherita Busti, era hija de un famoso doctor en leyes. Cecilia era, pues, una joven de buena familia, aunque no espectacularmente rica; además, dado que su padre había muerto cuando ella tenía siete años y sus seis hermanos tenían precedencia sobre ella, sólo hasta cierto punto había crecido rodeada de lujo. Era inteligente y culta y más tarde protegió a escritores, entre ellos al novelista Matteo Bandello. Que poseía una hermosura seductora podemos deducirlo de los muchos poemas y cartas que se escribieron acerca de ella, aunque la deducción resulta innecesaria puesto que su belleza vive —por utilizar el tópico de la época— en el retrato que de ella pintara Leonardo, conocido también con el nombre de la *Dama del armiño* (Lámina 12).

No sabemos cuándo se convirtió en amante del Moro, pero podemos suponerlo con bastante precisión. Un documento fechado en junio de 1487 la libera formalmente de un compromiso matrimonial contraído durante su infancia con Giovanni Stefano Visconti; es muy probable que el interés de Ludovico fuera el motivo de esta ruptura. Cecilia sólo tenía catorce años; era joven, pero no demasiado. A comienzos del verano de 1489 ya no vivía con su familia, sino en una propiedad no especificada de la parroquia de Nuovo Monasterio, que resulta difícil resistirse a identificar con un nido de amor. En ese mismo año, su hermano Sigerio mató a un hombre en el curso de una pelea y escapó a la justicia gracias a la intervención personal de Ludovico. Si nos basamos en estas pruebas circunstanciales, parece que Cecilia se convirtió en amante de Ludovico en 1487, aunque no encontramos la prueba incontrovertible de su relación, en la forma habitual de un embarazo, hasta 1490.

Aunque los planes de boda de Cecilia podían cancelarse, los de Ludovico eran cuestión aparte. Desde 1480 estaba comprometido, por sólidas razones políticas, con la hija del duque de Ferrara, Beatrice d'Este, y se acercaba ya el momento de solemnizar el matrimonio: una importante alianza dinástica que había de festejarse con un extraordinario despliegue de la capacidad de los milaneses para la celebración de grandes fiestas. El 8 de noviembre de 1490, el duque de Ferrara recibió un desconcertante despacho de su embajador en Milán, Jacopo Trotti, quien le comunicaba que las intenciones de Ludovico con respecto a *la madonna Duchessa nostra* (es decir, Beatrice) no estaban claras, ya que seguía locamente enamorado de *quella sua innamorata* (es decir, de Cecilia). «La tiene con él en el castillo, la lleva a todas partes y quiere regalarle todo. Está embarazada y tan bella como una flor, y él a veces me lleva a visitarla». Temiendo, quizá, haberse excedido un poco, Trotti concluye diplomáticamente: «Pero el tiempo, al cual es imposible forzar, lo arregla todo». No puede resistirse a hacer un juego de palabras, ligeramente subido de tono, con el nombre de los Sforza y la palabra *sforzare*, en este caso en el sentido de forzar sexualmente.

La boda de Ludovico y Beatrice se celebró como se había planeado y con toda suntuosidad el 16 de enero de 1491, pero Cecilia continuó ejerciendo su fascinación y un mes después el embajador Trotti informaba de que el Moro le había dicho «al oído» que «ojalá pudiera ir a La Rocca [sus aposentos privados en el castillo] para hacer el amor con Cecilia y estar con ella en paz, y esto era lo que su esposa deseaba también, porque no quería rendirse a él». Al parecer Beatrice se negaba a acostarse con Ludovico mientras éste mantuviera su relación con Cecilia. Sin embargo, el 21 de marzo Trotti informa de que Ludovico ha ordenado a su amante que abandone el castillo: «No quiere volver a tocarla ni volver a tener relaciones con ella ahora que está tan grande, y no lo hará hasta que haya alumbrado a su hijo». En abril Cecilia vivía en la ciudad, en unos aposentos proporcionados por el Moro, quizá otra vez en la propiedad de Nuovo Monasterio.

El día 3 de mayo dio a luz a un niño. En el bautismo se le impuso el nombre de Cesare Sforza Visconti. Para celebrar el nacimiento, el poeta Bellincioni compuso apresuradamente un trío de sonetos en los que llamaba a Cecilia «Isola» («Isla», un juego de palabras con Cecilia/Sicilia) y la felicitaba por haber sido el receptáculo en el que «había fructificado la semilla del Moro». La amistad de Cecilia con el poeta aparece reflejada más tarde en una carta fechada en febrero de 1492, en la que éste le comunica a Ludovico:

> Ayer comí con Mi Señora Cecilia y me quedé allí hasta la noche; soy su favorito y juro por Dios que nos divertimos mucho con el Señor Cesare, que está hermoso y rollizo, rollizo de verdad. Y como adiviné que iba a ser niño, sé que siempre disfrutaré del favor de su Señoría [Cesare].[72]

Pero no fue así. Al final de aquel mismo verano el poeta, tan convincente como poco de fiar, había muerto.

Debemos también a Bellincioni la primera referencia al retrato de Leonardo, en un soneto dedicado, con su habitual tono desdeñoso, a la Naturaleza:

> Oh, Naturaleza, cómo envidias a Vinci,
> que ha pintado a una de tus estrellas,
> la hermosa Cecilia, cuyos bellos ojos
> la luz del sol convierten en oscura sombra.

Pues piensa: cuanto más vivaz y hermosa sea
mayor gloria tendrás en los tiempos futuros.
Da gracias, pues, a Ludovico
y al genio y a la mano de Leonardo,
que quieren compartirla con la posteridad.[73]

Que yo sepa, se trata de la primera descripción literaria del cuadro de
Leonardo. Incluye la aguda observación que he citado al comienzo de este
epígrafe: *Con sua pictura / La fa che par che ascolti e non favella* («Con su
arte, hace que parezca que está escuchando y no hablando»), unas palabras que reflejan en parte la serenidad del retrato: Cecilia parece atenta
a algo que ocurre más allá del espacio cerrado del cuadro. ¿Contienen
además una observación personal sobre Cecilia: *e non favella*, es decir, que
por una vez no está parloteando?

Éste es el telón de fondo de la pintura: sexo, rumores y poesía en la
corte de los Sforza. Como el anterior retrato hecho por Leonardo a Ginevra de Benci, consiste en la imagen de una mujer creada para deleite
de su amante. Pero aquí, en Milán, la situación es más cruda: no se trata de
un enamoramiento platónico, como el que sentía Bembo por su amada;
el retrato de Cecilia tiene un contenido erótico ausente en la representación serena, lunar, de Ginevra. La mano que acaricia el animal es una
alusión sexual; los accesorios del vestido —la banda de oro de la frente,
la cinta negra, el velo, el collar— sugieren la condición de la mujer sometida, de la cautiva, de la concubina. Me recuerda un pasaje del *Trattato della pittura,* en que Leonardo argumenta que el pintor tiene el mismo
poder que el poeta para «inflamar en amor a los hombres» haciendo
«que se enamoren de una pintura». Y cuenta la siguiente historia:

> Me ocurrió en una ocasión que habiendo hecho una pintura que repre-
> sentaba una figura divina, fue comprada por un hombre que se enamoró de
> ella y quiso que borrase los emblemas de divinidad para poder besarla sin es-
> crúpulos. Pero finalmente su conciencia prevaleció sobre sus suspiros y de-
> seos y se vio obligado a sacar el cuadro de su casa.[74]

No se trataba, por supuesto, del retrato de Cecilia, pero la idea de una
pintura como objeto amoroso, como estímulo erótico, lo sugiere.

El animal que tiene en sus brazos la joven aporta a la obra toda una serie de asociaciones simbólicas y folclóricas. Se trata de un armiño *(Muste-
la erminea)* de la variedad septentrional, o de invierno, caracterizado por
la blancura de su piel (aunque en el cuadro está coloreada por el barniz
y parece de un marrón amarillento). Se asociaba este animal con la pu-

reza y la limpieza, como leemos en el «bestiario» de Leonardo compilado a comienzos de la década de 1490: «El armiño, a causa de su temperamento... prefiere caer en manos de los cazadores antes que refugiarse en una guarida llena de barro, para no mancharse».[75] La observación no es original; se trata de uno de los muchos elementos de su bestiario tomados de su manoseado ejemplar de *Fiore di virtù*. El armiño aparece también como símbolo de pureza en el retrato de un caballero pintado por Vittore Carpaccio hacia 1510, en el que en una leyenda situada sobre el animal se lee: *Malo mori quam foedari*, «Antes morir que ser mancillado». Esta asociación con la pureza añade al retrato de Cecilia un refinamiento parcialmente irónico: lo simbólico *contrapposto* a lo erótico. Pero el animal sugiere también un juego de palabras erudito. El término griego que designa a la comadreja o al armiño es *galé*, el cual coincidiría con el apellido de Cecilia, Gallerani, del mismo modo que el enebro o *ginepro* coincide con el nombre de Ginevra. Respondería al tipo de juegos que gustaban a Leonardo —o que él creía que gustaban a sus clientes—, aunque no es probable que llegara hasta ese punto su conocimiento del griego; quizá recibiera ayuda del secretario de Ludovico, el helenista Bartolomeo Calco.

Aparte de constituir la base de estas asociaciones, el armiño ofrecía un significado más específico. Era una alusión emblemática al propio Ludovico, a quien en 1488 Ferrán de Aragón, rey de Nápoles (abuelo de Isabel de Aragón, quien iba a contraer matrimonio con el joven duque Gian Galeazzo) había investido con la condecoración de la Orden del Armiño *(L'Ermellino)*. Un soneto de Bellincioni describe a Ludovico como *l'italico morel, bianco ermellino* («el itálico moro, blanco armiño»).[76] El animal que vemos en los brazos de Cecilia es, por lo tanto, un emblema del hombre al que está unida social y sexualmente; observamos su mirada vigilante, su fuerte pata musculosa y sus garras extendidas sobre la manga roja de la joven. Como hace con frecuencia, Leonardo representa con tanta fuerza lo emblemático que esto revierte sobre lo real, de forma que vemos al armiño como un depredador, lo que es en la naturaleza y lo que era Ludovico. Es muy posible que Leonardo lo pintara del natural. Los peleteros de Milán importaban animales de este tipo; en una carta, un viajero que se encuentra en Moscú promete enviar al hermano de Ludovico «hermosas martas cibelinas, armiños, liebres blancas y osos, vivos o muertos».[77] Tanto los armiños como sus parientes (comadrejas, martas, hurones, etcétera) se utilizaban como mascotas decorativas, de forma que el retrato, considerado en su totalidad, no es fantástico: consigue una especial resonancia con su imagen de un realismo casi fotográfico, bellamente iluminada sobre un telón de fondo negro.

Aunque rechazada, Cecilia siguió siendo objeto del afecto del Moro y, como madre de uno de sus hijos naturales, continuó recibiendo favores de su mano. Ludovico le concedió unas tierras en Saranno, al norte de Milán, y en 1492 la casó con un cremonés, el conde Lodovico Bergamini. Cecilia mantuvo un pequeño salón en el Palazzo Carmagnola de Milán; entre los que allí le rendían homenaje figura el autor Matteo Bandello, quien le dedicó dos de sus *novelle* y la elogió por su ingenio, su erudición y sus versos latinos.

Ella quedó en posesión de su retrato, y el 26 de abril de 1498 la insaciable coleccionista Isabella d'Este le dirigió una petición en tono perentorio (aunque no desagradable si tenemos en cuenta que era hermana de Beatrice):

> Contemplábamos hoy unos hermosos retratos pintados por Zoanne Bellino [Giovanni Bellini] cuando comenzamos a comentar las obras de Leonardo y a desear poder ver algunas de ellas para compararlas con las que tenemos aquí. Recordamos que Leonardo da Vinci pintó un retrato de vos del natural, ¿seríais tan amable de enviármelo por medio del portador de presentes que con ese fin os envío? Además de servir para llevar a cabo dicha comparación, nos proporcionaría un gran placer ver vuestro rostro. Tan pronto como lo hayamos estudiado, os lo devolveremos.

El 29 de abril, Cecilia contestó que le enviaba el retrato,

> ... aunque lo enviaría más gustosamente si se pareciera más a mí. Su Señoría no debe pensar que esto se debe a error alguno por parte del maestro, del que sinceramente considero que no tiene igual. Se debe solamente a que el retrato se pintó cuando mi edad era imperfecta y mi rostro ha cambiado completamente desde entonces, de forma que si nos pusierais juntos al retrato y a mí, nadie pensaría que era yo la representada.[78]

Ésta no fue, en absoluto, la última de las peregrinaciones del retrato. Tras la muerte de Cecilia, ocurrida en 1536, permaneció en Milán. En el siglo XVIII, según Carlo Amoretti, bibliotecario de la Biblioteca Ambrosiana, «aún se podía ver en esta ciudad, en la colección de los marqueses de Bonasana». Nos da a entender Amoretti que había otras pinturas basadas en él: una Santa Cecilia con una cítara, y otra en la que «esta famosa dama aparece pintada como en el primer retrato, ejecutado por el mismo Leonardo cuando ella se hallaba en la flor de su juventud, pero ésta, en lugar de la cítara, sostiene en la mano un pliegue de su vestido».[79] Hacia 1800, el cuadro fue comprado por un príncipe polaco,

Adam Jerzy Czartoryski, quien se lo regaló a su madre Isabella, que lo colgó en su galería de pintura, llamada la Casa Gótica, en la propiedad familiar de Pulawy, cerca de Cracovia. Por entonces fue cuando se añadió a la obra, en el ángulo superior izquierdo, una inscripción errónea:

LA BELE FERONIERE
LEONARD D'AWINCI

Una nota de Isabella Czartoryski explica que la obra «se supone que es el retrato de la amante de Francisco I, rey de Francia. La llamaban La Belle Ferronnière porque la creían esposa de un herrero». (La idea de que Leonardo pintó a esta francesa semilegendaria ha resultado ser tenaz, y ahora se da el mismo título —igualmente erróneo— a otro de sus retratos milaneses).

En 1842, la familia Czartoryski vivía en el exilio en París y conservaba el cuadro, que permaneció durante treinta años en esta ciudad, en la residencia familiar del Hôtel Lambert, aunque, al parecer, en los círculos artísticos franceses no se tenía noticia de él. El exhaustivo catálogo de Arsène Houssaye, fechado en 1869, da la pintura por perdida. Tras la guerra franco-prusiana, la familia regresó a Polonia, y en 1876 la *Dama del armiño* fue expuesta, por primera vez, en el Museo Czartoryski de Cracovia. A comienzos del siglo XX, el cuadro ya había sido reconocido y elogiado como un auténtico Leonardo, e identificado como el retrato de Cecilia Gallerani documentado por Bellincioni y otros autores.

Durante la Segunda Guerra Mundial corrió una última aventura. En 1939, poco antes de la invasión de Polonia, fue escondido en Sieniawa junto con otros tesoros de la colección Czartoryski —un paisaje de Rembrandt y un retrato de Rafael—, pero fue descubierto. Fue expuesto brevemente en el Kaiser Friedrich Museum de Berlín y reservado después para el museo privado de Hitler (el *Führerauftrag*) en Linz. Finalmente fue a parar a la colección particular del gobernador nazi de Polonia, Hans Frank, en cuya villa de Baviera fue descubierto en 1945 por el Comité polaco-americano. Así los avatares del amor y la guerra han marcado esta pequeña tabla de nogal que salió del estudio de Leonardo da Vinci hacia 1489.

EL TALLER MILANÉS

A fines de la década de 1480 Leonardo había abierto su propio taller en Milán. Era esencialmente una versión del estudio florentino en el que se había formado: una *bottega* que producía obras de encargo bajo la influencia y guía de un maestro. Algunas de las obras que de él salieron, como el retrato de Cecilia, fueron pintadas casi exclusivamente por Leonardo. Otras serían en gran parte obra de los ayudantes que trabajaban bajo su supervisión, con intervenciones y correcciones ocasionales del maestro de acuerdo con la misma organización del trabajo que describe un visitante del taller que más tarde abriría Leonardo en Florencia, donde *Dui suoi garzoni fano retrati, e lui a le volte in alcuno mette mano*, «Dos de sus ayudantes hacen copias, y él, de vez en cuando, interviene».[80] Unas veces los ayudantes trabajaban a partir de una plantilla original del maestro, ya fuera pintura o cartón, y otras lo hacían más libremente, dentro siempre de un estilo o «imagen» que constituía la marca de fábrica de la *bottega*. Como hemos visto, algunos contratos establecían una distinción económica entre el trabajo del maestro y el de sus ayudantes. En una nota escrita hacia 1492, y que, por lo tanto, hace referencia al estudio de Milán, Leonardo critica a esos «pintores necios» que se quejan de «no haber podido ofrecer la mejor calidad porque no se les ha pagado lo suficiente»; deberían haber tenido la sensatez de «tener con ellos» una variedad de pinturas «para poder decir: ésta es cara, ésta es menos cara, y ésta es muy barata».[81] Es de suponer que la obra «muy barata» conllevaba una aportación menor del maestro.

En el diálogo imaginario entre Leonardo y Fidias incluido en los *Sogni* de Paolo Lomazzo (en el que se comenta también el gusto de Leonardo por el «juego» homosexual), dice el primero: «Mis composiciones eran admiradas incluso cuando eran pintadas más tarde por mis discípulos» —la palabra que utiliza es *creati,* criados: literalmente, aquellos que él ha «creado»—, una nueva referencia a la práctica en el estudio: la utilización de una obra del maestro como prototipo para copias posteriores. En algunos casos, como en el de *Leda,* sólo ha sobrevivido la copia.

Otra noticia de primera mano sobre el taller procede de Paolo Giovio. Observa éste cuán estricto es Leonardo con respecto a que sus discípulos aprendan el oficio lenta y detalladamente: «No permite que los jóvenes de menos de veinte años toquen los pinceles ni los colores, y sólo les permite practicar con un estilete de plomo». Giovio se refiere también, expresivamente, a la «muchedumbre de jóvenes *[adolescentium turba]* que en tan gran medida contribuyen al éxito de su taller». Sus palabras suenan a evocación precisa: la de un indisciplinado séquito de muchachos que rodea a Leonardo, una panda de adolescentes.

Podemos reconstruir parte de la plantilla de su primer estudio milanés. Sin duda habría incluido a Ambrogio de Predis, y quizá también al hermano de éste, Evangelista, hasta su temprana muerte, ocurrida en 1491. Trabajaron como socios en *La Virgen de las rocas* y Ambrogio continuó ligado a Leonardo como colaborador, socio y ocasional competidor durante unos veinte años más. Otros dos ayudantes eran Giovanni Antonio Boltraffio y Marco d'Oggiono, ambos mencionados por Vasari como «discípulos» de Leonardo.[82]

Boltraffio, nacido hacia 1467, era hijo ilegítimo de un hombre perteneciente a una acaudalada familia patricia. Esta circunstancia, que le unió emocionalmente a Leonardo, no malogró su fortuna: con razón o sin ella, flotaba en torno suyo la reputación de aficionado adinerado, semejante a aquellos que Shakespeare calificaba de «jóvenes ricos y gallardos». En la lápida de su tumba, en la iglesia de San Paolo in Compito, se afirmaba que había dedicado su vida a la pintura *inter seria*, lo que de nuevo sugiere su condición de aficionado, aunque no se especificaba cuáles eran esas otras actividades más serias a las que se dedicaba. Según Vasari, era un artista «práctico y experto», un elogio bastante pálido. En sus mejores momentos era capaz de alcanzar una gran poesía y sutileza, a juzgar por su *Virgen con el Niño* del museo Poldi Pezzoli de Milán y su *Narciso* de los Uffizi. El poeta Girolamo Casio, cuyo retrato pintó, le describe como el *unico allievo* («único discípulo») de Leonardo; no lo dice literalmente, desde luego, sino en el sentido de que fue «su único discípulo verdadero».[83] Marco d'Oggiono, por su parte, era hijo de un próspero orfebre; la familia procedía de Oggiono, un pueblo de la región de Brianza, al norte de Milán, pero su padre, Cristofero, se había establecido en la ciudad a mediados de la década de 1460, y Marco, probablemente, ya había nacido en ella. Hacia 1487 tenía su propio aprendiz, Protasio Crivelli, probablemente pariente de Lucrezia Crivelli, cuyo retrato pintaría Leonardo más adelante. Como Boltraffio, pasó a disfrutar de la tutela que ofrecía el estudio del maestro como pintor ya formado e independiente: no eran aprendices sino jóvenes asociados. Ambos aparecen mencionados en un memorándum de Leonardo referente a las fechorías de un chico de diez años, Giacomo Caprotti, o Salai, quien entró a su servicio en el verano de 1490:

El 7 de septiembre [1490] robó un estilete que valía 22 sueldos a Marco, que vivía conmigo. Tenía la punta de plata y lo robó del estudio de Marco...

El 2 de abril [1491], Gian Antonio dejó una punta de plata sobre uno de sus dibujos, y Giacomo se la robó.[84]

Éstas son las instantáneas que han llegado hasta nosotros del interior del taller de Leonardo: el pequeño estudio en que trabajaban los ayudantes o *studiolo;* la punta de plata sobre un dibujo; el niño que roba todo lo que puede. El talento de Boltraffio en el manejo de la punta de plata se hace evidente en algunos dibujos que han llegado hasta nosotros, como el de un Cristo (interpretado por algunos como Baco) que se conserva en Turín; se trataba de un método de dibujo poco conocido en Lombardía y que se extendió allí por influencia de Leonardo.

Otro de los primeros integrantes de la *bottega* de Leonardo fue el enigmático Francesco Napoletano. Hasta hace muy poco la única obra que se le atribuía con certeza era la hermosa *Virgen con el Niño, San Juan Bautista y San Sebastián* de la Zurich Kunsthaus, pues su firma aparece en la base del trono de la Virgen. Los dos santos muestran una marcada semejanza con los modelos de Leonardo.[85] Hoy sabemos algo más acerca de Francesco gracias a la investigación llevada a cabo por Janice Shell y Grazioso Sironi.[86] Se llamaba Francesco Galli; nació en Nápoles (desconocemos la fecha) y murió en Venecia hacia 1501. En el momento de su muerte vivía con una *cohabitrix* o pareja, una mujer llamada Andreina Rossini, con la que había tenido dos hijos; deducimos que no era muy mayor cuando falleció. La fecha de su muerte revela que el fuerte sabor leonardesco de su producción no se debe a una imitación tardía; trabajó durante la década de 1490 absorbiendo la influencia de Leonardo de primera mano. Es casi con seguridad el Francesco Galli a quien el duque, en carta fechada el 8 de agosto de 1494, nombra diseñador de troqueles para acuñar moneda junto al compañero de Leonardo, Ambrogio de Predis. El nombramiento sitúa a Francesco entre los pintores de la ciudad especializados en retratos. Existía una estrecha relación entre éstos y los diseñadores de medallas y monedas: el retrato tradicional lombardo era el de perfil, conocido por los historiadores del arte como «modelo numismático».

Podemos añadir a estos nombres el de Tommaso Masini o Zoroastro, probablemente el «Maestro Tommaso» mencionado en una nota de septiembre de 1492, según la cual «volvió» al taller en esa fecha, lo que significa que ya había formado parte de él. Y también el de un alemán llamado Giulio, que acababa de llegar en marzo de 1493.[87] Ambos eran metalistas, no pintores.

En el borrador de una carta dirigida a Ludovico, en la que le expone sus quejas acerca de un dinero que se le debe («Me irrita en gran manera el hecho de tener que ganarme la vida...»), Leonardo hace referencia a la carga económica que ha significado haber tenido a su cargo a seis personas durante tres años. *Ho tenuto 6 bocche 36 mesi*, dice utilizando la lengua propia de las declaraciones del catastro, como si ese pequeño grupo de aprendices y ayudantes hubieran sido, efectivamente, su familia.[88] El borrador, que no está fechado, fue redactado, probablemente, hacia 1495. Esas seis *bocche*, es decir, las seis personas que mantenía a comienzos de la década de 1490, podían ser Boltraffio, Marco d'Oggiono, Francesco Napoletano, Salai, Zoroastro y Giulio el alemán. (Ambrogio de Predis era un colaborador y no un ayudante al que tuviera que proporcionar alojamiento y comida).

Listas posteriores revelan que se produjo una continua incorporación de nuevos aprendices a finales de la década de 1490: Galeazzo, Benedetto,

Ioditti, Gianmaria, Girardo, Gianpietro y Bartolomeo.[89] Sólo se ha podido identificar tentativamente a los dos últimos, que aparecen en una lista de hacia 1497. Gianpietro es probablemente Giovanni Pietro Rizzoli, conocido como Giampietrino, que se convirtió en uno de los más brillantes ayudantes de Leonardo durante su segundo periodo milanés, mientras que Bartolomeo podría ser Bartolomeo Suardi, el seguidor de Bramante conocido con el nombre de Bramantino. Hubo muchos otros jóvenes pintores lombardos profundamente influidos por Leonardo y a los que se da el nombre de «discípulos», entre ellos Cesare da Sesto, Bernardino Luini, Andrea Solario y Giovanni Bazzi (conocido también como Il Sodoma), aunque no existen pruebas de que ninguno de ellos estudiara con el maestro. Éstos son los *leonardeschi*, a los que Kenneth Clark definió como «la sonrisa sin el gato de Cheshire». Giovanni Paolo Lomazzo pensaba probablemente en estos discípulos cuando puso en boca de Leonardo: «En la concepción y el diseño de temas religiosos alcancé tal perfección, que muchos trataron de apropiarse del espíritu de las figuras que yo había dibujado».[90]

Del taller milanés de Leonardo surgieron retratos cortesanos y pinturas religiosas de gran calidad que sin duda alcanzaron precios muy altos. El retrato de Cecilia Gallerani es uno de ellos. Otras tres obras se consideran también por entero, o en gran parte, de su mano.

El *Retrato de un músico* (Pinacoteca Ambrosiana de Milán) es una de las obras más coloristas entre las producidas por su estudio (Lámina 13). Se trata de un pequeño retrato al óleo, de media figura, de un joven de cabello rubio, largo y rizado bajo un *berrettino* de un rojo brillante. Es el único retrato conocido de Leonardo que representa a un hombre, aunque sus cuadernos de dibujos incluyen muchas figuras masculinas. La pintura no aparece registrada entre las incluidas en el legado Borromeo de 1618, que forman el núcleo de la colección ambrosiana. Aparece por primera vez en el catálogo de 1686, en el que se describe como «retrato de un duque de Milán» y se atribuye a Bernardino Luini. En 1905 fue sometida a una limpieza que descubrió una partitura musical en la mano derecha del modelo, de ahí el título actual de la obra.[91]

Suele decirse que el músico representado en el retrato por Leonardo es Franchino Gaffurio, maestro de capilla de la catedral de Milán desde 1484 hasta su muerte, ocurrida casi cuarenta años después. En los archivos catedralicios existen composiciones suyas para tres, cuatro y cinco voces. Fue también un autor prolífico, uno de los primeros que escribió sobre teoría musical en italiano vulgar. Una nota de Leonardo referente a un «libro sobre instrumentos musicales» puede referirse a la obra de Gaffurio *De harmonia musicorum instrumentorum* (1508).[92] La partitura musical del cuadro es casi completamente ilegible, pero pueden distinguirse un pentagrama y las letras «Cant. Ang.», que, según Serge Bramly, hacen referencia a una composición de Gaffurio titulada *Canticum angelicum;* pero esta suposición parece ser un error. Existió, efectivamente, un libro de teoría musical de este autor titulado *Angelicum ac divinum opus musicae,* pero no se publicó hasta 1508 y la relación es demasiado tenue como para explicar la referencia.

Leonardo conoció sin duda a Gaffurio y éste era un personaje lo bastante importante como para servir de modelo de un retrato de estudio, pero la duda sigue en pie. Existen otros retratos del maestro de capilla —un cuadro que se conserva en Lodi, donde nació, y un grabado en la portada de *De harmonia*—, pero en ninguno de los dos se parece especialmente al hombre representado en el cuadro. Por otra parte está la cuestión de su edad. Tradicionalmente se ha considerado que el retrato corresponde al mismo periodo que el de Cecilia Gallerani, es decir, a 1488-1490: Gaffurio tendría entonces cerca de cuarenta años, demasiados para el joven representado en la pintura de la Ambrosiana.

Otra posibilidad es que el modelo fuera un joven músico y cantante al que Leonardo conocía bien: su antiguo discípulo Atalante Migliorotti.[93] En 1490, Atalante hizo en Marmirolo, cerca de Mantua, el papel principal en una representación, encargada por Isabella d'Este, de la opereta *Orfeo* de Poliziano. Es posible que Leonardo tuviera que ver con esta representación (más tarde diseñaría los decorados para un *Orfeo* representado en Milán), y probable también que se le encargara retratar el rostro despierto y atractivo de la joven estrella. Sabemos que lo había hecho con anterioridad (recordemos el «retrato de Atalante levantando el rostro», probablemente un dibujo, que figura en la lista de hacia 1482). Atalante tenía unos veinticuatro años en 1490, por lo que parece un candidato más apropiado para el modelo del *Músico* de Leonardo que el maestro de capilla y musicólogo Gaffurio.

Partes de este retrato —la túnica, por ejemplo— parecen bastante descuidadas, por lo que se describe a veces como «inacabado», pero esta circunstancia podría ser resultado de una decisión artística del propio Leonardo, una despreocupación deliberada en la periferia que resaltaría el intenso acabado del rostro que ocupa el centro del cuadro. Una duda semejante existe acerca del retrato de Cecilia Gallerani: ¿se debe el deficiente modelado de la mano izquierda a un retoque posterior (quizá de comienzos del siglo XIX, cuando se añadió la inscripción), o la dejó así Leonardo intencionadamente? Apenas delineada, la mano se funde con la oscuridad que rodea el grupo iluminado formado por la mujer y el animal que la acompaña; si hubiera estado más precisamente representada, habría alterado la forma y el énfasis de la composición. Estas periferias borrosas eran extremadamente comunes en los dibujos, pero no en la pintura, donde lo convencional era un acabado uniforme. La lectura del cuadro con rayos X revela una ventana en el fondo semejante a la que vemos en la *Madonna Benois;* más tarde se cubrió con pintura oscura, quizá con la misma intención de minimizar la posibilidad de distracción. Se trata de un rasgo común en los retratos milaneses: un fondo sedante y aterciopelado sobre el que las figuras del primer plano parecen iluminadas por un foco, como si actuaran en un cabaret o en un espectáculo sutilmente metafórico.

El sensual retrato conocido como *La Belle Ferronnière* (Lámina 14), hoy en el Louvre, corresponde probablemente a mediados de la década de 1490. Es menos atractivo y sutil que el de la *Dama del armiño,* pero puede pertenecer junto con éste a un subgrupo concreto de la producción de Leonardo: el formado por los retratos de las concubinas de los Sforza. Esta hermosa dama, de boca sensual y mirada directamente retadora —centrada, en contra de la costumbre, en el espectador y no en una zona etérea situada más allá de éste—, es casi con seguridad Lucrezia Crivelli, la sucesora de Cecilia Gallerani en los amores extramatrimoniales del Moro. Existen pruebas de que Leonardo pintó su retrato; y entre los de su mano que han llegado hasta nosotros, éste parece ser el mejor candidato.[94] Como en el caso de Cecilia, su embarazo supuso para Lucrezia un cambio de estatus y proporciona un *terminus ad quem* aproximado para la pintura. En marzo de 1497, dio a luz a un hijo, Giovanni Paolo, que fue reconocido por Ludovico. Ese mismo año, Beatrice, la esposa del Moro, murió repentinamente, por lo que éste entró en un periodo de retiro y melancolía; era una mujer alegre y apreciada por todos, que en general fue querida, aunque no siempre bien tratada, por su esposo. El retrato de Lucrezia, y la referencia casual del poeta a su condición de «amante» del Moro, son, probablemente, anteriores a estos acontecimientos, quizá de hacia 1495-1496.

La pintura de la Virgen amamantando al Niño conocida como la *Madonna Litta* en atención al nombre del que fue su propietario en el siglo XIX, el duque Antonio Litta, es un cuadro misterioso, pero también, en muchos aspectos, un producto típico de taller. La cabeza se basa en un famoso dibujo del Louvre, sin duda obra de Leonardo, pero la pintura se atribuye generalmente a uno de sus ayudantes de Milán, probablemente Marco d'Oggiono, de estilo más personal que Boltraffio, aunque es posible que ambos colaboraran en ella.[95] Qué parte del retrato terminado corresponde al maestro, es algo que sólo podemos adivinar. Hay cierta dulzura acaramelada en el niño de ojos grandes y labios gruesos que resulta falsa. El sentimiento en Leonardo puede rozar la frontera del sentimentalismo —*La Virgen del huso* es otro ejemplo— y esa tendencia se convierte fácilmente en empalago en pinturas de discípulos de segunda categoría como es Marco d'Oggiono. (Sus *Niños santos* besándose de Hampton Court es un ejemplo evidente del típico merengue leonardesco; una de las dos figuras se parece al niño de la *Madonna Litta)*. El paisaje es descuidado. El jilguero que sostiene el niño en la mano izquierda carece de la viveza y el detalle que Leonardo le habría conferido. Sólo el suave y sutil modelado de la cara y el cuello de la Madona, y el característico brillo de los rizos del *bambino* sugieren su intervención con el pincel. El cuadro es un producto de taller acorde con la descripción del que más tarde abriría Leonardo en Florencia: «Dos de sus ayudantes hacen copias, y él, de vez en cuando, interviene».

Esta sucesión de pinturas representa las cotas más bajas de la producción de Leonardo como pintor: una serie de obras comerciales iluminadas por ese toque especial o aura del *maestro*. Existen muchas otras que podrían describirse plausiblemente como de su taller, si no de su mano. Entre ellas, el hermoso retrato de perfil, obra de Ambrogio de Predis, *Dama con collar de perlas*, cuyo modelo se ha identificado a veces con Beatrice d'Este; o el retrato igualmente notable de la National Gallery, pintado por el mismo De Predis y fechado en 1494, de un joven de pelo rojizo cortado a lo paje según el estilo milanés y con cuello de piel de leopardo.[96] O la hermosa *Virgen con el Niño* de Boltraffio (Poldi Pezzoli, Milán), tan leonardesca en su actitud teatralmente dinámica, o el retrato, también de Boltraffio, de Girolamo Casio, deslumbrante y afeminado (tan afeminado que el *connoisseur* del siglo XVII Inigo Jones pensó que se trataba de un retrato de Ginevra de Benci: Jones leyó las letras tejidas en las ropas del modelo como «G.B.» cuando eran en realidad «C.B.», probablemente una referencia a la *innamorata* de Casio, Costanza Bentivoglio).[97] O la copia de *La Virgen de las rocas*, blanda pero fiel, de Marco d'Oggiono. O las distintas versiones milanesas de un Salvator Mundi que probablemente derivan de una composición original de Leonardo.

En un caso tenemos un contrato documentado. El 14 de junio de 1491, Boltraffio y Marco d'Oggiono recibieron el encargo de pintar un retablo para la iglesia milanesa de San Giovanni sul Muro. Sus clientes eran los hermanos Grifi, que habían fundado en ese templo una capilla en memoria de su padre, Leonardo Grifi, arzobispo de Benevento. De acuerdo con el contrato, debían entregar el retablo en el mes de noviembre de ese mismo año (para el día de San Leonardo, a quien estaba dedicada la capilla), pero no lo hicieron; de hecho no lo acabarían hasta 1494. La pintura es la *Resurrección de Cristo con los santos Leonardo y Lucía*, hoy en Berlín.[98] La mitad superior se atribuye a Marco y los santos arrodillados a Boltraffio. El cuadro entero refleja la influencia de su maestro: la composición piramidal, el *contrapposto* en espiral del Cristo resucitado, las estrías de las rocas. El contrato describe a los dos pintores como *compagni* o compañeros. Leonardo no aparece mencionado en el documento, pero por el memorándum refe-

El taller milanés. Arriba izquierda: estudio a punta de plata de Leonardo para la Madonna Litta. *Arriba derecha: la* Madonna Litta, *resultado de un trabajo de colaboración del taller, h. 1490. Abajo izquierda: Ambrogio de Predis,* Dama con collar de perlas, *quizá un retrato de Beatrice d'Este. Abajo derecha: Giovanni Antonio Boltraffio,* Virgen con el Niño.

rente a Salai sabemos que ambos artistas formaban parte de su taller en 1491. Se trata, pues, de un encargo independiente efectuado bajo los auspicios de su estudio, del mismo modo que su retrato de Ginevra había sido un trabajo independiente realizado bajo los auspicios del estudio de Verrocchio. El precio acordado por el retablo de los Grifi fue de 50 ducados, lo que no constituía una suma enorme (compárese con los 200 ofrecidos a Leonardo y los De Predis en 1483 por *La Virgen de las rocas*).[99] Esto refleja la categoría de la obra: un producto de taller encomendado a unos artistas de segunda categoría. En palabras de Leonardo, «muy barato».

EL ANATOMISTA

Las primeras muestras fechadas del interés de Leonardo por la anatomía —los primeros dibujos, las primeras notas que responden a un propósito determinado— corresponden a finales de la década de 1480. Constituyen el inicio de uno de sus logros más significativos. En cuanto a su contribución real —el cambio al que dio lugar—, su trabajo como anatomista tiene mayor trascendencia que su trabajo como ingeniero, inventor o arquitecto. Leonardo cartografió y documentó el cuerpo humano más rigurosa y detalladamente que ninguno de los que lo habían hecho hasta entonces; sus dibujos anatómicos constituyeron un nuevo lenguaje visual para describir las partes del cuerpo, del mismo modo que sus dibujos mecánicos lo habían sido con respecto a las máquinas. Hay cierta valentía obstinada en sus investigaciones, que estuvieron rodeadas de tabúes y dudas doctrinales, y que dependían de unos estudios post-mortem estresantes y repulsivos al ser realizados en condiciones anteriores a la refrigeración. Los trabajos de anatomía de Leonardo ejemplifican su creencia en la investigación práctica, empírica, manual: constituyen un análisis y una reevaluación de los conocimientos recibidos de la antigüedad —Galeno, Hipócrates, Aristóteles—, que seguían siendo la base sobre la que se asentaban las «escuelas de medicina».

Para los ortodoxos la anatomía significaba llevar la curiosidad demasiado lejos: el hombre había sido creado a imagen y semejanza de Dios y no debía ser desmontado como una máquina. La anatomía revela «lo que la Naturaleza ha ocultado cuidadosamente», escribe uno de los primeros humanistas, Colluccio Salutati, «y no veo cómo alguien puede contemplar las cavernas del cuerpo sin derramar lágrimas». Al menos en una ocasión, semejante actividad enfrentó a Leonardo con la Iglesia: en Roma, en 1515, un hombre de mala voluntad, afirma, «me obstaculizó el estudio de la anatomía, denunciándome al Papa y también al hospital».[100]

Sus estudios anatómicos corresponden al «Leonardo científico», pero están también vitalmente conectados con el «Leonardo artista»: tienden un puente entre sus dos facetas o demuestran que no existe un abismo entre ellas. La anatomía era uno de los pilares de la pintura, como la geometría o las matemáticas. Bajo los dibujos que representan los nervios del cuello y los hombros, Leonardo escribe: «Esta demostración es tan necesaria para un buen dibujante como es para el buen gramático conocer el origen de las palabras».[101] Pensemos en su *Última Cena*, esos músculos del cuello torsionados, tensos, expresando el dramatismo del momento. Su interés por la anatomía surge, pues, del mismo modo que surgirá su interés por la óptica, como corolario de su trabajo como pintor, y, quizá más concretamente, de su papel como maestro de discípulos y aprendices en su taller de Milán. De aquí nace el ideal del «pintor-filósofo», cuyo arte se basa en un profundo conocimiento científico de todo lo que representa; de aquí parten los esmerados opúsculos y tratados incorporados más tarde a su gran manual póstumo, el *Trattato della pittura*. Para sus primeros biógrafos este interés constituyó una bendición a medias: Giovio no duda de que la limitación de la producción artística de Leonardo se debió al mucho tiempo que le dedicó «a las ramas subordinadas de su arte», especialmente a la anatomía y a la óptica, mientras que Vasari juzgó estas investigaciones tangenciales y, en última instancia, debilitadoras.

Es probable que Leonardo estudiara anatomía con Verrocchio. El estilo florentino de la década de 1470 —las pinturas de Antonio del Pollaiuolo, las esculturas de Verrocchio— insistía en el detalle y el dramatismo de la figura. Antes de dar comienzo a su famosa *Batalla de los hombres desnudos,* Pollaiuolo realizó estudios detallados de la musculatura humana, al parecer a partir de disecciones.[102] Leonardo debió de tener noticia de los trabajos del anatomista florentino Antonio Benivieni, amigo de Lorenzo de Medici, e incluso pudo llegar a conocerle. Benivieni estudió el funcionamiento del corazón y otros órganos internos, pero su principal interés radicaba en la disección de cadáveres de ajusticiados, en cuya anatomía buscaba las motivaciones de su conducta criminal. En su tratado *De abditis causis (Sobre las causas ocultas)* expuso sus hallazgos después de haber llevado a cabo veinte disecciones de este tipo.

Quizá haya otros antecedentes florentinos dignos de tener en cuenta, pero es en Milán donde el interés por la anatomía florece con pujanza. De hecho, en 1489 Leonardo preparaba un «libro» —un tratado manuscrito— sobre el tema. Tenemos pruebas de ello: descripciones rudimentarias y listas de contenidos, una de ellas fechada el 2 de abril de 1489. Más tarde, daría a este libro o tratado que proyectaba el título de *De figura umana (Sobre la figura humana),* sugiriendo así de nuevo la relación entre anatomía y pintura.[103]

En 1489, un Leonardo de treinta y seis años contemplaba ese símbolo universal de la mortalidad que es la calavera humana. En tres hojas que se conservan en Windsor dibujó ocho estudios del cráneo: perfiles, secciones y perspectivas en ángulos oblicuos desde arriba.[104] Los dibujos, hermosamente sombreados, son delicados y bastante escalofriantes. Se centran en diferentes detalles: uno muestra los vasos sanguíneos de la cara; otro, la relación entre la órbita y la cavidad maxilar; otro se asoma al interior de un cráneo vacío y traza los nervios y vasos intercraneales. Pero su interés, como muestran las notas que los acompañan, es más metafísico que científico. Un estudio de proporciones representa un cráneo inscrito en un cuadrado y junto a él Leonardo escribe: «Allí donde la línea *c-b* corta la línea *a-m*, se dará la confluencia de todos los sentidos».

Esta «confluencia de los sentidos» que Leonardo trataba de localizar con toda precisión era el *sensus communis* postulado por Aristóteles, el lugar del cerebro donde se creía que las impresiones sensoriales eran sometidas a un proceso de coordinación e interpretación. Se describía como el más importante de los tres «ventrículos» del cerebro; los otros dos eran la *imprensiva,* donde se acumulaban sin procesar los datos proporcionados por los sentidos, y la *memoria,* donde se almacenaba la información ya procesada. La palabra «ventrículo» sugiere un lugar o cavidad, pero el *sensus communis* era también activo. Si lo comparamos con un ordenador, era la CPU, o unidad central: un ente físico y un sistema metafísico. En unas notas contemporáneas de sus estudios del cráneo, Leonardo define así la teoría clásica:

El sentido común es el que juzga las cosas que le proporcionan otros sentidos. Los filósofos antiguos dedujeron que la capacidad del hombre para interpretar procede de un órgano al que los otros cinco sentidos remiten todo... Dicen que este sentido común está situado en el centro de la cabeza, entre las zonas de la impresión y de la memoria.

En el *sensus communis* radicaban, pues, la razón, la imaginación, el intelecto, e incluso el espíritu. De nuevo escribe Leonardo:

Parece que el espíritu reside en el órgano... llamado Sentido Común. No se encuentra en todo el cuerpo como muchos han supuesto, sino que está sólo en un lugar, porque si estuviera difundido por igual en todas partes del cuerpo no habría habido necesidad de hacer converger los órganos de los sentidos... El Sentido Común es la sede del espíritu.[105]

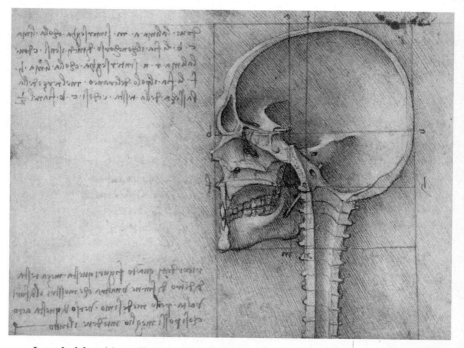

«La sede del espíritu». Estudio del cráneo humano, sección sagital, con medidas destinadas a localizar el sensus communis.

Si tomamos este texto al pie de la letra, llegamos a la extraordinaria conclusión de que en el estudio de proporciones del cráneo que se conserva en Windsor, reproducido en esta misma página, Leonardo proporciona una referencia concreta al lugar donde se encuentra el espíritu del hombre. Se trataría, desde luego, de una interpretación excesivamente literal. Leonardo se pregunta, pero no concluye; se refiere a la teoría de los «filósofos antiguos», especialmente Aristóteles, y observa su relación con otras especulaciones de la antigüedad —platónica, hermética— según las cuales el espíritu estaba difundido por todas partes. Aun así, nos hallamos frente a uno de esos saltos típicos de Leonardo, una medida de la excitación que produce en él el potencial de la investigación: con toda seguridad será posible —a juzgar por el estudio desapasionado y lúcido ejemplificado por estos dibujos— encontrar los secretos más recónditos de la mente humana. *Si* el «sentido común» existe, con toda seguridad podemos localizarlo. *Si* el espíritu existe, con toda seguridad radica ahí. En estas notas escuchamos a la vez al mago y al escéptico. Leonardo escudriña minuciosamente los recovecos y cámaras del cráneo, ardiendo su mirada en esa curiosidad ávida y ambigua en la que se entremezclan

271

«el miedo y el deseo: miedo a aquella cueva oscura y amenazadora; deseo de ver si en su interior había algo maravilloso».

En el dorso de uno de sus estudios de cráneos Leonardo escribe una fecha, la del 2 de abril de 1489, seguida de una lista de temas que investigar. Comienza con cuestiones específicamente relacionadas con la cabeza y la cara y, por lo tanto, con la serie de dibujos que acabamos de mencionar:

> Qué tendón permite mover el ojo de forma que el movimiento de un ojo mueve el otro.
> Fruncir el ceño.
> Levantar y bajar las cejas.
> Abrir y cerrar los ojos.
> Ensanchar las ventanillas de la nariz.
> Abrir los labios con los dientes apretados.
> Hacer pucheros con la boca.
> Reír.
> Asombrarse...

De pronto, como es característico en él, el campo de investigación se amplía y de la mecánica muscular de la risa y el asombro, pasa, casi sin pausa, a:

> Describir el origen del hombre, y qué lo produce dentro del vientre, y por qué un niño de ocho meses no puede sobrevivir.
> Qué es estornudar.
> Qué es bostezar.
> la epilepsia
> el espasmo
> la parálisis
> temblar de frío
> el sudor
> el hambre
> el sueño
> la sed
> la lujuria

Continúa con los sistemas de tendones y de músculos —«Del tendón que causa el movimiento desde el hombro hasta el codo», «Del tendón que causa el movimiento del muslo», etcétera—, un tema que puede estar relacionado con otro de sus primeros estudios anatómicos que representa los tendones del brazo y la pierna.[106] Sus deficiencias técnicas sugieren que se trata de un dibujo ejecutado en el curso de una disección; de ahí que resulte más tosco y apresurado.

En esta serie de dibujos anatómicos observamos ya esa tendencia a abarcarlo todo que llegaría a convertirse en un rasgo debilitador de sus investigaciones: *todo* debe ser explicado de nuevo y cada tema se abre para revelar multitud de temas distintos que exigen ser examinados.

Un apartado más en este estudio «de la figura humana» lo constituye una serie de dibujos que tabulan las proporciones del cuerpo y establecen relaciones matemáticas entre sus diferentes partes.[107] En ellos vemos de nuevo la influencia de Vitruvio, el gran arquitecto e ingeniero militar romano del siglo I d.C., cuyos escritos constituyen un documento único acerca de la teoría y la práctica clásicas con respecto a la armonía en las proporciones. En Windsor se conservan varios dibujos sobre este tema, fechados en torno a 1490, y sabemos de la existencia de otros, hoy perdidos, gracias a copias incluidas en el Códice Huygens. Este tratado manuscrito fue compilado en la segunda mitad del siglo XVI, probablemente por el artista milanés Girolamo Figino, quien, como discípulo del ayudante de Leonardo Francesco Melzi, tuvo acceso a la enorme colección de papeles que éste guardaba de su maestro.

El más famoso de estos estudios de proporciones —y uno de los dibujos más famosos del mundo— es el llamado «Hombre de Vitruvio», u *Homo ad circulum*, que se ha convertido en una especie de logotipo de Leonardo y su inquisitiva mente. Como casi todas las obras que gozan de una gran popularidad, el foco de la fama tiende a iluminarlo de manera aislada y no en el contexto en el que fue creado.

El «Hombre de Vitruvio» es un dibujo a pluma y tinta, realizado en una hoja grande de papel (34 x 24 cm), que se conserva en la Academia de Venecia.[108] Su presencia allí está probablemente relacionada con la impresión en folio de la obra de Vitruvio, en edición de Fra Giocondo, que se llevó a cabo en esa ciudad en 1511, y que incluía un grabado basado en el dibujo. Encima y debajo de éste hay textos escritos a mano. El de arriba comienza:

> Vitruvio, el arquitecto, dice en su obra sobre la arquitectura que la Naturaleza distribuye las medidas del hombre de la manera siguiente: 4 dedos hacen un palmo y 4 palmos hacen un pie; 6 palmos hacen un codo [un antebrazo, del latín *cubitus*, codo]; 4 codos hacen la altura de un hombre...

Estas proporciones —tomadas del comienzo del Libro 3 de *De architectura* de Vitruvio— son extremadamente detalladas: «desde el codo hasta la punta de la mano medirá una quinta parte de un hombre; desde el

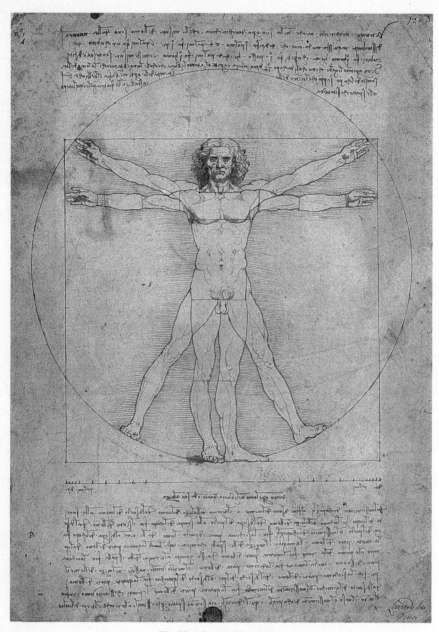

El «*Hombre de Vitruvio*».

hombro hasta la axila medirá la octava parte de un hombre», etcétera. Debajo de la figura hay una escala en unidades de dedos y de palmos. El dibujo representa a un hombre en dos posiciones distintas que corresponden a dos frases del texto. El que tiene las piernas juntas y los brazos extendidos horizontalmente ilustra la frase escrita bajo el dibujo: *Tanto apre l'omo nelle braccia quanto è la sua altezza,* es decir, la anchura de los brazos extendidos de un hombre equivale a su altura. El hombre aparece, por lo tanto, inscrito en un cuadrado cuyos lados miden 96 dedos (o 24 palmos). La otra figura, con las piernas separadas y los brazos levantados, expresa una regla vitruviana más especializada:

> Si abres las piernas tanto como para disminuir tu peso en 1/14 y levantas los brazos extendidos hasta que las puntas de los dedos de en medio queden al nivel de lo alto de tu cabeza, encontrarás que el centro de tus miembros extendidos es el ombligo y que el espacio comprendido entre las piernas es un triángulo equilátero.

La figura está inscrita en un círculo cuyo centro es el ombligo.

Parte de la fuerza del dibujo reside en la interrelación de la geometría abstracta y la realidad física resultante de la observación. El cuerpo del hombre es esquemático pero sus contornos y músculos están perfectamente dibujados. Los pies parecen reposar realmente sobre la línea inferior del cuadrado o presionar la curva del círculo. La doble figura produce una sensación de movimiento que podría ser el de un gimnasta o el de un hombre que subiera y bajara los brazos como las alas de un pájaro. El cuerpo está dibujado con las líneas limpias y austeras de un diagrama, pero la cara aparece tratada de un modo muy diferente. Está más intensamente trabajada, más dramáticamente sombreada; nos mira con expresión airada.

A veces me he preguntado si el «Hombre de Vitruvio» no será en realidad un autorretrato. Quizá no lo sea en un sentido literal: el dibujo está fechado hacia 1490 y el hombre parece contar más de treinta y ocho años. Su rostro ejemplifica, además, las proporciones indicadas en el texto que le acompaña: por ejemplo, la distancia que separa la raíz del pelo de las cejas equivale a la distancia que separa el extremo de la barbilla de la boca. Los rasgos, en este sentido, responden a un ideal o prototipo. Y, sin embargo, el dibujo entero parece ser una representación realista de esas simetrías biogeométricas abstractas, de forma que el severo personaje inscrito en el círculo resulta ser, no una cifra, sino *alguien,* un hombre de ojos penetrantes profundamente sombreados y melena espesa y rizada peinada con raya en medio. Yo diría que hay al menos algunos elementos de autorretrato en el «Hombre de Vitruvio», que esta figura que representa la armonía natural simboliza también al hombre dotado de una extraordinaria capacidad para comprenderla, al artista-anatomista-arquitecto que fue Leonardo da Vinci.

El Caballo Sforza

El 22 de julio de 1489 el embajador de Florencia en Milán, Pietro Alamanni, envió una de sus habituales misivas a Lorenzo de Medici. En ella decía, entre otras cosas, lo siguiente:

> El Príncipe Ludovico proyecta erigir un digno monumento a su padre y, de acuerdo con sus órdenes, se ha pedido a Leonardo que haga un modelo para un gran caballo de bronce montado por el duque Francesco de armadura. Dado que Su Excelencia piensa en algo maravilloso que supere todo lo conocido, me ha pedido que os escriba para preguntaros si tendríais la amabilidad de mandarle uno o dos artistas florentinos especializados en este tipo de trabajo. Parece ser que, aunque ya le ha hecho el encargo a Leonardo, no confía en que éste llegue a ejecutarlo.[109]

Aunque exprese dudas acerca del artista adecuado para este trabajo —presentes al menos en la mente del embajador Alamanni—, la carta constituye un documento crucial. Significa que a mediados de 1489 Ludovico había encargado finalmente a Leonardo el gran monumento ecuestre del que se venía hablando desde hacía largo tiempo. A pesar de la desconfianza, el encargo es serio: el que el Moro le ha pedido no es un modelo en miniatura sino un modelo de arcilla a tamaño natural que después pueda utilizarse para el molde de la estatua. Ludovico está pensando en las últimas fases del trabajo cuando pide dos florentinos especialistas «en este tipo de trabajo» —es decir, en metalurgia y fundición—, aunque Lorenzo le contestaría diciendo que no podía enviarle a ningún *maestro* de esa especialidad.[110]

Hemos visto a Leonardo esforzándose durante siete años por establecerse en la corte de los Sforza, y con este importante encargo podemos decir que al fin lo ha conseguido. Coincide con otras pruebas de ascenso: con el retrato de Cecilia Gallerani, indudablemente encargado por el Moro, y con el nuevo diseño del «pabellón» de la duquesa en los jardines del castillo, el cual lleva también, probablemente, el sello de aprobación de Ludovico. Uno y otro pueden fecharse hacia 1489.

Leonardo había trabajado ya en el Caballo antes del 23 de abril de 1490, pues en esta fecha anota en un cuaderno nuevo, ahora el MS C de París: *Chomincai questo libro e richomincai il cavallo* («Comienzo este libro y vuelvo a comenzar con el caballo»). Existe, además, una nota referente a un pago: «El 28 de abril recibí del Marchesino (el tesorero de Ludovico, Marchesino Stanga) 103 liras». Aunque no registra el año, corresponde probablemente a 1490, es decir, que debió de ser escrita cinco días después que la anterior y posiblemente se refiere a un pago oficial relacionado con el Caballo Sforza, en el cual trabajaba ahora el artista con ahínco.[111]

Los antecedentes de esta gran empresa, finalmente infructuosa, se remontan a fines de la década de 1460, cuando se planteó por primera vez la idea de erigir un monumento ecuestre gigantesco en honor de Francesco Sforza. La noticia del proyecto había circulado por los talleres florentinos; existe un diseño de la estatua, hoy en Múnich, ejecutado por Antonio de Pollaiuolo. El mismo Leonardo expresó por primera vez su interés por la obra en la propuesta que dirigió a Ludovico en 1482. Para entonces debía de tener algo de experiencia, ya que, muy probablemente, había colaborado en el proyecto de la estatua ecuestre de Bartolomeo Colleoni encargada a Verrocchio: una hoja de Windsor incluye un estudio de proporciones de un caballo, sin duda relacionado con ese monumento erigido en Venecia y al que su maestro dedicó los últimos años de su vida.[112] La cuestión de si esta escultura influyó o no en Leonardo es complicada: probablemente no la había visto (no existen pruebas de que visitara Venecia por entonces), pero sin duda la tenía muy presente y sabía que se convertiría en la vara con la cual se medirían sus esfuerzos, especialmente después de morir Verrocchio en 1488, dejando la estatua inacabada y abierto el camino al discípulo que siempre había deseado «superarle».

¿Cómo imagina Leonardo el Caballo cuando comienza a proyectarlo en los últimos meses de 1489? La respuesta más concisa es que, de forma característica, debió de imaginarlo distinto a cualquier monumento anterior. Había cuatro famosas esculturas ecuestres en Italia: la de Marco Aurelio, en Roma, del siglo II d.C.; la escultura clásica, ligeramente posterior, conocida por el nombre de *Il Regisole*, en Pavía; la estatua de Donatello del *condottiere* Gattamelata, en Padua, hecha a mediados de la década de 1450, y el monumento a Colleoni de Verrocchio en Venecia, todavía sin acabar. Las cuatro, sin excepción, representaban el caballo al paso o al trote. En todas ellas el animal tenía la mano izquierda levantada con el fin de sugerir movimiento hacia delante, mientras que las otras tres pezuñas descansaban sobre la peana. Por el contrario, los primeros bocetos del Caballo Sforza demuestran que Leonardo lo imaginaba dramáticamente encabritado. El mejor de ellos es el estudio a punta de metal sobre papel azul que se conserva en Windsor; es elegante y está lleno de energía, aunque a Clark —un destacado experto en los estudios de caballos de Leonardo— el modelado le parece menos «acabado y experto» que el de estudios posteriores.[113]

El problema principal que planteaba este diseño era de tipo técnico: cómo sostener el enorme peso de un gran caballo de bronce con sólo las dos patas traseras apoyadas en la base. El dibujo intenta hallar una solución: colocar a un enemigo caído bajo las patas delanteras del caballo. En otra página vemos un boceto, más descuidado, con un tocón de un árbol bajo el animal encabritado.[114] Pero el problema de la estabilidad seguía presente: la idea estaba llena de dramatismo pero era imposible de realizar, y quizá procedieran de ahí los recelos de Ludovico tal como los expresa el embajador Alamanni: «No confía en que éste llegue a ejecutarlo».

Leonardo abandonó pronto esa idea, y en la fase siguiente de dibujos muestra el caballo de forma más convencional, avanzando al trote, quizá como consecuencia de haber visto *Il Regisole* en Pavía en junio de 1490. La serie de ideas que le inspiró esta escultura aparece plasmada en una hoja del Códice Atlántico en cuya parte superior escribió Leonardo cinco frases comenzando una nueva línea con cada una de ellas, de forma que parecen máximas o *sententiae*. No sólo lo parecen gráficamente, sino que también suenan a sentencias; sentencias que pudo estar inventando cuando, de pie y lleno de admiración ante *Il Regisole,* siente bullir en su mente numerosas ideas relacionadas con su propio caballo, el que había «vuelto a comenzar» un par de meses antes. La hoja está cortada por el extremo superior, de forma que la primera línea se ha perdido (sólo podemos ver algunos restos). Quizá mencionara en ella otro monumento ecuestre, lo que explicaría la brusquedad del comienzo de la línea siguiente, ahora la primera:

> El de Pavía debe alabarse sobre todo por su movimiento.
> Es más digno de elogio imitar cosas antiguas que cosas modernas.
> La belleza y la utilidad no pueden ir juntas, como lo demuestran los castillos y los hombres.
> El caballo al trote es casi como un caballo en libertad.
> Cuando la viveza natural está ausente, tenemos que suplirla artificialmente.

En el mismo folio hay un pequeño boceto de un caballo al trote, inspirado sin duda por *Il Regisole:* quizá sea éste el primero de los dibujos de la nueva fase del proyecto del Monumento Sforza.[115]

Evidentemente, Leonardo no se limitó a tomar como modelo otras esculturas. A este periodo corresponde una serie de vibrantes estudios de caballos, ejecutados, sin la menor duda, del natural: animales magníficos y lustrosos, rebosantes de vitalidad (Lámina 16), lo cual nos trae a la memoria una fuente de tipo personal para el monumento: el amor que el jinete Leonardo mostró por los caballos a lo largo de toda su vida. Los que dibujó pertenecían a las caballerizas del joven cortesano y soldado milanés Galeazzo Sanseverino, quien muy pronto vería mejorar su fortuna gracias a su matrimonio con una de las hijas ilegítimas de Ludovico. Leonardo se refiere concretamente a un pura sangre de «Messer Galeazzo» llamado *Siciliano*.[116]

La postura del caballo al trote ejemplificada por el *Regisole* de Pavía fue casi con seguridad la que eligió Leonardo para el modelo de arcilla que llevó a cabo finalmente hacia 1493. No lo sabemos con certeza porque fue destruido y la escultura nunca llegó a fundirse. Se convirtió en uno más de sus proyectos inacabados. Sin embargo, incluso sus fracasos poseían una especie de magia, y medio siglo más tarde el escritor Pietro Aretino dirá del proyecto de un escultor para un monumento ecuestre: «Habría hecho el molde del caballo de tal manera que habría dejado de hablarse del que hizo Leonardo en Milán», dando a entender así que se seguía elogiando el modelo de Leonardo mucho tiempo después de su destrucción.[117] Pero estas últimas fases del proyecto —la creación y destrucción del caballo— corresponden a un capítulo posterior.

EN LA CORTE VECCHIA

Al encargo de crear el Caballo Sforza acompañaba el beneficio tangible de disfrutar de un alojamiento oficial, y en ese momento probablemente fuera cuando Leonardo trasladó su residencia a la Corte Vecchia. Esta espaciosa vivienda era un símbolo de estatus, aunque en realidad era el colosal Caballo el que exigía tal amplitud.

La Corte Vecchia había sido en tiempos el *palazzo* y el centro de poder de los Visconti, la primera gran dinastía milanesa; en la era de los Sforza fue sustituida por el Castello Sforzesco y pasó a ser conocida con el nuevo nombre. Estaba cerca del Duomo, en el lado sur de la plaza, un símbolo grandioso, pero en muy mal estado, de otros tiempos. Estaba fortificada con torres y fosos; en el interior, los edificios se ordenaban en torno a dos grandes patios porticados.[118] Una parte del palacio estaba reservada a los aposentos del joven y melancólico duque Gian Galeazzo, aunque Ludovico prefería tenerle secuestrado, cada vez con más frecuencia, en la inhóspita fortaleza de la Cartuja, en Pavía. Hoy no queda ningún resto de la Corte Vecchia: fue derruida en el siglo XVIII para permitir la construcción del grandioso Palacio Real.

En una de las hojas de jeroglíficos o pictogramas de Windsor vemos la planta de un palacio que es, probablemente, la de la Corte Vecchia. Fue dibujada antes que los pictogramas, pues éstos aparecen hábilmente introducidos en los espacios vacíos, como imaginarios frescos en miniatura insertos en las salas del palacio. Una nota posterior proporciona algunas dimensiones: «El salón de la Corte mide 128 pasos de largo y 27 brazos de largo».[119] Un paso se considera generalmente equivalente a 76 centímetros y un brazo a 60, de forma que se trataría de un espacio de unos 90 metros de largo y más de 15 de ancho. Este antiguo salón de baile de los Visconti se convirtió, quizá, en el taller en el que Leonardo trabajó en el Monumento Sforza.

Ciertamente era el Caballo lo que todos asociaban con su estancia en el viejo palacio. El poeta de la corte de Milán Baldassare Taccone escribe entusiasmado:

Vedi che in Corte fa far di metallo
Per la memoria di padre un gran colosso

[Ved como en la Corte [Ludovico] manda hacer de metal
En memoria de su padre un gran coloso.][120]

Y en la famosa descripción de primera mano que hace de Leonardo trabajando en *La Última Cena*, Matteo Bandello dice haberle visto «saliendo de la Corte Vecchia, donde trabajaba en su maravilloso caballo de barro».[121]

Pero no se debía solamente al monumento la necesidad de espacio: estaba también el ornitóptero. Una fascinante página del Códice Atlántico incluye unos bocetos rudimentarios que representan una máquina voladora de gran envergadura, una escala para subir hasta ella y una nota que dice: «Cerrar la habitación grande de arriba con tablones y hacer la maqueta grande y alta. Podría colocarse en el tejado, en todos los aspectos el lugar más adecuado de toda Italia. Y si te colocas en el tejado en donde está la torre, no te verán desde el *tiburio*».[122] Leonardo se refiere aquí claramente al tejado de la Corte Vecchia, lo bastante cercano al cimborrio del Duomo como para ser visto por los hombres que allí trabajaban. La torre que serviría para ocultar sus actividades podría ser la del palacio, o quizá el campanario de la vecina iglesia de San Gottardo, que los Visconti habían utilizado como capilla cuando residían en la Corte. La presencia de trabajadores en el *tiburio* sería más probable a partir de 1490, cuando éste comenzó a construirse.

Es posible que Leonardo llegara a probar una máquina de este tipo en Milán. El matemático y filósofo Girolamo Cardano, que consideraba a Leonardo un «hombre extraordinario», afirma inequívocamente que «trató de volar y fracasó». Cardano había nacido en la cercana Pavía en 1501 y tenía doce años cuando Leonardo abandonó Milán por última vez. Es posible que se refiriera a un recuerdo de su infancia.[123]

También sería una referencia a la Corte Vecchia la incluida en una nota sobre fósiles que encontramos en el Códice Leicester: «En las montañas de Parma y Piacenza se encuentran multitud de conchas y corales. Cuando estaba haciendo el gran caballo en Milán, unos campesinos trajeron a mi fábrica un saco lleno de ellos».[124] La palabra que utiliza Leonardo, *fabbrica*, transmite una sensación de espacio y actividad: una compleja organización de obreros especializados semejante a la *fabbriceria* o departamento de obras de la cercana catedral.

Así era ahora la residencia de Leonardo en Milán: un palacio grande, pero bastante deteriorado, con patios porticados y pasillos recorridos por corrientes de aire y situado en la Piazza del Duomo. Ahí tendría su «fábrica», una especie de hangar, donde trabajaría en su Caballo y su máquina voladora; su taller, dedicado a la producción de retratos de corte y hermosas Madonas; su estudio, lleno de cuadernos de notas y manuscritos; las pequeñas habitaciones, o *studioli,* de sus ayudantes; su laboratorio para los experimentos de Zoroastro; sus estanterías, sus arcones y sus curiosidades; sus despensas y establos, y sus alacenas llenas de objetos de estaño —11 cuencos pequeños, 11 cuencos más grandes, 7 platos, 3 bandejas y 5 palmatorias—, todos ellos cuidadosamente inventariados en un cuaderno de comienzos de la década de 1490.[125]

Hay en este nuevo alojamiento un elemento de provisionalidad —un palacio italiano que ha dejado de utilizarse no es un lugar muy acogedor—, pero conocemos bien la necesidad de Leonardo de verse rodeado de limpieza y de orden, su meticulosidad con respecto a los asuntos domésticos. En una nota fechada el 23 de abril de 1490, y por lo tanto escrita posiblemente en la Corte, advierte: «Si quieres saber cómo habita su cuerpo el espíritu de una persona, fíjate en cómo trata su morada; si está desordenada, de la misma forma mantendrá el espíritu el cuerpo de una forma confusa y desordenada». En otro texto, escrito también por entonces, imagina Leonardo al pintor trabajando «en su vivienda bien cuidada y llena de hermosos cuadros, con frecuencia acompañado por la música o la lectura de excelentes y distintas obras».[126] Por un momento nos parece oír cómo flota en el aire e invade el patio el sonido de una *lira da braccio*. Se trata, por supuesto, de una imagen idealizada. No menciona Leonardo al carpintero que exige su paga, ni al cortesano que llega en el momento más inoportuno, ni las puntas de plata desaparecidas, ni el perro que se rasca las pulgas en un rincón, es decir, los detalles de la vida cotidiana en este taller activo y floreciente que él ha creado y que le proporciona su sustento.

Capítulo V

En la Corte
1490-1499

Cuando llegue la fortuna, agárrala con
fuerza por delante, que por detrás es calva...

Códice Atlántico, fol. 289v

Fue un buen auspicio que el alumbramiento de la nueva década viniera acompañado de un espectáculo teatral para celebrar las recientes nupcias entre el duque Gian Galeazzo e Isabel de Aragón.[1] Se trataba de una mascarada o una opereta titulada *Il Paradiso:* una obra con libreto de Bernardo Bellincioni y producción escénica de Leonardo da Vinci. La representación tuvo lugar en la Sala Verde del castillo la noche del 13 de enero de 1490, la primera participación documentada de Leonardo en una obra teatral.

Gian Galeazzo, que por entonces tenía veinte años, era un joven pálido, solícito y un tanto melancólico; el tipo de relación que tenía con su dominante tío Ludovico aparece ilustrada muy gráficamente en cualquier documento donde figuren las firmas de ambos. Su bella prima, Isabel de Aragón, tenía un año menos que él y era de estirpe regia: Alfonso, su padre, era el heredero del reino de Nápoles, y su madre, Ippolita Maria, era la hermana de Ludovico. La belleza de Isabel fue muy comentada: estaba «tan bella y radiante que parecía un sol», señaló el embajador de Ferrara, Jacopo Trotti (de cuyo criterio en tales asuntos ya hemos tenido noticias a través de sus comentarios sobre Cecilia Gallerani). Un espléndido dibujo a sanguina de Boltraffio, uno de los ayudantes de Leonardo, suele considerarse un retrato de Isabel.

La primera edición de los poemas de Bellincioni, publicada póstumamente en Milán en 1493, incluía el libreto de *Il Paradiso* acompañado de la siguiente introducción:

La opereta que viene a continuación fue compuesta por Messer Bernardo Belinzon para un festejo o, mejor dicho, una función llamada *Paradiso,* que fue representada a petición del Señor Ludovico en honor de la duquesa de Milán. Se llamaba *Paradiso* porque, gracias al gran genio y destreza del Maestro Leonardo Vinci, el florentino, se hizo para la ocasión un Paraíso en torno al cual orbitaban los siete planetas. La representación de dichos planetas corría a car-

Retrato a sanguina de Boltraffio, que se supone representa a Isabel de Aragón.

go de unos hombres con el aspecto y las vestimentas descritas por los poetas, y, como se verá al leerla, todos estos planetas hablaron para alabar a la ya mencionada duquesa Isabel.[2]

Si leemos entre líneas, la impresión que se saca de esta reseña es que lo verdaderamente notable del espectáculo fue la aportación plástica de Leonardo y no la perecedera poesía del Maestro Belinzon o Bellincioni; afortunadamente contamos con la descripción de un testigo presencial tan observador como el embajador Trotti.

Colgaban festones de hojas verdes por toda la sala y sus muros estaban cubiertos de seda. A un lado se levantaba un estrado inclinado de 12 metros de largo, tapizado de alfombras, y, bajo el mismo, otro estrado más pequeño, destinado a los músicos. Al otro lado, oculto tras un telón de raso, se encontraba el «Paraíso» a la espera de que llegara el momento de descubrirlo. La velada se inició a las ocho; los músicos —una orquesta de pífanos, trombones y panderetas— se arrancaron con una melodía napolitana en honor de la radiante duquesa, que dio muestras de ser una consumada bailarina. A continuación, le presentaron sus respetos una serie de «embajadas» fingidas —española y turca, polaca y húngara, alemana y francesa—, cada una de las cuales sirvió de pretexto para nuevas danzas y mascaradas. Era ya casi medianoche cuando comenzó la *rappresentazione* propiamente dicha. Se bajaron las luces, se descorrió el telón y apareció el Paraíso:

> *Il Paradiso* tenía la forma de un huevo partido en dos, en cuyo interior, que estaba completamente cubierto de oro, había muchas luces, tantas como estrellas, así como una serie de hornacinas *[fessi]* en las que se encontraban los siete planetas, ordenados de acuerdo con su categoría. En torno a la parte superior de este hemisferio se hallaban los doce signos [del Zodiaco], con unas luces que brillaban detrás de unos cristales, componiendo todo ello un hermoso y noble espectáculo. De este *Paradiso* surgían muchas melodías y unos sones muy dulces y elegantes.[3]

La deslumbrante aparición arranca una exclamación admirativa a todos los asistentes; entonces, el *annunziatore,* un niño vestido de ángel, según era costumbre en las *sacre rappresentazioni* florentinas que tan bien conocían Bellincioni y Leonardo, salió a escena para dar inicio a la representación.

Il Paradiso nos muestra a Leonardo en su faceta de escenógrafo cortesano y técnico de efectos especiales. Así eran los grandes espectáculos multimedia de la época: un gran aparato escénico, hecho con maderas y paños, transformado en algo etéreo y animado por una combinación de color, luces, música, danza y poesía. Ese mismo año, el espectáculo fue repuesto para celebrar otra boda de alcurnia. De todo ello, lo único que ha quedado en los cuadernos de Leonardo son breves apuntes sueltos: un boceto de «un paño a cuadros blancos y azules» para «el decorado de un cielo» y una lista de gastos en la que se incluyen «el pan de oro y la cola para pegar el oro», así como 11 kilos de cera «para hacer las estrellas».[4]

Casi exactamente un año después, Leonardo volvió a intervenir en los festejos que celebraban conjuntamente la boda de Ludovico con Beatrice d'Este, y la de Anna Sforza, sobrina de Ludovico, con Alfonso d'Este (hermano de Beatrice). Como parte de la festividad se celebraron unas justas, cuya organización corrió a cargo de Galeazzo Sanseverino, el gallardo capitán que ahora era el yerno del Moro (Galeazzo había contraído matrimonio con Bianca, la hija ilegítima de Ludovico, el 10 de enero de 1490, así que debió de ser uno de los invitados de honor de la representación de *Il Paradiso,* que había tenido lugar sólo tres días después). Sus cualidades como jinete, justador, pugilista y saltador de garrocha, así como su destreza en el «manejo de las más diversas armas», son recogidas en un pasaje de *El cortesano* de Castiglione, que comienza con las siguientes palabras: «Considera la elegancia y agilidad del Signor Galeazzo Sanseverino».[5] El 26 de enero de 1491, Leonardo anota: «Estuve en casa de Messer Galeazzo da San Severino organizando el espectáculo para su justa». Y también menciona que algunos de los lacayos de Sanseverino se disfrazaron de *omini salvatichi* u hombres salvajes.[6] El *uomo selvatico* era un personaje del folclore tradicional, semejante al Hombre Verde de la Inglaterra medieval: una figura que representaba el irreducible poder de la Naturaleza y la condición del hombre en su estado de inocencia primitiva. Se le solía representar vestido como un troglodita —cubierto de pieles, hojas y cortezas de árbol— y blandiendo un nudoso garrote: ésa debió de ser la base tradicional de la que partió Leonardo para diseñar sus disfraces. (Recuérdese a Zoroastro con su «manto de agallas de roble»). Las descripciones de la justa que se hicieron en la época hablan de «un nutrido grupo de jinetes disfrazados de hombres salvajes y provistos de enormes tambores y estentóreas trompetas». Sanseverino, por su parte, lucía un escudo dorado con la imagen pintada de un hombre barbado, es decir, «un bárbaro», y se presentó ante el estrado ducal proclamándose «hijo del Rey de los Indios». En 1491, Colón y la carabela *Santa María* aún no habían zarpado de España, así que la alusión tenía que hacer referencia a la India y no al Nuevo Mundo; sin embargo, este hecho anunciaba ya la asociación que más adelante se establecería entre el hombre salvaje y los indígenas americanos. Lo que más llamó la atención a los espectadores del atuendo de Sanseverino fue su espléndido yelmo dorado; un casco provisto de unos cuernos en forma de espiral que coronaba una serpiente alada, cuya cola caía sobre la grupa de su montura: en resumen, uno de los «dragones» de Leonardo. Todo el conjunto, nos dicen, «transmitía una gran sensación de fiereza».[7]

Al igual que sus dragones, los hombres salvajes de Leonardo estaban diseñados con objeto de que resultaran extraños y temibles. El trabajo escénico, a diferencia de la pintura, permitía a Leonardo acceder al mundo de lo puramente fantástico, exótico y grotesco. A este respecto, en el *Trattato della pittura* señalaba:

> Si el pintor desea ver bellezas que le deleiten está en su mano crearlas, pero si desea ver seres monstruosos que resulten temibles, bufonescos, ridículos o dignos de lástima, también puede ser el señor y creador de dichos seres... El pintor que desea representar criaturas y demonios infernales posee una imaginación que rebosa de inventiva.[8]

El término «pintor» tiene en este pasaje un sentido genérico, pero lo cierto es que en ninguna de sus pinturas se puede apreciar ese componente grotesco o infernal del que, según nos dice, «rebosa» su imaginación. (Las pinturas que más se aproximan a él son la *Adoración,* donde el remolino de rostros tiene cierto carácter siniestro, y el cuadro perdido de *Leda,* cuya temática puede considerarse grotesca desde un punto de vista erótico). Donde da rienda suelta a esa fantasía es en sus dibujos, y la mayor parte de sus creaciones «monstruosas» sobre papel están relacionadas de una u otra forma con su faceta de creador de mascaradas y festejos. Un ejemplo característico es un boceto a carboncillo de la colección Windsor que representa a un enmascarado con cabeza de elefante, provista de una gran trompeta que sobresale por arriba y cuya trompa hace las veces de pífano o flauta. Posiblemente, este artilugio no sea otra cosa que una gaita: la bolsa estaría disimulada en la panza del disfraz, mientras que la trompeta situada en la parte superior haría la función de roncón.[9]

El elefante músico es una creación bastante ingeniosa, pero otros dibujos resultan mucho más difíciles de desentrañar: a medida que los miramos van cambiando de significado. Un par de máscaras de animales parecen ser versiones pesadillescas de un perro: uno de ellos, un animal lanudo y de aspecto desquiciado, tal vez sea un bulldog enano o un pequinés; el otro es un alelado sabueso de mirada inerte que luce un peinado y cuyos belfos caídos dejan al descubierto una dentadura ovina.[10] Nos hallamos en el territorio propio de los relatos de terror: un extraño laboratorio de híbridos. Si damos la vuelta al «bulldog», se convierte en un murciélago. Esta criatura en concreto parece llevar puesto un freno o una brida: quizá fuera una máscara destinada a un sirviente disfrazado que tiraría de algún tipo de carreta. Por su estilo, los dibujos parecen pertenecer a los primeros años de la década de 1490, así que es muy probable que también estuvieran destinados a alguno de los festejos de los Sforza.

El talento de Leonardo para las artes escénicas fue evocado por su biógrafo milanés, Paolo Giovio, quien le describe como «el árbitro e inventor de todos los refinamientos y deleites, en especial de los relacionados con los espectáculos teatrales». La descripción subraya la elegancia de sus creaciones, de la que sin duda da fe *Il Paradiso*, pero en ellas hay también otra vertiente más extravagante, representada por esos hombres salvajes y esos seres monstruosos con los que su creador da vía libre a sus más oscuras fantasías. Estos efímeros espectáculos cortesanos, cuando menos, debieron de servir a Leonardo de excusa para realizar algunos tonificantes pinitos melodramáticos, muy alejados del estilo frío y contenido de sus obras de taller milanesas.

Estos monstruos e híbridos del mundo teatral están emparentados con otro género que Leonardo iba a practicar con bastante asiduidad entre finales de la década de 1480 y principios de la de 1490: las figuras grotescas, unas representaciones de rasgos monstruosamente exagerados y caricaturizados, realizadas generalmente a pluma y tinta, que suelen mostrar hombres y mujeres ancianos de perfil. Sin duda tienen un cierto componente satírico: una suerte de revancha contra el esnobismo y la pomposidad de la vida cortesana. Pero aunque algunos de ellos pueden ser caricaturas de individuos concretos, en su mayor parte parecen más bien puras reflexiones sobre la fealdad y la deformidad e invitan a pensar que Leonardo sentía una cierta fascinación obsesiva por esos seres a los que él mismo definía como «bufonescos, ridículos y dignos de lástima». Estos personajes de rostros hinchados, alargados e implosionados constituyen la otra cara de sus sesudos estudios vitruvianos sobre las proporciones ideales del cuerpo humano: son auténticos paradigmas de la discordancia fisiológica. Se encuentran dispersos por toda la colección Windsor; unos son originales

*Monstruos. Dos máscaras festivas
de la década de 1490 (arriba),
y un retrato grotesco de una
anciana, según una copia tardía
de Francesco Melzi.*

y otros obra de un copista, probablemente Francesco Melzi. Las copias, que captan el humor del original aunque no así sus matices, encajarían a la perfección en un cómic infantil (como el cómic inglés *Beano*). Los grabados que hizo Wenceslaus Hollar de las figuras grotescas de Leonardo circularon ampliamente por la Inglaterra del siglo XVII, y uno de ellos, una corpulenta dama con cara de batracio, acabó incorporándose al folclore visual inglés en la persona de la fea Duquesa de las ilustraciones de Tenniel para *Alicia en el país de las maravillas*.[11]

El término *cartone* tenía un significado muy específico en el Quattrocento, pero, en lo esencial, los dibujos grotescos de Leonardo quedarían englobados dentro del sentido que hoy en día tiene la palabra inglesa *cartoon* (historieta o dibujo animado). En ellos se anticipan las despiadadas exageraciones fisiológicas que podemos hallar en toda una serie de dibujantes de cómics que va desde Gillray a Robert Crumb. Y al igual que ocurre con los mejores cómics, no son simplemente divertidos sino que tienen algo más: tras las risas dejan siempre un poso de inquietud. El más desasosegante de todos, y la auténtica obra maestra del género, es un grupo a pluma y tinta de cinco cabezas grotescas de la colección Windsor que suele fecharse a principios de la década de 1490 (Lámina 18). Aunque el dibujo en sí mismo tiene un carácter marcadamente dramático, no está nada claro cuál es el relato que subyace a la escena, y es precisamente esa indeterminación lo que le otorga un aire amenazante. Está pasando algo, pero no sabemos qué es: la escena parece sacada de una pesadilla o de una alucinación, tal vez incluso de un manicomio; a lo que más recuerda de hecho es a la escena de la lunática corte del *Rey Lear* o al *Marat/Sade* de Peter Weiss. El personaje principal lleva una corona de hojas de roble, como si fuera un victorioso emperador romano, pero basta con mirarlo para darse cuenta de que no se trata de un verdadero emperador, sino de un iluso anciano que por alguna razón se toma por tal. Arremolinados en torno a él, aparecen cuatro personajes que forman un conjunto amenazador: dos de frente, el uno riéndose o chillando histéricamente y el otro mirando con absorta o vacua curiosidad; y los otros dos a ambos lados del personaje central; uno fofo, repelente y con una nariz ganchuda, y el otro una bruja enjuta y desdentada de aspecto malévolo que lleva un pañuelo anudado a la cabeza. Se suele describir a estas dos últimas figuras como mujeres, una interpretación que a mí me despierta algunas dudas. El anciano es el centro de la atención: se diría que le están incitando con algún propósito avieso; la mano de la bruja de la izquierda parece empujarle para que se mantenga en el centro del grupo. Comicidad, burla, crueldad, patetismo: el espectador puede elegir la reacción que sea más de su agrado. El anciano de perfil desdentado es una figura recurrente en los cuadernos de bocetos de Leonardo, y en este caso (como en muchos otros), produce la sensación de ser una imagen criptográfica del artista: una figura impotente y mezquina, fácil presa del autoengaño, el oscuro alter ego del gran triunfador renacentista.

El dibujo gozó de gran popularidad, y sus personajes fueron reproducidos con bastante fidelidad en dos cuadros del maestro flamenco Quentin Massys, un contemporáneo de Leonardo, y más adelante también en los grabados de Hollar.[12] Durante el siglo XVIII se quiso ver en las cuatro figuras que rodean al anciano «una ilustración de las pasiones», o de los cuatro «temperamentos» o «humores». Jean-Paul Richter daría a esta interpretación un sesgo más moderno y psiquiátrico al afirmar que representaban (de derecha a izquierda): la demencia, la contumacia, el lunatismo y la imbecilidad, quedando la figura coronada del centro como «una personificación de la megalomanía».[13] Pero todas estas interpretaciones parecen excesivamente esquemáticas. No hace mucho, Martin Clayton, el actual bibliotecario de la colección Windsor, rebautizó el dibujo con el siguiente título: *Hombre engañado por unos gitanos.* Según su interpretación, la figura de la derecha está leyéndole la palma de la mano al anciano. Aunque es bastante probable que falte papel en el borde derecho de la hoja, lo que queda del brazo del hombre y de la mano de la mujer parecen respaldar esa idea. Para Clayton, la mujer de la izquierda, que según Kenneth Clark estaba «rodeando con el brazo a la figura central», estaría más bien introduciendo su brazo por debajo de la manga para robarle el monedero. En apoyo de su tesis, Clayton aporta toda una serie de documentos de la época acerca de los trucos de los gitanos, entre los que destaca un edicto de abril de 1493 que decretaba su expulsión de la ciudad de Milán «bajo pena de horca», debido a sus actividades delictivas en calidad de «bandidos, rufianes y embaucadores».[14] Es posible que el dibujo haya que situarlo dentro de este contexto de hostilidad oficial hacia los gitanos e incluso es posible que el propio Leonardo hubiera experimentado en carne propia sus artimañas. En una lista de gastos domésticos del Códice Atlántico figura esta sorprendente anotación: «para que me echen la buenaventura: 6 sueldos», y en el catálogo de libros de Madrid se incluyen dos obras de quiromancia *(de chiromantia* y *de chiromantia da Milano).*[15]

Desde luego se trata de una interpretación bastante convincente, pero aun así, no puedo dejar de pensar que hay algo más en ese dibujo: un aura surrealista o psicótica que impide considerarlo una mera representación de un timo callejero. Una pintura de Quentin Massys, fechada hacia 1520, incorpora a tres de las figuras del dibujo, sólo que en este caso la escena parece representar unos esponsales «fingidos» o «grotescos»: las figuras basadas en las dos gitanas tienen ahora un carácter mucho más masculino que femenino, mientras que la supuesta «novia» del cuadro es una criatura andrógina de larga y ondulada cabellera que recuerda a otra tipología bastante característica de Leonardo; todos estos elementos invitan a pensar que estos esponsales podrían tener un carácter homosexual. De la faltriquera de la anciana novia caen unas monedas; algún tipo de truco está teniendo lugar desde luego, pero eso no significa que se trate de una representación de un hurto. Me pregunto si Massys no sabría algo que nosotros ignoramos acerca de las referencias del dibujo.

Giovanni Paolo Lomazzo, que se aplicó diligentemente a la tarea de recopilar recuerdos de Leonardo durante las décadas que siguieron a la muerte de éste, relata el siguiente episodio:

> Según cuentan unos hombres de su tiempo, que estuvieron a su servicio, en cierta ocasión Leonardo quiso pintar a unos campesinos riéndose (aunque finalmente en lugar de una pintura lo que hizo fue un dibujo). A tal propósito, escogió unos hombres que le parecieron adecuados para tal fin y, tras haber trabado una cierta relación con ellos, les preparó una fiesta con la ayuda de algunos amigos. Entonces se sentó frente a ellos y se puso a contarles las historias más peregrinas y ridículas que quepa imaginar hasta que consiguió que se partieran de risa. Y así, sin que ellos lo supieran, pudo observar todos sus gestos y la forma en que reaccionaban a su absurda charla, fijándolo todo en su mente. Y una vez que se hubieron marchado, se retiró a sus aposentos y realizó un dibujo de tal perfección que hizo que todo el que lo mirara rompiera a reír, como si hubiera estado escuchando las historias que Leonardo contó en la fiesta.

No se puede decir que las «Cinco cabezas» estén presentes en este relato, sólo dos de ellas se ríen y la atmósfera además es bastante distinta, pero la anécdota revela perfectamente la fe que tenía Leonardo en la observación de primera mano; ese elemento de reportaje visual que confiere a estos dibujos surrealistas una vivacidad y un realismo casi táctil. Un coetáneo de Leonardo, Cristoforo Giraldi, un súbdito de Ferrara que residía en la corte milanesa, viene a decirnos eso mismo:

> Cuando Leonardo quería representar una determinada figura ... acudía a los lugares que solía frecuentar ese tipo de gente y observaba sus rostros, sus actitudes, sus ropajes y la forma en que movían sus cuerpos. Y cuando encontraba algo que parecía ser lo que buscaba, lo dibujaba con un estilete de punta metálica en una libreta que siempre llevaba colgada del cinto.[16]

«DE LAS SOMBRAS Y LAS LUCES»

«El 23 de abril de 1490 comencé este libro». El «libro» al que se refiere es el manuscrito que hoy conocemos con el nombre de MS C de París.

Está compuesto de catorce pliegos doblados en veintiocho folios de un papel grande y fino, adornado con una curiosa filigrana que representa un círculo con dos líneas onduladas: a juzgar por su aspecto, se diría que es un renacuajo con dos colas, pero sin duda se trata de una alusión a la serpiente de los Visconti, un emblema tradicional milanés. Es el primer manuscrito de Leonardo del que se puede decir con propiedad que es un tratado unitario: su tema es el comportamiento de la luz. En su catalogación, Francesco Melzi lo llamó «libro de las sombras y las luces».[17] Esa materia desde luego se trata de forma muy detallada, pero Leonardo no es capaz de atenerse a una única línea de investigación, y la obra contiene gran cantidad de notas y dibujos sobre muchos otros temas: física, acústica, juegos y bromas, el agua y varias cosas más. En algunas de sus páginas figuran asimismo unos pequeños dibujos muy detallados de diversos objetos (martillos, campanas, cuchillos, un tonel de vino, un hacha partiendo un madero, etcétera), que suponen un ligero respiro en medio de los severos diagramas del texto principal. Es una obra de un carácter marcadamente científico: una rigurosa combinación de óptica y geometría. Los textos están escritos con una caligrafía muy cuidada y los diagramas han sido meticulosamente ejecutados con sutiles gradaciones de luz y sombra, sugeridas mediante un plumeado muy preciso. La obra nos llega directamente desde el escritorio que Leonardo tenía en la Corte Vecchia en 1490-1491, lo que la hace contemporánea de aquel retrato de un músico donde hacía un uso muy audaz del claroscuro.

Este «libro de las sombras y las luces», al igual que el tratado de anatomía que había concebido en 1489, forma parte de su proyecto de elaborar una ciencia-general-para-los-pintores y responde al espíritu que regía la actividad de los talleres por aquellos años: el maestro es el encargado de impartir sabiduría. Pero, como ya sucediera con sus anteriores investigaciones anatómicas, el tema muestra una enojosa tendencia a la ramificación y, cual si de una Hidra se tratase, proliferan las tareas que hay que llevar a cabo. Pronto queda claro que el texto en cuestión no puede ser sino un comienzo. Un folio del Códice Atlántico contiene un pasaje de letra muy apretada donde Leonardo se fija el ambicioso programa de elaborar siete «libros» sobre el tema:

> En mi primera proposición acerca de las sombras sostengo que todo cuerpo opaco se halla rodeado y revestido de sombras y luces. Es a esto a lo que dedicaré mi primer libro. Estas sombras a su vez pueden poseer diversos grados de oscuridad, pues son causadas por una ausencia de rayos de luz cuyas cantidades también varían; a éstas las llamo sombras primarias *[ombre originale]*, por ser las primeras sombras que cubren el objeto y se ciñen a él. Y de esto tratará el segundo libro.

El tercer libro se ocupará de las *ombre derivate* —las sombras secundarias— y así hasta completar los siete libros proyectados.[18]

En otro manuscrito de este mismo periodo, Leonardo define las distintas fuentes de luz («la luz secundaria», «la reverberación luminosa», etcétera), así como sus diferentes cualidades, por ejemplo, «el aire restringido» *(aria restretta)* de la luz que entra por una ventana, o la «luz libre» *(lume libero)*, que es la que se encuentra a campo abierto.[19] Recurre al término *perchussione* —percusión— para referirse a la caída o incidencia de la luz sobre un objeto, lo que confiere a ésta un marcado carácter dinámico. En otras partes define asimismo la luz como una de las «energías espirituales», entendiendo el término «espiritual» en el sentido aristotélico de «inmaterial» o «imperceptible»: una energía sin masa.[20]

Con sequedad y una cierta dosis de obcecación, Leonardo va exponiendo los principios que rigen la representación de las luces y las sombras, que son «los dos medios más certeros para determinar la forma de cualquier cuerpo» y que resultan por tanto esenciales para alcanzar «la excelencia en la ciencia de la pintura».[21] Ésta es la base científica de los efectos más sutiles e inasibles del *sfumato* de Leonardo (el «esfumado»), en el que, según su propia definición, «las sombras y las luces altas se funden sin necesidad de sombreado o plumeado alguno, igual que sucede con el humo».[22] Un buen ejemplo del matizado estilo de la *sfumatura* lo tenemos en la *Mona Lisa,* donde se convierte en algo más que una mera representación de luces y sombras: a través de él se crea un estado de ánimo o una atmósfera, una neblina otoñal que transmite una sensación de fugacidad y pesar. Las gradaciones de la *sfumatura* sirven también para crear la sensación de distancia y constituyen por tanto un complemento de la perspectiva. En el *Trattato,* Leonardo se ocupa de la representación de los objetos que «se pierden en la distancia»: los objetos más cercanos «se hallan delimitados por unos contornos nítidos y contrastados», mientras que los que se encuentran más lejos tienen «unos contornos difuminados y borrosos».[23] Es lo que él llama *prospettivo de' perdimenti:* «la perspectiva de la pérdida» (por contraposición a la perspectiva del tamaño). La elección de un término tan lleno de connotaciones sugiere una vez más que no nos hallamos tan sólo ante un mero fenómeno visual, sino también ante un estado mental: esos fondos que se pierden en la distancia detrás de la figura de Mona Lisa son el destilado poético de esta «perspectiva de la pérdida».

Por esa misma época también se encontraba en su estudio otro cuaderno más pequeño y de mayor grosor, en octavo, que se corresponde con el manuscrito que hoy conocemos como MS A de París. Originalmente constaba de 114 folios —Leonardo los había numerado de forma consecutiva—, pero más tarde fue objeto de las atenciones del conde Libri, que arrancó cincuenta, diecisiete de los cuales no han vuelto a aparecer jamás.[24] El MS A es básicamente un manual para pintores, aunque no tenga mucho que ver con los manuales florentinos al uso, como era por ejemplo el de Cennino Cennini. Aborda directamente las técnicas pictóricas y cubre varias materias enfocadas siempre desde el punto de vista del pintor: óptica, perspectiva, proporción, movimiento, mecánica, etcétera. También vuelve sobre el tema de las luces y las sombras, como demuestra este pasaje que, una vez más, hace pensar en la *Mona Lisa:*

> Si quieres pintar un retrato hazlo en un día gris o a la caída de la tarde ... Fíjate en la gracia y la dulzura que se aprecia en los rostros de los hombres y las mujeres que pasean por la calle al atardecer, o cuando el tiempo está nublado. Así pues, oh pintor, emplea un patio cuyos muros estén pintados de negro y que disponga de un tejadillo ... y en caso de que haga sol procura taparlo con un toldo. La otra opción que tienes es trabajar en tu cuadro hacia el atardecer, o en días nublados o neblinosos, pues ésa es la atmósfera más perfecta.[25]

Éstos son los aspectos prácticos de las tonalidades más sutiles y apagadas de Leonardo, tan alejadas de la estética luminosa y contrastada en la que se había formado en Florencia.

Entre los detalles técnicos que constituyen el tema principal del cuaderno nos topamos con un inesperado atisbo del proceso imaginativo de Leonardo, lo que él llama «el despertar de la mente a la invención»:

> Contempla una pared cualquiera llena de manchas, o una piedra con los más abigarrados dibujos, y encontrarás en ellas todo tipo de paisajes ... batallas llenas de figuras que corren de un lado para otro, rostros de extraña apariencia y atuendo: una infinita variedad de cosas que tú puedes convertir en representaciones precisas. Y lo mismo que ocurre con las paredes y las piedras, sucede con el sonido de las campanas, en cuyo repique descubrirás cualquier nombre o palabra que puedas imaginar.[26]

La misma idea aparece con otras palabras en el *Trattato,* donde forma parte de una de sus polémicas con Botticelli: «La simple mancha que queda en una pared al arrojar contra ella una esponja empapada de colores nos permite descubrir un hermoso paisaje ... Afirmo que un hombre podrá hallar en dicha mancha: cabezas humanas, animales, batallas, rocas, mares, nubes, bosques y otras cosas similares». Mediante estas fantasías visuales y estos procesos de libre asociación, Leonardo conseguía

La sombra de Leonardo.

encauzar productivamente su faceta más soñadora y errátil: «las cosas confusas avivan la inventiva de la mente».[27]

El MS A es el germen del *Trattato della pittura* y fue el manuscrito al que en mayor medida recurrió Melzi a la hora de compilar el material para el *Trattato*. Es posible incluso que el propio Leonardo llegara a reelaborarlo para obtener un texto más formalizado. En 1498, en la epístola que sirve de dedicatoria a su *Divina proportione*, el matemático Luca Pacioli afirma que Leonardo «ya había terminado» un «libro muy valioso acerca de la pintura y el movimiento humano» *(degno libro de pictura e movimenti humani)*. Bien podría tratarse de ese mismo «libro» al que más tarde aludirá Lomazzo, cuando dice que Leonardo debatió sobre los respectivos méritos de la pintura y la escultura en «un libro suyo, escrito con la mano izquierda, que leí hace algunos años, y que le fue encargado por Ludovico Sforza, duque de Milán». Esa comparación entre la pintura y la escultura, que figura al principio del *Trattato*, se halla en forma de borrador en el MS A. El comentario que hemos citado sugiere por tanto que en una fecha anterior a 1498 Leonardo debió de trasladar parte del material del MS A a un «libro» —es decir, un manuscrito encuadernado— para complacer al Moro.[28]

En la primera página del MS A aparece un dibujo de «la sombra proyectada por un hombre» que sirve para ilustrar una consideración sobre la penumbra. El texto explicativo que figura debajo dice así: «Si la ventana *a-b* deja pasar la luz solar a la habitación, el sol hará que el tamaño de la ventana parezca mayor y que la sombra del hombre parezca haberse reducido, de tal modo que cuando dicho hombre compare su sombra reducida con...». Omito el resto del pasaje, que de ahí en adelante es bastante complejo, para centrarme en un aspecto incidental del mismo que me parece mucho más fascinante. Este minúsculo y esquemático boceto es una especie de autorretrato: el hombre cuya sombra va a ser trazada «tal y como se ha mostrado antes» tiene que ser también el hombre que está haciendo el dibujo, y ese hombre no puede ser otro que Leonardo da Vinci. No nos muestra sus rasgos, sólo su silueta «revestida» de sombras, mientras permanece de pie junto a una ventana en forma de arco, quizá en la Corte Vecchia, un día soleado de principios de la década de 1490.

La cuidada disposición de las páginas de los cuadernos parisinos C y A, con su ordenada alternancia de bloques de texto e ilustraciones, parece indicar que lo que Leonardo se proponía era algo bastante parecido a los manuscritos técnicos del arquitecto e ingeniero de Siena, Francesco di Giorgio Martini. Que los conocía está fuera de toda duda —la biblioteca Laurenziana conserva un ejemplar que le perteneció, donde pueden verse sus propias anotaciones y garabatos[29]— y el hecho de que Martini estuviera en Milán por aquellas fechas me lleva a pensar que la influencia debió de ser muy directa. Sabemos que estuvo allí hacia 1489, trabajando en un proyecto para el *tiburio* de la catedral, y que durante el verano de 1490 él y Leonardo viajaron juntos a Pavía. Por entonces, Martini rondaba los cincuenta, y era un hombre que atesoraba una inmensa experiencia. Del viaje que realizaron juntos conocemos algunos detalles interesantes, que dan a entender que Leonardo se lo pasó bastante bien: debió de constituir un respiro después de tanto caballete y escritorio.

A principios de junio de 1490, el departamento de obras de la catedral de Pavía invitó a Martini a que les aconsejara acerca de unos trabajos de remodelación que se estaban realizando, y, por sugerencia expresa de Ludovico, Leonardo le acompañó. Hacia el 18 de junio parten de Milán a caballo, junto con una comitiva de «ingenieros, colaboradores y sirvientes», de la que tal vez formara parte Zoroastro, el ingeniero residente y técnico de efectos especiales del círculo de Leonardo. No era un viaje largo: Pavía sólo se encuentra a unos 32 kilómetros de Milán. A su llegada, se alojaron en una posada llamada *Il Saracino* (El Sarraceno). La factura, que ascendía a 20 liras, fue liquidada por la *fabbriceria* el 21 de junio: en el documento se dice que los habían «invitado para hacerles una consulta»; eran, pues, consultores.[30]

Desde el punto de vista político, Pavía era un mero satélite de Milán, pero se trataba de una pequeña y orgullosa ciudad que gustaba de hacerse llamar *civitas centum turrium,* la ciudad de las cien torres. Su famosa universidad, una fundación del siglo XIV, había tenido como alumnos a Petrarca y a Cristóbal Colón. Parece que aquel lugar ejerció un efecto tonificante en el ánimo de Leonardo. Ya he mencionado el entusiasmo que le produjo la estatua ecuestre de *Il Regisole*, así como la gran cantidad de ideas que a raíz del viaje se le ocurrieron para el Caballo Sforza, pero su cuaderno contiene muchos otros retazos de la visita, que nos devuelven una imagen del propio Leonardo durante esta placentera excursión veraniega: un hombre que lo observa todo, que hace miles de preguntas, que se interesa por cualquier detalle. Veámoslo a orillas del río, contemplando unos trabajos de excavación:

Estuve viendo cómo reforzaban los cimientos de un tramo de las viejas murallas de Pavía a orillas del Ticino. De los viejos pilares que allí había, los de roble estaban negros como el carbón, en cambio los de aliso estaban rojos como el sapán [*verzino*], seguían pesando bastante, tenían la dureza del hierro y no presentaban mancha alguna.[31]

Lo encontramos luego frente al antiguo castillo de los Visconti, donde observa que «Las chimeneas tienen seis filas de aperturas, cada una de ellas separada de la siguiente por un brazo de longitud». Entramos con él en la famosa biblioteca que Galeazzo Visconti II reunió en el castillo, donde el hallazgo de un manuscrito del matemático polaco Witelo le lleva a anotar: «En Vitolone hay 805 conclusiones acerca de la perspectiva». Más adelante, ya en Milán, escribe: «Trata de conseguir el Vitolone de la biblioteca de Pavía, que trata de matemáticas».[32] No es posible identificar el manuscrito que codiciaba Leonardo; los fondos bibliográficos de esa biblioteca se dispersaron durante la ocupación francesa de 1500.

Entre las notas de Pavía figura un sorprendente boceto: un dibujo a vuelapluma de la planta de un edificio, acompañado de la siguiente inscripción: *lupinario* (lupanar). ¿Corresponde también a Pavía? ¿Lo visitó? Tal vez. Aunque no acudiera al lugar por los motivos habituales, al fin y al cabo un burdel tenía tanto interés como una catedral, unas obras a la orilla del río o un manuscrito del gran sabio Witelo. También quizá por la simple razón de que los burdeles eran una fuente a la que los artistas solían recurrir para encontrar modelos; más adelante contemplaré la posibilidad de que la mujer que sirvió a Leonardo de modelo para su *Leda* fuera una prostituta.

EL DIABLILLO

> *Te alimenté con leche como si fueras mi propio hijo.*
> Códice Atlántico, fol. 220 v-c

Leonardo ya había regresado a Milán a mediados de julio, según atestigua una nota escrita en un tono neutro que oculta la relevancia emocional de lo que en ella se cuenta: *Jachomo vene a stare cho mecho il dí della madalena nel mille 490*, «Giacomo vino a vivir conmigo el día de Santa Magdalena [22 de julio] de 1490».[33]

Giacomo era un niño de diez años, natural de Oreno, una localidad próxima a Monza y, por tanto, a tan sólo unos pocos kilómetros al norte de Milán. Su nombre completo era Giovanni Giacomo (o Giangiacomo) di Pietro Caprotti, pero en todo el mundo se le conoce sobre todo por su apodo, Salai. De su padre, Pietro, apenas sabemos nada: ciertamente no era un hombre adinerado, no sabemos que tuviera conexión con ningún oficio, pero quizá no fuera ese humilde campesino —ni su hijo Giacomo ese *enfant sauvage*— que solemos imaginarnos. En un documento jurídico, Pietro aparece descrito como *filius quondam domini Joannis* —«hijo del difunto Maestro Giovanni»—. El tratamiento de *dominus* es bastante vago, pero indica cuando menos que Giovanni, el abuelo de Salai, de quien éste tomó su nombre, poseía algunas tierras y era un hombre que tenía un cierto estatus social. En todo caso, está claro que Pietro podía permitirse enviar a Giacomo al taller del gran Leonardo da Vinci: tal vez porque el muchacho diera muestras de poseer cierto talento, tal vez porque quisiera quitárselo de encima, o tal vez porque Leonardo le había echado el ojo y quería tenerlo consigo. Parece que Giacomo era el único hijo varón de la familia, pero más adelante veremos aparecer en su historia a un par de hermanas codiciosas.[34]

Es de suponer que Leonardo acogió al muchacho en calidad de *famiglio* (criado, recadero, chico para todo y, muchas veces, modelo), pero también con la idea de formarlo como artista; con los años, de hecho, acabaría por convertirse en un competente pintor a la manera «leonardesca». Pero de momento era más bien lo que ahora llamaríamos un chico difícil o, para ser más exactos, un auténtico gamberro, que bien pronto iba a ganarse el apodo de Salai, que ya no le abandonaría durante el resto de su vida. Su primera aparición figura en una nota de Leonardo relativa a un pago, fechada en enero de 1494. El nombre significa «Diablillo» o «Demonio», tal vez «Duendecillo». Aunque desde el punto de vista lingüístico parece ser un préstamo del árabe, podemos hallar una conexión más próxima en la imperecedera epopeya cómica de Luigi Pulci, *Morgante maggiore,* una obra que figura en todas las listas que hizo Leonardo de sus libros. A veces empleó también el diminutivo Salaino, una circunstancia que más adelante daría lugar a que se le confundiera con el pintor leonardesco Andrea Solario: un quimérico «Andrea Salaino» pulula por muchos de los estudios decimonónicos sobre el círculo milanés de Leonardo.[35]

El catálogo de los desmanes de Giacomo durante sus primeros años de servicio o pupilaje en la Corte Vecchia quizá sea el texto más extenso dedicado a dar cuenta de las actividades de otra persona que pueda hallarse en los escritos de Leonardo. (Excluyo sus tentativas de narrativa literaria). Y el propósito del mismo es precisamente hacer un ajuste de cuentas, pues se trata de un desglose de los gastos causados por las fechorías del muchacho, acompañado de una lista de sus gastos en ropa. La última entrada está fechada en septiembre de 1491, y dado que parece haber sido redactado de una tirada, como indica el hecho de que todo él esté escrito con la misma tinta marrón oscuro, podemos concluir que fue realizado unos catorce meses después de la llegada de Giacomo. El destinatario sin duda era el padre del muchacho, al que le tocaría hacerse cargo de los gastos, pero considerado *in extenso* el texto adquiere una curiosa coloración personal, un tono de exasperada ternura. Lo que debió de comenzar como una malhumorada lista de quejas acaba por convertirse en una especie de ensueño.

El relato comienza el «segundo día», es decir, el lunes 23 de julio:

> El segundo día mandé que le cortaran 2 camisas, un par de calzas y un jubón, y cuando aparté el dinero para pagar estas cosas, me lo robó de la bolsa, y jamás conseguí que lo confesara, pese a que tenía la seguridad de que había sido él.
>
> 4 liras

> Al día siguiente fui a cenar con Giacomo Andrea, y el otro Giacomo comió por 2 e hizo travesuras por 4, pues rompió tres frascas y derramó el vino. Luego me acompañó otra vez cuando fui a cenar a... [frase incompleta].

> Ítem. El 7 de septiembre, robó un estilete valorado en 22 sueldos que pertenecía a Marco, un joven que residía conmigo. Tenía la punta de plata y lo robó del estudio de Marco, y luego de que Marco lo hubiera buscado por todas partes, dio con él en el baúl del mencionado Giacomo.
>
> 1 lira

> Ítem. El 26 de enero siguiente me hallaba en casa de Messer Galeazzo da San Severino, preparando los espectáculos para su justa, y en un determinado momento algunos de sus criados se desvistieron para probarse los disfraces de hombres salvajes que iban a llevar en el espectáculo. Uno de ellos dejó la bolsa con sus ropas encima de una cama, y Giacomo la cogió y se llevó todo el dinero que encontró en ella.
>
> 2 liras y 4 sueldos

> Ítem. En esa misma casa, el Maestro Agostino da Pavía me regaló cuero turco para que me hiciera unas botas, y no había pasado un mes, cuando el tal Giacomo me lo robó y lo vendió a un zapatero por 20 sueldos. Según él mismo me confesó luego, el dinero se lo gastó en comprar anises.
>
> 2 liras

> Ítem. Una vez más, el 2 de abril, cuando Giovan Antonio [Boltraffio] dejó una punta de plata sobre uno de sus dibujos, el tal Giacomo se la robó. El valor de ésta ascendía a 24 sueldos.
>
> 1 lira y 4 sueldos

En una acotación al margen, Leonardo escribe a modo de resumen estas cuatro palabras: *ladro, bugiardo, ostinato, ghiotto;* ladrón, mentiroso, testarudo, glotón. El informe sobre Giacomo no puede ser peor. Pero

¿acaso no se advierte en toda esta retahíla de cargos un cierto guiño de complicidad del maestro?

La enumeración concluye con una lista de gastos en ropa, según la cual Salai fue equipado con las siguientes prendas: una capa, seis camisas, tres jubones, cuatro pares de calzas, una almilla forrada, veinticuatro pares de zapatos, una gorra y unos cuantos lazos. Coste total: 32 liras. A la cabeza de la lista figura la frase: «El primer año», y al igual que sucede con el resto del documento, también se aprecia en ella una suerte de equilibrio entre contabilidad y romanticismo.

Este relato picaresco, salpicado de travesuras y latrocinios, tiene cierto aire de comedia de cine mudo: el típico granuja profesional lleva a cabo sus fechorías al son de los acordes del piano. Pero también está llena de fascinantes detalles: las bolas de anís, el cuero turco, la bolsa olvidada sobre la cama, las frascas de aceite hechas añicos en el suelo. No obstante, la entrada más reveladora tal vez sea la segunda: «Fui a cenar con Giacomo Andrea, y el otro Giacomo comió por dos...». La cena debió de tener lugar en la casa del arquitecto Giacomo Andrea da Ferrara: Leonardo es el invitado y el pequeño Giacomo lo acompaña. Sólo han pasado dos días desde que llegó al taller. ¿Cuál es su estatus esa noche de verano? ¿Es el minúsculo criado de Leonardo? ¿Su divertida mascota? ¿Su nuevo niño bonito? Pese a su mal comportamiento, otra noche, vuelve a llevarlo consigo: «luego me acompañó otra vez cuando fui a cenar...»; pero Leonardo no acaba la frase. Tal vez sea preferible que estas escapadas nocturnas no figuren con demasiada profusión en un documento destinado al padre de Salai. La tónica general del escrito quizá sea la idea de compañía: Giacomo está con él, a su lado. En este momento Leonardo acaba de iniciar la relación más duradera de toda su vida adulta, durante los próximos veintocho años Salai estará siempre presente en el círculo de sus íntimos amigos. Y, sin embargo, no sabemos a ciencia cierta cuando fue la última vez que se vieron: el nombre de Salai no figura en la lista de testigos del testamento de Leonardo de 1519. Pero su separación, que pudo tener algo de ruptura, no llevó a Leonardo a modificar las generosas disposiciones del documento.

Parece como si este diamante en bruto, este *gamin*, diera respuesta a una necesidad profunda de Leonardo. Aquel muchacho era su «Salaino», su particular «diablillo», su duende revoltoso. Se adivina casi una especie de proyección: como si una parte del carácter de Leonardo —su faceta bromista, caprichosa, diletante— se hubiera encarnado en aquel picaruelo, permitiéndole así centrarse en las tareas más enojosas y serias del trabajo, el estudio y la experimentación. El travieso Giacomo es el granuja que Leonardo llevaba dentro.

Que aparte de todo aquélla era también una relación de carácter homosexual es algo que no se puede poner en duda, por más que se empeñen en demostrar lo contrario los defensores de un Leonardo inverosímilmente santurrón, que se habría mantenido célibe durante toda su vida. Vasari dice lo siguiente acerca de la belleza de Salai: «En Milán, Leonardo tomó como sirviente [*creato*] a un milanés llamado Salai. Era extraordinariamente agraciado y atractivo, y tenía un hermoso cabello rizado que Leonardo adoraba». Aunque no llega a decir nada en concreto, el texto resulta bastante elocuente. Lomazzo, en cambio, se muestra mucho más explícito, aunque para ello recurra al artificio literario de inventar un «diálogo» entre Leonardo y Fidias, el gran escultor de la antigüedad. Fidias, que llama a Salai uno de los «discípulos favoritos» de Leonardo, pregunta a este último: «¿Has jugado alguna vez con él a ese "juego que se practica por detrás" y que tanto les gusta a los florentinos?». A lo que Leonardo responde: «¡Muchas veces! Has de saber que era un joven muy bien parecido, sobre todo cuando tenía quince años». Lomazzo es una fuente engañosa en algunos aspectos, pero suele estar bien informado: lo que parece querer decir es que al alcanzar la adolescencia Salai se convirtió en el compañero sexual de Leonardo. Según el punto de vista freudiano, la atracción homosexual por los niños (o por hermosos jóvenes de rasgos aniñados) responde a un deseo inconsciente de recrear la propia infancia y, con ella, la atmósfera de seguridad emocional del amor materno perdido. De nuevo apunta aquí una idea de identificación: al mirar a Salai, Leonardo, aunque sea de forma semiconsciente, se está viendo a sí mismo de niño. Añadamos que la madre de Salai se llamaba también Caterina, y tendremos un eslabón más en esta cadena de identificaciones psicológicas.

También nosotros podemos echarle un vistazo a Salai, aunque, antes de hacerlo, conviene tomar ciertas precauciones, pues una serie de dibujos que han sido tomados por retratos suyos simplemente no pueden serlo. El más antiguo de todos ellos, que aparece en una hoja de la colección Windsor junto a una Virgen con el Niño, fue dibujado aproximadamente el mismo año de su nacimiento. El perfil de un joven de aspecto afeminado, asimismo en Windsor, ha sido fechado, atendiendo a criterios estilísticos, a finales de la década de 1480, así que tampoco puede tratarse de él.[36] Las obras que pueden reclamar con algún fundamento la condición de retratos de Salai guardan cierto parecido con las anteriores, pero presentan unos rasgos bastante más individualizados. En otras palabras, Salai tenía un aspecto físico que se ajustaba a ese canon de belleza masculina que Leonardo esbozó infinidad de veces, y debió de ser eso lo que hizo que se sintiera atraído por él.

Los dos retratos más verosímiles son los perfiles gemelos de la colección Windsor: el que mira a la derecha es un dibujo a sanguina y carboncillo sobre papel rosáceo, y el que mira a la izquierda (que es el que aquí se reproduce) es un dibujo a carboncillo sobre papel blanco. El retratado difiere bastante de esos «muchachos verrocchianos de las obras tempranas de Leonardo» de los que habla Clark; la barbilla es más redonda y sensual, el cabello más corto y encrespado; recuérdese que era este último rasgo lo que más destacaba Vasari: «Un hermoso cabello rizado que Leonardo adoraba». También es muy característica la suavidad de líneas del entrecejo, ese trazo casi rectilíneo que une la frente con el caballete de la nariz. Atendiendo a consideraciones de carácter estilístico, entre ellas el sutil manejo del carboncillo, ambos dibujos suelen datarse en torno a 1508, es decir, a principios de la segunda estancia de Leonardo en Milán. Nos mostrarían por tanto a un Salai bien entrado ya en la veintena: un joven lánguido, tal vez un tanto afectado, que conserva un equívoco aire aniñado. Sus ojos de pesados párpados miran con una mezcla de regocijo y aburrimiento. Aún hoy podemos verle ganduleando por la *piazza* o colando su *motorino* por cualquier callejuela.

Dos versiones anteriores de este inconfundible perfil aparecen en un dibujo atribuido a Boltraffio, que representa a un joven luciendo una corona de hojas de roble, y en un grabado de una figura de perfil de aspecto andrógino, que se encuentra en el Museo Británico.[37] Este último viene acompañado del siguiente logotipo: «ACHA. LE. VI.» (es decir, Achademia Leonardi Vinci), lo que parece indicar que se trata de una obra de finales de la década de 1490: más adelante me ocuparé de esta misteriosa «academia» milanesa. Ambas obras proceden del taller de Leonardo y es posible que sean variantes de un dibujo perdido de Salai que el propio maestro pudo haber realizado por esas mismas fechas. También el taciturno *Narciso* de Boltraffio, del que conocemos dos versiones (Uffizi y la National Gallery de Londres), nos muestra un joven de perfil recto y cabello ensortijado.

Si el modelo de estas obras es Salai, también tiene que serlo el joven que figura en un retrato dúplice a sanguina que se conserva en los Uffizi y que es obra de Leonardo: bajo su ensortijado flequillo se adivina el característico perfil recto. Un anciano calvo con el típico perfil de viejo desdentado clava en él su mirada. La mano derecha del anciano parece estar apoyada sobre el hombro del joven, pero el antebrazo no está dibujado y los dos cuerpos se funden en un solo torso, creando una imagen que evoca las representaciones alegóricas del Placer y el Dolor. El dibujo suele fecharse también a finales de la década de 1490 y, por tanto, nos mostraría a Salai cuando debía de estar próximo a cumplir veinte años. Ese trasfondo de apesadumbrado humorismo que ya se advertía en el primer recuento de sus fechorías también se halla presente aquí, sólo que ahora parece estar teñido de patetismo y humillación. Para poder contemplar al joven que ama, ese joven que es un espejo de su propia infancia perdida, la mirada del an-

La imagen de Salai. Retrato de perfil al carboncillo de la colección Windsor (arriba), y el Narciso *de Boltraffio.*

Viejo contemplando a un bello joven, h. 1497-1500.

ciano ha de salvar un abismo temporal. Por entonces, Leonardo andaba mediados los cuarenta y estaba en la flor de la vida, pero en este caso (como en tantas otras ocasiones) se caricaturiza a sí mismo representándose como un desdentado carcamal. Tal vez lo que aquí se refleje sea un sentimiento de inseguridad sexual: el hombre que desearía ser visto como un amante se ve reducido a la condición de mera figura paterna. El tono del dibujo invita a pensar en la melancólica ternura que siente el amante entrado en años por su altivo efebo.

Con los años, el ingenioso granuja de la década de 1490 se convirtió en ese joven petimetre de dudosa honorabilidad que vemos en estos retratos. La evidencia documental parece respaldar la idea del amante maduro que no repara en gastos: Leonardo, un hombre más bien frugal, tira la casa por la ventana cuando se trata de surtir de finas ropas a su niño mimado. Bajo el epígrafe «Gastos de Salaino», una nota fechada el 4 de abril de 1497 recoge el coste de un regalo para Salai, una capa bien vistosa:

4 brazos de paño de plata	15 liras y 4 sueldos
terciopelo verde para los ribetes	9 liras
cintas	9 sueldos
aros pequeños	12 sueldos
por la confección	1 lira y 5 sueldos
cinta para los pespuntes delanteros	5 sueldos

Una vez hecha la suma, Leonardo añade: «Salai robó los sueldos», aunque lo que quiere decir seguramente es que se quedó con el cambio. Más adelante, le da tres ducados de oro «que, según me dijo, necesitaba para comprarse un par de calzas rosadas con sus correspondientes ribetes». En las anotaciones de Leonardo figuran asimismo los préstamos que le hizo, y alguna que otra vez las pequeñas cantidades que el propio Salai prestó a Leonardo. El mes de octubre de 1508, «presté a

Salai trece coronas para que contribuyera a la dote de su hermana».[38] Luego viene la saga de la casa de Porta Vercellina: El Moro se la regala a Leonardo hacia 1497; Leonardo se la alquila al padre de Salai cuando deja Milán, y paulatinamente va pasando en propiedad o usufructo a Salai, que se dedica a hacer reformas y a subarrendarla, hasta que por fin Leonardo se la lega «a perpetuidad», a él y a sus sucesores, en su testamento.[39]

Los regalos son la moneda corriente en esta relación. No es difícil ver a Salai como un joven extremadamente avaricioso: se aprovecha del cariño y la generosidad de su maestro para exprimirle. Alguna que otra vez regañan, sí, pero luego se reconcilian. En una hoja del Códice Atlántico leemos: «Salai, necesito un respiro, basta ya de guerras, basta ya; porque yo me rindo». (La letra no es la de Leonardo y, curiosamente, aparece a modo de apéndice de una lista de la compra, como si la persona que estuviera escribiéndola se lo hubiera oído decir a alguien).[40] Pero su larga relación deja traslucir otras cualidades. Salai es también ese discípulo, sirviente, copista, amante, compañero, factótum, favorito y confidente, cuyos «buenos y gentiles servicios» serán recordados en el testamento de Leonardo. Desde el mismo momento de su llegada en el verano de 1490, ese niño travieso de rostro angelical pasa a ser parte inseparable del séquito de Leonardo: la auténtica sombra del maestro.

Cacería de osos

El domingo 15 de abril de 1492, Leonardo celebró su cuadragésimo cumpleaños. De lo que sintiera en aquella ocasión, si es que sintió algo especial, no ha quedado ninguna constancia. El 12 de octubre de ese mismo año, tras haber surcado el «Mar Océano» en dirección oeste, Colón avistaba tierra, seguramente la isla de Watling en las Bahamas, y más adelante desembarcaba en Haití y en Cuba. Ni rastro tampoco de esa trascendental noticia, cuyo rumor comenzó a circular por Europa tras el regreso de Colón en marzo de 1493.

No deja de resultar curioso que un hombre tan comprometido con otros tipos de descubrimientos no haga ni la más mínima mención al descubrimiento y la exploración del Nuevo Mundo.[41] Su interés por los viajes exóticos fue sorprendentemente escaso, y sus movimientos estuvieron siempre circunscritos a un ámbito bastante reducido: hacia el sur apenas pasó de Roma, y salió de Italia por primera y última vez cuando contaba sesenta y cuatro años. (En tiempos se creyó que en torno a 1502-1503 había viajado a Constantinopla, pero ese hipotético viaje no cuadra con los testimonios con que contamos). Tal vez cabría contrarrestar esta imagen diciendo que en realidad era un viajero de la mente o, de forma menos retórica, que hacía viajes cortos pero muy intensos, cada uno de los cuales, en un hombre de su curiosidad, constituía una *lungissima via* de impresiones y experiencias: un inagotable filón de datos empíricos en bruto que había que anotar para luego poder cavilar sobre ellos. A Leonardo le gustaba estar siempre en movimiento, tanto a pie como a caballo. Basta recordar aquella arenga que dirigió a los pintores: «Abandonad vuestro hogar en la ciudad, dejad vuestra familia y amigos, marchad al campo, a las montañas y los valles»; unas palabras que debieron de ser escritas por esta misma época y que Melzi transcribe en el *Trattato*.

Mirando al norte desde los tejados de la catedral de Milán o desde las torres de la Corte Vecchia, su vista distinguiría a lo lejos los imponentes picos de una cadena alpina conocida como Le Grigne. Leonardo viajó a los Alpes por lo menos en tres ocasiones, tal vez incluso alguna más: la primera expedición puede fecharse en la década de 1490. Es muy probable que estos viajes haya que situarlos en el contexto de sus trabajos de ingeniería (estudios de los cursos de agua para proyectos de canalización; prospecciones mineras; la eterna búsqueda de madera), sin embargo, considerando que su fascinación por las montañas se detecta ya en *La Virgen del clavel* de principios de la década de 1470 y la importancia que tienen en su obra posterior, no resulta demasiado aventurado concluir que estas excursiones fueron para él unas experiencias que tenían valor por sí mismas: eran una aventura, una escapada de la ciudad, una oportunidad de sumergirse en la pureza de las formas naturales.

Lugar de paso obligatorio era la ciudad lacustre de Lecco. El antiguo camino que une Lecco con Milán se conoce como la Carraia del Ferro (la Ruta del hierro), pues a través de ella se transportaba el mineral procedente de las explotaciones de Valsassina. Si se mira hacia el nordeste desde la ruta, hay unas vistas de Le Grigne que se parecen bastante a los dibujos de montañas de la colección Windsor, e incluso es posible que sea Lecco la localidad que puede verse en un espectacular dibujo de una tormenta, que viene a ser la versión alpina del dramático paisaje toscano de la hoja de «La Virgen de las Nieves». Encajonada entre formidables montañas, se distingue a media distancia una ciudad, y algo más al fondo, medio oculto por el aguacero, se vislumbra también un lago, que bien podría ser el lago de Lecco. En el *Trattato della pittura*, entre los sutiles efectos cuya representación está al alcance del pintor pero no del escultor, se menciona «montañas y valles empañados por un manto de lluvia».[42]

Estos dibujos pertenecen a unas excursiones realizadas con posterioridad, pero, sobre el viaje desde Lecco hacia el norte, disponemos de una parte de las notas que el propio Leonardo escribió durante alguno de los recorridos que realizó a principios de la década de 1490.[43] Seguramente fueron escritas ya de vuelta en casa, pues el papel no muestra signos de haber sido llevado a las montañas. Se trata simplemente de un árido informe topográfico de la región alpina que rodea el lago de Como, pero bajo la superficie del texto se puede distinguir a Leonardo en marcha: una figura alta, puntillosamente equipada, integrada quizá en una expedición, pero que parece ir a su aire. Aunque camina a buen paso, se detiene con frecuencia para tomar notas o para realizar un apresurado bosquejo en una de esas libretas que siempre lleva «colgadas del cinto». El laconismo del texto refleja en parte su condición de informe, pero nos permite captar la precisión y agudeza de sus observaciones.

Por encima de Lecco se alza el ramal meridional de Le Grigne, cuya cumbre más alta es el monte Mandello: «Las rocas peladas más grandes de esta parte del país se encuentran en el monte Mandello ... A sus pies, hay una abertura que da al lago, con una bajada de 200 escalones. Allí es constante la presencia del hielo y el viento». Ese descenso de 200 escalones del que habla es un camino de cabras que aún puede verse en ese mismo lugar.[44] La senda sigue el curso del río Meria, serpenteando por la montaña que se alza por encima de Rongio. La empinada escalera arranca en el punto en que el río se bifurca y asciende a una gruta que quizá sea esa «abertura que da al lago» a la que alude Leonardo.

Tras bordear por el nordeste el macizo de Le Grigne, el grupo entra en la Valsassina:

> En Val Sasina, entre Vimognio e Introbbio, a mano derecha del camino que conduce a Lecco, el río Troggia se despeña desde una roca muy alta y nada más caer se hunde en la tierra, acabando allí mismo el río. A unos cinco kilómetros, cerca de un lugar llamado Prato Santo Pietro, hay yacimientos de cobre y de plata, así como minas de hierro y muchas otras cosas fantásticas ... En la zona abunda el *mapello,* y hay también grandes precipicios y cascadas.

El *mapello* es una variedad del acónito *(Aconitum napellus),* una planta que abunda en la zona, donde se la conoce simplemente como *mapel.*[45] La vemos en *La Virgen de las rocas,* junto al hombro izquierdo de la Virgen, y es, además, uno de los ingredientes de la fórmula de Leonardo para la preparación del «humo mortal».

Leonardo sigue ascendiendo e internándose en las montañas, y accede finalmente a la Valtellina, una comarca situada al nordeste del lago de Como.

> La Valtellina, como la llaman, es un valle encerrado entre altas y terribles montañas ... Por este valle discurre el Adda, tras haber recorrido más de 64 ki-

lómetros por territorio alemán. En el río cría un pez al que llaman *temolo*, que se alimenta de la abundante plata que contienen sus arenas...

En la cabecera de la Valtellina se encuentran las terroríficas montañas de Bormio, que están siempre cubiertas de nieve. Abundan allí los armiños [*ermellini*, aunque a esa altitud es más probable que fueran marmotas]...

En Bormio hay manantiales de agua caliente, y a unos 13 kilómetros por encima de Como, se encuentra la Pliniana, que fluye y refluye cada seis horas; cuando fluye suministra energía a dos molinos, pero cuando refluye, se seca del todo.

Esta Fonte Pliniana (cuyo extraño comportamiento fue descrito por primera vez por Plinio el Viejo, que era natural de Como) será recordada más adelante en el Códice Leicester: «Yo mismo vi —escribe— como el agua al refluir bajaba tanto que parecía como si estuvieras mirando al fondo de un profundo pozo».[46]

Las notas de Leonardo no se ocupan tan sólo de los portentosos fenómenos naturales de la comarca. También le causa una gran impresión el estilo de vida de los montañeses, muy austero, pero perfectamente adaptado al entorno: se trata desde luego de una tierra dura, pero también es fértil, y la comida parece ser bastante buena. En la Valtellina «tienen un vino muy fuerte, que producen en grandes cantidades, pero también tienen mucho ganado, y según aseguran los lugareños tienen mucha más leche que vino». Además hay «buenas posadas», donde por unos pocos sueldos te dan de cenar. «El vino está a un sueldo la botella, y el medio kilo de ternera también está a un sueldo; la sal vale diez denarios y la mantequilla lo mismo, y con un solo sueldo se puede comprar una cesta entera de huevos». Añádase a esto un poco de pan («aquí lo vende todo el mundo», no sólo los panaderos con licencia) y ya tenemos los ingredientes necesarios para una deliciosa y reparadora cena alpina, con la que recuperar las fuerzas tras una agotadora excursión por el monte. Y, por si fuera poco, las raciones son extremadamente generosas: «Aquí los kilos tienen más de mil gramos».

La comarca más agreste que se describe en sus notas es el «valle de Chiavenna», es decir, el valle del río Mera, que desciende desde el monte Chiavenna para verter sus aguas en el lago de Como. El monte está junto a la frontera con Suiza y, justo al otro lado, se encuentra Saint Moritz.

En el valle de Chiavenna ... hay altísimas montañas peladas y enormes riscos. Entre las montañas se pueden ver esas aves acuáticas a las que llaman *marangoni* [cormoranes, aunque no parece muy probable que realmente lo fueran; tal vez se tratara de algún tipo de ganso salvaje]. Crecen también numerosos abetos, alerces y pinos. Abunda asimismo el ciervo, la cabra montés, la gamuza y el terrible oso. Es imposible trepar si no se va a cuatro patas. En época de nieves, los aldeanos van allí con unos artilugios muy grandes que utilizan para hacer caer rodando a los osos por las pendientes.

Se trata de una descripción realmente vívida: hombres gateando al borde de vertiginosos precipicios, pájaros que remontan súbitamente el vuelo desde los pinares. Y por supuesto «el terrible oso», al que los lugareños capturan con un artilugio que le hace *traboccare giù;* un verbo de carácter dinámico cuyo significado literal es «desbordar» o «derramar», pero que aquí significa más bien «caer cabeza abajo», por ejemplo, en una fosa o *trabocchetto.* En cuanto al artilugio, tal vez se trate de un sistema de cables que accionara algún tipo de trampa.

Leonardo realizó un dibujo de la cabeza de un oso y otro en el que se ha querido ver la figura de un oso caminando. Sin embargo, en ninguno de los dos casos podemos asegurar que se trate de osos vivos.[47] El oso que supuestamente está «caminando» podría ser un animal muerto al que se hubiera apuntalado para mantenerlo en pie; una imagen que hemos visto infinidad de veces en las fotos de caza mayor. De hecho, la lengua colgante y los ojos vueltos hacia arriba así parecen indicarlo. También pertenecen a esta época unos dibujos anatómicos de la colección Windsor, antiguamente catalogados con el engañoso título de «estudios para la pata de un monstruo», pero que ya en 1919 fueron identificados como la representación de la pata trasera de un oso.[48] Leonardo, desde luego, no necesitaba ir a los Alpes para ver un oso. No era nada raro ver osos en la ciudad: los llevaban vivos, para los espectáculos ambulantes, y también muertos, para aprovechar su piel. Pero tampoco sería de extrañar que estos dibujos sean fruto de la experiencia con la caza de osos que tuvo en el valle de Chiavenna a principios de la década de 1490.

Otra de sus excursiones alpinas debió de llevarle a un punto todavía más alto, pues en una nota donde afirma que «el azul que vemos en el cielo no es un color intrínseco», sino un efecto causado por fenómenos atmosféricos, señala que «eso es algo que verá, como yo mismo lo vi, todo aquel que suba a lo alto del Monboso». No existe unanimidad sobre qué montaña sea el «Monboso», pero lo más probable es que se trate del Monte Rosa, que según parece era conocido también con el nombre de Monte Boso (del latín *buscus,* boscoso), sobre todo en su vertiente meridional, que es la que debió de ascender Leonardo.[49] El pico más alto del Monte Rosa (4,630 metros) no fue conquistado hasta 1801, pero al parecer Leonardo no pretende haber llegado a la cumbre. Estuvo allí durante el mes de julio, nos dice, pero se le olvida especificar de qué año. E incluso en esas fechas, añade lacónicamente, había una cantidad de hielo «considerable».

Pero la frase clave de esta nota —la frase implícita en todas las notas de sus excursiones alpinas— es la siguiente: «Yo lo vi». Leonardo sin duda habría suscrito las palabras que el gran físico alemán Paracelso escribió en la década de 1530: «Quien quiera explorar la Naturaleza tendrá que hollar sus libros. Para escribir hay que conocer las letras, pero a la Naturaleza sólo se la conoce viajando de una tierra a otra. Cada tierra es una página. Así es el *Codex Naturae*, y así es cómo han de pasarse sus páginas».[50]

LA FUNDICIÓN DEL CABALLO

La historia que viene a continuación es el sueño de todo ratón de biblioteca. Un día del mes de febrero de 1967, un experto en literatura castellana medieval, el doctor Jules Piccus de la Universidad de Massachusetts, se encontraba en la Biblioteca Nacional de Madrid buscando manuscritos de cancioneros, cuando de pronto se topó con dos gruesos volúmenes encuadernados en tafilete, cuyo formato aproximado era de 23 x 13 centímetros. Es fácil imaginar su asombro cuando comprobó que dentro había una colección de dibujos y escritos que, según rezaba una inscripción con caligrafía española del siglo XVIII que figuraba en su cubierta, correspondían a unos «Tractados de fortificación, mecánica y geometria» de «Leonardo da Vinci pintor famoso». Que estos volúmenes habían pertenecido en tiempos a los fondos de la biblioteca era algo que sabían unos cuantos eruditos —figuraban en algunos de sus catálogos antiguos— pero se pensaba que se habían perdido o habían sido robados hacía mucho. En realidad, lo único que ocurría es que estaban extraviados entre montañas de libros, cosa nada infrecuente en las grandes bibliotecas antiguas.[51]

De todos los «tractados» que se encuentran encuadernados en estos dos volúmenes el más antiguo es un cuaderno de diecisiete folios que constituye el último capítulo del Códice Madrid II. En él se contienen una serie de notas e instrucciones muy detalladas relativas a la fundición del Caballo Sforza. Dos de sus páginas están fechadas y, gracias a ello, podemos hacernos una idea aproximada de su cronología. Leonardo lo comenzó el 17 de mayo de 1491, una fecha en la que escribió lo siguiente: «Aquí se recoge todo lo referente al caballo de bronce que se encuentra ahora en construcción». La otra página está fechada el 20 de diciembre de 1493 y en ella se consigna la decisión de efectuar el vaciado de lado en lugar de invertido.[52]

La ejecución práctica del Caballo Sforza constaba de tres fases distintas: la fabricación del modelo de barro en tamaño real; la creación del molde o forma, una impresión en cera del modelo al que se ha emparedado entre dos capas de material refractario sujetas con un armazón de hierro; y finalmente el vaciado en bronce de la estatua, recurriendo al procedimiento de la «cera perdida», durante el cual la cera se derrite y la colada de bronce se vierte en el espacio que ha quedado libre entre las capas refractarias.[53] Como ya se ha visto, la concepción que Leonardo tenía del monumento evolucionó desde la grandiosa pero nada práctica idea de representar un caballo encabritado hasta la opción más convencional de representarlo al trote o al paso. El entusiasmo que le produjo *Il Regisole* en junio de 1490 pudo marcar el punto de inflexión, aunque parece ser que siguió dándole vueltas a la idea original, como parece colegirse de un dibujo del molde del caballo en el que éste aparece todavía encabritado. Sea como fuere, la mayor parte de los diseños destinados a la fundición, entre ellos los del cuaderno de Madrid, nos muestran un caballo al trote, y podemos estar bastante seguros de que ésta fue la idea definitiva de Leonardo. Junto a un boceto de un caballo trotando a la manera de *Il Regisole*, figuran una notas que parecen el mantra del escultor:

> Movimientos simples y contenidos.
> Fuerza simple y contenida.[54]

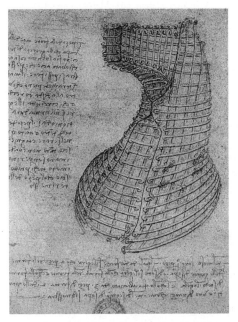

Armazón del molde de la cabeza del Caballo Sforza, h. 1492.

Durante 1492 trabajó intensamente en la fabricación del molde. Una hoja de la colección Windsor contiene un boceto del molde en dos partes junto a varios diseños para la construcción de poleas y mecanismos con ruedas dentadas, destinados seguramente a izarlo.[55] El cuaderno de Madrid, por su parte, incluye una serie de fórmulas técnicas:

Composición del interior del molde
Mezcla arena basta de río, ceniza, polvo de ladrillo, clara de huevo y vinagre con la tierra que tienes; pero antes haz una prueba.

Impregnación del interior del molde
Tan pronto como hayas cocido dos veces el molde, imprégnalo

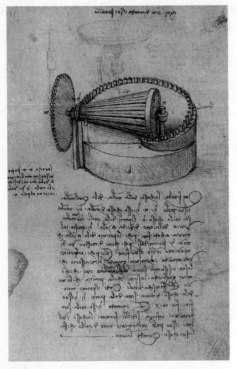

Estudio sobre la reducción de la fuerza al desenroscarse un muelle, del Códice Madrid I.

mientras todavía esté caliente con brea griega, o aceite de linaza, o trementina, o sebo. Prueba con todo y elige lo que dé mejor resultado.

Un detallado dibujo a sanguina nos muestra el exterior del molde de la cabeza y el cuello del caballo, sujeto con un armazón o «armature» de madera y hierro para impedir que se desplace.[56]

En su *Vida* del arquitecto florentino Giuliano da Sangallo, Vasari dice que Leonardo y él discutieron sobre «la imposibilidad de realizar el vaciado del Caballo». La documentación de que disponemos confirma efectivamente que Sangallo se encontraba en Milán en octubre de 1492.[57] Esa «imposibilidad» tal vez guarde relación con el hecho de que Leonardo, en contra de la práctica habitual, hubiera decidido fundir el caballo en una sola pieza. Vasari creía (equivocadamente) que ésa fue la causa de que no se pudiera concluir la estatua: «Tan grande lo ideó, que nunca se pudo hacer ... Era de un tamaño tal que su realización en una sola pieza planteaba un problema insoluble».

Tras las notas técnicas y los apresurados diagramas se adivina una actividad industrial titánica: la Corte Vecchia se ha convertido en una especie de fragua de Vulcano, llena de calderas, hornos, grúas y montacargas; una escena que recuerda a ese dibujo de Leonardo donde se representa una fundición de piezas de artillería. La estatua, no hay que olvidarlo, era gigantesca: algo «colosal», decía Paolo Giovio, que seguramente vio el modelo de barro cuando era niño. En una medición del cuaderno de Madrid se señala que la altura del caballo, de las pezuñas a la cabeza, era de 12 brazos, es decir, algo más de 7 metros; un tamaño equivalente al de cuatro hombres de una estatura bastante considerable. La distancia entre el espolón trasero y la pata delantera alzada debía de tener unas medidas parecidas. Así pues, el Caballo de Leonardo triplicaba prácticamente el tamaño natural. La cantidad de bronce que se reservó para el vaciado final ascendía a 100 meiras (unas 75 toneladas).[58]

A finales de 1493, el modelo de barro fue expuesto con motivo de las nupcias entre Bianca, la sobrina de Ludovico, y el Sacro Emperador Germánico, Maximiliano de Habsburgo. La boda tuvo lugar en Milán, por poderes, el 30 de noviembre. Para celebrar la ocasión se escribieron unos cuantos poemas conmemorativos, que nunca se olvidan de incluir una mención al caballo entre sus loas a Ludovico. Baldassare Taccone, por ejemplo, escribía:

Vedi che in Corte fa far di metallo
Per memoria del padre un gran colosso:
I' credo fermamente e senza fallo
Che Gretia e Roma mai vide el piu grosso.
Guarde pur come è bello quel cavallo:
Leonardo Vinci a farlo sol s'è mosso...

[Ved como en la Corte [Ludovico] manda hacer de metal / en memoria de su padre, un gran coloso. / Creo firmemente y sin error, que ni Grecia ni Roma vieron cosa mayor. / Ved cuán bello es el caballo: Leonardo Vinci, él solo, fue su creador...]

Dado que el caballo no llegó a fundirse en bronce, lo más seguro es que Taccone se refiera simplemente al modelo. A otro poeta, Lancino Curzio, el caballo le parece tan real que le hace dirigir unas palabras a un estupefacto espectador.[59] Según Vasari: «Todos los que vieron el gran modelo de barro aseguraron que era la más excelente y magnífica obra que habían visto nunca».

Como indica una nota del 20 de diciembre de 1493, a esas alturas Leonardo estaba ya pensando en el proceso de fundición: «He decidido que se funda el caballo de lado y sin su cola, porque si se fundiera boca abajo el agua quedaría a tan sólo un brazo de distancia, y ... dado que el molde ha de permanecer varias horas bajo tierra, la situación de la cabeza a sólo un brazo de distancia del agua haría que ésta se humedeciera, impidiendo así el proceso de fundición».[60] Tales consideraciones hacen referencia a la excavación del horno donde iba a tener lugar el vaciado. Para fundir el caballo boca abajo haría falta un pozo de 12 brazos de profundidad, y eso haría que la cabeza quedara demasiado cerca de la capa freática de la llanura lombarda.

Pero la creación del gran caballo de barro en 1492-1493 constituye tan sólo una pequeña parte de los trabajos de ingeniería y mecánica de

Leonardo. Buena prueba de ello son los magníficos dibujos del Códice Madrid I, que fueron iniciados el 1 de enero de 1493, y en los que iba a trabajar durante cerca de siete u ocho años. En la portada, Leonardo da el siguiente título al cuaderno, *Libro di quantita e potentia (Libro de la cantidad y la potencia)*. Aunque no pueda asegurarse, es posible que sea ese mismo «libro de los elementos mecánicos», o ese otro «libro técnico sobre física», de los que habla en otras partes y de los que nada sabemos.[61] Se trata de un maravilloso manual de *ingegni*, un auténtico despliegue de trabajos de ingeniería a la carta: incluye telares, molinos de grano, prototipos de molinos de viento, una rueca provista de un mecanismo que devana la hebra automáticamente, varios mecanismos para elevar pesos, entre ellos, una grúa cuyo gancho suelta la carga cuando ésta toca el suelo. Pero el tema principal del libro no son los inventos. Más que mostrar una serie de máquinas acabadas y listas para funcionar, Leonardo se centra en los principios mecánicos y cinéticos implícitos en ellas. Sus instrucciones tienen un marcado carácter sistemático y práctico, enfocado hacia la situación real de una cadena de montaje. Nada se le pasa por alto: se ocupa de los tornillos y las tuercas; de las cadenas y las correas de transmisión; de las juntas universales y de las de codo; de los cojinetes de bolas y de los de disco; de las roscas bidireccionales y de los engranajes epicicloidales. El códice es un paraíso para un científico, como ya señalara con contagioso entusiasmo Ladislaus Reti, el primer editor de los códices.

Los ayudantes de Leonardo tienen su importancia en este contexto. Al alemán Giulio (o Julius), que entró a su servicio en 1493, le menciona en una nota en relación con unos cojinetes de disco para un eje horizontal: «Giulio dice que ha visto dos ruedas de ese tipo en Alemania y que en la zona de contacto con el eje se desgastaban bastante».[62] Otro ayudante que tuvo un papel relevante en estas investigaciones fue el metalista Tommaso Masini, alias Zoroastro, que sin duda intervino en la fundición del Caballo. En uno de los cuadernos Forster figura una nota donde se nos dice que «el Maestro Tommaso regresó» en septiembre de 1492, así que es posible que llegara desde Florencia con Giuliano da Sangallo, al que un mes más tarde veremos hablar con Leonardo sobre «la imposibilidad de realizar el vaciado del Caballo». Debió de ser Tommaso quien elaboró, según las especificaciones de Leonardo, una aleación metálica para las partes móviles de un bloque de cojinetes de dos piezas. Se trata básicamente de una «aleación a prueba de rozamiento», que prefigura con varios siglos de antelación la sustancia que el inventor norteamericano Isaac Babbitt patentó en 1839.[63]

Entre los diagramas de Madrid I se encuentra una serie de dibujos que muestran las partes móviles de una de las creaciones más fascinantes de Leonardo: un autómata o robot que tenía la forma de un caballero con armadura. Una serie de engranajes provistos de piezas dentadas modificables, así como unos motores accionados por un eje y compactados de una forma muy ingeniosa, han sido interpretados como parte de «los mandos programables» del robot. El autómata podía flexionar las piernas, mover las manos y los brazos, e incluso girar el cuello. Cuando abría la boca, un tambor giratorio automático le permitía «hablar». En los cuadernos Forster se pueden ver algunos bocetos de la cabeza y el cuello de este *cavaliere meccanica*, que fue exhibido en Milán hacia 1495.[64] Este tipo de autómatas acabaron por convertirse en una presencia habitual de las fiestas cortesanas o populares del siglo XVI, pero el de Leonardo parece haber sido uno de los primeros. En otra hoja de dibujos técnicos, fechada a finales de la década de 1470, aparece una plataforma con ruedas, propulsada por muelles y guiada mediante una rueda dentada. Seguramente se trataba de un artilugio utilizado para las cabalgatas florentinas: el vehículo podría recorrer una distancia corta, transportando una estatua o una efigie carnavalesca. En abril de 2004, se presentó en el Museo de la Historia de la Ciencia de Florencia una reconstrucción del mismo, que la prensa se apresuró a bautizar como «el coche de Leonardo». El temprano interés que sintió Leonardo por este tipo de inventos tal vez guarde relación con una de las más celebradas creaciones de Verrocchio: el ángel que daba las horas en el reloj del Mercato Vecchio.[65] Los principios de la relojería desempeñan sin duda un papel importante en los autómatas de Leonardo, pero, según Mark Rosheim, un científico de la NASA que ha reconstruido un modelo operativo del caballero-robot, Leonardo había superado con creces las limitaciones de los mecanismos de relojería: los mandos programables de su robot no son otra cosa que «el primer ejemplo conocido en la historia de la civilización de un ordenador analógico programable».[66]

El caballero constituye un magnífico compendio de las pasiones de Leonardo: mecánica, anatomía, escultura, teatro. Más adelante crearía otros prodigios, entre ellos, el león mecánico que en 1515 causó el asombro del rey Francisco I, cuando el animal abrió la boca, mostrando un ramillete de flores de lis. De esta criatura dijo Lomazzo que «se desplazaba impulsada por sus ruedas», y por un instante casi tenemos la impresión de que va a explicarnos su funcionamiento.[67]

«CATERINA LLEGÓ...»

Durante el verano de 1493, una mujer llamada Caterina se presentó en la Corte Vecchia. A principios del año siguiente aún debía de seguir allí, pues su nombre se menciona en la contabilidad doméstica. Luego, probablemente en 1495, lo que encontramos son los costes de su entierro, de los que Leonardo también deja constancia.[68] No sabemos quién era, pero cuesta trabajo resistirse a la idea de que se trataba de su propia madre, una mujer que en 1493 debía de tener ya más de sesenta años y que estaba viuda desde 1490.

Así recoge Leonardo su llegada:

> El día 16 de julio.
> Caterina llegó el día 16
> de julio de 1493.

Lo primero que llama la atención es esa especie de reiteración nerviosa, que una década más tarde volveremos a encontrar en el memorándum donde registra la muerte de su padre. En relación con este segundo caso, Freud interpreta esa reiteración como una muestra de lo que él llamaba «perseveración», un mecanismo psicológico mediante el cual las emociones más intensas son sublimadas o desviadas recurriendo a una serie de repeticiones obsesivas o prestando una atención desmedida a «detalles insignificantes». «El psicoanalista —escribe Freud en relación con la nota de Leonardo sobre la muerte de su padre— hace mucho que sabe que estos olvidos y repeticiones son extraordinariamente significativos, y que esas "distracciones" son las que nos revelan unos impulsos que de no ser por ellas permanecerían ocultos». La «perseveración» está emparentada por tanto con otro mecanismo psicológico bastante más conocido, «el lapsus freudiano», es decir, aquellos errores lingüísticos que indican la existencia de un texto suprimido.[69]

La referencia al entierro de Caterina consiste en una aséptica entrada contable. Es posible que también quepa advertir aquí un intento de distanciarse de las emociones centrándose en «detalles insignificantes»:

Gastos del entierro de Caterina

Kilo y medio de cera	27 sueldos
Por el féretro	8 s
Paño para cubrir el féretro	12 s
Por cargar y plantar la cruz	4 s
Por cargar el féretro	8 s
Por 4 curas y 4 monaguillos	20 s
Campana, libro y esponja	2 s

Por los enterradores		16 s
Por el anciano *[antiano]*		8 s
Por la licencia de las autoridades		1 s
	[Subtotal]:	106 s
El médico		5 s
Azúcar y velas		12 s
	[Total]:	123 s

No es un entierro de lujo. Los costes ascienden a poco más de 6 liras: en 1497 se gastará cuatro veces más en una capa plateada para Salai. La cantidad de cera para los cirios asciende a un kilo y medio, pero para su propio entierro la cantidad estipulada será cerca de 20 kilos (unos cinco kilos de cera «para unos cirios» que se dispondrán en cada una de las cuatro iglesias).

No podemos estar seguros de que Caterina fuera su madre, pero, si no lo era, ¿de quién se trataba? Siempre que se menciona en los cuadernos a una persona que ha acudido a la casa para permanecer en ella una temporada se trata de un hombre: un ayudante, un aprendiz, un sirviente. Por una mera cuestión legal era imposible que Caterina fuera una aprendiz, y tampoco parece muy probable que se tratara de una ayudante especializada en algún tipo de técnica. La única interpretación plausible es que fuera una criada: una cocinera o un ama de llaves, por ejemplo, como esa Mathurine o Maturina que más adelante estaría a su servicio en Francia. Ésas son las dos únicas alternativas: la Caterina de los cuadernos milaneses, o bien es una desconocida que trabajó para él como ama de llaves durante un par de años, o bien es su madre viuda, que quiso pasar los últimos años de su vida con Leonardo, y a la que éste acogió en medio de toda la parafernalia de su éxito y consoló luego en su lecho de muerte cuando falleció en 1495, en torno a los sesenta y ocho años de edad. Cualquiera de las dos opciones es intrínsecamente posible; de forma que decantarse por una o por otra constituye una mera cuestión de fe. Hay quienes piensan, no obstante, que la modestia del entierro no casa con la posibilidad de que fuera su madre. Pero no conviene olvidar que Caterina, por temperamento y por hábito, era ante todo una *contadina* toscana, y por lo que podemos intuir acerca de su carácter tampoco debía pretender ser otra cosa. Los duros años de trabajo en la pequeña granja de Campo Zeppi habían dejado su marca. Estas exequias, sobrias pero decorosas, le habrían parecido adecuadas.

Si seguimos pasando las páginas de la libreta Forster III, que es donde aparece mencionada la llegada de Caterina, encontramos a Leonardo en vena filosófica. Éstas son algunas de las máximas y cavilaciones que dejó anotadas:

La sabiduría es hija de la experiencia ...

Suprema insensatez es la del hombre que escatima en el presente para no tener que escatimar en el futuro, pues la vida se le va antes de que haya tenido tiempo de disfrutar de todas las buenas cosas que había adquirido con tantos trabajos ...

La Naturaleza se comporta con algunos animales más como cruel madrastra que como madre; con otros, en cambio, es tierna madre en lugar de madrastra ...

La necesidad es maestra y señora de la naturaleza ...

El espejo se vanagloria cuando contiene el reflejo de una reina, pero cuando ésta se va, vuelve a ser un vulgar espejo ...

La planta se lamenta del viejo palo seco que han colocado a su lado y de las viejas zarzas que la rodean. Pero el uno sirve para mantenerla erguida y las otras para protegerla de las malas compañías.[70]

Durante los años 1493-1494 utilizó otras tres libretas, hoy en día encuadernadas juntas y conocidas como MS H de París, donde figuran también una serie de aforismos similares a los anteriores:

No mientas sobre tu pasado ...

Todo mal deja un poso de dolor en la memoria, excepto la muerte, el mal supremo, que junto con la vida, mata también la memoria.[71]

Se pueden encontrar pensamientos de este tipo salpicados por todos sus manuscritos, pero una concentración tan densa como ésta no es demasiado habitual. Todos ellos pertenecen a la época en que la misteriosa Caterina vivía con él en la Corte Vecchia. Su imaginería (madre, madrastra, señora, reina) y su insistencia en temas como la memoria, la fugacidad de la vida o la muerte, hacen que cobre más fuerza la idea de que Caterina era efectivamente su madre. En ellos se refleja, con una brusquedad muy característica, este reencuentro otoñal y los sentimientos que hizo aflorar en Leonardo.

Ecos de guerra

En 1494, pese a los preparativos para la fundición del Caballo, los litigios ocasionados por *La Virgen de las rocas,* las emociones que había hecho revivir la relación con su madre y las intrincadas indagaciones mecánicas de los códices de Madrid, Leonardo seguía teniendo tiempo para ocuparse de los asuntos de la vida cotidiana, cuestiones de trabajo unas veces y de placer otras, de los cuales tenemos alguna noticia fragmentaria en los cuadernos de la época:

29 de enero de 1494 - paño para unas calzas	4 liras 3 sueldos
forros	16 sueldos
para confeccionarlas	8 sueldos
un anillo de jaspe	13 sueldos
un cristal *[pietra stellata]*	11 sueldos

2 de febrero de 1494 - En la Sforzesca [el palacio de verano que Ludovico tenía en Vigevano] dibujé 25 escalones, cada uno de ellos de 2/3 de brazo y ocho brazos de ancho.

14 de marzo de 1494 - Galeazzo vino a vivir conmigo; acordamos que pagaría 5 liras al mes por sus gastos ... Su padre me abonó 2 florines renanos.

20 de marzo de 1494 - Viñedos de Vigevano ... Durante el invierno se los cubre de tierra.

6 de mayo [¿1494?] - Si de noche fijas la vista entre la luz y el ojo de un gato, verás que sus ojos parecen arder.

[1494 - Presupuesto de trabajos de ornamentación, probablemente destinados a Vigevano]:

ítem: por cada bóveda pequeña	7 liras
desembolso por el azur y el oro	3 ½ liras
duración	4 días
por las ventanas	1 ½ liras
la cornisa bajo las ventanas	6 sueldos por brazo
ítem: por 24 cuadros de historia romana	14 liras cada uno
los filósofos	10 liras
para las pilastras, 28 gramos de azur	10 sueldos
para oro	15 sueldos[72]

Esta nota nos permite vislumbrar a Leonardo en Vigevano trabajando como diseñador de interiores de los Sforza, pero no eran éstos los únicos diseños que se esperaban de él: también tenía que ocuparse de los emblemas propagandísticos, una función que le introduce de lleno en la política de imagen del Moro. La popularidad de Ludovico no pasaba por buenos momentos. En una escena política como la del Quattrocento, dominada por las banderías, siempre había quienes se sentían excluidos y formaban un foco de descontento, y cada vez tenían más claro hacia dónde dirigirlo. Por aquel entonces ya era evidente que Ludovico aspiraba a hacerse con el poder absoluto. A Gian Galeazzo y a Isabel los tenía aislados en el lúgubre bastión de la Cartuja de Pavía, una circunstancia que había debilitado considerablemente la salud del joven duque. Había roto relaciones con el rey de Nápoles, después de que éste protestara por el trato que se daba a su nieta. Y se dedicaba a cortejar al Emperador, que era quien tenía la potestad de proclamarle duque legítimo: la dote de medio millón de ducados que aportó su sobrina Bianca cuando contrajo matrimonio con éste fue vista por muchos como un mero soborno, cargado a cuenta de los contribuyentes, para obtener el título ducal.

Varios bocetos de Leonardo pueden interpretarse como ideas para la elaboración de emblemas políticos en apoyo de la línea oficial, cuyo objetivo era demostrar que Ludovico era el único duque posible y que, por tanto, tenía que ser reconocido como tal. En uno de ellos se ve a un perro enfrentándose cautelosamente a una serpiente de aspecto feroz; el lema reza: *Per non disobbedire,* «No desobedecerás».[73] La serpiente o la culebra (la divisa de los Visconti) representa a Milán y el perro es un símbolo tradicional de fidelidad y lealtad. El emblema parece transmitir la idea de que Milán no debe «desobedecer» a su fiel guardián Ludovico; la leyenda que aparece enrollada al cuello del perro tal vez quiera indicar que su liderazgo está sancionado por la ley. Otro emblema en el que aparece un tamiz acompañado del lema: *Non cado per essere unito,* «No caigo porque estoy unido», parece aludir igualmente a esa idea de unidad.[74]

En una hoja que hoy se conserva en la colección Bonnat de Bayona figura una composición alegórica (una concepción distinta a la del emblema) que se describe de la siguiente manera: «El Moro, con lentes, representado junto a la Envidia, a la que acompañan el Falso Rumor y la Justicia, esta última negra como El Moro».[75] La figura de rostro ennegrecido que representa al Moro tiende unos lentes, que simbolizan la verdad, hacia la Envidia, cuyas manos sostienen un estandarte con el dibujo de un pájaro atravesado por una flecha. Probablemente se trate de una idea para algún tipo de escenificación propagandística: una especie de alegoría tridimensional que representarían actores disfrazados. Posteriormente, en un cuaderno de hacia 1497, encontramos otra descripción similar: «El

Moro representado a modo de Fortuna», seguido de «Messer Gualtieri [Gualtiero Bascapé, el tesorero del duque], que recoge reverencialmente sus vestiduras». La «aterradora figura de la Pobreza» —femenina, como también solían serlo las representaciones de la Envidia, la Calumnia, y un largo etcétera— aparece corriendo hacia un «joven muchacho»; el Moro «le protege con su toga, mientras amenaza al monstruo con su cetro dorado».[76] Un borrador fragmentario de una carta de hacia 1495, en la que Leonardo se queja de unos pagos que se le adeudan, contiene una mención a Bascapé: «Tal vez Vuestra Excelencia no dio las pertinentes órdenes a Messer Gualtieri, pensando que yo ya tenía el dinero...».[77]

Estas alegorías y emblemas políticos resultan bastante triviales, no sólo como dibujos, sino también por el tipo de mensajes que tratan de comunicar. Cabe sospechar que formar parte del aparato propagandístico del Moro no debía de ser muy del agrado de Leonardo. Pero el continuo ascenso de su patrono redunda en su propio beneficio, y se muestra dispuesto a poner su talento al servicio de ese objetivo. Como hará luego con el implacable caudillo César Borgia, se aviene a colaborar. En ello le iba su sustento, sin duda, pero también se advierte en esta actitud un cierto conformismo, un gesto de indiferencia hacia la política. No se hace ilusiones; conoce la cruda realidad del poder y aprende a convivir con ella. El oportunismo lo es todo: a la Fortuna hay que agarrarla del pelo cuando pase por delante, ni un instante después, porque «por detrás es calva». Quizá la ambivalencia de sus sentimientos quede reflejada en el boceto de un emblema que muestra una zarzamora, acompañada del lema: *Dolce e agro e pungente*, «Dulce y amargo y espinoso». La palabra *more* —«moras»— figura en la parte superior del mismo, y aunque sin duda se trata de un juego de palabras con *amore*, es difícil no adivinar también una alusión al Moro, que tal vez deje traslucir la amargura personal del artista que trabaja a sueldo de un déspota.[78]

15 de septiembre de 1494 - «Giulio empezó el candado para mi taller».[79]

Por aquellas fechas, los cerrajeros milaneses trabajaban a destajo. Había tropas extranjeras en el país; los franceses marchaban hacia el reino de Nápoles para hacer valer sus derechos sobre ese territorio por la fuerza de las armas. Ludovico se había mostrado encantado de recibirlos: eran unos buenos aliados contra los hostiles napolitanos. En Pavía, él y Beatrice agasajaron con pompa y festejos al monarca francés Carlos VIII. Las bravatas de uno de sus generales, el duque de Orleans, que por ser nieto de una Visconti tenía derecho al ducado de Milán, no se tuvieron en cuenta; Orleans ya estaba bastante entretenido con la ocupación de Génova. En Pavía se encontraba también el duque Gian Galeazzo, que estaba agonizando. El rey Carlos le hizo una visita, y se compadeció de su estado, pero pasó un mal

trago cuando la duquesa Isabel le rogó con lágrimas en los ojos que se apia-
dara de su padre, Alfonso, quien tras el fallecimiento de Ferrán unos meses
antes era el nuevo monarca de Nápoles. «Mejor habría hecho en rogar por
ella misma, pues todavía era una dama joven y bella», señaló el historiador
Philippe de Commines, uno de los miembros de la comitiva real. En sus últimos días de vida, el sometimiento de Gian Galeazzo a la figura de Ludovico adquirió tintes patéticos: «desde su lecho de muerte anhelaba constantemente la presencia de su tío, que se encontraba lejos de él, cabalgando en
todo su esplendor junto al monarca francés», y no dejaba de preguntar a
uno de los gentilhombres de Ludovico «si pensaba que su Excelencia el
Moro le quería bien y si creía que lamentaba su enfermedad».[80]

21 de octubre de 1494 - A los veinticinco años de edad, Gian Galeazzo
fallece en la Cartuja de Pavía. Rápidamente se propaga el rumor de que
Ludovico lo ha envenenado.

22 de octubre de 1494 - Ludovico es proclamado duque en el Castello
Sforzesco.

1 de noviembre de 1494 - Ercole d'Este, duque de Ferrara y suegro de
Ludovico, llega a Milán. Como a tantos otros, le alarma el acercamiento
de Ludovico a los franceses. Se muestra ansioso por reforzar sus defensas
ante la eventualidad de una incursión francesa (o tal vez de una agresión
de Venecia, que también se está movilizando en respuesta a la presencia de
los franceses). El duque es además un formidable acreedor; la deuda que
Ludovico tiene contraída con él ronda los 3,000 ducados. Ante sus presiones, Ludovico decide ofrecerle un «regalo»: una gran cantidad de bronce susceptible de ser utilizado en la fundición de cañones.

17 de noviembre de 1494 - Un diplomático presente en Milán escribe:

> El duque de Ferrara ... ha dado órdenes al Maestro Zanin di Albergeto de
> que fabrique para él tres pequeños cañones, uno a la manera francesa y los
> otros dos de un tipo diferente. El duque [es decir, Ludovico] le ha regalado
> 100 meiras de metal, que habían sido adquiridas para hacer el Caballo en
> memoria del duque Francesco. El metal ha sido transportado a Pavía, y de
> ahí, siguiendo el curso del Po, hasta Ferrara. El mencionado Maestro Zanin
> ha marchado a Ferrara con el duque para fabricar las piezas de artillería.[81]

Y así, en un comentario tangencial de un despacho diplomático, se
anuncia la incautación del bronce destinado a la fundición del Caballo:
para Leonardo y su taller el golpe fue tremendo, y al maestro no se le debió de escapar la profunda ironía que encerraba: el metal de su Caballo,
su gran obra marcial, iba a ser fundido ahora para hacer con él armas de
verdad. ¡Qué frágiles e insustanciales resultan las obras de la imaginación
frente a los imperativos de la guerra!

Por estas mismas fechas llegaban a Milán noticias de los acontecimientos que estaban teniendo lugar en Florencia: los franceses acampa-
ban a las puertas de la ciudad; Piero de Medici, el hijo y sucesor de Lorenzo, había firmado con ellos un humillante tratado que les concedía el
dominio de Pisa y de otras plazas; la ciudadanía, indignada, se había alzado. El 9 de noviembre, Piero y sus dos hermanos, Giovanni y Giuliano,
huyeron a pie por la puerta de San Gallo y se dirigieron a Bolonia en busca de asilo. Los Medici habían caído. Las turbas irrumpieron en el Palazzo Medici y se entregaron a una orgía de destrucción y saqueo: un anticipo de las destrucciones que tendrían lugar cuando el vacío de poder fue
llenado por la carismática teocracia de Girolamo Savonarola, el exaltado
fraile dominico que había abanderado la reforma en Florencia y cuyas
retóricas prédicas desde el púlpito se iban a materializar ahora en una
auténtica «hoguera de las vanidades», en la que fueron destruidos multitud de cuadros, libros y manuscritos.

Aquel año, que Leonardo había comenzado de forma placentera, mi-
diendo las graderías de agua en Vigevano, concluye ahora con los ecos
de guerra que le llegan desde su lejana patria y con el gran proyecto de
sus años al servicio de los Sforza echado a perder. Encerrado en la Corte
Vecchia, redacta furioso el borrador de una carta dirigida a Ludovico;
pero la página en la que lo escribió está partida en dos verticalmente y sólo nos quedan de ella unas frases truncadas y balbucientes:

> Y si se me hiciera algún otro encargo...
> De las recompensas por mis servicios, pues no me hallo en situación de...
> No mi arte, que pretendo cambiar...
> Mi Señor, sé muy bien que Vuestra Excelencia tiene muchas preocupa-
> ciones...
> quiero recordar a Vuestra Señoría mis pequeñas necesidades, y que las ar-
> tes silenciadas...
> pues si yo permaneciera callado, Vuestra Señoría podría pensar que no
> vale la pena...
> mi vida a vuestro servicio, dispuesto siempre a obedecer...
> Del caballo nada os diré, pues no ignoro que en los tiempos que corren...

Y así hasta la queja final:

> Recordad el encargo de pintar las estancias...
> ante Vuestra Señoría lo traigo, y lo único que os pido...[82]

Con esto basta. En teoría, la mutilación del manuscrito pudo tener lugar en cualquier momento previo a la compilación del Códice Atlántico

que llevó a cabo Pompeo Leoni en la década de 1580, pero concedamos a Leonardo da Vinci un pequeño arranque de arrogancia y la fugaz satisfacción de romper en dos ese papel, para luego salir a dar una vuelta por las terrazas de la Corte Vecchia; un lugar donde, en un día como ése, nadie se atrevería a molestarle.

LA EJECUCIÓN DE LA ÚLTIMA CENA

En la década de 1490, cuando era niño, el futuro novelista Matteo Bandello estaba de novicio en Santa Maria delle Grazie de Milán, un monasterio dominico del que su tío Lorenzo era el prior. Durante su estancia allí, uno de sus pasatiempos consistía en ir a ver trabajar a Leonardo da Vinci en el muro septentrional del refectorio, donde estaba pintando la que iba a ser su gran obra maestra de la época Sforza, el *Cenacolo* o *La Última Cena* (Lámina 17).

Llegaba bastante temprano, se subía al andamio y se ponía a trabajar. A veces permanecía sin soltar el pincel desde el alba hasta la caída de la tarde, pintando sin cesar y olvidándose de comer y beber. Otras veces no tocaba el pincel durante dos, tres o cuatro días, pero se pasaba varias horas delante de la obra, con los brazos cruzados, examinando y sopesando en silencio las figuras. También recuerdo que en cierta ocasión, a mediodía, cuando el sol está en su cenit, abandonó con premura la Corte Vecchia, donde estaba trabajando en su soberbio caballo de barro, y, sin cuidarse de buscar la sombra, vino directamente a Santa Maria delle Grazie, se encaramó al andamio, cogió el pincel, dio una o dos pinceladas y, luego, se fue.[83]

Bandello escribía varias décadas después de suceder los hechos, que en su memoria habían quedado un tanto comprimidos: Leonardo debió de empezar a pintar *La Última Cena* en 1495 y, por tanto, no podía estar «trabajando» en el caballo de barro al mismo tiempo (su exhibición tuvo lugar a finales de 1493). Aun así, se trata de una visión genuina del maestro en plena faena, que nos permite comprender cuál era su ritmo creativo: frenéticos arrebatos de actividad seguidos de desconcertantes periodos de silenciosa reflexión, que muchos, sobre todo quienes le pagaban, confundían con una suerte de indolencia soñadora. Y también nos proporciona esa maravillosa imagen de Leonardo avanzando a grandes zancadas por las calles, bajo un sol de justicia, sin cuidarse de su propia comodidad y ajeno a todo lo que no sea ese súbito hallazgo que tal vez sirva para solucionar algún minúsculo problema de composición. Esas pinceladas sueltas —«una o dos»— nos recuerdan el carácter acumulativo de su arte. La vasta narración visual que cubre los muros de

Grazie es el fruto de miles de pinceladas diminutas, de millares de decisiones microscópicas. La familiaridad con que contemplamos una obra de arte mundialmente famosa hace que nos parezca algo inevitable —¿acaso podría haber sido de otra manera?—, pero lo cierto es que cada milímetro de ella sólo ha sido posible tras un arduo combate.

La iglesia de Santa Maria delle Grazie se encuentra al oeste del castillo, pasada la Porta Vercellina. Durante muchos años (tal vez les hayan llegado a ustedes las quejas) fue prácticamente un solar en obras. En 1492, el coro y el ábside fueron demolidos para levantar una tribuna y una cúpula nuevas, diseñadas por Bramante, y se aprovechó para ampliar las dependencias del monasterio contiguo. Todo parece indicar que la reforma del refectorio se había completado hacia 1495, que es la fecha inscrita en el fresco de la *Crucifixión* de Donato di Montorfano que decora el muro meridional. Ese mismo año debió de iniciarse en la pared contraria *La Última Cena*. Todo el programa de reformas fue encargado y sufragado por Ludovico, cuya idea era hacer de aquel entorno renovado el mausoleo de los Sforza, un monumento digno de la dinastía ducal. Dicha motivación adquirió aún mayor perentoriedad tras el súbito fallecimiento de su esposa Beatrice y de su hija Bianca en 1497. Aquella doble pérdida pesó gravemente sobre el ánimo del Moro, que entró entonces en un periodo de sombría religiosidad: la inversión financiera que estaba haciendo en Grazie se tiñó de emotividad, como demuestra el hecho de que acudiera con frecuencia al refectorio para comer allí. De ese modo, el gran mural de Leonardo, que no es un fresco en sentido técnico pues fue ejecutado al óleo, se convirtió en el plato fuerte de un proyecto concebido a mayor gloria de los Sforza: una obra de arte radicalmente moderna que coronaría aquel elegante proyecto de modernización.[84]

Para rastrear los orígenes de esta «agitada obra maestra», como la llamó Burckhardt, debemos acudir primero a una hoja de la colección Windsor que contiene un temprano estudio compositivo a pluma.[85] El boceto sigue anclado en la iconografía tradicional de la Última Cena: Judas está de espaldas, segregado del resto en el lado de la mesa más próximo al espectador, y San Juan aparece dormido junto a Cristo; una referencia al hecho de que se hallara «recostado en el regazo de Jesús» cuando éste anunció que iba a ser traicionado. En la versión definitiva, las dos figuras sufrirían un desplazamiento radical.

La hoja contiene otros dos dibujos independientes. En el boceto que se encuentra a mano izquierda se representan diez figuras: un recorte de la hoja debió de hacer que se perdieran las tres restantes. Hay unos arcos levemente esbozados detrás del grupo; una primera idea acerca del fondo de la pintura, ese «piso superior» donde tuvo lugar la cena. El boceto de la

Estudios para La Última Cena. *Arriba: tempranos bocetos compositivos de la colección Windsor. Debajo: estudios para las cabezas de Judas (izquierda) y de Santiago el Mayor.*

derecha consta de cuatro figuras, pero en lo sustancial se trata de un estudio de Cristo y Judas. Leonardo se centra aquí en el dramático momento de la identificación: «El que ha mojado conmigo la mano en el plato, ése me entregará» (Mateo 26: 23). Judas se ha incorporado en la banqueta y alarga una mano hacia el plato. Para la mano de Cristo ensaya dos posturas distintas: una alzada, haciendo ademán de adelantarla, y otra donde aparece suspendida sobre el plato en un intenso momento de contacto con la mano del traidor. En este boceto se ha intensificado el foco de atención y se ha hallado el fulcro dramático de la escena: ese terrible instante de contacto. Leonardo ha empezado ya a rebobinar la historia, alejándose de la representación más convencional de la Última Cena, que solía centrarse en el momento de la institución de la eucaristía.

El otro componente del más pequeño de los dos bocetos nos muestra a San Juan dormido, con el brazo de Jesús apoyado en su espalda. Este gesto de ternura se recoge en las Escrituras, donde Juan es llamado el discípulo «amado de Jesús», pero en los círculos donde imperaba el escepticismo religioso la expresión: «Juan se hallaba recostado en el pecho de Jesús» solía interpretarse en clave homosexual. Una de las blasfemias que cien años más tarde se atribuyeron a Christopher Marlowe fue que en cierta ocasión había dicho que el tipo de amor que Cristo sentía por Juan era «verdaderamente excepcional», pues «hacía con él lo que los habitantes de Sodoma». En este mismo contexto cabe recordar también el incidente de Saltarelli, que pone de manifiesto los recelos de las autoridades ante la utilización de jóvenes afeminados como modelos para ángeles o Cristos aniñados. En la versión definitiva, Leonardo mantendría separadas a las dos figuras, pero Juan siguió siendo el más joven y agraciado de todos los discípulos.

Algo posterior, tal vez, es un boceto a sanguina, repasado a tinta por otra mano, que conserva la Accademia de Venecia.[86] Aunque es algo más tosco que los anteriores, en gran parte a causa del repinte a tinta, en él empieza ya a emerger el ritmo compositivo que acabará teniendo la obra. Los discípulos aparecen repartidos en grupos, se presta mayor atención a sus rasgos individuales y se identifica ya a cada uno de ellos con una leyenda escrita a vuelapluma (el nombre de Felipe se repite dos veces). No obstante, Judas está aún al otro lado de la mesa y Juan sigue recostado como si durmiera.

A través de estos dibujos podemos atisbar las primeras fases de la concepción de la pintura: son proyectos en miniatura, apresurados e intensos bosquejos realizados con espíritu inquisitivo; ¿lo hago de este modo o de este otro? Pero, como suele ocurrir con Leonardo, la pintura hunde sus raíces en un nivel más profundo, y, aunque éstos son en efecto los primeros estudios para *La Última Cena* de Grazie, en la inagotable reserva de sus cuadernos de bocetos hallamos una hoja mucho más antigua, probablemente de hacia 1480, que contiene tres dibujos relacionados entre sí: un grupo sentado en torno a una mesa, una figura apartada, con la cabeza entre las manos, y otra, que sin lugar a dudas es Cristo, señalando con el dedo el fatídico plato.[87] No puede decirse en sentido estricto que sean estudios para *La Última Cena:* los integrantes del grupo no son los apóstoles, sino cinco hombres cualesquiera sentados en torno a una mesa, conversando animadamente; tal vez un banquete pueblerino en unas mesas apoyadas sobre caballetes. Pero el otro boceto de la hoja, un ágil e intenso estudio de un Cristo eucarístico, nos indica que en la mente de Leonardo se había accionado ya el resorte que quince años después daría sus frutos en el gran mural milanés.

Tras los estudios de carácter compositivo de Windsor y Venecia, la atención se centra luego en los rasgos de las figuras individuales; llegamos así a las célebres series de cabezas de Windsor, bocetos a sanguina en su mayor parte y algunos de ellos bastante acabados. Los personajes parecen surgir de entre las brumas: Judas, Pedro, Santiago el Mayor, San Felipe (en la pintura estos dos últimos aparecen individualizados, pero es casi seguro que son dos versiones distintas de un mismo modelo). Entre los dibujos se incluye también un soberbio estudio de las manos de San Juan y otro de la manga de San Pedro.[88] Como complemento a estos estudios podemos acudir a unas parcas anotaciones de los cuadernos Forster donde se nos informa de que un tal Alessandro de Parma sirvió de modelo para la mano de Cristo; o de que «Cristofano da Castiglione, que vive en la Pietà, tiene una magnífica cabeza». También hay una nota, con un epígrafe que dice simplemente *crissto*, bajo la cual Leonardo ha escrito: «Giovanni Conte, el que está con el cardenal de Mortaro»; tal vez fuera éste el nombre de la persona que sirvió de modelo para Cristo. Según Luis de Aragón, que vio la pintura en 1517, y suele ser una fuente bien informada, algunos de los discípulos eran «retratos auténticos de cortesanos y gentilhombres de Milán».[89]

El propio Leonardo, en un pasaje muy conocido, nos proporciona un listado de algunas de las reacciones de los discípulos:

> Uno que estaba bebiendo ha devuelto el vaso a su sitio y hace ademán de volver la cabeza hacia el que habla.
>
> Otro entrelaza los dedos y se vuelve con gesto severo hacia su compañero, el cual extiende las manos, enseñando las palmas, y encoge los hombros con un gesto de asombro ...
>
> Otro, que se ha dado la vuelta y tiene un cuchillo en la mano, vuelca un vaso sobre la mesa ...
>
> Otro se inclina hacia delante para ver a su interlocutor, haciéndose sombra a los ojos con una mano.[90]

Algunas de estas figuras acabarán apareciendo en la pintura definitiva: San Andrés, el apóstol de barba blanca (la tercera figura por la izquierda), muestra la palma de las manos y se encoge de hombros. Otros, en cambio, se han transmutado: el hombre que se vuelve con un cuchillo en la mano (San Pedro) no es ya el mismo que vuelca un vaso, que pasa a ser ahora otra figura (Judas) que derrama un salero. Uno de estos gestos

330

aparecía ya en aquel primer esbozo compositivo de la colección Windsor: en el grupo más pequeño, la figura que hay entre Cristo y Judas está «haciéndose sombra a los ojos con una mano».

Esta dinámica emocional contribuye en la misma medida que su esquema compositivo a determinar la radical novedad de la concepción que tiene Leonardo de la Última Cena, una concepción que rompe con la tradición medieval de representar a los discípulos como un conjunto lineal de figuras acartonadas dispuestas alrededor de una mesa. En Florencia debía de haber visto las versiones de Taddeo Gaddi, Andrea del Castagno, Fra Angelico y Domenico Ghirlandaio.[91] La elegante y casi lánguida versión que el último de ellos realizó para el refectorio de Ognissanti había sido acabada poco antes de que Leonardo partiera para Milán. En la obra de Leonardo la línea de los comensales aparece quebrada como por ensalmo. Lo que tenemos en su lugar es un grupo cuyo perfil conforma una especie de forma ondulada, que Pietro Marani ha comparado a los diagramas ópticos del MS C de París.[92] Esa onda se descompone en cuatro subgrupos, cada uno de ellos integrado por tres apóstoles: una serie de hombres entrelazados y apiñados que de pronto han entrado en crisis. Leonardo supo dar también con el momento dramático que buscaba: ya no es la institución de la eucaristía ni la identificación de Judas, sino la conmoción que provoca Cristo al anunciar: «Yo os aseguro que uno de vosotros me traicionará. Y al oír aquello todos se entristecieron» (Mateo 26: 21-22). Así pues, la fluidez que adquiere la obra se deriva en parte de una decisión de carácter narrativo, casi cinematográfico: el momento elegido para contar la historia. La idea queda perfectamente recogida en el testimonio de Luca Pacioli, uno de los primeros comentaristas del mural, que en la dedicatoria de su *Divina proportione,* fechada el 14 de diciembre de 1498, escribe lo siguiente:

> No se puede imaginar una atención más intensa en los discípulos al oír el sonido de la voz de la verdad inefable, que dice: *Unus vestrum me traditurus est.* A través de sus acciones y gestos, parecen estar hablando entre ellos, un hombre con otro, y éste con otro más; todos ellos afligidos por una profunda sensación de asombro. Tal fue la maestría que la delicada mano de nuestro Leonardo supo imprimir a su obra.[93]

La descripción de Pacioli resulta de especial interés debido a la estrecha relación que mantenía con Leonardo por entonces: tal vez quepa ver en ella un reflejo de lo que el propio artista decía acerca de esa «atención» y ese «asombro» que, como una sacudida, se extiende desde el epicentro que representa Cristo, o sobre ese sentido de la interacción que define a las figuras de los apóstoles. Así es como funciona la obra: los personajes no forman una hilera sino que se entrelazan, hablan *l'uno a l'altro e l'altro a l'uno.*

Judas, evidentemente, es el malo de la obra, y, sin embargo, en el estudio de perfil de Windsor (p. 328) parece un hombre feo más que un malvado; de hecho, es casi una figura grotesca, en la que puede adivinarse incluso un toque de remordimiento o repulsión por sí misma, que confiere al perfil un halo de tragedia o, si se prefiere, de cristiana indulgencia. (La última restauración ha permitido recobrar parte de la sutileza de los rostros que se había perdido con los retoques; el de Judas, que tras la restauración se parece más al del dibujo preparatorio, es un buen ejemplo de ello). Aunque parece retroceder ante las palabras de Cristo, su mano se adelanta irrevocablemente hacia el trozo de pan que luego mojará en el plato.

En relación con el rostro del Judas de *La Última Cena* cabe recordar la famosa anécdota que cuenta Vasari: según parece, el prior de Grazie siempre estaba instando a Leonardo para que «se diera prisa en acabar la obra», hasta que un día, harto de las tácticas dilatorias del artista, fue a quejarse al duque. En respuesta, Leonardo le dijo a Ludovico que el problema era que aún no había dado con un rostro lo bastante perverso para representar a Judas, pero que si finalmente no lograba hallarlo, siempre le quedaba la opción de «recurrir al rostro del desconsiderado e impaciente prior» para que le sirviera de modelo. Al oír aquello, el duque rompió a reír, y «el desdichado prior se retiró muy confundido y se dedicó a atosigar a los que trabajaban en el jardín». Ésta es una de esas anécdotas vasarianas que han demostrado tener un fondo de verdad o, cuando menos, una base en algunos testimonios contemporáneos del artista. La anécdota, de hecho, está tomada de los *Discorsi* de Giambattista Giraldi Cintio, una obra publicada en 1554, y éste a su vez la había recibido de su padre, Cristoforo Giraldi, un diplomático de Ferrara que había conocido a Leonardo en Milán. La versión de Giraldi pretende ser una reproducción de las propias palabras del maestro:

Me queda aún por hacer la cabeza de Judas, que como es bien sabido fue el más grande de los traidores y, por lo tanto, ha de ser pintado con un rostro que exprese toda su maldad ... Así que, desde hace un año, puede incluso que más, todos los días, por la mañana y por la tarde, acudo al Borghetto, donde habita la más baja e innoble ralea, gentes, muchas de ellas, sumamente depravadas y perversas, con la esperanza de encontrar un rostro para tan maligno personaje. Pero, hasta hoy, no he hallado uno solo que me parezca apropiado ... y si finalmente resultara que no lograra encontrar a nadie tendré que recurrir al rostro del reverendo padre prior.[94]

Sea o no cierto el episodio, lo que aquí tenemos debe parecerse bastante a una genuina transcripción de la forma en que hablaba Leonardo. Cristoforo Giraldi, que lo conoció, es así como recuerda o imagina su manera de hablar: *Ogni giorno, sera e mattina, mi sono ridotto in Borghetto...*

La pintura de *La Última Cena* se inició con el revoco de la pared con una fina capa de enlucido, que constituye la base estructural del mural.[95] El enlucido de la sección media, que era donde iba a pintarse la acción principal, es más basto, para así proporcionar un mejor agarre a las capas de pintura que se aplicarían sobre el mismo: la juntura entre las dos secciones resulta aún visible a modo de una fina línea horizontal situada hacia la mitad del escorzo del techo. Uno de los hallazgos realizados durante la última restauración es el vestigio de una *sinopia,* una silueta dibujada directamente sobre el revoco: «unos trazos rojos extremadamente concisos, ejecutados a mano alzada con una pincelada muy fluida [...] que servían para definir las masas de la composición». A continuación se aplicaba el estuco o base, que, según han determinado los análisis modernos, era una «mezcla ligeramente granular, de entre 100 y 200 micras de grosor, compuesta de carbonato cálcico y magnesio con un agente aglutinador proteínico»; sobre esta base se extendía finalmente una delgada imprimación de albayalde. Una vez concluidas estas operaciones, se practicaron una serie de incisiones en la superficie, destinadas a definir la forma y la perspectiva del escenario arquitectónico, y, con mágica precisión, se horadó un pequeño agujero en el centro del espacio pictórico: el punto de fuga. La perforación puede apreciarse en una ampliación fotográfica: se encuentra en la sien derecha de Cristo.

Todos estos preparativos nos recuerdan que nos hallamos ante un trabajo colectivo del taller (un matiz ignorado por el relato de Bandello, que puede crear la falsa impresión de que Leonardo trabajaba en solitario). A diferencia de lo que se supone que hizo Miguel Ángel en la Capilla Sixtina, Leonardo no trabajó solo en la pintura, sino rodeado de un equipo de ayudantes, entre los que probablemente se contarían Marco d'Oggiono, autor de una de las primeras copias que se hicieron del mural; Salai, que ahora tenía unos dieciséis años y haría las funciones de *garzone;* y Tommaso Masini, del que sabemos que intervino en una gran pintura mural de fecha posterior (el fresco de *Anghiari* en Florencia). A estos ayudantes de probada solvencia habría que añadir una nueva hornada de discípulos y ayudantes, cuyos nombres aparecen recogidos en dos hojas del Códice Atlántico:[96]

Ioditti vino el 8 de septiembre por 4 ducados al mes.
Benedetto vino el 17 de octubre por 4 ducados al mes.

Estas fechas tienen que hacer referencia bien a 1496 o a 1497. Cuatro ducados es la cantidad que les cobra Leonardo por su *retta*, esto es, el alojamiento y la comida; ellos, a cambio, también podían ganar algún dinero desempeñando la función de *garzoni*. A finales de año vemos que Benedetto ha ganado casi 39 liras, un poco menos de 10 ducados, que viene a ser prácticamente la misma cantidad que tenía que abonar por la *retta* correspondiente a un periodo de diez semanas. El nombre de Benedetto aparece asimismo en una hoja sin fecha, y con el margen parcialmente recortado, en la que se recoge el personal que integraba el taller en torno a esa época:

> [...] nco 4
> [...] iberdo 4
> Gianmaria 4
> Benedetto 4
> Gianpetro 4
> Salai 3
> Bartolomeo 3
> Girardo 4

El primer nombre quizá sea «Franco», y, en tal caso, podría hacer referencia a Francesco Galli, al que se conocía como Il Napoletano; el quinto tal vez sea Giampietrino Rizzoli; y el penúltimo, uno de los que sólo pagan 3 ducados, la *retta* más baja, podría ser Bartolomeo Suardi, conocido como Il Bramantino, un discípulo del amigo de Leonardo, Bramante.

Probablemente se comenzó a pintar la obra por los tres lunetos heráldicos que se encuentran por encima de la escena principal; hoy en día están muy deteriorados, pero aún se pueden ver algunos fragmentos de las inscripciones y los escudos de armas, así como de una magnífica guirnalda de frutos y hojas. La escena principal, por su parte, debió de empezarse por el lado izquierdo. Entramos pues en la fase descrita por Matteo Bandello: esa alternancia entre momentos de intenso trabajo y otros de contemplación con los brazos cruzados. Los datos técnicos parecen respaldar su descripción: «La lentitud con que avanzaba Leonardo se ve confirmada por una serie de *pentimenti* [arrepentimientos], así como por el minucioso proceso de refinado al que fueron sometidos algunos detalles significativos ... Tanto en las figuras como en los objetos de la mesa se detectan modificaciones de los contornos, de mayor o menor calado, que invaden las áreas de color adyacentes, lo cual nos indica que Leonardo no se recataba de revisar varias veces un mismo motivo».[97] Uno de los *pentimenti* identificados por los restauradores es una alteración de la posición de los dedos de Cristo, que en las primeras versiones estaban algo más extendidos.

En el verano de 1496, mientras trabajaba en *La Última Cena,* Leonardo estaba también decorando unas estancias *(camerini)* del Castello Sforzesco, tal vez los aposentos de la duquesa Beatrice. Se trata de la misma tarea que se menciona en la carta rota que se citó anteriormente: «Recordad el encargo de pintar las estancias...».

El 8 de junio de 1496, en una de las raras ocasiones en que le vemos perder los estribos, Leonardo monta una escena. El incidente lo registra uno de los secretarios del duque, que escribe: «Hoy, el pintor que está decorando los *camerini* protagonizó un pequeño escándalo y, por esa razón, se ha ido».[98] Estas tensiones quizá guarden relación con un fragmento del borrador de una carta dirigida al duque, en la que Leonardo se lamenta de sus apuros financieros: «Me irrita en gran manera que hayáis tenido que saber de mis necesidades y [...] que el hecho de tener que ganarme la vida me haya obligado a interrumpir mi trabajo y a ocuparme de tareas de menor importancia, en lugar de proseguir con la obra que Vuestra Señoría me ha encomendado».[99] Esa obra tan importante tiene que ser *La Última Cena,* mientras que las tareas «de menor importancia» que le han distraído tal vez sean los trabajos de decoración de las estancias de la duquesa.

La carta tiene un tono bastante desabrido: véase si no el sarcasmo apenas disimulado de la frase «el hecho de tener que ganarme la vida»; un tipo de impertinencia a la que el duque no debía de estar muy acostumbrado. Luego añade: «Tal vez Vuestra Excelencia no dio las pertinentes órdenes a Messer Gualtieri, pensando que yo ya tenía el dinero [...] Pero, si eso era lo que pensaba Vuestra Señoría, me temo que estaba mal informado». La persona a la que se hace referencia es Gualtiero Bascapé, al que en otros documentos se describe como el *ducalis iudex dationum,* el juez de las dádivas ducales, es decir, el dispensador de pagos. Parece, pues, que una determinada «dádiva» que se estaba esperando no había llegado a su destinatario: en este contexto, el término «dádiva» haría alusión a unos pagos que debido a su carácter irregular no podían ser considerados un sueldo. Los testimonios sobre la retribución que recibió Leonardo por *La Última Cena* presentan grandes variaciones. Bandello señala que recibía un salario anual de 2,000 ducados, pero otra fuente, por lo general bien informada (Girolamo Bugatti, un fraile de Grazie de mediados del siglo XVI), afirma que el Moro sólo le pagaba 500 ducados al año.[100] Aun en este segundo caso, la cantidad no está mal si se compara con las 1,200 liras —unos 300 ducados— que Leonardo y Ambrogio de Predis habían pedido por *La Virgen de las rocas*.

Gracias a esta quejosa carta y al inesperado brote de mal humor de Leonardo —«el pequeño escándalo» en el castillo— podemos vislumbrarlo entre bastidores agobiado por la intensa presión creativa a la que le somete *La Última Cena,* una presión que cualquier distracción exacerba en vez de aliviar. Es el mismo Leonardo que la cámara de Bandello ha captado dirigiéndose a paso firme hacia Grazie por una calle silenciosa bajo el ardor del sol.

Pero en otro episodio, que también relata Bandello, vemos a Leonardo bastante más distendido, charlando con un ilustre visitante de Grazie, el cardenal Raymond Peraud, obispo de Gurck. La presencia del cardenal en Milán a finales de enero de 1497 está confirmada por las fuentes.[101] El maestro desciende del andamio para recibirle. «Hablaron de muchísimas cosas, sobre todo de la excelencia de la pintura —recuerda Bandello—, y algunos de los presentes dijeron que les habría gustado mucho haber visto aquellas pinturas de la antigüedad que tanto alababan los grandes autores, para así poder decidir si los pintores actuales estaban a su altura». Para entretener a sus invitados, Leonardo les cuenta la picaresca historia de Filippo Lippi, al que «los sarracenos» habían capturado en su juventud para hacerlo su esclavo, pero que finalmente logró recobrar la libertad gracias a su destreza como dibujante. La anécdota es bien conocida pues figura en la vida de Filippo Lippi narrada por Vasari.[102] Pero en relación con ella surgen dos preguntas: ¿La tomó Vasari de Bandello? ¿Y la oyó realmente Bandello de labios de Leonardo da Vinci? Lo máximo que se puede decir con respecto a ambas preguntas es: posiblemente. Las *Novelle* de Bandello fueron publicadas por primera vez en Lucca en 1554, es decir, cuatro años después de la primera edición de las *Vidas;* sin embargo, no cabe duda de que las había escrito antes, y es probable que en fechas anteriores ya estuvieran disponibles en forma de manuscrito. En cuanto a Leonardo, bien pudo haber oído la historia a través de Filippino, el hijo de Filippo, al que había conocido en Florencia en la década de 1470 y con quien mantuvo una relación bastante cordial. Aunque también es posible que el oportunista Bandello tratara de mejorar una historia ya de por sí buena atribuyéndosela espuriamente a Leonardo.

En el verano de 1497, Leonardo seguía trabajando en *La Última Cena.* Una entrada en los libros de contabilidad del monasterio correspondiente a ese año recoge un pago de 37 liras, librado a ciertos obreros «por unos trabajos realizados en las ventanas del refectorio donde Leonardo está pintando los apóstoles». Y el 29 de junio de 1497, Ludovico escribe una carta a su secretario, Marchesino Stanga, en la que expresa su confianza en que «Leonardo el florentino acabe pronto la obra que ha comenzado en el refectorio».[103] Tal vez se adivina aquí una nota de impaciencia ducal.

Como es bien sabido, las innovaciones del gran mural de Leonardo tuvieron también una vertiente bastante menos feliz. En lugar de aplicar la pintura cuando el yeso estaba aún húmedo, como se hace en la técnica tradicional del *buon fresco,* empleó una mezcla de óleo y temple. De esa forma pudo trabajar con más lentitud y realizar repintes, pero las desventajas no tardaron en ponerse de manifiesto cuando la pintura empezó a desprenderse. La humedad del refectorio exacerbaría aún más el problema. Ya en vida de Leonardo el deterioro de la superficie de la pintura era evidente. En 1517, el cronista Antonio de Beatis señalaba que el mural había «empezado a estropearse», y cuando lo vio Vasari en la década de 1550 estaba «tan deteriorado que lo único que se distingue es una mancha oscura».[104] Esta circunstancia explica las numerosas copias que se hicieron del mismo en fechas bastante tempranas; dos de ellas, la de Marco d'Oggiono y la de Giampietrino, fueron obra de unos artistas que seguramente participaron en la elaboración del original. Y también explica los sistemáticos e intrusivos proyectos de restauración a los que se ha visto sometido: el primero del que tenemos noticia tuvo lugar a principios del siglo XVIII, pero debió de haber otros anteriores. En la década de 1930, al comparar el estado del mural con las primeras copias y con los estudios preparatorios de Windsor, Kenneth Clark se lamentaba de la cantidad de sutiles matices expresivos que se habían perdido bajo la mano insensible de los restauradores: en su opinión, «las muecas exageradas de las figuras, que evocan al Miguel Ángel del *Juicio Final*», apuntaban a «un flojo pintor manierista del siglo XVI».[105]

Hoy en día, esa fragilidad inherente y autoinfligida parece formar parte de la propia magia de la obra. Tras haberse visto reducida al cabo de unas pocas décadas a «una mancha oscura», tras los destrozos de los soldados napoleónicos a principios del siglo XIX, tras haberse salvado por muy poco de recibir el impacto de una bomba aliada en el verano de 1943, lo auténticamente milagroso es que haya sobrevivido.

La última y la más ambiciosa de todas las restauraciones fue la realizada bajo la dirección de Pinin Brambilla Barcelon, cuyo resultado salió a la luz en 1999, después de más de veinte años de trabajo y de un coste aproximado de veinte mil millones de liras (unos 8,800,000 euros). En buena medida, el principal objetivo era eliminar las superposiciones debidas a anteriores trabajos de restauración: una corteza de barnices y repintes que se fue desprendiendo en microscópicas costras con la esperanza de que bajo ella quedaran aún algunos de los pigmentos originales. Según las propias palabras de Brambilla Barcelon, la pintura fue tratada «como si fuera un gran enfermo».[106] La restauración, como siempre ocurre, tuvo sus detractores —se había «perdido el espíritu del original»— pero lo que ahora tenemos se aproxima mucho más a lo que Leonardo y sus ayudantes pintaron sobre la pared y a lo que el niño Bandello, con los ojos muy abiertos, contempló hace más de 500 años. Se aproxima, sí, pero no es más que una parte: sólo se conserva en torno a un 20 por ciento de la superficie pictórica original. La fantasmagórica pintura que parece flotar sobre el muro es un mero vestigio, pero en ella vuelven a resplandecer los gestos y las expresiones de sus figuras, así como todos los sencillos y cautivadores detalles de aquella postrera comida: los vasos de vino a medio llenar, la filigrana del mantel, el cuchillo que, con la emoción del momento, San Pedro blande como si se tratara de un arma.

LA «ACADEMIA»

Que no me lea quien no sea matemático...
Forster III, fol. 82v

Pese a hallarse dominado por la imponente sombra que proyecta la magna empresa de *La Última Cena,* el año 1496 vio también florecer una gran amistad con la llegada a Milán del matemático Fra Luca Pacioli, al que Leonardo solía referirse simplemente como el «Maestro Luca».

Pacioli, que era natural de Borgo San Sepolcro, una pequeña localidad situada en el extremo meridional de la Toscana, debía rondar por entonces los cincuenta. En su juventud había estudiado con Piero della Francesca, que tenía allí un taller; los escritos matemáticos sobre perspectiva de Piero ejercieron sobre él una profunda influencia y, según Vasari, los plagió en los tratados que escribió después. A mediados de la década de 1470 renunció a una prometedora carrera como contable, tomó el hábito franciscano, hizo voto de pobreza y durante doce años fue una especie de sabio ambulante, dedicado a impartir lecciones de filosofía y matemáticas; le veremos pasar por Perugia, Nápoles, Roma, Urbino e incluso por Zadar, en la Croacia veneciana. En 1494 publicó su primer libro, la enciclopédica *Summa de arithmetica, geometria e proportione.* La obra la forman 600 páginas de letra pequeña impresas en formato folio y está redactada en italiano, lo que la inscribe dentro de la corriente modernizadora que preconizaba el abandono del latín. A través de una nota del Códice Atlántico sabemos que Leonardo adquirió un ejemplar por 6 liras («Aritmetrica di Maestro Luca»), y, de hecho, sus cuadernos contienen abundantes citas de la obra, algunas de ellas relacionadas tal vez con la geometría compositiva de *La Última Cena.*[107] Como su nombre indica, no se trata de una obra de gran originalidad sino de un sumario. Incluye apartados dedicados a la aritmética teórica y práctica, así como al álgebra, la geometría y la trigonometría, pero también contiene un tratado de treinta y seis capítulos sobre la contabilidad por partida doble, una serie de discusiones bastante interesantes sobre juegos de azar y una tabla de conversión de las monedas, pesos y medidas de diversos estados italianos. Pese a la condición de filósofo que le atribuían sus contemporáneos, el pensamiento de Fra Luca tenía un lado eminentemente práctico; muy recordado es un adagio suyo que reza: «Llevar bien las cuentas prolonga las amistades».

Su imagen se conserva en un retrato que realizó Jacopo de Barbari en 1495. Nos lo muestra vestido con el hábito franciscano, apoyando una mano en un libro de geometría y señalando con la otra una pizarra en la que puede verse una figura geométrica, junto a la cual está escrito el nombre «Euclides». Dispuesto sobre el escritorio encontramos el instrumental propio del geómetra: tiza y esponja, cartabones, compás. Un modelo tridimensional de un poliedro, que parece un gigantesco cristal, permanece suspendido en el aire por encima de su hombro derecho. Sobre la mesa reposa un voluminoso libro encuadernado en piel, con la inscripción «LI. RI. LUC. BUR.» (es decir, *Liber reverendi Luca Burgensis,* El libro del reverendo Luca del Borgo); se trata sin duda de la *Summa,* que había sido publicada el año anterior. El apuesto joven que vemos de pie a su espalda debe de ser Guidobaldo da Montefeltro, el duque de Urbino, a quien está dedicada la *Summa.*

Pacioli llegó a Milán a finales de 1495 o en 1496, así que este retrato nos muestra el aspecto que tenía cuando lo conoció Leonardo. La invitación la había formulado personalmente el Moro, pero es posible que la recomendación de Leonardo fuera determinante para que se mandara llamar a este nuevo gurú de las matemáticas. Todo parece indicar que su amistad se cimentó bien pronto, pues al año siguiente ya estaban trabajando juntos. Pacioli había empezado a redactar la que sería su obra maestra, *Divina proportione,* y Leonardo se iba a encargar de sus ilustraciones geométricas. A finales de 1498, el primero de los tres libros de que constaba la obra ya estaba acabado; dos copias manuscritas del mismo, fechadas el 14 de diciembre de 1498, fueron presentadas como regalo a Ludovico y Galeazzo Sanseverino. En el prefacio a la edición impresa de 1509, Pacioli afirma que los gráficos que ilustran «todos los cuerpos regulares y dependientes» (es decir, los polígonos regulares y semirregulares) fueron «realizados por el gran pintor, experto en perspectiva, arquitecto, músico y maestro dotado de todas las virtudes *[de tutte le virtù doctacto],* Leonardo da Vinci, mientras trabajábamos juntos en Milán por cuenta del muy excelente duque de dicha ciudad, Ludovico Maria Sforza

Fra Luca Pacioli según el retrato de Jacopo de Barbari, h. 1495.

Anglo, entre los años 1496 y 1499 de nuestra redención».[108] Los dibujos de los manuscritos destinados a regalo están realizados a tinta y acuarela, y lo más probable es que fueran copias ejecutadas por los ayudantes de Leonardo. En la edición impresa de 1509, sin embargo, aparecen ya en forma de grabados. Estos enigmáticos polígonos y poliedros serán por tanto los primeros trabajos de Leonardo que vieron la luz en formato libro: su primera producción en serie.

Las matemáticas, escribió Leonardo, nos brindan «la certeza suprema».[109] El estudio de dicha disciplina formaba parte de la educación básica que había recibido en el taller, pero, ahora, bajo la tutela de Luca Pacioli, empezará a sondear el universo más abstracto de la geometría, el gran manual de la armonía y la proporción. En dos libretas de finales de la década de 1490 (MSS M e I de París) le vemos estudiar minuciosamente la obra de Euclides, lo cual no quita para que se diera cuenta de las muchas lagunas que aún tenía en cuestiones más elementales, como indica uno de esos memorándums en los que se da instrucciones a sí mismo: «Dile a Messer Luca que te enseñe a multiplicar raíces cuadradas».[110]

Icoſaedron Eleuarum Vacuum

Dodecaedro diseñado por Leonardo,
perteneciente a un grabado de la Divina
proportione *de Pacioli (1509).*

La colaboración entre Leonardo y Luca Pacioli —documentada en el cuaderno del primero y rememorada expresamente por el segundo en el prefacio a su *Divina proportione*— constituye una de las bases históricas de la escurridiza «academia» de Leonardo. Su existencia ha sido muy cuestionada y lo único que podemos decir a ciencia cierta es que sobre el papel al menos sí que existió, como demuestra la presencia de la inscripción «Academia Leonardi Vinci» (escrita con distintas variantes ortográficas y a veces en abreviatura) junto a una magnífica serie de «diseños de nudos». Tal vez el objeto de éstos fuera servir de distintivo o emblema de ese organismo de tan solemne nombre, aunque son muchos los que piensan que todo esto no fue más que una quimera de Leonardo.

Los diseños los conocemos tan sólo a través de una serie de grabados (véase p. 58) que casi con total certeza fueron realizados en Venecia a principios del siglo XVI: hay pruebas bastante concluyentes de que Alberto Durero vio algunas copias impresas de ellos durante su estancia en Venecia en 1504-1505.[111] Pero aunque no hayan sobrevivido los dibujos originales en los que se basan, parece bastante verosímil que fueran realizados en Milán a finales de la década de 1490 y que luego, cuando visitó Venecia en 1500 —su primera visita por lo que sabemos— Leonardo los llevara consigo. Los dibujos originales serían por tanto contemporáneos de los complejos entrelazados del techo de la Sala delle Asse, en la que Leonardo estuvo trabajando durante el año 1498, y que Lomazzo describía como «una bella invención» de «extraños diseños entrelazados». Y también de los diagramas poliédricos para la *Divina porportione* de Pacioli, que, en 1498 o un poco antes, fueron dibujados en Milán y que luego también serían impresos en Venecia.

Los diseños originales del «logo de la academia» parecen situarse, pues, en el contexto de la colaboración entre Leonardo y Pacioli. La posibilidad de que ambos constituyeran el núcleo de una auténtica asociación o hermandad de carácter intelectual tal vez se haya descartado con excesiva ligereza. De hecho, un oscuro librito publicado a principios del siglo XVII, *Il supplimento della nobilita di Milano,* obra de un tal Girolamo

341

Borsieri, nos proporciona un testimonio independiente de ella. En él, su autor se refiere a «la academia Sforza de las artes y la arquitectura» y al papel que Leonardo desempeñaba en ella: «Yo mismo he visto en manos de Guido Mazenta varias disertaciones [lettioni, literalmente «lecciones»] sobre temas de perspectiva, maquinaria y edificación, escritas en lengua italiana con caligrafía francesa, que provenían de dicha academia y se atribuían al propio Leonardo».[112] Sabemos que el bibliófilo Mazenta, que ciertamente poseía varios manuscritos de Leonardo, falleció en 1613. En un momento anterior a dicha fecha, por lo tanto, enseñó a Borsieri un manuscrito que contenía varias disertaciones o lecciones atribuidas a Leonardo. La mención de la «caligrafía francesa» parece situarlo en el siglo XVI, durante el periodo en que Milán estuvo bajo el dominio francés, pero también se dice que las lecciones fueron impartidas, o «publicadas», bajo los auspicios de la «academia Sforza», y ésta sólo pudo existir antes de que se produjera la caída de Ludovico Sforza en 1499. Todo esto supone, claro está, fiarse sin más de lo que nos cuenta Borsieri. El manuscrito del que habla ha desaparecido, y no hay forma de verificar la versión que proporciona sobre su procedencia. Pero no por ello deja de ser un testimonio independiente acerca de la «academia» de Leonardo y de los temas que en ella se debatían: perspectiva, mecánica, arquitectura.

¿Quiénes eran las otras personas que asistían a estas tertulias de altos vuelos? Uno de los candidatos más obvios sería el colega de Leonardo, Donato Bramante, arquitecto de Grazie, gran aficionado a la geometría euclidiana, intérprete de Dante y asimismo un hábil diseñador de groppi o nudos. (En un manuscrito de Leonardo se mencionan ciertos groppi di Bramante, y Lomazzo habla de su destreza en dicha técnica).[113] Otra de las posibles luminarias sería el intelectual y poeta cortesano Gasparé Visconti. Era un buen amigo de Bramante, del que había dicho: «Es más fácil hacer un recuento de los bienaventurados del cielo que calcular todos los conocimientos que Bramante reúne en su persona».[114] Leonardo poseía un ejemplar de los «Sonetti di Messer Guaspari Bisconti» (así aparece descrito en el Códice Madrid), que tal vez se correspondan con las Rithmi que Visconti había publicado en Milán en 1493. Quizá podríamos incluir también a alguno de los más brillantes seguidores de Leonardo, Boltraffio o Bramantino tal vez, aunque no estoy seguro de que hubiera un hueco en la asociación para los efectismos zoroastrianos de Tommaso Masini. Otros miembros potenciales del círculo pueden hallarse en la referencia que hace Pacioli a un debate, «un notable duelo científico», lo llama él, que tuvo lugar en el castillo, en presencia del duque, el 8 de febrero de 1498.[115] Entre los participantes se encontraban los teólogos franciscanos Domenico Ponzone y Francesco Busti da Lodi; el astrólogo de la corte, Ambrogio Varese da Rosate; los doctores Andrea da Novara, Gabriele Pirovano, Niccolò Cusano y Alvise Marliano, así como el arquitecto de Ferrara Giacomo Andrea.

Leonardo conocía sin lugar a dudas a los tres últimos de la lista. Niccolò Cusano, médico de la corte de los Sforza, es mencionado en una breve nota *(Cusano medico)*, y otro tanto ocurre con su hijo, Girolamo, al que Leonardo hará llegar su reconocimiento a través de Melzi hacia 1508.[116] La familia Marliano, por su parte, aparece mencionada varias veces en sus notas, casi siempre en relación con asuntos de carácter bibliográfico:

> Un álgebra que poseen los Marliani, escrita por su padre...
> De los huesos, por los Marliani...
> La proporción de Alchino, con notas de Marliano, a través de Messer Fazio...
> El Maestro Giuliano da Marliano tiene un hermoso herbario. Vive enfrente de los Strami, los carpinteros...
> El intendente de Giuliano da Marliano, el médico... tiene una sola mano.[117]

Giuliano es el famoso médico, autor de *Algebra;* Alvise, uno de los participantes del debate del castillo en 1498, es uno de sus hijos. El arquitecto Giacomo Andrea fue el anfitrión de Leonardo en aquella cena del verano de 1490, durante la cual el truhán de Salai rompió unos frascos de aceite.

Otro de los asistentes al simposio del castillo fue Galeazzo Sanseverino, el yerno del Moro. Apuesto, intelectual y siempre a la última, Galeazzo no sólo era un famoso campeón de justas y un consumado cantante, sino también el «principal favorito» del Moro. Leonardo lo conocía por lo menos desde 1491, que fue cuando diseñó el espectáculo de los «hombres salvajes» para las justas de Galeazzo y mostró su interés por los caballos que aquél tenía en sus cuadras con la idea de utilizarlos como modelos para el monumento ecuestre. Galeazzo era asimismo uno de los patronos de Pacioli, al que había alojado cuando llegó a Milán; uno de los manuscritos de la *Divina proportione* está dedicado a él. En relación con ese tratado, el propio Pacioli afirma que una parte de las sesenta figuras geométricas que Leonardo diseñó fue realizada para Galeazzo. Si se trata de dar algo más de consistencia a esta huidiza academia, yo apostaría por Sanseverino para el puesto de patrono o principal figura decorativa de la misma. Eso al menos es lo que parece deducirse de las palabras del prefacio de Pacioli a su *Divina proportione:* «En los círculos del duque y de Galeazzo Sanseverino hay filósofos y teólogos, médicos y astrólogos, arquitectos e ingenieros, así como ingeniosos inventores de cosas nuevas».

En un manuscrito de Leonardo que se conserva en el Metropolitan Museum de Nueva York figura el elenco de una mascarada sobre el tema de Júpiter y Diana ilustrado con una serie de bocetos. Es casi seguro que se corresponde con cierta *commedia* representada en presencia del duque el 31 de enero de 1496 en casa de Gianfrancesco, hermano mayor de Sanseverino y conde de Caiazzo.[118] La obra, una composición en *ottava e terza rima*, fue escrita por Baldassare Taccone, el canciller de Ludovico (cuyo poema sobre el Caballo Sforza he mencionado anteriormente). Su nombre, «Tachon», figura asimismo en el elenco de actores de Leonardo. Un niño llamado Francesco Romano interpreta el papel de Danae, mientras que el actor que hace de Júpiter es el sacerdote Gianfrancesco Tanzi, antiguo patrón del poeta Bellincioni. Quizá este refinado cabaret de tema clásico, representado en casa de Sanseverino, emanara también de la «academia Sforza».

La expresión «Academia Leonardi Vinci» que aparece grabada junto a los laberínticos «diseños de nudos» de Leonardo tal vez no haga referencia a un «club» formalmente constituido, pero desde luego parece haber sido algo más que una simple quimera. El término «academia» tenía que traerle a Leonardo recuerdos de aquella academia platónica de Ficino que había conocido en Florencia veinte años antes: un recuerdo que tal vez estuviera teñido de nostalgia por el contraste que ofrecía con el clima fundamentalista que dominaba en la Florencia de Savonarola. Es posible que la academia milanesa fuera una recreación del prototipo florentino de Ficino, aunque seguramente sus intereses serían más amplios, más multidisciplinares y más «científicos». En todo ello se advierte sin duda la mano de Pacioli: el filósofo-matemático reintroduce a Leonardo en la esfera del pensamiento platónico que había rechazado en su momento para optar por el sistema experimental e indagatorio de raigambre aristotélica. El tipo de «academia» que cabe imaginar estaría constituida por una serie de intelectuales que, sin llegar a formar un grupo rígidamente estructurado, se reunirían para debatir, dar conferencias y hacer lecturas públicas tanto en el castillo como en la casa que Galeazzo Sanseverino tenía cruzada la Porta Vecchia, y también a veces en la propia Corte Vecchia, esa gran fábrica de prodigios donde siempre había algún novedoso y extraño artilugio que inspeccionar, donde nunca faltaban dibujos y esculturas a las que echar un vistazo ni libros que consultar, y donde también se podía, si así se deseaba, escuchar algo de música. El elemento más bullanguero del círculo de Leonardo —la «panda de adolescentes»— queda relegado a la periferia y Zoroastro tiene órdenes estrictas de portarse bien. El viejo salón de baile tiene un aspecto un tanto lúgubre a la luz de las antorchas, pero en cuanto estos «académicos» se hayan puesto manos a la obra, resplandecerá bajo los efectos de la pura fuerza mental.

Dos obras bastante curiosas, un poema y un fresco, parecen pertenecer también al ámbito de la «academia» milanesa.

El poema en cuestión es un folleto de ocho páginas de autor anónimo, titulado *Antiquarie prospetiche Romane* (Las antigüedades de Roma en perspectiva).[119] La obra no está fechada, pero la evidencia interna apunta a que fue escrita a finales de la década de 1490: sabemos a ciencia cierta que no es anterior a 1495, pues en él se menciona un incidente que tuvo lugar cuando las tropas de Carlos VIII se encontraban en Roma (diciembre de 1494). El anónimo autor se autodenomina *Prospectivo Melanese depictore*, que puede ser tanto un alias humorístico («Prospectivo Melanese, pintor») como una descripción real de su persona («Pintor milanés de perspectivas»). El poema está escrito en un tipo de versos que su más reciente editor define como unas *«terzine* semibárbaras» y está lleno de oscuros coloquialismos lombardos. No obstante, en medio de tanta oscuridad hay una cosa que está meridianamente clara: el poema está dedicado en términos muy afectuosos a Leonardo da Vinci: *cordial caro ameno socio / Vinci mie caro* («querido, cordial, encantador colega, mi muy querido Vinci»). Así pues, el autor se sitúa a sí mismo dentro del círculo de Leonardo, del que menciona por lo menos a otro de sus miembros: «Geroastro», que probablemente sea Zoroastro. También hay una enigmática alusión a cierta *zingara del Verrocchio*, «la gitana de Verrocchio».

El poema en realidad es una suerte de itinerario turístico, en el que se describen las antigüedades clásicas de Roma y se invita a Leonardo a que acuda a reunirse allí con su autor para ir a explorar juntos «los vestigios de la Antigüedad». (No está del todo claro que fuera escrito en Roma; el poema está sin duda orientado hacia un público milanés y es posible que se escribiera en Milán). La obra contiene algunas loas a Leonardo un tanto empalagosas, entre las que se incluye el manido juego de palabras entre Vinci y *vincere*. Se le ensalza sobre todo por ser un escultor que se «inspira en la antigüedad»: Leonardo es capaz de crear «un ser dotado de un corazón animado y con un aspecto más divino que el de cualquier otra obra esculpida», lo cual probablemente sea una alusión al Caballo Sforza. Un hecho que presenta particular interés es que también se le alabe como escritor o conversador:

Vinci, tu victore
Vinci colle parole un proprio Cato...
Tal che dell' arte tua ogni autore
Resta dal vostro stil vinto e privato.

[Vinci, tú vences / vences con las palabras como un verdadero Catón... / y es tal tu arte que a todos los demás autores / derrotas y eclipsas con tu estilo.]

Tal vez quepa ver en estos versos una alusión a los debates y disertaciones de la «academia».

Hay quien cree que el autor de las *Antiquarie* fue Donato Bramante, cuyos escarceos en la composición de sonetos satíricos son bien conocidos; el único problema es que Bramante no era milanés. Otros candidatos son Ambrogio de Predis, Bramantino, Bernardo Zenale o el prometedor y joven arquitecto Cesare Cesariano, que posteriormente incluiría en uno de sus escritos sobre Vitruvio un grabado basado en la representación de Leonardo del «Hombre de Vitruvio», en la que éste aparece con una erección. De todos ellos, el único al que cabe imaginar llamando a Leonardo *socio* (compañero o colega) es a De Predis, del que sabemos que estuvo por lo menos una vez en Roma durante la década de 1490. Parece lógico pensar que las iniciales P. M. que figuran en la portada signifiquen «Prospectivo Melanese», pero tampoco cabe descartar que sean una alusión ingeniosa, del tipo «Predis Mediolanensis».[120] La portada contiene asimismo un curioso grabado que representa a un hombre desnudo, apoyado en una rodilla, una postura que recuerda a la del San Jerónimo de Leonardo. El hombre, que sujeta un compás con la mano izquierda y una esfera con la derecha, se encuentra arrodillado dentro de un círculo con figuras geométricas. Al fondo hay una vista parcial de un templo circular con columnas adosadas, bastante parecido al que se encuentra en el MS B de París y cuya tipología suele asociarse con Bramante. En las rocas del fondo se intuye un eco de las que aparecen en *La Virgen de las rocas*. Toda esta acumulación de referencias remite a los intereses propios de la «academia» (perspectiva, arquitectura, geometría, pintura) y el tono general hace pensar en una obra producida para un círculo íntimo de amigos. Tal vez ese *libro danticaglie* («libro de antigüedades») que figura en la lista de libros de Madrid fuera la copia que del mismo tenía Leonardo.

En mi opinión, también han de ponerse en relación con esta «academia» o hermandad los enigmáticos *Hombres armados* de Bramante, unos frescos que hoy se conservan en la Galería Brera pero que antiguamente se hallaban en la Casa Panigarola de la via Lanzone. El ciclo lo componen siete figuras en pie, insertas en nichos figurados, y un retrato de medio cuerpo de los filósofos griegos Demócrito y Heráclito. Sólo dos de las figuras erguidas se conservan completas: una representa a un cortesano con una maza y la otra a un guerrero con armadura, blandiendo una espada de gran tamaño. Aunque las demás figuras han perdido la mitad inferior y no son fáciles de interpretar, la que lleva una corona de laurel es sin duda un poeta, mientras que otra de ellas parece ser un cantante. Según Pietro Marani, el ciclo expresa la concepción neoplatónica del «héroe», cuya *virtù* se deriva de la atemperación de la fuerza bruta (los guerreros armados) y de la preeminencia de lo espiritual (el cantante y el poeta).[121] El monograma «LX» que aparece detrás de los filósofos puede ser una referencia a la palabra *lex,* entendida una vez más en un sentido filosófico de corte platónico que vería en la «ley» el orden armónico que subyace a todos los fenómenos. La datación de los frescos es incierta y tampoco se sabe a quién pertenecía la casa cuando fueron pintados.[122] Las figuras se asemejan a las de otra obra de Bramante que también se conserva en Brera, su espléndido *Cristo en la columna,* una tabla que suele fecharse en la década de 1490, y el tono filosófico de la obra parece situarla dentro del ámbito de la «academia».

En todo caso, lo que más me interesa es ese doble retrato de los filósofos Demócrito y Heráclito, a los que se representa sentados a una mesa con un gran globo terráqueo colocado entre los dos. Sus identidades vienen indicadas por sus atributos habituales, la risa y el llanto. De Demócrito solía decirse que las locuras de la humanidad le movían a risa, mientras que Heráclito era conocido como el «filósofo gimiente» debido a su visión pesimista de la condición humana. La conexión de este cuadro con la academia de Ficino es todavía más estrecha, pues sabemos que otro cuadro con el mismo tema colgaba de los muros de lo que Ficino solía llamar el *gymnasium,* es decir, la sala de conferencias de la academia en Careggi. En su edición latina de Platón, Ficino escribió: «¿Habéis visto en mi sala de conferencias la esfera del mundo con Demócrito y Heráclito colocados a ambos lados de ella? Uno de ellos se ríe y el otro llora».[123] Anteriores históricamente a Platón, los dos filósofos representan dos posturas contrapuestas sobre la naturaleza humana; otro dualismo más que los adeptos al platonismo debían superar o atemperar en su búsqueda del perfecto equilibrio.

En 1901, cuando se procedió a retirar el fresco para trasladarlo a la Galería, el retrato de los dos filósofos colgaba sobre una chimenea que había en la misma sala donde se encontraba el fresco; sin embargo, en una descripción de la Casa Panigarola del siglo XVIII se afirma que, antes de ser trasladados por el nuevo dueño a la sala de los frescos, «Heráclito y Demócrito se encontraban encima de la puerta de la sala contigua».[124] Así pues, originalmente la pintura servía a modo de introducción al fresco de los *Hombres armados:* el visitante que accedía al umbral de esa sala suntuosamente decorada, recibía el saludo de los dos filósofos, que le invitaban a seguir adelante y determinaban el tono de la experiencia, un tono que, para aquellos que estaban al tanto de estos asuntos, contenía una clara alusión a la imaginería de la academia florentina de Ficino.

Según Lomazzo, algunas de las figuras representadas en *Hombres armados* eran retratos de personajes contemporáneos milaneses, una afirmación que los análisis técnicos parecen corroborar: cada una de las cabezas

Dos posibles imágenes de Leonardo durante la etapa milanesa. El filósofo Heráclito, de un fresco de Donato Bramante (izquierda), y el rostro del «Hombre de Vitruvio».

representa una *giornata* completa (el trabajo de un día entero, medido en una zona limitada del revoco), lo que indica que Bramante cuidó mucho los rasgos. El aspecto de los filósofos es el de la época. No poseen ninguno de los atributos habituales de los filósofos de la antigüedad: no vemos ni luengas barbas ni anticuadas togas sueltas. Ambos carecen de barba y, en lo que respecta a su atuendo, el de Heráclito desde luego es claramente renacentista. También hay sólidas razones para pensar que Demócrito es un autorretrato. La imagen puede compararse con el retrato de Bramante que incluyó Rafael en el fresco de la *Escuela de Atenas* del Vaticano, donde aparece representado como Euclides, o con un retrato al carboncillo, emparentado con el anterior, que se conserva en el Louvre. En ambos casos se muestra a un hombre de cara redonda y bastante calvo. Aunque la *Escuela de Atenas* fue pintada hacia 1509, es decir, casi más de una década después que el fresco de Panigarola, el parecido genérico es muy notable: basta con fijarse en la incipiente calvicie de Demócrito.

Si Demócrito es Bramante, ¿quién es Heráclito? Sin lugar a dudas su amigo y filosófico colega Leonardo da Vinci, cuya fascinación por los flujos y el movimiento lo emparentaban claramente con la filosofía heraclitiana («todo fluye, nada permanece»), y cuya aura de misterio y sabiduría le habían valido un epíteto que también se aplicaba a Heráclito: «El oscuro».[125]

Pero hay otros indicadores que apuntan asimismo a esta identificación. Primero, se ha advertido que el libro manuscrito colocado en la mesa que Heráclito tiene delante está escrito de derecha a izquierda: la mayúscula inicial del texto se distingue claramente en el extremo superior derecho de la página. Segundo, la representación de los filósofos concuerda con las instrucciones que da Leonardo en su *Trattato della pittura:* «Quien derrama lágrimas alza las cejas hasta unirlas, marca arrugas alrededor de las mismas y baja las comisuras de la boca. Quien ríe, en cambio, eleva las comisuras de la boca y mantiene las cejas rectas y relajadas».[126] Resulta igualmente notable que en una pintura milanesa posterior, atribuida a Lomazzo, donde se representa también a Demócrito y Heráclito, el segundo de ellos sea casi con total certeza una imagen de

Leonardo basada en el modelo tardío del sabio barbado; esta coincidencia parece sugerir una conexión mental, cuyo origen tal vez se encontra-
ra en el fresco de Bramante. Eliminando los atributos propios de la tristeza heraclitiana —las lágrimas y los ojos contraídos— obtenemos un retrato al fresco de Leo-
nardo da Vinci, pintado por uno de sus más íntimos amigos (véase página anterior). Nos lo muestra mediada la cuarentena, con una larga y
oscura melena rizada, una toga ribeteada en piel y unas manos de largos
dedos, elegantemente entrelazadas. Sería una de las dos únicas imágenes de Leonardo que conservamos de esta etapa milanesa; la otra es el
«Hombre de Vitruvio» de hacia 1490, una figura cuyo rostro se parece
bastante al de Heráclito.

EL JARDÍN DE LEONARDO

En 1497 Leonardo pasó a ser propietario de una parcela de tierra con
un viñedo. El terreno se encontraba cruzada la Porta Vercellina, entre el
convento de Grazie y el monasterio de San Vittore. No puede decirse que
ésta fuera la primera propiedad que tenía Leonardo —habría que contar
también aquella casa hipotecada una y otra vez de Val d'Elsa que aparece
en el contrato de la *Adoración*—, pero ésta era estrictamente suya, sin condición alguna y, veinte años más tarde, cuando redactó su testamento,
aún le pertenecía. En su testamento se describe como un «jardín que posee extramuros de Milán». Así la recordaba en Francia mientras las sombras se iban haciendo más oscuras a su alrededor: era su jardín.

Fue el Moro quien se lo regaló. El documento de traspaso de la propiedad no se conserva, pero conocemos la fecha en que tuvo lugar gracias a
un documento posterior relativo a una parcela adyacente: un contrato
entre los abogados del Moro y una viuda llamada Elisabetta Trovamala, en
el que se dice que el viñedo había sido cedido a Leonardo por la Camera
Ducale catorce años antes. El contrato tiene fecha del 2 de octubre de
1498, así que Leonardo debió de acceder a la propiedad del viñedo a
principios de agosto de 1497.[127] Más o menos por las mismas fechas en
que debió de concluir *La Última Cena*.

La parcela tenía una superficie de unas 16 *pertiche*. Según Leonardo,
una *pertica* equivalía a 1,936 brazos cuadrados. No está muy claro cuál era
el valor exacto de un brazo (además, el brazo milanés era algo mayor que
el florentino), pero, redondeando un poco, obtendremos que el viñedo
de Leonardo debía de tener una superficie algo superior a una hectárea;
un tamaño bastante considerable para un jardín suburbano. Según el estudio clásico de Luca Beltrami, *La vigna di Leonardo* (1920), tenía aproxi-

madamente 200 metros de longitud por 50 de anchura: se trataba por tanto de una parcela larga y estrecha, como suelen ser los viñedos.[128]

Aunque siempre se habla del jardín o el viñedo de Leonardo, la propiedad incluía también algún tipo de edificación. En un documento de 1513 aparece descrito como *sedimine uno cum zardino et vinea,* que en el lenguaje actual de los agentes inmobiliarios vendría a equivaler a «un chalet con jardín y viña».[129] A esas alturas era Salai quien estaba a su cargo: había realquilado una parte, por 100 liras al año, reservando algunas habitaciones para alojar a su madre viuda. No era desde luego una mera *casetta* o cobertizo, aunque lo más seguro es que tampoco fuera demasiado grande. Tenemos noticias de que en 1515 se iban a realizar obras en el jardín, pero es difícil saber si se refieren a la construcción de una nueva casa o a una mera reforma de la antigua.

En sus notas y bocetos de planos Leonardo tabula minuciosamente la longitud y la anchura de su querida parcela:

> Desde el puente hasta el centro de la verja hay 31 brazos.
> Empieza a contar el primer brazo justo desde el puente.
> Y desde el puente hasta el recodo del camino, otros 23 $\frac{1}{2}$ brazos.

A partir de ahí se pierde en un laberinto de unidades convertibles —parcelas *(particelli)* y cuadrados *(quadretti),* pértigas y brazos— y luego en sus correspondientes diferenciales monetarios. Calcula que el *quadretto* de terreno tiene un valor de 4 sueldos, lo que supone 371 liras por *pertica* y un total que asciende a «1,931 y $\frac{1}{4}$» de ducados.[130] Estas cuentas concatenadas, uno de los frutos prácticos de la aritmética pacioliana, nos transmiten la percepción que tenía Leonardo de la tierra como un bien tangible, como una fuente de estabilidad y seguridad; algo fácilmente comprensible en un hombre de 45 años que no tenía ni residencia fija ni ingresos regulares. También es fácil imaginar lo mucho que la apreciaría por sí misma, por su belleza, su tranquilidad y su verdor, y por proporcionarle además un refugio lejos del agobio del verano en la ciudad.

El solar se encuentra al sur de Grazie, detrás de una fila de edificios cuyas fachadas dan al lado meridional de Corso Magenta. Hace ochenta años, cuando Beltrami realizaba su investigación, aún había allí un viñedo. En la actualidad se puede ver todavía una estrecha cuña de vegetación, con la exuberancia propia de los jardines urbanos, y, si se quiere celebrar esa supervivencia parcial se puede almorzar en el Orti di Leonardo, un restaurante ubicado donde debió de estar el extremo oriental del viñedo. Esta parte de la ciudad es hoy una zona residencial de la alta burguesía milanesa. Los bloques de pisos, altos y recargados, tienen balcones neoclásicos y parecen impregnados de la confiada atmósfera del *Risorgimento.* Más al sur se encuentran el hospital de San Giuseppe y el antiguo monasterio de San Vittore, con sus espléndidos claustros renacentistas. Desde ahí se puede retroceder hacia Grazie por la via Zenale, dejando a mano derecha el fantasmal viñedo. Esta calle, que une Grazie con San Vittore, fue trazada o ampliada en 1498. Algunos planos de los cuadernos de Leonardo hacen referencia expresa a dicho proyecto.[131] Tal vez esas mejoras aumentaron el valor de su propiedad: un buen pelotazo.

Los terrenos que se extendían al otro lado de la Porta Vercellina eran una zona residencial muy apetecible, y en los últimos años habían experimentado un notable desarrollo urbanístico debido sobre todo a la construcción de viviendas ajardinadas destinadas a los funcionarios ducales. Uno de los residentes en la zona era Galeazzo Sanseverino, un buen amigo de Leonardo y Pacioli y posible patrono de su «academia». Las cuadras que poseía aquel excelente jinete gozaban de gran fama: una serie de estudios de cuadras que Leonardo realizó a finales de la década de 1490 tal vez fueran parte de un proyecto para su renovación.[132] Según una crónica del siglo XVI, *De bello gallico* de Arluno, «las cuadras eran tan hermosas y estaban tan bellamente decoradas que se diría que allí se encontraban enyugados los caballos de Marte y Apolo». Es posible que también Vasari se refiera a ellas cuando habla de unos frescos pintados por Bramantino: «Saliendo por la Porta Vercellina, no lejos del castillo, decoró ciertas cuadras que hoy en día se encuentran en un estado ruinoso. Pintó unos caballos a los que estaban almohazando, y uno de ellos parecía tan real que un caballo pensó que era de verdad y se puso a cocearlo».[133]

Otra familia ilustre, los Atellani, también recibieron del Moro un terreno en la zona. La fachada de su casa daba al camino de Vercelli (hoy Corso Magenta), mientras que el jardín trasero lindaba con el viñedo de Leonardo, del que constituía su límite septentrional. Más adelante, los techos de la casa serían decorados con unos frescos de Bernardino Luini, repletos (como gran parte de su obra) de motivos leonardescos; las pinturas fueron realizadas a principios del siglo XVI, cuando la casa de los Atellani era el centro de reunión de uno de los más exquisitos círculos intelectuales de Milán.[134]

En una nota, Leonardo menciona a otros dos vecinos de esta lujosa zona residencial: «Vangelista» y «Messer Mariolo».[135] Resulta tentador pensar que el primero de ellos se trate de Evangelista de Predis, un antiguo compañero suyo, pero es una identificación bastante improbable. «Messer Mariolo» es Mariolo de Guiscardi, uno de los principales cortesanos milaneses, y pudiera ser que una serie de proyectos arquitectónicos del Códice Atlántico guarden relación con un trabajo de Leonardo en la mansión Guiscardi, de la que un documento de 1499 nos dice que «había sido construida recientemente y aún no estaba acabada del todo». Adjuntas a uno de esos proyectos figuran unas especificaciones de la mano del propio cliente:

> Queremos un salón de 25 brazos, un cuarto de guardia para mí, y una estancia, con dos pequeñas habitaciones adyacentes, para mi esposa y sus doncellas, con un pequeño patio.
> Ítem, unas cuadras dobles con capacidad para 16 caballos y una habitación para los mozos.
> Ítem, una cocina con una despensa adjunta.
> Ítem, un comedor de 20 brazos para el personal de la casa.
> Ítem, una habitación.
> Ítem, una cancillería [es decir, un despacho].

Las notas que Leonardo escribió al respecto constituyen un testimonio muy elocuente del tipo de exigencias que cabía esperar de unos clientes ricos y caprichosos, pero también de la puntillosa meticulosidad del propio Leonardo:

> La habitación grande para los criados debe estar lejos de la cocina, para que el señor no tenga que oír sus parloteos. Haz la cocina de tal forma que se puedan lavar en ella los cacharros y así no haya que llevarlos por la casa...
> La despensa, la leñera, la cocina, el gallinero y la sala de los criados deben ser colindantes, para mayor comodidad. Y lo mismo debe ocurrir con el jardín, las cuadras y los estercoleros...
> La señora de la casa tendrá una estancia y un salón propios, situados a buena distancia de la sala de los criados... [con] dos pequeñas alcobas junto a la suya, una para las doncellas y otra para las nodrizas, así como varias habitaciones pequeñas para los enseres de éstas...
> Las comidas que salgan de la cocina pueden servirse a través de unas ventanas anchas y bajas o sobre mesas giratorias...
> La ventana de la cocina debe estar frente al almacén de las provisiones para así poder entrar mejor la leña.
> Quiero que una sola puerta cierre toda la casa.[136]

Esta última especificación trae a la memoria un diseño de vivienda del MS B de París, perteneciente a los proyectos de una «ciudad ideal», al que acompaña la siguiente nota: «Cerrando la saiida marcada con una *m*, se cierra toda la casa».[137] Es una solución eminentemente práctica, pero también apunta a la irresistible tendencia de Leonardo hacia el secreto y la privacidad: un cierre hermético para guardar el mundo interior.

. Leonardo a los veintinueve años. Probable autorretrato de *La Adoración de los Magos*.

2

4

3

2. Paisaje cerca de Vinci. El dibujo de Leonardo más antiguo que se conoce. 3. *Estudio de un lirio*.
4. El perro de *Tobías y el ángel* de Andrea del Verrocchio, probablemente pintado por Leonardo.

5

5. *La Anunciación.*

7

6. *Retrato de Ginevra de Bencí.*   7. Verrocchio, El *Bautismo de Cristo*, con el ángel arrodillado y el paisaje de Leonardo.

8

9

8. *Ángel de terracota* en San Gennaro, atribuido a Leonardo. 9. *Madonna Benois*.

10

10. *La Adoración de los Magos*, dejada sin terminar en 1482. 11. *La Virgen de las rocas* del Louvre.

12

12. La *Dama del armiño*, un retrato de Cecilia Gallerani. 13. *Retrato de un músico*. 14. Retrato llamado *La Belle Ferronnière*, probablemente de Lucrezia Crivelli.

13

14

LEONARDO
VINCI

15

15. Leonardo entrando ya en la tercera edad. Retrato atribuido a Francesco Melzi, h. 1510-1512.
16. *Estudios de caballos*, de comienzos de la década de 1490.

17

17. *La Última Cena.*　18. *Cinco cabezas grotescas* (posiblemente unos gitanos timando a un hombre).

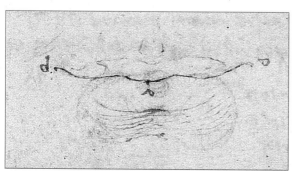

19

20

21

19. La sonrisa. Detalle de una hoja de estudios de labios y bocas. 20. Las manos. Detalle de una copia que se hizo en el siglo XVI del retrato de Leonardo de Isabella d'Este. 21. El fantasma. Imagen en el reverso del *Retrato de Isabella d'Este*, de Leonardo.

22   23

24

22. El puente. Detalle de *La Virgen del huso* de Leonardo y sus ayudantes. 23. *Mona Lisa.* 24. Cartón para *La Virgen y el Niño con Santa Ana y San Juan niño* (Burlington House).

25

26

27

25. Boceto de un retrato de Leonardo mostrado aquí como imagen especular, h. 1510. 26. Detalle de San Jerónimo del altar de Ospedaletto Lodigiano. 27. Uno de los últimos dibujos de el Diluvio.
 28. *San Juan Bautista*, posiblemente el último cuadro de Leonardo. 29. *Leda y el cisne*. Versión de una obra perdida de Leonardo realizada por un discípulo o un seguidor. (¿Cesare da Sesto?)

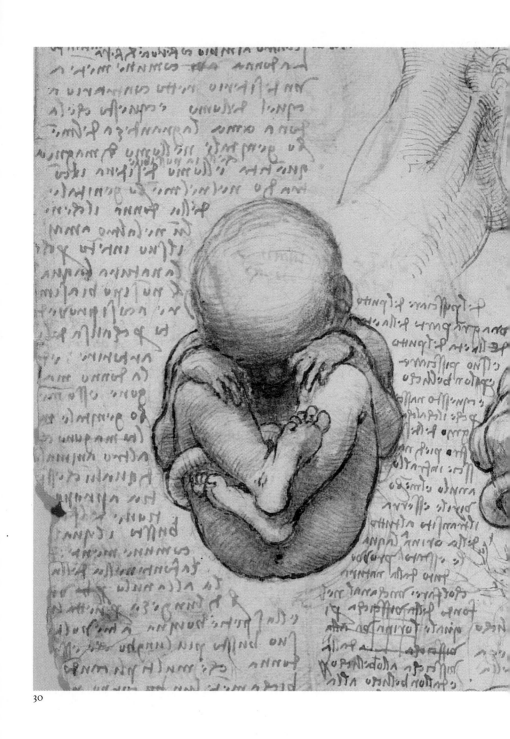

30. El misterio de la creación. Detalle de una hoja de estudios del feto en el útero.

Dentro de su «jardín» Leonardo se siente a sus anchas. Recorre sus límites, inspecciona las viñas, se sienta a la sombra de un árbol para proyectar unas mejoras que nunca llevará a cabo. Juega a ser jardinero. Y, entretanto, en el castillo, como si pretendiera celebrar su humor pastoril, ha empezado a crear también una especie de jardín: la portentosa enramada artificial de la Sala delle Asse.

Con el ánimo ensombrecido tras la muerte de parto de su esposa, ocurrida en enero de 1497, Ludovico Sforza empezó a remodelar el ala norte del castillo para hacer de ella su lugar de retiro privado. En la planta baja de la torre septentrional se encontraba la Sala delle Asse —la Sala de los Paneles—, así llamada por estar sus muros decorados con unos paneles de madera en los que figuraban los emblemas del linaje de los Sforza. Junto a ella había dos salas más pequeñas, conocidas como las Salette Negre («las salitas negras»), que daban a la deliciosa logia, hoy en pésimo estado, que discurría sobre el foso del castillo.

Allí se encontraba trabajando Leonardo en 1498, según atestiguan los informes del tesorero ducal, Gualtiero Bascapé; ese mismo «Messer Gualtieri» al que vimos sosteniendo las vestiduras del Moro en un dibujo alegórico de Leonardo:

> 20 de abril de 1498 - La Saletta Negra está siendo reformada según vuestras instrucciones... hay un buen entendimiento entre Messer Ambrosio [Ambrogio Ferrari, el ingeniero del duque] y el Maestro Leonardo, así que todo va bien y no pasará mucho tiempo antes de que las obras estén terminadas.

> 21 de abril de 1498 - el lunes se despejará la gran Camera delle Asse de la torre. El Maestro Leonardo ha prometido tenerla acabada para finales de septiembre.[138]

Así pues, Leonardo estaba acabando de decorar las Salette Negre en abril de 1498, mientras se preparaba la Sala delle Asse para que pudiera empezar a trabajar en ella inmediatamente. Se comprometió a «tenerla acabada» para finales de septiembre: tenía cinco meses por delante.

Los frescos del techo de la Sala delle Asse son prácticamente todo lo que nos queda del trabajo de Leonardo como decorador de interiores de los Sforza. No se conserva nada de las obras que realizó en 1494 en el palacio de verano de Vigevano, ni de las estancias de Beatrice Sforza (los *camerini*) de 1496, ni tan siquiera de las «Salitas Negras» que había estado pintando antes de ponerse a trabajar en la Sala delle Asse. Pero en esta gran sala, que pese a sus amplios ventanales solía ser bastante sombría, creó una fantasía maravillosa, una verdadera melodía en verde. Tanto los muros como el techo están cubiertos por una densa tracería de ramas en-

Detalle del fresco de la Sala delle Asse.

trelazadas que crea un frondoso jardín interior; entre este lustroso folla-je serpentea un cordón dorado que forma innumerables bucles y nudos. A esta sala se refiere sin duda G. P. Lomazzo cuando dice: «Sus árboles son una hermosa invención de Leonardo, que ha hecho que las ramas se entretejan las unas con las otras creando fantasiosos entrelazados, una técnica que ya utilizara Bramante». El comentario nos permite estable-cer un vínculo entre la Sala delle Asse y los intrincados «diseños de nu-dos» del «logotipo» de la academia, cuyos originales debieron de crearse más o menos por esa misma época.

El diseño lo componen dieciocho árboles que arrancan desde el sue-lo. Unos se ramifican horizontalmente; dos pares se curvan hacia dentro dando lugar a unos arcos de follaje que enmarcan dos ventanales; y otros ocho troncos ascienden hasta el techo abovedado, convergiendo en un óculo de bordes dorados, donde figuran los escudos de armas de Ludo-vico y Beatrice. Los robustos árboles simbolizan la fortaleza y el creci-miento dinástico del linaje de los Sforza (el árbol enraizado aparece en un emblema de los Sforza que se encuentra en dos pequeños tondos de Vigevano), mientras que el cordón dorado que discurre entre el ramaje puede guardar relación con la *fantasia dei vinci* de los Este, o si no con las

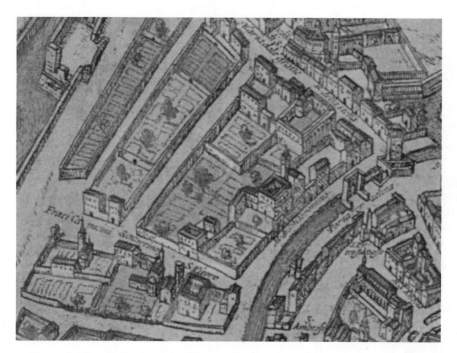

El viñedo. Detalle del plano de Milán de Hoefnagel donde puede verse la antigua Puerta Vercellina (la estructura en forma de L de la derecha) y Santa Maria delle Grazie (arriba). La ancha calle diagonal del centro es hoy la via Zenale; el viñedo estaba dentro del recinto que se encuentra a su derecha.

decoraciones doradas de las mangas de la *Dama con collar de perlas,* que quizá sea un retrato de Beatrice, obra de Ambrogio de Predis.[139]

Este deslumbrante mural fue descubierto de nuevo en 1893, cuando se retiró de uno de los muros el grueso encalado que cubría toda la sala. (A quién pudo ocurrírsele la peregrina idea de encalarla y por qué razón lo hizo es algo que ignoramos por completo). Bajo la supervisión de Luca Beltrami (el superintendente de obras del castillo), se restauró la decoración, y la Sala volvió a abrirse al público en 1902. Desde entonces, la restauración ha sido objeto de la más rotunda condena debido al carácter, a todas luces excesivo, de las interpolaciones y añadidos («en muchos aspectos es un verdadero acto de vandalismo»).[140] Una restauración posterior (1954) eliminó las intervenciones más obvias, pero aun así la relación entre lo que podemos ver hoy y lo que Leonardo hizo sigue oculta a nuestros ojos.

No obstante, hubo una zona que escapó al desmedido celo del restaurador, un pequeño trozo del muro nororiental, próximo a la ventana que da a la parte posterior de las Salette Negre. Lo que ahí se conserva es

355

una capa subyacente de pintura monocroma, aparentemente inacabada. Beltrami, creyendo que se trataba de un añadido posterior, la hizo cubrir con un panel de madera. Hoy, sin embargo, se considera que es obra de un ayudante de Leonardo, que la ejecutó siguiendo las instrucciones directas del maestro. Se trata de un árbol gigantesco, cuyas poderosas raíces se abren paso entre unos estratos de piedra que parecen ser los cimientos de un edificio antiguo en ruinas. La imagen trae a la memoria aquella fábula de Leonardo sobre un fruto que cayó entre las grietas de un muro y que, al germinar, «fue creciendo y creciendo hasta que sus retorcidas raíces empezaron a desgajar el muro y a desplazar las viejas piedras de su sitio. Y sólo entonces, cuando ya era demasiado tarde, se lamentó en vano el muro de la causa de su destrucción».[141]

Si la obra pretendía sugerir lo enraizado que estaba el poder de los Sforza, los acontecimientos no tardarían en conferirle un significado bien distinto. La dinastía a la que se celebraba tan suntuosamente en la Sala delle Asse con aquel derroche de follaje estaba a punto de recibir el golpe de gracia que la haría caer; un golpe que se llevaría también por delante las fortunas de muchos otros, entre ellos, el propio Leonardo. Las cosas por entonces no podían irle mejor: *La Última Cena* había sido concluida y aclamada, gozaba de la camaradería de la academia y disfrutaba de los sosegados placeres del jardín. El pesaroso semblante del filósofo del fresco bramantino parecía haberse iluminado un poco. Pero pronto se vería que aquello no era más que un fugaz respiro. A principios de 1499, llega a Milán la noticia de que los franceses están movilizando tropas para una invasión bajo el mando de su nuevo monarca, el rey Luis XII, aquel duque de Orleans cuyas pretensiones sobre el ducado de Milán se había tomado a risa el imprudente Ludovico cinco años antes.

«Todo lo que no te puedas llevar, véndelo...»

Mientras las tropas francesas van concentrándose junto a la frontera italiana, Leonardo liquida cuentas. Éstos son los desembolsos correspondientes al 1 de abril de 1499:

> Salai 20 liras
> Para Fazio 2 liras
> Bartolomeo 4 liras
> Arigo 15 liras[142]

De éstos, Fazio probablemente sea Fazio Cardano, el padre del matemático Girolamo Cardano, y tal vez aparezca en la lista en calidad de acreedor. Los demás son ayudantes: Salai, que tiene ya diecinueve años; Bartolomeo, que pudiera ser Bramantino; y un tal Arigo, un nombre nuevo, que quizá sea un alemán como lo era Giulio. («Arrigo» procede del germano Heinrich y viene a equivaler a Enrique; recuérdese que el nombre del padrino alemán de Leonardo era Arrigo di Giovanni Tedesco). El nombre volverá a aparecer en una lista de Leonardo fechada hacia 1506-1508.

En esa misma hoja, Leonardo hace un recuento del efectivo que le queda en la alcancía, un dinero que conserva en las más diversas monedas: ducados, florines, grossoni, etcétera. El total asciende a 1,280 liras. Luego se pone a hacer con el dinero paquetitos de papel, unos blancos y otro azules. Y finalmente procede a distribuirlos por el taller: pone uno junto a la caja donde guarda los clavos, otros a ambos lados de un «largo estante» y en la alcancía sólo deja un trapo donde ha envuelto unos «puñados de *ambrosini*» (la calderilla milanesa). La imagen es muy gráfica: el maestro parece jugar a la búsqueda del tesoro con esos paquetitos de colores. Se imagina ya a los ladrones y a los saqueadores: pueden llegar en cualquier momento. La alcancía la encontrarán, desde luego, pero no esos paquetes desperdigados entre el revoltijo del taller. Un plan muy astuto sin duda, aunque no del todo exento de esos tics de «perseveración» de los que hablaba Freud, un intento de aliviar o desviar la tensión mediante un comportamiento repetitivo y maniático.

En el mes de mayo, los franceses entran en Italia; a finales de julio ya han tomado Asti y tienen cercada la fortaleza de Arazzo; las fronteras del ducado están amenazadas. En ese momento se produce la inesperada defección de Gianfrancesco Sanseverino, el hermano de Galeazzo, el mismo en cuya casa había escenificado Leonardo la obra *Júpiter y Danae*. Conservamos una nota que tal vez pertenezca a estos momentos de tensión bélica: «En el parque del duque de Milán vi disparar una bala de cañón de 300 kilos desde una altura de un brazo. Dio 28 botes, y la longitud proporcional de cada uno de ellos con respecto al anterior era equivalente a la de la altura de cada uno con respecto al bote siguiente».[143]

«El primero de agosto de 1499 —escribe tranquilamente Leonardo en una página del Códice Atlántico—, redacto estas notas acerca del movimiento y los pesos». Dicha página, en efecto, está repleta de notas sobre el tema: unos estudios emparentados con las investigaciones mecánicas de Madrid I y con la física *(scientia de ponderibus)* de los cuadernos Forster. En la misma hoja figuran una serie de bocetos para «los baños de la duquesa», y en otro cuaderno contemporáneo del anterior, bajo el encabezamiento «Baños», anota lo siguiente: «Para calentar el agua de la caldera de la duquesa añade tres partes de agua caliente a cuatro partes de agua fría».[144] La duquesa en cuestión debe de ser Isabel de Aragón, la viuda de Gian Galeazzo. Ella y Leonardo eran vecinos; Isabel se alojaba en otra ala de la Corte Vecchia junto a su hijo enfermo, Francesco, el «Duchino». La actitud servicial de Leonardo en relación con el suministro de agua caliente de la dama tal vez tenga un trasfondo oportunista. No puede decirse que la duquesa fuera muy amiga del Moro; no se trataba sólo de que Ludovico la hubiera tenido prácticamente presa, sino que además sospechaba que había ordenado envenenar a su marido: cuando entraran las tropas francesas, su hijo sería uno de los primeros en ser «liberados». De ese modo, Leonardo estrechaba vínculos con alguien que estaba deseando la llegada del invasor.

El avance francés proseguía. Valenza cayó el 19 de agosto; y poco después lo hacía Alessandria. El 30 de agosto, una revuelta popular fomentada por la facción anti-Sforza que lideraba Giangiacomo Trivulzio hundió Milán en el caos. Antonio Landriani, el tesorero del duque, fue asesinado. El 2 de septiembre, sin necesidad de consultar previamente a sus astrólogos, Ludovico Sforza huyó de Milán. Se dirigió hacia el norte, con la idea de llegar a Innsbruck, donde esperaba obtener el apoyo del emperador Maximiliano. Bernardino da Corte, que había quedado a cargo de la defensa del castillo, rindió el puesto, y el 6 de septiembre, sin ofrecer resistencia, Milán caía en manos de los franceses. Al día siguiente, según nos cuenta el cronista Corio:

> La muchedumbre se aglomeró junto a la casa de Ambrogio Curzio, y la arrasó por completo hasta que no quedó en ella nada de valor; otro tanto sucedió con el jardín de Bergonzio Botta, el maestro de pagos del duque, con el palacio y las cuadras de Galeazzo Sanseverino, y con la casa de Mariolo, el chambelán de Ludovico, que había sido construida recientemente y aún no estaba acabada del todo.[145]

Leonardo conocía a todos estos hombres y a sus familias. Conocía sus casas; él mismo pudo ser el arquitecto de la casa de Mariolo, que estaba al lado de su viñedo. E incluso conocía todos y cada uno de los aterrorizados caballos de las cuadras de Galeazzo.

El 6 de octubre Luis XII entraba triunfalmente en la ciudad. Pasó allí unas seis semanas; las peligrosas semanas de ocupación, sobre todo para aquellos que habían estado ligados al Moro. ¿Llegó Leonardo a un trato con los franceses? ¿Se vendió? Parece evidente que así fue. Es aquí donde entra el misterioso caso del «memorándum de Ligny», una hoja del Códice Atlántico en la que escribe: «Localiza a Ingil y dile que le esperarás en Amor y que irás con él a Ilopan».[146] El primer nombre en clave, si es que el mero hecho de escribir los nombres del revés se puede considerar una clave, corresponde a «Ligni», que no era otro que el jefe militar francés Louis de Luxembourg, conde de Ligny. Leonardo pudo haberlo conocido en 1494, cuando Ligny acompañó a su primo Carlos VIII en la anterior incursión francesa, que en aquel caso tuvo un carácter bastante más diplomático. Leonardo quiere hablar con él; es más, quiere acompañarle en una posible expedición contra Nápoles («Ilopan»). En esa misma hoja decide «obtener de Jean de París el método de colorear *a secco*, así como su sistema de elaboración de papel imprimido». Jean de París era el famoso pintor francés Jean Perréal, que formaba parte de la expedición. En otro lugar del Códice Atlántico figura cierta *Memoria a M[aest]ro Leonardo*, escrita por otra mano, en la que se le exhorta a «entregar cuanto antes el informe *[nota]* acerca de la situación en Florencia, sobre todo en relación con la forma y el modo en que el reverendo padre Fray Jerónimo [Savonarola] ha organizado el estado florentino».[147] Este requerimiento de información política puede estar relacionado también con su acercamiento a los franceses.

Dos años más tarde, ya en Florencia, veremos a Leonardo pintar *La Virgen del huso* para el favorito del monarca francés, Florimond Robertet, y rechazar otros encargos debido a ciertas «obligaciones» no precisadas que tiene contraídas con el propio rey. Si estos datos indican que existió un contacto personal con el rey Luis y con Robertet, parece indudable que tales contactos debieron de producirse en Milán en 1499. Es posible que también fuera entonces cuando conoció al carismático César Borgia, «Il Valentino», que en aquel momento mandaba un escuadrón francés y a cuyas órdenes trabajaría más adelante en pleno teatro bélico.

Leonardo permaneció en Milán hasta diciembre. La hoja del memorándum de Ligny contiene asimismo una lista de tareas que hay que llevar a cabo antes de la partida:

> Manda fabricar dos cajas.
> Mantas de arriero, o mejor aún, usa las colchas. Hay tres, y una la puedes dejar en Vinci.
> Coge los braseros de Grazie.
> Obtén de Giovanni Lombardo el Teatro de Verona.
> Compra manteles y toallas, gorros y zapatos, cuatro pares de calzas, un jubón de gamuza y pieles para hacer más.
> El torno de Alessandro.
> Todo lo que no te puedas llevar, véndelo.

El 14 de diciembre, transfirió 600 florines a una cuenta del Ospedale di Santa Maria Nuova en Florencia. Sus banqueros milaneses eran la familia Dino y la transferencia se efectuó a través de dos letras de cambio de 300 florines cada una; aún tendrían que pasar unas cuantas semanas antes de que el dinero estuviera a salvo en Florencia.[148] Su partida debió de verse precipitada por los rumores de un inminente retorno del Moro a Milán. Los mandos franceses, en un exceso de confianza, habían levantado el campamento; Luis XII y Ligny habían vuelto a Francia, mientras que el ejército, comandado por Stuart d'Aubigny y Borgia, marchaba hacia Ferrara. Las facciones leales, aprovechando la ocasión, pregonaban ya el regreso del duque, reforzado ahora con tropas mercenarias suizas y apoyado por Maximiliano.

Finalmente, el retorno del Moro fue un episodio fugaz e ignominioso, pero Leonardo no esperó a verlo. Era uno de los que se habían quedado durante la ocupación francesa, alguien a quien se podía acusar de haber «colaborado» con el invasor. No podía esperar nada bueno del retorno triunfal del Moro. Y así, convertido en un fugitivo de su antiguo mecenas, casi en la misma medida en que se había visto forzado por las circunstancias a convertirse en un exiliado, Leonardo dejó Milán en los últimos días de 1499. La transferencia de fondos que realizó el 14 de diciembre debió de ser lo último que hizo en la ciudad: el saldo final cuando ya habían pasado casi dieciocho años desde aquel día en que llegó a la ciudad lleno de ambiciones con un fajo de dibujos, su lira y su cohorte de turbios jóvenes florentinos. El Leonardo que ahora se va es una persona distinta: tiene cuarenta y siete años, lleva su jubón de gamuza abotonado hasta el cuello para protegerse del frío y deja atrás los inciertos éxitos de los años pasados con los Sforza para encaminarse hacia un futuro aún más incierto.

Capítulo VI

En movimiento
1500-1506

El movimiento es el origen de toda vida.

MS H de París, fol. 141r

La primera escala de Leonardo fue Mantua y la corte de la joven marquesa Isabella d'Este. Sin duda ya se habían conocido en Milán: Isabella estuvo allí en 1491, asistiendo a las nupcias de su hermana Beatrice con Ludovico, y también a principios de 1495, cuando llegaron noticias de la victoria francesa sobre Nápoles, un asunto que le tocaba más de cerca, pues su esposo, Francesco Gonzaga, se contaba entre los que combatían a los franceses. Conocía el retrato que Leonardo había hecho de Cecilia Gallerani —había mandado que se lo enviaran para compararlo con los retratos del maestro veneciano Giovanni Bellini— y conocía también a Atalante Migliorotti, el músico protegido de Leonardo, al que había ordenado ir a Mantua en 1490 para cantar el papel principal en una representación de *Orfeo,* la ópera de Poliziano. En suma, ella y Leonardo sabían el uno del otro; otra cosa es que la relación entre ellos fuera buena.

Isabella d'Este era una mujer dominante, extremadamente culta, y muy rica. Aunque tenía poco más de veinte años, regía su corte como una imperiosa *maîtresse* de salón parisino. La familia Este de Ferrara era uno de los linajes más antiguos e ilustres de Italia, cuyos feudos incluían Módena, Ancona y Reggio. (Existía también una rama alemana, fundada a finales del siglo xi, de la que descienden las casas güelfas de los Este —los Brunswick y los Hannover—, y de ellas, la familia real británica). En enero de 1491, cuando contaba dieciséis años, Isabella había contraído matrimonio con Francesco Gonzaga II, marqués de Mantua, una unión que formaba parte de una maniobra diplomática a tres bandas, cuyos otros dos pilares eran la boda de su hermana con Ludovico, y la de su hermano con Anna, la sobrina del Moro. Tradicionalmente, los Gonzaga y los Visconti milaneses eran enemigos irreconciliables, pero gracias a estos matrimonios de conveniencia se establecía ahora una triple alianza entre los Sforza, los Gonzaga y Ferrara.

Isabella entró en Mantua con toda solemnidad: llegó navegando por el Po en una fantasía acuática y accedió a la pequeña pero elegante ciudad fortificada en una carroza triunfal, a la que seguían trece arcones decorados, repletos de ajuar. No tardó en convertirse en uno de los iconos de aquellos tiempos de consumo ostentoso, una coleccionista voraz, no siempre honrada, de objetos bellos y valiosos. Hablaba con irritación de la fortuna de su hermana; los Sforza eran aún más ricos que los Gonzaga, pero Beatrice no era aficionada al coleccionismo. «Dios quisiera que los que gastamos de buen grado tuviéramos tanto», había dicho en cierta ocasión Isabella. Gracias a ella, la colección de los Gonzaga de joyas, camafeos y entalles —pequeños objetos de valor que gozaban de gran favor entre los coleccionistas— conoció un notable incremento. No obstante, a finales de la década de 1490, su correspondencia da cuenta de una ampliación de sus gustos. «Ya sabéis de nuestra avidez por las antigüedades», le escribe en 1499 a su agente en Roma. Y añade: «Ahora estamos interesados en unas cabezas y unas figurillas en bronce y en mármol».[1] Dichas cabezas y figurillas estaban destinadas a las salas de exhibición que estaba creando en el castillo Gonzaga: su famoso *studiolo*, que hacía pareja con una *grotta*. Isabella empezó entonces a encargar pinturas: el interés que manifiesta por Bellini y Leonardo, del que da fe la carta dirigida a Cecilia Gallerani, estaría relacionado con este proyecto. Finalmente, el *studiolo* se decoró con nueve pinturas de gran formato: unas alegorías bastante intrincadas que se atenían a las especificaciones de la propia Isabella. Dos de ellas se debían a Andrea Mantegna, el veterano artista de la corte de Mantua, otras dos eran de Lorenzo Costa de Ferrara y una de Perugino, el antiguo colega de Leonardo; pero, pese a los esfuerzos de la marquesa, ninguna de ellas era obra de Leonardo.

Isabella era una mujer de una inteligencia y un gusto más que notables. Muchos poetas y músicos se beneficiaban de su mecenazgo y ella misma era una consumada intérprete de laúd; la *frottola*, una deliciosa tonadilla de tema amoroso, era una de las piezas favoritas de sus veladas. Pero por encima de todo era una coleccionista, cuyo entusiasmo rayaba en la obsesión. En 1539, cuando falleció, sus posesiones incluían: 1,241 monedas y medallas; 72 jarrones, frascos y tazas, 55 de ellas de *pietre dure* (ágata, jaspe, etcétera); cerca de 70 estatuas y estatuillas de bronce, mármol y *pietre dure;* 13 retratos escultóricos de busto; así como relojes, cajas de taracea, piezas de coral, un astrolabio, un «cuerno de unicornio» y un diente de pez de «tres palmos de longitud».[2]

El retrato de Isabella de media figura que dibujó Leonardo, hoy en el Louvre, fue realizado casi con total seguridad en el invierno de 1499-1500, mientras éste se encontraba en Mantua como huésped de la marquesa. En cierto modo fue su forma de pagar el alojamiento. Se trata de un dibujo acabado hecho a carboncillo, sanguina y pastel amarillo. La parte inferior

Isabella d'Este, retrato de Leonardo, 1500.

probablemente haya sido recortada: en una copia anónima del siglo XVI (Christ Church, Oxford), muy próxima al original en todo lo demás, las manos descansan sobre una baranda y el dedo índice de la mano derecha señala a un libro que se encuentra asimismo sobre dicha baranda. El gran formato del dibujo parece indicar que se trata de un cartón para un cuadro, y lo mismo cabría decir de las perforaciones que se aprecian en el contorno de la figura, cuya presencia indica que iba a ser traspasado a una tabla. Leonardo no entregó nunca a Isabella su retrato pintado, pero hay testimonios que indican que llegó a empezarlo; más adelante volveré a ocuparme de esa obra perdida.

En el dibujo se advierte un sutil contraste entre la dulzura del modelado y la terquedad que parece insinuarse en el perfil. Ante nosotros tenemos a una joven aristócrata, orgullosa de saber que todos sus deseos serán satisfechos por aquellos —el retratista entre otros— a los que paga a tal efecto. Es un rostro un poco relleno y un tanto «consentido»: seguramente era una joven dada a los prontos, una de esas personas que dan una patada en el suelo cuando se las irrita y sueltan una risita cuando se las halaga. Hay otras fuentes que confirman esa impresión de que Isabella era una princesa caprichosa. Cuando en 1512 murió *Aura,* su perrito faldero, pidió que se le escribieran loas... y las tuvo, tanto en latín como en italiano. Maquiavelo, que era el representante florentino ante la corte de Mantua, señalaba con irritación que la marquesa solía levantarse bastante tarde y jamás recibía a las visitas oficiales antes del mediodía. El pleno perfil —el estilo «numismático» propio de las monedas y medallas— nos la presenta en su vertiente más aristocrática y autoritaria. El retrato nos muestra a un tiempo cómo quería ella que se la viera y cómo la veía realmente Leonardo, y contiene por tanto un subtexto irónico que nos habla de los interesados halagos en que incurría un artista necesitado de protección en tiempos difíciles.

Pero Leonardo no permaneció mucho tiempo en Mantua. En febrero de 1500, a más tardar, siguió camino hacia Venecia. Podemos estar seguros cuando menos de que a mediados de marzo ya se encontraba allí, pues fue entonces cuando recibió la visita de Lorenzo Guznago. Este músico y fabricante de instrumentos de Ferrara, que por entonces residía en Venecia, había estado con anterioridad en la corte milanesa de los Sforza, así que es probable que conociera personalmente a Leonardo. El 13 de marzo, Guznago escribió una carta a Isabella, donde, entre otras cosas, se decía lo siguiente: «Otra persona que se encuentra aquí en Venecia es Leonardo da Vinci, que me ha enseñado un retrato de Vuestra Señoría, muy fiel al natural y de muy bella factura. Nadie sería capaz de mejorarlo». Tras el telón de los superlativos de rigor, vislumbramos a Leonardo en sus alojamientos venecianos y, junto a él, en un caballete, un retrato de Isabella d'Este. Guznago habla de un *ritratto,* lo cual significa, casi con toda certeza, que se trata de una pintura y no de un dibujo. (El término *ritratto* puede hacer referencia también a una copia, en cuyo caso podría tratarse de un dibujo, pero es evidente que aquí no se emplea en ese sentido). Tal vez se tratara de un cuadro inacabado, pero estaba lo bastante avanzado como para que se alabara su parecido y su «bella factura».[3]

Este retrato perdido de Isabella d'Este resulta de especial interés porque probablemente contenía la primera versión pictórica de las manos de la *Mona Lisa.* Aunque sólo sean parcialmente visibles en el dibujo del Louvre, podemos reconstruir las manos cruzadas del cartón a partir de la copia de Christ Church (Lámina 20), y el resultado es casi idéntico a esas otras manos mucho más célebres: los dedos de la mano derecha se posan levemente sobre el antebrazo izquierdo, que a su vez reposa sobre una superficie sólida (una baranda en el dibujo y el brazo de un sillón en la *Mona Lisa)*. Pero el dibujo contiene también otras prefiguraciones de la *Mona Lisa*. El pelo de Isabella no está bien definido, pero el hecho de que no caiga suelto sugiere que hay algo que lo recoge, como sucede con el fino velo de *Mona Lisa*. También el busto recuerda intensamente al de *La Gioconda* —el corte del vestido, la leve hendidura de la parte superior del escote, la postura del hombro izquierdo—, aunque en el caso de la *Mona Lisa,* por supuesto, la modelo está ligeramente vuelta hacia su derecha (hacia la izquierda del cuadro), mientras que el busto de Isabella se halla vuelto hacia su izquierda. Para eliminar esta discrepancia basta mirar el dorso del dibujo del Louvre, donde la figura de Isabella aparece al revés (Lámina 21). El resultado es sorprendente: una imagen espectral de la *Mona Lisa* parece flotar sobre el papel (el efecto, sin embargo, se debe en parte a las manchas que oscurecen el perfil del rostro haciendo que la figura parezca haberse vuelto hacia el espectador).

Son muchos los misterios que rodean a la *Mona Lisa,* pero en este caso al menos parece que contamos con algo bastante similar a una certeza: determinados detalles de su pose y su aspecto hicieron acto de presencia por primera vez en un retrato que Leonardo dibujó, y al parecer empezó a pintar, en los primeros meses del año 1500.

De esta breve estancia de Leonardo en Venecia —la primera, por lo que sabemos— se conservan muy pocos testimonios, pero todos ellos revisten gran interés. En una hoja del Códice Atlántico, doblada y corregida varias veces, figura el borrador de un informe dirigido a los *illustrissimi signori* del Senado veneciano, donde se menciona la posibilidad de fortificar el río Isonzo (en la comarca de Friuli, al nordeste de Venecia) para hacer frente a la amenaza de una invasión turca. El proyecto tiene todos los visos de haber sido un encargo oficial. Su visita a la zona debió de tener lugar a principios de marzo, antes de la reunión del 13 de marzo en la que el Senado eligió una serie de «ingenieros» para enviarlos a Friuli.[4] Los dobleces de la hoja parecen indicar que Leonardo la llevaba en el bolsillo durante sus trabajos de campo. Un boceto a sanguina con la leyenda «Ponte de Goritia» y «alta vilpagho» da testimonio de su presencia en el río Wippach, cerca de Gorizia. También podemos identificar otro de los lugares que visitó gracias a una nota posterior en la que habla de un transporte de artillería que debía realizarse «de la misma forma que indiqué en Gradisca, en el Friuli».[5]

Leonardo adopta el tono seco propio de un informe: «He examinado minuciosamente las condiciones del río Isonzo [...]». Registra el nivel alcanzado por las crecidas del río. Consulta a los lugareños: «la gente del lugar me ha hecho saber que [...]». Y observa con rigor que la fuerza del agua es demasiado poderosa para que una obra humana pueda contenerla. Algunas de sus recomendaciones debieron de ser puestas en práctica, pues en el Códice Arundel figura una nota posterior, referida al palacio francés de Romorantin, donde escribe lo siguiente: «Que la compuerta sea móvil, igual que la que instalé en Friuli».[6]

En Venecia se interesó también por un tipo de técnica muy diferente: la imprenta. La ciudad se hallaba a la vanguardia de la nueva tecnología del grabado en cobre, un procedimiento mediante el cual la imagen quedaba impresa en una plancha de este metal gracias al empleo de un ácido corrosivo (el *aqua fortis*, o agua fuerte). Se hallaba aún en fase experimental, pero es indudable que Leonardo supo apreciar el potencial que tenía para la reproducción de sus dibujos técnicos. El grabado en cobre permitía una finura de trazo a la que no podía aspirar el tradicional grabado en madera. Seguramente fue durante su estancia de 1500 cuando hizo grabar e imprimir los diseños de la «academia», de los que la Biblioteca Ambrosiana de Milán conserva seis ejemplos tempranos. Pese a este interés, Leonardo, no sin cierto esnobismo, defendió siempre la supremacía de la singularidad de la pintura frente a la reproducción múltiple de la impresión: «La pintura no produce un sinfín de criaturas, como ocurre con los libros impresos; sólo ella es única y nunca da a luz dos criaturas iguales; y es esta singularidad lo que la hace mucho más excelsa que esas publicaciones que por todas partes proliferan».[7]

De otras actividades artísticas es poco lo que sabemos. Es probable que conociera al nuevo maestro de la pintura veneciana, el joven Giorgio da Castelfranco, al que los venecianos solían llamar Zorzi, pero al que hoy en día conocemos como Giorgione («Jorgetón»). Leonardo ejerció una profunda influencia en su obra. Un cuadro como *La tempestad* (h. 1508) constituye todo un homenaje al sentido que tenía Leonardo del color y la luz, a su técnica del *sfumato* y a su capacidad para crear atmósferas en las que el tiempo parece hallarse en suspenso. La breve estancia de Leonardo en Venecia en 1500 marcaría un momento de intercambio directo dentro del contexto de una influencia más general.

Mediado el mes de abril de 1500 llegaron a Venecia noticias de Milán. La causa de los Sforza había conocido un efímero resurgir a principios de febrero: tropas leales al mando de Ascanio Sforza y Galeazzo Sanseverino habían recuperado la ciudad. Pero el pregonado retorno del Moro fue desbaratado el 10 de abril en Novara, donde su ejército de mercenarios suizos fue puesto en fuga y él mismo fue capturado ignominiosamente mientras trataba de huir disfrazado de sirviente. Para el 15 de abril, Milán volvía a estar en manos francesas.

En la parte de atrás de una libreta (MS L de París), Leonardo hace un breve resumen del curso final de los acontecimientos; la discontinuidad de las frases produce la sensación de que las noticias son registradas conforme van llegando.

> El castellano ha sido hecho prisionero.
> A Bissconte [Visconti] se lo llevaron a rastras y mataron a su hijo.
> A Gian della Rosa le han robado todo su dinero.
> Borgonzo estuvo al principio, luego cambió de parecer, y la fortuna lo abandonó.
> El duque ha perdido su estado, sus bienes y su libertad, y ninguna de sus obras se ha finalizado.

Algunos expertos datan esta nota en septiembre de 1499, la fecha de la primera incursión francesa, pero la afirmación de que el duque ha «perdido [...] su libertad» parece una referencia clara a la captura de Ludovico en Novara. El *castellano* preso es el gobernador francés que rindió el castillo a los milaneses en febrero y fue encarcelado cuando los franceses recuperaron la ciudad el 15 de abril. Gian della Rosa probablemente sea Giovanni da Rosate, médico y astrólogo del Moro, mientras que Borgonzo es el cortesano Bergonzio Botta. Leonardo no menciona el destino mucho más trágico que corrió su amigo el arquitecto Giacomo Andrea. Los franceses lo encarcelaron, acusándolo de haber conspirado a favor de los Sforza, y pese a que se recibieron numerosas peticiones de clemencia de personajes muy influyentes, el 12 de mayo fue decapitado y descuartizado en el castillo. Es de suponer que estos acontecimientos no se habían producido todavía cuando Leonardo escribió su nota.

Que el Moro había perdido su libertad era absolutamente cierto. Fue conducido a Francia, a la región de Touraine, y se le encarceló en Loches, donde iba a permanecer, medio enloquecido a causa de su encierro, hasta su muerte, ocurrida ocho años más tarde. El comentario de que «ninguna de sus obras se ha finalizado» constituye a un tiempo una reflexión sobre la mutabilidad de la fortuna política y un subrayado más personal referente al abandono del proyecto del Caballo Sforza. Más adelante se enteraría de la destrucción del modelo en barro del Caballo a manos de los arqueros franceses, un acontecimiento que recogió el cronista Sabba Castiglione. «Recuerdo —escribiría Castiglione casi cincuenta años después—, y hablo ahora con indignación y tristeza, cómo aquella noble e ingeniosa obra fue utilizada como blanco por los ballesteros gascones».[8]

Si es que acaso tenía intención de volver a Milán, estas convulsiones de última hora debieron de disuadirle de hacer tal cosa. «Encarcelamientos, confiscaciones, asesinatos». Ésas fueron las escuetas noticias que en algún momento, ligeramente posterior al 15 de abril, garabateó en la cubierta de uno de sus cuadernos. El 24 de ese mismo mes ya había regresado a Florencia.

De vuelta en Florencia

El 24 de abril de 1500, Leonardo retiró 50 florines de su cuenta de Santa Maria Nuova. Tras una ausencia de dieciocho años, había vuelto a Florencia.[9] Mucho de lo que allí vio debió de resultarle familiar. Su padre, que andaba ya mediados los setenta, seguía ejerciendo la notaría y aún vivía en la via Ghibellina, no lejos del lugar donde se encontraba la antigua *bottega* de Verrocchio. Tal vez ya se habían resuelto las tensiones entre ambos: el muchacho había demostrado su valía y, en cualquier caso, el padre contaba ahora con una descendencia legítima: diez hijos ya, el más pequeño de ellos nacido sólo dos años antes. La causa del resentimiento había desaparecido, aunque quizá no fuera fácil ya desarraigarlo. ¿Le habló Leonardo de los últimos días de Caterina? Y en caso de que lo hiciera, ¿estaba Ser Piero interesado en saber de ello?

Algunas de las viejas caras del panorama artístico florentino habían desaparecido (los dos hermanos Pollaiuolo habían fallecido, al igual que Domenico Ghirlandaiao), pero Lorenzo di Credi, el antiguo colega de Leonardo, aún regentaba el taller que heredó de Verrocchio y, un poco más abajo, en la via della Porcellana, Botticelli seguía pintando con una manera estilizada que había pasado de moda. Y en ciernes, un nombre sin cara de momento, pues en 1500 se encontraba en Roma, también estaba la nueva y rutilante estrella del firmamento artístico, el hijo de un magistrado de Caprese, un tal Miguel Ángel de Ludovico Buonarroti; un joven de 25 años que por entonces daba los toques finales a su primera obra maestra escultórica, la *Pietà*.

Pero la vida florentina había perdido algo con el eclipse de los Medici, aunque éste resultaría ser temporal. Corrían los sombríos años posteriores a la teocracia instaurada por Savonarola, cuya «hoguera de las vanidades» había terminado por devorarlo también a él: fue ahorcado y quemado en la Piazza della Signoria el 23 de mayo de 1498. Eran tiempos de crisis económica. Varios gremios se hallaban al borde de la bancarrota y los impuestos no paraban de crecer mientras la deficiente conducción militar de la muy onerosa guerra contra Pisa, una ciudad que había sido cedida a los franceses en 1494, ponía a prueba los recursos del tesoro florentino.

Procurando no hacer mucho ruido, Leonardo se va haciendo sitio en el familiar pero alterado entorno de su juventud. Son tiempos de incertidumbre, un nuevo comienzo en medio de los paisajes de antaño. Los florentinos lo ven como un hombre extraño y caprichoso. A principios de 1501, un testigo observa: «La vida de Leonardo es tan variable e irregular *[varia et indeterminata]* que se diría que vive al día».[10]

Pese a la extrañeza que despertaba, Leonardo había regresado convertido en un maestro consagrado y un hombre famoso, cuyo máximo logro era *La Última Cena* y su más excelso fracaso el Caballo Sforza; no le iban a faltar ofertas de trabajo. Según cuenta Vasari, bien pronto fue recibido como huésped por los monjes servitas de la iglesia de la Santissima Annunziata:

> Cuando Leonardo volvió a Florencia, se enteró de que los monjes servitas habían encargado a Filippino [Lippi] las obras de la tabla del altar mayor de la Anunciación. Leonardo comentó que a él le habría gustado hacer una obra como aquélla. Al enterarse de ello Filippino, que era una persona muy gentil, abandonó la obra. Los frailes se llevaron entonces a Leonardo a su casa para que la pintara, corriendo con sus gastos y con los de su gente.

La iglesia de la Santissima Annunziata, un edificio colindante con el jardín escultórico que los Medici tenían en San Marco, era uno de los templos más ricos de Florencia. Casa madre de la orden servita, el templo fue fundado en Florencia a principios del siglo XIII y había sido remodelado por Michelozzo en la década de 1460 para dar acomodo a los peregrinos que acudían a ver una imagen milagrosa de la Virgen. Piero de Medici, el padre de Lorenzo, fue quien financió estas mejoras: la hornacina en la que se halla la imagen sagrada lleva una inscripción que parece un poco fuera de lugar: *Costò fior. 4 mila el marmo solo* («Sólo el mármol costó 4,000 florines»). El notario del monasterio no era otro que Ser Piero da Vinci, una circunstancia que sin duda debió de contribuir a que los servitas decidieran ofrecer su hospitalidad a Leonardo y a «su gente».[11]

El 15 de septiembre de 1500, los servitas encargaron un gran marco dorado para el altar mayor al arquitecto y carpintero Baccio d'Agnolo. Las medidas especificadas para dicho marco ponen de manifiesto que el cuadro proyectado iba a tener 5 brazos de alto por 3 de ancho (3 x 1.80 metros aproximadamente); un tamaño que excedía el de cualquiera de las tablas que había pintado Leonardo con anterioridad.[12]

Esto es lo que dice a continuación Vasari:

Los tuvo esperando durante mucho tiempo, sin siquiera empezar nada. Por fin, hizo un cartón con una Virgen y una Santa Ana con Cristo, que no sólo causó gran asombro entre todos los artistas, sino que, una vez acabado, estuvo dos días expuesto en su sala, adonde acudían hombres y mujeres, jóvenes y viejos, como quien va a una fiesta solemne, para ver aquella maravilla de Leonardo.

El texto nos permite hacernos una idea del prestigio del que gozaba por entonces Leonardo. La finalización de un cartón suyo era algo que causaba un revuelo parecido al que hoy provoca un importante estreno teatral; las multitudes formaban largas colas en los claustros habitualmente tranquilos de la Santissima Annunziata.

El cartón no ha llegado hasta nosotros. Es evidente que no se trata del famoso cartón de Burlington House de la National Gallery de Londres, que es una obra dibujada algunos años después y cuyo esquema compositivo es además bastante distinto. Lo que sí conservamos, sin embargo, es el testimonio de alguien que vio en persona el cartón de la Annunziata: la descripción que hizo de él en abril de 1501 Fra Pietro Novellara, vicario general de los carmelitas. Según nos dice, «no estaba todavía acabado», lo cual parece indicar que lo vio antes de la exhibición pública a la que se refiere Vasari. En la carta que dirigió a Isabella d'Este informándole de las actividades de Leonardo, Novellara decía lo siguiente:

> Desde su llegada a Florencia sólo ha hecho un dibujo en un cartón. Representa a un Cristo Niño, de cerca de un año de edad, que está como huyendo de los brazos de su madre. El Niño ha cogido un cordero al que parece querer abrazar. La madre, levantada casi del regazo de Santa Ana, sujeta al niño para separarlo del cordero, que simboliza la Pasión. Santa Ana está medio incorporada en su asiento, como tratando de impedir que su hija separe al niño del cordero, lo cual tal vez simbolice el deseo de la Iglesia de que nada impida que la Pasión siga su curso. Todos los personajes son de tamaño natural, aunque el cartón no tiene esas dimensiones, pues las figuras se hallan sentadas o inclinadas, y se encuentran unas delante de las otras, aunque algo echadas hacia el lado izquierdo. El dibujo aún no está acabado.[13]

Este cartón, inacabado aún en abril de 1501, es sin duda el mismo que según Vasari atrajo grandes multitudes una vez concluido. El problema es que la descripción de Vasari es bastante distinta: «La Virgen [...] sostiene tiernamente en su regazo a Cristo Niño, mientras desciende su pura mirada hacia San Juan, representado como un niño que juega con un cordero». Estos detalles no concuerdan ni con la descripción de Novellara (en la que aparece el cordero, pero no así San Juan) ni con el cartón que se conserva en Londres (en el que figura San Juan, pero no el cordero). Sin embargo, no es difícil dar con la explicación, pues el autor añade a renglón seguido que el cartón de la Annunziata «fue llevado con posterioridad a Francia», lo cual, tratándose de Vasari, quiere decir que en realidad no llegó a verlo. Personalmente, sospecho que su descripción del cartón (al igual que la descripción de la *Mona Lisa,* que viene inmediatamente después de este pasaje) fue elaborada partiendo de testimonios de terceros. Así las cosas, todo parece indicar que la única descripción fiable que tenemos del cartón de 1501 es la de Novellara.

Pese a las diferencias de detalle con el cartón de Burlington House, la obra que describe Novellara presenta unas similitudes más que notables con *La Virgen y el Niño con Santa Ana* que se conserva en el Louvre. El cuadro está fechado a finales de la década, hacia 1510, lo que parece indicar que el cartón de la Annunziata constituye un prototipo perdido de la pintura posterior, quedando así el cartón de Londres como una variante intermedia. Existen igualmente una serie de pequeños estudios a plumilla de este mismo grupo. Dos de ellos (los conservados en la Accademia de Venecia y en una colección privada de Ginebra) tal vez estén relacionados con el cartón de la Annunziata: el dibujo de Ginebra, de hecho, lleva al dorso una anotación bastante borrosa, escrita con una caligrafía del siglo XVI, a la que se ha dado la siguiente lectura: *Leonardo alla Nuntiata* (es decir, Annunziata).[14]

Todo esto resulta bastante complicado, cosa nada rara tratándose de Leonardo, pero en resumidas cuentas lo que viene a indicarnos es que el tema de la Virgen con su madre Santa Ana, un grupo familiar del que, como señalaría un psicólogo, la figura paterna se halla rigurosamente excluida, fue un tema que Leonardo retomó en repetidas ocasiones a lo largo de un periodo de unos diez años. El cartón perdido de 1501, el cartón de Londres de hacia 1508, el cuadro del Louvre de hacia 1510, así como los diversos estudios realizados en distintos momentos, constituyen todos ellos variaciones sobre un mismo esquema compositivo, vueltas recurrentes en torno a una misma imagen central. A partir de ahora ésa será la norma en el trabajo de Leonardo: unas evoluciones lentas y prolongadas que acaban por dar lugar a unas obras maestras a las que la recurrencia confiere una creciente densidad: la *Mona Lisa, Leda,* el *Bautista.*

Leonardo, según nos dice Vasari, «los tuvo esperando durante mucho tiempo» hasta que por fin presentó el cartón de la Virgen y Santa Ana, así que no estará de más saber qué otras actividades le ocuparon por aquella misma época.

Durante el verano de 1500 le sorprendemos en las colinas al sur de Florencia bosquejando la villa del mercader florentino Angelo del Tovaglia. Debió de ser a principios de agosto —una fecha ideal para hallarse lejos de la ciudad— pues el 11 de ese mismo mes uno de los dibujos que realizó de la casa fue enviado al marqués de Mantua, anfitrión de Leonardo unos meses antes. Tovaglia era uno de los agentes que el marqués tenía en Florencia, y su villa, que se alzaba sobre unas colinas al sur de la ciudad, contaba con una espléndida vista del Val d'Ema. Según se deduce de la carta que acompañaba al dibujo, al marqués, que había estado alojado en ella un par de años antes, se le había antojado construirse una réplica cerca de Mantua.[15] Un folio de gran tamaño que se conserva en Windsor es probablemente una copia de ese mismo dibujo, realizada por un discípulo. En él se ve una imponente mansión en piedra «rústica», con una logia sostenida por columnas, una terraza y un jardín. El Códice Arundel conserva un dibujo, que tampoco es de Leonardo, donde aparece otro posible detalle de esa misma logia, aunque el diseño de las columnas en este caso muestra ciertas diferencias con el anterior.[16]

Mirando la logia del dibujo de Windsor se advierte que se encuentra abierta por su lado posterior, delimitada tan sólo por un murete al nivel de los alféizares de las ventanas de la planta baja. Se parece bastante al tipo de logia en la que está sentada Mona Lisa, una estructura de la que se reconoce una balaustrada que hay detrás de la figura, así como un par de basas, justo a ambos lados del cuadro, que sugieren la presencia de dos columnas situadas fuera del espacio pictórico (o tal vez perdidas como consecuencia de un recorte de la pintura). Un boceto de Rafael para su retrato de Maddalena Doni, que suele considerarse basado en un dibujo de la *Mona Lisa,* nos muestra con mayor claridad el entorno de la logia, aunque en este caso la línea de la balaustrada se encuentra a mayor altura con respecto a la modelo que en la *Mona Lisa.* El complejo y misterioso encanto del segundo se debe en parte a una perspectiva doble y cuasi surrealista que hace que el paisaje parezca estar representado desde un punto de vista implícitamente aéreo, mientras que a la mujer la vemos como si la tuviéramos delante. Igual que el cartón de Isabella d'Este, estas vistas del Val d'Ema, enmarcadas por las columnas de la logia de la villa de Tovaglia, podrían ser otra de las fantasmales fuentes de la *Mona Lisa.*

Por esa misma época también fueron requeridos los servicios de Leonardo como asesor en materia de ingeniería. La iglesia de San Salvatore dell'Osservanza, un templo situado en un altozano próximo a la ciudad, había sufrido daños estructurales, «derrumbes en los muros», en palabras de Leonardo, debido a un corrimiento de tierras en la ladera en la que se asentaba. Los archivos estatales florentinos conservan un resumen de sus recomendaciones: «En relación con S. Salvatore y los remedios que requiere, la propuesta de Leonardo da Vinci establece una conexión entre el problema del edificio y los cursos de agua que fluyen por los estratos de roca hasta el lugar donde se levanta la fábrica de ladrillos, y [...] el defecto se halla justo donde los estratos han sido cortados».[17] El 22 de marzo de 1501, las recomendaciones de Leonardo fueron atendidas y se tomó la decisión de renovar el sistema de drenaje y las canalizaciones de agua.

Durante los primeros meses de 1501, Leonardo hizo un breve viaje a Roma: al parecer, su primera visita a esta ciudad. No había olvidado totalmente la decepción sufrida veinte años antes cuando había sido descartado por los comisarios de la Capilla Sixtina. Todo cuanto sabemos de esta visita se encuentra en un folio del Códice Atlántico, donde figura la siguiente anotación: *a roma attivoli vecchio casa dadriano*, a la que sigue un poco más abajo otra nota acerca de un cambio de dinero, fechada el 10 de marzo de 1501, y cuya temblorosa caligrafía parece indicar que fue escrita en un carruaje o sobre un caballo.[18] Cabe deducir, por tanto, que a principios de 1501 se encontraba en Roma y que durante su estancia visitó la villa Adriana en Tívoli. El folio contiene asimismo un croquis de una fortaleza circular junto a un río atravesado por un puente de cuatro pilares, que posiblemente sea el Castel Sant'Angelo. En marzo de ese mismo año se desenterraron en Tívoli varias piezas escultóricas —las *Musas*, hoy en día en el Prado madrileño— y es posible que Leonardo las viera. En cualquier caso, a quien sí debió de ver fue a Bramante, que por aquel entonces empezaba su gran proyecto de rediseñar la iglesia de San Pedro, una obra que finalmente quedaría inacabada. También recopiló una serie de dibujos de esculturas y edificios antiguos en un «libro» hoy perdido, pero que fue visto por un anónimo artista milanés que copió algunos de ellos. Junto a una vista del Teatro Marítimo de la villa Adriana, dicho artista escribió la siguiente nota: «Éste es un templo que figuraba en un libro que el Maestro Leonardo hizo en Roma».[19]

Mantua, Venecia, Florencia, Roma; ésa fue la inquieta y andariega pauta de la vida de Leonardo durante aquellos inciertos años que dieron comienzo al nuevo siglo.

LA INSISTENTE MARQUESA

De vuelta en Florencia tras el breve paréntesis romano, Leonardo regresa a la Santissima Annunziata, y a primeros de abril de 1501 se reúne con Fra Pietro Novellara, el vicario general de los carmelitas, un eclesiástico con conexiones en las más altas esferas que trae para él una serie de requerimientos, un tanto perentorios, de Isabella d'Este. La fugaz actuación de Novellara en el papel de mensajero de la marquesa nos abre una ventana que nos permite observar las circunstancias y actividades de Leonardo, e incluso su estado de ánimo, en aquella Florencia del año 1501.

El episodio, con su curiosa temática de persecución y evasión, se narra en tres cartas, que aparecen aquí traducidas en su totalidad por primera vez.[20]

De Isabella d'Este a Fra Pietro Novellara; Mantua, 29 de marzo de 1501

Reverendísimo señor,

Si Leonardo Fiorentino, el pintor, se halla en Florencia os rogamos que averigüéis cuál es su situación, si se halla realizando alguna obra, como así tengo entendido, de qué obra se trata y si parece que vaya a permanecer allí durante algún tiempo. Podríais, pues, tantearle, como vos sabéis hacer, y descubrir si tiene intención de abordar el encargo de pintar un cuadro para nuestro estudio. Si está dispuesto a hacerlo, dejaremos a su arbitrio tanto la elección del tema como la fecha de entrega. Y si lo halláis reacio, podríais al menos tratar de convencerlo para que realice para mí un cuadrito de la Virgen, con esa manera dulce y devota que es su don natural. Os rogaría asimismo que le pidierais que tenga la bondad de enviarme otro boceto del retrato que hizo de nos, pues Su Señoría, nuestro consorte, ha donado el que aquí nos dejó. Si lleváis todo esto a efecto, os quedaré muy agradecida a vos, así como a Leonardo, por lo que tenga a bien ofrecerme...

De Fra Pietro Novellara a Isabella d'Este; Florencia, 3 de abril de 1501

Muy ilustrísima y excelente Señora,

Acabo de recibir la carta de Vuestra Señoría, y cumpliré vuestras peticiones con la máxima celeridad y diligencia posibles, pero, por lo que tengo entendido, la vida de Leonardo es tan variable e irregular, que se diría que vive al día. Desde que está en Florencia sólo ha realizado un dibujo, un cartón... [Lo que sigue es la descripción del cartón de *La Virgen y el Niño con Santa Ana* citada en el epígrafe anterior]. No ha hecho ninguna otra cosa, aunque dos de sus ayudantes han realizado algunas copias, a las que él mismo de vez en cuando añade algún que otro retoque. Dedica buena parte de su tiempo a la geometría, y no muestra afición alguna por el pincel. Escribo la presente tan sólo para que Vuestra Señoría sepa que he recibido su carta; haré lo que me pedís e informaré de ello a Vuestra Señoría tan pronto como me sea posible.

De Fra Pietro Novellara a Isabella d'Este; Florencia, 14 de abril de 1501

Muy ilustrísima y excelente Señora,

En el transcurso de esta Semana Santa he podido enterarme de cuáles son las intenciones de Leonardo, el pintor, a través de su discípulo Salai y de

otras personas próximas a él, y para que sus intenciones quedaran perfectamente claras, el Miércoles Santo [7 de abril] fue traído a mi presencia. En pocas palabras, os diré que sus experimentos matemáticos le han distraído tanto de la pintura que dice que ya no puede soportar el pincel. Le puse al tanto
de los deseos de Vuestra Señoría y le encontré muy dispuesto a satisfacerlos,
en agradecimiento por la gentileza que le demostrasteis en Mantua. Hablamos con libertad y acordamos lo siguiente: que si puede verse libre de sus
obligaciones para con Su Alteza el Rey de Francia, sin incurrir en su desfavor,
como espera poder hacer dentro de un mes, no hay nadie en el mundo a
quien esté más dispuesto a servir que a Vuestra Señoría. En todo caso, una
vez que haya concluido un cuadrito que está pintando para un tal Robertet,
un favorito del Rey de Francia, se pondrá inmediatamente a trabajar en el retrato para enviarlo luego a Vuestra Excelencia. Para animarle a ello, le ofrecí
dos obsequios *[dui boni sollicitadori]*. El cuadrito en el que está trabajando es
una Virgen sentada que parece estar devanando un huso, mientras el Niño,
que tiene un pie metido en la cesta de las madejas y agarra con una mano la
manivela de la rueca, contempla atentamente cuatro aspas con forma de cruz
y, como si deseara ésta para sí, sonríe y la agarra con fuerza para que no se la
quite su madre, que trata de arrebatársela. Esto es todo lo que pude obtener
de él. Ayer pronuncié mi sermón. Quiera Dios concederme que sus frutos
sean tan numerosos como fueron los asistentes.

Estas cartas nos permiten contemplar a Leonardo en su faceta de celebridad esquiva. Haciendo las veces de secretario particular, Salai prepara la
reunión. El trato que da al eclesiástico es cortés pero evasivo. Leonardo es
«traído» a su presencia y finalmente se llega a «un acuerdo»; sin embargo,
a la hora de escribir a Su Señoría, resulta que la reunión no ha dado muchos frutos. «Esto es todo lo que pude obtener de él».

También nos enteramos de cuál era su estado de ánimo: Leonardo
está harto de la pintura y «no puede soportar el pincel»; dedica la mayor parte de su tiempo a los estudios matemáticos y geométricos, fiel
a las enseñanzas de Luca Pacioli (que poco después se establecería en
Florencia). Asimismo, se nos confirma que Leonardo estaba en tratos
con los franceses, seguramente desde antes de su partida de Milán,
pues habla de «sus obligaciones» para con el rey Luis. No es fácil saber
en qué consistían esas obligaciones: tal vez se tratara tan sólo de la pintura que Novellara describe a continuación, cuyo destinatario era Florimond Robertet, un «favorito» del rey.[21] Aunque no cabe descartar que
Novellara exagere un poco ese compromiso para no dar la impresión
de que Leonardo está rechazando sin más los requerimientos de la marquesa.

La Virgen del huso *(versión Reford),*
obra de Leonardo y sus ayudantes, h. 1501-1504.

Ese «cuadrito» en el que Leonardo trabajaba a principios de 1501 era
la *Virgen del huso.* Conocemos varias versiones del cuadro, y hay motivos
para pensar que en dos de ellas, ambas en colecciones privadas, intervino la mano del maestro. Convencionalmente se las conoce como las versiones Reford y Buccleuch, pese a que la primera no pertenece ya a la colección Reford de Montreal, sino a una colección privada de Nueva York,
y la segunda —en el momento de redactar este libro— ha dejado de colgar junto a las escaleras de Drumlanrig Castle, la casa solariega del duque
de Buccleuch, tras haber sido robada en agosto de 2003 por dos individuos que se hicieron pasar por turistas.[22] Las imágenes recogidas por el

circuito cerrado de televisión nos muestran a uno de los dos hombres dirigiéndose a un coche blanco con el cuadro oculto bajo el abrigo, una escena que trae a la memoria el robo de la *Mona Lisa* del Louvre en 1911: en esa ocasión la dama salió del museo bajo el «blusón» de obrero de Vincenzo Perugia. En ambos casos hay algo que hace pensar más bien en un rapto: Perugia, de hecho, tuvo a la *Mona Lisa* escondida durante dos años en su habitación, oculta en una caja debajo de una estufa, una situación más propia de un secuestro que de un robo.

La descripción que hace Novellara del cuadro es breve pero muy exacta; sin embargo, resulta curioso que mencione el detalle de «la cesta de madejas» a los pies del niño, porque tal detalle no figura en ninguna de las versiones conocidas. Los análisis de rayos X y los reflectogramas de infrarrojos no han revelado ni rastro de ella. El examen del cuadro de Reford, en cambio, sí que sacó a la luz un interesante *pentimento:* un curioso edificio de techumbre plana, con una puerta o una ventana alargada en la fachada, situado a media distancia a la izquierda de la cabeza de la Virgen.[23] Sobre él se pintó un magnífico paisaje brumoso de un río y un roquedo que se funde a lo lejos con el acerado azul de las montañas. Al contemplar este paisaje no se puede evitar sentir un escalofrío, pues en él se descubre otra premonición más de la *Mona Lisa*. De hecho, hay una concordancia muy concreta: en ambos paisajes figura un puente con arcos, tendido sobre el tramo bajo del río (Lámina 22). Suele identificársele con el Ponte Buriano, que se encuentra en las cercanías de Arezzo, una comarca que Leonardo recorrió, e incluso cartografió, durante el verano de 1502.[24]

La iconografía del huso parece ser una creación original de Leonardo, aunque por supuesto se inserta dentro del motivo convencional de Cristo Niño contemplando los símbolos de la Pasión. La temática ya la había abordado en sus primeras tablas florentinas, en las que los símbolos son flores: el clavel color sangre de *La Virgen y el Niño* de Múnich o la rúcula cruciforme de la *Madonna Benois*. Pero Leonardo, con su dramatismo habitual, consigue imbuir la obra de un tono profético en el que se condensa toda la tensión del instante: el fluido movimiento del niño hacia el extremo del cuadro, donde se encuentra esa minúscula cruz que apunta al futuro; el ademán protector de la mano de la madre, que se diría congelado en una suerte de trance fugaz ante la trágica premonición. El modelado de las figuras es impecable: éste es el primer cuadro con figuras que conocemos desde que cuatro años antes concluyera *La Última Cena,* de la que es heredera por la precisión y sabiduría con que se representan los gestos mentales: los *moti mentali*. Nada de ello, sin embargo, modifica la impresión de que el cuadro roza lo preciosista: de todas las obras autógrafas de Leonardo ésta es la que se halla más próxima al sentimentalismo hincha-

Carta de Fra Pietro Novellara a Isabella d'Este, 14 de abril de 1501.

do de lo «leonardesco». La mano extendida de la Virgen recuerda a la de *La Virgen de las rocas,* aunque en este caso no se trata ya de un gesto de bendición. El rostro también ha cambiado: la esbelta muchacha de aquella gruta encantada se ha vuelto más carnosa, más ancha de cara, más mundanal. Cierta inocencia parece haberse perdido.

En julio la marquesa volvió a la carga. Y en este caso, envió a Leonardo una carta personal, que no se ha conservado. Le fue entregada por otro de los intermediarios de Isabella, un tal Manfredo de Manfredi, que el 31 de julio de 1501 remitió el siguiente informe:

> He entregado a Leonardo Fiorentino en propia mano la carta que recientemente me envió Vuestra Señoría. Le hice saber que, si deseaba contestaros, yo mismo podía enviar sus cartas a Vuestra Señoría, para así ahorrarle los costes; leyó vuestro carta y dijo que así lo haría, pero al no volver a tener noticias suyas decidí enviarle a uno de mis sirvientes para que se enterara de cuáles eran sus propósitos. Me ha enviado recado diciéndome que de momento no se encuentra en condiciones de responder a Vuestra Señoría, pero me ha pedido también que os haga saber que ya ha empezado a trabajar en lo que le habéis pedido. Esto es, en pocas palabras, todo lo que he podido obtener del tal Leonardo.[25]

Es difícil no compadecer al pobre Manfredo, viéndole atrapado entre la irrefrenable voracidad adquisitiva de Isabella y la inquebrantable renuencia de Leonardo. El cuadro que Su Señoría le había «pedido» tenía que ser su propio retrato o esa pintura para su *studiolo* de la que habla en la carta a Novellara. Manfredo le asegura que Leonardo ha «empezado a trabajar» en él; pero si se refiere al retrato, difícilmente iba a sentirse muy satisfecha la marquesa, pues sabía perfectamente que hacía más de un año que Leonardo había empezado a trabajar en él. En todo caso, hay algo muy alentador en la actitud displicente de Leonardo, en esa negativa a bailar al son que le marca la clientela. De momento podía permitírselo: estaba cómodamente alojado en la Annunziata y las bien surtidas arcas de los servitas corrían con todos sus «gastos»; tenía además un encargo, y tal vez la promesa de algún otro por parte de la corte francesa. Necesitaba tener la cabeza despejada para ocuparse de todos los demás objetivos de su vida: para las matemáticas y la geometría, que prometían ofrecerle una «certeza suprema»; para los intereses mecánicos y tecnológicos, que iban llenando poco a poco las páginas de los códices madrileños; y para el gran sueño de volar, que nunca se halla demasiado lejos de su mente: para ese viaje «de un elemento a otro» que le permitiría dejar atrás toda esa cháchara.

El 19 de noviembre de 1501 retira otros 50 florines de los ahorros que guarda en Santa Maria Nuova.[26] Y en mayo de 1502, respondiendo a una nueva petición de Isabella, examina y valora unos jarrones antiguos que habían pertenecido a los Medici. «Se los mostré a Leonardo Vinci, el pintor», escribe el 12 de mayo Francesco Malatesta, otro de los agentes de la marquesa. «Todos ellos merecieron sus elogios, pero especialmente el de cristal de roca, por ser de una sola pieza y tener ésta una gran claridad [...] Leonardo dijo no haber visto nunca pieza mejor».[27] Y entre estos dos hitos de la vida cotidiana del artista, que han llegado documentados hasta nosotros por pura casualidad, entre la visita al banco y la inspección en la galería del anticuario, cayó un día que debió de tener para él una importancia mucho mayor y bastante más ambivalente: el 15 de abril de 1502 Leonardo cumplió cincuenta años.

BORGIA

La opinión sobre los jarrones Medici, que le fue manifestada a Francesco Malatesta en mayo de 1502, será la última noticia de Leonardo que nos llegue desde Florencia durante ese año. A principios de verano, había vuelto a ponerse en movimiento. Ahora tenía un nuevo patrón: César Borgia, el hijo ilegítimo del papa Alejandro VI; un nombre que era sinónimo de crueldad y astucia, el modelo del «príncipe» de Maquiavelo. Sobre su familia se acumulan historias de asesinato, libertinaje e incesto: su hermana menor, Lucrecia Borgia, tal vez sea la que goza de una reputación más letal. Parte de ello sin duda es pura leyenda, pero no todo. Al igual que el Moro, aunque de forma más acusada si cabe, César Borgia no era un patrono para almas sensibles. Freud pensaba que estos hombres fuertes en torno a los cuales solía gravitar Leonardo eran figuras sustitutorias del padre ausente de su infancia.

La familia Borgia, originalmente Borja, era de ascendencia española (una de las proezas viriles de César era la lidia de toros). En 1492, el cardenal Rodrigo Borja había sido elevado al solio pontificio con el nombre de Alejandro VI. Cumplidos ya los sesenta, aquel hombre con fama de libertino se empleó a fondo en promover socialmente a su descendencia ilegítima. El retrato que hizo de él Pinturicchio nos muestra a un hombre calvo, mofletudo y suntuosamente vestido que se encuentra arrodillado de forma bastante poco convincente ante una imagen de culto. Guicciardini decía de él: «Tal vez fue más perverso y afortunado que ninguno de los pontífices que lo precedieron [...] Poseía en su máxima expresión todos los vicios de la carne y del espíritu».[28] Un florentino como

Guicciardini difícilmente podía ser imparcial, pero fueron muchos lo que emitieron sobre él un juicio similar.

César era el hijo que había dado a Rodrigo su amante romana Giovanna o Vanozza Cattanei. El niño nació en 1476; y Lucrecia, hija de la misma madre, lo haría cuatro años más tarde. Había accedido al cardenalato cuando sólo contaba diecisiete años, aunque a juzgar por el testimonio de un visitante que lo vio en su *palazzo* del Trastevere, no parece que sus maneras fueran las propias de un eclesiástico: «Se disponía a salir de caza, estaba vestido con una seda muy secular e iba fuertemente armado [...] El muchacho está dotado de inteligencia y encanto, y tiene la prestancia de un gran príncipe. Es vivaz, alegre y le gusta tener trato con la gente. Este cardenal jamás ha sentido ninguna inclinación por el sacerdocio, pero obtiene de ello unas rentas que ascienden a más de 16,000 ducados anuales».[29] En 1497, el cuerpo de Giovanni, su hermano menor, apareció flotando en las aguas del Tíber con un tajo en la garganta: fue el primero de los muchos asesinatos que se le atribuyeron. Se dijo que César sentía envidia del poder secular de su hermano (era duque de Gandía), mientras que a él sólo se le habían concedido beneficios eclesiásticos. En 1498 «se despojó de la púrpura» para asumir el cargo de capitán general de la Iglesia, es decir, comandante en jefe de los ejércitos pontificios. En Francia negoció una alianza entre el papado y el nuevo monarca, Luis XII. En 1499 contrajo matrimonio con la prima de Luis, Charlotte d'Albret, y fue nombrado duque de Valentinois; de ahí le viene el sobrenombre Il Valentino con el que solían conocerle sus contemporáneos. Ese mismo año formó parte de la fuerza invasora francesa que penetró en Italia, y entró con Luis XII en Milán. Seguramente fue entonces cuando lo conoció Leonardo: era un joven de veintitrés años, alto, fuerte y de unos centelleantes ojos azules; pero también era un soldado brillante y una persona dotada de una ambición implacable. Su divisa evocaba a su homónimo imperial, *Aut Caesar aut nullus,* «O César o nada».

El plan de Borgia, para el que Luis había prometido apoyo militar, era conquistar la Romaña, una comarca dispersa y anárquica situada al norte de Roma, que se hallaba nominalmente bajo soberanía papal, pero que en realidad gobernaban una serie de pequeños príncipes y prelados independientes. Durante los meses siguientes, Borgia, al mando de un nutrido destacamento francés, sentó las bases de su poder en la Italia central, creando de forma magistral, según opinaría más tarde Maquiavelo, un «principado» *de facto* a partir de una comarca hasta entonces desestructurada. A finales de 1500 era ya señor de Imola, Forlí, Pesaro, Rímini y Cesena. Faenza cayó en sus manos en la primavera de 1501, otorgándole el control de la principal ruta comercial que conectaba Florencia con el Adriático. Pavoneándose con el título recién adquirido de duque de la

Romaña, Borgia amenazaba ya a la propia Florencia. La república florentina, intimidada, se aprestó a parlamentar, y el resultado fue la «contratación» de Borgia como condotiero con el enorme salario de 30,000 ducados anuales; ése al menos fue el circunloquio que emplearon los florentinos para denominar lo que en realidad era el pago de un chantaje. Borgia cambió de rumbo y descendió por la costa tirrena, donde añadió la ciudad portuaria de Piombino a sus posesiones.

Durante un tiempo las cosas permanecieron en calma, pero a principios del verano de 1502 llegaron a Florencia unas noticias muy alarmantes. El 4 de junio, la ciudad de Arezzo se había levantado por sorpresa contra el dominio florentino y se había declarado a favor de Borgia. Un par de semanas después, en una de sus típicas ofensivas relámpago, Borgia se apoderaba de Urbino, expulsando a su antiguo aliado, Guidobaldo da Montefeltro. Inmediatamente, un legado florentino, Francesco Soderini, obispo de Volterra, partió hacia esa ciudad para reunirse con Borgia, acompañado de un prometedor funcionario que por entonces tenía poco más de treinta años, Nicolás Maquiavelo.

En un despacho fechado el 26 de junio, Maquiavelo relata la audiencia que les concedió Borgia.[30] La noche ya había caído; las puertas del palacio estaban cerradas y custodiadas; el duque, en tono perentorio, exige «garantías claras» acerca de las intenciones de Florencia. «Sé que vuestra ciudad no está bien predispuesta hacia mi persona y que preferiría despreciarme como a un vulgar asesino», dijo. «Pero si me rechazáis como amigo, me tendréis como enemigo». Los legados musitaron las garantías exigidas y pidieron que las tropas del duque se retiraran de Arezzo. La atmósfera estaba cargada de tensión, pero el despacho de Maquiavelo concluye con una nota de amedrentada fascinación:

> Este duque es una persona tan enérgica que no hay nada, por más grande que sea, que no esté dispuesto a realizar. Con tal de alcanzar la gloria y ampliar sus dominios, se priva de todo descanso, sin rendirse jamás ante la fatiga o el peligro. Llega a los lugares antes de que nadie sepa que ha abandonado el sitio donde se encontraba antes, sabe ganarse la buena voluntad de sus soldados, atrae a los mejores hombres de Italia, y la buena suerte nunca parece abandonarle. Son todas estas razones las que hacen de él un hombre victorioso y formidable.

A finales de ese mismo mes, Maquiavelo se hallaba ya de vuelta en Florencia. No mucho después llegaban noticias de que el «formidable» duque había tomado Camerino y había puesto los ojos en Bolonia.

Ésa era la situación cuando Leonardo entró al servicio de César Borgia en el verano de 1502. En principio, éste no era enemigo de Florencia, pero se trataba de un nuevo vecino tan peligroso como impredecible. Con las dificultades que ya tenían en Pisa, los florentinos sabían que, si optaba por invadirles, no podrían ofrecer resistencia; los franceses, alarmados ahora por la voracidad de aquel nuevo caudillo que ellos mismos habían contribuido a crear, prometían dinero y soldados a Florencia, pero no se podía confiar en ellos. De forma inmediata, la única táctica que les quedaba a los florentinos era intentar un acercamiento: había que mantener contactos con él, «conocerle a fondo», como rezaba el dicho renacentista. No sabemos con exactitud cómo o cuándo entró Leonardo a trabajar para Borgia, pero no se puede descartar que fueran los propios Soderini y Maquiavelo quienes ofrecieran sus servicios; un ofrecimiento de asesoría técnica bajo el cual se adivina también un deseo de recabar información. Para César Borgia, la persona que atrae a «los mejores hombres de Italia», Leonardo es ante todo un diestro ingeniero militar; pero para los florentinos es un par de ojos y de oídos: «nuestro hombre» en la corte de Il Valentino.[31]

Aunque su cronología resulte a veces un tanto confusa, una libreta que llevó consigo durante aquel verano (MS L de París) nos permite seguir la pista de Leonardo. En su primera página contiene un memorándum que nos lo muestra reuniendo todo el equipamiento necesario: compases, un talabarte, suelas para las botas, una gorra ligera, un «aro para nadar» y un jubón de cuero. Asimismo «un libro de papel blanco para dibujar» y unos cuantos carboncillos. Otra lista, que figura en una página suelta del Códice Arundel, probablemente sea de la misma época. En ella comienza haciéndose la siguiente pregunta: «¿Dónde está Valentino?» (un interrogante que trae a la memoria el comentario de Maquiavelo sobre las vertiginosas marchas de Borgia: llega a los lugares «antes de que nadie sepa que ha abandonado el sitio donde se encontraba antes»). La lista menciona un objeto, *sostenacolo delli ochiali*, que puede ser tanto la montura de unas gafas como un soporte para algún tipo de instrumento óptico destinado a tareas cartográficas. (De ser la montura, nos encontraríamos ante la primera alusión a los problemas de vista que tantas molestias iban a causarle en los años venideros). En la lista se hace asimismo mención a ciertos señores florentinos, entre los que se cuenta el diplomático Francesco Pandolfini, lo cual parece apuntar de nuevo a la existencia de un trasfondo semioficial en la aventura de Leonardo con Borgia.[32]

Leonardo estaba en Urbino a finales de julio de 1502, pero hasta llegar allí siguió una ruta bastante tortuosa; una rápida gira por varios de los territorios dominados por Borgia: un verdadero viaje de investigación. La primera etapa le condujo a la costa mediterránea, concretamente a Piombino, por aquel entonces una de las más recientes conquistas de Il

Valentino y ahora una pequeña población que los turistas cruzan a toda velocidad para embarcar sus coches en el transbordador de la isla de Elba. Sus notas se ocupan de las fortificaciones de la ciudad y del calado del puerto. En una de ellas, dedicada al movimiento de las olas, se consigna: *fatta al mare di Piombino*. Algunos de los bocetos muestran el tramo de costa próximo a Populonia, lo cual parece indicar que siguió el camino costero que arranca de Livorno.[33] Desde Piombino atajó por el interior hacia el este para dirigirse a Arezzo, una ciudad en manos de los rebeldes, donde tal vez se encontrara por vez primera con Vitellozzo Vitelli, el aliado de Borgia. De ahí, sigue la ruta que conduce hacia las tierras altas de los Apeninos y va recogiendo los datos topográficos que más adelante figurarán en sus mapas de la región. Puede que entonces viera el grácil puente de cinco ojos que cruza el Arno en Buriano, y quizá también esas espectaculares rocas en forma de chimenea, conocidas como las Balze, que constituyen uno de los elementos más característicos del paisaje del alto valle del Arno en el tramo que se extiende entre Laterina y Pian di Sco. Hay quien sostiene que este puente y este paisaje son los mismos que aparecen en el fondo de *La Virgen del huso* y de la *Mona Lisa*.[34] Los paralelismos visuales, desde luego, son muy notables, y la fecha encaja, pero las montañas de los paisajes de Leonardo (que pueden verse ya en una obra tan temprana como *La Virgen del clavel*, h. 1474) son una síntesis de múltiples vistas, tanto reales como imaginarias.

En Urbino, en el grandioso *palazzo* de tonos color miel de los Montefeltro, se reencuentra con el carismático duque: han transcurrido casi tres años desde que se vieron en Milán y el paso del tiempo ha dejado sus huellas en los rostros de ambos. En su libreta, Leonardo traza un esbozo de la escalinata del palacio y toma nota de un curioso palomar.[35] Estas plácidas observaciones tangenciales exasperan a la vez que fascinan; es tanto lo que querríamos saber de estos meses en la corte de Borgia y es tan poco lo que se nos cuenta... Aparte de esa pregunta, «¿Dónde está Valentino?», la única mención que hace Leonardo de Borgia (o Borges, que es como él lo escribe) se refiere a un manuscrito: «Borges me conseguirá el Arquímedes del obispo de Padua, y Vitellozzo el que hay en Borgo di San Sepolcro».[36] Ambos manuscritos formaban parte del botín de guerra: frutos del saqueo intelectual. Un dibujo a sanguina de un hombre barbado y de pesados párpados, que aparece representado desde tres ángulos diferentes, tal vez sea un retrato de César Borgia.

No permanecieron juntos mucho tiempo; hacia finales de julio César Borgia marchaba al norte en dirección a Milán para reforzar su vieja amistad con Luis XII. A Leonardo tal vez le hubiera gustado acompañarle, pero el caso es que no lo hizo. En lugar de ello, siguiendo sin duda instrucciones, emprendió una trepidante gira por los territorios orientales

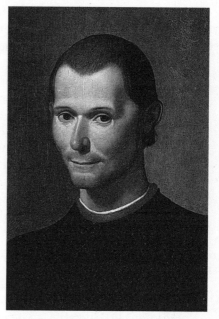

Retrato a sanguina, obra de Leonardo,
que se cree representa
a César Borgia.

Nicolás Maquiavelo según el retrato
de Santi di Tito que se conserva en el
Palazzo Vecchio.

de su señor. Unas concisas notas fechadas nos permiten reconstruir su itinerario:

30 julio - «el palomar de Urbino».
1 agosto - «en la biblioteca de Pesaro».
8 agosto - «consigue armonizar diversos chorros de agua, como viste en la fuente de Rímini el 8 de agosto».
10 agosto - «Festividad de San Lorenzo en Cesena».
15 agosto - «Día de Santa María en Cesena, a mediados de agosto».[37]

En Cesena, la capital de la Romaña, hizo abundante uso de su cuaderno. El lugar es pintoresco y sus costumbres resultan bastante singulares. El dibujo de una ventana aparece acompañado de la siguiente leyenda: «Ventana de Cesena: *a* para el marco de lino, *b* para la ventana de madera; la parte redondeada de arriba tiene un cuarto de circunferencia». En otra página del cuaderno dibuja un gancho con dos racimos de uvas: «Así es como llevan las uvas en Cesena», y observa, con ojo de artista, que para cavar fosos los obreros se agrupan formando una pirámide.[38] También toma nota de un rústico sistema de comunicación: «En la Romaña, los pastores de las estribaciones de los Apeninos excavan grandes cavidades en forma de cuerno en las montañas, y, en cierto lugar de las mismas, colocan un cuerno de verdad; este pequeño cuerno, combinado con la cavidad que han excavado, produce un estruendo enorme».[39] Lo llano del terreno le lleva a plantearse la posibilidad de instalar molinos de viento, un ingenio por aquel entonces desconocido en Italia. Finalmente, critica el diseño de los carromatos locales, que tienen dos ruedas pequeñas delante y dos de gran tamaño detrás, pues tal disposición «no favorece en nada su velocidad debido al peso excesivo que han de soportar las ruedas delanteras». Este defecto le arranca un comentario despectivo acerca de esa región atrasada y deprimida: la Romaña es *capo d'ogni grossezza d'ingegno*, «el reino de toda necedad».[40] Una aspereza rara en él.

El 18 de agosto de 1502 se expide un ampuloso documento: el salvoconducto de Leonardo, redactado en Pavía durante la estancia de Borgia en la corte francesa.

> César Borgia de Francia, por la gracia de Dios Duque de Romaña y Valence, Príncipe del Adriático, Señor de Piombino, etcétera, asimismo Gonfalonero y Capitán General de la Santa Iglesia Católica: a todos nuestros lugartenientes, castellanos, capitanes, condotieros, oficiales, soldados y súbditos a los que se muestre el presente documento. Ordenamos y mandamos que al portador del mismo, nuestro bien amado y muy excelso arquitecto e ingeniero general Leonardo Vinci, al que hemos encargado la inspección de las plazas y fortalezas de nuestros estados, se le preste la ayuda que se requiera en cada caso o que su juicio estime necesaria.[41]

El documento concede a Leonardo total libertad de movimiento por los dominios de Borgia, con todos los gastos pagados «para él y los suyos», una referencia tras la cual se intuye tal vez la presencia de Tommaso y de Salai. Debe «recibírsele con gentileza y permitírsele ver, medir e inspeccionar todo cuanto quiera». Otros ingenieros «quedan obligados a consultarle y a plegarse a sus opiniones». Es un documento para blandir ante esos centinelas suspicaces o esos castellanos escrupulosos que pueden darle el alto en los controles de caminos o en los puestos de vigilancia; una circunstancia que nos recuerda la constante presencia del peligro en las fronteras del nuevo feudo de Borgia.

Investido con tales poderes, Leonardo interviene en diversas obras de fortificación en Cesena y Porto Cesenatico, dos localidades de la costa adriática. Un bosquejo del puerto y el canal de la segunda de ellas aparece fechado el día 6 de septiembre de 1502 a las nueve de la mañana.[42] Una nota del Códice Atlántico parece situarlo asistiendo a la toma de Fossombrone el 11 de octubre. Y una vívida anécdota que relata Luca Pacioli en *De viribus quantitatis* nos permite descubrir a Leonardo marchando junto a las tropas de Borgia:

> Cierto día, César Valentino, duque de Romaña y actual señor de Piombino, se halló junto a su ejército a orillas de un río de 24 pasos de ancho, sin que hubiera ningún puente a la vista ni material para realizarlo, exceptuando una pila de maderos de unos 16 pasos de longitud. Con estos maderos, y sin hacer uso de hierros, cuerdas ni ningún otro artilugio, su noble ingeniero levantó un puente lo bastante resistente para que pudiera cruzar por él todo el ejército.[43]

Las medidas han sido objeto de un redondeo para efectuar una demostración matemática, pero aun así es probable que la historia sea auténtica. El «noble ingeniero» de Borgia no puede ser otro que Leonardo, y es de suponer que él mismo fuera la fuente de la anécdota: en 1503 él y Pacioli coincidieron en Florencia.

Todo este periodo transmite una sensación de frenética actividad. La huella de Leonardo va quedando marcada en las villas y ciudades ocupadas, en las fortalezas y castillos, y en el largo camino que separa unos lugares de otros; en las posadas requisadas, en las partidas al amanecer, en los mediodías pasados al resguardo del sol. Se ha sumergido en el mundo del trabajo físico y técnico: realiza mediciones con sus pasos, toma notas sobre los cursos de agua e inspecciona fortalezas; equipado con su cuadrante, sus anteojos y sus cuadernos de notas, el discípulo de la experiencia se ha echado al camino. No es difícil atisbar una cierta impaciencia por dejar a un lado las comodidades de la vida urbana de los últimos veinte años, durante los cuales (tal vez fuera así como él lo veía) había empezado tantas cosas y concluido tan pocas. Éste es el mismo Leonardo que exhortaba a los pintores: «abandonad vuestro hogar en la ciudad», «dejad vuestra familia y amigos, marchad a las montañas y los valles» y «exponeos al ardiente calor del sol». Pero cabe sospechar que el servicio que Leonardo prestaba a los Borgia estaba teñido también de una honda ambivalencia debido a la naturaleza de su patrono y a la destrucción y violencia que él mismo, en su calidad de bien amado ingeniero militar, estaba contribuyendo a propagar. En cierta ocasión, Leonardo había escrito que la guerra es «el tipo de locura más brutal que existe»,[44] y durante estos meses de 1502 tuvo ocasión de experimentarlo de primera mano. Tal vez por eso su testimonio se reduce a esas anotaciones circunstanciales —un palomar, una fuente, un racimo de uvas—, meros fragmentos en cierto modo, pero a su vez completos en sí mismos; o a esas otras notas en las que simplemente dice: «Hoy a tantos de tantos estoy aquí», unas notas en las que, dada la peligrosidad con que impregna Borgia todo cuanto toca, tal vez quepa también leer otro mensaje: «Aún sigo con vida».

OTOÑO EN IMOLA

Próximo ya el final del verano, Il Valentino estableció una improvisada corte en Imola, una pequeña plaza fortificada situada en la antigua vía romana que unía Bolonia con Rímini. De momento sería su cuartel de invierno, pero, en caso de que pudiera hacer de ella un bastión inexpugnable, tal vez acabaría convirtiéndola en su sede permanente. En los papeles de Leonardo podemos ver una serie de planos de la planta de dicha fortaleza, con sus correspondientes medidas: el foso tiene 12 metros de profundidad y el grosor de los muros es de 4.5 metros; unas estadísticas vitales en aquel universo borgiano de constantes tiroteos y refriegas.[45]

Allí fue adonde llegó a primera hora de la tarde del 7 de octubre de 1502 Nicolás Maquiavelo, que una vez más era el encargado de parlamentar con el duque renegado. Huesudo, de aspecto cadavérico y sonrisa lacónica, Maquiavelo —o Il Macchia, como le llamaban sus amigos, haciendo un juego de palabras con el término *macchia*, mácula o mancha— no era todavía famoso, apenas siquiera un escritor, pero la exactitud y la perspicacia de sus juicios eran ya muy apreciadas. Tenía treinta años, una excelente educación y muchos contactos, pero no era rico. Había logrado capear los turbulentos años de la caída de los Medici y la teocracia de Savonarola, y desde 1498 era Secretario de la Segunda Cancillería, un cargo influyente aunque no demasiado prestigioso, remunerado con un salario de 128 florines de oro. En lo sustancial, los miembros de la Cancillería eran unos funcionarios nombrados por la Signoria para evitar que el ir y venir de los cargos electos produjera un vacío en la actividad política y diplomática. Maquiavelo era el cerebro en la sombra, el encargado de redactar los discursos, el experto en propaganda, y, de forma creciente, el apagafuegos en caso de conflicto. Había desempeñado muy bien su papel en las negociaciones con Luis XII en 1500, obteniendo de los franceses un apoyo continuado para la agotadora guerra que enfrentaba a Florencia con Pisa; las enseñanzas que extrajo de aquellos seis meses de misión diplomática quedarían luego reflejadas en *El príncipe*.[46]

Maquiavelo permanecería tres meses en la corte de Il Valentino. Los escuetos despachos que envió desde Imola están salpicados de ruegos para que se le permita regresar a Florencia. Había aceptado la misión a regañadientes, pues la consideraba peligrosa, ingrata y, en última instancia, totalmente inútil. El duque, como no se cansó de repetir, era un hombre de acción en estado puro; uno de sus dichos era que «las palabras no sirven de nada», y lo único que Maquiavelo estaba en condiciones de ofrecerle eran precisamente palabras. Pese a ser el *orator*, o embajador de Florencia, su mandato no le facultaba para firmar ningún tipo de tratado. Sus peticiones para que se le hiciera regresar fueron ignoradas. La Signoria quería que siguiera allí, enviándoles informes acerca de «las esperanzas del duque». Marietta, su joven y picajosa esposa, con la que había contraído matrimonio el año anterior, se quejaba amargamente de su ausencia.

Apenas había llegado a Imola, cuando se recibieron noticias del estallido de una revuelta armada en los dominios de César Borgia. Un grupo de capitanes descontentos, entre los que se contaba Vitellozzo Vitelli, el instigador de la revuelta de Arezzo, se había alzado y había derrocado a varios potentados locales, uno de ellos, el duque de Urbino. Borgia se tomó a risa el estado mayor que formaron en Magione, «esa asamblea de perdedores». Con su descarnada elocuencia, que Maquiavelo supo captar a la perfección, dijo: «El suelo arde bajo sus pies y ni siquiera son capaces de arrojar el agua necesaria para apagarlo».[47] El 11 de octubre asestó el golpe, entrando a saco en la fortaleza de Fossombrone, que unos pocos días antes había caído en manos de los rebeldes. Leonardo, en su calidad de ingeniero militar del duque, debía de hallarse presente. En una nota del Códice Atlántico referente a las fortalezas, escribió: «Cuida de que el pasadizo de escape no conduzca directamente al recinto interior de la fortaleza, pues si es así, el comandante de la misma será vencido, como ocurrió en Fossombrone».[48]

Imola iba a ser el escenario de uno de esos encuentros estelares que a veces nos brinda la historia: durante un tiempo, tres grandes nombres del Renacimiento permanecieron enclaustrados entre los muros de una plaza fuerte en los ventosos llanos de la Romaña, observándose con una mezcla de fascinación y suspicacia. Todo apunta a que Maquiavelo y Leonardo entablaron una relación bastante cordial: en los años venideros los veremos unidos en una serie de proyectos florentinos, unos proyectos en los que se intuye el alto concepto que tenía Maquiavelo de la destreza de Leonardo como ingeniero militar y artista. Pero en realidad no sabemos nada en concreto sobre el carácter de los contactos que mantuvieron en Imola: en ninguno de los despachos que Maquiavelo envió desde allí se menciona a Leonardo. Ese silencio tal vez responda a razones de índole diplomática: Maquiavelo sabía que sus despachos no saldrían de Imola sin antes ser interceptados y leídos, y puede que no deseara comprometer a Leonardo, cuya condición de florentino al servicio de César Borgia resultaba un tanto delicada. Tampoco cabe descartar que en realidad Leonardo estuviera allí de incógnito. En un escrito del 1 de noviembre, Maquiavelo nos dice que, tras haber hablado con un secretario de Borgia, de nombre Agobito, verificó la información que había obtenido de él, consultando con «otra persona que también se halla al corriente de los secretos del Señor». Asimismo, el 8 de noviembre, alude a cierto «amigo» anónimo cuyo análisis de las intenciones de César «merece ser tenido en cuenta». Es posible que en ambos casos esta fuente no identificada fuera Leonardo.[49]

A la presencia de Leonardo en la enrarecida atmósfera de la lucha por el poder debemos un producto tan bello como es su plano de Imola. Minuciosamente detallado y coloreado con gran delicadeza, ha sido considerado «el más exacto y hermoso de todos cuantos se realizaron en aquella época». Conservamos una página, doblada varias veces, que contiene una serie de bocetos del mismo, con las medidas que tomó *in situ,* paseando papel en mano por las calles de Imola.[50]

Los planos y mapas de Leonardo son los mayores logros de sus incesantes viajes de 1502. Otro bello ejemplo es un plano a vista de pájaro del Val di Chiana.[51] Su parte central, la zona que se extiende entre Arezzo y Chiusi, concuerda bastante con su representación en los planos actuales, si bien es cierto que, a medida que nos alejamos de ella, las medidas se van volviendo bastante más aventuradas. (El lago di Chiana, ese lago alargado que aparece en el centro del plano, fue desecado con posterioridad). En los bordes de la parte de atrás conserva restos de lacre, que debió de utilizarse para fijarlo a la pared o a un tablero. Los nombres de los pueblos y los ríos, por su parte, aparecen escritos de izquierda a derecha, según el tipo de escritura más habitual. Parece muy posible, por tanto, que fuera realizado para Borgia, aunque tampoco cabe descartar que su elaboración tuviera lugar dos años más tarde durante los proyectos de canalización del Arno. En la colección Windsor se conserva asimismo un borrador donde figura una vista aérea de esa zona central, acompañada de un listado de las distancias entre varias ciudades de las proximidades. Las distancias aparecen tachadas, como si Leonardo se hubiera remitido a ellas para elaborar la versión definitiva del plano. Otra hoja nos muestra de forma muy detallada los caminos y los cursos de agua del entorno de Castiglione y Montecchio, con algunas de las distancias expresadas en brazos, lo cual permite suponer que el propio Leonardo realizó físicamente las mediciones.[52]

Un mapa de mayor escala, orientado en el mismo sentido que el del Val di Chiana (con el norte situado a la izquierda), nos muestra todo el sistema fluvial de la Italia central. Incluye la costa mediterránea entre Civitavecchia y La Spezia, un tramo de 273 kilómetros, y luego se extiende de lado a lado hasta alcanzar la costa adriática a la altura de Rímini. Parece demostrado que Leonardo tomó como modelo un mapa de hacia 1470 que por aquel entonces guardaba la biblioteca de Urbino, pero, al renunciar a la convención cuatrocentista de representar los desniveles como meras «toperas» y recurrir en su lugar al sombreado

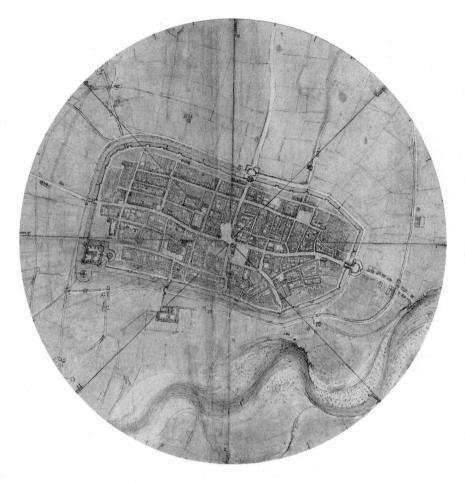

El plano de Imola, h. 1502.

de contornos, lo modificó totalmente y logró crear una mayor sensación de objetividad en la representación del territorio.[53] Leonardo pudo haber estudiado el mapa en Urbino a finales de julio de 1502, lo cual vendría a apoyar la idea de que estos mapas pertenecen al contexto de sus trabajos para César Borgia y que algunos de ellos pudieron realizarse en Imola.

Maquiavelo acabó por enfermar. El 22 de noviembre escribía desde Imola: «Me encuentro muy mal físicamente tras las altas fiebres de hace dos días». El 6 de diciembre volvió a pedir que se le relevara, «para así librar al gobierno de este gasto, y a mí de tantas molestias, pues en estos últimos doce días me he encontrado muy enfermo y, de seguir así, me temo que finalmente me tendrán que enviar de vuelta metido en un cesto».[54]

Borgia, entretanto, negociaba con los rebeldes: una reconciliación meramente ilusoria. El 26 de diciembre, Maquiavelo envió un tétrico informe desde Cesena: «Esta mañana Messer Rimino apareció cortado en dos pedazos en medio de la plaza; aún sigue ahí, para que todo el mundo pueda verlo». A su lado, había un cuchillo ensangrentado y una cuña de madera como la que emplean los carniceros para abrir en canal las reses. Rimino, o Ramiro de Lorqua, no era un rebelde, sino un rufián de la comarca, cuyo reinado de terror le había hecho bastante impopular en la Romaña y, por lo tanto, prescindible. «La razón de su muerte aún no está clara —prosigue Maquiavelo—, al margen de que parece haberle placido al duque, que de ese modo nos demuestra que puede hacer o deshacer a los hombres, según sean sus merecimientos».

El 31 de diciembre por la mañana Borgia entraba en Senigallia. Una vez allí, bajo el pretexto de sellar la reconciliación, se reunió con los cabecillas de la revuelta: Vitellozzo Vitelli, Oliverotto da Fermo y los hermanos Orsini. La reunión fue una mera encerrona. Los rebeldes fueron apresados y aherrojados en el acto, mientras sus tropas de infantería, que se hallaban acampadas junto a los muros de la ciudad, eran desarmadas. Esa misma noche Maquiavelo se apresuró a escribir un dramático despacho: «Pese a que ya estamos en la vigesimotercera hora, prosigue el saqueo de la ciudad. Me hallo en un estado de gran zozobra. No sé si podré enviar esta carta, pues no tengo a nadie que pueda llevarla». Luego, en relación con los rebeldes, añade: «En mi opinión, mañana por la mañana no quedará ninguno vivo». No andaba muy desencaminado: Vitellozzo y Oliverotto fueron estrangulados esa misma noche, y aunque los hermanos Orsini aún vivirían un par de semanas más, finalmente fueron estrangulados en el Castel del Pieve.[55] ¿Estaba presente también Leonardo en Cesena y Senigallia cuando su patrón dispensaba justicia con el cuchillo de carnicero y el garrote? Es probable.

Durante las primeras semanas de 1503, Il Valentino tomó Perugia y Siena. Una serie de breves anotaciones en el cuaderno de Leonardo parecen indicar que estuvo con él en Siena. En una de ellas expresa su admiración por una descomunal campana, de 10 brazos de diámetro, y se conmina a no olvidar «la forma en que se mueve y el modo en que se halla sujeto el badajo».[56] Una vez más, sus notas son tangenciales, sosegadas, escapistas: trata de mirar a otra parte. El 20 de enero, durante el asedio de Siena, Maquiavelo, agradecido, daba la bienvenida a Jacopo Salviati, el nuevo embajador florentino. Luego se despedía de Valentino y de Leonardo, y partía hacia Florencia, convencido de haber asistido al nacimiento de un nuevo modelo de liderazgo político: enérgico, lúcido, implacable y despojado de cualquier atisbo de moralidad o religión. Diez años más tarde, en *El príncipe,* escribiría lo siguiente en referencia a César Borgia:

> Tomadas en consideración todas las acciones del duque, no encuentro ninguna razón para censurarlo. Considero más bien, como ya he dicho, que ha de ser tomado como modelo por todos aquellos que, por la fortuna y con las armas ajenas, han accedido al poder. Porque un hombre de tan altas miras como él y tan ansioso de dominio, no podía haberse conducido de ninguna otra manera.[57]

En febrero de 1503, Borgia marchó a Roma para establecer consultas con el papa Alejandro VI, que por entonces se encontraba enfermo. Es posible que Leonardo lo acompañara, pero, de ser así, la visita debió de resultar bastante corta, pues a principios de marzo se hallaba de regreso en Florencia.[58] La decisión de dejar el servicio de Borgia, si es que fue suya, resultó ser muy sensata. La fortuna de César Borgia había tocado techo: el fallecimiento de su padre el 18 de agosto de 1503 hizo que saltara en pedazos la verdadera base de su poder, que no era otra que el ascendiente del papado. Julio II, el nuevo pontífice, se negó a reconocerle el título de duque de la Romaña y exigió que se le restituyeran sus dominios. Lo que siguió a continuación fue una auténtica saga de detenciones y huidas, seguida de un intento de montar un complot contra el papa en Nápoles y, finalmente, en 1507, una muerte prematura, hacia los 30 años, combatiendo como mercenario en España.

UNA CARTA PARA EL SULTÁN

En 1952 se descubrió en los Archivos Estatales del Museo Topkapi de Estambul un documento extraordinario.[59] En su encabezamiento, escrito con florida caligrafía turca, figura el siguiente resumen de su contenido: «copia de una carta que un infiel de nombre Lionardo envió desde Génova». Si es auténtica, se trata de una versión turca de la época de una carta en la que Leonardo ofrecía sus servicios como ingeniero al sultán Bayaceto II. Al final del texto, el copista colocó la siguiente apostilla: «Esta carta fue escrita el 3 de julio»; sin embargo, no se molestó en añadir el año. De todos modos, podemos estar bastante seguros de que se trata de 1503, en cuyo caso debió de escribirse en Florencia, cuando la mente de Leonardo rebosaba de proyectos tecnológicos tras la aventura con Borgia. (Lo único que indicaría la afirmación de que la carta se «envió desde Génova» es que llegó en un barco procedente de dicha ciudad).

Como ya ocurriera en la famosa propuesta que había remitido al Moro veinte años atrás, empieza la carta haciendo alarde de su maestría tecnológica: «Yo, vuestro humilde servidor [...] construiré para vos un molino que no requiere agua, pues bastará para propulsarlo la sola fuerza del viento» o «Dios, alabado sea su nombre, me ha concedido diseñar un sistema que permite extraer el agua de los barcos sin necesidad de cuerdas o cables, recurriendo en su lugar a una máquina hidráulica autopropulsada». Pero esto es sólo el aperitivo, el plato fuerte viene luego; Leonardo se ofrece a diseñar y erigir un puente sobre el Cuerno de Oro:

Ha llegado a oídos de vuestro humilde servidor que tenéis la intención de levantar un puente desde Estambul hasta Gálata, pero que no lo habéis podido realizar hasta ahora porque no habéis encontrado a un hombre capaz de hacerlo. Yo, vuestro servidor, sé cómo realizarlo. Lo construiría tan alto como un edificio, para que así, debido a su altura, nadie pudiera sobrepasarlo ... Lo haré de tal forma que un barco pueda pasar bajo él aun teniendo todas sus velas desplegadas ... Dispondría asimismo un puente levadizo para que, quien así lo deseare, pudiera pasar a la costa de Anatolia ... Quiera Dios que deis crédito a mis palabras y tengáis en cuenta a este vuestro servidor, que queda siempre a disposición vuestra.

El cuaderno conocido como MS L de París, que había usado profusamente durante su aventura con César Borgia en 1502-1503, contiene lo que parecen ser unos dibujos preparatorios destinados a este proyecto, si bien, en algunos aspectos, se alejan un tanto de la descripción que hace de él en la carta. Uno de los dibujos muestra una elegante estructura aerodinámica con unos estribos en forma de «cola de pájaro». Leonardo lo acompaña de la siguiente leyenda: «Puente de Pera a Constantinopla [gostantinopoli], de 40 brazos de ancho, 70 de alto desde el agua, y 600 de largo; 400 de ellos sobre el mar y otros 200 en tierra, lo que permite disponer de un estribo natural».[60] Los cómputos están muy ajustados: la longitud del Cuerno de Oro es de unos 240 metros, de modo que los «400 brazos sobre el mar» dan la medida exacta. La longitud propuesta para el puente en su totalidad (600 brazos = 366 metros) lo habrían convertido en el más largo del mundo en su época.

El origen del proyecto probablemente se remonte a la breve estancia de Leonardo en Roma en febrero de 1503. El año anterior había visitado al papa Alejandro una embajada de Bayaceto, y es muy probable que mencionara el deseo que tenía el sultán de encontrar un ingeniero italiano capaz de construir un puente sobre el Cuerno de Oro; por aquel entonces sólo había un pontón provisional que flotaba sobre toneles. Una de las personas que se interesó por el proyecto, nos cuenta Vasari,

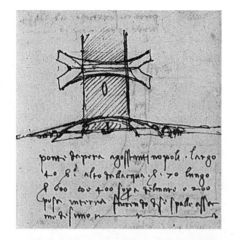

*Boceto para el puente de
Constantinopla (izquierda),
y la versión deVebjorn Sand en Aas
(abajo).*

fue el joven Miguel Ángel: «Según me han dicho, Miguel Ángel tenía deseos de marchar a Constantinopla para servir al turco, pues le había llegado una petición de éste, por mediación de unos frailes franciscanos, solicitándole que fuera a construir un puente desde Constantinopla a Pera». Vasari sitúa este encargo hacia 1504, durante la disputa de Miguel Ángel con el papa Julio II. Otro texto contemporáneo, la *Vida de Miguel Ángel* de Ascanio Condivi, viene a contar la misma historia (1553).[61]

Así pues, la visita que realizó Leonardo a Roma en febrero de 1503 integrado en la comitiva de César Borgia nos proporciona el contexto: tras enterarse del interés del sultán, esboza un prototipo en su cuaderno y redacta su grandilocuente carta, adornada con todas las florituras adecuadas al caso. Se ha señalado que Leonardo basó su diseño en el puente Alidosi de Castel del Rio, una construcción situada en el camino que une Imola con Florencia.[62] Dicho puente empezó a construirse en 1499 y seguramente estaba todavía en obras en el otoño de 1502, que fue cuando

Leonardo pudo verlo en el curso de las prospecciones topográficas realizadas en los alrededores de Imola.

Al igual que sucedió con el paracaídas de Leonardo, un proyecto esbozado en una breve nota de hacia 1485 que tuvo que esperar cinco siglos para ser sometido a una prueba de vuelo, el puente fue construido hace poco siguiendo las especificaciones de Leonardo, sólo que 2,400 kilómetros al norte de su emplazamiento original en el Bósforo. El 31 de octubre de 2001, en Aas, una localidad situada a unos 30 kilómetros al sur de Oslo, se inauguró una versión del mismo a escala reducida (91 metros de largo). Proyectado y construido por el artista noruego Vebjørn Sand, el puente es de pino, teca y acero inoxidable, y tuvo un coste aproximado de 1,470,000 euros. Es un paso peatonal elevado sobre una autopista.

Leonardo nunca descansa; sus trabajos se perpetúan de generación en generación en la obra de sus seguidores: esos artistas, escultores, expertos en robótica y paracaidistas cuya imaginación se siente estimulada por las parcas instrucciones de sus bocetos y por la fuerza del pensamiento que en ellos se concentra. «Simplemente había que construirlo», cuentan que dijo Sand. «Podía hacerse en madera o en piedra y a cualquier escala, porque los principios en que se basa funcionan». Y así, una semilla sembrada por una idea de 1503 acabó por fructificar al sur de Oslo sobre la autopista E18.[63]

CAMBIANDO EL CURSO DEL RÍO

Leonardo regresa a Florencia a principios de marzo de 1503, curtido por los meses que ha pasado en la corte del duque forajido. El 4 de marzo saca 50 ducados de oro de su cuenta en Santa Maria Nuova. La transacción aparece consignada en una página que incluye asimismo una nota enigmática: «Haz que el gonfalonero cancele el libro y que el Ser [el notario] te proporcione un escrito con las cantidades recibidas».[64] El término «cancelar» tiene un sentido jurídico (del latín *cancellare*, cancelar una escritura tachándola con unas aspas, de *cancellus*, reja). La nota tal vez guarde relación con el cuadro inacabado para el altar de la Santissima Annunziata, en cuyo caso cabría interpretar que se trata de una liquidación de cuentas. Si así fuera, ese Ser al que se alude bien podría tratarse de Ser Piero da Vinci, el notario de los servitas de la Annunziata. ¿Era así como llamaba Leonardo a su padre, «il Ser», el señor? En cuanto al gonfalonero, se trata de Piero Soderini, que a finales de 1502 había sido elegido gonfalonero de la república florentina, un cargo equivalente al de un primer ministro: las relaciones entre Leonardo y aquel hombre íntegro pero falto de imaginación no siempre fueron cordiales.

El 8 de abril, Leonardo prestó 4 ducados de oro a «Vante *miniatore*», el miniaturista Attavante di Gabriello, un hombre más o menos de la misma edad que Leonardo y al que probablemente conocía desde su juventud. «Salai se los llevó y se los entregó en mano: dijo que me los devolvería en un plazo de 40 días». En esa misma fecha, Leonardo dio dinero a Salai para que comprara «unas calzas de color rosa»; se trataba del mismo color que tenía su «túnica» *(pitocco)*, según figura en el *Anónimo Gaddiano*: «Vestía una túnica rosa hasta la rodilla en un momento en que la mayoría llevaba túnicas largas».[65] El comentario nos permite vislumbrar el dandismo del círculo de Leonardo, a contrapelo seguramente de la atmósfera dominante en la república florentina. Este atisbo del atuendo de Leonardo quizá se deba a un recuerdo del pintor florentino al que en el *Anónimo* se le llama indistintamente Il Gavina o P. da Gavine.

El 14 de junio Leonardo retiró de su cuenta otros 50 florines de oro. Puede que su situación fuera un tanto precaria: el futuro se presentaba bastante incierto y los ahorros se le iban agotando. Ignoramos dónde residía en aquellos momentos: las puertas de la Annunziata habían dejado de estar abiertas para él. Debió de ser por entonces cuando alguien, un discípulo seguramente, realizó esta anotación que figura en el Códice Atlántico: *Tra noi non ha a correre denari*, «Por aquí andamos bastante mal de dinero».[66]

Pero entonces llamó a su puerta un nuevo y excitante proyecto, cuyo objetivo no era otro que cambiar el curso del río Arno. En realidad se trataba de dos proyectos distintos: el desvío del curso bajo del Arno, una mera estratagema militar destinada a cortarle a Pisa la salida al mar, y el plan mucho más ambicioso de canalizar todo el curso del río al oeste de Florencia para hacerlo navegable. Maquiavelo, que se había convertido en la mano derecha de Soderini en materias de índole política y militar, se hallaba estrechamente implicado en ambos proyectos. Ya había visto a Leonardo en acción como ingeniero de Borgia, y no cabe descartar que la idea del desvío de Pisa fuera concebida en alguna conversación que ambos mantuvieran en Imola.

En 1494, Piero de Medici había cedido Pisa a los franceses con carácter provisional, pero, al año siguiente, cuando los franceses se retiraron de Italia, la ciudad había declarado su independencia. Para gran vergüenza de los florentinos, todos sus esfuerzos por recuperarla resultaron infructuosos: los pisanos podían resistir indefinidamente mientras siguieran recibiendo suministros a través del puerto que poseían en la boca del Arno. De ahí que se recurriera a la estratagema de desviar el curso del río. La idea, aunque muy ambiciosa desde el punto de vista técnico, era perfectamente lógica, pues, como señalaba uno de los ayudantes de Maquiavelo, de esa manera se podría «privar a los pisanos de lo único que los mantiene con vida».[67]

El 19 de junio de 1503, las tropas florentinas se apoderaron de La Verruca o Verrucola, una fortaleza cuyos restos son aún visibles en lo alto de las laderas meridionales de los montes pisanos, dominando las llanuras del bajo Arno. Dos días después Leonardo ya estaba allí. El oficial al mando, Pierfrancesco Tosinghi, remitió a Florencia el siguiente informe: «Leonardo da Vinci vino en persona con algunos de sus acompañantes y se lo mostramos todo. Parece que La Verrucola ha sido de su agrado, pues lo que ha visto le ha parecido muy bien; luego nos ha dicho que tenía pensadas varias ideas para hacerla inexpugnable».[68] Pese a su parquedad, este despacho nos permite ver a Leonardo en acción en las colinas pisanas un día de verano: su meticulosidad («se lo mostramos todo»), su entusiasmo («lo que ha visto le ha parecido muy bien»).

Un mes más tarde volvía otra vez a la comarca, integrado en una delegación oficial encabezada por Alessandro degli Albizzi. El 22 de julio ya debía de haber llegado, pues en esa fecha realizó un esbozo del bajo Arno, y luego, el día 23, intervino también en los debates que tuvieron lugar en el campamento de las tropas florentinas en Riglione. Al día siguiente, un capitán llamado Guiducci lo relataba de la siguiente manera:

> Ayer vino Alessandro degli Albizzi, portando una carta de Vuestra Señoría [el gonfalonero Soderini] y acompañado de Leonardo da Vinci y algunas otras personas. Estudiamos el plan y, tras muchas deliberaciones y dudas, llegamos a la conclusión de que el proyecto era muy conveniente, pues si realmente fuera posible desviar o canalizar el Arno en este lugar, se podría al menos impedir que el enemigo atacara los montes.[69]

Entre los presentes se hallaba asimismo Giovanni Piffero, a quien la Signoria abonaría más adelante la cantidad de 56 liras a cuenta de «un porte de seis caballos y del coste de las comidas mientras acompañó a Leonardo da Vinci para nivelar el Arno en las proximidades de Pisa». En otros lugares se le llama Giovanni di Andrea Piffero, y con toda probabilidad se trata de Giovanni di Andrea Cellini, padre del ilustre escultor Benvenuto Cellini, que pertenecía en efecto a los *pifferi*, los tocadores de pífanos de la Signoria.[70]

El despacho del 24 de julio de 1503 del capitán Guiducci es la primera mención específica que tenemos del desvío del Arno, pero tanto el «plan» que estuvieron debatiendo como la carta de autorización del gonfalonero sugieren que, sobre el papel al menos, el proyecto estaba ya bastante avanzado. La idea consistía en canalizar el río al sur de una zona pantanosa, conocida como el Stagno, que se hallaba en las proximidades de Livorno. Una serie de represas desviarían el agua para conducirla a un gigantesco cauce de cerca de dos kilómetros de largo y 16 brazos de profundidad (unos 10 metros), que luego se bifurcaría en dos ramales de menor tamaño. Entre el río y su desagüe en el desvío del Stagno había una distancia de unos 19 kilómetros, y Leonardo calculaba que habría que extraer cerca de un millón de toneladas de tierra para excavar los cauces. En un precoz ejemplo de lo que hoy denominaríamos un análisis de racionalización de recursos, sus cálculos incluían la cantidad de tierra que podía extraer cada obrero. Dada la profundidad de los cauces, estimaba que cada cubo de tierra extraído del fondo tendría que pasar por las manos de catorce obreros antes de llegar a la superficie. Tras realizar unos cálculos de gran complejidad, llegaba a la conclusión de que el proyecto en su conjunto requeriría de cada hombre 54,000 jornadas de trabajo.[71] Otra opción, señalaba, sería recurrir a «una serie de máquinas» que permitieran acelerar las obras. Una de ellas debe de ser la excavadora mecánica que figura en el Códice Atlántico: las medidas que aparecen junto al dibujo se corresponden exactamente con las propuestas para los cauces del Arno; parece evidente pues que la máquina estaba destinada a dicho proyecto. En otro de sus cómputos se señala que «una palada equivale a once kilos de tierra, seis paladas hacen una carretilla; y veinte carretillas suman un carro».[72] Así era el día a día de Leonardo en su función de ingeniero civil y militar.

La excavación del canal Arno-Stagno aún se demoraría más de un año. Leonardo ya no participó activamente en las siguientes fases del proyecto: otro ingeniero, o *maestro d'aqua*, un tal Colombino, fue quien se hizo cargo de ellas, y parte de lo que se realizó no se atuvo al plan de Leonardo. El 20 de agosto de 1504 se iniciaron las obras «en la torre de Fagiano», que fue demolida para obtener material de construcción para la represa. El proyecto acabaría en un rotundo fracaso, y a los dos meses se abandonó, en medio de los disturbios causados por el retraso en el pago de los jornales. Un informe elaborado por el ayudante de Maquiavelo, Biagio Buonaccorsi, nos ofrece un escueto resumen de los acontecimientos:

> Cuando finalmente se tomó la decisión, se levantó un campamento en Riglione y se convocó a los *maestri d'aqua*. Dijeron que necesitarían dos mil obreros, así como gran cantidad de madera para construir una represa que retendría el río, para luego desviarlo a través de dos cauces hasta el Stagno. Los *maestri* se comprometieron a concluir el proyecto en cuarenta mil jornadas de trabajo [una cifra sensiblemente inferior a la estimada por Leonardo]. Con tan buenos augurios, se inicio el proyecto el 20 de agosto [de 1504], con-

tando para ello con dos mil obreros contratados a razón de dos carlinos diarios. Pero lo cierto es que el proyecto resultó mucho más costoso en tiempo y dinero, y finalmente no se obtuvo resultado alguno, pues, en contra de lo que se había calculado, ochenta mil jornadas laborales no bastaron siquiera para realizar la mitad de lo proyectado ... Las aguas sólo llegaron a correr por los canales cuando el río se desbordó, y tan pronto como remitió la inundación, todas las aguas volvieron a su cauce. El coste de la empresa ascendió a un total de siete mil ducados, o tal vez más, pues no sólo hubo que pagar a los obreros sino que fue necesario asimismo mantener a un millar de soldados para proteger a los obreros de las incursiones de los pisanos.[73]

A principios de octubre de 1504 llegó la debacle. Una violenta tormenta hundió varios de los botes que custodiaban la boca de los cauces, causando ochenta muertos. Los muros de los cauces cedieron y toda la llanura se inundó, llevándose por delante gran cantidad de granjas. Hacia mediados de octubre, cuando apenas habían transcurrido dos meses desde el inicio de las obras, el proyecto se abandonó. El ejército florentino emprendió la retirada, los pisanos cubrieron los cauces y pronto todo el episodio cayó en el olvido: otra pérdida de tiempo, dinero y vidas en la interminable guerra contra Pisa, que aún se prolongaría hasta 1509.

Este proyecto malogrado no era sino una parte de un sueño bastante más grandioso que tenía Leonardo: la construcción de un extenso canal que soslayaría los problemas que planteaba el Arno a la navegación y que permitiría a Florencia acceder al mar. A unos dieciséis kilómetros al oeste de Florencia, el río deja de ser navegable debido a los rápidos que se producen entre Signa y Montelupo; a partir de ahí, hasta llegar a Pisa, los problemas se deben a su bajo caudal, la abundancia de limo y a lo sinuoso de su trazado: la desoladora imagen del *Badalone* de Brunelleschi encallado en los bancos de arena de Empoli nos lo recuerda. El gran canal y el plan militar de desviación del río eran dos proyectos claramente diferenciados, pero es muy probable que su participación en este último animara a Leonardo a abordar ese magno plan de canalización al que llevaba dando vueltas desde hacía algún tiempo. El efecto combinado de ambos, de haber tenido éxito, habría conectado a Florencia con el mar, permitiéndola tomar parte en la gran aventura del comercio y la exploración del Nuevo Mundo; una excitante perspectiva que el navegante florentino Amerigo di Vespucci se ocupaba de fomentar en las cartas que dirigía a su mecenas italiano, Lorenzo di Pierfrancesco de Medici, de las que en 1504 se publicaría en Florencia un compendio.

Todas estas circunstancias contribuyeron a poner de actualidad una idea que en realidad estaba en circulación desde hacía bastante tiempo:

ya en 1347 se habían formulado propuestas para la canalización del Arno y el propio Leonardo llevaba pensando en ello hacía por lo menos diez años. Una hoja del Códice Atlántico hace referencia al tema y, dado que en ella se señala a Pisa como una de las posibles beneficiarias del proyecto, ha de suponerse que fue escrita antes de que se iniciaran las hostilidades entre Florencia y esta ciudad en 1495. Éste era el planteamiento de Leonardo:

> Se construirán esclusas en el valle de La Chiana en Arezzo para que el canal no se seque en verano cuando el Arno lleva poca agua. El canal tendrá 20 brazos de ancho en su fondo y 30 en la parte superior, así como 2 o incluso 4 brazos de profundidad para que puedan destinarse 2 brazos de agua a los molinos y los prados; una medida que será muy beneficiosa para la comarca, pues permitirá que Prato, Pistoia y Pisa obtengan unas rentas de 200,000 ducados anuales, lo que las animará a brindar mano de obra y dinero para tan útil proyecto. Y lo mismo ocurrirá con los de Lucca, cuando vean que el lago de Sesto es navegable. El canal atravesará Prato y Pistoia, y luego lo haré atajar por Serravalle para verter aguas en el lago, pues de esa forma se evitará el uso de compuertas.[74]

El coste promedio estimado es de 1 lira por cada 60 brazos cuadrados, aunque en dicho cálculo no se incluía ninguna valoración sobre el inmenso trabajo que supondría «atajar» por las montañas de Serravalle.

Una serie de mapas y planos fechados en 1503-1504 nos muestran la ruta que iba a seguir el canal. En un ángulo de uno de ellos se encuentra una nota que dice: «No saben por qué el Arno nunca podrá discurrir por un canal recto: se debe a que los afluentes que desembocan en él depositan tierra por donde entran y arrancan la que hay en la ribera opuesta, provocando así la curvatura del río».[75] Se aprecia un cierto dejo de irritación, un tono magistral que algunas personas debían encontrar bastante enervante. «No saben» ese hecho tan elemental, y ahora, por enésima vez, le toca a él explicárselo.

El canal no pasó de ser un mero sueño: tal vez el fracaso del proyecto de desviación militar disuadió a Leonardo de abordar este nuevo plan, pero aun en el caso de que no hubiera sido así, los inmensos costes del mismo habrían bastado para disuadir a la Signoria. Aunque finalmente no se llevó a cabo ninguna obra, hoy en día, la autopista A11 entre Florencia y Pisa sigue un recorrido muy similar al del canal, así que en cierto modo puede decirse que el fallo de Leonardo fue que no supo predecir la obsolescencia de los canales navegables como sistema de comunicación. Su imaginación no alcanzó a concebir el motor de combustión.

Estos proyectos de canalización, así como otros similares que emprendió luego en Milán, constituyen un ejemplo más de la fascinación que sintió a lo largo de toda su vida por el agua, por sus corrientes y presiones, sus remolinos y reflujos, unos fenómenos que anotó, analizó, esbozó e incluso pintó de forma muy bella: el estanque que vemos detrás de Ginevra, las vistas marinas de la *Anunciación* o ríos sinuosos que avanzan implacables, erosionando las rocas de los fondos de la *Virgen del huso* y la *Mona Lisa*.

DOÑA LISA

> *Muchos son los sueños que han llamado a tu puerta...*
> Nat King Cole, *Mona Lisa*
> (letra de Jay Livingstone y Ray Evans, 1949)

¿Qué había sido entretanto de aquel pincel que le tenía tan harto, tan *impaziente*, hacía tan sólo dos años? ¿Había vuelto a pintar? Todo parece indicar que así era. Durante el verano de 1503, cuando no andaba recorriendo los campamentos base y las excavaciones de la campaña de Pisa, o calculando las tasas de descarga de las compuertas, o las horas de paletadas necesarias para llevar a efecto su astuta estratagema, Leonardo, casi con total seguridad, estaba trabajando en el cuadro que, según reza el subtítulo de un libro de reciente publicación, puede ser considerado con toda justicia «el cuadro más famoso del mundo».[76]

«Leonardo se comprometió a pintar para Francesco del Giocondo el retrato de su mujer Mona Lisa, y aunque le dedicó los esfuerzos de cuatro años, no llegó a acabarlo». Con esa brusquedad comienza Vasari el comentario sobre la *Mona Lisa*. Su descripción es la más completa de todas cuantas se hicieron en la época, además de ser la única en la que se da el nombre de la modelo; sin embargo, su fiabilidad ha sido ampliamente cuestionada. La pintura se llama *Mona Lisa* debido a la identificación de Vasari, aunque como título no sería de uso corriente hasta el siglo XIX. En Italia, por otra parte, siempre se la ha conocido como *La Gioconda* (y en Francia como *La Joconde*). En principio, este nombre debería hacer referencia a Lisa del Giocondo, pero, teniendo en cuenta que *giocondo* puede ser también un adjetivo, con el significado de jocundo, se puede emplear asimismo como un título meramente descriptivo: *La Mujer jocunda* (o juguetona), *La Dama bromista*, tal vez incluso *La Cachonda*. Estos juegos de palabras eran muy del gusto de la época, y también de Leonardo, por eso quienes desconfían de la identificación de Vasari defienden la idoneidad del título, pero sin ver en él una alusión a la señora de Giocondo.[77]

Tras esta primera frase de carácter informativo, Vasari dedica un párrafo entero a alabar la portentosa fidelidad al natural del retrato. Algunos de sus comentarios resultan inexactos o, cuando menos, un tanto chirriantes; de hecho, no llegó a ver nunca el cuadro, pues, como él mismo dice, «hoy lo tiene el rey Francisco de Francia en Fontainebleau».[78] Las cejas de la modelo merecen sus más encendidos elogios: «parecen reales, crecen tupidas en algunas partes y más finas en otras», pero el caso es que la *Mona Lisa* no tiene cejas y tampoco se ha encontrado bajo la pintura superficial el más mínimo indicio que permita suponer que alguna vez las tuvo. El pasaje concluye con una apostilla anecdótica: «Mientras la retrataba, empleó músicos, cantantes y bufones para que la tuvieran alegre, pues quería evitar esa melancolía que los pintores suelen dar a sus retratos. Tenía un gesto *[ghigno]* tan grato que parecía divino más que humano». La imagen resulta bastante agradable y, por si fuera poco, concuerda con algunos comentarios que hace Leonardo en el *Trattato* sobre la necesidad de que el pintor trabaje en una atmósfera refinada, pero, una vez más, hay algo que chirría. ¿Dónde está todo ese júbilo en el cuadro que nosotros tenemos? Es cierto que hay una sonrisa, aunque tal vez habría que hablar más bien del fantasma de una sonrisa, pero desde luego no hay nada que se parezca al tipo de gesto amplio que se corresponde con el significado más común del término *ghigno*. Como suele ser habitual en él, Vasari está cargando las tintas para que un relato de segunda mano suene más sustancioso. La inexactitud visual de su descripción ha sido objeto de innumerables críticas, pero lo cierto es que nosotros sabemos aún menos sobre el aspecto que tenía la *Mona Lisa* cuando la pintó Leonardo. Su actual apariencia crepuscular es el resultado de la acumulación a lo largo de los siglos de una película protectora, a la que la oxidación ha conferido un leve tono amarillento. Ya en 1625 había un espectador que se quejaba del deterioro del cuadro «debido a un barniz que hace que sea muy difícil verlo bien».[79] Es otro de los aspectos oscuros del cuadro; lo que el *lobby* a favor de la restauración llamaría su ilegibilidad. La pintura está cubierta por un velo de laca, con miles de pequeñas fracturas o craquelados, y ni el más osado de los restauradores se atrevería a retirarlo para ver qué hay debajo.

Vasari no da ninguna fecha para el cuadro —las fechas no son su fuerte—, pero dentro de la narración de la *Vida* lo sitúa sin más en el segundo periodo florentino, entre el cartón de *Santa Ana* de 1501 y el fresco de *La Batalla de Anghiari* de 1503-1506. Dado que Leonardo no parecía estar pintando mucho en 1501, como parece colegirse de los comentarios de Fra Pietro Novellara, y que buena parte del año 1502 la pasó al servicio de los Borgia, se suele pensar que empezó a trabajar en la *Mona Lisa* en algún momento indeterminado posterior a su regreso a Florencia en 1503. Ésta es la fecha por la que apostó el Louvre durante las celebraciones del quinto centenario de la obra en otoño de 2003. Y puede que también sea la fecha por la que apostó el 11 de noviembre de 1503 el amigo de Maquiavelo, Luca Ugolini, en un comentario jocoso que escribió a Nicolás para felicitarle por el nacimiento de su primer hijo: «Mi muy querido amigo. ¡Felicidades! Sin duda la señora Marietta no te ha sido infiel, porque el niño es tu vivo retrato. Ni siquiera Leonardo da Vinci habría sido capaz de hacerlo mejor». Quizá Ugolini estuviera pensando en la *Mona Lisa,* en cuyo caso el cuadro ya debía de estar cobrando forma en el taller de Leonardo en noviembre de 1503, que fue cuando se realizó este comentario.[80]

En los epígrafes precedentes he mencionado algunas escalofriantes premoniciones de la *Mona Lisa:* las manos y el busto de Isabella d'Este, la logia de villa Tovaglia, el puente de Buriano, el paisaje de *La Virgen del huso.* Es posible que algunas de ellas sean discutibles, pero tanto la primera como la última constituyen dos paralelismos incontestables dentro de las obras del periodo 1500-1502. En todo caso, la más insistente de todas ellas quizá sea ese retrato inacabado de Isabella que siempre se queda fuera de nuestro campo visual: Lorenzo Guznago lo vio en Venecia en 1500 y los agentes que Isabella tenía en Florencia en 1501-1502 también lo mencionan («se pondrá inmediatamente a trabajar en el retrato para enviarlo luego» ... «ya ha empezado a trabajar en lo que le habéis pedido»). El cuadro es una especie de eslabón perdido entre el dibujo de Isabella y la *Mona Lisa,* el reflejo de una fase de tanteo entre la rigidez del pleno perfil del primero y el matizado y casi imperceptible sesgo lateral que se aprecia en el segundo. Un dibujo a sanguina de la colección Windsor, que suele considerarse un estudio para *La Virgen del huso,* también podría representar una etapa intermedia en ese largo camino que va del perfil de Isabella a la mirada de la Gioconda.[81] Así era como trabajaba Leonardo: volviendo constantemente sobre las mismas ideas e imágenes, dándoles una y mil vueltas, redefiniéndolas una y otra vez. Sus pinturas evolucionan, se ven sometidas a múltiples metamorfosis que las hacen adoptar una u otra forma, como sucedía con los dioses paganos del mundo clásico. Según Vasari, Leonardo estuvo cuatro años trabajando en la *Mona Lisa.* De ser así, habría que situar la fecha de composición hacia 1503-1507, un periodo cuyo límite temporal quedaría marcado por el momento en que Leonardo abandona Florencia a principios de 1508. Es probable que también pertenezca a ese mismo periodo una hoja de dibujos anatómicos en la que figuran nueve estudios de bocas y labios, a los que acompañan unas notas sobre la fisiología de los «músculos denominados labios».[82] Uno de ellos, claramente diferenciado del resto por su leve tono poético, representa una boca sonriente: su sonrisa es casi idéntica a la de la *Mona Lisa* (Lámina 19).

Tal vez la versión que da Vasari del cuadro no sea la ideal, pero de todos los escritores de la época es el único que le asigna un nombre y una fecha. Y la pregunta es: ¿tiene razón o no? Cada vez parece más evidente que la respuesta a esa pregunta ha de ser afirmativa. Se han postulado multitud de teorías sobre la persona representada en el cuadro, la gran mayoría de ellas a lo largo de los últimos cien años. (El pistoletazo de salida lo dio André Coppier, cuando publicó en 1914 un artículo titulado *La 'Joconde' est-elle le portrait de Mona Lisa?*). Me he codeado, en sentido metafórico, con todas las pretendientes y ninguna de ellas resiste un análisis mínimamente riguroso. Las candidatas —Isabella Gualanda, Pacifica Brandano, Costanza d'Avalos, Caterina Sforza y varias otras más— son un poco como los autores a los que suele recurrirse para resolver el «problema de la autoría» de las obras de Shakespeare. Sus defensores aspiran a resolver un enigma, pero antes de nada habría que preguntarse si realmente existe tal enigma.

La «Mona Lisa» de Vasari desde luego existió.[83] Se llamaba Lisa di Antonmaria Gherardini y había nacido el 15 de junio de 1479. Su padre era un ciudadano florentino respetable, aunque no excesivamente rico: la familia tenía casa en la ciudad, cerca de Santa Trinità, así como una pequeña propiedad en San Donato in Poggio, cerca de Greve, que debió de ser el lugar donde nació la muchacha. En marzo de 1495, cuando contaba quince años, contrajo matrimonio con Francesco Bartolomeo del Giocondo, un próspero hombre de negocios con intereses en el comercio de sedas y paños, que por aquel entonces contaba treinta y cinco años de edad, había enviudado ya dos veces y tenía un niño pequeño que se llamaba Bartolomeo. La boda tiene un cierto trasfondo familiar: la madrastra de Lisa, Camilla, era hermana de la primera mujer de Giocondo, así que éste debió de conocer a Lisa cuando aún era una niña. En 1503, la supuesta fecha del retrato, ya le había dado a Giocondo dos hijos, Piero y Andrea, así como una hija que había muerto en la más tierna infancia. A veces se ha aducido dicha pérdida para explicar el fino velo negro que cubre el cabello de Mona Lisa, pero no parece que sea muy verosímil: la niña había muerto cuatro años antes, en el verano de 1499. Es bastante más probable que tanto el velo negro como los tonos apagados de su vestimenta tengan más que ver con la moda de la época: el *look* «a la española», que ya había lucido Lucrecia Borgia en su boda con Alfonso d'Este en 1502, era el último grito. Francesco del Giocondo comerciaba con paños y debía de estar muy al tanto de por dónde iba la moda. Como sin duda debía de estarlo también el retratista que, según la sobria expresión de Vasari, «se comprometió a pintar» el cuadro.

La gente como Giocondo eran los clientes más codiciados por los artistas florentinos; se trataba, según se le describe en su contrato matrimonial, de un *civis et mercator florentinus,* es decir, un ciudadano y mercader de Florencia. Había desempeñado cargos públicos en cuatro momentos diferentes y entre sus socios comerciales se contaba Marcello Strozzi, a cuya hermana, Maddalena Doni, pintaría Rafael en un estilo similar al de la *Mona Lisa*.[84] También tenía conexiones familiares con los Rucellai: su primera esposa había sido una Rucellai, como también lo era la madrastra de Lisa. Más tarde lo veremos vinculado a los servitas de la Annunziata, donde dotó una capilla familiar y encargó un retablo para San Francisco, su santo patrón; estos hechos datan de la década de 1520, pero bien podrían reflejar una conexión anterior con la Annunziata. El interés de Giocondo por el arte (o, cuando menos, por el mercado del arte) puede adivinarse asimismo en el contenido del inventario *post mortem* de un tal Maestro Valerio, un pintor y escultor de poca monta, que murió dejando a deber a Giocondo cierta cantidad de dinero: Giocondo se cobró la deuda apropiándose de la totalidad de las pinturas, cartones y esculturas del difunto.[85]

El 5 de abril de 1503, Francesco del Giocondo cerró la compra de una casa en la via della Stufa; una nueva vivienda para él, Lisa y los tres niños, el más pequeño de los cuales, Andrea, tal vez fuera el motivo de la mudanza. Casa nueva y paredes vacías: nada más natural que seguir la pauta de los propietarios acaudalados y decorar una de ellas con un retrato de su joven, apetecible y bien parecida esposa, vestida a la última; una mujer de tan sólo veintitrés años pero cuyos rasgos había dulcificado y ensanchado la maternidad.

Existen tres fragmentos documentales sobre el cuadro anteriores al relato de Vasari. Sus datos ¿le apoyan o le contradicen?

La primera alusión a la obra de la que tenemos noticia se la debemos a Antonio de Beatis, el secretario del cardenal Luis de Aragón, en cuyo diario se recoge la visita que ambos hicieron en 1517 al taller de Leonardo en Francia.[86] El avejentado maestro les mostró tres cuadros. La descripción de Beatis permite identificar fácilmente dos de ellos, se trata del *San Juan* y de *La Virgen y el Niño con Santa Ana*, ambos conservados actualmente en el Louvre; el tercero es casi con total seguridad la *Mona Lisa*. Según la descripción de Beatis (que el propio Leonardo implícitamente parece corroborar) se trata del retrato «de cierta dama florentina, pintado del natural a instancias [*instantia*] del difunto Magnífico Giuliano de Medici». La primera parte del comentario apunta a Lisa del Giocondo, que efectivamente era una dama florentina, pero la segunda parte resulta bastante más problemática. Giuliano era el tercero y el más joven de los hijos de Lorenzo de Medici y, por lo que sabemos, su relación con Leonardo pertenece al periodo 1513-1515, y a Roma más que a Florencia.

Hay quienes consideran que este dato da pie a una versión completamente distinta a la de Vasari sobre la historia del cuadro, al que consideran una obra tardía (una datación que los rasgos estilísticos vendrían a confirmar y que sin duda es válida para las otras dos pinturas que Leonardo mostró a sus visitantes), lo cual ha dado lugar a su vez a que se propongan nuevas candidatas para tan ilustre rostro. Por un lado está la amante de Giuliano, una joven viuda de Urbino, llamada Pacifica Brandano, con la que tuvo un hijo en 1511: el velo negro que cubre los cabellos de la Mona Lisa aludiría al luto por su viudedad. Por otro, la bella e ingeniosa Isabella Gualanda, una napolitana que estuvo en Roma justo en el momento adecuado para que Giuliano se prendara de ella, y que, por si fuera poco, resulta ser prima de Cecilia Gallerani, a la que Leonardo retrató en Milán a finales de la década de 1480.[87] Cualquiera de estas dos mujeres pudo haber sido pintada a «instancias» de Giuliano, y parece lógico que el retrato quedara en poder de Leonardo una vez que Giuliano se convirtió en un hombre casado, cosa que sucedió a principios de 1515. Ocurre, sin embargo, que ninguna de las dos era florentina, como parece exigir la entrada en el diario de Beatis. De hecho, la propia descripción que hace Beatis permite descartar la posibilidad de que la retratada fuera La Gualanda. Esta mujer era una famosa beldad napolitana, y lo normal hubiera sido que Luis de Aragón y Beatis, que eran napolitanos, conocieran su aspecto; esta hipótesis cobra aún más fuerza porque en otras partes de su diario Beatis la menciona y alude a su belleza.[88] De haber sido ella la retratada en el cuadro que les enseñó Leonardo, lo más seguro es que Beatis lo hubiera consignado y, en todo caso, jamás habría dicho que se trataba de «cierta dama florentina». Todos los rastros que conducen a las distintas candidatas muestran una acusada tendencia a la circularidad que hace que la causa de éstas parezca cada vez más endeble.

Se ha pensado que Beatis echa por tierra la identificación de Vasari porque era inaceptable que una persona como Lisa del Giocondo hubiera sido la amante de Giuliano de Medici: era una respetable mujer casada, no una cortesana, y, en todo caso, Giuliano estuvo exiliado de Florencia entre 1494 y 1512. Este argumento a lo *noli me tangere* me parece bastante discutible. Giuliano de Medici y Lisa Gherardini eran estrictos contemporáneos: ambos habían nacido en 1479. Hay muchas posibilidades de que se conocieran, entre otras cosas, porque sus dos familias estaban emparentadas por matrimonio. Nannina, la tía de Giuliano, estaba casada con Bernardo Rucellai, cuya sobrina Camilla estaba a su vez casada con el padre de Lisa: la joven madrastra de Lisa era por tanto la prima de Giuliano. Así pues, resulta cuando menos defendible que Giuliano y Lisa se conocieran. En noviembre de 1494, cuando él y su familia tuvieron que huir de la ciudad, ambos contaban quince años. Unos meses después de que se volvieran las tornas, Lisa contraía matrimonio con Francesco del Giocondo, un viudo de mediana edad, al que también había conocido a través de su madrastra Camilla.

Si esto fuera una novela o un guión cinematográfico trataría de forzar las pruebas y hablaría de la indudable *tendresse* que existía entre Giuliano y Lisa: una historia de amor adolescente malogrado por los avatares de la política. Para redondear la historia, bastaría con añadir una secuela a esta hipotética trama de «amores desventurados». En 1500 Giuliano de Medici estuvo en Venecia. Nada más natural que acudir a hacer una visita a su ilustre compatriota Leonardo da Vinci, que había llegado a la ciudad en febrero de ese mismo año. Y si lo hizo, es muy probable que, al igual que Lorenzo Guznago, que estuvo allí el 17 de marzo, Giuliano viera en el taller de Leonardo el retrato inacabado de Isabella d'Este, ese espectral precedente de la pose, el estilo y el «aspecto» de la *Mona Lisa*. Leonardo marchó a Florencia en abril. ¿Pudo ser entonces cuando pintó a «instancias» de Giuliano de Medici el retrato de «cierta dama florentina», a la que aquél recordaba como una niña muy bella, pero que, según tenía oído, estaba ya casada y con hijos?

Todas estas elucubraciones son, desde luego, indefendibles, pero sirven para demostrar que el único comentario que conocemos de Leonardo en relación con este cuadro, el que recogió Antonio de Beatis en 1517, no desautoriza *per se* la identificación de Vasari, como muchos quieren hacernos creer. Que Giuliano y Lisa se conocieran durante su adolescencia entra dentro de lo posible, considerando las circunstancias de ambos; que entre ellos existiera además una relación amorosa, evocada o rememorada en el cuadro (a la manera en que el retrato de Ginevra evoca sus amoríos con Bernardo Bembo), es improbable pero no imposible. Esto no debe hacernos perder de vista la posibilidad mucho más prosaica de que (como sostiene Vasari) fuera su propio marido quien encargara el retrato, pero, en cierto modo, ahonda el valor emocional del cuadro, infundiéndole un aire de nostalgia, melancolía y complicidad que trae a la memoria los juegos amorosos de los viejos tiempos de los Medici.

Otro de estos documentos tempranos procede de los archivos milaneses y fue hallado a principios de la década de 1990.[89] Se trata de un inventario del patrimonio de Salai redactado tras su súbito fallecimiento en marzo de 1524, donde se enumeran una serie de pinturas que se hallaban en su poder. Los títulos de algunas de ellas se corresponden con los de varias obras conocidas de Leonardo. Y a juzgar por el alto valor que se les asigna, debía de considerarse que eran originales y no copias, aunque eso tampoco quiere decir que realmente lo fueran: Salai era un prolífico y competente copista de las obras del maestro. Entre las obras citadas figura «una pintura llamada La Joconda», a la que se otorga un valor de 505 liras.[90] Se ha señalado que este dato refuerza la postura de Vasari, en la medida en que parece demostrar que el cuadro ya era conocido como *La Gioconda* algunos años antes de que se produjera la identificación entre la modelo del cuadro y Lisa del Giocondo.

El tercer documento normalmente se pasa por alto debido a su brevedad y a sus patentes errores, pero en mi opinión no por ello deja de tener su importancia. En la biografía de Leonardo conocida como *Anónimo Gaddiano* figura el siguiente aserto: *Ritrasse dal naturale Piero Francesco del Giocondo*. La interpretación habitual es que el texto afirma, erróneamente, que Leonardo pintó un retrato al natural del marido de Lisa. Pero, como señala Frank Zöllner, eso no es ni mucho menos lo que dice: el nombre del marido de Lisa era Francesco; el que *sí* se llamaba Piero di Francesco era su hijo.[91] Lo malo es que esto resulta todavía más improbable, porque en 1508, que fue cuando Leonardo dejó Florencia, Piero sólo tenía ocho años. Sospecho que el verdadero problema reside en un error de copia. El manuscrito del *Anónimo* resulta un tanto descuidado y fragmentario; las omisiones y añadidos no son infrecuentes: en la línea inmediata a la anotación acerca de Giocondo, por ejemplo, se lee: *Dipinse a* [espacio en blanco] *una testa di [Medusa*, tachado] *Megara*. Lo que yo creo es que la frase alusiva a Giocondo contiene también una omisión, y que la lectura correcta de la misma no sería: *Ritrasse dal naturale Piero Francesco del Giocondo*, sino: *Ritrasse dal naturale per Francesco del Giocondo...*, correspondiendo los signos elípticos a una oración inacabada: «Para Francesco del Giocondo pintó un retrato del natural de...». Compárese esto con la frase inicial de Vasari, en la que la oración aparece completa: *Prese Leonardo a fare per Francesco del Giocondo il ritratto di Mona Lisa su moglie*. De ser acertada esta interpretación, Vasari estaría usando correctamente una fuente original que el redactor del *Anónimo* habría tergiversado.

La conclusión final que cabe extraer de estos testimonios fragmentarios es que muy probablemente la versión de Vasari sobre la génesis de la pintura sea correcta: se trataría así de un retrato de Lisa Gherardini, encargado por su marido hacia 1503, cuando ésta era aún una veinteañera. Hay personas a quienes les resulta insoportablemente prosaico que el cuadro más famoso del mundo represente a una oscura ama de casa florentina (todas sus rivales son mucho más glamurosas y aristocráticas), pero, a mi parecer, ese núcleo irreductible de normalidad contribuye a añadirle poesía. El cuadro, al menos, comenzó así. Pero Vasari nos dice también que Leonardo «no llegó a acabarlo», lo cual parece indicar que cuando dejó Florencia en 1508 aún no lo había terminado. Nueve años más tarde, cuando lo vio Antonio de Beatis, seguía en su poder, y cabe pensar que en ese intervalo de tiempo habría ido evolucionando. Durante muchos años, el cuadro iba a ser su fiel compañero, una presencia permanente en sus sucesivos talleres, en la que los ojos del maestro se posarían cuando así lo permitieran las circunstancias para retocarlo, repensarlo y descubrir en él cosas que no había visto antes. Es esa prolongada meditación la que ha imbuido al retrato de esas tonalidades sutiles y esos matices de significado que percibimos en él, pero que nunca somos capaces de concretar. El paso del tiempo está inscrito por todas partes en la *Mona Lisa:* la luz que el atardecer vierte sobre su rostro, los eones geológicos de las formas montañosas del fondo, y, por supuesto, esa media sonrisa eternamente congelada en el instante previo a convertirse en una sonrisa plena: un futuro que no llegará nunca.

En otro sentido, como objeto cultural, aguardaba a la pintura un largo futuro. Su axiomática celebridad es un fenómeno relativamente reciente. Sus primeros exégetas dieron muestras de su entusiasmo, pero no parece que la consideraran una obra excepcional o única. La elevación de la *Mona Lisa* a la categoría de icono cultural se produjo a mediados del siglo XIX como consecuencia de la fascinación que los europeos del norte sentían por el Renacimiento italiano en general, y por la figura de Leonardo en particular, y tuvo desde un principio un marcado carácter francés, y más específicamente parisino, debido a la presencia del cuadro en el Louvre. Su imagen quedó estrechamente ligada a la mórbida fantasía romántica de la *femme fatale:* esa exótica y cautivadora *belle dame sans merci* que tanto obsesionaba a la imaginación de los hombres de la época.

Una de las figuras que más contribuyó a elevar a la Gioconda a la categoría de mujer fatal fue el novelista, crítico de arte y fumador de hachís Théophile Gautier. Para él era «la esfinge de la belleza que nos sonríe misteriosamente»; una mirada de «divina ironía» que insinuaba «ignotos placeres» y «planteaba un acertijo que aún no han resuelto los siglos que la contemplan admirados». En medio de uno de estos arrebatos, sin embargo, se le escapa un comentario bastante significativo: «Te hace sentir como si fueras un colegial delante de una duquesa».[92] Otro de los que sufrían palpitaciones en su presencia era el historiador Jules Michelet, un auténtico fanático del Renacimiento. Al mirarla, escribió, «uno se siente fascinado y aturdido por un extraño magnetismo»; su presencia «me atrae, me subleva, me consume: acudo a ella a mi pesar, como acude el pájaro a la llamada de la serpiente». En una vena similar, los hermanos Goncourt, en su diario de 1860, describen a una belleza de la época como «una cortesana del siglo XVI» con «una sonrisa tan llena de noche como la de la Gioconda».[93] Fue así como se produjo la cooptación de la *Mona Lisa,* que, a partir de entonces pasó a formar parte de ese elenco de bellezas letales en el que se incluyen, entre otras luminarias, la Nana de Zola, la Lulu de Wedekind o Jeanne Duval, la bella amante criolla de Baudelaire.

La célebre descripción que hizo del cuadro el esteta victoriano Walter Pater, publicada por primera vez en 1869, recibió sin duda la influencia de este pertinaz brote de languidez gala. Más adelante, Yeats haría a Pater el inmenso favor de expurgar la inflada verborrea de su prosa para convertirla en verso libre, una forma que le sienta bastante mejor:

> Es anterior a las rocas entre las que se sienta:
> Al igual que el vampiro,
> Ha muerto muchas veces,
> Y ha aprendido los secretos de ultratumba;
> Y ha buceado en profundos mares,
> Y en torno a ella guarda el día de la caída...[94]

Oscar Wilde nos ofrece un agudo comentario sobre la seductora palabrería de Pater: «El cuadro se vuelve mucho más maravilloso de lo que en realidad es y nos revela un secreto del que, en realidad, no sabe nada».[95] Pero el eco de que la Mona Lisa escondía «un secreto» no se extinguió. En la obra de E. M. Forster *Una habitación con vistas* (1908), vemos como la estancia de Lucy Honeychurch en la Toscana hace que se impregne del misterio de la Gioconda: «Advertía en ella una reticencia que le resultaba fascinante. Era como una de esas mujeres de Leonardo da Vinci, a las que amamos no tanto por sí mismas como por aquello que no nos van a contar».[96]

Otros, en cambio, se mostraron más escépticos, como puede apreciarse en la novela de Somerset Maugham *Christmas Holiday* (1939), donde un cuarteto de amantes del arte «contempla la insulsa sonrisa de esa ñoña jovencita hambrienta de sexo». Algunos jóvenes críticos iconoclastas, como Roberto Longhi, han descargado sobre el cuadro todo su desdén, e incluso el propio Bernard Berenson, pese a no atreverse a desafiar a un «chamán tan poderoso» como Pater, ha revelado su secreto desprecio por tan reverenciado cuadro: «Ya no es más que un súcubo». Cuando T. S. Eliot llama a Hamlet «la *Mona Lisa* de la literatura», el sentido es claramente negativo: la obra ha dejado de verse como lo que es y, al igual que el cuadro, se ha convertido en un cajón de sastre para todo tipo de interpretaciones subjetivas y teorías mediocres.[97]

El otro acontecimiento que marcó la carrera de la *Mona Lisa* fue su rapto del Louvre en la mañana del lunes 21 de agosto de 1911.[98] El ladrón fue un italiano de treinta años, un pintor-decorador y delincuente de poca monta que respondía al nombre de Vincenzo Perugia. Había nacido en Dumenza, una localidad cercana al lago de Como, y residía en París desde 1908. Era uno de los miles de inmigrantes italianos de la ciudad: los *macaroni*, como los llamaban los franceses. Había trabajado una temporada en el Louvre, lo cual explica que pudiera entrar en el edificio sin llamar la atención y luego salir con la *Mona Lisa* metida debajo de un blusón de obrero. La policía emprendió inmediatamente la búsqueda, pero, a pesar del historial delictivo de Perugia y de la gran cantidad de huellas que había dejado en el marco, su nombre nunca fue mencionado en relación con el caso. Entre los sospechosos se contaron Picasso y Apollinaire, el segundo de los cuales pasó brevemente por la cárcel, donde escribió un poema alusivo al tema. Durante más de dos años, Perugia tuvo el cuadro en su alojamiento, oculto bajo una estufa. De pronto, a finales de noviembre de 1913, envió una carta a Alfredo Geri, un anticuario de Florencia, ofreciéndose a «devolver» la *Mona Lisa* a Italia. A cambio exigía 500,000 liras. La carta la firmaba un tal «Leonardo Vincenzo». El 12 de diciembre, Perugia llegó a Florencia en tren, con la *Mona Lisa* guardada en un baúl de madera, «una especie de arcón de marinero», y se alojó en un hotel de tres al cuarto, el Albergo Tripoli-Italia de la via Panzani (un establecimiento que aún sigue abierto, aunque ahora, como no podía ser menos, se llama Hotel La Gioconda). Allí, en presencia de Alfredo Geri y de Giovanni Poggi, el director de los Uffizi, Perugia abrió el baúl, dejando al descubierto unos zapatos viejos y unas prendas de ropa interior de lana. Según el relato de Geri, «tras sacar esos objetos tan poco estimulantes, levantó el doble fondo del baúl, y allí estaba el cuadro [...] Nos embargaba una intensa emoción. Vincenzo nos miraba fijamente y sonreía con suficiencia como si él hubiera pintado la obra».[99] Un poco más tarde, ese mismo día, fue arrestado. Hubo algunos intentos de convertir a Perugia en un héroe cultural, pero durante el juicio no dio la talla. Dijo que en un primer momento había pensado robar el *Marte y Venus* de Mantegna y que se había decidido finalmente por la *Mona Lisa*, porque era más pequeño. Permaneció doce meses en prisión y falleció en 1947.

El robo y la posterior recuperación de la *Mona Lisa* apuntaló definitivamente su fama internacional. Ambos acontecimientos desencadenaron un auténtico aluvión de artículos de prensa, postales conmemorativas, tiras cómicas, baladas, números de cabaret y comedias de cine mudo. Éstos fueron los heraldos de la actual condición del cuadro como icono pop a escala global. La desfiguración de la Gioconda que realizó Marcel Duchamp en 1919, a la que bautizó con el irreverente título *L. H. O. O. Q. (Elle a chaud au cul,* «Tiene el culo caliente»), es la parodia más famosa del cuadro, pero veinte años antes ya se le había adelantado el ilustrador Sapeck (Eugene Battaile) con su *Mona Lisa* fumando en pipa. Se había abierto la veda: vino la Gioconda múltiple de Andy Warhol *(Treinta son mejor que una);* la Gioconda de dibujos animados que Terry Gilliam creó para los títulos de crédito de las películas de *Monty Python;* la «desenfrenada novela» de William Gibson, *Mona Lisa acelerada;* las citas, ya clásicas, de Cole Porter en *You're the top,* la *Mona Lisa* de Nat King Cole y *Vision of Johanna* de Bob Dylan. Y también, claro está, el póster en el que aparece fumándose un porro o su empleo como ilustración de una alfombrilla para el ratón del ordenador. En mi caso concreto, sospecho que mi primer contacto con la *Mona Lisa* se lo debo a un éxito de Jimmy Clanton del año 1962, que empieza así:

> Es como Venus en vaqueros
> Como la Mona Lisa con coletas...

No estoy muy seguro de que las coletas le quedaran bien, pero esta canción, con su deliciosa banalidad adolescente, ilustra a la perfección el destino que le ha correspondido a este bello y misterioso cuadro.

El fresco de *Anghiari* (I)

Un verano en el que se han alternado las excursiones a los montes pisanos con las conversaciones con Maquiavelo, y los estudios matemáticos junto a Luca Pacioli con las sesiones de pintura con Lisa del Giocondo (con o sin músicos y bufones), suena bastante apetecible. Sin embargo, llegado el otoño, Leonardo ya se había involucrado en un nuevo encargo para realizar una importante obra pública de una escala —y de una tensión potencial— equivalente por lo menos a la de *La Última Cena.* El encargo en cuestión consistía en un enorme fresco que iba a decorar una de las paredes de la sala del Gran Consejo (la Sala del Maggiore Consiglio, conocida más adelante como la Sala del Cinquecento) que se encontraba en la primera planta del Palazzo Vecchio. La sala había sido edificada en 1495, como un símbolo del nuevo amanecer republicano que sucedió a la expulsión de los Medici.[100]

Aunque no se conserva el contrato original de la obra, el encargo puede fecharse con bastante certeza en torno al mes de octubre de 1503, pues el día 24 de ese mismo mes, la Signoria dio órdenes de que se le entregaran a Leonardo las llaves de un gran refectorio en desuso, conocido como la Sala del Papa, que había en el monasterio de Santa Maria Novella.[101] Esta disposición de carácter oficial estaba sin duda destinada a proveerle de espacio suficiente para el enorme cartón que serviría de plantilla para el fresco. En un contrato de fecha posterior —4 de mayo de 1504— se dice que Leonardo ha «aceptado hace algunos meses pintar un cuadro en la sala del Gran Consejo» y que se le han anticipado 35 florines a tal efecto. El plazo para la conclusión de la obra («sin ninguna salvedad ni reparo») se fija a finales de febrero de 1505. Una serie de documentos posteriores indican que su estipendio mientras estuvo trabajando en el fresco fue de 15 florines al mes.[102]

Y, sin más, Leonardo se instala en su nuevo alojamiento de Santa Maria Novella, cuya imponente fachada, obra de Alberti, él mismo había visto construir treinta años antes, y cuyos muros decoraban los luminosos frescos de Domenico Ghirlandaio, en los que podían contemplarse los retratos de Ficino, Luigi Pulci y Poliziano, así como de los jóvenes Medici: todos ellos rostros de su juventud, fantasmas de una Florencia que había dejado de existir. La Sala del Papa se hallaba en medio de una amalgama de edificios que se levantaban al oeste de la iglesia (hoy en día es un cuartel de carabineros, con una nutrida dotación de centinelas). Al parecer, no se hallaba en buenas condiciones, pues una disposición ulterior de la Signoria ordena que se repare la techumbre para hacerla impermeable. También las ventanas se encontraban «en mal estado» y había que asegurarlas. El 8 de enero de 1504, un carpintero llamado Benedetto Buchi acudió provisto de tableros, rieles, postigos y travesaños para sellar las ventanas.[103] Seguramente estas obras ineludibles fueron anteriores a la llegada definitiva de Leonardo. En una hoja incompleta del Códice Atlántico se conserva un inventario de sus enseres domésticos, cuarenta y cuatro objetos en total: sillas y mesas, toallas y servilletas, escobas y palmatorias, un colchón de plumas, un lavamanos de cobre, un cucharón, una sartén, «pies de lámpara, un tintero, tinta, jabón, colores», «trébedes, una esfera armilar, un portaplumas, un atril, una vara, una esponja»: en suma, toda la parafernalia de las pequeñas necesidades cotidianas.[104]

Durante todo el mes de febrero la escena debió de parecerse bastante a un solar en obras; el carpintero trabaja en la plataforma y la escalera, «con todos los instrumentos apropiados». La viga mayor de la plataforma es de madera de olmo, tiene 5 brazos de longitud y está fijada con una guindaleza, un grueso cable de cáñamo; en otras palabras, no se trata de un andamio sino de una plataforma suspendida, cuya altura y posición puede ser ajustada mediante un sistema de poleas. Un papelero, llamado Giandomenico di Filippo, llega con una resma de papeles, que serán pegados entre sí para formar el cartón. Otro trae un papel más basto y más barato para tapar las ventanas. La botica envía cera, trementina y albayalde. Se recibe un cargamento de esponjas. Un albañil, el Maestro Antonio di Giovanni, participa también en las obras. Está abriendo una puerta en los aposentos de Leonardo para comunicarlos «directamente con el antedicho cartón»; este detalle nos permite vislumbrar las servidumbres del trabajo artístico que se le avecina a Leonardo: su exclusivismo, su soledad. Pronto el trabajo le habrá absorbido; pronto estará yendo y vi-

niendo de sus aposentos al dibujo, sumido en una profunda concentración. La imagen nos recuerda la evocación que hizo Bandello de los
trabajos en *La Última Cena:* los arrebatos de frenética actividad, los interminables periodos de contemplación con los brazos cruzados.

El 27 de abril Leonardo sacó otros 50 florines de su cuenta bancaria.
Al parecer, se había gastado ya el anticipo de la Signoria.

Leonardo había pasado los dos años anteriores inmerso en un entorno
bélico, sirviendo a la implacable ambición de los Borgia o contribuyendo
al esfuerzo de guerra florentino contra Pisa como ingeniero militar, y ni siquiera aquí, en su nuevo taller de Santa Maria Novella, iba a poder desem-
barazarse de esa conexión, pues la temática de la obra que acababa de emprender era precisamente la guerra. La Signoria quería decorar la gran
sala del Consejo con una escena emblemática, extraída de una famosa victoria florentina. En 1440 —una fecha lo bastante cercana como para que
el acontecimiento siguiera vivo en el recuerdo—, una incursión de las tropas milanesas, capitaneadas por el condotiero Niccolò Piccinino, había
sido repelida por los ejércitos florentinos en un encuentro que tuvo lugar
junto a la aldea toscana de Anghiari, una población situada en los montes
próximos a Arezzo. Es muy posible que Leonardo conociera el lugar: el
año anterior debió de pasar por él de camino a Urbino; el nombre se incluye en el mapa que hizo del Val di Chiana.

Una vez más Maquiavelo anda metido en el asunto. Entre los papeles
de Leonardo figura una prolija descripción de una batalla, traducida de
un texto latino de Leonardo Dati.[105] La caligrafía se corresponde con la
de Agostino di Vespucci, el secretario de Maquiavelo. Todo parece indicar, por tanto, que la traducción se realizó a instancias de este último con
objeto de suministrar a Leonardo información e ideas sobre el tema. Según parece, lo previsto era realizar un fresco de carácter narrativo, donde se mostraría una secuencia de acontecimientos que habían tenido lugar durante la batalla. «Empieza con la arenga de Niccolò Piccinino a sus
tropas [...] Luego muéstrale cuando monta en su cabalgadura enfundado en su armadura, luego cuando emprende la marcha seguido de todo
su ejército: 40 escuadrones de caballería y dos mil infantes», y así sucesivamente. El relato que hace Dati de la batalla incluye el momento en que
San Pedro se aparece «en una nube» al comandante de las tropas florentinas (la batalla se libró el día 29 de junio, festividad de San Pedro y San
Pablo), y el tono dominante es enardecido y retórico; ése era sin duda el
tono que la Signoria esperaba que Leonardo imprimiera a su obra. Sin
embargo, la versión que más adelante dio de la batalla el propio Maquiavelo en su *Istorie fiorentine* era muy distinta; se describía como una fugaz
escaramuza, en la cual sólo hubo una víctima mortal, y por un accidente:

murió al caérsele el caballo encima.[106] Pero, de momento, al pintor lo que se le daba era la versión propagandística.

El propósito del encargo estaba muy claro: se trataba de pintar una enardecedora representación del valor militar florentino, un monumental *trionfo* que levantara los ánimos de la república en aquellos tiempos de incertidumbre. Pero desde un primer momento, el enfoque que le dio Leonardo, del que dan fe los múltiples cartones preparatorios, supo captar asimismo todo el horror y la brutalidad de la guerra.[107] En sus dibujos se ven las bocas desencajadas de los combatientes, el espanto de los caballos encabritados, la tirantez de los músculos, los cortes de las armas. Se adivina en ellos un elemento de catarsis, un intento de enfrentarse a su propia complicidad con el belicismo de la época. Los dibujos sin duda recogen algunas de las crudas escenas de las que fue testigo durante los meses que estuvo con César Borgia. Pero también sabía muy bien dónde hacer hincapié para lograr captar en todo su horror el dramatismo de los campos de batalla, pues diez años atrás había escrito en Milán un extenso texto titulado precisamente «Modo de representar una batalla»:

> Harás primero el humo de la artillería, mezclado en el aire con el polvo que levantan al desplazarse caballos y soldados ... El aire deberá esta lleno de flechas que vuelan en todas direcciones, y los disparos llevarán tras de sí una estela que seguirá su trayectoria ... Si muestras a un hombre caído, harás la huella del resbalón en el barrizal ensangrentado ... A otros los representarás en su agonía, con los dientes rechinando, los ojos extraviados, los puños apretados contra el cuerpo y las piernas contorsionadas ... Se verá a un grupo de hombres caídos sobre el cuerpo de un caballo.[108]

Esa impresión de violenta refriega, de confuso apelotonamiento, de incesantes contorsiones y convulsiones es lo que transmiten sus bocetos preparatorios. Atrapado entre la versión propagandística urdida por los florentinos y la veracidad del testigo presencial, Leonardo va avanzando a tientas en la composición.

La noticia de que el artista está trabajando en un nuevo proyecto de gran envergadura ha llegado a oídos de la infatigable Isabella d'Este en Mantua, pero eso no la disuade en absoluto. En una carta fechada el 14 de mayo de 1504 da instrucciones a Angelo del Tovaglia para que le pida a Leonardo que pinte para ella un cuadrito de motivo religioso; «y si pone como excusa que carece de tiempo, debido a la obra que ha empezado a realizar para la excelentísima Signoria, decidle que hacerlo le servirá de recreo y descanso cuando el trabajo en el fresco se le haga demasiado pesado, y que puede pintarlo solamente cuando sea de su gusto».

Estudios para el fresco de Anghiari. *Arriba: dibujos preparatorios para las cabezas de dos soldados y una refriega de jinetes, h. 1503-1504. Abajo: copia de la obra perdida de Leonardo* Batalla de Anghiari, *atribuida a Pedro Pablo Rubens.*

En esa misma fecha escribe también una carta personal a Leonardo para que se la entregue Tovaglia. Esto es lo que dice:

> Maestro Leonardo:
> Ahora que, según entiendo, os halláis instalado en Florencia, tenemos la esperanza de obtener de vos lo que llevamos deseando desde hace tanto tiempo, que no es otra cosa que una obra de vuestra propia mano. Cuando estabais aquí e hicisteis mi retrato a carboncillo, me prometisteis que alguna vez haríais para mí uno en color. Dado que esto no es posible por el momento, pues no os resulta conveniente venir hasta aquí, confiamos.en que os avengáis a satisfacer las condiciones de nuestro acuerdo transformando nuestro retrato en el de una figura más gentil todavía, la de un Cristo Joven, de unos doce años de edad —la edad que tenía cuando discutió con los doctores del templo— al que dotaréis de ese aire de dulzura y suavidad [suavita] que es el sello más sobresaliente de vuestro arte...

Y, con gélida cortesía, concluye: «Quedamos a la espera de vuestra devota respuesta, y con la presente os enviamos nuestros mejores deseos [...]».

Tovaglia cumplió su cometido y entregó al artista la carta en Santa Maria Novella, pero Leonardo, aunque muy cortésmente, volvió a quitárselo de encima: «Me ha prometido dedicarle algunas horas, siempre que pueda robarle tiempo a la obra que está acometiendo para la Signoria». A Tovaglia se le había pedido también que tratara de perseguir a Pietro Perugino, que supuestamente tenía que estar realizando un cuadro para el *studiolo* de Isabella. En un tono irónico concluía:

> Seguiré animando a Leonardo en relación con este tema, y a Perugino con el otro. Ambos se deshacen en promesas, y parecen estar muy ansiosos de servir a Vuestra Señoría, pero mucho me temo que esto se va a convertir en una competición de lentitud [gara de tarditate] entre ellos. Es difícil saber cuál de los dos ganará, pero yo apuesto por Leonardo.[109]

Isabella no se dio por vencida, y dos años más tarde encontró un emisario más prometedor, alguien que tenía lazos familiares con el maestro: Alessandro Amadori, un canónigo de Fiésole, que era hermano de Albiera, la primera madrastra de Leonardo. Pero, como indica la carta que remitió Amadori a la marquesa, la nueva táctica tampoco surtió efecto.[110]

A principios del verano de 1504, Leonardo estaba ya listo para plasmar sus pequeños bocetos y modelos en barro en la síntesis a gran escala del cartón, que iba a ser dibujado y pintado en el inmenso mosaico de trozos de papel que aguardaba sostenido en un marco en el refectorio de

Santa Maria Novella. En junio, un panadero de nombre Giovanni di Landino trajo «40 kilos de harina en polvo [...] para aplicarla sobre el cartón». De la botica llegaron 12 kilos de albayalde de Alejandría, 16 kilos de bicarbonato de sosa y 900 gramos de yeso, «que habían sido requeridos por Leonardo para su pintura». También se pagó a un herrero por los pernos, los cercos y las ruedas de hierro de *il carro di Leonardo:* otra plataforma, en este caso con ruedas, que le permitiría desplazarse alrededor de la gran superficie que ocupaba el cartón.

MIGUEL ÁNGEL

Formara o no parte de los planes originales de la Signoria, lo cierto es que a finales del verano de 1504 la decisión está ya documentada: como complemento al fresco o mural de Leonardo en la pared de la sala del Consejo, Miguel Ángel representaría otra famosa victoria florentina, la batalla de Cascina, justo en la pared opuesta. Se trataba de poner a trabajar frente a frente en la sala del Consejo a los dos artistas florentinos más importantes de su tiempo, y es difícil creer que no se viera como una suerte de competición, o incluso como un auténtico choque de titanes, en el que la lógica rivalidad por lograr la excelencia estaría aderezada (según parece) por un antagonismo de índole personal que serviría de acicate para que aquellos dos hombres trataran de alcanzar las más altas cotas de la creatividad artística.

Cuando Leonardo dejó Florencia en 1482, Michele Agnolo di Lodovico Buonarroti era un niño de siete años, que vivía con una familia de canteros en la pedrera de mármoles que tenía en Settignano su padre, un hombre de linaje noble, pero de paupérrimos ingresos. Dieciocho años más tarde, cuando Leonardo regresó, Miguel Ángel era ya la nueva y carismática estrella del firmamento artístico, la savia joven que vigorizaba las venas de la escultura renacentista.[111] Como aprendiz en el taller de Domenico Ghirlandaio durante tres años (1488-1491) y como protegido de Lorenzo de Medici hasta la muerte de éste en 1492, Miguel Ángel no tardó en labrarse una sólida reputación con algunas de sus primeras obras florentinas, entre ellas, el *Cupido* de mármol y el dramático bajorrelieve de *La batalla de los centauros,* en el que la influencia clásica del jardín de esculturas de Lorenzo se funde ya con las tensas musculaturas y los contorsionados miembros de sus obras de madurez. En 1496, el cardenal San Giorgio lo llamó a Roma: allí creó una subversiva representación escultórica de *Baco* ebrio, al que, según Vasari, representó «con la esbeltez de un joven, pero con la carnosidad y redondez de una mujer», y también la bella *Pietà* de San Pedro. A finales de 1500 o en 1501 regresó a Florencia, y es proba-

Miguel Ángel Buonarroti.

ble que fuera entonces cuando él y Leonardo se conocieron. Podemos imaginarnos a Miguel Ángel (pero sólo imaginarlo) entre las multitudes que se congregaron en la Annunziata para ver el cartón de *Santa Ana* de Leonardo durante la primavera de 1501: un impetuoso joven de pelo alborotado y complexión tosca, vestido descuidadamente, con un aura de desafiante seguridad y que luce ya su famosa nariz de boxeador, una secuela de la pelea que tuvo con su colega, el escultor Pietro Torrigiano.

Pronto empezaría a trabajar en la más representativa —y también la más florentina— de sus obras, el monumental *David,* al que los documentos de la época suelen llamar «el gigante de mármol» o simplemente «el gigante». El contrato con la Signoria, fechado el 16 de agosto de 1501, establece un plazo de entrega de dos años, y según Vasari el pago que recibió ascendió a 400 florines. De una altura próxima a los 5 metros y un peso que ronda las 18 toneladas, se dice que el *David* fue realizado con un bloque de mármol estropeado que llevaba varios años abandonado en la *fabbriceria* del Duomo; de acuerdo con Vasari, quien lo había «estropeado» era un escultor llamado Simone da Fiesole, aunque seguramente se refiera a Simone Ferrucci: otras versiones, en cambio, atribuyen el «estropicio» a Agostino di Duccio. Vasari añade también que el gonfalonero Soderini «había hablado de dar el mármol a Leonardo da Vinci», pero que finalmente decidió entregárselo a Miguel Ángel. Sin embargo, no hay ningún documento que confirme la veracidad de este aserto.[112]

Hacia mediados de 1503, la monumental escultura empezaba ya a cobrar forma, a «liberarse de su prisión de mármol», según la famosa frase de Miguel Ángel. Una nota que figura bajo un tosco boceto del brazo izquierdo del David nos proporciona una vívida imagen del escultor visto como una especie de guerrero: *Davide colla fromba e io coll'arco,* «David con la honda y yo con el arco», esto es, con el taladro de punta arqueada.[113] Si damos por bueno el testimonio de Vasari, Leonardo entretanto debía de haber empezado ya a ejecutar el retrato de Lisa del Giocondo: un trabajo bastante peor remunerado sin duda. Estas dos famosas obras son paradigmáticas de la mentalidad dual del Renacimiento: grandiosa y desbordante de seguridad por un lado; serena, intimista e inaprensible por otro.

El 25 de enero de 1504, el departamento de obras del Duomo convocó una reunión (mera rutina desde el punto de vista administrativo, pero excepcional por la alta concentración de talento artístico renacentista que se dio en ella), cuyo cometido era decidir cuál sería el emplazamiento «más adecuado y congruente» para el gigante de mármol, que ya estaba «prácticamente acabado».[114] Fueron treinta los convocados: una anotación al margen señala que uno de ellos, Andrea da Monte Sansavino, no pudo asistir por hallarse en Génova, por lo que cabe concluir que los otros veintinueve sí que estuvieron presentes. Además de Leonardo, asistieron Andrea della Robbia, Piero di Cosimo, David Ghirlandaio (el hermano menor del difunto Domenico), Simone del Pollaiuolo (apodado Il Cronaca), Filippino Lippi, Cosimo Rosselli, Sandro Botticelli, Giuliano y Antonio da Sangallo, Pietro Perugino y Lorenzo di Credi. También se hallaban entre los presentes «Vante *miniatore*», la persona a la que Leonardo había prestado dinero en 1503; «Giovanni *piffero*», probablemente el músico Giovanni di Andrea Cellini; y «El Riccio *orafo*», «Rizos el orfebre», que probablemente sea ese mismo «Riccio Fiorentino» que, según se señala en el *Anónimo Gaddiano,* será luego uno de los ayudantes de Leonardo en el fresco de *Anghiari.*

La opinión de Leonardo sobre el emplazamiento del *David* ha quedado recogida en las actas de la reunión. «Coincido con Giuliano en que debe ser colocado en la Logia [se refiere a la Loggia dei Lanzi, frente al Palazzo Vecchio], tras el murete donde forman los soldados. Debe ser puesta ahí, con una ornamentación adecuada, pero de forma que no suponga un obstáculo para las ceremonias oficiales». En esta opinión, compartida por Giuliano, pero contraria a la de la mayoría, no es difícil advertir un antagonismo, un deliberado empeño en no dejarse impresionar. La desmesurada estatua debe ser arrinconada en un lugar donde no estorbe el paso. Tal vez lo que en realidad deseaba fuera arrinconar a su escultor, ese molesto y entrometido genio. Otro resquicio para el agravio puede hallarse en un *David* florentino anterior, el que esculpió su maestro Verrocchio, cuyo modelo, según se decía, había sido el joven Leonardo: ahora, cerca de cuarenta años después, el nuevo *David* dejaba desfasada aquella imagen de su prometedora juventud.

Su consejo no fue tenido en cuenta, y en mayo, según lo previsto, se colocó la estatua sobre un pedestal junto a la entrada principal del Palazzo Vecchio, donde permaneció varios siglos, y donde ahora se alza la réplica realizada en el siglo XIX. El diario de Luca Landucci nos proporciona un relato muy gráfico sobre el transporte del coloso (arrojando de paso un poco de luz sobre el problema del vandalismo en la Florencia renacentista):

14 de mayo de 1504 - En la hora vigesimocuarta [las 8 de la tarde] se sacó el gigante de mármol de la obrería, siendo necesario tirar el muro que hay encima de la puerta para que pudiera pasar. Durante la noche le arrojaron piedras para dañarlo, así que hubo que ponerle una guardia para que lo vigilara. Se tardaron cuatro días en llevarlo hasta la Plaza [de la Signoria], a la que llegó finalmente el día 18 a la duodécima hora [8 de la mañana]. Para desplazarlo, se emplearon más de cuarenta hombres. Debajo del Gigante iban catorce vigas engrasadas que, a medida que se avanzaba, se intercambiaban.[115]

Finalmente, tras haber desterrado la *Judith* de Donatello a un patio interior para dejarle sitio, fue puesto en pie el día 8 de julio. Es probable que Leonardo asistiera a esta ceremonia, aunque también cabe la posibilidad de que se hallara significativamente ausente: encaramado con gesto altanero en lo alto de su plataforma rodante de Santa Maria Novella, dándole algunos retoques al cartón *Anghiari*.

Debió de ser por esta época cuando la rivalidad entre los dos artistas estalló en público, dando lugar a un pequeño altercado, que fue recogido en el *Anónimo Gaddiano* en una viñeta que, por su vivacidad, se destaca de las páginas generalmente insulsas de su biografía de Leonardo. Precediéndola, figuran las palabras *Dal Gav.*, lo cual parece indicar que la fuente es ese mismo «P. da Gavine» que acompaña en el relato a Leonardo. Se trata, por tanto, del testimonio de un testigo presencial:

Paseaba un día Leonardo con P. da Gavine por la [Piazza] Santa Trinità, cuando, al pasar por la Pancaccia degli Spini, se encontraron con un grupo de ciudadanos que discutían acerca de un pasaje de Dante; éstos, al ver a Leonardo, le pidieron que les aclarara el pasaje. Dio la casualidad de que en ese preciso momento pasaba por allí Miguel Ángel, y Leonardo respondió a su petición, diciéndoles: «Ahí va Miguel Ángel, él os lo aclarará». Al oír aquello, Miguel Ángel, pensando que lo había dicho para ofenderle, le espetó furioso: «Acláraselo tú, que diseñaste un caballo para fundirlo en bronce y, al no poder hacerlo, tuviste que abandonarlo, cubriéndote de vergüenza». Dicho lo cual, les dio la espalda y se marchó. Y Leonardo se quedó allí clavado, rojo de ira a causa de tales palabras.

El lugar del incidente está localizado de forma muy precisa: se encuentran en la Piazza Santa Trinità, y el grupo que discute el pasaje de Dante se halla en una logia que hubo antiguamente delante del palacio medieval de la familia Spini (hoy en día el Palacio Ferroni-Spini). Dicho edificio se levanta en el lado meridional de la plaza y se prolonga hasta alcanzar la orilla del río a la altura del Ponte Santa Trinità. En la actualidad la logia ha desaparecido, pero se puede deducir dónde se hallaba gracias a los frescos que Domenico Ghirlandaio pintó a mediados de la década de 1480 en la vecina iglesia de Santa Trinità. En ellos se representa la vida de San Francisco, pero, como solía hacer Ghirlandaio, están ambientados en la Florencia de su época. El escenario del fresco central, que muestra la curación milagrosa de un niño, es precisamente la plaza de Santa Trinità: la vista que nos ofrece está tomada desde un punto situado al norte de la propia plaza; la iglesia aparece a la derecha (sin su fachada de finales del siglo XVI), la línea de fuga del Ponte Santa Trinità en la media distancia y el Palazzo Spini a la izquierda. No hay nada parecido a una logia en los dos muros visibles (el septentrional y el occidental), lo cual confirma lo que ya parecía sugerir el propio sentido común: la logia estaba ubicada en la cara meridional, frente al río.[116] Así pues, el mordaz intercambio de palabras entre Leonardo y Miguel Ángel se produjo en el Lungarno, ligeramente al este del puente y delante de lo que hoy en día es la lujosa tienda de moda Salvatore Ferragamo.

También los personajes de la anécdota están caracterizados con gran precisión: Leonardo, el retraído, declina con gusto la invitación a pontificar sobre el *passo dantesco;* Miguel Ángel, impetuoso y susceptible, reacciona con furia ante el supuesto desaire (aunque, tal y como lo cuenta la historia, no parece que hubiera tal intención, a menos que el comentario tuviera un matiz sarcástico, como queriendo decir: «Ahí tenéis a Miguel Ángel que lo sabe todo»). La intempestiva marcha de este último —*voltò i rene*, literalmente, «volvió sus riñones»— deja a Leonardo mudo, azorado y furioso: *per le dette parole diventò rosso* —«se puso rojo de ira a causa de tales palabras»—. Leonardo era cortés por naturaleza; Miguel Ángel en cambio era por naturaleza insolente.

En la siguiente página del manuscrito del *Anónimo*, tras una digresión sobre la destreza de Miguel Ángel como anatomista, vemos de nuevo a éste dirigirse a Leonardo en son de mofa: «En otra ocasión en la que Miguel Ángel quiso zaherir [*mordere*] a Leonardo, le dijo: "O sea, ¿que esos cazurros milaneses realmente creyeron en ti?". *Que' caponi de' Melanesi* significa literalmente «esos cabezotas milaneses»; pero el término *caponi* suele implicar una idea de obstinada estupidez. Si este testimonio es también fidedigno, habrá que concluir que Miguel Ángel sentía verdadera antipatía por Leonardo.

El texto no proporciona ninguna pista sobre la fecha en que tuvo lugar el incidente de Santa Trinità. Pudo haber ocurrido entre principios de 1501 (cuando Miguel Ángel regresó de Roma) y el verano de 1502 (que fue cuando Leonardo dejó Florencia para ponerse al servicio de César Borgia), o si no, entre marzo de 1503 (el retorno de Leonardo a Florencia) y principios de 1505 (la marcha de Miguel Ángel a Roma). Ambas ofensas hacen referencia al fracaso de Leonardo con el Caballo Sforza, lo cual parece apuntar más bien a la primera de estas dos fechas, aunque también encajaría en la época de la comisión del *David:* la desdeñosa actitud de Leonardo hacia la estatua pudo provocar esta invectiva contra sus propios fracasos en el campo de la escultura monumental. De ser así, habría que situar el altercado entre principios de 1504 y la primavera de ese mismo año; no sería nada raro que hubiera tenido lugar cuando el tiempo era ya lo bastante bueno como para que a la gente le apeteciera matar el tiempo en las logias, charlando sobre Dante. En el texto, la anécdota viene precedida de un comentario, atribuido también a «Gav.» o Gavine, acerca de la ejecución del fresco de *Anghiari.*

Pese a esta enconada rivalidad, a la Signoria no se le ocurrió mejor idea que encomendar a Miguel Ángel otra escena de batalla en la sala del Consejo para que sirviera de complemento, o hiciera la competencia, a la de Leonardo. Como más adelante señalaría Miguel Ángel, a él le correspondió «la mitad de la sala del Consejo».[117] Su tema era la batalla de Cascina, un enfrentamiento que había tenido lugar durante una guerra anterior con Pisa. El primer indicio de la implicación de Miguel Ángel en este proyecto nos lo ofrece un documento fechado el 22 de septiembre de 1504, en el que se le concede (como ya se había hecho con Leonardo un año antes) la libre disposición de un amplio espacio para su taller, en este caso, la sala grande del Ospedale di Sant'Onofrio. La concesión fue ratificada el 29 de octubre.[118] Esto es lo que nos dice Vasari sobre la obra:

> Empezó a trabajar en un inmenso cartón que se negó a enseñar a nadie. Lo llenó de desnudos a los que se muestra bañándose en el río Arno debido al calor, en el momento en que se da la alarma en el campamento a causa de un ataque del enemigo. Y a medida que los soldados van saliendo del agua para vestirse, las divinas manos de Miguel Ángel los fueron representando ... en las más diversas y extrañas posturas, unos están erguidos, otros arrodillados o doblados, otros aún a medio camino entre una postura y la otra, y todos ellos en escorzos de extrema dificultad.

El siguiente mes de febrero, la Signoria abonó a Miguel Ángel 280 liras «por su trabajo en la pintura del cartón». Por aquel entonces esta cantidad venía a equivaler a unos 40 florines: no sabemos con exactitud qué periodo de tiempo cubría, pero desde luego parece bastante más gene-

Copia del cartón de Miguel Ángel para La Batalla de Cascina,
atribuida a Aristotile da Sangallo.

rosa que los 15 florines mensuales que se le pagaban a Leonardo. Es muy probable que para entonces Miguel Ángel ya hubiera concluido su cartón. «Todos los artistas que vieron el cartón —nos cuenta Vasari— quedaron subyugados y admirados». Poco después Miguel Ángel marchaba a Roma para hablar del malhadado proyecto de la tumba de Julio II. En el proyecto de la sala del Consejo no parece que volviera a intervenir: no hay ningún testimonio que indique que tan siquiera llegara a empezar a pintarlo. El cartón acabó perdiéndose, pero conservamos una espléndida copia del mismo en Holkham Hall, Norfolk, la antigua residencia de los condes de Leicester, el mismo lugar donde estuvo custodiado hasta la década de 1980 el cuaderno de notas de Leonardo conocido como el Códice Leicester.

No hay testimonios que indiquen cómo se tomó Leonardo este desafío o intromisión, pero, según parece, en septiembre o a primeros de octubre de 1504 dejó Florencia. Aunque sin duda hay varios otros motivos que pueden explicar su partida, no es menos cierto que las fechas coinciden exactamente con el momento en que se encargó a Miguel Ángel que «hiciera la mitad de la sala del Consejo», así que tampoco cabe descartar que en parte se tratara de una retirada motivada por el despecho: una forma de manifestar su protesta. Para entonces ya había concluido su propio cartón. Debió de hacerlo hacia finales de julio, que es la fecha del último cobro del que tenemos constancia; sin embargo, no empezaría a pintar en el Palazzo Vecchio hasta las primeras semanas de 1505. El

427

El David *de Leonardo, h. 1504.*
No se trata de un dibujo del, sino
«a la manera del» David
de Miguel Ángel.

enfrentamiento era contrario a su naturaleza: procuraba siempre evitarlo o eludirlo. Así empieza el gran combate entre estos dos gigantes del Renacimiento: Miguel Ángel, presto para la lucha, llama a la puerta, pero la habitación está vacía.

A esta misma época corresponde un breve texto de Leonardo que critica los cuadros donde se representan de forma exagerada las musculaturas de los torsos: «Los músculos del cuerpo no deben destacarse en exceso, a no ser que los miembros de los que forman parte estén realizando un considerable esfuerzo [...] En caso contrario, lo que se obtendrá será un saco de nueces y no una figura humana». Tal vez quepa ver aquí una pulla lanzada contra las musculosas figuras de Miguel Ángel en su cartón de *Cascina*. En otro cuaderno vuelve a insistir en la misma idea: los cuerpos no deben parecer «fardos de rábanos» ni «sacos de nueces».[119] Parece como si se regodeara con la expresión: *Un saco di noce...* Es fácil imaginarle repitiéndola con cara de palo y arrancando las carcajadas de la gente: ésas eran sus armas. En todo caso, como expresión de desprecio, resulta preferible a los desabridos insultos que le lanzó Miguel Ángel aquel día junto al Ponte Santa Trinità.

Pero dicho esto, hay que señalar que en algunos de sus dibujos anatómicos posteriores la influencia de Miguel Ángel es innegable. En Windsor, por ejemplo, se conserva un pequeño boceto de Leonardo que se parece bastante al *David:* vendría a ser lo que la jerga artística suele llamar una obra «a la manera del *David*».[120] Es el único dibujo que conservamos de su mano del que se puede decir sin ningún género de dudas que está basado en un obra de arte de su época. Pese a las pullas y los resquemores, prima el viejo imperativo artístico: ¿Qué puedo aprender de él?

UNA MUERTE Y UN VIAJE

En medio de tan memorables acontecimientos artísticos —la gestación del cartón *Anghiari,* el acarreo del gigante de mármol por las calles de Florencia, la lenta aparición del rostro de la *Mona Lisa*—, la vida seguía discurriendo fiel a unas pautas y unas necesidades de las que ni siquiera los genios del Renacimiento se veían libres, como demuestra una lista conservada al azar, donde, escritos con la esmerada caligrafía de *Tommaso mio famiglio*—«mi sirviente Tommaso»—, más conocido por Zoroastro, figuran los gastos domésticos de Leonardo a lo largo de cuatro días del mes de mayo de 1504. El encabezamiento reza: «La mañana del 25 de mayo de 1504, día de San Cenobio, recibí de Leonardo Vinci 15 ducados de oro, que seguidamente procedí a gastar».[121]

El primer día, un sábado, Tommaso desembolsó cerca de 200 sueldos (10 liras o 2 ducados y medio), de los que 62 fueron a parar a una tal «Mona Margarita», que en otras entradas contables aparece asociada con caballos *(di cavali mona malgarita),* otros 20 fueron empleados en la «reparación de un anillo». Se saldó una cuenta en el barbero, se pagó una deuda en el banco, se compró cierta cantidad de terciopelo, y el resto se destinó a la compra de alimentos: huevos, vino, pan, carne, moras, setas, ensalada, fruta, perdices y harina. El sábado es cuando se hace el gran gasto (quizá porque fueran a celebrar algún tipo de fiesta), pues durante los tres días siguientes Tommaso sólo compra lo básico: pan, vino, carne, sopa y fruta. El gasto diario en pan se mantiene constante (6 sueldos) y el de vino casi constante (9 sueldos normalmente). De acuerdo con esta pequeña muestra, la casa de Leonardo gastaba en alimentos unas 12 liras semanales. El hecho de que se comprara carne todos los días no indica que por aquel entonces Leonardo la consumiera, sino más bien que no obligaba a los demás miembros de su casa a que se abstuvieran de hacerlo. Según Scipione Ammirato, Tommaso también era vegetariano: «No habría matado a una pulga por ningún motivo. Prefería vestir ropas de lino para no llevar encima nada muerto».

Estas cuentas ocupan tres caras de dos páginas; en la cuarta cara figuran una serie de anotaciones de mano de Leonardo: «Para hacer el gran canal, haz primero el pequeño y trae por él las aguas» y «De este modo hay que hincar los pilares», así como unos cuantos bocetos a sanguina para uno de sus planos del Arno. Los asuntos domésticos se entremezclan con sus proyectos de canalización de aguas de los años 1503-1504.

Otra lista de gastos perteneciente más o menos a la misma época, en este caso redactada por el propio Leonardo, incluye los ingredientes para un menú rico en especias —«pan con pimienta», anguilas y albaricoques—, así como dos docenas de cordones, una espada, un cuchillo y una pequeña cruz adquirida a un hombre llamado Paolo. También figura una nueva visita al barbero y un curioso asiento que ha dado lugar a más de un comentario: *per dire la ventura: 6 soldi*.[122] Que un hombre tan poco propenso a creer en supersticiones estuviera dispuesto a gastarse una cantidad de dinero tan considerable en que le «adivinaran el futuro» resulta cuando menos sorprendente. ¿Qué era lo que tanto le intrigaba de su destino?

En una hoja del Códice Atlántico encontramos más asientos contables:[123]

> La mañana del 29 de junio de 1504, festividad de San Pedro, saqué 10 ducados, haciendo entrega de uno de ellos a Tommaso para que lo gastara ...
> El lunes por la mañana [1 de julio] 1 florín a Salai para gastos de la casa ...
> El viernes 19 de julio por la mañana me quedaban 7 florines y otros 22 en la alcancía ...
> El viernes 9 de agosto de 1504 saqué 10 ducados de la alcancía ...

Y en esa misma página, entre estos pequeños desembolsos, Leonardo consigna el fallecimiento de su padre:

> El miércoles a la hora séptima falleció Ser Piero da Vinci, en el noveno día del mes de julio de 1504.

Otra hoja contiene una nota algo más extensa: «En la hora séptima del miércoles, noveno día del mes de julio de 1504, falleció Ser Piero da Vinci, notario del Palazzo del Podesta, mi padre, en la hora séptima. Contaba ochenta años de edad, y deja diez hijos y dos hijas».[124] El tono aquí es más formal, más propio de una necrológica, pero aun así se detecta un temblor nervioso en el que se entremezclan lo puntilloso y lo reiterativo, como sucedía en la nota que había escrito sobre Caterina diez años antes: una emoción que se trata de sublimar con estos tics detallistas. Pero no se trata sólo de reiteraciones, sino también de errores: el 9 de julio de 1504 no cayó en miércoles sino en martes... los días se difuminan. Por otro lado, Ser Piero no murió a los ochenta años, sino a los setenta y ocho, como demuestra la fecha de nacimiento que Antonio da Vinci anotó en el registro familiar; un dato que difícilmente puede ser erróneo.

La relación de Leonardo con su padre está llena de preguntas sin respuesta: las nuestras, porque nos faltan datos, y las suyas, porque, como suele ocurrir entre padres e hijos, siempre hubo entre ellos una distancia que ninguno de los dos pudo salvar. «Deja diez hijos y dos hijas», escribe Leonardo, incluyéndose en el recuento, pero pronto veremos que él fue el único hijo al que su padre no dejó nada en su testamento: un postrer y definitivo repudio.

Un único fragmento es todo lo que conservamos para hacernos una idea del tipo de discurso que existía entre ambos: la primera frase de una carta sin fecha de Leonardo que, a juzgar por su caligrafía, debió de ser escrita poco antes de estos hechos. «Estimadísimo padre —dice—. El último día del mes pasado recibí la carta que me escribisteis, la cual me causó en un breve espacio de tiempo tanta alegría como pena: alegría porque por ella me enteré de que estabais bien, por lo que doy gracias a Dios, y pena por enterarme de vuestros males...».[125] Aquí hay algo más que un mero formulismo: el cuidado con que se equilibran las frases, las milimétricas proporciones de alegría y tristeza hacen pensar en un ejercicio de redacción. Esta respetuosa aunque acartonada salutación está escrita de izquierda a derecha, es decir, de forma «normal». Es como si, por un instante, Leonardo tratara de ser el hijo que a su padre le habría gustado tener; pero la carta concluye ahí y se queda entre sus papeles. Al dorso dibuja el ala de una máquina para volar.

Otra carta, también fragmentaria, puede servir de complemento a la anterior. El destinatario es uno de sus hermanastros, seguramente Domenico da Vinci, al que felicita por el nacimiento de un hijo: «Mi amado hermano, me he enterado de que tienes un heredero y de lo extremadamente complacido que te sientes por ello»; la carta empieza con un tono de indudable calidez. Pero, acto seguido, se pregunta cómo es posible que le complazca tanto haber «creado un enemigo mortal, que lo único que desea es obtener una libertad que sólo alcanzará con tu muerte».[126] Tal vez pretendiera ser una broma paternalista —Leonardo era treinta años mayor que él—, pero, de ser así, resulta un tanto tétrica: el hijo, cual un súbdito descontento, sufre a regañadientes el yugo paterno; sólo la muerte del padre podrá traerle la «libertad».

Las cuentas y los memorándums siguen sucediéndose a lo largo de todo el mes de agosto. Llega un nuevo aprendiz: «El sábado por la mañana, 3 de agosto de 1504, llegó Jacopo el Alemán para vivir conmigo en la casa y acordamos que me abonaría un carlino diario».[127] Y ese mismo mes de agosto llega también la noticia de que por fin se va a poner en marcha la propuesta de desviar el Arno en las proximidades de Pisa. Todo parece indicar que Leonardo no participó activamente en esa fase del proyecto, aunque es probable que estuviera en contacto con Maquiavelo para mantenerse informado de su desarrollo. El 20 de agosto de 1504 la Signoria dio por fin su visto bueno y, sin más tardanza, el 22 de agosto, según recoge Landucci en su diario, comenzaron las obras. La empresa, como hemos visto, fue un auténtico desastre; costó a la Signoria 7,000 ducados, causó ochenta muertos y mediado el mes de octubre todo el proyecto fue abandonado.

Y mientras se desarrollaba este monumental fiasco en las llanuras pisanas, un fiasco en el que él tenía su parte de culpa, ¿dónde estaba Leonardo? Fuera de la ciudad, seguramente. Por unas notas fechadas sabemos que a mediados de octubre de 1504 se encontraba en Piombino, y es prácticamente seguro que cuando dejó Florencia para dirigirse allí, pasó algún tiempo en Vinci con su tío Francesco. Como he señalado anteriormente, su partida coincide con la decisión de la Signoria de encargar a Miguel Ángel que pintara junto a él en el Palazzo Vecchio: una decisión que se hace patente el 22 de septiembre con la requisa de un espacio en Sant'Onofrio para que pudiera instalar su taller.

Entre septiembre y octubre de 1503, poco antes de dejar Florencia, Leonardo redactó el último y el más completo catálogo de sus libros. Son dos listas a doble página que se conservan en el Códice Madrid II.[128] La más larga tiene el siguiente encabezamiento: *Richordo de libri ch'io lasscio serati nel cassone*, «Lista de los libros que dejo guardados en la caja grande». El encabezamiento de la más breve dice: *In cassa al munistero*, «En la caja del monasterio», en referencia seguramente a Santa Maria Novella. El número total de libros es de 116. También hay otra lista donde figuran cincuenta libros distribuidos según su tipo y formato:

25 libros pequeños
2 libros grandes
16 libros muy grandes
6 libros en vitela
1 libro encuadernado en gamuza verde

Los libros de esta última lista parecen manuscritos encuadernados y no libros impresos (el término *libro* se aplicaba a ambos). Los «6 libros en vitela» son sin duda manuscritos; la vitela (piel pulida de vaca o de ternero) no se empleaba en los libros impresos. Tal vez lo que comprende este inventario sean sus propios manuscritos y notas en el año 1504. Aunque también pudiera tratarse de una subdivisión de la lista completa de libros, en cuyo caso cerca de la mitad de los 116 libros de Leonardo serían códices manuscritos. La *vita civile di matteo palmieri,* por ejemplo, es sin lugar a dudas un manuscrito: la primera edición impresa de la obra de Palmieri *Della vita civile* no se publicó hasta 1529. Tampoco hay noticias de que el *libro di regole latino* de Francesco da Urbino, que fuera maestro de gramática latina en el Studio Florentino, tuviera una edición impresa por estas fechas. No obstante, algunas de las entradas de la lista parecen sin duda obras del propio Leonardo; así sucede, por ejemplo, con el *libro di chavalli scizati per cartone,* que debe de ser un cuaderno de bocetos preparatorios para los caballos del cartón *Anghiari,* o con el *libro di mia vocaboli* («libro de mis vocablos») que probablemente se corresponda con el Códice Trivulzio. También el *libro di notomia* («libro de anatomía») puede ser suyo (véase a este respecto una frase de un memorándum de hacia 1508: «Encuaderna tus libros de anatomía»).

Las listas de libros de Madrid son un auténtico tesoro que nos permite bucear en los intereses y las influencias de Leonardo. Algunas de las entradas que no aparecen en la anterior lista de libros del Códice Atlántico de hacia 1492 son las siguientes:

- *batista alberti in architettura* - *De re aedificatoria* de Alberti, cuya primera edición vio la luz en Florencia en 1485.
- *isopo illingia francosa* - Las fábulas de Esopo en francés, tal vez *Les Fables de Esope* (Lyón, 1484); un dato muy interesante, pues parece indicar que Leonardo había aprendido francés, seguramente a raíz de los contactos que tuvo en Milán con los franceses en 1499.
- *galea de matti* - *La nave de los locos* de Sebastian Brandt. No se conoce ninguna edición italiana del libro, así que es posible que se trate de un manuscrito o tal vez de una de las ediciones que se publicaron en París en 1497-1499.
- *sonetti di meser guaspari bisconti* - Los sonetos de Gasparé Visconti, poeta cortesano de los Sforza, amigo de Bramante y muy probablemente también del propio Leonardo; la colección a la que se refiere bien podrían ser las *Rithmi* de 1493.
- *arismetricha di maestro luca* - La *Summa arithmetica* de Pacioli, que Leonardo adquirió hacia 1494 por 119 sueldos.
- *franco da siena* - Se refiere sin duda al arquitecto de Siena Francesco di Giorgio Martini, un conocido de Leonardo de los tiempos de Milán, y seguramente a la copia manuscrita que conserva la Biblioteca Laurenciana de Florencia de su *Trattato di architettura,* que posee anotaciones al margen de Leonardo.
- *libro danticaglie* - «Libro de antigüedades», tal vez el misterioso *Antiquarie prospetiche Romane,* que fue dedicado a Leonardo a finales de la década de 1490; aunque también podría ser *De urbe Roma* (1471), una obra de su amigo Bernardo Rucellai.

433

Uno de los aspectos que más llaman la atención de estas listas es el gran incremento de su colección de literatura de entretenimiento, libros que se leen en busca de placer y relajación, como *Ciriffo calvaneo* (Venecia, 1479), el sentimental poema de Luca Pulci; los libros de caballería *Attila flagellum dei*, que se suele atribuir a Nicola da Casola (Venecia, 1491), y *Guerino meschino*, de Andrea da Barberino (Padua, 1473); *Il novellino*, de Masuccio Salernitano (Nápoles, 1476); así como un curioso poema de cierto tinte erótico, el *Geta e Birria* de Ghigo Brunelleschi y Ser Domenico da Prato (Florencia, h. 1476).

Una vez que ha inventariado y embalado los libros, Leonardo deja la ciudad para marchar a Vinci, un destino bastante lógico tras el reciente fallecimiento de Ser Piero, más aún teniendo en cuenta que el 12 de agosto su tío Francesco ha redactado un testamento en el que deja a Leonardo algunas propiedades en la comarca de Vinci. El legado era sin duda una respuesta a la exclusión de Leonardo de la sucesión paterna y suponía una contravención de un acuerdo establecido en 1492 entre Ser Piero y Francesco, según el cual, «a la muerte de Francesco, todos sus bienes recaerán en Ser Piero y su descendencia» (entendiendo por tal, desde luego, su descendencia legítima). No conservamos el testamento de Francesco, pero a través de los pleitos a los que luego daría lugar —su fallecimiento se produjo en 1507— sabemos que el legado de Leonardo consistía en una propiedad denominada Il Botro, es decir, «El barranco». Es posible que dicho lugar esté representado en el bosquejo de un mapa de la colección Windsor en el que aparece una parcela situada entre dos ríos (véase p. 40). El terreno incluye dos edificaciones, así como una porción de tierra cultivable «con un rendimiento de 16 *staia* de cereal»; al norte de la misma posee también un *lecceto,* un encinar. En el documento se mencionan asimismo los nombres de los propietarios de las parcelas adyacentes, entre ellos el de «ser piero», lo que indica que el mapa tuvo que ser realizado antes de 1504. Renzo Cianchi, un historiador local, ha identificado la zona que muestra el mapa con Forra di Serravalle, una comarca situada a unos 6 kilómetros al este de Vinci.[129]

Un pequeño boceto de las colinas del Mont'Albano probablemente pertenezca a esta misma visita,[130] como también ocurre con un dibujo de una almazara de Vinci —*molino della doccia di Vinci*— del que ya he hablado anteriormente. La adecuación de la almazara a la función de «máquina para moler colores» debió de asociarla mentalmente con el fresco de *La Batalla de Anghiari* que estaba a punto de empezar a pintar; una obra para la que iba a necesitar cantidades industriales de pintura.

Desde Vinci descendió hacia la costa de Piombino, donde había estado dos años antes, ocupándose de los asuntos de César Borgia. La ciudad se hallaba de nuevo bajo el señorío de un aliado de Florencia, Jacopo d'Appiano. Una nota fechada el 20 de octubre nos sitúa a Leonardo «en el castillo» de Piombino. En otra se puede leer: «El Día de Todos los Santos [1 de noviembre] de 1504 hice la demostración al señor de Piombino». La nota omite decirnos qué demostraba esa «demostración», pero es posible que se tratara del «método para desecar las marismas de Piombino» cuyo esbozo figura en una hoja del Códice Atlántico.[131] A ese día pertenece también esta maravillosa anotación: «El día de Todos los Santos de 1504 vi en el Piombino, a la puesta de sol, las sombras verdes que producían las cuerdas, los mástiles y los penoles sobre la superficie de un muro blanco. Y se debía a que la superficie del muro no estaba teñida por la luz del sol sino por el color del mar que tenía enfrente».[132]

Como de costumbre, con el mes de noviembre llegaron las tormentas, y muchos años después, Leonardo recordaría aún las escenas que contempló en aquel lugar a la orilla del mar:

De venti di Piombino a Piombino
ritrosi di venti e di pioggia con
rami e alberi misti coll'aria.
Votamenti dell'acqua che piove nelle barche.

[De los vientos de Piombino en Piombino: ráfagas de viento y de agua, ramas y árboles vuelan por los aires. Los barcos achican el agua de lluvia.][133]

Estas notas intensas y concisas son el equivalente verbal de los ágiles bocetos realizados *in situ*. Casi podemos verle allí: en la playa, una figura solitaria y calada hasta los huesos contempla las olas y el afán de los pescadores por achicar el agua de sus barcos, atesorando cada instante.

A finales de noviembre se hallaba otra vez en Florencia, donde le vemos quemarse las pestañas tratando de desentrañar el venerable enigma matemático de la cuadratura del círculo (es decir, la composición de una circunferencia y un cuadrado con la misma superficie: una imposibilidad matemática debido al carácter indeterminado de ∏). En una melodramática anotación nocturna, cuyas palabras se encajan verticalmente entre las figuras geométricas, escribe: «La noche de San Andrés [30 de noviembre] concluí la cuadratura del círculo, cuando la luz, la noche y el papel en el que escribía llegaban a su fin; la concluí al término de la hora».[134] La luz del candil se apaga y el día empieza a despuntar, pero, como siempre, todas estas conclusiones resultarán ser provisionales.

EL FRESCO DE *ANGHIARI* (II)

En diciembre de 1504, tras un paréntesis de cerca de cuatro meses, Leonardo empieza a trabajar en la fase crítica del fresco de *Anghiari:* su plasmación en pintura en los muros de la sala del Consejo, partiendo del cartón ya realizado. El 31 de diciembre, el departamento de obras del Palazzo Vecchio abona a los proveedores los clavos y las telas que han entregado ese mes para «tapar la ventana del lugar donde está trabajando Leonardo», así como la cera, las esponjas y la trementina para «lacrar las ventanas». El 28 de febrero de 1505 se registran nuevos pagos, en este caso relacionados con el hierro, los pernos y las ruedas «para fabricar el carro de Leonardo, es decir, su plataforma», un andamio móvil, similar al empleado en Santa Maria Novella, que ahora iba a construirse en la propia sala del Consejo. El artilugio costó casi 100 liras, según registran los cicateros contables, que el 14 de marzo expiden la siguiente orden: «La plataforma destinada a la pintura que Leonardo da Vinci realiza en la sala del Gran Consejo, así como todos los tablones y tableros utilizados para su fabricación, serán devueltos y restituidos en su integridad a este departamento a la conclusión de la mencionada pintura». Estos asientos contables parecen indicar que Leonardo tenía ya todo lo necesario para empezar a pintar el fresco a finales de febrero de 1505, justo la misma fecha en la que se había comprometido a tener acabada la obra.[135]

El 14 de abril llega un nuevo pupilo: «1505: martes 14 de abril por la noche; Lorenzo vino a vivir conmigo; dice tener 17 años». Debió de empezar a trabajar de inmediato, pues las cuentas del 30 de abril incluyen un pago a «Lorenzo di Marco, oficial, por tres sesiones y media de trabajo en la pintura que Leonardo da Vinci está realizando en la sala del Consejo».[136] La cantidad que se le abona es la tarifa base de 9 sueldos diarios. Durante ese mes de febril actividad se pagan igualmente «5 florines de oro a Ferrando Spagnolo, pintor, y otros tantos a Tommaso di Giovanni, que se encarga de moler los colores». Este «Ferrando el Español» es un enigmático pintor al que se le atribuyen varias obras a la manera de Leonardo, entre ellas, una sensual *Virgen con el Niño y un cordero* (Galería Brera, Milán); una versión libre de *La Virgen del huso* (colección privada); e incluso —según opinión de algunos— la *Leda* de los Uffizi. Probablemente se trate de Fernando (o Hernando) Yáñez de la Almedina, cuya presencia en España a partir de 1506 está documentada. Algunas de sus obras, como la *Epifanía* y la *Piedad* de la catedral de Cuenca, muestran claras influencias tanto de Leonardo como de Rafael.[137] El otro hombre al que se menciona, Tommaso di Giovanni, el encargado de moler los colores, es por supuesto Zoroastro. En un asiento de fecha posterior se le describe como el *garzone* de Leonardo, una categoría muy inferior a la que realmente tenía, que pone de manifiesto lo mal informados que estaban los contables.

Además de Lorenzo, Fernando y Tommaso hay también un tal Rafaello di Biagio, pintor, cuya paga de 2 sueldos diarios permite suponer que no ejercía una función muy cualificada, así como un misterioso personaje que no figura en la contabilidad pero al que en el *Anónimo Gaddiano* se señala como uno de los ayudantes de Leonardo en el fresco: «Il Riccio Fiorentino, que vive en la Porta della +» (es decir, la Porta alla Croce). Seguramente se trate de ese mismo «Riccio, el orfebre» que formaba parte de la comisión del *David* en enero de 1504. Otro nombre ausente del registro es el de Salai, al que en principio hay que suponer participando en la obra. Éste, en suma, era el equipo de Leonardo.

Bajo un encabezamiento que reza: «Viernes de junio, en la decimotercera hora», Leonardo escribe una nota de tintes dramáticos:

> El viernes 6 de junio de 1505, con las campanadas de la decimotercera hora (alrededor de las 9.30 de la mañana), empecé a pintar en el Palazzo. Nada más aplicar la primera pincelada, el tiempo se estropeó, y la campana de la chancillería empezó a tocar a rebato. Se desprendió el cartón. La jarra se volcó y vertió el agua. El tiempo siguió empeorando y ya no paró de llover hasta el anochecer. La oscuridad era tan grande que parecía que fuera de noche.[138]

En este sorprendente y cuasi apocalíptico memorándum volvemos a encontrar las mismas ambigüedades de siempre. Cuando afirma: «empecé a pintar» —o, para ser más exactos, a aplicar los colores *(colorire)*—, ¿quiere decir simplemente que empezó su sesión de pintura de aquel día o que ése fue el primer día en que empezó a aplicar color a la obra? ¿Y a qué se refiere cuando dice *il cartone straccò*? El verbo *straccare* significa cansarse, estropearse o desgastarse, y en este contexto seguramente, soltarse o desprenderse. ¿Guarda esto alguna relación con el misterioso cambio de tiempo? ¿Se trata de una señal de mal agüero —la tormenta, las campanas, el percance en el taller— o acaso un súbito golpe de viento ha logrado abrir las ventanas selladas de la sala del Consejo, arrancando el cartón de su marco y volcando la jarra de agua?

El tiempo corre; la obra avanza con lentitud; las murmuraciones se extienden por la Signoria, que sigue desembolsando el dinero con cuentagotas. Vasari narra una anécdota que resume a la perfección la progresiva pérdida de impulso del proyecto.

> Se cuenta que una de las veces que fue al banco para cobrar la asignación que solía recibir todos los meses de Piero Soderini, el cajero quiso entregár-

sela en unos cartuchos de *quattrini* [calderilla]. Él se negó a aceptarlos, y dijo: «¡No soy un pintor de cuatro cuartos!». Su comportamiento dio lugar a una queja, y Piero Soderini se malquistó con él. Entonces, Leonardo reunió un montón de *quattrini* con la ayuda de sus amigos, y fue a devolvérselo a Piero, pero éste no lo quiso aceptar.

Este arrebato de mal genio nos recuerda aquel *scandalo* de Milán cuando abandonó furioso los aposentos de la duquesa; igual que entonces se trata de un estallido inesperado en una persona que solía mantener las emociones bajo control.

La progresiva escasez de documentación acerca de la obra hace que esta anécdota cobre más relieve. Los últimos pagos de los que tenemos constancia se efectuaron el 31 de octubre de 1505; sin embargo, los trabajos debieron de continuar de forma intermitente hasta el siguiente mes de mayo, que fue cuando la Signoria, muy a su pesar, tuvo que acceder a que Leonardo dejara Florencia.

De todas las obras de Leonardo, el fresco de *Anghiari* tal vez sea la que cuenta con una documentación más abundante; más incluso que *La Virgen de las rocas*, cuya documentación hace referencia exclusivamente a la ejecución de la pintura, pero no a todas sus ramificaciones contractuales. Sabemos la cantidad de papel que se empleó en el cartón, el precio que se pagó por las pinturas, la cantidad de madera utilizada en los andamios, los nombres de los principales ayudantes, las cantidades que se les abonaban, e incluso tal vez el día y la hora en que empezó a aplicar el color sobre el muro de la sala del Consejo.

Lo único que falta es la propia obra. El fresco nunca fue terminado, aunque sí llegó a realizarse un amplio fragmento de su sección central. Pero incluso ese fragmento hace tiempo que ha desaparecido: de hecho, ni siquiera sabemos a ciencia cierta cuál fue la pared de la sala en la que se pintó. Tradicionalmente se pensaba que fue en la pared oriental, pero, de un tiempo a esta parte, las opiniones se decantan más bien por la pared occidental. Sea como fuere, cualquier resto que pueda quedar tiene que hallarse bajo un monumental ciclo de frescos pintado allí a principios de la década de 1560 y cuyo autor no fue otro que Vasari. Cuesta trabajo imaginar a Vasari pintando sobre un fresco de Leonardo en buen estado, así que sólo caben dos conclusiones, una pesimista y otra optimista: o bien Vasari consideraba que no quedaba nada que valiera la pena salvar, o bien adoptó todas las medidas necesarias para proteger lo que quedaba antes de pintar encima.

Lo que sabemos acerca de cómo era el fresco —o la parte del mismo que fue completada— se basa en una serie de copias tempranas del mismo.[139] Una de ellas es una copia al óleo, pintada sobre tabla, que suele conocerse como la Tavola Doria, por haber pertenecido durante mucho tiempo a la colección que el príncipe Doria d'Angri tenía en Nápoles. La tabla muestra un violento choque de hombres y caballos, según el modelo que prefiguraban ya los dibujos preparatorios; contiene también algunas lagunas —zonas en blanco— que hacen que cobre fuerza la idea de que se trata de una copia realizada directamente del fresco. Como pintura, no puede decirse que valga gran cosa, pero es posible que sea una versión fiel del original en un estado inconcluso o deteriorado. Otra copia interesante es un grabado de Lorenzo Zacchia que suele fecharse en 1558. La obra contiene bastantes más detalles que la Tavola Doria, pero la procedencia de esos detalles no está demasiado clara. Aunque no cabe descartar que se base en el cartón original, el propio Zacchia, al hablar de ella, nos dice que está «basada en una tabla pintada por Leonardo» (*ex tabella propria Leonardo Vincii manu picta*). De hecho, podría ser una versión de la Tavola Doria, a la que tal vez Zacchia consideraba (o decía considerar) una obra del propio Leonardo. De ser así, los detalles adicionales y las lagunas que han sido rellenadas serían interpolaciones suyas y, por tanto, no nos ofrecerían una visión alternativa del fresco original.

La mayoría de los detalles del grabado de Zacchia aparecen también en una soberbia versión a la acuarela atribuida a Rubens, que conserva el Louvre (véase p. 419). La acuarela en realidad fue pintada sobre un dibujo anterior. Bajo los añadidos que hizo Rubens en torno a 1603 —el repintado con acuarela, el realce con albayalde, la ampliación adherida a la derecha—, hay un dibujo italiano de mediados del siglo XVI, es decir, prácticamente contemporáneo del grabado de Zacchia. Rubens no pudo haber visto la obra (había nacido en 1577), pero aun así supo captar a la perfección el feroz tumulto de la escaramuza: nos muestra siete figuras, cuatro de ellas a caballo y tres a pie, enzarzadas en el combate y formando una composición piramidal cuyo vértice son dos espadas que se entrechocan. La espléndida figura del jinete contorsionado de la izquierda (que representa a Francesco Piccinino, el hijo del condotiero milanés) lleva en su armadura los atributos de Marte, y en la imaginativa transposición de Rubens alcanza el rango de un arquetipo: una imagen universal del guerrero.

Poseemos gran cantidad de indicios circunstanciales que sugieren que, al igual que sucedió con *La Última Cena,* la ejecución del fresco de *Anghiari* planteó problemas técnicos y que éstos se manifestaron bastante pronto. Antonio Billi, en un texto escrito en torno a 1520, habla de la obra como si ya hubiera sido abandonada:

> Realizó ... un cartón de la guerra de los florentinos, donde se representaba la derrota que éstos infligieron a Niccolò Piccinino, el capitán del duque

de Milán. A partir de dicho cartón, empezó a trabajar en la sala del Consejo, utilizando una sustancia que no se adhería bien *[materia che non serrava]*, y así la obra no pudo ser acabada. Según parece, había sido objeto de una estafa, pues el aceite que empleó había sido adulterado.

Si Billi está en lo cierto, podemos culpar de esta gran pérdida artística a un droguero llamado Francesco Nuti, al que el 31 de agosto de 1505 se le abonó el precio de «4 kilos de aceite de linaza suministrados a Leonardo da Vinci para la realización de la pintura».[140]

El fresco aún era visible en la década de 1540. En relación con esta obra, en el *Anónimo Gaddiano* se señala: *anchora hoggi si vede, et con vernice,* lo que parece indicar que aún podía verse, pero que se hallaba protegida bajo una capa de barniz. En 1549, Antonio Francesco Doni aconsejaba lo siguiente a un amigo: «Sube las escaleras de la Sala Grande y mira atentamente un grupo de caballos y hombres, un estudio de una batalla, obra de Leonardo da Vinci, porque lo que verás es un auténtico prodigio».[141]

Un fresco que en 1549 no sólo era visible, sino que era considerado también un «auténtico prodigio» —dicen los optimistas— tenía que poder verse cuando Vasari emprendió la redecoración de la sala unos doce años más tarde, y en ese caso... tal vez siga ahí. Pero para encontrar un mural perdido antes hay que encontrar el muro donde está pintado. Según algunos testimonios tempranos, el fresco se hallaba a un lado de la tribuna —el estrado sobre el que se sentaban los señores y el gonfalonero cuando el consejo se reunía— pero los datos que tenemos sobre la ubicación de dicha tribuna son de una ambigüedad exasperante.[142]

En 1974, un experto en técnicas de conservación, el norteamericano H. Travers Newton, exploró los muros con una máquina de Thermavision («un sistema Vidicon de rayos infrarrojos sobreenfriado con nitrógeno líquido»).[143] Dicho aparato permite elaborar un «mapa térmico» de los materiales presentes bajo una determinada superficie (cada material emite y absorbe el calor en una proporción diferente). Los primeros hallazgos fueron muy prometedores. En el muro oriental sólo se detectaron los elementos constructivos habituales, pero en el muro occidental, bajo los frescos de Vasari apareció algo que Newton definió como «una capa anómala». El hallazgo fue confirmado luego por ultrasonido, un sistema que registra variaciones de densidad mediante el empleo de una sonda ultrasónica; en 1974 dicho sistema permitía «leer» los estratos de un muro hasta una profundidad de unos 10 centímetros. Mediante la combinación de estos dos métodos, la «capa anómala» quedó definida como una zona de unos 22 metros de ancho por 4 de alto. El siguiente paso fue extraer una serie de muestras representativas de ambos muros. En el muro oriental se encontró la secuencia normal que cabía esperar en el fresco de Vasa-ri: una capa superficial de yeso, una segunda capa de enlucido y finalmen-te el muro; se encontraron asimismo leves restos de color, que parecían indicar que bajo algunos lugares había un dibujo. Los hallazgos en el muro occidental fueron idénticos a los anteriores tanto por encima como por debajo de la «capa anómala», pero en ésta las cosas eran bastante dis-tintas. Todas las muestras nucleares presentaban una capa de pigmento rojo bajo el último enlucido de Vasari, y en algunas de ellas aparecían asi-mismo otros pigmentos aplicados sobre esa base. Dos de ellos parecen apuntar a Leonardo: un carbonato de cobre verde, parecido al que em-pleó en *La Última Cena* y cuya fórmula facilita en su *Trattato,* y un esmalte azul, semejante al identificado en *La Virgen de las rocas* del Louvre. Tam-bién se encontró algo de azurita, un material poco adecuado para la reali-zación de un verdadero fresco, lo cual parece indicar que lo que hay en esa «capa anómala» no es un fresco convencional.

Las posibilidades que ofrece esta exploración son apasionantes, aun-que, por supuesto, no todo el mundo da por buena la interpretación que hace Newton de los datos. En la actualidad todo el proceso está paralizado. Cualquier investigación ulterior sería invasiva, y la idea de dañar el fresco de Vasari para descubrir que debajo no hay más que un descomunal bo-rrón no resulta nada apetecible a los encargados de tomar las decisiones: como señaló en 2000 la concejala florentina Rosa di Giorgi, «Vasari tal vez no sea Leonardo, pero sigue siendo Vasari».[144] Se ha hablado de adaptar el sistema de georradar de la NASA para cartografiar elementos situados bajo la superficie terrestre, un sistema que ya utilizan los arqueólogos para car-tografiar los yacimientos antes de proceder a su excavación, pero aún está por demostrar que pueda detectar pigmentos en una superficie plana.

Entretanto, Maurizio Seracini, cuyas investigaciones sobre *La Adoración de los Magos* ya suscitaron una gran polémica en su momento, ha vuelto a se-ñalar al muro oriental,[145] en concreto, a una minúscula bandera verde, un detalle aparentemente insignificante del vasto fresco de Vasari. En ella fi-gura una pequeña inscripción, visible desde el suelo con unos prismáticos: dos palabras, de apenas 3 centímetros de altura, escritas con una pintura blanca que, según los análisis químicos efectuados por Seracini, es con-temporánea del resto del fresco; unas palabras que debió de poner ahí el propio Vasari y que dicen: *Cerca Trova,* «Busca y encontrarás».

EL ESPÍRITU DEL PÁJARO

Un pájaro es una máquina que funciona según las leyes de la matemática. Está al alcance del hombre reproducir esa máquina con todos sus movimientos, aunque no con su misma fuerza... A esa máquina construida por el hombre sólo le faltaría el espíritu del pájaro, y ése es el que el hombre ha de imitar con su propio espíritu.

Códice Atlántico, fol. 161r-a

En 1505 Leonardo soñaba de nuevo con el vuelo del hombre y se dedicaba a llenar de notas, diagramas y vivaces garabatos la libreta que contiene el texto donde esta materia es tratada de forma más directa y precisa. Tras una accidentada historia, en la que desempeñó un importante papel el cleptómano conde Libri, la libreta descansa ahora en la Biblioteca Real de Turín, y de ahí que se la conozca como el Códice Turín. En ella, en dos páginas distintas y con ligeras variantes, figura esa proclama, propia casi de un charlatán de feria, que anuncia: «El gran pájaro emprenderá su primer vuelo desde la cumbre del Gran Cecero llenando de asombro al universo, inundando las crónicas con su fama y trayendo gloria eterna al nido en que nació».[146] Ese «gran pájaro» no puede ser sino la máquina voladora de Leonardo. Sus distintas partes aparecen representadas en una serie de dibujos muy detallados (las juntas rotatorias de las alas, por ejemplo, figuran en los folios 16-17), pero no hay ninguna imagen de conjunto; tal vez quería mantenerla en secreto.

De esa proclamación cabe deducir que tenía planeado realizar un vuelo de prueba con la máquina desde la cumbre del Ceceri, un monte situado al norte de Florencia, no lejos de Fiésole. Leonardo, no obstante, escribe «Cecero», un antiguo término florentino para designar al cisne; una conjunción de significados que debía de ser muy de su agrado, un buen augurio, una conexión emblemática. En una escueta nota fechada el 14 de marzo de 1505 lo encontramos contemplando el cielo en el camino que conduce a Fiésole: «el *cortone,* un ave de presa que vi de camino a Fiésole, sobre el lugar que llaman la Barbiga».[147] Aunque este dato añade mayor concreción al posible vuelo del «gran pájaro», no deja de resultar curioso que no exista ningún testimonio de terceros sobre este memorable evento, que no haya ninguna carta ni ningún diario que lo mencione: una de dos, o fue un secreto muy bien guardado o bien nunca ocurrió.

En su *De subtilitate* (1550), Girolamo Cardano dice de Leonardo que fue «un hombre extraordinario» que trató de volar «sin conseguirlo» *(tentavit et fustra).* Si él o algún otro —¿Zoroastro tal vez?— trataron de volar desde Monte Ceceri a principios de 1505, hemos de suponer que el intento acabó en fracaso, una circunstancia que obliga a leer con el corazón encogido esa página del Códice de Turín titulada *Per fugire il pericolo della ruina,* «Cómo evitar los peligros de la destrucción»:

La destrucción de dicha máquina puede producirse de una de estas dos maneras. La primera si se rompe. La segunda en el caso de que la máquina se escore completamente, o casi completamente, debido a la necesidad que tiene de descender siempre en un ángulo muy oblicuo, manteniendo a la vez equilibrada su parte central. Para evitar que se rompa, todas aquellas partes de la máquina propensas a voltearse deben ser construidas con la máxima solidez posible ... Sus componentes tienen que ser capaces de resistir la furia y el ímpetu del descenso, y para ello se recurrirá a los dispositivos que ya he mencionado: unas juntas de un cuero muy resistente tratado con alumbre y unas jarcias fabricadas con cordeles de la más fuerte seda. Y que a nadie se le ocurra cargarse con aros de hierro, pues tienden a romperse cuando se doblan.[148]

El crujir del cuero, la vibración de las jarcias, la «furia» del descenso: todos estos detalles nos permiten percibir, casi físicamente, esa criatura de su imaginación, ese engendro matemático, mezcla de pájaro y máquina. Y nos hacen recordar que uno de sus primeros textos sobre la posibilidad de volar —«Un hombre provisto de unas alas bien sujetas y de un tamaño lo bastante grande podría aprender a vencer la resistencia del aire [...]»— viene acompañado de sus especificaciones para la fabricación de un paracaídas.

El Códice de Turín, más que un trabajo sobre máquinas para volar, es un estudio acerca de su principal modelo: el pájaro. Sus páginas están repletas de observaciones sobre la aerodinámica y la fisiología de las aves, pero también de unos pequeños bocetos —meros garabatos casi, aunque enormemente precisos— que se abaten y se elevan por sus páginas, girando y revoloteando como auténticos pictogramas ornitológicos. El cuaderno es el poema que Leonardo dedica a los pájaros y a su vuelo, y, de hecho, fue por entonces cuando escribió aquel famoso comentario sobre el milano que empieza: «Escribir así, tan particularmente, sobre el milano, parece ser mi destino».

Los pájaros del Códice de Turín, el comentario marginal sobre el milano, el vuelo desde la Montaña del Cisne: todos estos elementos parecen fundirse en ese enigmático y huidizo talismán de Leonardo que es *Leda y el cisne*. Tan huidizo es, que no hay obra alguna que se ajuste a su descripción. Es una de esas misteriosas pinturas atribuidas hipotéticamente a Leonardo que sólo existen en el antes y en el después: en varios bocetos preparatorios, que sin duda son suyos, y en varios cuadros acabados, que sin lugar a dudas no lo son. Algunas de estas pinturas, no obstante, poseen una calidad más que notable, y es posible que fueran realizadas bajo su supervisión. El gran parecido que existe entre ellas indica que se basan en un original perdido, aunque es imposible saber si dicho original era una pintura o un cartón en el que se representara la figura completa. En el *Anónimo Gaddiano* se incluye «una *Leda*» en una lista de pinturas de Leonardo, pero el autor (u otra persona) la tachó. Vasari, en cambio, no la menciona en ningún momento. G. P. Lomazzo, por su parte, estaba convencido de que en algún lugar debía de haber una *Leda* original de Leonardo e incluso asegura que *La Leda ignuda* («la Leda desnuda») era uno de las pocos cuadros que Leonardo llegó a acabar. Pero Lomazzo no es muy de fiar, y puede que en realidad estuviera pensando en alguna de las copias o versiones de taller que hoy conservamos. En las colecciones reales francesas hubo en tiempos una *Leda* atribuida a Leonardo, pero a finales del siglo XVII desaparece por completo. La leyenda dice que fue retirada a instancias de Madame de Maintenon, debido a su inmoralidad.

Los cuadros —el de Leonardo, si es que alguna vez existió, así como las copias y versiones del taller— pertenecen a una etapa más tardía, pero parece fuera de toda duda que la gestación de la idea se remonta a este momento. Los primeros estudios se encuentran en una hoja en la que también figura un dibujo de un caballo para *La Batalla de Anghiari* y que, por lo tanto, puede datarse hacia 1504.[149] No aparece ningún cisne, pero entre sus enmarañados trazos se adivina la presencia de las criaturas incubadas. Estos esbozos van evolucionando hasta dar lugar a dos dibujos más elaborados (el de la colección del duque de Devonshire en Chatsworth y el del Museo Boymans de Rotterdam) en los que ya están presentes todos los elementos de la fábula mitológica: el cisne insinuante, la carnosa *innamorata,* los niños incubados y la lujuriante vegetación. Su estilo muestra una clara influencia de Miguel Ángel, muy patente sobre todo en el extraño plumeado en espiral y en la corpulencia de la figura femenina del dibujo de Chatsworth.

En todos ellos Leda aparece arrodillada *(La Leda inginocchiata),* en una pose que evoca la esculturas clásicas de Venus. Es posible que ésa fuera la idea original, si bien es cierto que la Leda erguida *(La Leda stante),* que suele ser la que aparece en las versiones pintadas, también se remonta a este periodo. No se conserva ningún dibujo en esa pose comparable a los de Chatsworth y Rotterdam, aunque sí un pequeño boceto que figura en una hoja del Códice de Turín, acompañado, una vez más, de una serie de estudios para *La Batalla de Anghiari.* Sabemos también que Rafael realizó una copia de un cartón perdido de la Leda erguida: la obra debe pertenecer a su estancia florentina de 1505-1506, durante la cual pudo haber contactado con Leonardo y realizado ese retrato de Maddalena Doni que presenta ciertas semejanzas con la *Mona Lisa.* Más adelante, ese mismo cartón estuvo en poder de Pompeo Leoni, según se desprende de un inventario de su patrimonio realizado en 1614 en el que se incluye un «cartón de 2 brazos de alto» —un cartón de cuerpo completo por lo tanto— «donde se ve una

El dibujo de Chatsworth de Leda y el cisne, *h. 1504-1506.*

Leda erguida y un cisne que juguetea con ella, emergiendo de un pantanal, entre cuyos matojos yacen unos cupidos».[150] Pese al error que supone identificar a los hijos de Leda con unos cupidos, se trata de la descripción de alguien que realmente vio el cartón perdido.

No sabemos quién fue la persona, si es que la hubo, que encargó el cuadro. Es posible que la idea surgiera en un primer momento como una composición destinada al *studiolo* de Isabella d'Este: la obra pertenece al mismo universo mitológico de las pinturas que la marquesa encargó a Mantegna y Perugino. O tal vez se tratara de un encargo de un florentino: alguien como el acaudalado banquero Antonio Segni, un «amigo» (según Vasari) y un entusiasta del mundo clásico, para el que Leonardo realizó un soberbio dibujo de Neptuno montado en su carro.[151] A esta misma tendencia clasicista del Leonardo de la época pertenece también un esquivo cuadro de Baco mencionado en la correspondencia entre el duque de Ferrara, Alfonso d'Este —el hermano de Isabella—, y uno de sus agentes comerciales. El duque se muestra ansioso por adquirir la pintura, pero se entera de que ya le ha sido prometida a Georges d'Amboise, cardenal de Ruán. El cuadro se menciona asimismo en un poema latino de un autor anónimo de Ferrara, que posiblemente sea Flavio Antonio Giraldi. Todas estas referencias sugieren que se trataba de un cuadro real y no de una mera idea; más adelante me ocuparé de algunos de los posibles indicios que nos quedan de él.[152]

El mito clásico que narra cómo Júpiter, bajo la apariencia de un cisne, se unió carnalmente a la bella princesa Leda (una de las múltiples «intervenciones» divinas de esta índole que hizo Júpiter) gozaba sin duda de gran popularidad. En el campo de la escultura clásica se hicieron algunas versiones bastante eróticas en las que se representa al cisne entre las piernas de la mujer en un coito contra natura. Tal vez la pintura de Leonardo también pareciera un poco subida de tono, pero en realidad su motivo dominante es más genésico que erótico. El contenido del mito es aquí la fertilidad y la fecundidad. La mujer tiene formas redondeadas, sus caderas son anchas: es esposa y madre a la vez. Exuberantes flores y fálicos juncos brotan a su alrededor, mientras a su lado se yergue el cisne superfálico y divino. Todo se halla en plena eclosión.

Los platónicos solían interpretar la leyenda de Júpiter y Leda como una alegoría del influjo del espíritu divino en el mundo terrenal. Esta circunstancia parece vincular el cuadro con ese comentario acerca del vuelo humano, citado al principio de este epígrafe, en el que Leonardo expresa su deseo de infundir en el hombre la única cosa que no le puede proporcionar su tecnología aeronáutica: «el espíritu del pájaro». El texto se fecha en torno a 1505, y es por lo tanto contemporáneo de los primeros dibujos sobre el tema de Leda. Fue también por esta misma época cuando dejó constancia de aquel recuerdo infantil sobre un milano que vino «hacia él» cuando estaba en su cuna. Aunque de forma más íntima, como un recuerdo recobrado o reelaborado, la extraña transacción que tiene lugar cuando el pájaro introduce su cola en la boca del niño parece simbolizar de nuevo la idea de que se está recibiendo «el espíritu del pájaro», el secreto chamánico del vuelo.

Una página del Códice de Turín compendia el carácter intensamente personal que tenía para Leonardo la idea de volar. Conforme va llenando la página con sus notas, acompañadas como siempre de sus característicos esbozos de pájaros, el sujeto de sus oraciones va cambiando de «el pájaro» («Si el pájaro quiere volverse rápidamente...», etcétera) a la segunda persona del singular, y en sus cuadernos de notas esa segunda persona indeterminada, ese oyente imaginario de sus pensamientos y observaciones, es siempre el propio Leonardo. En su imaginación se ve ya en las alturas.

Si cuando sopla viento del norte planeas por encima del viento y, al ascender en línea recta, el viento amenaza con voltearte, deberás doblar o tu ala izquierda o tu ala derecha, y, con la cara interna del ala bajada, proseguirás con una trayectoria curva ...

En un texto que figura al margen, los dos sujetos se funden casi hasta confundirse:

Al remontar el vuelo, el pájaro mantiene siempre las alas por encima del viento, sin batirlas, y sigue una trayectoria circular. Y cuando quieras dirigirte hacia el oeste con viento norte sin batir las alas, el movimiento incidente de las alas deberá ser recto y por debajo del viento, mientras que el movimiento reflejo lo ejecutarás por encima del viento.[153]

Esto es, casi en sentido literal, un vuelo de la mente: con su mente y con sus palabras, ya está volando. En esa misma página de notas, asomando por detrás del texto —ya estaba allí cuando lo escribió— aparece un tenue dibujo a sanguina que representa la cabeza de un hombre. No se distingue bien ni es fácil separarlo de las líneas de escritura superpuestas, pero se trata de un rostro enérgico, con una nariz prominente y una larga melena suelta que resulta bastante familiar. En mi opinión es bastante probable que sea un retrato de Leonardo realizado por uno de sus discípulos. De ser así, se trataría de la única imagen que conservamos de él durante estos años grandiosos: los años de la *Mona Lisa*, *La Batalla de Anghiari* y de *Leda*, también los de César Borgia, Maquiavelo y Miguel Ángel. El dibujo debe de datar de 1505: las dos únicas notas que aparecen fechadas en el Códice corresponden a marzo y abril de 1505. Tendría entonces cincuenta y tres años, y por primera vez lo vemos con barba. Su imagen, como siempre, resulta esquiva: una figura borrosa medio oculta por un comentario sobre unas alas *suprando la resistentia dellaria,* «venciendo la resistencia del aire».

Su afán por conquistar el aire suele considerarse la expresión más paradigmática de su condición de hombre del Renacimiento, pero estos vuelos con los que sueña no siempre se distinguen fácilmente de otra aspiración un tanto más prosaica, que el resto de los mortales conocemos muy bien: el deseo de levantar el vuelo, es decir, de escapar, de evadirse. Veinte años antes, bajo el dibujo de un murciélago, escribió: «este animal es capaz de escapar de un elemento a otro». En su obsesión por volar se advierte una suerte de descontento existencial, un deseo de flotar libremente lejos de las tensiones y rivalidades, de los dictados de los belicistas y los amantes del arte, de todas aquellas personas que se le acercan blandiendo un contrato. Su gran anhelo es escapar, y la imposibilidad de conseguirlo hace que se sienta aún más cautivo.

Capítulo VII

Regreso a Milán
1506-1513

El ojo, nada más abrirse, ve todas las estrellas del hemisferio. La mente en un instante salta de oriente a occidente.

Códice Atlántico, fol. 204v-a

A finales de mayo de 1506, Leonardo recibió la renuente autorización de la Signoria para dejar Florencia y partir hacia Milán. En un documento notarial fechado el 30 de mayo se comprometía a estar de vuelta en un plazo de tres meses, so pena de abonar una multa de 150 florines. Su garante fue Leonardo Bonafé, el superintendente del Ospedale di Santa Maria Nuova, que, como sabemos, era el lugar donde guardaba sus ahorros; se trataba por tanto de su banquero.[1] Así eran las cosas durante el gobierno de Soderini. Finalmente, Leonardo tardaría quince meses en regresar y, cuando lo hizo, fue tan sólo a causa de un conflicto familiar.

Charles d'Amboise, el gobernador francés de Milán, estaba sin duda deseando atraerle de nuevo hacia el norte, pero la razón aparente de su partida fueron los interminables litigios contractuales suscitados por *La Virgen de las rocas*. Desde su entrega a la Cofradía de la Inmaculada Concepción, allá por el año 1485, el cuadro no había hecho más que plantear problemas, y, según una *supplica* presentada por Leonardo y Ambrogio de Predis hacia 1492, aún no había sido pagado del todo. Al parecer, la pintura original (la versión del Louvre) había salido de Italia en 1493, probablemente tras haber sido adquirida por Ludovico Sforza y entregada luego al emperador Maximiliano, y en algún momento posterior Leonardo y Ambrogio (sobre todo este último) empezaron a realizar una copia sustitoria para la Cofradía. Este segundo cuadro de *La Virgen de las rocas* (la versión londinense) tal vez fuera entregado a la Cofradía antes de que Leonardo partiera de Milán en 1499, aunque también es posible que fuera Ambrogio el que se ocupara de hacerlo más adelante. En cualquier caso, la entrega tuvo que producirse, como muy tarde, en 1502, pues en marzo de 1503 Ambrogio dirigió una *supplica* a Luis XII de Francia, ya entonces señor *de facto* de Milán, quejándose una vez más de que tanto a él como a Leonardo se les debía dinero. El monarca designó un juez, un tal Bernardino de Busti, para que dirimiera la cuestión. Transcurridos tres años, durante los cuales el caso debió de permanecer sumido en el marasmo de los litigios italianos, en abril de 1506 se pronunció el *arbitrato,* que fue contrario a los pintores. Según el dictamen, la tabla central del retablo estaba «inacabada»: ése al menos es el significado habitual del término *imperfetto,* si bien es posible que en este caso signifique «de una calidad insuficiente», otra forma de decir que en él había «mucho de Ambrogio y muy poco de Leonardo». En todo caso, la clave para la resolución del asunto estaba en manos de este último, pues la corte le ordena *in absentia* que complete el cuadro en un plazo de dos años.[2]

Esta situación, de la que debió de informarle Ambrogio de Predis, fue la que precipitó los acontecimientos e hizo que un mes más tarde Leonardo solicitara permiso para abandonar sus obligaciones en el Palazzo Vecchio y marchar a Milán. La jerga contractual era el lenguaje que mejor entendían las autoridades florentinas. No obstante, en toda esta cuestión se adivina un malestar más profundo que no es sino un nuevo capítulo de la problemática relación que mantenía Leonardo con Florencia. Su vida había cambiado mucho desde que había marchado por primera vez a Milán hacía ya casi un cuarto de siglo, pero aun así se percibe un eco de aquella primera partida. En 1482 había dejado tras de sí una obra maestra inacabada —la *Adoración*— y una escabrosa fama de homosexual. En 1506 se marcha en medio de las disputas y las suspicacias a las que ha dado lugar el fresco de *Anghiari* —cuyos problemas técnicos tal vez ya intuyera—, a lo que cabría añadir quizá el fracaso del vuelo desde Monte Ceceri. Son ecos recurrentes: las relaciones se agrian, los proyectos se abandonan, surge la vacilación y, finalmente, se emprende la huida.

Una vez más, el regreso a Lombardía supone para Leonardo un alivio y una liberación, pero en esta ocasión su estatus es muy diferente: los señores franceses de Milán aguardan ansiosamente su llegada. Siempre tuvo, al parecer, una gran afinidad con los franceses. Cuando irrumpieron en Milán en 1499 su trato con ellos fue muy cordial, e incluso parece que llegó a ofrecer sus servicios al conde de Ligny. Como se recordará, hacia 1501 le veíamos pintando *La Virgen del huso* para el cortesano francés Florimond Robertet. Tal vez la afinidad se debiera simplemente al hecho de que los franceses —así quizá lo entendió él— valoraban su trabajo mucho más que sus mecenas italianos, con los que mantuvo unas relaciones en las que solían alternarse el frío y el calor, y que, debido a las tensiones y la impaciencia, siempre parecían estar a punto de irse a pique. Buen ejemplo de este reconocimiento es el deseo del rey Luis de retirar *La Última Cena* para llevársela a Francia; si bien, como señala secamente Vasari, «al haber sido pintada sobre una pared, el rey tuvo que renunciar a su deseo, y la obra se quedó con los milaneses».

Leonardo fue objeto de un caluroso recibimiento por parte de Charles d'Amboise, conde de Chaumont; el «fogoso» conde, según lo llama

Andrea Solario, retrato
de Charles d'Amboise, h. 1508.

Serge Bramly, pues, como nos dicen los cronistas, «gustaba tanto de Venus como de Baco».[3] Entonces tenía treinta y tres años. Y debió de ser por esa época cuando Andrea Solario pintó un retrato suyo con un ligero *contrapposto* que resulta muy del estilo de Leonardo. Nos muestra a un hombre de semblante inteligente y concentrado, cuya nariz se destaca de forma notable pese a tratarse casi de un retrato frontal: un verdadero *homme sérieux*. Era un ferviente admirador de Leonardo, del que unos meses después escribiría: «Antes de conocerlo en persona ya lo amábamos, y ahora que hemos gozado de su compañía y podemos hablar con conocimiento de causa de sus muy variados talentos, en verdad nos damos cuenta de que su nombre, famoso ya por su pintura, no ha recibido aún todas las alabanzas que se merece por sus muchos otros dones, cuyo poderío es verdaderamente formidable».[4]

Leonardo se convirtió en el invitado de honor de un castillo en cuyas salas se amontonaban los recuerdos de los días y las noches que había pasado en la corte de los Sforza. En una carta posterior, no obstante, explorará la posibilidad de hallar alojamiento en la ciudad, «para así no causar más molestias al gobernador»,[5] lo cual tal vez indique que tampoco quería tenerlo demasiado encima: Leonardo siempre necesitó contar con mucho espacio. Pero de momento lo que predomina es el entusiasmo que despiertan en él las novedades y las charlas sobre nuevos y ambiciosos proyectos, más en concreto, sobre la villa de recreo que D'Amboise quiere construirse cruzada la Porta Venezia. Se había elegido una parcela situada entre dos riachuelos, el Nirone y el Fontelunga, para que de ese modo se fundiera de forma placentera y pastoril con el entorno natural. Las notas y los bocetos de Leonardo nos muestran como todo su empeño estuvo encaminado a garantizar el máximo placer y solaz al dueño de la casa: pórticos, logias, espaciosas y aireadas estancias con vistas a los fastuosos jardines. Incluso habría que evitar que las escaleras fueran «excesivamente melancólicas», es decir, demasiado oscuras o empinadas.

Leonardo concibe un jardín propio de *Las mil y una noches,* con sus fragantes naranjos y limoneros; su enramada, que piensa cubrir con una fina malla de cobre para llenarla de aves canoras, y su rumoroso arroyuelo, cuyas orillas, sembradas de hierba, «serán cortadas con frecuencia para que así pueda apreciarse la limpidez de sus aguas al distinguir los cantos del fondo» —una imagen que evoca el lecho del río del *Bautismo de Cristo* de Verrocchio—, «dejando tan sólo hierbas como la rúcula y otras plantas similares que sirven de alimento a los peces». Los peces, por su parte, no deberían ser ni anguilas ni tencas, que embarran las aguas, ni tampoco lucios, pues éstos se comerían a todos los demás. Entre las mesas del jardín discurrirá un pequeño canal donde se enfriarán las frascas de vino. Pero el verdadero plato fuerte es un pequeño molino propulsado por agua que estará dotado de aspas igual que los molinos de viento:

> Con este molino haré que haya brisa durante todo el verano y que el agua brote siempre fresca y burbujeante ... El molino servirá asimismo para crear canalizaciones en el interior de la casa y fuentes en diversos lugares, así como un sendero donde el agua saltará desde abajo siempre que se pase por él, convirtiéndolo así en un lugar particularmente indicado para quienes deseen salpicar a las mujeres ... Con el molino crearé una música continua mediante una serie de instrumentos que sonarán siempre que el molino esté funcionando.[6]

Este último mecanismo recuerda a la fuente musical que en 1502 debió de ver y oír en Rímini: «Crea una armonía a partir del chorro de una fuente mediante una gaita que produzca múltiples consonancias y voces», escribió entonces, en alusión a un pasaje de Vitruvio «sobre los sonidos que produce el agua».[7] Leonardo aporta un toque de erudición y seriedad a estos pasatiempos pastoriles.

Seguramente también están relacionadas con el proyecto de la villa de D'Amboise una serie de ideas para un «templete de Venus», un tipo de estructuras que en la arquitectura de las residencias campestres de épocas posteriores será conocido con el nombre de «caprichos»:

> En cuatro de sus lados harás unos peldaños que conduzcan a un prado natural en lo alto de una roca. La roca estará hueca y su parte delantera se sustentará mediante unos pilares. Bajo ella se abrirá un gran pórtico con varios pilones de granito, pórfido y serpentina, insertos en unos nichos semicirculares en los que el agua no parará de correr. Y frente a este pórtico, en dirección norte, hágase un lago, y, en medio de él, una isleta con un bosque tupido y umbrío.[8]

Así es como Leonardo visualiza un paisaje: sus propias palabras parecen bosquejarlo («hágase un lago»), su mente se mueve sobre las aguas hasta dar con el punto exacto, la «isleta». Al dorso de esa misma hoja redacta un texto muy elaborado sobre los traicioneros encantos de la diosa Venus:

> Al sur del litoral meridional de Cilicia puede divisarse la hermosa isla de Chipre, donde en tiempos tuvo su reino la diosa Venus; y son muchos los que impelidos por su belleza han visto como se desarbolaban sus barcos al estrellarse contra las rocas que oculta el bravío oleaje. Allí, la hermosura de una grata colina parece invitar a los marineros errantes a solazarse en los verdes prados cubiertos de flores, bajo una brisa perenne que llena la isla y el mar circundante de deliciosas fragancias. Pero, ¡ay!, ¡cuántos son los navíos que allí han zozobrado!

Este texto tan literario recuerda un pasaje de las *Stanze* que publicó Poliziano en 1476, y constituye por tanto una evocación de la imaginería venusina de la *giostra* de los Medici.[9]

Sólo conocemos la concepción que tenía Leonardo de la villa de Charles d'Amboise a través de una serie de notas y bosquejos, pero todos sus detalles rebosan exquisitez y elegancia. La sensación de hallarnos en un universo de puro placer —el vino enfriado en el arroyuelo, las jóvenes con los vestidos veraniegos salpicados, el sonido del agua que «no parará de correr»— sólo se ve parcialmente ensombrecida por la insinuación de que estos placeres están inevitablemente abocados al dolor. Desde luego no se trata de una idea original de Leonardo, pero sí parece haberla tenido siempre muy presente: ya se advertía en sus «alegorías de Oxford» de mediados de la década de 1480, y aquí vemos de nuevo un placer sensual que trae ruina y naufragio, hombres destruidos «contra las rocas» de la tentación carnal.

Leonardo se había comprometido a regresar a Florencia, y a la inconclusa *Batalla de Anghiari,* en un plazo de tres meses (finales de agosto de 1506), pero ni él deseaba volver ni su nuevo patrono quería que lo hiciera. El 18 de agosto, Charles d'Amboise escribió una carta a la Signoria, solicitando muy cortésmente que se permitiera a Leonardo quedarse algo más de tiempo «para que así pueda realizar unas obras que ha comenzado a petición nuestra». El comentario, aparentemente, alude a la villa de recreo. Es posible, sin embargo, que también hubiera otras «obras» (trabajos de ingeniería de canales, por ejemplo, una constante preocupación milanesa), aunque tal vez la expresión no sea más que una mera fórmula para indicar una actividad laboral provechosa. La carta iba respaldada por una misiva más formal, firmada por el vicecanciller del ducado, Geoffroi Carles, en la que se pedía que se ampliara un mes el permiso de Leonardo, prometiendo que, en la fecha acordada, éste se hallaría en Florencia «sin falta, para dar satisfacción a Vuestras Excelencias en todo aquello que deseen». El 28 de agosto la Signoria respondió concediendo la autorización. Seguramente habrían preferido no hacerlo, pero los franceses eran un aliado demasiado poderoso para dejar que una cosa así los enemistara con ellos.[10] Florencia ya había tenido que limar asperezas con el papa Julio II tras la pelea entre éste y Miguel Ángel. El gran Choque de Titanes concebido dos años antes iba a quedar reducido finalmente a una pequeña rencilla.

Los últimos días de septiembre llegaron y pasaron, pero Leonardo no regresó. El 9 de octubre el gonfalonero Soderini escribía personalmente a Charles d'Amboise: el tono de la carta era bastante agrio. Estaba indignado con D'Amboise por «poner excusas», pero su irritación con el artista fugitivo era aún mayor:

> Leonardo ... no se ha comportado de manera honesta con la república, pues ha percibido una gran suma de dinero y apenas ha comenzado la gran obra que se le encargó; la devoción que siente por Vuestra Señoría lo ha convertido en deudor nuestro. No deseamos que se nos hagan más peticiones en este sentido, pues los beneficiarios de esa gran obra son todos nuestros ciudadanos, y si lo eximiéramos de sus obligaciones, estaríamos cometiendo una negligencia en el cumplimiento de nuestro deber.

El tono de la carta, así como muchas de las afirmaciones que en ella se hacen, muestra la honda antipatía que existía entre Leonardo y Soderini. Leonardo no ignora que las quejas contra su persona son fundadas, pero la carta ha sido escrita con el claro propósito de zaherirle: la insinuación de deshonestidad, su caracterización como «deudor», las invocaciones al «deber», el recurso a la típica fraseología republicana, «los beneficiarios de esa gran obra son todos nuestros ciudadanos».

Durante algún tiempo, desde Milán sólo llega un silencio altanero, pero el 16 de diciembre Charles d'Amboise escribe por fin a Soderini prometiéndole que no interferirá en el regreso de Leonardo, aunque también aprovecha la ocasión para recriminar al gonfalonero por sus innobles acusaciones y por no haber sabido dar acomodo al peculiar genio de Leonardo:

> Es para nos un grato deber recomendar a un hombre de tan gran talento a sus conciudadanos, como ahora hacemos, con el máximo encarecimiento, aseguràndoos que todo cuanto hagáis por incrementar su fortuna y bienes-

tar, así como los honores que le son debidos, nos proporcionará, tanto a nosotros como a él, un gran contento por el que os quedaremos muy agradecidos.

Resulta irónico que tenga que ser un francés quien explique desde Milán la grandeza de Leonardo a sus propios «conciudadanos». Por si fuera poco, en esta peculiar carta de «recomendación» se encuentra también implícita la ironía que supone dar a entender que la mejor manera de incrementar la «fortuna y el bienestar» de Leonardo sería dejarle que siguiera lejos de Florencia. A esta misma carta pertenece el elogio de Leonardo que he citado anteriormente («Antes de conocerlo en persona ya lo amábamos...). Ningún otro mecenas de Leonardo ha dejado un testimonio que rezume tanta calidez y admiración.

Cuando aún no debía de haber tenido tiempo de digerir tan mordaz admonición, Soderini recibió noticias de su embajador en Francia, Francesco Pandolfini, informándole de que el rey Luis estaba entusiasmado con «un cuadrito» de Leonardo que le habían mostrado hacía poco (seguramente la *Virgen del huso* que había pintado para su secretario Florimond Robertet) y deseaba que Leonardo permaneciera en Milán con el fin de que pintara algo para él. Tal vez, decía el rey, «algunos cuadritos de Nuestra Señora, u otras cosas que puedan ocurrírseme, e incluso es posible que le pida también que pinte mi propio retrato». Aquel antojo regio quedó formalizado con una perentoria misiva remitida a la Signoria florentina el 14 de enero de 1507: «Necesitamos con urgencia al Maestro Leonardo da Vinci, pintor natural de vuestra ciudad de Florencia [...] Os rogamos que le escribáis para comunicarle que no debe abandonar la antedicha ciudad [Milán] hasta nuestra llegada, como ya se lo hicimos saber a vuestro embajador».

El escrito del rey resultó decisivo en este curioso tira y afloja; el 22 de enero de 1507, la Signoria accedía a su «graciosa petición» y Leonardo pudo quedarse en Milán. Para Leonardo aquello fue un triunfo, pero un triunfo que le dejó un regusto amargo. En cualquier caso, finalmente tendría que regresar a Florencia antes de que el verano acabara, aunque no fueron ni Soderini ni sus deberes cívicos los que le hicieron volver.

Durante los meses siguientes Leonardo iba a estar muy ocupado. En febrero debió de acompañar a Charles d'Amboise a la toma de Baiedo, una localidad situada al norte de Milán, donde un señor levantisco, de nombre Simone Arrigoni, fue capturado. En uno de sus cuadernos, Leonardo tomó nota del ardid que se empleó para «engañar» a Arrigoni.[11] También corresponden a esta época una serie de bocetos para la iglesia de Santa Maria della Fontana, un templo que iba a construirse a las afueras de Milán en un lugar donde había un manantial al que se atribuían poderes milagrosos. La iglesia aún sigue ahí... inacabada. Y el 20 de abril, sólo unos días después de su quincuagésimo quinto cumpleaños, recibió como regalo una carta dirigida por Charles d'Amboise a los tesoreros ducales, por la que se le restituía oficialmente la propiedad del viñedo que le había sido confiscado poco después de la conquista francesa de 1500.[12]

A finales de ese mismo mes, el rey Luis, tras haber sofocado una revuelta en Génova, llegaba a Milán. El cronista francés Jean d'Auton nos cuenta que el itinerario desde el Duomo al castillo —lo que hoy es la via Dante— estaba engalanado con «arcos triunfales de hojas con las armas de Francia y Bretaña e imágenes de Cristo y los santos, habiéndose dispuesto asimismo un carro triunfal con representaciones de las virtudes cardinales y una figura del dios Marte que sostenía en una mano un arco y una palma en la otra»; todo ello, así como las mascaradas y los bailes que vinieron luego, llevaba el sello del hombre a quien el rey llamaba complacido «nuestro querido y bien amado Léonard da Vincy».[13]

Leonardo volvía a ser el animador de festejos, el organizador de desfiles, el coreógrafo de grandes espectáculos: una faceta que no había podido desarrollar en la puritana república florentina. Diseñar la escenografía de un desfile triunfal en una ciudad ocupada tal vez no sea la más loable de las actividades de Leonardo, pero el gozo que debió de proporcionarle resulta contagioso, y es muy probable que lo que realmente le atrajera de todo aquello fuera su carácter desenfadado y lúdico.

Debió de ser entonces cuando el monarca francés le concedió unas rentas que recibiría a cuenta de las cuotas que tenían que abonar los usuarios del Naviglio di Santo Cristóforo, un tramo de la red de canales milanesa. Tuvo que pasar algún tiempo, y hubo que enviar una serie de cartas de apremio, antes de que pudiera hacerse efectiva la donación, pero estos derechos —a los que se suele denominar las «doce onzas de agua»—, seguían en posesión de Leonardo cuando murió, y en su testamento fueron legados a uno de sus sirvientes.[14]

Pero, entretanto, había que ocuparse de aquella *Virgen de las rocas* que según el *arbitrato* de abril de 1506 estaba inacabada. En ese mismo dictamen se instaba a la Cofradía a que abonara a los pintores un *conguaglio*, una retribución reajustada de 200 liras, cantidad bastante inferior a la que ellos habían pedido pero superior a las 100 liras que les había ofrecido en un principio la Cofradía. Había que trabajar mucho en la pintura si se quería cobrar aquel dinero, pero la verdad es que no sabemos ni en qué estado se encontraba ni qué fue lo que hicieron finalmente con ella. Hacia el verano de 1507 parece que hubo ciertas tensiones entre Leonardo y Ambrogio de Predis. A principios de agosto las cosas habían llegado a tal punto que hubo que nombrar un mediador —un fraile dominico, llamado Giovanni de Pagnanis— que resolviera sus diferencias. Para entonces lo más probable es que el cuadro ya estuviera terminado; la disputa había surgido en relación con el prorrateo de los pagos. Finalmente el asunto debió de solucionarse, pues el 26 de agosto de 1507 la Cofradía abonó la primera mitad de los honorarios adeudados. Fue Ambrogio el que se ocupó de cobrarlos; a esas alturas su «socio» Leonardo se hallaba de vuelta en Florencia.[15]

«Buenos días, Maestro Francesco...»

En algún momento anterior a ese regreso provisional a Florencia del verano de 1507, Leonardo conoció a un joven aristócrata milanés llamado Francesco Melzi. Tal vez cogiera a Melzi como discípulo —más adelante, de hecho, demostraría ser un excelente dibujante y pintor—, pero bien pronto quedó claro que su principal cometido en aquel entorno iba a tener mucho más que ver con la escritura que con el arte. Pasó a ser el secretario, o amanuense, de Leonardo —casi podría decirse que su confidente intelectual— y, tras la muerte de aquél, se convirtió en el albacea de su testamento literario, el encargado de mantener viva la llama de su legado. Su elegante letra cursiva aparece en todos los papeles de Leonardo —en textos copiados para Leonardo o dictados por él, en anotaciones, en pies de ilustraciones, en signos de colación—, y es a Melzi, más que a ningún otro, a quien debemos agradecer que hayan llegado hasta nosotros tantos manuscritos de Leonardo.

Giovanni Francesco Melzi[16] era de buena cuna, había recibido una excelente educación, pero su familia no era rica. Su padre, Girolamo Melzi, sirvió como capitán en la milicia milanesa a las órdenes de Luis XII; mucho tiempo después trabajó de ingeniero en la reconstrucción y ampliación de las murallas de la ciudad (unas obras que se llevaron a cabo a principios de la década de 1530, tras la restauración de los Sforza). Era, por tanto, un hidalgo rural dotado de ciertas habilidades, un tipo de hombre que Leonardo conocía muy bien por experiencia propia. El solar de los Melzi se encontraba en Vaprio, donde tenían una antigua y pintoresca villa colgada de los roquedos que bordean el río Adda. En un dibujo de la Biblioteca Ambrosiana, fechado el 14 de agosto de 1510, Melzi firmaba como *Francescho de Melzo di anni 17,* lo cual indicaría que nació en 1492 o 1493 y que entró a formar parte del círculo de Leonardo cuando contaba unos catorce años.[17] Ese dibujo, un espléndido perfil a sanguina de un anciano calvo, es la obra más temprana que conocemos de Melzi. Cabe concluir, así pues, que por aquel entonces ya era un miembro en activo del taller de Leonardo. (Algunos autores han advertido en

Francesco Melzi, Retrato de joven
con un loro, *posible autorretrato.*

su estilo como dibujante la influencia de Bramantino, así que no se
puede descartar que antes de unir-
se a Leonardo hubiera estudiado
con ese excelente pintor). Su gusto por el detalle puede apreciarse
en una serie de copias extremadamente minuciosas que realizó de
los dibujos de Leonardo y que hoy
se hallan en la colección Windsor.
Un hermoso retrato a sanguina del
perfil de Leonardo, del que conservamos dos versiones —una en
la Ambrosiana y otra en Windsor,
esta segunda con retoques del maestro—, es casi con total certeza
obra suya.

Vasari, que conoció a un Melzi ya anciano cuando visitó Milán
en 1566, añadió el siguiente pasaje a la edición de 1568 de sus
Vidas:

Buena parte de los manuscritos de anatomía humana de Leonardo están
en manos del hidalgo milanés Messer Francesco Melzi, que en los tiempos de
Leonardo fue un joven muy hermoso, al que él amó mucho, y que ahora sigue siendo un anciano de muy buena presencia y gran cortesía. Conserva y
atesora tales manuscritos cual si fueran reliquias, y también tiene un retrato
que le trae felices recuerdos de Leonardo.

Los términos que emplea Vasari —su caracterización de Melzi como
un *bellissimo fanciullo molto amato da* Leonardo— evocan el lenguaje que
utiliza para referirse a Salai y llevan implícita la misma idea de una relación de amor «socrático», lo cual no tiene por qué indicar que practica-
ran el amor homosexual, aunque sospecho que Vasari pensaba que en el
caso de Leonardo no podía significar otra cosa. Sea como fuere, tras la
muerte de Leonardo, la vida de Melzi tuvo un carácter marcadamente
heterosexual: contrajo matrimonio con Angiola Landriani, una dama de
la nobleza, que era tenida por una de las mujeres más bellas de Milán, y
tuvo ocho hijos con ella. No sabemos, aunque no es difícil de imaginar,
cómo reaccionó Salai ante la llegada de aquel joven intruso, ese «hermoso» muchacho cuyos exquisitos modales y bien entrenada mano olían

a privilegio. Melzi tenía clase, algo a lo que Salai jamás podría aspirar (aunque decir que Salai era «vulgar» no supone otra cosa que identificar una de las razones por las que a Leonardo le parecía tan atractivo). Salai es un joven muy aparente, susceptible y un tanto desaprensivo, al que se le da muy bien manejar el dinero, sobre todo el ajeno.

Cuál fuera el aspecto del *bellissimo* Melzi sigue siendo una incógnita: no hay razón alguna para considerar (como hacen Bramly y algunos otros) que un cuadro de la Ambrosiana en el que aparece un joven de cara redonda luciendo un sombrero sea un retrato suyo pintado por Boltraffio. Es bastante probable que Leonardo le dibujara, pero, aunque en sus cuadernos posteriores aparecen varios jóvenes, no hay forma de saber si alguno de ellos es Melzi. En cualquier caso, a diferencia de lo que ocurrió con Salai, ninguno llega a convertirse en un motivo recurrente. Pietro Marani sostiene que un cuadro del propio Melzi, *Retrato de joven con un loro,* pese a tratarse seguramente de una obra de la década de 1550, es un autorretrato de cuando era joven; la figura tiene un aire nostálgico, melancólico.[18]

La primera referencia a Francesco Melzi que encontramos en los papeles de Leonardo figura en el borrador de una carta, escrita en Florencia a principios de 1508, de puño y letra del maestro, y cuyo destinatario es el propio Melzi.[19] La hoja contiene en realidad dos borradores. El primero de ellos es el más breve, y tiene un tono personal del que Leonardo decidió prescindir en la segunda versión:

> Buenos días, Maestro Francesco:
> En nombre de Dios, se puede saber por qué no habéis contestado a ni una sola de las cartas que os he enviado. En cuanto hayáis regresado, vive Dios que os voy a poner a escribir hasta que lo sintáis.

Es un tono afectuoso, de chanza, aunque tal vez quepa adivinar en él un deje de auténtica amargura por el hecho de que el joven, como parece, no se haya molestado en contestarle. El testimonio apunta asimismo a que el papel de Melzi como secretario o escribiente era ya definitivo. («Os voy a poner a escribir hasta que lo sintáis»), aunque quizá aún no estuviera formalizado.

A partir de ahora, Melzi es un miembro indispensable del círculo de Leonardo. Él es sin duda ese «Cecho» o «Cechino» (dos diminutivos de Francesco) que aparece en las listas de nombres de hacia 1509-1510, en las que figura junto a Salai, Lorenzo y algunos otros.[20] Viaja con Leonardo a Roma en 1513, y más tarde a Francia, donde se hace cada vez más imprescindible al envejecido maestro, y donde los registros de cuentas franceses lo distinguen llamándole «Francisque de Melce, el caballe-

461

ro italiano que acompaña al mencionado Maestro Lyenard», y asignándole un generoso salario de 400 écus al año, una cantidad muy superior a los 100 écus anuales de Salai, al que se designa simplemente como «un sirviente del Maestro Lyenard».[21] Su presencia inyecta una nueva alegría en el hogar de Leonardo: es discreto, eficaz, inteligente y fiel; es el perfecto amanuense (o, como diríamos hoy, el perfecto secretario particular). Un excelente compañero intelectual para el solitario Leonardo, más docto y menos complejo que el conflictivo Salai.

UNA GUERRA ENTRE HERMANOS

La razón que hizo que Leonardo volviera a Florencia a principios de 1507 fue el fallecimiento de su tío Francesco y, más concretamente, los problemas surgidos en relación con el testamento del tío Francesco. Como hemos visto, el documento fue redactado en 1504, poco después de la muerte de Ser Piero, y en él se nombraba a Leonardo único heredero, sin duda para compensarle por su exclusión del testamento paterno. Leonardo y Francesco, aquel joven y afable tío del campo de su infancia, siempre habían tenido una relación muy estrecha. El problema era que aquel legado contravenía un acuerdo anterior, según el cual el patrimonio de Francesco pasaría a manos de los hijos legítimos de Ser Piero, y éstos, encabezados por el indefectible notario de la nueva generación, Ser Giuliano da Vinci, se aprestaron a impugnarlo.[22] Leonardo debió de enterarse en junio de 1507, pues el 5 de julio, uno de sus *garzoni*, Lorenzo seguramente, escribe a su madre una carta, comunicándole que dentro de poco regresará a Florencia con el maestro, pero que no se quedará mucho porque tienen que volver a Milán *subito*. Aprovecha para pedir a su madre que le dé «recuerdos a Dianira y un abrazo de mi parte, para que así no diga que la tengo olvidada», un comentario que nos ofrece un atisbo fugaz de la vida de un aprendiz de Leonardo: un joven muy lejos de su hogar.[23]

Finalmente, Leonardo retrasaría su partida de Milán por lo menos hasta mediados de agosto. En el ínterin, el 26 de julio en concreto, se aseguraba la primera baza en la partida que le enfrentaba a sus hermanos: una carta para la Signoria, firmada por el monarca francés, en la que se pedía a ésta que interviniera a favor de Leonardo. La carta llama a Leonardo *nostre peintre et ingeneur ordinaire*, «pintor e ingeniero ordinario» del rey (en el contexto cortesano el término «ordinario» hacía referencia a un cargo oficial y permanente, en contraposición a los cargos «extraordinarios», que tenían un carácter provisional). Éste es el primer documento en que se especifica cuál era su posición en la corte francesa. La Signoria recibe una nueva carta, fechada el 15 de agosto, remitida en este caso por Charles d'Amboise. En ella se anuncia el inminente regreso de Leonardo a Florencia para «solventar ciertas diferencias que han surgido entre él y algunos de sus hermanos», y se pide al gobierno de la ciudad que acelere el proceso todo cuanto pueda.[24] Se ha concedido permiso a Leonardo «con gran disgusto», pues se halla trabajando «en una pintura muy querida por el Rey». Es de suponer que el cuadro en cuestión sea una de esas «dos Madonas, de distintos tamaños, para nuestro Cristianísimo Rey», a las que alude Leonardo en una carta de principios de 1508 —unas obras de las que nada más sabemos—, aunque también pudiera hacer referencia a la no menos quimérica *Leda*, que más adelante aparecerá catalogada en las colecciones reales francesas.

El 18 de septiembre, Leonardo escribe desde Florencia una carta al cardenal Ippolito d'Este, hermano de Isabella, en la que se recogen algunos de los pormenores del proceso.[25] La causa de Leonardo «está siendo tramitada» ante Ser Rafaello Hieronimo, un miembro de la Signoria que el gonfalonero Soderini ha nombrado expresamente para arbitrar el litigio y resolverlo «antes de la festividad de Todos los Santos», es decir, antes del 1 de noviembre de 1507. Ippolito d'Este debía de conocer a Ser Rafaello, que tal vez fuera uno de los muchos «agentes» que los Este tenían en Florencia. De ahí que en la carta pida cortésmente a Ippolito que escriba «al citado Ser Rafaello, con esa habilidad y fuerza de convicción que tanto caracteriza a Vuestra Señoría, recomendándole a vuestro humilde servidor Leonardo da Vinci e instándole a que se me haga justicia con la mínima demora posible».

En cierto sentido se trata de un documento único: del resto de las cartas de Leonardo sólo conservamos sus borradores, pero de ésta *sabemos* que fue enviada, pues todavía hoy puede verse y tocarse en los archivos de la familia Este en Módena. Por desgracia, ni el texto ni la firma —*Leonardus Vincius pictor*— son de la mano de Leonardo. Al igual que sucede con otros documentos oficiales (la carta de presentación dirigida a Ludovico Sforza, por ejemplo), ha recurrido a alguien que tiene una caligrafía mejor que la suya; en este caso al secretario de Maquiavelo, Agostino di Vespucci, al que ya vimos redactar aquel resumen de la batalla de Anghiari. El único rastro que queda en la carta de la presencia física de Leonardo se encuentra al dorso de la misma, donde figura una cabeza de perfil impresa con un sello de lacre que seguramente pertenecía a un anillo de Leonardo.

El borrador de otra carta nos permite asimismo hacernos una idea de la acritud que caracterizaba las relaciones entre Leonardo y sus *fratellastri* —sus hermanastros—, a los que acusa de «haber deseado todos los males» para el tío Francesco cuando se encontraba con vida y de haberle tratado a él «no como a un hermano, sino como a un perfecto desconocido». Parte del pleito tenía que ver con una propiedad, llamada Il Botro, que le había legado Francesco. Leonardo escribe: «Os negáis a devolver a su heredero el dinero que prestó para Il Botro», lo cual parece indicar que había prestado dinero a su tío para que comprara la propiedad o introdujera mejoras en ella. También se puede encontrar una alusión a *la valuta del botro* («el valor de Il Botro») en una lista del Códice Arundel. La palabra *botro* no aparece en mayúsculas en ninguno de los dos casos, de modo que tal vez podría traducirse por «la vaguada» o «el barranco»; quizá se tratara de una pedrera o una cantera de caliza. Leonardo, de hecho, menciona ciertos experimentos realizados en su «pedrera» *(bucha)* en el Códice Leicester, cuya redacción se inició por esta misma época.[26]

En su carta a Ippolito d'Este, Leonardo decía que para noviembre de 1507 el caso estaría resuelto; pero no debió de ser así, porque a principios de 1508 escribía a Charles d'Amboise lo siguiente: «Ya estoy casi al final del litigio con mis hermanos, así que podéis creerme si os digo que estaré de nuevo con vos para la Pascua de Resurrección».[27] El domingo de Pascua de 1508 cayó en 23 de abril. Debió de ser en torno a esa fecha cuando regresó a Milán, aunque eso no quiere decir que para entonces la cuestión del pleito ya estuviera liquidada, pues una carta posterior sobre ese asunto está escrita con la letra de Melzi y, por tanto, tuvo que ser redactada después del regreso de Leonardo a Milán.

Durante su estancia en Florencia, Leonardo y Salai (y quizá también Lorenzo) se hospedaron en la casa del próspero intelectual y mecenas Piero di Braccio Martelli. Era un notable matemático y lingüista, así como un buen amigo de Bernardo Rucellai, y la relajada atmósfera que reinaba en el Palazzo Martelli debió de servir para contrarrestar en parte el desagradable asunto del pleito.[28] La mansión, que se hallaba en la via Larga, acabaría siendo engullida en la década de 1550 por la construcción de la iglesia y el convento de San Giovannino. Uno de los compañeros de hospedaje de Leonardo fue el escultor Giovanni Francesco Rustici, por quien, al parecer, sintió bastante aprecio. Rustici tenía unos treinta años, es decir, un poco más de la mitad de la edad de Leonardo, y, a juzgar por la descripción que de él nos ofrece Vasari, debía de ser una persona bastante pintoresca. No sólo era un escultor de talento, sino que también era «aficionado a la alquimia y practicaba ocasionalmente la nigromancia», dos aspectos que evocan la figura de Zoroastro. Con él trabajaba Andrea del Sarto, un excelente pintor con una marcada impronta leonardiana. Del Sarto sería luego el maestro de Vasari, así que es de suponer que la información que éste nos proporciona sobre Rustici sea bastante fidedigna. Del taller de Rustici dice que «era como el arca de Noé [...] Había en él un águila, un cuervo que hablaba como una persona, varias serpientes y un puerco espín, amaestrado

Giovanni Rustici, San Juan,
Baptisterio de Florencia.

como un perro, que tenía la mala costumbre de pincharle a la gente las piernas por debajo de la mesa».[29] No es fácil resistir la tentación de imaginarse a Leonardo acercándose confidencialmente a ese cuervo que «hablaba como una persona» (¿un mainate tal vez?). ¡Cuántas cosas le habría gustado preguntarle!

Según Vasari, el resultado más tangible de la amistad entre Leonardo y Rustici fue el grupo escultórico *San Juan predicando a un levita y un fariseo,* una obra situada sobre la puerta oriental del baptisterio que se levanta frente al Duomo. «Mientras estuvo trabajando en este grupo [Rustici] la única persona a la que dejó estar con él fue a Leonardo, que le acompañó incluso en la fase de fundición». La figura ubicada a mano izquierda se ha comparado con el hombre meditabundo de la *Adoración;* mientras que el San Juan, pese a estar ejecutado con el competente estilo artesanal de Rustici, tiene ese sello distintivo de Leonardo que es la mano señalando hacia arriba.

Durante las largas interrupciones que sufriría el pleito, Leonardo, como él mismo señala en el primer folio del Códice Arundel, aprovechó su estancia en el Palazzo Martelli para ordenar sus manuscritos:

> Comenzado en Florencia, en la casa de Pietro di Braccio Martelli, el 22 de marzo de 1508. Será ésta una compilación sin orden, compuesta de las numerosas hojas que he ido copiando, con la esperanza de que más adelante podré ordenarlas y asignar a cada una de ellas su lugar adecuado, según el tema del que traten.

Pero el Códice Arundel en sí no es esa «compilación» de la que habla, pues en su estado actual —fruto tal vez de una ordenación realizada por Pompeo Leoni en la década de 1590— es un texto enormemente heterogéneo. Sólo los primeros treinta folios se ajustan a esa declaración de principios: el papel, la tinta, la caligrafía y la propia temática —centrada sobre todo en la física y la mecánica— es uniforme en todos ellos, y lo más probable es que fueran escritos precisamente en esta época, tal vez en la primavera de 1508. Sin embargo, apenas ha comenzado, cuando la tarea de organizar y clasificar sus manuscritos se le antoja abrumadora:

> Me temo que antes de haber puesto fin a esta empresa habré repetido varias veces la misma cosa, pero no me culpes por ello, lector, porque son muchos los temas, y la memoria no puede retenerlos todos y decir: Esto no lo escribiré porque ya lo he escrito antes. Para evitar ese error, cada vez que fuera a copiar un pasaje tendría que leer todo lo que he escrito antes para no repetirlo.[30]

La idea de que la propia abundancia de sus escritos los hace inmanejables se va abriendo paso en su mente. Los ha recuperado del Ospedale di Santa Maria Nuova, donde los había depositado antes de su marcha en 1506, y ahora se apilan sobre su escritorio del Palazzo Martelli; la magnífica representación que hizo Filippino Lippi de un montón de doctos manuscritos en su *Visión de San Bernardo* (Badia, Florencia) puede servir para hacerse una idea de cuál era su aspecto. Es sin duda un material precioso, pero también un auténtico caos. En otra nota se nos recuerda asimismo su vulnerabilidad, la facilidad con que se pierde o se deteriora: «Mañana echa un vistazo a todos estos temas y cópialos, luego pon una marca en los originales y déjalos en Florencia; así, aunque pierdas los que te llevas contigo, las ideas no se perderán».[31]

Este gigantesco torbellino de temas (a los que él suele llamar *casi,* «casos»), fruto de más de veinte años de investigación, le tiene al borde del agotamiento. Pero no tendrá que abordar esa empresa en solitario: va a contar con una mano amiga que le ayudará en esa hercúlea tarea de transcripción y clasificación; o, cuando menos, la tendrá en cuanto vuelva a Milán. Ya se lo había advertido al joven Melzi en aquella carta llena de agridulces reproches cuya redacción corresponde precisamente a esta misma época: «Vive Dios que os voy a poner a escribir hasta que lo sintáis».

Por entonces recopilaba asimismo los textos que colman las páginas del Códice Leicester (así llamado por haber pertenecido a Thomas Colee, conde de Leicester, durante el siglo XVIII; hoy es propiedad del multimillonario Bill Gates).[32] De todos los cuadernos de Leonardo es el más homogéneo, y pese a que sus fechas de composición abarcan un periodo bastante largo, entre 1507 y 1510 aproximadamente, transmite una sensación de coherencia en la que se aprecia incluso un cierto grado de obcecación. El texto, con sus páginas de letra apretada y uniforme y sus dibujos encajonados en los márgenes, parece obra de un miope, pero eso no debe ocultarnos la inmensidad del campo que abarca. Hoy en día diríamos que el Códice Leicester es un tratado de geofísica: en él se investigan las principales estructuras materiales del mundo, se disecciona el macrocosmos y se desarman las piezas móviles de la maquinaria terrestre. De ahí se pasa al campo de la física pura (la gravedad, el ímpetu, la percusión) y luego a un riguroso debate sobre el origen de los fósiles (donde refuta contundentemente el punto de vista ortodoxo que veía en ellos reliquias del diluvio bíblico). Pero es en el agua donde hace mayor hincapié: en sus formas y poderes, en sus mareas y corrientes, así como en los efectos atmosféricos, erosivos y geológicos que tiene sobre la superficie terrestre; es el mismo interés que ha vertido de forma poética en el célebre paisaje de la *Mona Lisa*. Esta breve sinopsis no incluye las deslumbrantes páginas que dedica al Sol y la Luna. Leonardo se interroga sobre las causas de la luminosidad de esta última: ¿se deberá a que está compuesta de algún material reflectante, como el cristal o el pórfido, o tal vez a que su superficie está cubierta de agua en movimiento? Y si es la sombra de la Tierra la que causa las fases lunares, ¿cómo se explica que a veces se pueda vislumbrar el resto de la Luna durante su fase creciente? (En relación con la segunda de estas dos cuestiones, Leonardo dedujo acertadamente que esta luz secundaria es un reflejo de la de la Tierra, adelantándose así en varias décadas a los hallazgos de Michael Mastlin, el maestro de Kepler).[33]

El Códice Leicester, sin embargo, no es una obra pionera en el campo de la ciencia: su cosmología es básicamente medieval, como también lo es su búsqueda de correspondencias microcósmicas o de unas simetrías geométricas subyacentes. Su pasaje más famoso es una sostenida analogía poética entre la Tierra y el cuerpo humano:

> Podría decirse de la Tierra que posee un espíritu del crecimiento, y que su carne es la superficie terrestre, sus huesos los sucesivos estratos de roca, sus cartílagos las rocas porosas y su sangre las venas de sus aguas. El lago de sangre que envuelve el corazón es el océano. Su respiración, fruto de las pulsaciones que hacen crecer y decrecer el fluido de la sangre, se corresponde en la Tierra con los flujos y reflujos del mar.[34]

Son estos aspectos los que hacen del códice un texto más filosófico que científico, aunque se trata de una filosofía sometida a un constante proceso de revisión. En él está presente esa modulación, tan típica de Leonardo, entre lo visionario y lo práctico: un diálogo entre ambos aspectos. Se bate con las teorías cosmológicas de los clásicos de la antigüedad, haciéndolas pasar por el filtro de la «experiencia». Analiza las tensiones superficiales de las gotas de rocío en las hojas de una planta para poder aprender más sobre esa «esfera acuática universal» que, según Aristóteles, envuelve el universo. Construye un tanque de agua con paredes de cristal para poder observar al detalle los flujos del agua y los procesos de sedimentación. Una disquisición sobre los fenómenos atmosféricos arranca de las observaciones que realizó desde las cumbres alpinas del Monte Rosa: «yo mismo lo vi».

Podemos relacionar algunos de estos experimentos con los meses que pasó en Florencia. Dos dibujos donde se representan unos cursos de agua van acompañados por la leyenda «en el Ponte Rubaconte», otro de los nombres con que se conocía el Ponte alle Grazie, situado algo más abajo del Ponte Vecchio. Asimismo, en un pasaje contemporáneo del Códice Atlántico hace la siguiente anotación: «Escribe acerca de la natación subacuática y obtendrás el vuelo de un pájaro por el aire. Hay un buen lugar en el punto donde los molinos vierten sus aguas en el Arno, junto a las cascadas del Ponte Rubaconte».[35] Estas «cascadas» son la presa que aparece en el «Plano de la cadena» de Florencia del año 1472, con unos barqueros y unos pescadores, y aún puede verse en ese mismo lugar. Esto permite situar las investigaciones de Leonardo no ya a orillas del Arno sino dentro de él, donde practicaría la «natación subacuática» para así comprender mejor los movimientos de las aves cuando atraviesan las invisibles corrientes aéreas.

Pero también en este códice se advierte esa especie de vértigo que parece producirle la tarea de organizar tanto material. Un análisis sobre las ondulaciones del agua se interrumpe bruscamente con estas palabras:

> No voy a ocuparme en este momento de las demostraciones, pues prefiero reservarlas para la obra definitiva. Lo que me interesa ahora es hallar temas e inventos e ir reuniéndolos a medida que se me van ocurriendo; ya los ordenaré más adelante, agrupándolos según sus respectivas categorías. Así pues, lector, no te sorprendas, ni te rías de mí, si salto de un tema a otro.[36]

Y en la página siguiente nos topamos de nuevo con la misma disculpa: «A continuación procederé a disertar algo más acerca de la forma de hallar agua, aun cuando no sea éste el lugar adecuado; cuando recopile estos trabajos lo pondré todo en orden». Los manuscritos de Leonardo rezuman claridad, esos «hábitos mentales serenos y rigurosos» de los que habla Giorgio Nicodemi,[37] pero también una falta de definición que les confiere una calidad de inacabados, de aplazados. Todo cuanto escribe es provisional, un mero borrador preparatorio para la perfección de esa «obra definitiva» que no llegará a escribir nunca.

DISECCIONES

Litigios, transcripciones, «casos», cartas: durante estos primeros meses de 1508, que serán a la postre los últimos que pase en Florencia, la vida de Leonardo guarda una extraña similitud con la de un escribiente, con la de un notario casi. Sentado en su *studiolo* de la via Larga, escribe rodeado de torres de papeles que empequeñecen su figura. Sus hombros se van encorvando, la vista empieza a fallarle, su barba va encaneciendo. Hay alguna actividad artística, aunque no sabemos prácticamente nada de ella: aquellas dos misteriosas madonas «de distintos tamaños» para el rey Luis, la inacabable *Mona Lisa,* los trabajos de asesoría para el grupo escultórico de Rustici en el baptisterio y tal vez algún que otro retoque al gran fresco de *La Batalla de Anghiari,* aunque no tenemos documentación que lo atestigüe, como tampoco la tenemos sobre sus relaciones con el gonfalonero (si es que las había). Leonardo abandonaba las relaciones con la misma facilidad con que abandonaba los cuadros, una habilidad que, como podría decir un psiquiatra, debió de aprender a una edad muy temprana gracias al ejemplo de su padre.

Pero lo que tal vez sea la actividad más significativa de estos últimos meses en Florencia, una actividad que abre un nuevo capítulo de investigaciones altamente especializadas, no nos lo mostrará con una pluma o un pincel en la mano, sino con un bisturí. En un famoso memorándum que suele fecharse entre finales de 1507 y principios de 1508, Leonardo deja constancia de la disección que ha practicado al cadáver de un anciano:

> Pocas horas antes de su muerte, aquel anciano me dijo que había vivido más de cien años y que no recordaba haber padecido otro trastorno que no fuera una cierta debilidad. Y así, sentado en su lecho del hospital de Santa Maria Nuova de Florencia, sin apenas moverse ni dar señal de padecimiento, abandonó esta vida. Procedí entonces a hacerle una autopsia para ver cuál podía ser la causa de una muerte tan dulce.

Por estas mismas fechas, diseccionó también el cuerpo de un niño de dos años, donde todo lo que encontró era «justamente lo contrario que en el anciano».[38]

De momento, su interés se centra en el sistema vascular. Junto a un dibujo en el que se muestran las venas superficiales del brazo, anota las diferencias que existen entre la venas y las arterias del «anciano» y las del «niño». Sospecha que la muerte del primero es atribuible a la «debilidad causada por la falta de sangre en la arteria que nutre el corazón y los miembros inferiores». Las arterias se hallan «muy resecas, delgadas y merma-

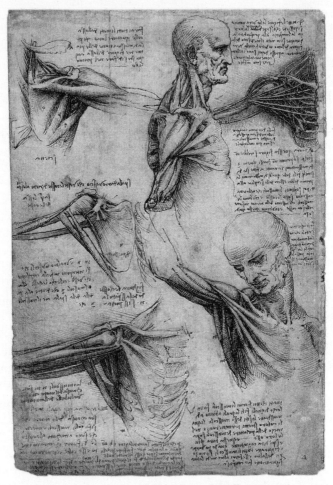

*Secciones anatómicas del hombro y el cuello pertenecientes
a un folio de Windsor de h. 1508-1509.*

das», y «además de un aumento del grosor de las paredes, dichos vasos han crecido en longitud y se encuentran retorcidos cual serpientes». Observa asimismo que el hígado, al haberse visto privado de un suministro de sangre adecuado, «se ha desecado, adquiriendo una textura y un color similar al que tiene el salvado al cuajarse», y que la piel del anciano «tiene el color de la madera o las castañas secas, debido a la casi total ausencia del necesario sustento». Con una tinta diferente, escribe más adelante este escueto recordatorio: «Dibuja el brazo de Francesco el miniaturista, pues en él se ven gran número de venas». En una hoja emparentada con las anteriores trata de dilucidar si el principal órgano del sistema vascular es el corazón o el hígado, y concluye (al igual que Aristóteles, pero en contraposición a Gale-

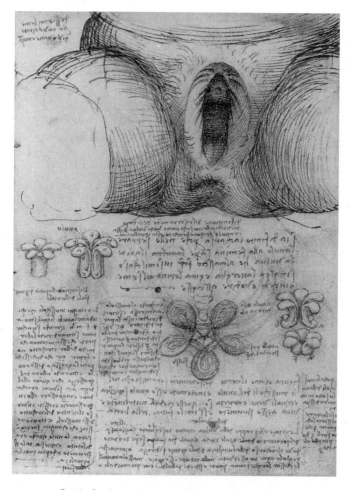

Genitales femeninos y estudios del esfínter anal,
h. 1508-1509.

no) que se trata del primero de ellos, al que compara con el hueso de un melocotón, del que brota «el árbol de los vasos sanguíneos».[39]

El enfoque práctico y la plasticidad del lenguaje —la serpiente, el salvado, la madera, las castañas, el hueso de melocotón— contrasta vivamente con el tono más metafísico de sus estudios anatómicos de finales de la década de 1480, en los que mostraba especial interés por «la confluencia de los sentidos», la circulación de los «humores vitales» y otros postulados tradicionales de raigambre medieval. El mismo distanciamiento de la metafísica se advierte en el breve tratado de óptica (hoy MS D de París) que escribiría más adelante ese mismo año y en el que se recalca la naturaleza puramente receptiva del ojo y la ausencia de cualquier tipo de rayos invisibles o «espirituales» que emanen de él. (Esta última era la concepción proactiva de la percepción visual que postulaba el modelo tradicional). El ojo tal vez sea la «ventana del alma», como el propio Leonardo gusta de decir, pero también es una máquina en miniatura cuyos engranajes hay que desmontar y comprender.

A este mismo periodo (h. 1508-1509) pertenecen unos diagramas, bellamente dibujados, en los que se representan los pulmones y los órganos abdominales de un animal —un cerdo tal vez—, a los que de nuevo acompañan una serie de analogías botánicas.[40] En ellos le vemos lidiar con los problemas que plantean las representaciones anatómicas, en un esfuerzo por encontrar una técnica gráfica que combine el detalle superficial y la transparencia. La anécdota que relata Vasari sobre aquella ocasión en que Leonardo hinchó la tripa de un cerdo hasta llenar con ella una habitación puede servir de macabro colofón a esta disección porcina. Asustar y provocar a la gente le divierte: es su vena teatral.

También pertenece a esta época el famoso dibujo de la vulva dilatada de una mujer, una representación de un aparato genital femenino tan cavernoso que ni aun en el caso de que se tratara de una mujer que acabara de dar a luz, incluso tras un parto múltiple, resultaría realista.[41] No es fácil resistir la tentación de relacionar esta chocante exageración con aquel antiguo texto de Leonardo sobre la «cueva», y apuntar la posibilidad de que ese temor a mirar «aquella cueva oscura y amenazadora» exprese en parte un temor inconsciente a afrontar el turbador misterio de la sexualidad femenina. Sin alejarnos de ese tipo de interpretación freudiana, cabría aventurar que ese «algo maravilloso» que puede atisbarse en el interior de la cueva no es otra cosa que el misterio de la gestación y el nacimiento. En este caso, no obstante, las notas de Leonardo que acompañan al dibujo se limitan a ofrecernos una metáfora bastante menos expresiva: «Las arrugas o protuberancias de los pliegues de la vulva nos indican donde se localiza el guardián del castillo». La imagen del sexo de la mujer como un «castillo» o una «fortaleza» bien guardada, a la que el perseverante varón debe someter a asedio hasta lograr abrir una brecha, es un lugar común de la poesía galante.[42]

En una hoja afín a la anterior puede verse la imagen de una mujer de pie mostrando un útero en las primeras fases de gestación, varios dibujos de los genitales masculinos y femeninos, un estudio del útero de una vaca con un pequeño feto en su interior y un detalle de la placenta de la vaca, de cuyos tejidos dice Leonardo que estaban «enmarañados como abrojos».[43] Estos estudios sobre el fenómeno de la gestación parecen estar relacionados con la temática generativa que preside el cuadro de *Leda,* en el que posiblemente estuviera trabajando hacia 1508-1509. En la figura de la mujer encinta, de hecho, se aprecia un cierto eco visual de

Leda. Esta misma página contiene al dorso una magnífica serie de estudios de la boca y sus músculos, entre los cuales se hallan esos espectrales labios que, cual Gato de Cheshire, parecen flotar en el vacío tras haber escapado del rostro de Mona Lisa.

Las notas acerca del «anciano», escritas entre finales de 1507 y principios de 1508, contienen la primera mención explícita a la participación directa de Leonardo en una disección. Lo más probable, sin embargo, es que ya hubiera realizado otras con anterioridad, como parece deducirse de otra página sobre anatomía, fechada hacia 1508, donde afirma haber diseccionado —*disfatto:* deshecho— «más de diez cuerpos humanos».[44] Leonardo alardea de su delicadeza en el manejo del bisturí. Para alcanzar «un conocimiento verdadero y perfecto» de las venas del cuerpo, ha retirado «hasta las más mínimas partículas de carne que rodean estas venas, sin causar más pérdida de sangre que un imperceptible derrame de las venas capilares». También da cuenta de los problemas que planteaba la conservación de los cuerpos en estos tiempos anteriores a los sistemas de refrigeración: «Como un único cuerpo no duraba lo bastante, hubo que utilizar varios sucesivamente, para así obtener un conocimiento completo [de las venas]; repetí dos veces el proceso, con objeto de comprobar si se producía alguna variación». Pero también nos habla de los retos, o más bien los horrores, que conlleva una tarea de este tipo. Dirigiéndose al lector aspirante a anatomista, le advierte: «Tal vez no tengas estómago para ello».

Algunas de estas disecciones, la del «anciano» y el «niño» por ejemplo, debieron de realizarse en el hospital de Santa Maria Nuova. Se trataba de un lugar que conocía muy bien, pues además de servirle de banco, lo utilizaba a veces como almacén. En tales casos debió de contar con algún tipo de autorización oficial para llevarlas a cabo; no hay que olvidar que en 1506 los propios «médicos» y «sabios» de la universidad florentina tuvieron que obtener un permiso de los magistrados cuando quisieron realizar una disección pública en Santa Croce.[45] Sin embargo, no parece que todas las disecciones de Leonardo tuvieran lugar allí. Con un temblor, habla del «miedo que da convivir durante la noche con esos cadáveres desmembrados y despellejados, cuya sola visión produce espanto». Es posible que esté recargando un poco las tintas, pero de este comentario se deduce que también practicó la disección en sus aposentos o en su taller, pues el horror de tener que pasar la noche rodeado de cadáveres no se habría producido de haber estado diseccionando en Santa Maria Nuova.

La disección era todavía una práctica muy controvertida. Aunque podía llevarse a cabo con un permiso especial, seguía considerándose una

actividad bastante turbia, envuelta en un cúmulo de oscuros rumores
y supersticiones en los que aún resonaba el eco del mundo de fetiches y
pociones de la «magia negra» medieval. Por otro lado, el hecho de que se
recurriera con frecuencia a los cadáveres de los ajusticiados hacía que resultara aún más escabrosa si cabe. Leonardo tenía especial interés en desvincularse de todo este mundo, y de ahí que el pasaje en el que describe
su disección contenga asimismo una vehemente diatriba contra los fraudes de los magos:

> La naturaleza se venga de quienes pretenden obrar milagros ... que viven
> siempre en la más absoluta pobreza, como ocurre y ocurrirá a los alquimistas
> que aspiran a crear oro y plata, los ingenieros que pretenden crear una fuer
> za viva a partir de aguas muertas en perpetuo movimiento, y los nigromantes
> y hechiceros, que son los más necios de todos.

Más adelante, en Roma, estas investigaciones le harán entrar en conflicto con la Iglesia, y sus estudios de anatomía se verán «obstaculizados»
por la inquina de una persona que denunció sus actividades al papa. Este
tipo de actitudes se endurecerían aún más en tiempos de la Contrarreforma. Medio siglo más tarde, el gran anatomista belga Andreas Vesalius,
autor de la obra *De humanis corporis fabrica* (1543), fue condenado a
muerte por la Inquisición, acusado de haber «robado cadáveres» y practicado la disección. Aunque la pena le fue conmutada por una peregrinación a Jerusalén, acabó muriendo durante el viaje de vuelta, a los cincuenta años de edad.

Cuando Leonardo habla de esas noches pasadas junto a los cadáveres,
vislumbramos unas disecciones clandestinas, realizadas a puerta cerrada
y con un ligero tinte de herejía. Pero en su caso, los imperativos de la investigación se anteponen siempre a la comodidad personal o a las cautelas doctrinales.

VUELTA AL TALLER

En las cartas que remite a Milán desde Florencia, de cuyo despacho se
encarga Salai a principios de 1508, Leonardo dice tener la esperanza de
hallarse de vuelta allí para la próxima Pascua —a finales de abril—, y seguramente fue así. Según el acuerdo establecido con la Cofradía, la entrega de la reelaboración de la *Virgen de las rocas* debía producirse antes
del 26 de abril, y quizá el maestro diera algunos retoques finales antes de
que fuera entregada. Se trata de la versión londinense del cuadro, una
bella pintura de tonalidades azules, atribuible en parte a Ambrogio de

Predis y en parte a Leonardo: la obra carece de la sugestiva fosforescencia de la versión del Louvre, es técnicamente más dura y emocionalmente más fría. A mediados de agosto el cuadro estaba ya sin duda en poder de la Cofradía, pues el 18 de ese mismo mes la documentación jurídica experimenta un fugaz rebrote, representado en este caso por una «exoneración», en virtud de la cual la Cofradía quedaba eximida de cumplir su anterior contrato con los pintores.[46] Gracias a dicho documento, sabemos que el cuadro se hallaba ya «en su sitio», es decir, sobre el altar de la capilla de la Cofradía en la iglesia de San Francesco Grande, de donde ya no se movería hasta la supresión de la Cofradía en 1781. Cuatro años más tarde, Gavin Hamilton, un coleccionista escocés, se lo llevaba a las islas británicas.[47]

El hecho de que el cuadro fuera entregado en 1508 no quiere decir que se abonara a los pintores ese último pago que tanto tiempo llevaban aguardando. La Cofradía seguía tan poco dispuesta como siempre a desprenderse de ese dinero, y lo que estableció la exoneración del 18 de agosto fue que, en lugar de abonar a los pintores el pago debido, se les permitiría realizar una copia del mismo destinada a su venta. La Cofradía se comprometía a «depositar dicho cuadro en una sala del convento de San Francesco por un periodo no inferior a cuatro meses, con objeto de que Dominus Leonardus y sus ayudantes puedan realizar una copia del mismo, pero con la salvedad de que durante los días de precepto el cuadro habrá de ser restituido a su emplazamiento». En esa misma fecha, Leonardo y Ambrogio firmaban un acuerdo por el que se establecía que Ambrogio sufragaría los costes de la copia y se ocuparía de ejecutarla bajo la supervisión de Leonardo. Todo lo que se obtuviera de la venta sería repartido a partes iguales entre ellos, «de buena fe y sin voluntad de fraude». De esta tercera versión de *La Virgen de las rocas,* si es que realmente llegó a pintarse, no sabemos absolutamente nada, pero, si echamos un vistazo a las copias más tempranas de esta obra, parece bastante más probable que sea la versión que se conserva en una colección privada suiza que otra de inferior calidad que se halla en la Chiesa di Affori de Milán.[48] La aportación de Leonardo es mínima pero tiene un marcado carácter magistral. Él «instruye», Ambrogio «ejecuta» y las ganancias se reparten a partes iguales: la disparidad de sus tareas refleja la propia disparidad de sus respectivos estatus; uno es el maestro, el otro el ayudante.

A medida que se hace de nuevo a la vida milanesa, Leonardo vuelve con renovado vigor a su taller. Los documentos que acabamos de mencionar nos informan de que vivía en la parroquia de Santa Babila, cerca de la Porta Orientale, y es muy probable que fuera también allí donde tenía el taller. (La casa del viñedo al otro lado de Porta Vercellina seguía ocupada por el padre de Salai y, de todos modos, tampoco habría servido para acomodar un taller tan activo, cuya constante necesidad de materiales aconsejaba su ubicación en un barrio artesanal). Entre los integrantes del taller debemos incluir a Salai, convertido ya en un pintor muy competente; a Francesco Melzi, cuyo dibujo de fecha más temprana se remonta a 1510; a Lorenzo, que vuelve a estar separado de su hermanita Dianira; y también, como pronto veremos, a uno de los mejores seguidores lombardos de Leonardo, el joven Giovanni Pietro Rizzoli, más conocido como Giampietrino.

Allí se encuentran también los dos grandes cuadros de este periodo, *La Virgen y el Niño con Santa Ana* y *Leda,* dos obras de larga gestación que ahora empiezan a cristalizar, y muy probablemente también una tercera obra, rodeada como siempre de un halo de indefinición del que nunca logrará escapar del todo: nos referimos por supuesto a la *Mona Lisa.* En los caballetes del taller de Leonardo se han reunido cuatro mujeres excepcionales, cuatro soberbios estudios de la femineidad, tomados todos ellos de modelos distintas para luego extraer de cada una las formas ideales de la belleza femenina. Son, por así decirlo, cuatro meditaciones sobre el tema de la maternidad: Santa Ana, la madre de María; María, la madre de Cristo; Leda, la madre de esos niños-pájaro, y Lisa, una genuina ama de casa y madre florentina.

Entre 1500 y 1501 vimos a Leonardo en Florencia trabajando intensamente en la *Santa Ana,* una obra destinada al retablo de la Santissima Annunziata. En 1501 vimos asimismo como la exposición del cartón preparatorio de la obra, hoy perdido, despertaba la admiración de los círculos artísticos florentinos. Ahora, siete años después, vuelve otra vez sobre el tema, y el resultado es ese soberbio dibujo de la National Gallery de Londres (Lámina 24), que se conoce como el cartón de Burlington House, debido a los muchos años que permaneció colgado en la sede de la Royal Academy en dicho edificio. Es un dibujo de gran formato (1.40 x 1 metro), pero la sensación de amplitud que transmite viene motivada en parte por la rotundidad con que las cuatro figuras ocupan el primer plano, acaparando prácticamente la totalidad de la superficie pictórica; es como una ampliación fotográfica de la que se hubieran eliminado los fondos. Pese a estar sentada, la figura principal, María, abarca casi todo el espacio vertical, hasta el punto que los dedos de su pie derecho se pierden bajo el borde inferior del marco. Todo en la obra contribuye a transmitir una sensación escultórica: su tamaño, el denso modelado de las figuras, e incluso su colorido, que le confiere un opaco brillo cobrizo (si bien es cierto que éste se debe en parte a la acción del tiempo). No obstante, la sutileza de texturas que alcanza el escultural grupo supera con creces las posibilidades de la escultura y lo convierte en un magnífico ejemplo de esa superioridad de la pintura de la que hablaba Leonardo: «La escultura no puede representar los cuerpos transparentes y luminosos, como por ejemplo las figuras veladas en las que la carne desnuda es visible a través del velo».[49]

Como ya sucediera en el caso de *La Virgen de las rocas,* la composición del cartón de Burlington House es básicamente piramidal, pero dentro de ese marco la dinámica general del dibujo tiene un marcado carácter circular, e incluso espiral. El ojo se ve arrastrado por un vórtice cuya línea principal es una espiral que arranca del rostro de Cristo Niño, asciende en un movimiento fluido hasta rodear las cabezas de los adultos, desciende por uno de los lados de la cabeza de María siguiendo el trazo del brazo y, luego, en lugar de completar el círculo, sale proyectada por el dedo con el que Santa Ana apunta hacia arriba. En torno a este movimiento central, del que también participan los trazos de los tocados de las dos mujeres, se ordenan los flujos y reflujos de los paños, la leve ondulación de las rodillas, que se comunica a su vez a los pies, desembocando finalmente en el balsámico desorden de los guijarros desperdigados en el lecho del río.

Como en muchas otras composiciones de Leonardo, también aquí se adivina un cierto hilo narrativo. El día es caluroso; las figuras se hallan sentadas en una roca junto a un arroyo o un estanque poco profundo, refrescándose los pies en el agua. Tras ellas se abre un abrupto paisaje pardusco de aspecto reseco. Estamos en el somonte, no en las montañas; un áspero pedregal sin apenas vegetación que proporcione sombra. Pero como ocurre en el paisaje del fondo de *La Gioconda,* la huella del hombre no está ausente del todo. Tras el hombro derecho de María, serpentea un camino o una senda, y al lado contrario del grupo se distinguen cuatro líneas que parecen representar la silueta de una verja y una forma curva que podría ser un rudimentario puente; un apunte tal vez del recorrido que han seguido los personajes para llegar hasta el lugar donde ahora se encuentran. Y luego está esa mano —que en medio de los remolinos, la pátina y el plumeado parece casi un espacio vacío— recordándonos que no nos hallamos ante un grupo familiar que ha salido a pasar el rato, sino ante una escena cargada de contenido espiritual.

En una hoja que se conserva en el Museo Británico figuran tres dibujos preparatorios del cartón realizados a pluma y tinta sobre una base de carboncillo.[50] El de mayor tamaño, más que un simple boceto preliminar es una verdadera plantilla para el cartón. Tras una lucha y una exploración constantes, evidentes en la hoja, el grupo ha alcanzado el punto de definición buscado y la composición se encuentra ya enmarcada y dimensionada para ser transferida a un cartón de un formato próximo al tamaño natural. El cartón fue dibujado sobre un ensamblaje de hojas pegadas entre sí (el mismo procedimiento registrado en los documentos de 1504 en relación con *La Batalla de Anghiari*). Leonardo empleó ocho hojas de un papel basto de lino —cuatro hojas enteras y otras cuatro algo más estrechas para las partes superior e inferior— y dibujó sobre ellas con un carboncillo realzado con tiza blanca. Los materiales empleados no podrían ser más simples: carbón y tiza, los que utilizaban los hombres de las cavernas. Los efectos obtenidos, en cambio, pertenecen a otra dimensión: los trazos que vemos sobre el papel son auténticos *moti mentali*.

La excelente calidad del papel de lino ha contribuido en gran medida a que el dibujo haya logrado sobrevivir a los múltiples avatares que han quedado grabados sobre su superficie y que parecen ya formar parte de su propia identidad. Hay zonas dañadas por el agua y varias marcas producidas por las numerosas veces que ha sido doblado o enrollado. En el dorso, tres grandes parches de papel sellan un desgarrón y, medio oculto en el ángulo superior izquierdo, hay un viejo grabado de varias cabezas de emperadores romanos. En el siglo XVII el cartón fue adherido a un lienzo y, aún hoy, con ayuda de una lupa, podemos ver las huellas dactilares que dejó el operario encargado de la tarea mientras trataba de contrarrestar por todos los medios el efecto adherente de la cola. Su llegada a Inglaterra se produjo en circunstancias desconocidas, en algún momento del siglo XVIII. La primera noticia que tenemos de él nos lo muestra formando parte del catálogo de las colecciones de la Royal Academy del año 1779. Desde esa fecha ha padecido varias restauraciones intrusivas. Según el falsificador Eric Hebborn, en la década de 1950 él mismo rehízo todos los trazos de tiza en el curso de una restauración clandestina a la que tuvo que ser sometido el cartón después de que alguien lo dejara apoyado en un radiador en los sótanos de Burlington House, pero esta historia no se ha confirmado.[51] Su traslado a la National Gallery en 1962 no iba a suponer tampoco el final de tantas tribulaciones. El 17 de julio de 1987 por la tarde, un hombre que se hallaba frente al cartón disparó contra él a quemarropa con una escopeta del calibre 12. El cristal protector impidió que las balas alcanzaran la superficie de la obra, pero la marca que dejó el impacto fue muy seria; la imagen quedó desfigurada por una hendidura transversal de 15 centímetros de longitud. Su restauración duró un año entero, y para su realización hubo que levantar un plano de la obra, así como almacenar y reemplazar más de 250 fragmentos de papel, «algunos de ellos no mayores que una espora».[52]

El cartón no llegó nunca a utilizarse para realizar una pintura: Leonardo quizá pensara que ésa era la plasmación definitiva de esa idea concreta. El óleo de *La Virgen y el Niño con Santa Ana* del Louvre, una obra que carece de la fuerza de la anterior, nos muestra un grupo distinto. El corde-

Dibujo preparatorio a escala para La Virgen y el Niño con Santa Ana y San Juan niño *(cartón de Burlington House).*

ro del que hablaban los documentos relativos al cartón de 1501 aparece de nuevo, sin que eso suponga una vuelta a la concepción anterior, pues la figura de San Juan niño está ausente del cuadro. La posición de las figuras del grupo ha experimentado un giro, la atmósfera ha cambiado y el cuadro está bañado por una dulzura que puede resultar un tanto empalagosa. No obstante, el principal cargo en su contra es el fascinante aunque espurio motivo del pájaro que hace más de un siglo creyó descubrir en él el freudiano Pfister, y que, una vez que lo hemos visto, ya no podemos dejar

Giampietrino, Leda arrodillada.

de ver. Ignoramos la fecha de composición, y las opiniones al respecto varían mucho. Lo más verosímil
es que fuera compuesto poco después del cartón, tal vez hacia 1510-
1511. En cualquier caso, lo que sí
parece seguro es que fue uno de
los tres cuadros que Luis de Aragón vio en Francia en 1517.

En esa misma época, según parece, debía de encontrarse en el
taller una versión de *Leda* en plena evolución. Las diversas representaciones pictóricas de la Leda
erguida (Lámina 29) resultan bastante enigmáticas, y no existe documentación (aunque sí muchas
opiniones) acerca de quiénes las pintaron y cuándo lo hicieron. Pero
como ya se ha visto, existía también una Leda completamente distinta,
de la que dan fe una serie de dibujos preparatorios de 1504-1505 en los
que la figura aparece arrodillada. La única versión pictórica conocida de
este motivo parece estar estrechamente ligada con la actividad que desarrollaba el taller milanés de Leonardo por entonces. La pintura, un
óleo sobre una tabla de madera de aliso, es obra de Giampietrino, uno
de los más dotados ayudantes de Leonardo. No obstante, tanto en el momento de su descubrimiento en París en 1756 como en el de su posterior
adquisición por el Landgrave de Hesse-Kassel, fue descrita como «una
Caritas de Leonardo da Vinci». La *caritas* —una personificación de la caridad— suele representarse mediante un grupo formado por una madre
y tres hijos, y, de hecho, para entonces el cuarto hijo (el que aparece en
la parte inferior derecha) ya había sido ocultado con un repinte. En
1803, Goethe escribía lo siguiente: «Entre los muchos tesoros que guarda la Galería de Kassel se encuentra una *Caritas* de Leonardo da Vinci,
que es la obra que más llama la atención de todos los artistas y amantes
del arte».[53] Más adelante alguien debió de establecer la conexión del
cuadro con los dibujos de la Leda arrodillada y se restauró la figura del
cuarto niño. La gran calidad del cuadro hizo que durante algún tiempo
siguiera atribuyéndose a Leonardo, pero hoy en día nadie pone en duda
la autoría de Giampietrino. En la producción de este artista abundan los
ecos, e incluso las repeticiones casi exactas, tanto del tipo facial como del
curvilíneo cuerpo de la Leda arrodillada. El rostro de Leda varía bastan-

te poco de un cuadro a otro: todos ellos tomaron como modelo los estudios a pluma de Leonardo que se conservan en Windsor (véase p. 495).[54] (Es posible que conozcamos el nombre, e incluso la dirección, de la modelo a la que Leda debe su atractivo aspecto; pero ésa es materia para más adelante).

Los últimos análisis técnicos a los que ha sido sometida la *Leda* de Giampietrino han puesto al descubierto nuevas pruebas de su estrecha conexión con el taller de Leonardo.[55] Los reflectogramas de infrarrojos han revelado la presencia de un dibujo subyacente, cuyo perfil está delimitado por unas perforaciones que indican que el dibujo fue elaborado a partir de un cartón de su mismo formato. Dicho cartón reflejaría la evolución seguida por Leonardo a partir de los dibujos de la Leda arrodillada realizados hacia 1504: la pose, aunque no llega a ser idéntica, se aproxima mucho a la del dibujo de Chatsworth. Pero ahí no acababan los secretos del cuadro, pues debajo del dibujo subyacente había otro substrato en el que puede verse un dibujo de una parte del grupo de *Santa Ana*. Apenas si se conserva un fragmento de la composición, pero, a juzgar por lo que queda, sigue la pauta marcada por la versión pictórica del Louvre. Debajo de la *Leda* arrodillada de Giampietrino encontramos, pues, un vestigio del cartón perdido de *La Virgen y el Niño con Santa Ana* del Louvre. Esto ofrece toda una serie de posibilidades, pero lo más probable es que la fecha del cuadro del Louvre, hacia 1510-1511, sea también válida para la *Leda* de Giampietrino, aunque tal vez el paisaje del fondo lo pintara a posteriori otro artista, seguramente Bernardino Marchiselli, también llamado Bernazzano, un ayudante de Cesare da Sesto cuya especialidad eran precisamente este tipo de vistas amplias del paisaje otoñal lombardo.[56]

Sobre el tablero de Leonardo también debían de hallarse por entonces los dibujos para el mausoleo del condotiero Giangiacomo Trivulzio, un antiguo enemigo de los Sforza que ahora era mariscal de Milán. En 1504, Trivulzio había redactado un testamento por el que se reservaba una partida de 4,000 ducados para la construcción de un sepulcro monumental en la basílica de San Nazaro Maggiore. Su idea era construir una estatua ecuestre de unas dimensiones convenientemente grandiosas y debió de tener en mente el nombre de Leonardo desde un principio. De hecho, la perspectiva de que se le encargara un proyecto tan lucrativo como éste pudo ser otra de las razones que impulsaron a Leonardo a regresar a Milán en 1506. El espectro del destruido Caballo Sforza seguía persiguiéndole. Por los numerosos estudios que se han conservado del monumento sabemos que consistía en un caballo de bronce con su jinete (Leonardo especifica que el caballo debe ser un *corsiere*, esto es, un corcel de batalla), situados sobre un historiado arco labrado en mármol. Los

Estudio para el monumento dedicado a Trivulzio.

dibujos del caballo son de un realismo portentoso y muestran el grado de empatía que había alcanzado Leonardo con respecto a este motivo. Ésta sería su última serie de caballos: el dinamismo, precisión y maestría con que están ejecutados suponen la culminación de décadas de estudio.[57] El jinete, un joven guerrero, es una figura idealizada, pues sabemos que Trivulzio en realidad era un hombre bastante corpulento y con cara de boxeador.

En un documento encabezado con la frase *Sepulcro di Messer Giovanni Jacomo da Trevulzo,* Leonardo calcula los posibles costes del monumento:[58]

Coste del metal para el caballo y el jinete   500 ducados
Coste de su fundición, incluidos los herrajes del interior, el cierre del molde y todo lo necesario para el horno en que se realizará su fundición   200 ducados
Coste de la fabricación del molde de barro y de la posterior obtención del molde de cera a partir del mismo   432 ducados
Coste de los trabajos de pulimentación de la obra fundida   450 ducados

Así pues, sólo la estatua costaba 1,582 ducados. El pedestal y el arco, para los que se requerían cerca de 15 toneladas de mármol, suponían un coste añadido de 1,342 ducados en concepto de materiales y mano de obra. Éste era su *preventivo*, su presupuesto. Como suele ocurrir con tantos *preventivi* italianos, lo más probable es que fuera un tanto inexacto, pero eso poco importa, pues el monumento dedicado a Trivulzio estaba destinado a convertirse en otro de los proyectos fallidos de Leonardo. No hay ningún testimonio que indique que llegara a pasar de la fase preparatoria y, en cualquier caso, Trivulzio viviría aún hasta 1518, año en que murió en Chartres, apenas unos meses antes de que falleciera el propio Leonardo.

EL MUNDO Y SUS AGUAS

El 12 de septiembre de 1508, Leonardo estrenó un fino cuaderno de tapas grises en el que escribió la siguiente anotación: *Cominciato a Milano a dì 12 di settembre 1508*. El cuaderno consta de 192 páginas y, al final del mismo, anota otra fecha, octubre de 1508. Así pues, en seis apretadas semanas, tal vez menos, había completado el cuaderno. La caligrafía compacta y uniforme con que está escrito así parece confirmarlo. Su título es *Di mondo ed acque* («Del mundo y sus aguas»), aunque hoy en día es conocido por el nombre mucho menos sonoro de MS F de París. Ésta es su declaración de intenciones:

> Escribe primero acerca de las aguas, en cada uno de sus movimientos, describe luego los distintos tipos de lechos y los elementos que en ellos se encuentran ... y procura seguir un buen orden, pues, de no ser así, la obra resultará confusa. Describe todas las formas que adopta el agua, desde la ola más grande hasta la más pequeña, explicando también sus causas.[59]

Las páginas dedicadas al agua contienen unos pequeños bocetos, de una enorme agilidad, que constituyen un soberbio ejemplo de la maestría con que Leonardo representaba las estructuras complejas y volátiles.

En ellas pasa revista a los *retrosi* (las contracorrientes) y los vórtices. Y acuña el término *aqua panniculata,* agua rugosa o arrugada, para describir las superficies agitadas. Esta fascinación por las intrincadas formas del agua en movimiento parece reflejarse en el ondulado flujo de la cabellera de *Leda,* en la que Leonardo —o cuando menos sus ayudantes— trabajaban por entonces. Pero este interés por el agua también tiene su lado práctico. Diseña una máquina excavadora «para que el agua del *padule* discurra a mayor profundidad»; un ingenio relacionado sin duda con los proyectos de canalización que desarrollaba por aquella época.[60]

Una vez más vuelve a ocuparse de la máquina para volar. En una escueta nota señala: «Estudia la anatomía del murciélago y básate en ella para realizar la máquina».[61] Con anterioridad ya había apuntado al murciélago como modelo fisiológico para las alas del aparato «debido a las membranas que enmarcan sus alas», pero ahora —a raíz tal vez de la prueba fallida de Monte Ceceri— el murciélago parece haberse consolidado como modelo definitivo de vuelo. Más adelante subraya que estos animales «pueden perseguir a sus presas volando boca abajo o en posición oblicua, es decir, de distintas maneras, algo que no podrían realizar sin causar su propia destrucción si dichas alas estuvieran compuestas de plumas separadas por huecos».[62]

Su interés por la geometría no se ha atenuado: lo encontramos ahondando en los arcanos de las raíces cúbicas y cuadradas, y lidiando con la paradoja Delos, así llamada por haber sido formulada en esa fábula clásica donde se cuenta cómo el dios Apolo libró a los habitantes de la isla de Delos de una plaga, pidiéndoles a cambio que doblaran el tamaño del altar que le tenían dedicado. Al ser el altar un cubo de mármol perfecto, los habitantes de Delos se vieron obligados a calcular su raíz cúbica para darle satisfacción.[63]

Las disquisiciones acerca de la luz y la óptica acaban derivando en una teoría cosmológica. Con poderoso estilo, redacta un discurso que abarca una doble página, titulado «Alabanza al sol», donde cita y rebate las opiniones de Epicuro y Sócrates acerca de su tamaño para llegar finalmente a la siguiente conclusión:

> En ningún lugar del universo se hallará un cuerpo de mayor magnitud y poder que el sol. Su luz proporciona luz a todos los cuerpos celestes distribuidos por el universo. De él proviene todo hálito vital *[anime],* pues el calor que poseen todos los seres vivos se deriva de ese hálito vital, no existiendo otro calor ni otra luz en el universo.[64]

El eco de la vieja magia planetario-platónica de Ficino no se ha apagado aún, pero basta sustituir el término «universo» por el de «sistema solar» para que el pasaje resulte perfectamente congruente con los postulados científicos. Aunque no llegue a formularla expresamente, el texto se orienta ya hacia una concepción heliocéntrica. La famosa nota donde afirma: *Il sole non si muove* («El sol no se mueve»), que aparece en una hoja de Windsor de hacia 1510, ha sido interpretada como una brillante intuición astronómica que se adelanta en treinta años a Copérnico; pero no podemos estar seguros de que sea así. La concepción heliocéntrica —aunque no su demostración— data ya de los tiempos de Pitágoras, y, en cualquier caso, la frase de Leonardo aparece aislada, sin preámbulo ni explicación, y podría ser simplemente un apunte relacionado con una mascarada o un espectáculo, o incluso la divisa de un emblema que ilustrara una cualidad como la tenacidad.[65]

También persiste en el MS F esa fascinación por los ciclos geológicos y etiológicos que será uno de los rasgos distintivos del coetáneo Códice Leicester. Se plantea la posibilidad de que la tierra haya surgido de los mares y predice, con tono profético, el retorno de la tierra al «regazo» *(grembo)* o vientre materno del mar.[66] En este pasaje se advierte ya el primer germen de sus apocalípticos dibujos de diluvios, en los que el dramatismo de las catástrofes naturales servirá igualmente para transmitir la idea del colapso de todas las categorías y distinciones: la absorción del intelecto por una Naturaleza incontrolable y en último término incognoscible.

Y en medio de tan profundos temas, aflora una vez más la característica inmediatez de los cuadernos de notas. Éstas son algunas de las frases que garabateó en la cubierta:

> infla los pulmones de un cerdo
> Avicena sobre los fluidos
> el plano de Elefan, en la India, que tiene Antonello Merciaio
> pregunta al librero por el Vitruvio
> pregunta al Maestro Mafeo por qué el Adige crece durante siete años y luego desciende otros siete
> ve todos los sábados a los baños y verás hombres desnudos.[67]

Otro cuaderno prácticamente coetáneo del anterior —el llamado MS D de París—, un librillo de veinte páginas, escritas con una letra apretada y uniforme, tiene como único tema la ciencia de la visión. En parte se trata de una reelaboración de una serie de notas anteriores, procedentes en su mayoría del MS A de principios de la década de 1490. El cuaderno nos proporciona un nuevo indicio de que el pensamiento de Leonardo tiende cada vez más hacia la recopilación, la finalización y, en última instancia, la publicación.[68]

Ese mismo afán se advierte con toda claridad en las láminas anatómicas de este periodo; una recopilación de dieciocho folios, en uno de los cuales figura la siguiente nota: «Espero tener completados estos estudios anatómicos para el invierno de este año de 1510». La disposición de las ilustraciones, que aparecen acompañadas de pequeños bloques de texto explicativos, constituye lo que hoy llamaríamos una «maquetación» para una página impresa. De hecho, en otra nota alude explícitamente a una futura edición: «Por lo que respecta a este bien que lego a la posteridad, indico el orden en que debe ser impreso, y ruego a quienes vengan después de mí que no permitan que su avaricia les induzca a realizar sus ilustraciones sobre [...]». La última palabra falta debido a una rotura del papel cerca del margen, pero lo que se conserva basta para intuir que se trataba de la palabra *legno,* madera.[69] Lo que desea, en suma, es que las ilustraciones de sus escritos de anatomía no se realicen con grabados sobre madera —más económicos, como él mismo señala, pero también bastante más burdos— sino mediante grabados en cobre, un procedimiento más oneroso, pero que proporciona una calidad de reproducción mucho mayor. El dato lo confirma Paolo Giovio, que conocía de primera mano los estudios anatómicos de Leonardo a través del contacto que ambos mantenían con el anatomista Marcantonio della Torre. Leonardo, según nos dice, «sintetizó con suma precisión todas las partes del cuerpo, incluidas las más pequeñas venas y la composición de los huesos, con objeto de que esta obra a la que había dedicado tantos años fuera editada en planchas de cobre para mayor gloria de las artes». Como señala Carlo Pedretti, tales expectativas tal vez expliquen la técnica un tanto inerte de estos dibujos anatómicos. «Dos eran las características que Leonardo esperaba obtener del grabado en cobre: una precisión caligráfica de la línea y el efecto de claroscuro que puede lograrse mediante un plumeado detallado y uniforme».[70]

Otra recopilación de la época, que sin duda fue realizada también con vistas a una edición impresa, es el «libro» manuscrito sobre la pintura que Melzi (tras el fallecimiento de Leonardo) catalogó con el nombre de Libro A. La obra es uno de los principales componentes del Códice Urbinas, la compilación que hizo Melzi de los escritos de Leonardo dedicados al tema de la pintura, que a su vez sería el texto base del *Trattato della pittura*. El manuscrito original se ha perdido, pero es posible recuperar una parte de su contenido a partir del texto de Melzi. En él se incluían asimismo una serie de notas sobre hidráulica, que el propio Leonardo transfirió luego al Códice Leicester.[71] Plumilla a plumilla, página a página, Leonardo prosigue en el taller milanés su magno proyecto investigador pensando en una publicación que aún se adivina lejana. «En mis trabajos», promete, los hombres «podrán apreciar las maravillosas obras de la Naturaleza».

FÊTES MILANAISES

Los franceses estaban dispuestos a sacar el máximo partido de las distintas facetas del talento de Leonardo, y como ya ocurriera en tiempos de los Sforza, volvía a haber de nuevo ocasión para celebrar mascaradas y organizar diversiones, a las que se daba el nombre de *feste* o, como diríamos ahora, festejos. Entre los que asistieron a esos festejos se encontraba el joven galeno Paolo Giovio, que más tarde escribió lo siguiente en su biografía de Leonardo: «Él era el árbitro de la elegancia y el portentoso inventor de todos aquellos deliciosos espectáculos teatrales».

Unos ágiles bocetos pertenecientes al Códice Arundel nos muestran un decorado formado por una abrupta cadena de las típicas montañas leonardescas, que se abre dejando al descubierto una gran cámara o cueva hemisférica. Acompañándolas, figura un esquema del mecanismo de poleas y contrapesos que se utilizaba para mover los decorados entre bastidores. Unas notas adjuntas explican el efecto buscado: «al abrirse la montaña [...] aparece Plutón en su morada». Esta caverna escenográfica es la «morada» del monarca del Hades: una ventana abierta al infierno donde habitan las furias y los demonios, el can Cerbero y «un buen número de niños desnudos que no paran de llorar».[72] Todos estos motivos fueron sin duda concebidos para una representación de *Orfeo,* la opereta de Agnolo Poliziano. Probablemente Leonardo ya había intervenido en la representación que en 1490 había protagonizado en Mantua su protegido Atalante Migliorotti, y ahora reponía el montaje para la corte de Charles d'Amboise. La obra narra de nuevo en vivaz verso florentino la venerable historia del viaje de Orfeo al averno para rescatar a su esposa Eurídice de las garras de Plutón, asignando a cada uno de los personajes un acompañamiento musical adecuado: las violas tenores a Orfeo, las violas soprano a Eurídice, los trombones a Plutón y las guitarras a Caronte, el barquero infernal. En una hoja de Windsor se conservan asimismo una serie de diseños de vestuario, así como un perfil de un joven de cabello rizado que tal vez sea un retrato del actor que interpretaba a Orfeo.[73]

Otra probable reliquia de este montaje es un esbozo a pluma donde se representa a «Orfeo atacado por las Furias». Apareció en 1998 entre la colección de grabados y dibujos de Stefano della Bella, pero, según se informó en 2001, había sufrido graves desperfectos tras haber sido sometido a un proceso de restauración bastante deficiente. El dibujo está realizado con una tinta de tonos verdosos que Leonardo ya había empleado en otros documentos y dibujos de esta misma época, entre ellos, el presupuesto para el monumento dedicado a Trivulzio.[74]

Estos huidizos fragmentos son todo lo que queda del *Orfeo* milanés de Leonardo; un texto teñido de nostalgia —nostalgia de la Florencia de Poliziano y del bello Atalante— en el que tal vez quepa apreciar también ecos y reminiscencias de aquel antiguo escrito de Leonardo donde hablaba de la «cueva» y del «miedo y el deseo» que sintió al escudriñar su interior.

Otro de los montajes de Leonardo fue el desfile triunfal que tuvo lugar el 1 de julio de 1509, con el que se celebró el regreso a Milán de Luis XII al mando de las tropas que a mediados del mes de mayo habían infligido a los venecianos la decisiva derrota de Agnadello. Los actos programados incluían una representación alegórica de una batalla entre un dragón (Francia) y un león (Venecia) —Leonardo retomaba el motivo del león, aunque en esta alegoría, como no podía ser menos, salía derrotado—, así como la exhibición en la Piazza del Castello de «un colosal caballo en relieve» cuyo jinete era una efigie del rey. Los detalles nos los proporciona una crónica de la época, así como la obra de G. P. Lomazzo, cuyo relato de los hechos parece basarse en información de primera mano que debió de obtener a través de Francesco Melzi.[75]

En una circunspecta nota del Códice Atlántico, el absurdo despilfarro de estas guerras italianas se contempla desde un ángulo muy distinto: «Venecia se jacta de haber gastado 36 millones de ducados de oro en sus diez años de guerra contra el Imperio, la Iglesia y los monarcas francés y español. Esto supone 300,000 ducados al mes».[76]

Estos espectáculos nos muestran a Leonardo desempeñando de nuevo ese papel de artista cortesano que ya había ensayado en tiempos de los Sforza. A esa misma vena pertenecen también una serie de *imprese* o emblemas que realiza por entonces. El gran auge del emblema renacentista estaba aún por llegar: uno de sus máximos exponentes sería un admirador de Leonardo, Paolo Giovio, cuyos libros de emblemas conoció Shakespeare a través de la traducción de Samuel Daniel.[77] Andrea Alciato, autor del célebre *Emblematum liber* (1531), definía un emblema como una imagen «extraída de la historia o de la naturaleza» que «expresa un significado de forma elegante». El verdadero emblema consta de un *corpo* o cuerpo, que es su forma pictórica visual, y de un *anima* o espíritu, que es el lema verbal que lo acompaña. El lema no debe permitir que el «sentimiento» del emblema (su significado) se capte con excesiva facilidad: son obras destinadas a un público de hombres y mujeres cultos que pueden contemplarlas y reflexionar sobre ellas.[78] Su efectividad residía precisamente en su fuerza de sugestión poética, en su capacidad de encarnar con aparente simplicidad y concisión expresiva un concepto metafísico. Al igual que el *haiku* japonés, el emblema renacentista es una forma ar-

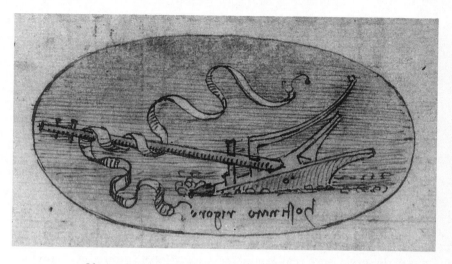

Obstinado rigor. Diseño para un emblema, h. 1508-1509.

tística lapidaria de la que se extraen una serie de ideas complejas fruto de una interpretación personal.

En una hoja de la colección Windsor se conservan tres emblemas acabados de Leonardo.[79] El primero de ellos nos muestra un arado al que acompaña el lema *hostinato rigore* (obstinado rigor). Se ha querido ver en este lema una síntesis del carácter de Leonardo —el rigor experimental e investigador de su temperamento—, pero los arados avanzan en línea recta y no parece que ése sea un rasgo que le caracterice: los surcos que traza Leonardo son más bien tangenciales y laberínticos, como esos diseños de nudos de las *fantasie dei vinci*. El segundo representa un compás movido por una noria sobre la que figura una estrella, con un lema que reza: *destinato rigore,* cuyo significado literal sería «riguroso destino», pero que cabría traducir de forma más laxa por «rumbo inquebrantable». En una nota que lo acompaña se puede leer: *Non a revoluzione chi a tale stella e fisso,* «Quien a tal estrella está fijo no conoce revoluciones» (o lo que es lo mismo, no está sometido a los avatares de la existencia). La presencia de unas diminutas flores de lis dentro de la estrella indica que ésta simboliza al monarca francés.[80] El tercer emblema representa una lámpara que contiene una vela, en torno a la cual soplan los vientos desde todos los puntos cardinales. La imagen carece de lema, pero en otro cuaderno figura un motivo similar, en este caso con los vientos soplando desde unos fuelles, con el siguiente lema: *Tal el mal che non mi noce quale il bene che non mi giova*—«Tal es el mal que no me daña cual el bien que no me beneficia».[81] La llama de dentro de la lámpara está protegida tanto de los vientos fuertes que la apagarían como de los vientos más suaves que podrían avivarla. Una vez más parece que esa protección ha de relacionarse con la figura del rey, la estrella fija del emblema anterior, si bien en este caso el patronazgo regio parece ser un arma de doble filo: por un lado protege al artista de los caprichos de la fortuna, pero por otro lo aísla del «bien» de los vientos suaves (¿La experiencia? ¿La Naturaleza?).

Otra serie de esa misma época, aunque en este caso se trata tan sólo de meros esbozos, contiene un emblema donde aparece una flor *(Iris florentina)* con una cartela inscrita en una circunferencia. Leonardo hace pruebas con varios lemas —*Prima morte che stanchezza, Non mi satio di servire*, etcétera—, todos los cuales giran en torno a la temática del fiel servicio. No obstante, en una acotación, que tiene algo de aparte teatral, parece adivinarse un deje de escepticismo hacia tal devoción: «Las manos en las que los ducados y las piedras preciosas caen como nieve nunca se cansan de servir, pero realizan tal servicio de forma interesada, y no por motivos nobles».[82] Al dorso de esa misma hoja figuran unos vigorosos bocetos que recuerdan a las alegorías del Dolor y el Placer de mediados de la década de 1480. Nos muestran la imagen de unos rostros cubiertos por máscaras derretidas por los rayos del sol. La clave es la siguiente:

Verdad: el sol
Falsedad: una máscara

De nuevo prueba con distintos lemas, entre ellos *Nulla occulta sotto il sole,* «Nada se oculta bajo el sol».[83]

¿Constituyen estos emblemas una expresión del propio servicio que Leonardo prestaba al rey Luis, o fueron realizados más bien para otra persona que deseaba expresar tales sentimientos —tal vez su viejo amigo Galeazzo Sanseverino, antiguo yerno del Moro, que con premura y un punto de cinismo había transferido su lealtad a los franceses y que más adelante llegaría a ser superintendente de las cuadras reales en Blois?

Espectáculos musicales, desfiles triunfales, emblemas cortesanos: éstas son algunas de las empresas en tono menor que se esperaba que acometiera el «pintor e ingeniero ordinario» del rey cuando no estaba ocupado pintando madonas, diseñando villas de recreo o cambiando el curso de los canales. Conocemos algunos detalles acerca de las recompensas económicas que Leonardo cosechaba por todo ello. Una lista de pagos de la tesorería regia indica que entre julio de 1508 y abril de 1509 recibió un total de 390 escudos, una cantidad bastante considerable, si bien es cierto que los pagos presentan una preocupante tendencia a la baja: 100, 100, 70, 50, 50, 20.[84] Las cantidades más elevadas corresponden a finales del verano de 1508, y tal vez guarden relación con el *Orfeo*. En una cuenta que figura en las contracubiertas del MS F, aparece la siguiente anotación: «El [espacio en blanco] de octubre de 1508 recibí 30 escudos». De éstos, según nos dice, prestó 13 a Salai, «para la dote de su hermana».[85]

LA CREMONA

En Windsor se conserva una gran hoja de dibujos geométricos y estudios anatómicos en cuya esquina inferior derecha figura una pequeña lista de nombres que fácilmente pasa inadvertida.[86] Escrita con la más minúscula e intrincada letra de la que era capaz Leonardo, la lista reza así:

loren
loren
salai
cecho
chermonese
fachino

Debajo figura otra entrada que dice: *9 tessci* («9 calaveras»), pero se halla separada de la lista por un espacio y no parece formar parte de ella. Los contenidos geométricos permiten datar la hoja en torno al año 1509.

Cuatro de los seis nombres no presentan problemas de interpretación. A Salai lo conocemos muy bien. Cecho o Cecco (un diminutivo bastante común de Francesco) es Melzi. Uno de los dos Loren es aquel Lorenzo que en 1505 se unió al taller de Leonardo en Florencia y al que vimos escribir una carta a su madre en 1507. Y en cuanto al último nombre de la lista, no se trata de un nombre propio, pues significa simplemente porteador *(facchino)*, lo cual parece apuntar a un viaje inminente, durante el cual, este grupo de seis personas acompañaría a Leonardo para atenderle en todo aquello que pudiera necesitar. Un contexto verosímil sería el viaje que Leonardo realizó a Pavía a finales de 1509 o principios de 1510 con objeto de asistir a las clases de anatomía de Marcantonio della Torre: una estancia prolongada que requeriría de un nutrido grupo de compañeros de viaje.

Los otros dos nombres, en cambio, constituyen todo un enigma. Ignoro quién pueda ser ese segundo Lorenzo, pero el nombre que realmente me interesa es «Chermonese». No cabe duda alguna de que era así como Leonardo escribía *cremonese*, esto es, el gentilicio que se aplica a los naturales de Cremona, una ciudad del norte de Italia que ya entonces era famosa por la fabricación de instrumentos musicales. Encontramos esa misma ortografía en una nota milanesa de 1499 que escribió para no olvidarse de «coger las obras de Leonardo Chermonese», una alusión al matemático de Cremona Leonardo di Antonio Mainardi.[87]

Así pues, según el testimonio de esta apresurada lista, en 1509 había una persona natural de Cremona en el cortejo de Leonardo. Dicha persona aparece integrada en una lista de seis nombres, pero es posible que haya un aspecto en que se diferencie de los otros cinco: se trataba de una mujer. En mi opinión, lo que aquí tenemos es un atisbo de una misteriosa mujer llamada Cremona con la que Leonardo mantuvo una relación nada fácil de definir.

La aparición de La Cremona en la historia de Leonardo es un hecho bastante reciente. Nada se supo de ella hasta que en 1982 Roberto Paolo Ciardi publicó una cuidada reedición de los escritos de Giuseppe Bossi, un artista y crítico lombardo de principios del siglo XIX. Bossi era un entusiasta admirador de Leonardo que realizó una copia a tamaño natural de *La Última Cena,* así como varios dibujos muy detallados de la misma que han servido de referencia para ulteriores restauraciones. Aunque tuvo sus detractores —Stendhal, por ejemplo, se refería a él como «una de esas hinchadas celebridades que aquí pasan por ser grandes hombres»—, hoy en día sigue siendo una figura respetada entre los estudiosos de Leonardo por su monografía sobre *La Última Cena* (1810) y por una edición pionera del Códice Leicester, para la que tuvo que basarse en una copia completa del mismo que halló en Nápoles al no poder acceder al original, que por aquel entonces permanecía oculto en Norfolk. En la actualidad, la transcripción que hizo de ella se conserva en la Biblioteca del Gran Ducado de Weimar; el texto fue adquirido por consejo de Goethe tras el prematuro fallecimiento de Bossi en 1815.[88] En la reedición de los escritos de Bossi llevada a cabo por Ciardi se incluía una serie de manuscritos, inéditos hasta entonces, entre los que se encontraba el borrador de un ensayo cuyo tema era la representación de las pasiones en el arte. En él se menciona a menudo a Leonardo, del que se cita sobre todo su magistral representación de las pasiones en *La Última Cena,* y se desarrolla la idea de que para representar adecuadamente las pasiones es necesario haberlas experimentado en persona. Esto es lo que escribe Bossi:

> Que Leonardo ... amaba los placeres de la vida es algo que queda demostrado por una nota suya acerca de una cortesana llamada Cremona, una nota de la que tuve noticia a traves de una fuente autorizada. Jamás habría podido alcanzar un conocimiento tan profundo de la naturaleza humana, con objeto de poder representarla, de no haber tenido una larga experiencia de la misma que hubiera dejado en él la marca de la flaqueza humana.[89]

Nada más. Bossi, por desgracia, no menciona cuál es esa «fuente autorizada» a través de la cual tuvo «noticia» de la nota. Aunque indudablemente sabía mucho de Leonardo y tuvo acceso a manuscritos que luego se han perdido, no podemos estar seguros de que la información que nos da Bossi sea correcta. Es posible que su fuente fuera Carlo Amoretti, el bibliotecario de la Ambrosiana, del que sabemos que copió muchos manuscritos desconocidos de Leonardo. Pero tampoco cabe descartar que le enseñaran algo en Nápoles, el lugar donde encontró la copia del Códice Leicester y donde transcribió asimismo materiales tomados de una versión del «apógrafo ambrosiano», una recopilación del siglo XVII extractada del material conservado en la Ambrosiana.

Aunque el significado del término «cortesana» tiene muchos matices, Bossi lo emplea básicamente como sinónimo de «prostituta». En el catastro romano de 1511-1518 las *cortesane* aparecen clasificadas en un orden de respetabilidad descendente: *cortesane honeste, cortesane putane, cortesane da candella e da lume* y *cortesane da minor sorte*. En lo más alto del escalafón figuran las cortesanas «honestas», es decir, aquellas mujeres dotadas de belleza y talento que ejercían de amantes de los ricos y los poderosos; las cortesanas «putas» *(putane)* eran las mujeres que hacían la calle o residían en los burdeles; las «de vela y de luz», por su parte, solían alojarse en las casas de los cereros y los vendedores de faroles, anexas a unos talleres que tenían bastante trabajo tras la caída de la noche; finalmente, por debajo de todas ellas, se encontraban las harapientas muchachas trabajadoras «de la más ínfima condición». En el catastro figuran dos cortesanas llamadas Maria Cremonese, y considerando que Leonardo se hallaba en Roma por las fechas en que éste se llevó a cabo, no es del todo imposible que una de ellas fuera La Cremona que nos ocupa.[90] (El propio Leonardo, de haberse conservado la totalidad del catastro —falta la mitad— habría figurado en el mismo).

Como es bien sabido, no es raro que los artistas empleen prostitutas como modelos. La cortesana romana Fillide Melandrone, por ejemplo, es una presencia habitual en los cuadros de Caravaggio. Pero ¿era una modelo La Cremona? Echemos la vista atrás y contemplemos de nuevo los portentosos estudios tardíos de la cabeza de Leda que se conservan en Windsor. Son muy distintos de aquellos primeros dibujos de hacia 1504: distintos por su estilo, pero distintos también porque en ellos figura un rostro muy determinado, que de ahora en adelante quedará fijado como el rostro de Leda y cuyos rasgos reproducirán todas las pinturas sobre el tema que conservamos. El elaborado trenzado de su pelo, que también se halla presente en las versiones pictóricas, era un tipo de peinado que solía asociarse con las cortesanas, como puede constatarse en los grabados eróticos que ilustran la obra de Aretino *I xvi modi (Las dieciséis posturas)*.[91] Tradicionalmente, estos dibujos de Leda suelen datarse en torno a 1508-1509, una fecha que viene a coincidir con la época en que la misteriosa Cremona aparece en el entorno de Leonardo. Es posible, pues, que Bossi pensase en el voluptuoso desnudo integral de Leda cuando dice que Leonardo gozó de los «placeres» que una mujer le ofrecía para así conocer mejor las pasiones que quería representar.

E incluso es posible que tengamos también la dirección en la que Leonardo la halló, porque arrinconado en el ángulo inferior derecho de una gran lámina anatómica de Windsor figura un enigmático memorándum que reza: *femine di messer iacomo alfeo elleda ne fabri*. La única interpretación razonable de *elleda*, un vocablo inexistente, es que en realidad se trata de dos palabras unidas —*è Leda*—, y si estiramos un poco el laconismo de la nota para hacer de ella una frase, obtendríamos: «Una de las mujeres que Messer Giacomo Alfeo tiene en Fabbri es Leda». Alfeo tal vez sea ese mismo «Messer Iacopo Alfei» que se dedicaba a intercambiar sonetos insultantes con Bellincioni, el amigo de Leonardo; el tratamiento que se le aplica es el propio de un caballero o un doctor en leyes, es decir, una prominente figura social. Fabbri era un barrio de Milán situado en el entorno de una pequeña puerta de la ciudad conocida como la Pustarla dei Fabbri (La puerta de los herreros).[92] Pedretti sugiere que esas *femine* a la que se hace referencia son las hijas de Alfeo, pero es igual de probable, si no más, que ese vocablo aluda a las mujeres de su servicio o a sus amantes. Esta hoja también suele fecharse hacia 1508-1509. En ella figura asimismo un estudio anatómico de gran tamaño de una mujer erguida; la silueta de la figura ha sido perforada para pasarla posteriormente a otro formato, y, de hecho, podemos verla ya transferida a otra hoja de Windsor: exactamente la misma en la que aparece el nombre Chermonese.

Estos indicios parecen ofrecernos un fascinante fragmento de biografía de esa «cortesana llamada Cremona» de la que habla Bossi. Fue la mantenida de Giacomo o Jacopo Alfei en su casa milanesa, sirvió de modelo a Leonardo para Leda y pasó a formar parte de su círculo, como indica su presencia en la lista de las personas que se disponían a viajar a Pavía en 1509. Un boceto de Windsor bastante menos conocido, seguramente obra de un discípulo, nos muestra a una joven parcialmente desnuda que se cubre el seno derecho con una mano mientras se acaricia o se tapa los genitales con la otra. (Ésa es al menos una de las interpretaciones posibles: el dibujo se funde con un estudio de su pierna izquierda y no es fácil saber cuál era su intencionalidad). Este dibujo, que comparte hoja con una serie de estudios anatómicos de hacia 1508-1509, tal vez nos ofrezca otro atisbo de La Cremona.[93] Nos adentramos así en ese misterioso conjunto de

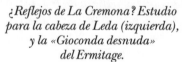

*¿Reflejos de La Cremona? Estudio
para la cabeza de Leda (izquierda),
y la «Gioconda desnuda»
del Ermitage.*

pinturas que se agrupan bajo el título genérico de la «Gioconda desnuda», unas obras en las que se muestra a una mujer con el seno descubierto y cuya pose recuerda en ciertos aspectos la de la *Mona Lisa*. Ninguno de los ejemplos que se conservan es obra de Leonardo, aunque el mejor de todos ellos, la llamada *Mona Vanna* (Ermitage), suele atribuirse con bastante fundamento a Salai. Son varias las citas explícitas a la *Mona Lisa* —la silla, la logia, las montañas del fondo—, pero tanto el rostro como el cabello trenzado de la mujer parecen apuntar más bien a *Leda*. En 1664, una versión que hoy se conserva en la Academia Carrara de Bérgamo fue catalogada en Milán como un retrato de Leonardo de «una mujer tenida por una prostituta» *(mulier creditur meretrix)*.[94]

En su alusión a La Cremona Bossi sugiere que Leonardo tuvo una relación sexual con ella, es más, sugiere que eso era exactamente lo que el artista decía en esa nota donde quedaba «demostrado» que «amaba los placeres de la vida». Por entonces, Leonardo escribió una extraña y opaca frase acerca del sexo: «El varón quiere saber si la mujer se muestra dispuesta a satisfacer las demandas de su lujuria y, al percibir que es así, pues también ella siente deseo por él, presenta su petición y da rienda suelta a su deseo; pero para averiguarlo el varón antes ha de confesar, pues sólo si confiesa, folla».[95]

Confessando fotte: una expresión como ésta no se puede traducir de ninguna otra manera. Es la única ocasión en todos sus manuscritos en que Leonardo emplea el verbo *fottere*. No se debe tomar como una obscenidad, pero tampoco se puede despachar diciendo que no es más que un arranque de franqueza coloquial. Leonardo elige de forma expresa el verbo más enfático y de mayor crudeza física, descartando otras opciones más neutras a las que sin embargo recurre en otras ocasiones *(usare con, fare il coito,* etcétera); y esa violenta irrupción de lo físico es determinante a la hora de entender el mensaje que quiere transmitir el texto, un mensaje que en apariencia consiste en que el deseo sexual comienza como una vaga curiosidad interrogante —¿querrá ella o no querrá?— y que la mera formulación de la pregunta, el hecho de «confesar» verbalmente el deseo, contribuye a precipitar el acto. ¿Tenía esta reflexión un componente autobiográfico?

Una lámina anatómica fechada hacia 1510 contiene otro comentario bastante interesante: «El acto del coito y las partes del cuerpo que en él intervienen poseen tal fealdad que de no ser por la belleza de los rostros y los adornos de los amantes, y por el deseo refrenado, la naturaleza no tardaría en hacer que desapareciera la especie humana».[96] Una vez más el lenguaje resulta muy esclarecedor: el efecto combinado de la belleza y el deseo —sobre todo un deseo que ha sido reprimido y refrenado *(frenata)*— logra anular la inherente *bruttura* del amor heterosexual. Este tipo de comentarios confieren cierta credibilidad a esa esquiva nota de la que nos habla Bossi.

Es tarea del biógrafo mostrarse más escéptico que romántico, pero no veo que haya ninguna dificultad insuperable en dar por buena la idea de que Leonardo, cuando contaba cincuenta y siete años, tuviera una relación o una aventura con una bella y joven prostituta cuyos serenos rasgos y curvilínea figura sirvieron de modelo para *Leda* y también quizá para la «Gioconda desnuda». Pudo tratarse de un capítulo completamente nuevo en su vida sexual, o puede que no haya que hacer de la homosexualidad de Leonardo un dogma. De hecho, se relacionó con muchas mujeres. La mayor parte de sus cuadros representan figuras femeninas y todos ellos transmiten una intensa sensación de proximidad física que tal vez formara parte de la atmósfera en que fueron creados. Su relación con Ginevra de Benci, Cecilia Gallerani o Lisa del Giocondo —así como con todas esas muchachas o mujeres anónimas que posaron para sus madonas— está presente en ellos. Al margen de cuáles fueran sus hábitos y preferencias, parece raro que este «discípulo de la experiencia», que hizo suyas todas las ramas del saber, se negara a sí mismo, al menos una vez en la vida, el conocimiento carnal de una mujer. Ésa es de hecho la lógica del comentario de Bossi acerca de La Cremona, la única aproximación que tenemos a lo que el propio Leonardo pudiera pensar al respecto: ella le habría enseñado esos «placeres» heterosexuales, sin los cuales su comprensión de la vida sería incompleta; y ese otoñal e inesperado flechazo habría dejado en él la beneficiosa «marca de la flaqueza humana».

LAS «ESCUELAS MÉDICAS»

En una página de dibujos anatómicos Leonardo dejó escrita la siguiente frase: *In questa vernata del mille 510 credo spedire tutta la notomia* («Para la primavera de 1510 espero haber concluido todos mis trabajos de anatomía»).[97] Es probable que la escribiera en Pavía, el lugar donde pasó varios meses asistiendo a las lecciones de anatomía de Marcantonio della Torre, uno de los nuevos expertos en la materia. La suya fue, según nos dice Vasari, una asociación muy provechosa para ambos: «se ayudaban mutuamente». En una nota relacionada con cierto *libro dell' aque,* Leonardo hace referencia a Della Torre, al que llama «Messer Marcantonio».[98] Dicho «libro de las aguas» tal vez fuera un tratado de diagnosis úrica, un método muy empleado por los médicos de la época.

Marcantonio della Torre se encontraba al final de la veintena y era natural de Verona. Su padre, Girolamo, era un ilustre profesor de Padua, que fue donde Marcantonio inició su carrera. En 1509 emigró a Pavía, y allí —probablemente hacia finales de ese mismo año— fue adonde llegó Leonardo para compartir o recibir sus enseñanzas en la prestigiosa y venerable universidad de la ciudad. Pavía era una ciudad que le traía gratos recuerdos; en 1490 había estado en ella, en compañía de Francesco di Giorgio Martini (que había fallecido en 1502), tomando medidas de la catedral, contemplando admirado el corcel encabritado del famoso *Regisole* y observando cómo los obreros reemplazaban el muro de contención que bordea el río Ticino a su paso por la ciudad.

Podemos suponer que Marcantonio concedió a Leonardo un lugar preferente en el anfiteatro de anatomía. Mientras sus ayudantes diseccionaban el cadáver y él aleccionaba a los estudiantes sobre las diversas partes del cuerpo, Leonardo registraba todo con ágiles dibujos. Uno de los alumnos de Della Torre era el joven Paolo Giovio, cuyos comentarios sobre los trabajos de anatomía de Leonardo probablemente estén basados en un conocimiento de primera mano:

> Se dedicaba a la inhumana y repulsiva tarea de diseccionar cadáveres de delincuentes en las escuelas médicas para así poder representar la forma en que se doblan y estiran los distintos músculos y articulaciones de acuerdo con las leyes de la naturaleza. Y ejecutaba con portentosa habilidad dibujos científicos de todas las partes del cuerpo, incluidas las más pequeñas venas o el interior de los huesos.

Estas disecciones llevadas a cabo «en las escuelas médicas» quizá aludan específicamente a la estancia de Leonardo en Pavía. En 1508, Leonardo decía haber realizado «más de diez» disecciones y, nueve años más tarde, en el transcurso de una conversación mantenida con el cardenal Luis de Aragón, elevó el número a treinta. De acuerdo con estos cálculos —hechos por él mismo—, entre 1508 y 1517 practicó cerca de veinte disecciones, de las cuales algunas tendrían lugar en Pavía y otras en Roma, donde también habla de los trabajos realizados «en el hospital».

Buena parte de las obras escritas por Della Torre no han llegado hasta nosotros, pero una de las que sí se han conservado consiste en una vehemente diatriba contra los *abbreviatori,* es decir, contra aquellos que se limitaban a hacer un refrito de los conocimientos anteriores para hacerlos más digeribles. Su bestia negra era el escritor Mundinus (Mondino de Liuzzi), cuya *Anatomia* había sido editada en Pavía en 1478, y al que el propio Leonardo cita en un par de ocasiones.[99] Della Torre instaba a volver a los textos originales de Galeno, de los que Mundinus sólo ofrecía una mera paráfrasis. Tal vez quepa relacionar este comentario con las diatribas que el propio Leonardo dirigió contra estos mismos *abbreviatori.* En una hoja repleta de notas sobre el funcionamiento del corazón figura la siguiente acotación: «Haz una diatriba donde se censure a los eruditos que obstaculizan el avance de los estudios anatómicos y a los que los abrevian». Y al dorso añade: «A los que abrevian estas obras no debería llamárseles abreviadores sino supridores *[obliatori,* literalmente los que hacen que algo caiga en el *oblio,* esto es, en el olvido]. Esa diatriba que amenaza con realizar tal vez sea un texto que figura en otra de sus láminas anatómicas:

> Los que abrevian estas obras ofenden tanto al conocimiento como al amor, pues el amor no es sino un fruto del conocimiento que tenemos de algo ... La impaciencia, que es la madre de la estupidez, alaba la brevedad, como si toda una vida no bastara para alcanzar un conocimiento cabal de un tema, por ejemplo, el cuerpo humano.[100]

La hoja contiene dos dibujos en los que se muestra un corazón diseccionado, partido en dos como si fuera una fruta.

La cortedad de miras de los abreviadores constituye una afrenta para un Leonardo que se afana por acumular notas y dibujos para un proyecto cuyo propósito a estas alturas ya está claro: crear una obra maestra de la anatomía, susceptible de ser publicada, donde se ofrezca por primera vez una minuciosa descripción visual del funcionamiento del cuerpo humano. Ésta fue la gran innovación de Leonardo; una descripción anatómica no puede recurrir tan sólo a esa herramienta tan imprecisa que es el lenguaje, como sucedía con los textos medievales sobre la materia, sino que ha de ofrecer también una aguda y detallada percepción visual, libre de las abstracciones, metáforas y simplificaciones a las que, según él, tiende de forma natural el lenguaje:

> ¡Oh, escritor! ¿Qué palabras puedes hallar para describir la disposición [del corazón] con la misma perfección con que lo hace este dibujo? Al carecer de un conocimiento verdadero, tienes que describirlo de una forma confusa, y es muy poco el conocimiento que puedes transmitir de las auténticas formas de las cosas ... Mi consejo es que no te molestes en emplear palabras a menos que te dirijas a los ciegos.[101]

Leonardo desarrolló así una técnica de representación múltiple que abarca desde el relieve a la transparencia y desde la sección a la sutil *sfumatura* de contornos.

> Sólo se puede obtener un verdadero conocimiento de la forma de un cuerpo si se observa desde distintos ángulos. Así pues, para expresar la verdadera forma de cualquier miembro humano ... me atendré a la antedicha regla, realizando para ello 4 demostraciones de los 4 lados de cada miembro. En el caso de los huesos haré 5, seccionándolos por la mitad y mostrando la cavidad de cada uno de ellos, una parte de la cual se halla rellena de médula, pudiendo ser la otra esponjosa, hueca o sólida.[102]

Esa pluralidad de puntos de vista —a veces llega a presentar hasta ocho ángulos distintos— crea una secuencia que, como se ha señalado en más de una ocasión, tiene algo de cinematográfica.

Este Leonardo al que vemos dedicado a la «inhumana y repulsiva» tarea de la disección —un Leonardo que sierra huesos, hurga entre las vísceras y se ve salpicado por la grasa humana que sale a chorro al practicar una incisión— se parece muy poco a aquel dandi de su juventud que siempre olía a agua de rosas. Los dibujos anatómicos nos lo muestran en su faceta más radicalmente empírica. En ellos, como escribe Edward Lucie-Smith, «ha puesto su talento al servicio de la verdad y no al servicio de un ideal de belleza [...] Si nos atenemos a ese segundo punto de vista, los dibujos anatómicos de Leonardo no son bellos, pero nos hablan de cómo a veces la belleza física ha de ser literalmente sacrificada en aras de ese tipo de verdad que sólo cabe obtener mediante una auténtica carnicería».[103]

Así y todo, Leonardo no llegó a desprenderse nunca de su fascinación por las analogías: las que existen entre las estructuras anatómicas y las formas geométricas (como puede apreciarse en los dibujos en los que trata de establecer una relación entre la válvula tricúspide del corazón y las «lúnulas»), o las que se observan entre el organismo humano y las plantas (como sucede en el dibujo que muestra una judía en proceso de germinación junto a un estudio de la tráquea humana).[104]

La estrecha colaboración entre Leonardo y Marcantonio della Torre concluyó bruscamente, en 1511, con el súbito fallecimiento de Marcantonio a la edad de veintinueve años. La muerte le llegó a orillas del lago de Garda, donde caería víctima de una peste que durante aquel año asoló la comarca de Verona, su tierra natal. Debió de contagiarse mientras atendía a los afectados.

Chez Melzi

El fallecimiento de Marcantonio della Torre en 1511 supuso para Leonardo un duro golpe intelectual y quizá también una pérdida personal, pero no sería la única. El 10 de marzo de 1511, sin haber cumplido aún los cuarenta, moría Charles d'Amboise y con él desaparecía parte de la valiosa seguridad de la que había gozado Leonardo hasta entonces. Charles había sido su patrono privado, y aunque su sucesor en el cargo de gobernador, el elegante y joven *chevalier* Gaston de Foix, siguió favoreciendo a Leonardo, no era un verdadero mecenas de las artes. Leonardo seguía cobrando de las arcas reales —en 1511 recibió 400 liras, la misma cantidad que el año anterior—, pero ya no contaba con los ingresos extraordinarios que cabía esperar de la liberalidad de D'Amboise.[105] También estaban, desde luego, las rentas de los derechos del canal, aquellas «doce onzas de agua» que le concediera el rey en 1507. Ignoramos qué pinturas producía por entonces su taller: tal vez fueran copias o variaciones sobre el tema de *Leda* o de *Santa Ana* o alguna que otra decorosa madona para los cortesanos franceses. El monumento a Trivulzio sigue haciendo acto de presencia en sus cuadernos, pero no tenemos constancia de que existieran contactos o pagos. La casa del viñedo tiene un nuevo inquilino, pero de esas cosas se ocupa Salai, y todo lo que entra en su monedero ahí se queda. Menudencias y poco más, la época de la liberalidad ha terminado.

Durante una parte del año, Leonardo permaneció ausente de la ciudad, de nuevo entre esos ríos y montañas que constituían un auténtico alimento para su espíritu. No sabemos con certeza cuáles eran sus instrucciones, pero es posible que tuvieran ciertas connotaciones de índole militar. Las tensiones bélicas habían vuelto a recrudecerse. El belicoso papa Julio II, tras haberse aliado con los franceses para sojuzgar a los venecianos, se había vuelto ahora contra ellos: los extranjeros debían ser expulsados de Italia. Desde Roma concertaba la formación de la *Lega Santa,* la Santa Liga: un poderoso bloque integrado por varios estados italianos y aliado de España y el imperio Habsburgo. Refugiada en la corte de Maximiliano en Innsbruck, una nueva generación de los Sforza aguardaba su momento.

A este periodo pertenecen una serie de estudios fluviales del MS G de París y del Códice Atlántico. Aunque es posible que en un principio respondieran a necesidades de índole militar (cartografía de relieves, fortificaciones, etcétera), acabarían dando lugar a un exhaustivo estudio de los cursos de agua de Lombardía, centrado sobre todo en las cuencas fluviales del Adda y el Martesana. No llegó a realizar nada comparable a los espléndidos mapas a vista de pájaro que hizo en la Toscana por encargo de César Borgia, pero, al igual que entonces, la recopilación de datos estratégicos le sirve de acicate para emprender otro tipo de empresas. Es ésta una constante en Leonardo: su vertiginosa capacidad para pasar de lo específico a lo panorámico, un movimiento mental que equivale al de un pájaro remontándose en el aire.

A juzgar por sus notas y dibujos, Leonardo visitó en 1511 La Brianza, una comarca situada al nordeste de Milán. Uno de los aspectos que más le llaman la atención es la gran calidad de su madera (he conservado los topónimos que él emplea, pues a través de ellos podemos percibir la calidad del timbre de su voz): «En Santa Maria a O [Hoe] en el valle de Ranvagnan [Rovagnate], junto a los montes de Brigantia [Brianza], hay leños de castaño de 9 y de 14 brazos; por 5 liras puedes comprar 100 de los de 9 brazos».[106] Rovagnate se encuentra en la zona sur de la comarca de Brianza, en la vieja ruta metalífera conocida como Carraia del Ferro. A esta época pertenecen unos sobrios estudios sobre papel rojo, donde se representan unas montañas nevadas ejecutadas a sanguina con resaltes en blanco. Algunos de estos dibujos se basan en vistas tomadas desde la Carraia del Ferro. Sobre uno de ellos escribió esta vívida nota:

> La grava es aquí más blanca que el agua, siempre y cuando ésta no forme espuma, y el color del agua, allí donde incide la luz, se acerca al azul del cielo, mientras que en las sombras tiende más bien al verde, y a veces al azul oscuro. El color de la hierba baja que cubre las llanuras de grava varía según la riqueza o la finura del terreno; a veces tiene una tonalidad tirando a marrón, otras amarilla, y en otras ocasiones tiende al verde o a un amarillo verdoso.[107]

Estas austeras tonalidades de las tierras altas quedarán reflejadas en algunos de sus paisajes tardíos: en *La Virgen y el Niño con Santa Ana* del

Louvre y en el báquico *San Juan*. En las estribaciones montañosas de Monviso ve también un mármol «perfecto, tan duro como el pórfido».

Hacia finales de 1511, los soldados suizos al servicio de la Santa Liga amenazaban ya los accesos a Milán. El 16 de diciembre queman Desio, una localidad situada a tan sólo 16 kilómetros de las murallas de la ciudad. Leonardo fue testigo del incendio y lo reflejó en un dramático dibujo realizado también sobre un papel color ladrillo. La nota que lo acompaña está muy borrosa, y ya debía de encontrarse en ese estado en el siglo XVI, pues Melzi consideró que era necesario volver a copiarla: «El incendio tuvo lugar el día 16 de diciembre, a la hora decimoquinta (10,30 de la mañana). Y el día 18 de diciembre de 1511, a la hora decimoquinta, los suizos incendiaron por segunda vez un lugar próximo a Milán, al que dicen Dexe [Desio]».[108]

A principios de la primavera de 1512, se produjo en Rávena el choque definitivo entre los franceses y la Santa Liga. En el transcurso de la batalla, que tuvo lugar el 11 de abril, un Domingo de Pascua, Gaston de Foix, el gobernador de Milán, encontró la muerte. Los franceses se atribuyeron la victoria, pero su dominio sobre Lombardía comenzaba a tambalearse: a finales de ese mismo año, Milán volvería a ser la ciudad de los Sforza. El triunfal regreso del 29 de diciembre de 1512 lo encabezaron Massimiliano Sforza, el hijo legítimo de Ludovico, y su hermanastro Cesare, el hijo de Cecilia Gallerani. El Moro había fallecido cuatro años antes en la prisión de Loches, pero en sus jóvenes vástagos se apreciaban con toda claridad sus mismas facciones anchas y enérgicas.

Durante este periodo de cambios revolucionarios, Leonardo no aparece por ninguna parte: como en tantas otras ocasiones, se ha escabullido. No se conserva ni una sola nota o apunte fechado que pertenezca al año 1512. Entre el segundo incendio de Desio del 18 de diciembre de 1511 y una sección del corazón de un buey fechada el 9 de enero de 1513, el calendario de Leonardo permanece en blanco. Buena parte de ese tiempo estuvo refugiado en la villa Melzi, la mansión campestre de Girolamo Melzi, el padre de Francesco: una atractiva villa de cuatro patios (aunque seguramente dotada tan sólo de las comodidades básicas), encaramada en un farallón que se alza sobre un amplio meandro del río Adda, cerca de la localidad de Vaprio d'Adda, a la que Leonardo —siempre tan aficionado al habla local— llama «Vavrio» en sus escritos. El ilustre huésped encontró allí un pacífico refugio lejos de las convulsiones, las rivalidades y los inoportunos encargos de la ciudad. La villa está tan sólo a unos 30 kilómetros de Milán, de forma que no debemos suponer que se trató de una reclusión absoluta, pero considerando que no existen testimonios de su presencia en la ciudad antes de marzo de 1513, parece bastante probable que este periodo constituyera en efecto una especie de retiro rural.

Allí, contando con la ayuda de Francesco o Cecco Melzi, que rondaba ya la veintena, desarrolla un intenso programa de escritura y dibujo. A este periodo pertenece un grupo de láminas anatómicas tardías, algunas de las cuales quizá fueran fruto de una reelaboración de los apresurados dibujos y apuntes que habría hecho en Pavía, mientras que otras serían el resultado de una serie de disecciones de animales llevadas a cabo en la propia villa. La estructura y el funcionamiento del corazón sigue siendo en ellos un tema omnipresente. También realizó algunos estudios de las aguas del río Adda. En una de sus notas se lee lo siguiente: «Flujo y reflujo del agua según puede apreciarse en el molino de Vaprio».[109] Un delicioso dibujo de una barcaza representa un tramo del río entre Vaprio y Canonica perfectamente identificable, aunque en la actualidad el transbordador ha sido sustituido por un puente. Las turbulentas corrientes han sido objeto de una minuciosa observación, pero la verdadera fuerza del dibujo reside en la inmediatez de sus detalles: el embarcadero, los puentecillos de piedra, los bueyes de la cubierta de un *traghetto* que no es más que una balsa o ese otro buey que muge en la orilla.[110]

Durante su estancia en la villa Melzi, Leonardo proyectó también una serie de mejoras para la casa. Bosqueja una planta de la villa en la que aparecen distintas partes del interior y del exterior, a la que acompaña de unas notas sobre «un corredor ajardinado» y unos bocetos de un jardín colgante con vistas al río. En otro folio le da vueltas a un diseño donde se plantea el cubrimiento con cúpulas de las torres de las esquinas y la construcción de un muro de contención levantado sobre arcadas en la fachada que da al río.[111] El dibujo anatómico del 9 de enero de 1513 contiene asimismo un plano abocetado de la villa, así como una nota que reza: *chamera della Torre da Vaveri* («sala de la torre de Vaprio»). Tal vez esa sala fuera su estudio. En esa misma página, a la izquierda, figura el boceto de una fortaleza ubicada en el meandro de un río, con varias posiciones de artillería disparando en torno a ella. Como en el caso de los incendios de Desio, este pequeño dibujo tiene un carácter documental. Se trata del castillo de Trezzo, un bastión situado a pocos kilómetros de Vaprio, que fue bombardeado por los venecianos el 5 de enero de 1513, es decir, sólo cuatro días antes de la fecha que aparece en la parte superior de la hoja.[112] La guerra ronda su retiro campestre, y Leonardo, con su proverbial frialdad, registra sus efectos en el ángulo de una página con una especie de taquigrafía visual.

Barcaza en el Adda, h. 1512.

Retrato del artista a los sesenta

El 15 de abril de 1512, durante este periodo de reclusión a orillas del río Adda, Leonardo cumple sesenta años. Debió de ser por esta época cuando realizó un famoso dibujo que se conserva en Windsor, pues al dorso de la página donde se encuentra aparecen una serie de diseños arquitectónicos relacionados con la villa Melzi.[113] Es una imagen de perfil de un anciano barbudo, de aspecto cansado y contemplativo, sentado en una roca con las piernas cruzadas y las manos apoyadas en un alto bastón. A su lado figuran unos turbulentos remolinos de agua, y por un ins-

Anciano y estudios del agua, dibujado probablemente en Vaprio.

tante da la impresión de que el anciano los está contemplando. No es más que una ilusión, desde luego: la página tiene un doblez bien marcado que indica que el retrato del anciano y los estudios del agua son dos obras diferenciadas que bien pudieron haber sido realizadas en momentos distintos. Pero tanto si se trata de algo intencionado como de una mera coincidencia, lo cierto es que al desdoblar la página ambas forman una composición unitaria: una composición de una melancolía desgarradora; una adivinanza o un jeroglífico cuya clave es la palabra «vejez». ¿Qué relato puede conferir sentido a este emparejamiento entre el anciano y este remolino de aguas? ¿Las mira realmente o se trata más bien de una contemplación mental? El texto que figura bajo los estudios del agua explicita que se trata de una comparación visual entre las corrientes acuáticas y una cabellera trenzada —«Observa cuán parecido es el encrespado movimiento [*moto del vello*] de las aguas al de una cabellera»—, de modo que uno de los temas de la historia, si es que la hay, podría hacer referencia a un anciano que recuerda con nostalgia un amor de antaño. Los cabellos guardan cierto parecido con las fantásticas trenzas de los dibujos de *Leda*, e inmediatamente surge la cautivadora imagen de La Cremona, pero también podría pensarse en aquella cabellera ensortijada del adolescente Salai, que Leonardo «adoraba».

Todo esto no pasa de ser un mero juego interpretativo, pero tampoco es del todo vano, pues la aposición casual de las dos imágenes contribuye a poner de relieve una serie de elementos que ya estaban presentes en la figura del anciano: ese aire de resignada y nostálgica evocación. A Leonardo le fascinaba la capacidad que tenía la imaginación para extraer un sentido de lo meramente aleatorio —en uno de sus escritos habla de los bellos paisajes que pueden descubrirse en la manchas de una pared—, así que es bastante probable que esa imagen que «surge» al desdoblar el papel, aunque no fuera intencionada, tampoco le pasara inadvertida.

Se ha señalado en ocasiones que la imagen del anciano podría ser un autorretrato, pero no parece que esa interpretación sea correcta. El hombre es demasiado viejo para representar fielmente a Leonardo a los sesenta o sesenta y un años: a quien sí se parece, aunque carezca de su imponente majestad, es a la imagen icónica del Leonardo del autorretrato de Turín, que probablemente pertenezca a los últimos años de su vida. Como ha indicado Kenneth Clark, más que un autorretrato se trata de una «autocaricatura»: una lastimera representación de sí mismo como un ser decrépito, desencantado y arrinconado por la vida.[114] Leonardo siempre tuvo una imagen un tanto humorística de él mismo como anciano (recordemos la cómica figura del viejo desdentado que se enfrenta resueltamente a la provocadora figura del joven que tiene delante), pero ahora, de repente, tiene sesenta años, y lo nota.

Son tres los retratos que pueden reclamar para sí el privilegio de ofrecernos una imagen fiel de Leonardo en torno a los sesenta años, y los tres son obras de discípulos suyos. Dos de ellos son dibujos y se encuentran en la colección Windsor; el tercero figura en una pintura, y ésta es la primera vez que se propone la idea de que se trata de un retrato de Leonardo.

El célebre y bello perfil a sanguina (Lámina 15), firmado en su parte inferior con las palabras «Leonardo Vinci», escritas en las elegantes mayúsculas de la época, suele considerarse «el retrato más objetivo y fiel que se ha conservado del maestro», y es el prototipo del perfil que iba a convertirse en la imagen tipo de Leonardo a mediados del siglo XVI (a través de los grabados en madera de Vasari y de Giovio, por ejemplo).[115] Su atribución a Melzi resulta bastante plausible. Se trata de un dibujo muy logrado, y seguramente posterior al dibujo que el mismo Melzi realizó a mediados del año 1510. El cabello es largo y ondulado, con una caída un tanto lacia, y por su aspecto ya debe de estar gris o plateado (dado que se trata de una sanguina es difícil asegurarlo, pero ésa es la impresión que produce). Aun así, sigue siendo abundante y vigoroso, como también ocurre con su poblada barba. El soberbio modelado del perfil transmite

*Boceto del rostro de un hombre,
h. 1510.*

una sensación de refinamiento no exenta de fuerza: la nariz es larga, la mirada firme, los labios ligeramente femeninos, el bigote está cuidadosamente arreglado. Es el perfil de un hombre que debió de ser guapo en su juventud (como no se cansan de señalar los primeros testimonios sobre Leonardo) y que sorprende por la apostura que todavía conserva. Aún no es el anciano del autorretrato de Turín, y su rostro está ostensiblemente libre de arrugas. El retrato, en mi opinión, nos muestra a un Leonardo que debía de andar ya por los sesenta, y Melzi debió de realizarlo en Vaprio d'Adda entre 1512 y 1513. A diferencia de lo que suele ocurrir con la mayor parte de los dibujos de la colección Windsor, la hoja en que se encuentra ha sido cortada en las esquinas para su posterior montaje, y la presencia de una serie de marcas al dorso indican que estuvo unida a un soporte. Tal vez sea el mismo retrato que vio Vasari durante la visita que hizo a Melzi en Vaprio en 1566, cuando dijo: «Francesco conserva y atesora los manuscritos de Leonardo cual si fueran reliquias, y también tiene un retrato de aquel artista de feliz memoria».

Menos conocido, y bastante más escurridizo, es un pequeño boceto a pluma y tinta que comparte página con unos estudios de unas patas de caballo.[116] Se trata casi con total seguridad de un retrato realizado por uno de sus discípulos (el sombreado ha sido realizado con la mano derecha, lo cual descarta que se trate de un autorretrato). El rostro está representado en un perfil de tres cuartos orientado hacia la izquierda, pero los rasgos se asemejan bastante a los del perfil a sanguina. Los estudios de las patas de caballo tal vez guarden relación con el proyecto del monumento a Trivulzio de hacia 1508-1511; el boceto del retrato se encuentra encima de los estudios, colocado en sentido inverso, pero es imposible saber qué fue lo primero que pasó al papel. Leonardo parece unos dos años más joven que en el perfil de Melzi, por lo que una datación en torno a 1510 entra dentro de lo posible. No deja de ser interesante que en el boceto lleve la cabeza cubierta con un gorro, como parece sugerir la

507

línea ondulada que le cruza la frente y el sombreado que bordea su mejilla derecha. Buena parte de los retratos de Leonardo del siglo XVI, pese a tomar como modelo el perfil de Melzi, lo representan tocado con un gorro. En el grabado de madera que figura en las *Vidas* de Vasari lleva puesta una *berretta* con orejeras que bien podría corresponderse con el tipo de gorro sugerido en el boceto de Windsor. Este detalle de la «imagen» de Leonardo tal vez derive de una serie perdida de retratos dibujados, de los que el esbozo de Windsor sería el único vestigio que conservamos.

Yo desde luego sospecho que en tiempos debió de existir un dibujo en el que los rasgos del boceto de Windsor estarían representados en sentido inverso, es decir, que se trataría de un perfil de tres cuartos orientado a la derecha. Reconstruirlo no resulta difícil, pues basta con dar la vuelta al boceto de Windsor y reproducir sus trazos en la otra cara del papel (Lámina 25). No era nada infrecuente que los discípulos recurrieran al calco o a los espejos para obtener dos versiones de una misma obra, una técnica de la que también hizo uso el propio Leonardo en algunos de sus dibujos.[117] Por otro lado, esta versión invertida del boceto de Windsor tampoco se ha perdido del todo; sus rasgos se conservan de forma muy precisa en la figura barbuda del San Jerónimo que aparece en un cuadro del discípulo milanés de Leonardo Giovanni Pietro Rizzoli, más conocido como Giampietrino (Lámina 26). Exceptuando la orientación del perfil de tres cuartos, que es de sentido contrario, todo lo demás coincide con el boceto de Windsor: el trazo de la nariz, la mirada taciturna, la barba, la línea del gorro (en este caso el capelo cardenalicio con el que solía representarse a San Jerónimo) e incluso la capucha.

La pintura, una representación de *La Virgen y el Niño con San Jerónimo y San Juan Bautista,* es la tabla central de un retablo. Giampietrino la pintó en 1515; la obra le había sido encargada por la orden de los Jerónimos para la iglesia de Ospedaletto Lodigiano, un templo próximo a la ciudad lombarda de Lodi, donde aún sigue colgada hoy.[118] La influencia de Leonardo, como ocurre en toda la obra de Giampietrino, es patente. El motivo del Niño jugando con un cordero es una clara alusión a *La Virgen y el Niño con Santa Ana* del Louvre, y el rostro de la Virgen se inspira en la versión londinense de *La Virgen de las rocas.* Ambas obras pertenecen a la segunda etapa milanesa de Leonardo, una época en la que Giampietrino se hallaba ya integrado en su taller. Como ya hemos visto, Giampietrino pintó su versión de la *Leda* arrodillada sobre un dibujo anterior de una parte del grupo de *Santa Ana,* que hoy sólo es visible recurriendo a los rayos X. El boceto de Windsor puede datarse en torno a 1510, una fecha que no sólo coincide con la de la *Santa Ana* del Louvre y las versiones de *Leda,* sino también con la etapa en la que Giampietrino trabajó en el taller. En sí mismo, este boceto no es un dibujo notable, simplemente un mero garabato un tanto elaborado. Lo verdaderamente notable es que se trata de un retrato presencial de Leonardo, cuyo reflejo puede verse en el *San Jerónimo* del Ospedaletto Lodigiano, que de esa forma nos ofrecería una nueva imagen del mismo retrato. Lo más probable es que la conexión entre ambos fuera un dibujo de Giampietrino, hoy perdido, en el que éste habría retratado a Leonardo. Dicho dibujo sería la fuente del boceto de Windsor, que no sería sino una copia inversa del mismo, a la que más adelante recurriría Giampietrino para utilizarla de modelo o cartón para los rasgos del San Jerónimo del cuadro de Lodigiano, un homenaje a su viejo maestro, que por entonces se hallaba en Roma, pero al que podía verse en la pintura con el aspecto que tenía en Milán: un hombre de unos sesenta años, de cabello entrecano, facciones bien cinceladas y mirada intensa, al que le gustaba llevar la cabeza cubierta con un gorro.

Capítulo VIII

Los últimos años
1513-1519

Observa la llama de una vela y considera su belleza. Parpadea un instante y luego vuelve a contemplarla. Lo que ahora ves no estaba allí antes, y lo que antes estuvo allí, ya no está. ¿Quién reaviva la llama que siempre está agonizando?

MS F de París, fol. 49v

Leonardo pasó brevemente por Milán a principios de 1513; quizá fuera una mera visita de tanteo para ver cómo reaccionaba el nuevo duque Massimiliano ante la presencia de un hombre que había colaborado de forma tan estrecha con los enemigos de su padre. El 25 de marzo su nombre figura en un registro del Duomo, donde se señala que vive o se aloja en casa de un tal Prevostino Viola.[1] Por esta misma época Leonardo apunta el nombre de Barbara Stampa, hija de Filippo Stampa y esposa de Carlo Atellani (o della Tela), dos fieles servidores de la causa de los Sforza, que ahora gozaban de una posición privilegiada. La lujosa mansión Atellani, que luego decorarían los frescos de Bernardino Luini, se encontraba cerca de Grazie y era allí donde Barbara Stampa celebraba sus animadas veladas. Su jardín trasero lindaba con el viñedo de Leonardo: unos vecinos muy prósperos y cultivados. Otra familia de leales partidarios de los Sforza eran los Crivelli: «Pregunta a la esposa de Biagino Crivelli por qué el capón alimenta y empolla los huevos de la gallina si se le emborracha».[2] No hay interrogante pequeño para el discípulo de la experiencia. Pero, en realidad, de sus actividades en Milán no sabemos absolutamente nada y lo más probable es que pasara la mayor parte del tiempo en Vaprio.

Entretanto, iban llegando poco a poco noticias de Florencia, donde los vaivenes de la política volvían a favorecer a los Medici, representados ahora por una nueva generación: Giovanni y Giuliano, los únicos dos hijos de Lorenzo que habían sobrevivido, y el primo de éstos, Giulio. Tras haber pasado dieciocho años en el exilio, durante el verano de 1512 volvieron a hacerse con el poder en Florencia: fue un golpe incruento, aunque estuvo respaldado por la presencia de tropas en Prato. El 1 de septiembre, el gonfalonero Soderini salía por una de las puertas de la ciudad, camino del destierro en la costa dálmata, mientras Giuliano de Medici entraba por otra. Lo hizo a pie, sin escolta armada y vestido con el *lucco*, la tradicional toga florentina. No se dirigió al Palazzo Vecchio o al Palazzo Medici, sino a la casa de Antonfrancesco degli Albizzi, uno de los par-

513

tidarios que los Medici tenían en el gobierno. Fue una genial muestra de cautela política: el modesto retorno de un ciudadano florentino por consenso de sus conciudadanos. La llegada del cabeza de familia, el hermano mayor de Giuliano, el obeso y erudito Giovanni, un hombre dotado de un fino olfato político, convertido ahora en un poderoso cardenal romano al que todos los pronósticos señalaban como el futuro papa, no fue tan modesta: entró en la ciudad acompañado de un contingente de 1,500 soldados y con toda la parafernalia propia de un *magnifico*. Pero no se produjeron ejecuciones ni confiscaciones; el traspaso del poder se llevó a cabo con el mismo orden y eficacia con que se tramitaban las letras de cambio en la Banca Medici.

El fallecimiento del papa Julio II acabó de redondear la jugada maestra de los Medici; Giovanni regresó apresuradamente a Roma y, según lo previsto, el 11 de marzo de 1513, el cónclave de los cardenales lo elevó al solio pontificio con el nombre de León X. Florencia había quedado a cargo de Giuliano, pero el nuevo pontífice dudaba que su caprichoso hermano fuera capaz de lidiar con las facciones florentinas, de modo que decidió sustituirlo por su sobrino, el joven Lorenzo di Piero, del que cabía esperar que fuera bastante más maleable. Giuliano fue llamado a Roma y, una vez allí, se le colmó de nuevos títulos para aplacar cualquier resentimiento que pudiera albergar. Se convirtió en príncipe de Parma, Piacenza y Módena, pero no aceptó ser nombrado duque de Urbino, pues consideraba que el legítimo heredero de este título era Francesco della Rovere, un sobrino del difunto papa con quien había trabado amistad durante el exilio. También fue nombrado gonfalonero de los ejércitos papales (el mismo puesto que había ocupado César Borgia durante el pontificado de Alejandro VI), un cargo que le obligaba a fijar su residencia en Roma.

Y, de pronto, en algún momento del verano de 1513, Leonardo recibe desde Roma una invitación de Giuliano de Medici para que se reúna con él en la nueva corte medicea de la Ciudad Eterna.

En la página inicial de un nuevo cuaderno —MS E de París—, Leonardo anota: «El 24 de septiembre de 1513 dejé Milán y marché a Roma en compañía de Giovan, Francesco de Melzi, Salai, Lorenzo e Il Fanfoia». El primero y el último de estos nombres han causado no poco desconcierto. «Giovan» podría ser tanto Giovanni Antonio Boltraffio como Giampietrino, aunque no hay pruebas de que ninguno de los dos fuera a Roma; también podría tratarse de un simple *garzone* o incluso podría ocurrir (dado que el original carece de comas) que no fuera una persona independiente y que Leonardo, por una vez, hubiera empleado los dos nombres de pila de Melzi, Giovanni Francesco. En cuanto a «Il Fanfoia», un nombre que no aparece en ningún otro documento de Leonardo, sigue

*Giuliano de Medici, un retrato de Rafael
o realizado a partir de una obra suya.*

siendo un misterio. Existe un nombre de pila, Fanfulla, del que tal vez sea una variante dialectal, aunque también podría ser un mote alusivo a alguna cualidad de dicho individuo. En sentido estricto el vocablo «Fanfoia» no significa nada, pero sugiere *fanfano*, charlatán; *fanfaro*, fanfarria; e incluso *fanfarone*, fanfarrón, palabras todas ellas con una connotación de estridencia y desmesura. ¿No será tal vez otro apodo de ese hombre de los mil motes que era Tommaso Masini, alias Gallozzolo, Zoroastro, Alabastro, Indovino y un largo etcétera?

La fecha, al menos, es bastante concreta. Leonardo y su cortejo salieron de Milán el 24 de septiembre de 1513, más de siete años después de haber llegado de Florencia con la intención de no permanecer allí más de tres meses. Un dato estadístico puede servir para que nos hagamos una idea del profundo apego que Leonardo sentía por esa ciudad (y por sus riquísimos duques y gobernadores): en total pasó allí más de un tercio de su vida. Los paisajes de sus cuadros, aun teniendo la impronta de esa región de suaves colinas que recordaba de su juventud toscana, están bañados en la sutil luz septentrional de la Lombardía, que en el momento de su partida, a finales de septiembre, debía de estar empezando a atenuarse, mientras las uvas colgaban ya maduras en su viñedo y las noches se alargaban.

Viajaron en dirección sudeste, siguiendo la via Emilia, y pasaron sucesivamente por Lodi, Piacenza, Parma, Reggio Emilia, Módena y Bolonia; de ahí siguieron hacia el sur atravesando los Apeninos. Lo más probable es que en Florencia no se quedaran mucho tiempo. En una anotación sobre los gastos del viaje, leemos: «13 ducados por el transporte de 225 kilos desde aquí [Milán] hasta Roma».[3] Este cuarto de tonelada de efectos personales debía de incluir la *Mona Lisa, La Virgen y el Niño con Santa Ana* y la *Leda,* las carpetas de dibujos y bocetos, la mayor parte de las grandes láminas de anatomía, todos los cuadernos que conocemos, más otros muchos más de los que nada sabemos, los 116 libros del listado de Madrid (descontando unos pocos que se hallaran dispersos y sumando los que hubiera adquirido desde entonces), así como todos aquellos enseres —utensilios del taller, instrumental científico, muebles, ropas y recuerdos personales— que en atención a su importancia o a su valor sentimental no se veían afectados por aquella vehemente exhortación de Leonardo: «Todo lo que no te puedas llevar, véndelo».

Aunque no se quedara mucho, sí que debió de darle tiempo de visitar a unos cuantos amigos y de ocuparse de una serie de asuntos que se enumeran en un memorándum del Códice Atlántico.[4] En medio de una lista de nombres de desconocidos —un zapatero llamado Francesco, un papelero de nombre Giorgio—, figura el siguiente interrogante: «¿Vivirá todavía el padre Alessandro Amadori?». Se trataba de un viejo conocido: el hermano de Albiera, la primera madrastra de Leonardo. La lista lo menciona dos veces: Leonardo debía de tener verdaderas ganas de verlo. Debían de conocerse desde la infancia y había vuelto a verle en 1506, cuando el sacerdote le había traído una carta de Isabella d'Este. Dado que Albiera era sólo dieciséis años mayor que Leonardo, cabe suponer que éste y Alessandro tenían aproximadamente la misma edad. Como ya he señalado anteriormente, tal vez se trate de ese «tío» de Leonardo que poseía el cartón perdido de *Adán y Eva,* una obra de su primera etapa florentina. Vasari, que escribe en la década de 1540, dice que «hace no mucho» ese tío de Leonardo había mostrado el cartón a Ottaviano de Medici. Si el tío al que se refiere es el propio Alessandro, podemos darnos la satisfacción de responder con un sí a la pregunta que Leonardo se formulaba en 1513.

Una de las personas a las que no pudo ver en Florencia fue a Nicolás Maquiavelo. En noviembre de 1512 había sido cesado de su cargo de secretario debido a su estrecha vinculación con el gobierno Soderini. En febrero del año siguiente tomó parte en una conjura contra los Medici, auspiciada por Pietro Paolo Boscoli y Agostino Capponi, a los que estuvo a punto de acompañar al cadalso. Tras ser encarcelado y torturado en el Bargello, fue desterrado a sus modestas propiedades de Sant'Andrea en Percussina, donde no le quedó más remedio que adaptarse a la vida de un hidalgo rural empobrecido, aprovechando los ratos perdidos que le dejaban las talas forestales, las cacerías de tordos y las partidas de backgammon en la taberna del pueblo para escribir su famoso estudio sobre el uso de la fuerza en la acción política. Había concebido *El príncipe* (o, por llamarlo por su verdadero nombre, *Dei principati [De los principados])* diez años antes durante las arriesgadas misiones diplomáticas con los Borgia, pero ahora iba a refinarlo y a condensarlo a la luz de sus amargas experiencias recientes. Había pensado dedicárselo a Giuliano de Medici, tal vez con la esperanza de que ese gesto podría servir para sacarle del naufragio que había experimentado su fortuna; una esperanza que quizá se viera alentada por la noticia de que su viejo amigo Leonardo iba a entrar al servicio de Giuliano.[5]

A finales de octubre de 1513, Leonardo debía de estar ya en Roma. Y si realmente acabó haciendo todo lo que tenía previsto en el memorándum mencionado antes, debió de llegar con «unas gafas azules». Casi estoy tentado de decir que efectivamente llegó luciendo un par de gafas azules —es maravilloso imaginarse a Leonardo con gafas de sol—, aunque lo más probable es que fueran más bien unas gafas de soldador, destinadas a algunos de esos extraños experimentos metalúrgicos que fueron uno de los rasgos distintivos de su estancia romana.

Apuesto, lánguido y un tanto propenso a la mística, Giuliano di Lorenzo de Medici había heredado el encanto personal de su padre pero no así su energía política. Había nacido en 1479, y le habían puesto ese nombre en memoria de su tío asesinado. Un hermoso fresco pintado por Domenico Ghirlandaio en Santa Maria Novella nos permite verlo cuando debía de tener unos cinco años: un niño de baja estatura y cabello castaño, vuelto hacia el pintor, a cuyo lado se encuentra la figura enjuta y un tanto desgalichada de Agnolo Poliziano, el poeta del *Orfeo*, que fue también el tutor de los hijos de Lorenzo. Detrás de él está su hermano Giovanni, al que el fresco representa como un muchacho de cara redonda y lacios cabellos rubios, unos rasgos que anuncian ya los del mofletudo pontífice que treinta y cinco años después pintaría Rafael.

Giuliano tenía quince años cuando en 1494 se volvieron las tornas para los Medici. Pasó el exilio hospedado por el duque de Urbino y la marquesa de Mantua. Como hemos visto, es posible que conociera a Leonardo en Venecia en 1500; es posible también que admirara el retrato inacabado de Isabella en el que estaba trabajando Leonardo, e incluso es posible que le pidiera que pintara para él un retrato parecido de Lisa Gherardini, esa muchacha que había conocido en Florencia y por la que se había sentido atraído. Sin duda son muchos «posibles», pero al menos sirven para explicar por qué en 1517, cuando estaba en Francia, Leonardo, teniendo delante la *Mona Lisa*, dijo que era un retrato de «cierta dama florentina, pintado del natural a instancias del difunto Magnífico Giuliano de Medici». La explicación alternativa es que Giuliano le «instó» a pintarlo cuando Leonardo se encontraba con él en Roma, en cuyo caso la retratada debió de ser alguna de las amantes que tenía por entonces; el problema es que ninguna de las candidatas a ocupar el asiento de la logia resulta mínimamente convincente. En cualquier caso, la presencia material del cuadro en Roma es segura, como también lo es que debió de pasar por una fase romana, durante la cual se le añadirían nuevos retoques y capas que lo irían metamorfoseando y acercándolo cada vez más al icono que hoy se conserva en el Louvre. Y puede que también fuera durante la etapa del patronazgo de Giuliano cuando su desvergonzada prima, la «Gioconda desnuda», hizo acto de presencia en el taller de Leonardo.

Giuliano es uno de los contertulios de *El cortesano* de Castiglione, una obra basada teóricamente en las conversaciones que tuvieron lugar durante una reunión de «gentes nobles y de gran talento» celebrada en el castillo de Urbino en marzo de 1507. El libro se escribió un año más tarde, cuando el duque Guidobaldo da Montefeltro ya había fallecido, y fue sometido a un proceso de pulido y reelaboración tan escrupuloso que su publicación se retrasó hasta 1528, convirtiéndose entretanto en una especie de visión nostálgica de la perfecta reunión social renacentista. Otros contertulios eran Pietro Bembo, el hijo de Bernardo, el amante cortés de Ginevra de Benci, y Dom Miguel da Silva, el prelado portugués que más adelante sería uno de los patronos de Zoroastro en Roma. Castiglione dedicó el libro a Da Silva, aprovechando para recordar también a algunos de los miembros del círculo de Urbino que ya habían fallecido, entre ellos el propio Giuliano de Medici, «de cuya bondad, nobleza y cortesía el mundo merecía haber gozado por más tiempo». Es probable que Da Silva y Giuliano hubieran entablado amistad en la Roma de León X, donde el primero estuvo destinado muchos años como embajador de Portugal, y tal vez fuera a través de esa conexión como Zoroastro obtuvo su patronazgo.

Lo peor que llegó a decirse de Giuliano fue que tenía un espíritu un tanto soñador. Para comandante en jefe de los ejércitos pontificios desde luego no servía. Más que un soldado era un cortesano, y más que un cortesano, un erudito diletante. Vasari lo describe como «un gran estudioso de la filosofía natural, y sobre todo de la alquimia», una circunstancia que hace pensar de nuevo en Zoroastro, a la vez que parece ponerlo en relación con algunos de los experimentos que Leonardo llevó a cabo en Roma. Un retrato que le hizo Rafael, al que también alude Vasari, fue pintado por esta época; el Metropolitan de Nueva York conserva una versión del mismo que podría tratarse tanto del original como de una copia contemporánea. Una imagen similar, fechada a finales de la década de 1550, fue realizada por el taller de Agnolo Bronzino, es decir, por la fábrica de imágenes de los Medici. Ambas obras nos muestran el aspecto que debía de tener Giuliano en el momento en que Leonardo entró a su servicio: un hombre moreno y barbado de unos treinta y cinco años, con una apostura un tanto decadente; un hombre de cultura refinada y salud precaria, poco apto para asumir las responsabilidades del poder que le había sido transferido.

Mediante este nuevo o renovado vínculo con Giuliano, Leonardo volvía al redil de los Medici, quedando así restañada cualquier vieja herida que le hubiera podido quedar de la relación con Lorenzo de Medici treinta años antes. Según el testimonio coetáneo de Benedetto Varchi, el trato que Giuliano daba a Leonardo era *piu tosto da fratello che da compagno,* «de hermano más que de amigo».[6]

A través de Paolo Giovio conocemos un emblema de Giuliano diseñado quizá por Leonardo. Se trata de una variante del *broncone* mediceo —el tocón mediceo—, pues nos muestra un tronco de laurel talado del que surgen nuevos brotes; sin embargo, su enigmático lema, «GLOVIS», no figura en otras versiones del mismo. Leído del revés parece sugerir la expresión *si volge,* es decir, volverse o cambiar de dirección, una máxima que recuerda a la leyenda de otro emblema de Leonardo, «Los pensamientos se vuelven hacia la esperanza».[7] Un lema muy apropiado para los resucitados Medici de 1513, y puede que también para el propio Leonardo, que iniciaba su etapa romana lleno de optimismo: era un nuevo comienzo.

EN EL BELVEDERE

El 1 de diciembre de 1513, Giuliano Leno, uno de los arquitectos papales, elaboró una lista de las obras que había que llevar a cabo dentro del recinto vaticano, incluyendo entre ellas ciertas «cosas que han de hacerse en los aposentos de Messer Lionardo da Vinci en el Belvedere».[8] La villa Belvedere, construida treinta años atrás por el pontífice Inocencio VIII, era básicamente el palacio de verano del papa; un edificio fresco, elevado y rodeado de hermosos jardines. La existencia de esa lista de «cosas que han de hacerse» parece indicar que para el mes de diciembre Leonardo todavía no se había instalado en el palacio. Las obras en cuestión no eran de gran envergadura, así que es posible que a finales de año se encontrara alojado ya en la que a la postre sería su última residencia en Italia. La lista nos permite asimismo hacernos una idea de cuál era la disposición de los aposentos de Leonardo. Éstas eran algunas de las necesidades:

- tabiques de madera de pino, uno de ellos específicamente destinado a la cocina
- un armazón para un techo con objeto de formar un altillo
- ampliación de una ventana
- baldosas para el pavimento
- cuatro mesas de comedor, provistas de caballetes
- ocho banquetas y tres bancos
- un arcón
- una mesa de trabajo para moler colores

Los arreglos referentes a la zona del comedor parecen indicar que la gente de la casa formaba un grupo bastante nutrido y, como veremos más adelante, algunos de esos asientos pronto serían ocupados por unos nuevos ayudantes de un carácter más que dudoso.

Leonardo ya había realizado dos breves visitas a Roma, pero nunca se había quedado a vivir allí. La ciudad tenía unos 50,000 habitantes, una población muy inferior a la de Milán. Su fama no le venía tan sólo de los numerosos vestigios de la antigüedad que conservaba sino también de sus espectaculares novedades: el más notable de los arquitectos romanos era Bramante, un viejo amigo de Leonardo, cuyos proyectos solían llevarse por delante barrios enteros, una circunstancia que le había valido el *soprannome* de *Il Maestro Ruinante*. Pero la ciudad era también tristemente famosa por la corrupción y la venalidad de la corte papal, «esa cloaca de iniquidad», como la llamó Lorenzo de Medici en una famosa carta dirigida a su hijo, el futuro pontífice. La corte de León X no cayó en los excesos dignos de un Calígula atribuidos al pontificado de los Borgia, pero aun así el tono general de la vida vaticana seguía siendo bastante lascivo. La ciudad tenía cerca de 7,000 prostitutas, muchas de ellas albergadas en burdeles que contaban con la licencia de las autoridades vaticanas; la sífilis tenía carácter endémico; y no parece que Benvenuto Cellini hablara a la ligera cuando decía de ella que era «una enfermedad muy común entre los clérigos».[9] Parte de esa atmósfera de corrupción parece haberse filtrado en un extraño dibujo que se conoce como el *Angelo incarnato*, del que ya hablaré más adelante.

El Belvedere, en cambio, era un mundo aparte, y esa circunstancia confiere un cierto aire de reclusión a la estancia de Leonardo en Roma. Aunque el palacio era bastante nuevo, los jardines que lo rodeaban eran inmensos, muy antiguos y se encontraban casi en estado salvaje. Alberti había trazado los planos para unos jardines nuevos de corte clasicista, a los que pensaba dotar de pórticos y escalinatas curvas, así como de unas grutas artificiales que contendrían fuentes y «estatuas risibles» («risibles» debido a su carácter chocante o extraño, el estilo «grotesco» que se consideraba adecuado para este tipo de estructuras).[10] Pero los proyectos de Alberti no se habían llevado a la práctica, y el jardín seguía siendo una tupida maraña de árboles, huertos, estanques, fuentes, estatuas y recónditas pérgolas, tendido en las laderas que caían hacia el valle que se abre a los pies del Belvedere. Quizá sea aquí, y no en la ciudad o en la corte, donde podemos sorprender a esa figura adusta, de barbas, en plena comunicación con la «Naturaleza, la amada de todos los maestros», o, si no con ella, sí al menos con uno de los jardineros, según se desprende de una anécdota narrada por Vasari:

Un día un jardinero le llevó un lagarto muy extraño que había encontrado, y Leonardo, con una mezcla de azogue, le pegó al lomo unas alas que había fabricado con las escamas de otros lagartos; y cada vez que el lagarto caminaba, las alas se ponían a temblar. Le hizo ojos, cuernos y barbas, y luego lo domesticó. Solía guardarlo en una caja y siempre que lo sacaba para que lo vieran sus amigos, éstos huían espantados.[11]

Sea o no cierta, esta anécdota transmite a la perfección la atmósfera de misterio y hechicería que va a acompañar a Leonardo durante su estancia en Roma. En 1520, según el testimonio de Miguel da Silva, un animal similar se hallaba en posesión de Zoroastro: «una serpiente de cuatro patas, que consideramos un milagro. Zoroastro cree que un grifo la trajo por el aire desde Libia».

Una noche del verano de 1514, ya desde el Belvedere, Leonardo escribe la siguiente nota: «Concluido en la vigesimotercera hora del 7 de julio en el taller que me ha proporcionado el Magnífico en el Belvedere».[12] Lo que había concluido era una serie de ecuaciones geométricas, una de sus pasiones más permanentes. En otra hoja escribe: «Comienzo ahora mi libro *De ludo geometrico [De los juegos geométricos]*, en el que mostraré nuevas vías para alcanzar el infinito». Unas interminables y obsesionantes secuencias de «lúnulas» —unas figuras variables formadas por dos arcos que delimitan un espacio— tal vez formen parte de estos juegos sobre el infinito.[13]

De su vida social, si es que la tuvo, no sabemos nada. Por aquel entonces residían en Roma muchos conocidos suyos: Bramante y Miguel Ángel estaban allí; también Rafael, que había entrado en contacto con Leonardo durante su estancia en Florencia en 1505; el escritor cortesano Castiglione; e incluso su viejo pupilo, Atalante Migliorotti, que ahora ejercía de superintendente de la fábrica de San Pedro.[14] Pero sus nombres no aparecen en las páginas de sus cuadernos, en las que, al parecer, sólo hay lugar para las hipnóticas danzas de las lúnulas, los experimentos acústicos, alguna que otra nota relacionada con una excursión al Monte Mario en busca de fósiles, y una serie de registros contables expresados en giulios romanos: «Salai: 20 giulios; para la casa: 12 giulios» o «Lorenzo debe 4 giulios a cuenta del heno que se compró para la Navidad».[15]

A finales del verano de 1514 Leonardo acompañó a Giuliano en un breve viaje hacia el norte. Sus notas dejan constancia de su presencia el 25 de septiembre en Parma *alla Campana* (es decir, en una posada llamada «La campana») y dos días después «a orillas del río Po cerca de Sant'Angelo».[16]

El año concluye con una nota de reconciliación familiar. En 1514 había en Roma otro Da Vinci: su hermanastro Giuliano, el segundo hijo de Ser

Piero, el mismo al que el propio Leonardo había señalado como el cabecilla de los *fratellastri* durante los pleitos de 1507-1508. Por entonces, Giuliano —esposo, padre de familia y, por supuesto, notario— debía de andar ya cerca de los cuarenta y, según parece, había acudido a Roma para tratar de obtener un beneficio que a su entender se le debía. Indudablemente, su acercamiento a Leonardo no fue del todo desinteresado: en un mundo como aquél los contactos lo eran todo, y eso era algo que a Leonardo no le faltaba. En una carta que envió al consejero papal, Niccolò Michelozzi, Leonardo relata sus improductivas gestiones en favor de Giuliano:

> Mi muy estimado Messer Niccolò, a quien respeto como a un hermano mayor. Poco después de dejar a Vuestra Señoría fui al registro para ver si había quedado inscrito el nombre de mi hermano. Como el libro no se encontraba allí, me mandaron de un lado para otro hasta que por fin di con él. Por último acudí a Su Ilustrísima, el señor datario, al que transmití mi esperanza de que Su Ilustrísima tuviera a bien reclamar mañana la súplica para que se procediera a su lectura y asignación. Su Ilustrísima me respondió que eso era harto difícil, pues, debido al escaso montante del beneficio, la súplica requería muchos trámites, y que la cosa habría sido bastante más sencilla de haberse tratado de una cantidad mayor.[17]

Con seco sarcasmo, Leonardo da cuenta de las realidades de la burocracia papal: si la cantidad hubiera sido mayor la cosa podría haberse arreglado, seguramente dedicando una cierta cantidad a untar a los burócratas de turno. El datario pontificio (el prelado encargado de registrar y datar las bulas papales) que dio una respuesta tan poco alentadora a las peticiones de Leonardo era un tal monseñor Baldassare Turini, un paisano de la Toscana, natural de la montañosa villa de Pescia. Aunque el montante del beneficio de su hermano no le pareciera gran cosa, el talento de Leonardo sí debió de valorarlo, pues, según nos cuenta Vasari, le encargó dos cuadritos.[18]

No tenemos constancia de cuál fue el resultado de la súplica de Giuliano da Vinci, pero a cambio disponemos de un documento relacionado con él que tiene bastante más valor humano: una carta que le remitió su esposa Alessandra desde Florencia.[19] La carta está fechada el 14 de diciembre de 1514 y trata principalmente de los problemas que le está causando un orfebre llamado Bastiano: «Dice que no le has devuelto una cadena que te prestó y eso le tiene muy furioso [...] Yo no sé qué cadena es esa de la que habla, pero supongo que es la que llevo puesta»; luego añade una extensa y emotiva posdata, en la que da recuerdos a Leonardo.

Ser Giuliano: La Lessandra, vuestra esposa, está muy enferma y medio muerta de dolores. Por cierto, se me olvidaba deciros que deis recuerdos de mi parte a vuestro hermano Leonardo, hombre singular y excelentísimo. Todo el mundo sabe que La Lessandra ha perdido el seso y es ahora una mujer que vive entre sombras. Pero por encima de todo me encomiendo una y mil veces a vos, y os pido que no olvidéis que Florencia es por lo menos tan hermosa como Roma, sobre todo porque es aquí donde tenéis a vuestra esposa y a vuestra hija.

Todo en la carta resulta conmovedor: la historia de la cadena de oro, la soledad de una esposa, los recuerdos al *eccellentissimo e singularissimo* cuñado. El hecho de que la carta se encontrara entre los papeles de Leonardo parece indicar que fue el propio Giuliano quien se la entregó, seguramente durante un encuentro que debieron de tener en Roma en el invierno de 1514-1515.

Leonardo aprovechó el espacio en blanco que quedaba en la parte inferior de la carta para apuntar unas cuantas notas sobre geometría, y al dorso escribió: «Mi libro está en manos de Messer Battista dell'Aquila, ayuda de cámara del papa». Justo debajo figuran las palabras *De Vocie,* «De la voz», quizá el título del libro que tenía Dell'Aquila. Esas mismas palabras vuelven a aparecer en otros cuadernos romanos de Leonardo: *«De Vocie:* por qué un viento veloz al pasar por unos tubos produce un sonido estridente».[20] De hecho, encontramos una gran cantidad de material sobre acústica entre sus notas anatómicas tardías. ¿Por qué razón estaría ese «libro» o tratado en manos de Dell' Aquila? ¿Simplemente porque el ayuda de cámara quería tener el placer de leerlo? ¿O tal vez podamos advertir en ello una cierta vigilancia por parte de las autoridades, relacionada quizá con los controvertidas investigaciones anatómicas que Leonardo realizó en 1515?

El 9 de enero de 1515 Leonardo escribe: «El Magnífico Giuliano partió de Roma al amanecer para acudir a Saboya donde contraerá matrimonio; ese mismo día se produjo la muerte del rey de Francia».[21] En realidad, Luis XII había fallecido diez días antes, de modo que la fecha debe de corresponder al día en que él se enteró de la noticia. La prometida de Giuliano de Medici era Philiberte de Saboya, la tía del nuevo monarca, Francisco I: la boda consagraba una alianza política.

Al parecer, Giuliano se llevó a Francia algunos proyectos de Leonardo, pues el 12 de julio de 1515 uno de los platos fuertes de los festejos celebrados en Lyón en honor de Francisco I fue un «león mecánico» diseñado por el maestro. Su mecanismo se basaba en los mismos principios que había aplicado a sus autómatas o robots de la década de 1490 (que, a su vez, eran el resultado de una serie de ideas desarrolladas ya en la década de 1470). G. P. Lomazzo recoge el episodio de la siguiente manera: «Un día, ante Francisco I, rey de Francia, [Leonardo] puso en marcha un león, fabricado con portentoso ingenio; el animal se desplazó por la sala y, cuando se detuvo, se abrió su pecho, dejando al descubierto gran cantidad de lirios, así como muchas otras flores».[22] El león es un antiguo símbolo de Florencia y los lirios son la *fleur de lis* francesa. Así pues, lo que Leonardo quería representar con su autómata en aquel banquete celebrado en Lyón eran las buenas relaciones políticas entre los Medici y el nuevo monarca francés. Pero a pesar de que el relato de Lomazzo parezca darlo a entender, Leonardo no se hallaba presente.

EL BAUTISTA Y EL BACO

Nos cuenta Vasari:

Se dice que en cierta ocasión el papa encargó una obra a Leonardo y éste se puso inmediatamente a trabajar destilando óleos y hierbas para elaborar el barniz, al ver lo cual el pontífice exclamó: *Oimè, costui non e per far nulla, da che comincia a pensare alla fine innanzi il principio dell'opera* [«Ay de mí, éste no sirve para hacer nada, pues empieza a pensar en el final antes de dar comienzo a la obra»].

El texto refleja la tirantez que presidía las relaciones entre el pontífice y Leonardo (aunque desde luego no fue el primer cliente que dio rienda suelta a su exasperación), y es muy posible que la marcha de Giuliano a principios de 1515 dejara caer una sombra de incertidumbre sobre la posición de Leonardo en Roma. El año se anunciaba problemático.

Cabe la posibilidad de que la obra encargada por este papa florentino fuera un cuadro de San Juan Bautista, el patrón de la ciudad de Florencia. No es más que una mera conjetura, pero es indudable que el *San Juan* de media figura que pintó Leonardo (Lámina 28) es una obra tardía —tal vez la última que realizó— y puede que se gestara de esta manera. De ser así, el desdeñoso comentario del papa ilustra asimismo la limitada comprensión que tenía del arte del maestro, pues son precisamente las múltiples capas de ese sutil destilado de «óleos y hierbas» las que confieren al *San Juan* su superficie lustrosa y su aura de misterio y evanescencia. En su taller del Belvedere, rodeado de crisoles y alambiques, Leonardo medita sobre sus «caprichosas mezclas» (como las llama Vasari), y sobre la forma y el espíritu de la pintura que creará con ellas. El papa se impacienta —¡Oimè!—; no se da cuenta de que el maestro ya ha empezado a trabajar.

Transformaciones angélicas. Estudio del ángel de una Anunciación, obra de un discípulo conservada en una hoja de h. 1504-1505 (izquierda), y el desnudo integral del Angelo incarnato *de la etapa romana.*

En realidad son dos las obras pictóricas tardías en las que Leonardo trata el motivo de San Juan Bautista, ambas conservadas hoy en el Louvre. Por un lado está el *San Juan* de media figura sobre fondo oscuro que he mencionado antes, y, por otro, un cuadro de mayor formato donde se le representa de cuerpo entero sentado en medio de un paisaje, cuyo título más adecuado sería *San Juan en el desierto,* pero que debido a una serie de añadidos que se le realizaron —seguramente bastante tiempo después del fallecimiento de Leonardo— suele conocerse como *San Juan con los atributos de Baco* (véase p. 531). No hay ni un ápice de documentación sobre ninguno de los dos. Todo lo que sabemos es que en 1517 Antonio de Beatis vio uno de ellos en Francia —un *San Iohanne Baptista giovane*—, y que ambos formaban parte de las colecciones reales francesas en el siglo XVII. El *San Juan en el desierto* tal vez sea el de fecha más temprana: el árbol del paisaje recuerda al árbol de la versión del Louvre de *La Virgen y el Niño con Santa Ana.* Las fechas que suelen proponerse para las obras tardías de Leonardo varían mucho, pero el *San Juan* de media figura, más que ninguna de ellas, parece una enigmática declaración final o, más bien, un último interrogante. Según Beatis, Leonardo ya no pintaba cuando estaba en Francia, pero cuesta trabajo creer que un cuadro que estuviera apoyado o colgado en alguna parte de su taller no recibiera ocasionalmente un pequeño retoque o un leve añadido de barniz, bien del maestro o bien de alguno de sus discípulos. De ser así, el periodo de «composición» de la obra —si es que se puede dar esta denominación a una actividad tan atenuada— podría extenderse hasta los últimos años y días de la vida de Leonardo.

Como suele ocurrir con todas estas obras tardías, el *San Juan* representa el estadio final de un prolongado proceso de definiciones y redefiniciones. La primera fase de la que tenemos noticia se corresponde con un pequeño boceto de Windsor que figura en una página de estudios para *La Batalla de Anghiari,* lo cual permitiría datarlo hacia 1504-1505.[23] Desde un punto de vista compositivo, las raíces del *San Juan* hay que buscarlas en el periodo florentino, durante el cual germinaron también otras obras tardías como *Leda* o *La Virgen y el Niño con Santa Ana.* En realidad, la figura del boceto de Windsor no representa a San Juan sino al ángel de la Anunciación —el arcángel Gabriel—, pero la pose es la misma: el antebrazo derecho apunta verticalmente hacia lo alto y la mano izquierda permanece apretada contra el pecho. El esbozo es obra de un discípulo (¿Salai? ¿Ferrando Spagnolo?), aunque probablemente fuera el propio Leonardo quien corrigiera el ángulo del brazo derecho. Ese mismo esquema compositivo se refleja punto por punto en una pintura de un «anónimo» seguidor de Leonardo que se conserva en Basilea, así como en un dibujo de

Baccio Bandinelli, aquel escultor florentino famoso por sus enfrentamientos públicos con Miguel Ángel y Cellini y por el grupo escultórico de *Hércules y Caco* que había junto al Palazzo Vecchio.[24] En estas dos versiones tardías se combinan el rostro del *San Juan* de media figura y la pose del ángel del boceto de Windsor. Finalmente, poseemos también una serie de estudios de la mano izquierda: el del Códice Atlántico es obra de un discípulo, pero el otro, un soberbio estudio a sanguina que se conserva en la Academia veneciana, es del propio Leonardo.[25]

Con todo, la variante más sorprendente de esta figura es un pequeño dibujo sobre papel azul que fue redescubierto en 1991 tras haber permanecido durante años en la colección privada de una «familia noble alemana».[26] En este caso el «ángel» —en la misma pose, pero sin unas alas que lo identifiquen como tal— posee un rostro de una turbadora ambigüedad, un acusado pezón femenino y, asomando bajo el velo transparente que sostiene con su mano izquierda, un miembro viril erecto. (En algún momento un intento de eliminar este último detalle dio lugar a una decoloración de un tono marrón grisáceo: se trata del color original del papel que hay bajo el preparado azul de la superficie). El dibujo está fechado hacia 1513-1515 —los años romanos— y es muy probable que sea contemporáneo del *San Juan*.

Durante su primera exposición pública, que tuvo lugar en Nueva York en 1991, esta perturbadora imagen, conocida en la actualidad como el *Angelo incarnato*, causó un auténtico revuelo y desde entonces ha dado mucho que pensar no sólo a los expertos en arte sino también a los psiquiatras. André Green, por ejemplo, escribió:

> La obra es un cúmulo de contradicciones, no ya entre lo femenino y lo masculino, sino también entre una suerte de éxtasis y una tristeza rayana casi en la angustia. La boca es demasiado erótica y demasiado infantil; no se sabe si está cerrada del todo o medio abierta; parece mudo y, sin embargo, se diría que está a punto de hablar. El cabello rizado es un atributo que puede corresponder a cualquiera de los dos sexos. Nos crea, en suma, una sensación de inquietud que se ve incrementada aún más por la erección que se adivina tras el velo. Tal vez haya algo satánico oculto tras este ser angelical, pero es difícil saber si nuestra ansiedad interpretativa es un reflejo de lo mucho que nos cuesta hallar una coherencia de conjunto en la obra, o si se deriva de una incompatibilidad entre las aspiraciones celestiales y los placeres orgásmicos.[27]

Laurie Wilson, psicoterapeuta del arte, considera que «la perversa fealdad» del dibujo surge de una «dificultad a la hora de representar o controlar los sentimientos negativos»; un fruto de la culpa sexual, cabría añadir a modo de glosa.[28] Esa fealdad nos plantea un reto: se nos invita a reaccionar ante el dibujo como lo haríamos ante una muestra especializada de pornografía transexual. El ángel se ha convertido en un sodomita de desagradable aspecto, extraído de los niveles más bajos de los mercados de la carne romanos. El saludo angélico se ha transmutado en el insinuante gesto de una prostituta; las mejillas hundidas hablan de enfermedad e invitan a pensar en la sífilis, y sus desmesurados ojos de muñeco nos contemplan con una mirada suplicante y desvalida. (Resulta curioso que los ojos grandes aparezcan ya en el boceto que realizó un discípulo hacia 1505: el detalle debía de formar parte de la concepción inicial).

Todo lo dicho hasta ahora puede situarse en un determinado contexto, pues sabemos que siempre existió una corriente iconográfica —difamatoria o simbólica, según la forma en que se presentara— que veía en la Anunciación una especie de fecundación de María por el arcángel Gabriel, el encargado de traer el Espíritu Santo que «vivifica» su vientre. Esta interpretación erótica aparece en algunas obras literarias subidas de tono, como la *Reina de Oriente* de Pucci —un texto que Leonardo conocía y al que alude en alguna ocasión—, donde se dice que el descomunal miembro viril de un joven es un don del arcángel San Gabriel: «Ella le dijo: "Amor mío, ¿de dónde has sacado eso?". Y él respondió: "El Arcángel Gabriel así me lo manifestó por voluntad de Dios". "No es de extrañar que sea tan hermoso —dijo ella—, si te vino directamente del cielo"».[29] La blasfema idea de que la Anunciación fue en realidad un encuentro erótico también era conocida en la Inglaterra isabelina. El conde de Oxford, un joven aristócrata de muy dudosa reputación que había viajado mucho por Italia, gustaba de escandalizar a sus invitados diciendo que «José era un cornudo satisfecho»; y, según se cuenta, Christopher Marlowe, el máximo representante del maquiavelismo isabelino, dijo en cierta ocasión que «el arcángel Gabriel fue el alcahuete del Espíritu Santo porque trajo la salutación a María».[30]

La «salutación» a María es precisamente lo que expresa la mano derecha alzada de esos bocetos y de otros dibujos del ángel de la Anunciación que empiezan a aparecer más o menos a partir de 1505, pero en el *Angelo incarnato* ese mismo gesto está empañado por un trasfondo de prostitución que lo vincula con las corrientes ateas del siglo XVI.

Tal vez todo esto guarde relación con una enigmática nota que Leonardo escribió, y luego tachó, en una hoja que hoy se conserva en el Códice Atlántico. La hoja parece haber sido redactada en torno a 1505, pues al dorso figura una vez más un pequeño caballo para *La Batalla de Anghiari*. Esto es lo que dice Leonardo: «Cuando hice un Cristo Niño me encarcelasteis; si ahora os lo muestro adulto me haréis algo peor». Se ha interpretado que la primera parte de la frase hace alusión al roce que tuvo en 1476 con los Oficiales de la Noche, un incidente relacionado tal vez con una pintura o una terracota en la que Jacopo Saltarelli aparecía representado como joven Cristo, mientras que la segunda parte haría referencia a algún proyecto posterior que temía fuera aún más escandaloso. La cuestión de fondo es la incierta frontera entre homosexualidad y espiritualidad que se aprecia en su forma de representar los ángeles y la figura de Cristo adolescente: los modelos de Leonardo eran jóvenes dotados de atractivo sexual y en todos sus ángeles (la *Anunciación, La Virgen de las rocas*, la terracota de San Gennaro) se advierte una cierta carga de erotismo homosexual, cuya encarnación más morbosa es ese desnudo integral del *Angelo incarnato*.

La relación que existe entre el *Angelo incarnato* y el *San Juan* del Louvre es análoga a la que se puede apreciar en otras obras tardías. Como ocurre con las distintas poses de *Leda* o con los cambios en el grupo de Santa Ana, un mismo tema da lugar a sucesivas variantes compositivas. Pero en el *San Juan* esas variantes tienen algo de ocultación, casi de censura. El brazo derecho, en lugar de extenderse hacia delante, revelando la parte frontal de este ángel o santo, se encuentra cruzado sobre el pecho, ocultando su incipiente pecho adolescente y los gráciles dedos de la mano izquierda (aunque la parte de la mano que sigue siendo visible es idéntica en los dos casos). El manto de piel, e incluso el extremo inferior de la pintura, que secciona el cuerpo justo por encima de las caderas, contribuyen asimismo a esa ocultación. La mirada vacía del semblante del *Angelo incarnato* se ha transformado en un rostro lustroso y resplandeciente enmarcado por una rizada melena color caoba; la figura conserva su androginia, pero ésta ya no es tan patente como en el dibujo. Al alejarse de lo sexualmente explícito, Leonardo logra crear una ambivalencia más profunda y elegante. En el cuadro del Louvre conserva un turbador vestigio del homosexual insinuante, y su parecido con la imagen idealizada de Salai lo ancla sin duda en la vida privada de Leonardo, pero ahora todo ello ha quedado subsumido en el luminoso lustre de la pintura. El tono enfermizo y corrupto del *Angelo incarnato* ha sido sanado por la magia de esos «óleos y hierbas» que Leonardo destilaba en el Belvedere. Con lentitud, con auténtico mimo, esos bálsamos son aplicados en sucesivas capas de una delgadez extrema hasta que nos parece que en esa figura que contemplamos —a un tiempo sexual y espiritual, masculina y femenina, santo y pecador— se resuelven todos los conflictos de nuestra dividida e irresoluta existencia.

Aunque en términos figurativos y gestuales se halle vinculado al ángel de la Anunciación, el *Angelo incarnato* contiene también una referencia distinta que permitiría con igual propiedad denominarlo el *Bacco malato*, o «Baco enfermo», un motivo bastante habitual en la obra de Caravaggio,[31] lo cual sugeriría una armonización entre las iconografías cristiana y pagana similar a la que se da en *Leda*. En cierto modo, esta última es una versión pagana de la Madona, una imagen de una maternidad milagrosa, cuya inseminación no ha sido obra del Espíritu Santo en forma de paloma sino de una rijosa deidad clásica disfrazada de cisne.

Baco es el equivalente romano de Dionisos —el nombre es una deformación de *Iacchus,* un epíteto que se aplicaba a Dionisos por su carácter bullicioso (el término procede del griego *iache,* un grito)— y, al igual que Dionisos, no es meramente la deidad del jolgorio y el vino, sino también una encarnación arcaica del principio generador de la naturaleza; de ahí el priapismo con que se le representa en la obra de Leonardo. Baco era hijo de Júpiter y, según se contaba, había «brotado del muslo» paterno (al morir Semele, su madre, Júpiter se lo había cosido al muslo para gestarlo), un detalle que de nuevo pone de relieve su carácter fálico. Baco y Leda tienen mucho en común —ambos son símbolos paganos de la fertilidad y la generación—, y es muy posible que en torno a 1505 esa vinculación esté ya presente en la obra de Leonardo. Por esa misma época el duque de Ferrara escribió unas cartas en las que habla de cierto «Baco de Leonardo», y dado que esas cartas hacen referencia a alguien que lo tiene en su posesión, todo parece indicar que nos hallamos ante una obra perdida que debió de surgir del taller florentino de Leonardo prácticamente por las mismas fechas en que lo hicieron los primeros estudios sobre el tema de *Leda.* Este *Baco* perdido probablemente guardaría cierta semejanza figurativa con el dibujo de Windsor del ángel de la Anunciación, fechado también en torno a 1505.

La enfermedad de Baco que reaparece de nuevo en el «ángel» romano es una cualidad inherente a su condición de deidad de la vegetación y la fertilidad: un signo de la consunción que sigue al esfuerzo generativo y coital. Baco es un dios otoñal, un dios del declive. En la versión de Leonardo, el dios conserva su tumescencia, pero ya empieza a apuntar la enfermedad: entretejida en el dibujo se adivina una dinámica del devenir, del paso del tiempo. La fiesta ha terminado, aunque no del todo.

El tema báquico está relacionado también con el otro cuadro que Leonardo dedicó a San Juan, *San Juan en el desierto,* en el que el Bautista aparece representado de cuerpo entero con los atributos de Baco. El primer testimonio documental acerca de esta pintura la sitúa en la colección real francesa de Fontainebleau en 1625. En uno de los primeros catálogos de Fontainebleau se describe como *St. Jean au désert,* pero en el catálogo de 1695 ese mismo título aparece tachado, y en su lugar se ha escrito *Baccus dans un paysage.*[32] Esta circunstancia ha llevado a suponer que los atributos báquicos —la piel de pantera, la corona de hojas de pa-

San Juan en el desierto,
más tarde catalogado como un Baco.

rra, las uvas y el tirso, formado este último a partir de la cruz del Bautista— fueron añadidos a finales del siglo XVII. Los análisis técnicos ni confirman ni refutan esta hipótesis (en este caso los rayos X no pueden ayudarnos: durante el siglo XIX se trató la pintura con albayalde cuando se traspasó a un lienzo y eso la ha hecho opaca a las radiaciones). Es posible también que esta armonización entre el Bautista y Baco formara parte de la concepción original de la obra y que sus primeros catalogadores simplemente no supieran verla. Al Bautista se le representaba tradicionalmente ataviado con un vellón, el cual puede convertirse fácilmente en una piel de pantera mediante el añadido de una serie de motas; en la época no se hacía distinción alguna entre panteras y leopardos.[33]

Una variante temprana de este cuadro, atribuida a un seguidor de Leonardo llamado Cesare da Sesto, parece indicar que ese trasfondo pagano era algo consustancial al *San Juan* de Leonardo. Cesare estuvo en Roma hacia 1513, y es posible que se vieran allí. Su Bautista refleja con bastante fidelidad la obra de Leonardo, de la que conserva incluso el detalle del pulgar del pie izquierdo que aparece claramente separado de los demás dedos.[34] No es un Baco —no hay tiara de hojas de parra, ni piel de pantera, ni racimo de uvas—, pero hay dos cosas que me llaman poderosamente la atención. La primera es que el rostro del Bautista de Cesare conserva la palidez enfermiza y los ojos hundidos del *Angelo incarnato,* e incluso su velo transparente. La segunda es que la cruz que sujeta con el interior del codo de su brazo izquierdo tiene enrollada en la parte de arriba una serpiente, una clara alusión al caduceo de Mercurio. Existe una analogía entre la figura de Mercurio, el mensajero o heraldo de los dioses, y la de San Juan Bautista, que fue enviado para «preparar [...] la venida del Señor», una analogía que podría hacerse extensiva también a un tercer mensajero: el arcángel Gabriel. Parece, pues, que en su obra Cesare también juega con los atributos y los atuendos paganos, añadiendo así a esta persistente pero proteica figura de los años finales de Leonardo una forma más. Ángel, Bautista, Baco y ahora también Mercurio: todos ellos mensajeros del mundo espiritual, del despertar de una nueva vida en medio de la enfermedad y la muerte. «¿Quién reaviva la llama que siempre está agonizando?»

EL DILUVIO

> *Y entonces habló el trueno...*
> T. S. Eliot, *La tierra baldía*

Al dorso del *Angelo incarnato* figuran tres palabras escritas a sanguina por el propio Leonardo que luego él mismo volvió a resaltar empleando el carboncillo que había utilizado en el dibujo de la otra cara. Son éstas:

> *astrapen*
> *bronten*
> *ceraunobolian*

Esta curiosa lista constituye una transliteración de tres vocablos griegos que significan respectivamente «relámpagos», «tormentas» y «rayos».

Por regla general, se interpretan como una alusión al comentario que hizo Plinio sobre la legendaria destreza del pintor griego Apeles, de quien se decía que «era capaz de representar aquello que no puede ser representado», es decir, el tipo de fenómenos atmosféricos que la lista recoge.[35] Leonardo es comparado con Apeles en diversos poemas laudatorios, en los que se le menciona admirativamente como alguien capaz de pintar «ficciones preñadas de grandes significados»;[36] ahora, en las etapas finales de su carrera, lo encontramos meditando sobre ese poder mágico que permite al pintor o al dibujante atrapar los inefables y fugaces efectos de la Naturaleza en su versión más violenta: *Sturm und Drang*.

Leonardo siempre había vibrado con el dramatismo de las tormentas. Aquel fragmento literario de la cueva comienza de hecho con la descripción de una tormenta: «un viento arremolinado discurre por un hondo valle arenoso y su fuerza arrolladora arrastra hacia su centro todos los obstáculos que entorpecen su furioso avance». Y entre sus notas de principios de la década de 1490 se encuentra un pasaje titulado «Cómo representar una tempestad»:

> Primero debes mostrar las nubes desperdigadas y hechas jirones a impulsos del viento, mezcladas con arena de la costa, hojas, ramas y muchos otros objetos ligeros que vuelan por todas partes ... mientras los vientos arrojan espuma marina y una atmósfera tormentosa hace que el aire cobre la apariencia de una densa bruma que todo lo sofoca.[37]

A través de estas descripciones se percibe la actividad de unas corrientes y unos vectores de una fuerza inmensa que arrastran en múltiples direcciones diversos materiales, cuya presencia sirve de indicador de la potencia invisible de la tormenta. Ya hemos visto a Leonardo estudiando bajo una tromba de agua los complejos mecanismos de las rompientes de las playas del Piombino. En otra ocasión, cerca de Florencia, asistió sobrecogido a los efectos causados por un torbellino:

> Los recurrentes remolinos del viento ... azotan las aguas y horadan en ellas una profunda oquedad, alzándolas luego por los aires en forma de una columna del color de una nube. Así lo vi en un banco de arena del Arno. Abrió un agujero en la arena de una profundidad superior a la altura de un hombre, y se formó un gran remolino de arena y grava que avanzó sobre una amplia extensión de terreno. Visto así en el aire, su forma se asemejaba a la de una gran campana, y su extremo superior se desplegaba como las ramas de un pino gigantesco.

Una nota de 1508 nos habla también de un tornado o un ciclón: «He visto movimientos del aire de un furor tal que a su paso han arrancado enteros los tejados de varios palacios, llevándoselos consigo».[38]

En Roma volverá a ocuparse intensamente del «furor» de los torbellinos y elaborará una serie de textos y dibujos cuyo tema será «El Diluvio». Tomados en su conjunto vienen a representar algo bastante parecido a una serie: puede que estuvieran destinados a ese tratado de pintura que siempre tenía presente, o tal vez fuera una simple recopilación de ideas para un cuadro sobre el diluvio bíblico. Los textos dedicados al tema son media docena, y todos ellos fueron elaborados en torno a 1515. El más largo ocupa las dos caras de una hoja de Windsor y está dividido en dos capítulos titulados «Descripción del diluvio» y «Sobre la manera de representarlo en pintura»; el estilo, como suele ocurrir siempre que Leonardo trata temas de esta naturaleza, es grandilocuente y retórico. Una nota encabezada con la palabra «Divisiones» nos ofrece una síntesis de los diversos ingredientes que componen una típica tempestad leonardesca. Primero se ocupa de los elementos físicos —diluvios, incendios, terremotos, remolinos, etcétera— y luego aborda la dimensión humana de la catástrofe:

> Árboles quebrados, cargados de gente. Barcos destrozados, estrellados contra los escollos. Rebaños de ovejas; granizo, rayos, torbellinos. Gente subida a árboles que apenas aguantan su peso. Rocas, torres y colinas cubiertas de gente; barcos, mesas, artesas para mantenerse a flote. Colinas cubiertas de hombres, mujeres y animales, y desde las nubes, iluminándolo todo, relámpagos.[39]

Esta sucesión de imágenes de refugiados, embarcaciones improvisadas y rebaños de ovejas azotados por el granizo invitan a pensar en un proyecto para un cuadro de gran formato o un fresco. Y lo mismo ocurre con una nota, titulada «Representación del diluvio», donde dice: «Se verá a Neptuno con su tridente en medio de las aguas y a Eolo alborotando con sus vientos los árboles».[40] Pero si realmente existía un proyecto de estas características —una apocalíptica versión del Diluvio de Noé que rivalizara con el *Juicio Final* de Miguel Ángel— lo cierto es que finalmente quedó en nada.

Mejor dicho, resultó en los «dibujos de diluvios» (Lámina 27) que colectivamente constituyen una de sus últimas obras maestras. Componen la serie diez dibujos al carboncillo, realizados sobre unas hojas blancas de un tamaño uniforme (15.2 x 20.3 cm).[41] Es una obra explosiva y convulsa; los trazos se enroscan creando vertiginosos vórtices de energía, túneles centrífugos de agua, rocas que estallan en mil pedazos.

¿Qué es exactamente lo que nos quieren mostrar? Lo mismo podría tratarse de una visión del pasado, un brutal cataclismo perdido en los orígenes del cosmos, que de una visión del futuro, una anticipación de la explosión nuclear, el hongo atómico y la lluvia radiactiva. Son, en cierto sentido, dibujos científicos; parte de las investigaciones de Leonardo acerca de las «maravillosas obras» de la Naturaleza. Son también una prueba a la que él mismo se somete: quiere representar con precisión —lo cual implica también comprender con precisión— la mecánica de las convulsiones, averiguar si responde a alguna pauta sutil y flexible, como sucede con los fractales de la teoría del caos. Son, por así decirlo, un intento de llevar a cabo una anatomía de una tormenta. Pero, a su vez, parecen transmitir la idea de que ese intento puede estar condenado al fracaso. Nos hablan del derrumbe de todas las categorías, de un «diluvio» de energía destructora que barre nuestras ilusorias construcciones mentales.

Los dibujos tienen tal fuerza que parecen estallar sobre el papel. Al contemplarlos, experimentamos el hecho físico de su ejecución —los ademanes rápidos, decididos, vigorosos—, y también una parte de los *accidenti mentali,* los acontecimientos mentales, que en ellos se expresan. Leonardo se enfrenta a la fuerza bruta de la Naturaleza; y el choque es terrible. Esos torbellinos espectrales son como una avalancha de desequilibrio y caos mental: una verdadera tormenta de la mente. Algunos de los dibujos tienen un carácter casi alucinatorio, como si Leonardo se estuviera viendo sometido a una terrible prueba chamánica. Pero si continuamos mirándolos y tratamos de penetrar en ellos, percibimos que también encierran una especie de paz. Parecen adquirir una cualidad hipnótica. Sus campos de fuerza curvilínea se disuelven hasta dar lugar a unas formas que recuerdan a los mandalas. Recobramos la percepción de la superficie de los dibujos: marcas de carboncillo sobre un basto papel blanco, enmarañadas *fantasie* rescatadas del abismo.

ENFERMEDAD, ENGAÑOS, ESPEJOS

El enfermizo sodomita del *Angelo incarnato,* las catastróficas visiones del Diluvio... Nada de ello parece hablar muy favorablemente de la salud y del estado de ánimo de Leonardo por esta época, y, de hecho, durante el verano de 1515, en medio del agobiante calor romano, Leonardo debió de estar enfermo. Lo sabemos por el borrador de una carta dirigida a Giuliano de Medici, que por aquel entonces se encontraba en Florencia; la misiva está fechada en julio o agosto de 1515. El propio Giuliano acababa de pasar una tisis, y de ahí que Leonardo comience de esta manera:

«Fue tanta mi alegría, Ilustrísimo Señor, al enterarme de que habíais recuperado la salud, que al instante mi propio mal se desvaneció».[42]

¿De qué «mal» se trataba? La única referencia al estado físico de Leonardo en su ancianidad se la debemos a Antonio de Beatis, según el cual en 1517 Leonardo tenía la mano derecha «paralizada». El hecho de que añada que esa circunstancia le impedía pintar ha llevado a muchos a concluir que Beatis estaba equivocado y que en realidad la mano afectada era la izquierda. Pero esa deducción no es tan lógica como pudiera creerse. Tenemos casi la total certeza de que algunos de los dibujos de Leonardo pertenecen al periodo 1517-1518, entre ellos, seguramente, el magnífico autorretrato de Turín, de forma que no es posible que tuviera la mano izquierda paralizada, lo cual significa que Beatis tenía razón e invita a pensar que tal vez la parálisis no afectara tan sólo a la mano; es posible que se tratara de una parálisis general del lado derecho, una situación que bien podría haberle impedido pintar cuadros de gran formato, pero no dibujar. La causa habitual de este tipo de patología suele ser un derrame cerebral (o, como solía llamarse en la época, un ataque de apoplejía). Esta afección, o una premonición de la misma, pudo ser el mal del que hablaba en el verano de 1515.

Unos consejos médicos rimados que Leonardo copió en sus papeles datan casi con total seguridad de esta misma época, y es muy posible que guarden relación con su enfermedad. Se trata de un soneto ripiado de dieciséis versos que contiene las siguientes prescripciones:

> Si quieres conservar la salud, este régimen has de observar.
> No comas sin apetito y cena siempre ligero,
> Mastica bien e ingiere tan sólo
> Ingredientes sencillos y bien cocinados.
> Quien toma medicinas mal consejo sigue.
> Guárdate de la ira y evita los aires viciados.
> Después de las comidas permanece de pie un rato.
> Mejor no duermas al mediodía.
> Bebe vino bautizado, poco, pero con frecuencia,
> Mas nunca entre comidas ni con el estómago vacío.
> No retrases ni prolongues tus visitas al excusado.
> Si haces ejercicio, que no sea muy intenso.
> No te acuestes boca arriba ni con la cabeza
> Hacia abajo. Y arrópate bien por la noche.
> Mantén la cabeza apoyada y la mente serena.
> Huye de la lascivia y atente a esta dieta.[43]

A lo que más se parece este soneto es a un compendio de máximas de sentido común: hoy día el poema se transformaría en un artículo acerca de «cómo llevar una vida sana». Debió de copiarlo tras haber estado enfermo, y la recomendación de un ejercicio moderado («que no sea muy intenso») parece apuntar a algún tipo de rehabilitación. El poema nos transmite de forma muy vívida la frugalidad y la sencillez de los últimos años de su vida: son años de continencia. A estas alturas era sin duda vegetariano, y como tal lo reconocían sus contemporáneos. En enero de 1516, un viajero florentino, llamado Andrea Corsali, escribía una carta a Giuliano de Medici desde la Conchinchina en la que hacía mención a «unos hombres amables llamados Guzzarati [Gujarati], que no se alimentan de nada que tenga sangre ni permiten que nadie haga daño a ningún ser vivo, como nuestro Leonardo da Vinci; por eso viven sólo de arroz, leche y otros alimentos inanimados».[44] Esta frugalidad debió de contribuir a acentuar la excentricidad de la figura de Leonardo en aquella Roma dominada por los apetitos carnales.

En otro folio del Códice Atlántico, fechado también hacia 1515, vuelve a aparecer un fragmento del soneto de la salud junto con una serie de proyectos arquitectónicos, seguramente relacionados con el Vaticano.[45] Es en este folio donde se encuentra ese pequeño acertijo, juego de palabras o aforismo que reza: *li medici mi crearono e distrussono;* una oración cuyo sujeto puede hacer referencia tanto a los Medici como a la profesión médica. Leonardo era sin duda consciente del doble sentido, y teniendo en cuenta este contexto de enfermedad de 1515, tal vez lo que se busque sea una oscilación entre ambas posibilidades, algo como «Los Medici me crearon, pero los médicos me están matando». La primera parte, en todo caso, ha de entenderse como una alusión al patronazgo de Giuliano y no a las lejanas y tenues relaciones que mantuvo con Lorenzo a principios de la década de 1480. La expresión «me crearon» podría entenderse en el sentido de «hicieron de mí su criatura»: el término *creato* puede utilizarse en referencia a un subordinado o un sirviente. Tal vez Leonardo se esté describiendo irónicamente como una «criatura» o un *creato* de Giuliano.

El borrador de la carta dirigida a Giuliano pone también de manifiesto que por aquel entonces los nervios de Leonardo estaban siendo puestos a prueba por el comportamiento de un ayudante alemán, un tal Giorgio o Georg, al que en un determinado momento se describe como un «forjador». (Leonardo, utilizando la variante lombarda, lo llama «Giorzio»). El relato que hace del episodio es muy detallado y nos abre una pequeña y fabulosa ventana a través de la cual podemos contemplar cómo era la vida en el Belvedere, y comprobar el vivo contraste que existe entre este relato y esa otra narración sobre las fechorías de los aprendices que tuvo a Salai como protagonista veinticinco años antes. En este caso no hay ni guiños de afecto ni exasperación fingida. Leonardo está verdaderamente enfadado, un tanto trémulo incluso, aunque tampoco se priva de aplicar alguna que otra pincelada de humor sardónico. Así es como nos lo cuenta:

> Lamento profundamente no haber podido satisfacer los deseos de Vuestra Excelencia debido a las maldades de ese impostor alemán, a quien había tratado de complacer en todo lo posible. Primero me ofrecí a darle hospedaje y pensión, pues de esa forma me sería más fácil supervisar su trabajo y corregir con mayor comodidad sus errores, mientras él aprendía a hablar italiano y a expresarse con desenvoltura sin necesidad de un intérprete. Desde un primer momento se le abonó su asignación por adelantado, algo que sin duda él negaría si no fuera porque tengo un documento que lo atestigua, suscrito con mi firma y con la del intérprete.

(El montante de esa asignación estaba también en litigio; una entrada contable sin fecha que figura en los archivos vaticanos demuestra que Giorgio recibía una asignación de 7 ducados al mes, pero, según nos cuenta Leonardo, el ayudante «aseguraba que se le habían prometido 8»).[46]

Pronto surgen sospechas de que Giorgio tiene un comportamiento desleal y practica un doble juego:

> Primero me pidió unos modelos en madera iguales a los que se iban a acabar en hierro, diciendo que eran para llevárselos a su país. Yo me negué y le dije que en su lugar le daría un dibujo con la anchura, la longitud, la altura y la forma de lo que tenía que hacer. Y por este motivo seguimos enemistados.
>
> Luego resultó que en su dormitorio se había habilitado otro taller, con sus correspondientes tornos y herramientas, donde trabajaba para otros clientes. Después del trabajo se iba a comer con los guardias suizos, entre los que hay mucho holgazán, aunque ninguno que pueda comparársele. Cuando terminaban, él y otros dos o tres cogían las armas y se estaban hasta el anochecer cazando pájaros entre las ruinas. Y siempre que le mandaba a Lorenzo para que le apremiara a volver al trabajo, decía que no quería tener tantos maestros dándole órdenes y que él sólo trabajaba para el guardarropa de Vuestra Excelencia. Así fueron las cosas durante dos meses, y así siguieron, hasta que un día me encontré con Gian Niccolò, el del Guardarropa, y al preguntarle yo si el alemán había terminado ya su trabajo para el Magnífico, me dijo que no sabía de qué le estaba hablando porque lo único que había hecho era darle dos armas para que se las limpiaran.
>
> En vista de que apenas aparecía por el taller y de la gran cantidad de comida que consumía, le mandé recado diciéndole que si le parecía bien podíamos hacer un trato separado por cada pieza que ejecutara, y que yo le pa-

garía la cantidad que ambos estimáramos justa. Pero él, tras consultarlo con sus colegas, dejó los aposentos que aquí tenía y lo vendió todo.

No obstante, Giorgio, el gandul y huraño aprendiz, no es el malo de la historia. Leonardo reserva tal distinción para otro alemán, al que llama Giovanni degli Specchi, Juan (o Johann) de los Espejos.[47] Ha sido su mala influencia la que ha corrompido a Giorgio:

> Ese alemán, Giovanni, el fabricante de espejos, andaba siempre por el taller con la intención de enterarse de lo que hacíamos para luego pregonarlo a los cuatro vientos y criticar todo aquello que no comprendía ... Por fin descubrí que era ese tal Maestro Giovanni, fabricante de espejos, quien tenía la culpa de todo esto [es decir, del comportamiento de Giorgio], y ello por dos razones: primero porque decía que desde que yo llegué se había visto privado de la conversación y el favor de Vuestra Señoría, y segundo, porque pensaba que los aposentos del forjador [Giorgio] le vendrían muy bien para trabajar en sus espejos, lo cual sin duda es cierto, pues además de convertirlo en mi enemigo logró convencerlo de que vendiera todo cuanto tenía y le dejara el taller que es donde ahora trabaja con una serie de ayudantes, fabricando gran cantidad de espejos para venderlos en las ferias.

Los espejos que aparecen en este serial de celos profesionales están relacionados con un ambicioso proyecto que por aquel entonces se hallaba en marcha en el taller de Leonardo. Había encontrado un nuevo tema o, si se prefiere, un nuevo sueño: la energía solar y, más concretamente, la canalización del calor del sol mediante espejos parabólicos:

> Los rayos reflejados por un espejo cóncavo poseen un brillo igual al que posee el sol en el lugar que le es propio ... Y a quien me diga que el espejo es frío y que no puede lanzar rayos cálidos, le responderé que el rayo, por provenir del sol, tiene que asemejarse a su causa, y que puede atravesar cualquier medio que uno quiera hacerlo atravesar. Cuando el rayo del espejo cóncavo atraviesa las ventanas de los hornos metálicos tampoco se calienta más.[48]

La alusión a los hornos demuestra que el experimento estaba destinado a una aplicación industrial. Tal vez aquellas «gafas azules» adquiridas cuando pasó por Florencia tengan que ver con estas investigaciones, pues, como luego señala, el ojo humano no puede «mirar fijamente el resplandor del cuerpo solar»; los rayos del sol «lanzan contra el ojo tal fulgor que éste no es capaz de soportarlo». Al igual que sucedía con los dibujos de *El Diluvio,* Leonardo parece enfrentarse con las fuerzas primigenias de la Naturaleza, conectándose a una fuente de una energía pura pero muy peligrosa. Como ya escribiera muchos años antes: «Por qué acudir al pozo, pudiendo beber directamente de la fuente».[49]

Hacía por lo menos siete años que Leonardo estaba interesado en el aprovechamiento del calor solar; en el Códice Arundel, por ejemplo, se conservan algunos diseños de espejos ustorios, entre ellos uno bajo el cual escribe: «Éste es el espejo de fuego».[50] El principio de los espejos ustorios era en realidad bastante antiguo: Arquímedes lo había utilizado con excelentes resultados contra el ejército romano que asediaba Siracusa y también se empleaba, a un nivel más pedestre, como fuente de calor para los procesos de soldadura. El propio Verrocchio, de hecho, pudo haberlos utilizado, pues en una nota de su cuaderno romano, Leonardo escribe: «Recuerda las soldaduras de la bola de Santa Maria del Fiore», rememorando aquella vertiginosa jornada que había pasado en la linterna de la catedral de Florencia hacía más de cuarenta años.[51] Pero el proyecto romano parece ser más complejo y de una envergadura mucho mayor, y es probable que la presencia de Giovanni, el fabricante de espejos, tenga relación con él. En unas apresuradas notas redactadas en papel azul, Leonardo describe una estructura «piramidal» mediante la cual se puede concentrar «en un solo punto una cantidad de energía» que permita elevar hasta el punto de ebullición el agua de «una cuba calefactora como las que se emplean en las fábricas de tintes». (Añadiendo a renglón seguido el anticlimático comentario de que ese mismo mecanismo puede emplearse para calentar una piscina, lo cual nos recuerda que Leonardo tenía una clientela que satisfacer). Estas estructuras de espejos de múltiples facetas tenían también una aplicación en la astronomía: «Para poder ver la auténtica naturaleza de los planetas, quita la cubierta y sitúa un planeta en la base del dispositivo; el movimiento reflejado desde la base te describirá las propiedades de dicho planeta». Lo que parece anticiparse aquí es el principio del telescopio reflectante de Newton; de hecho, la nota viene acompañada del esquema de un artilugio que sin duda recuerda a un telescopio.[52]

En el Belvedere dispone también de un laboratorio donde se dedica a elaborar misteriosos tratamientos químicos. Hay fórmulas para la preparación de un barniz que impedirá que las superficies de los espejos se empañen o pierdan su lustre; también para una enigmática sustancia a la que llama «fuego de yeso» (ignea di gesso), «compuesta de Venus y Mercurio» (es decir, cobre y azogue, si bien el término «Mercurio» podría aludir igualmente al esotérico «fuego secreto», el ignis innaturalis de los alquimistas).[53] El laboratorio que algunos años más tarde tendrá Zoroastro en Roma (una chimenea reconvertida en un horno de ladrillo «donde destilamos y separamos los elementos de todo», con una mesa «llena de cacharros y matraces de todo tipo, y pasta seca y barro y pez y cinabrio») nos permite hacernos una idea de cómo era la escena del Belvedere y vis-

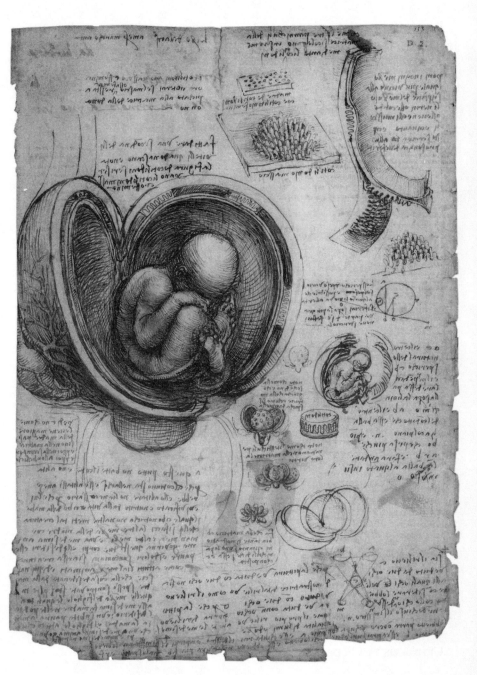

Estudios embriológicos, una posible fuente de polémica en Roma.

lumbrar a Leonardo en su faceta de mago y adepto (o de inventor demente, que era como debían de verlo muchos en Roma), con su luenga barba gris, sus gafas azules y su artilugio secreto para atrapar la luz solar.

Pero, en medio de todo ello, seguía quedándole tiempo para ocuparse de sus investigaciones anatómicas y para realizar la que sería su última disección, que debió de tener lugar en el célebre hospital romano del Santo Spirito. Al parecer, la inquina de Giovanni también le persiguió en este campo: «Ha tratado de obstaculizar mis investigaciones anatómicas denunciándome ante el pontífice y el hospital», se queja Leonardo.

En este caso concreto, la fuente de la polémica debieron de ser sus investigaciones embriológicas. Aunque el famoso estudio de Windsor que muestra un feto en el útero suele datarse en los últimos años milaneses, durante su estancia romana añadió a él una serie de dibujos y notas en los que se tocaba un punto teológico extremadamente delicado: el alma de los nonatos. Según escribe Leonardo, el feto es una «criatura» subordinada enteramente tanto al cuerpo como al alma de la madre: «Una misma alma gobierna ambos cuerpos y comparte sus deseos, temores y tristezas con los de esa criatura, del mismo modo que ocurre con todas las demás partes animales [de la madre]».[54] Así pues, cuando una mujer embarazada fallecía, su hijo nonato carecía de un alma que hubiera que salvar. En la Roma de 1515 este tipo de ideas olían al herético postulado aristotélico según el cual el alma tenía una composición material y moría con el cuerpo. Por esa misma época, los teólogos papales estaban consolidando sus posiciones para hacer frente a esta y otras herejías —las obras aristotélicas de Pietro Pomponazzi fueron quemadas en 1516—,[55] y es probable que esas murmuraciones del hombre de los espejos, que al llegar a oídos papales lograron «obstaculizar» las investigaciones anatómicas de Leonardo, tuvieran que ver con ello.

También Vasari recogió la idea de un Leonardo poco ortodoxo en materia teológica: «Era un hombre de una mentalidad muy herética. No se conformaba con ningún tipo de religión y se consideraba a sí mismo más filósofo que cristiano». Vasari incluyó este comentario en la primera edición de 1550, aunque acabó suprimiéndolo en la segunda, considerando tal vez que era crítico en exceso.

ÚLTIMA VISITA A FLORENCIA

El comentario jocoso del papa sobre los hábitos de trabajo de Leonardo tiene un regusto sombrío. *Comincia a pensare alla fine...* Empieza a pensar en el final.

El 8 de octubre de 1515, Leonardo se inscribió en la Cofradía de San Juan de los Florentinos, cuya sede se encontraba en la ribera del Tíber opuesta al Vaticano. Fueron varios los motivos que pudieron impulsarle a tomar esa decisión: un resurgimiento de su identidad florentina, un postrer rebrote de religiosidad o simplemente el deseo de garantizarse un entierro decente. Una de las funciones de estas asociaciones laicas era precisamente ocuparse de los entierros: eran *confraternità della buona morte*, dedicadas a proporcionar socorro mutuo en caso de enfermedad y honras fúnebres en caso de fallecimiento. La decisión de Leonardo —a la que acompañan algunos detalles bastante curiosos— quedó recogida así en las actas de la Cofradía:

> El novicio Leonardo da Vinci, pintor y escultor, obtuvo el voto favorable de la comisión por una mayoría de 3 alubias negras, siendo luego corroborada su admisión por el conjunto de los miembros de la cofradía por una mayoría de 41 alubias negras y 2 blancas. Su candidatura fue propuesta por el Maestro Gaiacqo, médico, que actuó asimismo como garante de la cuota de inscripción.

No obstante, en una nota posterior sin fecha que figura en el libro de contabilidad de la Cofradía, el cofrade mayor propone que se anule la inscripción de Leonardo —*mettere nel buondì*, literalmente que «se le den los buenos días»— por no haber abonado a tiempo la cuota de inscripción.[56]

El impago de la cuota probablemente no se debiera a un cambio de opinión sino a razones meramente circunstanciales. Sabemos que en octubre de 1515 Leonardo dejó Roma como parte del séquito papal que marcha a Florencia primero y luego a Bolonia, donde estaba previsto que se celebrara un encuentro histórico entre el papa y el nuevo monarca francés, Francisco I (reciente vencedor de los renacidos Sforza en la batalla de Marignano): una reunión entre dos superpotencias cuyo objetivo era consolidar una alianza que inauguraría —así al menos lo vendía el papa— un nuevo periodo de «paz para la Cristiandad». Burlas desdeñosas, estudios entorpecidos: la tensión estuvo siempre presente en las relaciones que Leonardo mantuvo con aquel papa cuyo humor socarrón y gruesas facciones contrastaban tan vivamente con la figura quijotesca de Giuliano. Pero, a pesar de ello, ahí lo tenemos, formando parte de la comitiva papal y contento de dejar Roma durante un tiempo.

Viajaron primero al antiguo puerto de Civitavecchia. A este momento deben de corresponder unas notas de Leonardo sobre aquel venerable puerto: «4 brazos de largo, 2 y medio de ancho, 2 y un cuarto de profundidad; tales son las dimensiones de las piedras que se hallan en el frente del rompeolas del puerto de Civitavecchia».[57] A pesar de los achaques que sufre aquel año, su curiosidad se mantiene intacta.

El 30 de noviembre la caravana papal llegó a Florencia, donde el pontífice florentino realizó una entrada triunfal. Entre los testigos de tan festivo acontecimiento se hallaba el boticario Luca Landucci: «Todos los ciudadanos principales fueron a recibirle en procesión, entre ellos no menos de cincuenta jóvenes de las más ricas e influyentes familias, que marchaban a pie ataviados con unos magníficos ropajes color púrpura con cuellos de pieles y provistos de una especie de pequeñas lanzas plateadas: un espectáculo digno de verse».[58] La comitiva discurrió bajo un arco triunfal cuadrifronte, una de las construcciones efímeras erigidas para la ocasión. Leonardo lo dibujó en una hoja, en cuya parte superior aparecen tres palabras escritas con la caligrafía de Melzi: *illustrissimo signor magnifico*, es decir, Giuliano de Medici, con quien Leonardo iba a reunirse ahora.[59]

Uno de los grandiosos proyectos ideados por los propagandistas papales consistió en convocar a una serie de artistas y arquitectos para que debatieran acerca de la reforma urbanística de Florencia y, más concretamente, sobre la remodelación del barrio mediceo, el entorno del antiguo Palazzo Medici de la via Larga y la iglesia de San Lorenzo, que era donde se encontraban las capillas de los Medici. Pintores, arquitectos, escultores, tallistas y decoradores habían sido informados de las intenciones del papa. Delante de San Lorenzo y del Duomo se levantaron maquetas de madera, de tamaño natural, de las nuevas fachadas. El proyecto de Leonardo para la fachada de San Lorenzo puede verse en un dibujo que se conserva en la Academia veneciana. Como no podía ser menos, no se contenta con diseñar la fachada, sino que realiza una transformación completa de todo el entorno, ampliando y alargando la plaza adyacente para situar la iglesia remozada en un marco escenográfico. Otro boceto del proyecto contempla la demolición de las viviendas situadas delante de la iglesia para formar una extensa *piazza* que se prolongará hasta la via Larga, donde el muro lateral del Palazzo Medici pasará a convertirse en una fachada con vistas a la nueva plaza.[60] El proyecto de Leonardo va trazando una senda de destrucción que recorre las viejas calles y barrios de su juventud; los motivos sin duda son de orden puramente práctico y arquitectónico, pero no es difícil suponer que la idea de convertirse en el artífice de la modernización medicea le divertía: también él, como su amigo Bramante, era ahora el *Maestro Ruinante*.

Durante la semana que pasó la corte papal en Florencia, León X presidió un cónclave de cardenales en la sala del Consejo del Palazzo Vecchio, donde aún podía verse el grandioso fragmento de *La Batalla de Anghiari* de Leonardo. Es probable que el artista se hallara presente. Cuarenta años más tarde, el gran duque Cosme I de Medici encargó a Vasari que pintara el enorme ciclo de frescos que hoy cubren sus muros —una decisión polémica, debido a la espectral presencia del fresco de *Anghiari*—y entre las escenas que se incluyeron figuraba una representación del dinástico encumbramiento de un papa Medici en el mismo corazón del poder político florentino. Al fondo de la escena figura un grupo de cuatro hombres, que Vasari explica de la siguiente manera:

> Los he pintado de tamaño natural para que se los pueda reconocer y los he situado al fondo para que se diferencien claramente de los miembros del consistorio; son el duque Giuliano de Medici y el duque Lorenzo, su sobrino, a los que se ve conversando con dos de los más grandes genios de su tiempo: uno de ellos, el anciano de la ensortijada cabellera blanca, es Leonardo da Vinci, el gran maestro de la pintura y la escultura, al que se muestra hablando con el duque Lorenzo, que se encuentra de pie junto a él; el otro es Miguel Ángel Buonarroti.[61]

No deja de resultar irónico que este pequeño agrupamiento trate de reconciliar a los dos artistas en el mismo lugar donde se había iniciado su rivalidad, consagrándolos como las dos estrellas gemelas del arte patrocinado por los Medici. El retrato de Leonardo es un mero estereotipo —se basa en el perfil de Melzi, que Vasari había visto en Vaprio—,[62] pero sirve como testimonio popular de aquella visita de Leonardo a Florencia que, por lo que sabemos, habría de ser la última.

Hacia el 7 de diciembre de 1515, la comitiva pontificia se puso en camino hacia Bolonia. Fue allí donde el papa y Francisco I conferenciaron y fue allí también donde Leonardo iba a conocer al que sería el último y el más ferviente de sus patronos. El nuevo monarca contaba veintiún años, era inmensamente alto, muy carismático y por aquel entonces debía de tener muy alta la autoestima tras haber aplastado a los mercenarios suizos de los Sforza en Marignano. Tenía una nariz enorme y una reputación amorosa que no le iba a la zaga: «Es muy lascivo y gusta de visitar los jardines ajenos para beber de distintas aguas», según expresión de Antonio de Beatis. Su lema era *Nutrisco et extinguo*, «Yo nutro y yo extingo». Sin duda, el rey sabía del gran Leonardo: conocía las pinturas que en tan alta estima había tenido su suegro, Luis XII; *La Última Cena,* que habría visto en la reconquistada Milán, y también aquel ingenioso león mecánico que había actuado en su presencia durante los triunfales festejos celebrados en julio en Lyón. De ese modo, Leonardo vuelve a verse arrastrado hacia la órbita francesa, lo que para él significa contar con un mecenazgo respaldado por un poder soberano que no tenía parangón en Italia y gozar de una apreciación cultivada que no siempre le habían mostrado sus señores italianos. Entre los cortesanos franceses presentes en Bolonia se encontraba un tal Artus Boissif, del que Leonardo realizó un retrato a sanguina el 14 de diciembre junto al que figura la siguiente anotación de Melzi: «Retrato de M. Artus, chambelán del rey Francisco I, durante la reunión con el papa León X».[63]

El 17 de diciembre, el papa abandonaba Bolonia; la prepotencia de Francisco I le había resultado un tanto enervante y tampoco había logrado aplacarle del todo la concesión regia de un ducado a Giuliano de Medici, que ahora pasaba a convertirse en duque de Nemours. Giuliano, sin embargo, no iba a tener mucho tiempo para disfrutar de su nuevo título: el 17 de marzo de 1516, tan sólo tres meses más tarde, moría de tisis a la edad de treinta y siete años.[64] Leonardo prolongaría su estancia en Roma durante unos pocos meses dedicado a unas actividades de las que nada sabemos y con su vida una vez más en proceso de cambio. Unas mediciones para la basílica de San Paolo Fuori, fechadas en agosto de 1516, constituyen el último testimonio de su presencia en Italia.[65]

Maistre Lyenard

Leonardo debió de tomar la decisión de marchar a Francia antes de que concluyera el verano de 1516, pues conocía muy bien las dificultades que presentaba el cruce de los Alpes una vez pasado el otoño. No conservamos ni un solo llamamiento o súplica al respecto: ningún despacho diplomático, ningún alambicado salvoconducto. El encuentro con el monarca en Bolonia y el fallecimiento de Giuliano parecen haber sido el preámbulo y, de pronto, un buen día, la decisión ya estaba tomada. De ese modo, entre los meses de agosto y septiembre, a los sesenta y cuatro años de edad, Leonardo emprende el viaje más largo de su vida.

De camino probablemente hizo una parada en Milán. Salai se quedó allí para ocuparse de la casa del viñedo; la propiedad, que era ya un asunto de su exclusiva incumbencia, acabaría siéndole legada formalmente en el testamento de Leonardo.[66] Desde Milán, escoltado tal vez por algunos emisarios enviados por el rey y acompañado por Melzi y un sirviente milanés llamado Battista de Vilanis, Leonardo se dirige hacia el norte para adentrarse en las montañas. Una nota del Códice Atlántico parece haber sido escrita durante esta parte del trayecto: «El río Arna en Ginebra, adentrado un cuarto de kilómetro en territorio de Saboya, donde se celebran las ferias».[67]

A finales de año se encuentra ya instalado en el valle del Loira junto al baluarte real de Amboise, prestando sus servicios al monarca francés y dotado de una generosa asignación de 1,000 escudos anuales. En el Archive Nationale de París se conserva un libramiento de los pagos correspondientes a dos años: *A Maistre Lyenard de Vince, paintre ytalien, la somme*

Francisco I de Francia, h. 1515-1520.   *La mansión de Cloux (hoy Clos Lucé).*

de 2,000 écus soleil, pour sa pension di celles deux années.[68] En ese mismo documento se denomina a Leonardo de forma oficial «pintor del rey».

Su relación con Francisco I fue muy provechosa. El joven monarca, que sentía por Leonardo una mezcla de fascinación y temor reverencial, era extremadamente generoso. Muchos años después, el escultor florentino Benvenuto Cellini, que también estuvo al servicio de Francisco I, obtuvo del propio monarca la siguiente evocación:

> Como era un hombre dotado de tan gran talento y además poseía ciertos conocimientos de latín y griego, el rey Francisco quedó gratamente prendado *[innamorato gagliardissimamente]* de las muchas virtudes de Leonardo, y llegó a ser tan de su gusto oírle disertar que eran pocos los días del año en que estaba lejos de él, siendo ésa una de las razones que impidieron a Leonardo concluir aquellos admirables estudios a los que se había aplicado con tan gran disciplina. No puedo resistir la tentación de repetir las palabras que le oí decir al rey acerca de él. Dijo que no creía que hubiera existido jamás un hombre que supiera tanto como Leonardo, no sólo por sus conocimientos de escultura, pintura y arquitectura, sino por ser además un grandísimo filósofo.[69]

Pero quizá el mejor regalo que recibió del monarca no fuera ese salario tan generoso sino el lugar que le asignó como vivienda. La última dirección de Leonardo fue la coqueta mansión de Cloux (hoy Clos Lucé), una residencia campestre situada un kilómetro al sur del imponente castillo de Amboise. Por entonces aún era bastante nueva; Estienne Leloup, alguacil mayor de Luis XI, la había mandado construir a finales del siglo XV. La mansión había servido de alojamiento a varios inquilinos ilustres, entre ellos, el conde de Ligny, a quien Leonardo había conocido en Milán en 1499. El edificio, una construcción de ladrillo rojo y pizarra, se levanta sobre un terreno ligeramente inclinado y se encuentra resguardado tras un extenso muro que aún conserva una torre vigía y un pequeño puesto artillero: dos vestigios de su antigua condición de casa fuerte. En la parte superior del muro defensivo se inserta una larga galería que forma una especie de logia. Al norte de la casa, las cuadras y los talleres componen una estructura en forma de *L* que da lugar a un patio cerrado en tres de sus lados. En el cuarto lado, el occidental, el terreno cae abruptamente. En esa zona se encuentran los huertos y, algo más abajo, un estanque cubierto permanentemente por un manto de verdor.

La casa de entonces era algo más pequeña que la de ahora —las dependencias situadas al oeste del chapitel central son un añadido del siglo XVIII—, pero lo más probable es que la disposición del ámbito central apenas haya cambiado desde los tiempos de Leonardo. Se accede al interior por una puerta abierta en el muro meridional junto a una pequeña capilla, construida para Ana de Bretaña, la esposa de Carlos VIII.[70] La gran sala de la planta baja era el lugar donde comían los de la casa y se recibía a las visitas; contigua a ésta se encuentra la cocina, que tiene un suelo de terracota, varios fogones y una serie de argollas de hierro en una viga travesera para colgar de ellas las carnes y la caza. A la derecha de la entrada se alza una amplia escalera, cuyo último rellano da a dos grandes estancias. La que se encuentra sobre el comedor parece haber sido el estudio de Leonardo. Las ventanas están orientadas al noroeste y desde ellas se divisan a lo lejos las torretas y los chapiteles del castillo, unas arboledas e incluso un espacio despejado en la zona próxima al río: es la misma vista que aparece en un delicado dibujo al carboncillo de la colección Windsor que seguramente sea obra de Melzi.[71] Según se cree, la estancia situada sobre la cocina fue el dormitorio de Leonardo, probablemente también la habitación donde murió.

Se trata de una vivienda apacible, cómoda y con cierto empaque. Es espaciosa sin llegar a resultar monumental y solemne. Hasta sus chapiteles, un remedo en miniatura de los del cercano castillo, tienen un cierto aire juguetón. Amplias chimeneas, vigas de roble, ventanas iluminadas por la suave luz de la Touraine, aroma a humo de leña: todo contribuye a convencernos de que Leonardo vivió estos años crepusculares en una atmósfera de sosiego y tranquilidad. La cesión de la casa debía de incluir también a su ama de llaves y cocinera, una mujer llamada Mathurine. En la única referencia que tenemos de ella, una mención en el testamento de Leonardo, aparece como Maturina; pero del testamento se conserva sólo una copia italiana, en que los demás nombres franceses aparecen italianizados, y es más probable que fuera una lugareña que una italiana (a no ser, claro está, que con los años La Cremona se hubiera convertido en La Maturina). En todos los libros franceses dedicados a la figura de Leonardo —de los que hay una muy extensa y digna tradición—, su nombre es invariablemente Mathurine, lo que certifica el inequívoco carácter francés de la cocina de los últimos años del maestro.

Una vez instalado, Leonardo se aplica de nuevo a organizar sus manuscritos y dibujos, y, aunque Beatis nos asegure que ya no pintaba, a seguir produciendo más de unos y otros. Como siempre, anda a la busca de libros; dos de ellos aparecen en una nota escrita con la letra de Melzi: uno es «Egidius Romanus, *De informatione corporis humani in utero matris [De la formación del cuerpo humano en el útero materno]*», una obra publicada en París en 1515; y el otro «una edición impresa de la obra de Rugieri Bacon»:[72] el gran exégeta inglés Roger Bacon, una especie de Leonardo oxoniense del siglo XIII que también se planteó la posibilidad de que los hombres pudieran volar. Con el buen tiempo es fácil imaginarse a Leonardo acudiendo a la ciudad o bajando al río para hacer algún bosquejo del curso del Loira (él lo escribe el «Era») a «su paso por Anbosa».[73] Su ortografía desde luego no se ha aclimatado en absoluto. Como suele decirse, el expatriado es extranjero en dos países: en el que vive y en el que dejó atrás.

LA VISITA DEL CARDENAL

El otoño es la mejor estación para visitar el valle del Loira. No es de extrañar por tanto que a primeros de octubre de 1517 llegara a Amboise un grupo de distinguidos turistas italianos. El cardenal Luis de Aragón era nieto del rey de Nápoles y primo de Isabel de Aragón, la antigua vecina de Leonardo en la Corte Vecchia de Milán. Era un hombre de rostro chupado que rondaba ya los cuarenta años; en el Prado madrileño se conserva una obra de Rafael que tal vez sea un retrato suyo. Tras la muerte de Julio II en 1513 había aspirado al solio pontificio, y aunque sus esperanzas se habían visto defraudadas por la elección de León X, siguió unido al nuevo pontífice: básicamente porque se le había hecho creer que el papa acabaría nombrándole rey de Nápoles. Leonardo pudo haberlo conocido en Roma, donde era famoso por su espléndida hospitalidad y por la belleza de su amante, la cortesana Giulia Campana, de la que tuvo una hija de nombre Tullia.

Pero sobre él recaía un cargo bastante más grave: se pensaba que había ordenado el asesinato de su cuñado, Antonio da Bologna, e incluso el de su propia hermana, Giovanna, duquesa de Amalfi, que a principios de 1513 había desaparecido sin dejar huella. No es del todo imposible que Leonardo estuviera al tanto de estos asuntos; Antonio da Bologna estuvo en Milán en 1512 y fue allí donde lo asesinaron al año siguiente. Como es bien sabido, ésta es la historia que cuenta John Webster en su tragedia *La duquesa de Malfi*, en la que Luis («El Cardenal») desempeña un siniestro papel. Webster basó su obra en una versión inglesa de una *novella* de Matteo Bandello, aquel muchacho que había visto trabajar a Leonardo en *La Última Cena*.[74]

El cardenal regresaba entonces de un largo periplo europeo motivado en parte por el deseo de distanciarse de una conspiración contra el papa León que había tenido lugar el año anterior, y en parte también para reunirse con Carlos V, el nuevo rey de España; el encuentro entre ambos había tenido lugar en Middelburg, una localidad de la costa holandesa. Los espías ingleses allí destinados observaron los acontecimientos con recelo. En los informes que mandaron al cardenal Wolsey se mencionaba la ostentación con que había llegado Luis de Aragón a la corte de Carlos, el séquito de cuarenta jinetes que le acompañaba, el descuido con que colgaba de sus hombros la púrpura y la espada que llevaba al cinto: «Vuestra Gracia puede imaginarse la clase de hombre que es [...] la profesión de dicho cardenal es la de señor temporal más que espiritual».[75] De ahí, el cardenal siguió hacia el sur, cruzando Francia. Entre los miembros de la expedición se encontraba su capellán y secretario, Antonio de Beatis, cuyo locuaz diario de viaje constituye la fuente de lo que se narra a continuación.[76]

El 9 de octubre se hallaban en Tours («Turso»), y, luego, tras un almuerzo temprano, siguieron ruta hacia Amboise, que queda «a siete leguas de distancia». A Beatis le parece «una villa pequeña y bien cuidada, con un excelente emplazamiento». Se alojan en el castillo, que se levanta sobre un pequeño «altozano». El recinto «no está muy fortificado, pero las estancias son cómodas y tiene unas vistas magníficas». Al día siguiente, 10 de octubre, acuden a «uno de los arrabales» de la villa «para ver a messer Lunardo Vinci, el florentino». Da un poco la impresión de que Leonardo es una atracción turística más que el cardenal *no* puede perderse.

Rafael: Retrato de un cardenal; *posible mente Luis de Aragón.*

El breve pero vívido relato que hace Beatis de su visita a Clos Lucé será la última instantánea que tengamos de Leonardo. Sin embargo, empieza con un error: describe al maestro como «un anciano de más de setenta años»; una apreciación que puede que también tenga algo de turística. Esa exageración le confiere un pintoresquismo aún más venerable, aunque podría tomarse asimismo como el testimonio de un testigo presencial al que Leonardo pareció algo más mayor de lo que en realidad era (tenía sesenta y cinco años). El relato prosigue de la siguiente manera:

Enseñó tres cuadros a Su Señoría, un retrato de cierta dama florentina, pintado del natural a instancias del difunto Magnífico Giuliano de Medici, otro de un San Juan Bautista joven y un tercero de la Virgen y el Niño en el regazo de Santa Ana, todos ellos perfectísimos [*perfettissimo,* también podría indicar «totalmente acabados»). No obstante, ya no podemos esperar de él ninguna otra gran obra, pues tiene la mano derecha paralizada. A su lado se encuentra un discípulo al que ha formado y que trabaja muy bien. Y aunque el Maestro Leonardo ya no puede colorear con aquella dulzura que le era propia, aún sigue dibujando y enseñando a otros. Este gentil caballero tiene muchos escritos de anatomía que ha ilustrado con numerosos dibujos de las partes del cuerpo, tales como los músculos, los nervios, las venas o las marañas intestinales, y es ésta una forma de comprender el cuerpo de los hombres y las mujeres que hasta ahora nadie había intentado. Todo esto pudimos verlo con nuestros propios ojos. Y, según nos contó, para realizarlos había diseccionado más de treinta cuerpos de hombres y mujeres de todas las edades. También ha escrito, como él mismo dijo, un sinfín de volúmenes sobre la naturaleza de las aguas, sobre diversos tipos de máquinas y sobre varias otras cosas más, todos ellos en lengua vulgar; y si estas obras vieran la luz resultarían sin duda tan útiles como placenteras. Además de los gastos y el alojamiento, ha obtenido del rey de Francia una pensión de 1,000 escudos al año para él y otros trescientos para su discípulo.

La mirada repasa una y otra vez esta página, analizándola casi con lupa, para tratar de captar en ella cualquier rastro de realidad documental, para sentir el escalofrío de una presencia. Ahí mismo, justo al otro lado del texto, se encuentran los que estuvieron físicamente en su compañía: «Todo esto pudimos verlo con nuestros propios ojos», *oculatamente.*

Tras las cordialidades de rigor en el vestíbulo, tras el refrigerio que ha servido Mathurine, y el breve interludio sacro en la capilla —pese a su patente mundanidad estos visitantes son clérigos—, los invitados son conducidos escaleras arriba hasta ese sanctasanctórum que es el estudio de Leonardo; una vez allí, envueltos en una luz otoñal reforzada por las velas, escuchan las explicaciones y las descripciones que les va dando Leonardo en un tono en el que se advierte una mezcla de innata cortesía y rotundidad magisterial. Ahora contemplan la *Mona Lisa;* algo les cuenta, sí, pero no todo. Es una dama florentina; la pintó a petición —no, tuvo que ser algo más imperativo, *a instantia*— del difunto Magnífico Giuliano. Observan las suaves tonalidades de *La Virgen y el Niño con Santa Ana* y el sensual *San Juan;* luego vienen las grandes láminas de los dibujos anatómicos, que el indispensable Melzi se ocupa de ir pasando; por un instante los visitantes sienten un escalofrío ante la proximidad de ese anciano de aspecto gentil cuyas manos han desmembrado cuerpos y desenroscado intestinos: «más de treinta cuerpos de hombres y mujeres de todas las edades»; sí, tal vez se fuera de la lengua. Beatis concede especial relevancia a estas proezas anatómicas, que le parecen algo único —«que hasta ahora nadie había intentado»—, una valoración que tal vez sea una cita o, cuando menos, un reflejo de las palabras que el propio Leonardo dirigió a sus huéspedes.

Pero hay más libros; los que tratan del agua o de las máquinas. Beatis comenta que están escritos «en lengua vulgar» y que deberían ver «la luz» (con lo cual es de suponer que quería decir que tenían que ser publicados). Sin embargo, pasa por alto uno de sus aspectos más atípicos. Es una extraña omisión: la escritura especular de Leonardo no era algo tan conocido como para que no valiera la pena mencionarlo; este detalle plantea la incógnita de si Beatis llegó a ver algún texto que estuviera escrito de ese modo.[77] En cualquier caso, lo más probable es que Leonardo sólo enseñara a sus invitados una serie de hojas y páginas muy concretas: aquellos dibujos que estuvieran más acabados. Es perro viejo: su taller ha recibido cientos de visitas como ésta. Afecta un aire despreocupado, pero sólo les enseña lo que él quiere que vean; el resto es una suerte de oculto país de las maravillas al que puede aludir con un vago gesto de su mano sana: esos manuscritos y cuadernos, esos *libri* y *libricini* que se amontonan sobre las mesas y los estantes de su taller o, como él mismo dice, ese «sinfín de volúmenes». Detrás de esa expresión se aprecia una conmovedora mezcla de orgullo y autorreproche; Leonardo paladea la ironía de la frase que se le ha ocurrido, una frase cuya miga se le hace patente cuando contempla las toneladas de papel y de tinta que ha creado, la inmanejable multiplicidad de sus indagaciones, las distancias imposibles que ha de cubrir el vuelo de su mente para abarcarlo todo.

«Un sinfín de volúmenes...»

Y, al oír aquellas palabras, el joven Melzi, que dará fe de su devoción por Leonardo dedicando más de medio siglo a la tarea de preservar su legado, esboza una amarga sonrisa.

Las visitas se despiden, muy satisfechas, y esa misma noche el meticuloso Beatis lo anota todo en su diario (eso al menos es lo que cabe suponer, pese a que el manuscrito que hoy conservamos sea una copia en limpio realizada en un momento posterior a la fecha de la última entrada del diario, el 31 de agosto de 1521). Al día siguiente continúan su camino hacia Blois [«Bles»], otra residencia real, donde ven «un retrato al óleo de cierta dama lombarda, realizado del natural; una mujer bastante hermosa aunque en mi opinión no tanto como la Signora Gualanda». Probablemente se trate del retrato de Lucrezia Crivelli que hizo Leonardo y que hoy cuelga en el Louvre: la obra pudo haber sido trasladada al castillo que Luis XII tenía en Blois después de que los franceses tomaran Milán en 1499; por aquel entonces aún no habría adquirido el desacertado título de *La Belle Ferronnière*. Isabella Gualanda, por su parte, fue la famosa beldad napolitana, amiga de la poetisa Costanza d'Avalos, que en ningún caso pudo ser la «auténtica» modelo de la *Mona Lisa,* pues de haberlo sido Beatis lo habría señalado cuando vio el cuadro el día anterior.

Como es natural, lo que a uno le gustaría hacer es coger a Beatis de las solapas y zarandearle hasta que contara más cosas: todo aquello que debió de ver y sentir pero que prefirió guardarse para sí. ¿Era todavía Leonardo un hombre alto o estaba ya menguado? Su voz —aquella voz que en tiempos cantara admirablemente al son de una *lira*— ¿seguía siendo sonora o había adquirido ya un timbre trémulo? También habría que preguntarle por qué el hecho de que tuviera la mano derecha «paralizada» impedía al maestro, un hombre zurdo, seguir pintando. ¿Cabe intuir una incapacidad más general en la frase que viene a continuación —«ya no puede colorear con aquella dulzura que le era propia»—, tal vez una pérdida técnica más que una limitación física?

Lo que Beatis no menciona puede compensarse en parte acudiendo de nuevo al famoso autorretrato a sanguina de la Biblioteca Reale de Turín, donde podemos ver el aspecto que debía de tener Leonardo por esta época: un hombre de unos sesenta y cinco años pero que, tal y como dice Beatis, parece «un anciano de más de setenta». En el imaginario popular éste es el autorretrato definitivo de Leonardo, el que ha fijado en nuestras mentes esa imagen suya como una especie de druida. Algunos historiadores del arte, sin embargo, tienen sus dudas y señalan que tanto el estilo como la técnica empleada parecen apuntar a una fecha más temprana. Podría ser un retrato de su padre dibujado poco antes de que se produjera el fallecimiento de Ser Piero en 1504; tal vez un dios o un filósofo de la antigüedad de la misma época que los estudios de *Leda;* o simplemente un anciano cualquiera «de aspecto extraño», uno de esos rostros que fascinaban a Leonardo y a los que, según Vasari, «solía seguir durante un día entero para dibujarlos». Hasta la inscripción en italiano que figura debajo del dibujo, borrosa hasta resultar casi ilegible, ha dado lugar a la polémica: ¿dice que es «un retrato de sí mismo en la ancianidad» o simplemente que es un dibujo «que realizó él mismo en la ancianidad»? Pero al igual que tantos otros, yo sigo considerando que el retrato nos muestra la poderosa e inquebrantable imagen de Leonardo en los últimos años de su vida; es el punto de vista «convencional», como también lo es pensar que la *Mona Lisa* es en efecto un retrato de Mona Lisa. La hoja del autorretrato es bastante más larga y fina de lo habitual: no sería raro que los bordes del dibujo hubieran sufrido un recorte que habría hecho desaparecer casi por completo la forma de los hombros.[78] De hecho, a ambos lados de la cabeza, casi a la altura de la boca, aún son visibles dos líneas oblicuas. Al constatar su presencia, nos damos cuenta de que la imagen icónica del dibujo de Turín no es esa figura erguida e imponente que ahora nos parece, sino un anciano encorvado por el peso de los años: todavía venerable, sin duda, pero también vulnerable. Casi se ha convertido en esa figura corcovada y decrépita que cinco años antes dibujara en Villa Melzi, ese anciano que permanece sentado en una roca contemplando el retozar de un río que prosigue su curso dejándolo a él atrás.

De la misma época que el autorretrato de Turín es un obsesionante dibujo a carboncillo de la colección Windsor, conocido como la *Dama que señala* (véase p. 563), en el que se ha querido ver una alusión a la Matelda del *Purgatorio* de Dante: se trata de una figura vaporosa y romántica, azotada por el viento, que se yergue a la orilla de un río rodeada de espigadas flores. Martin Kemp ve en ella «un emotivo apéndice a los dibujos de los Diluvios» que parece encerrar la promesa de un «tránsito hacia un mundo de una paz inefable en lugar de una inmersión en el universo de la destrucción física».[79] La figura se vuelve hacia el espectador —se vuelve, según la expresión de Dante, «como una mujer que danzara»—, pero su mano izquierda no apunta hacia nosotros sino a las profundidades del cuadro: señala algo que no podemos ver.

«LA NOCHE HABÍA SIDO AHUYENTADA»

A finales de 1517, Leonardo presta sus servicios al rey Francisco en Romorantin, aguas arriba de Amboise, un lugar donde ambiciona diseñar un vasto complejo palaciego al que acompañará toda una red de canales que unirán el Loira y el Saône. Los diseños del proyecto, que se conservan en el Códice Atlántico, suponen una vuelta a los utópicos paisajes urbanos que había esbozado treinta años antes.[80] El proyecto de Romorantin no pasó del papel, pero los historiadores de la arquitectura han detectado la influencia de las ideas de Leonardo en la evolución de los diseños de los castillos del Loira. Su estancia se prolongó hasta el 16 de enero de 1518: «La víspera de San Antonio dejé Romorantino y regresé a Ambuosa». Entre sus papeles se conserva una solicitud oficial de caballos dirigida a las cuadras reales *pour envoyer à Maistre Lyonard florentin paintre du Roy pour les affers du dit seigneur*.[81]

Con la primavera se inicia la temporada de las mascaradas, los espectáculos y las fiestas, unas actividades por las que Leonardo seguía sintiendo el entusiasmo de siempre. El 3 de mayo de 1518, Amboise celebra por partida doble unos festejos que tienen un cierto trasfondo florentino: el bautismo del hijo del rey, el delfín Henri, y el matrimonio de Madeleine de la Tour d'Auvergne, la sobrina del monarca. El prometido de Madeleine no es otro que Lorenzo di Pietro de Medici, el sobrino del papa, que ahora es también duque de Urbino (el mismo ducado cuyo ofrecimiento había declinado cortésmente su difunto tío Giuliano). Entre los florentinos que asistieron a los festejos debió de haber bastantes conocidos de Leonardo, así como muchos otros que habrían oído hablar de él, de modo que Florencia no debió de tardar mucho en recibir noticias suyas. En todo caso, el matrimonio fue de corta duración: a lo largo del año siguiente murieron los dos contrayentes, aunque dejando una hija que más adelante llegaría a ser reina de Francia: Catalina de Medici, la infausta *Madame la Serpente*.

Podemos hacernos una idea del tipo de espectáculo que montó Leonardo a través de una serie de descripciones que figuran en los informes que se enviaron a los Gonzaga de Mantua: la marquesa aún vigilaba desde la distancia a Leonardo, el hombre que siempre se le escapaba.[82] En la plaza que se abre al norte del castillo se erigió un arco triunfal, coronado por una figura que sostenía un ramo de flores de lis en una mano y la efigie de un delfín en la otra (una alusión al hijo del rey). En uno de los lados del arco había una salamandra con el lema del monarca, *Nutrisco et extinguo*, y en el otro, un armiño con el lema *Potius mori quam foedari* («Antes muerto que mancillado»); una *impresa* del duque de Urbino que debía de traerle a Leonardo recuerdos de los tiempos milaneses y de la cautivadora Cecilia

Gallerani. Uno de los enviados de los Gonzaga habla de la alta estima en la que tiene el monarca francés a Leonardo. El rey —dice— está deseando tener a su servicio a más artistas italianos y uno de los nombres que ha mencionado es el de Lorenzo Costa, un artista de la corte de Mantua.

Un par de semanas más tarde, el 15 de mayo en concreto, tiene lugar otro festejo cuya organización también debió de correr a cargo de Leonardo. Para conmemorar la batalla de Marignano, que había tenido lugar tres años antes, se escenifica el asedio y la toma del castillo. Desde sus almenas, las culebrinas disparan carnavalescos obuses de papel y trapo, mientras las atronadoras bombardas deleitan a las muchedumbres lanzando una lluvia de «globos que rebotan al caer en la plaza, para gran placer de todos y sin causar daño alguno a los presentes: un invento muy novedoso y magníficamente ejecutado».[83] La habilidad para provocar sorpresa, el dominio del efecto teatral, jamás abandonó a Leonardo.

Una de sus últimas creaciones fue un magnífico conjunto de dibujos que nos muestran unos personajes disfrazados para una mascarada. Todos ellos, como la *Dama que señala,* están realizados al carboncillo: ése fue el medio al que más recurrió Leonardo en sus últimos dibujos, obras de trazo firme y preciso que a la vez parecen estar envueltas en una suave nebulosa. Vemos un jinete con un historiado sombrero de ala ancha, un joven con unas vaporosas mangas que lleva al cinto un cuerno de caza y una mujer con un elaborado peinado cuyas musculosas piernas hacen pensar que se trata de un hombre: unos lúdicos personajes que por un lado corresponden al mundo del espectáculo renacentista y por otro al etéreo universo de la magia. También la andrajosa figura del cautivo aherrojado que mendiga con una escudilla y un bastón es un actor disfrazado y no un verdadero preso.[84] Por un instante, los rizos y el rostro que asoma tras la desgreñada barba parecen sugerir la imagen de Salai. Pero no sabemos hasta qué punto éste formaba parte del grupo que se hallaba en Francia. En los registros contables franceses, que abarcan los años 1517-1518, figura su nombre con una asignación de 100 écus, una cantidad nada desdeñable pero que representa tan sólo la octava parte de lo que recibía Melzi; esa disparidad bien podría indicar que Salai estuvo ausente de Francia durante cierto tiempo. En cualquier caso, podemos estar seguros de que para la primavera de 1518 estaba de vuelta en Milán: confirma su presencia un documento fechado el 13 de abril en el que se consigna un préstamo efectuado por Salai.[85] Un año más tarde, su nombre tampoco figurará entre los testigos que asistieron a la redacción del testamento de Leonardo.

19 de junio de 1518: en testimonio de su agradecimiento al monarca francés, Leonardo organiza una fiesta en su honor en los jardines de Cloux. Los operarios han trabajado a destajo durante toda la semana para levantar

*Disfraces: un jinete y un pobre
(o un prisionero).*

una gran tarima de madera. Sobre ella se ha tendido un palio de tela azul tachonado de estrellas, a modo de pabellón o marquesina, que cubre una superficie de 30 x 60 brazos (18 x 36 metros). Bajo él se ha dispuesto un estrado destinado a los regios invitados. Las columnas de la tarima están festoneadas con cintas de colores y guirnaldas de hiedra. A nosotros nos toca imaginar la iluminación, la música y las fragancias de la noche estival.

El espectáculo consistió en la reposición de una obra que, por lo que sabemos, había sido el primer montaje teatral de Leonardo: el *Paradiso*, aquella opereta que había sido representada en el Castello Sforzesco en 1490 en honor del desdichado duque de Milán y de su novia, Isabel de Aragón. Y por una de esas raras coincidencias, casi treinta años después, otro joven milanés, Galeazzo Visconti, iba a ser testigo de esta postrera *festa* que luego describiría en una carta dirigida a los Gonzaga, ávidos como siempre de noticias:

> El patio entero estaba cubierto por un palio de tela azul en el que se habían dispuesto unas estrellas doradas para que pareciera el cielo; también estaban representados los planetas principales, así como el sol y la luna, que se hallaban en lados opuestos: era una visión maravillosa. Allí estaban Marte, Júpiter y Saturno, cada uno de ellos en su correspondiente posición, y también los doce signos celestiales ... y debía de haber no menos de cuatrocientas antorchas, porque parecía que la noche había sido ahuyentada.[86]

Al concluir el espectáculo, se reciben las felicitaciones regias y los invitados comienzan a dispersarse. Los jardines de Cloux recobran su calma habitual. Los restos del festejo cubren el suelo, un aroma a hierba pisoteada flota en la atmósfera y lo que durante unos minutos fue una visión del paraíso ya no es más que una gran lona azul que habrá que recoger a la mañana siguiente. Esta *festa* es la última obra conocida de Leonardo da Vinci, una creación tan efímera que bien pronto el único recuerdo que quedó de ella fue el que dejó en la memoria de quienes la presenciaron y pudieron ver con sus propios ojos como la noche «había sido ahuyentada». *Pareva fusse cacciata la notte...*

Pocos días después, Leonardo escribía por última vez una de sus pequeñas notas fechadas, uno de esos graffiti en miniatura donde simplemente se dice, aquí estoy, en tal fecha y en tal lugar. «El vigesimocuarto día de junio, festividad de San Juan del año 1518 en el palacio de Clu de Amboise». Tal vez indique un momento de decaimiento, un fugaz recuerdo de los grandes desfiles y festejos del Día de San Juan en Florencia. En esa misma vena nostálgica, dibuja por esas fechas un escueto plano abocetado que titula «La leonera de Florencia».[87] Quizá se trate de una idea para Romorantin, pero el mensaje que nos transmite esa página nos habla más

Vista desde Clos Lucé, boceto atribuido a Melzi.

bien de un anciano exiliado, sometido a las fortuitas asechanzas de la memoria. Seguramente recordaría que era allí donde había visto un león arrancándole la piel a un cordero, un león que quizá fuera el modelo del que aparece en su cuadro de *San Jerónimo. Leone... Leonardo.* Él siempre había sido el león, tal vez incluso desde su infancia; y, de hecho, no haríamos una mala sinopsis del autorretrato de Turín si dijéramos que a lo que más se parece ese hombre de melena cenicienta y ojos fieros es a un anciano y entrecano león: un superviviente solitario.

Un buen día, mientras se halla sentado a la mesa de su estudio de Cloux, enfrascado en sus investigaciones geométricas —otro pequeño teorema, una pieza más del enorme rompecabezas—, oye de pronto una voz que le llama e inmediatamente se da cuenta de que hay que soltar la pluma y dejar a un lado las cuestiones que le ocupan, porque al igual que el resto de los mortales, también él vive en un mundo material de apetitos y contingencias, representados en esta ocasión, de forma nada desagradable, por un cuenco de esa deliciosa sopa de verduras que prepara Mathurine, una sopa casi tan buena (aunque ese «casi» nunca se atreverá a decírselo a ella) como el *minestrone* de la Toscana.

Y así, en la página que tiene delante, escribe: *Etcetera, perche la minesstra si fredda:* un etcétera que es una mera fórmula garabateada, un jeroglífico de lo inconcluso.

EL ANCHO MAR

> *Creía estar aprendiendo a vivir, cuando lo que*
> *en realidad hacía era aprender a morir.*
> Códice Atlántico, fol. 252r-a

El sábado 23 de abril de 1519, el día anterior a la Pascua, Leonardo da Vinci, «pintor del rey», redactaba en Clos Lucé su testamento en presencia del notario real, Guillaume Borian, y de otros siete testigos: Francesco Melzi, Battista de Vilanis, dos clérigos franceses y tres frailes franciscanos.[88] El nombre que más se echa en falta en la lista de testigos es el de Salai. Pero su ausencia de Amboise la confirman otros documentos que le sitúan en París primero el 5 de marzo y luego el 16 de mayo. En ambas ocasiones se reunió allí con un tal Giovanni Battista Confalioneri, un agente de Massimiliano Sforza, el duque de Milán. La segunda vez recibió un pago de 100 escudos en nombre del duque, así como la promesa de otros 500 escudos, pagaderos a lo largo de los cuatro años siguientes. ¿Qué servicios ofrecía Salai a cambio? Una posibilidad es que se le pagara para que suministrara aquella información de carácter político que pudiera recabar en Amboise gracias a la proximidad del rey Francisco; un último baldón en su larga y ambivalente relación con Leonardo.[89]

En el testamento, Leonardo dispone que se le entierre en Amboise en la iglesia de San Florentin, que su cuerpo sea llevado en procesión «desde dicho lugar a dicha iglesia», que se digan por él tres misas mayores y treinta menores, que se distribuyan 18 kilos de cera para alumbrar con cirios las iglesias donde se vayan a decir las misas, y que para su propio funeral se dispongan «sesenta velones que serán llevados por sesenta pobres a los que se pagará a tal efecto».

Éstos son los bienes que lega en su testamento:

- A Messer Francesco da Melzo, caballero milanés, todos y cada uno de los libros que en la actualidad se hallan en poder del testador, así como todos los instrumentos y retratos propios del arte y oficio de pintor [...] asimismo lo que quede de su pensión, así como todas las cantidades que le sean debidas desde el pasado hasta el día de su muerte, y todas y cada una de las prendas de ropa que ahora posee en el dicho lugar de Cloux
- A Battista de Vilanis, su sirviente, la mitad del jardín que posee extramuros la ciudad de Milán [...] y los derechos sobre las aguas que el rey Luis XII, de piadosa memoria, donó al mencionado Da Vinci, entendiendo por tales los que afectan a la corriente del Naviglio di Santo Cristoforo; asimismo, todos y cada uno de los muebles y utensilios que tiene en su vivienda en Cloux
- A Salai, su sirviente, la otra mitad del mismo jardín, en el cual el mencionado Salai ha levantado y construido una casa que, de aquí en adelante, pasará a ser propiedad del sobredicho Salai
- A Maturina, su sirvienta, una capa de buen paño de color negro con forro de piel, así como una medida de paño y un pago único de dos ducados

- A sus hermanos, que ahora viven en Florencia, la cantidad de cuatrocientos escudos que tiene en depósito el tesorero de Santa María Nuova en la ciudad de Florencia, con todos los intereses y usufructos que puedan haberse acumulado a lo largo del tiempo

Ha hecho el reparto con considerable elegancia: a Melzi le deja el incomparable patrimonio intelectual de sus escritos y sus pinturas; a Salai y Battista, propiedades; a Mathurine, una capa forrada de piel; y a los hermanos Da Vinci, dinero contante y sonante.[90]

Los florentinos lo llamaban «adentrarse en el ancho mar». ¿Se embarcó Leonardo en su último viaje con ecuanimidad filosófica y pía resignación? Sus escritos parecen indicar más bien lo contrario:

¡Oh, durmiente! ¿Sabes qué es el sueño? El sueño es imagen de la muerte. ¿Por qué no creas entonces obras que hagan que tras tu muerte sigas pareciendo vivo, en lugar de pasarte la vida durmiendo como si fueras ya un triste muerto...?

Todo mal deja un poso amargo en la memoria, excepto la muerte, el mal supremo, que junto con la vida mata la memoria...

El alma desea permanecer junto a su cuerpo, pues sin los instrumentos físicos de éste nada puede hacer ni sentir.[91]

Dormir, olvidar, no sentir: ésas son las imágenes de la muerte más acordes con el materialismo de raigambre aristotélica propio del científico renacentista. De la resurrección y de la vida futura no se habla. Y cuando Leonardo escribe sobre la divinidad del alma lo hace siempre para sostener que ésta debe «habitar en sus obras» —en el mundo material, en el cuerpo— para sentirse «a gusto»: «Sea lo que fuere el alma, siempre es algo divino, así pues, déjala habitar en sus obras, donde podrá sentirse a gusto [...] pues a la hora de separarse del cuerpo lo hace siempre con desgana, y verdaderamente creo que ese dolor y esa pena están muy justificados». La cita está tomada de un folio anatómico de hacia 1510, en el que escribe en tono exaltado que la anatomía, «esa labor que tanto me ocupa», nos permite discernir «el maravilloso obrar de la Naturaleza».[92] La vida física es el hábitat del alma, la muerte su desahucio; cuando parte lo hace «con desgana» y no parece que su destino sea un nuevo hogar allá en las alturas.

El arrepentimiento en el lecho de muerte que construye Vasari resulta bastante poco convincente. «Al sentir la proximidad de la muerte, resolvió aprender las doctrinas de la fe católica y volver al buen camino de la Santa Iglesia. Lloró amargamente, se confesó y se arrepintió, y, aunque no podía mantenerse en pie, sostenido por sus amigos y sirvientes, recibió el santo sacramento en su lecho». Tal vez fuera así, pero da la impresión de que es Vasari y no Leonardo quien más desea esta conversión de última hora. Resulta bastante más convincente cuando añade que Leonardo «se lamentaba de haber ofendido a Dios y a los hombres por no haber trabajado en su arte tanto como hubiera debido». Lo que temía no era tanto el pecado y el fuego del infierno como el terrible peso de ese último etcétera y del papel gris vacío que se abría debajo de él: el peso de todo lo que había quedado incompleto.

Murió el 2 de mayo de 1519 a los sesenta y siete años de edad. Según Vasari, nuestra única fuente, el rey Francisco se hallaba presente y lo sostuvo entre sus brazos. Cuando llegó el último estertor —«un paroxismo que es mensajero de la muerte»—, el rey «le levantó la cabeza para aliviarle su mal». Es una imagen conmovedora —a condición de que seamos capaces de separarla de la rimbombante representación que de ella hacen un par de cuadros franceses decimonónicos—, pero sucede que con posterioridad se ha descubierto que el 3 de mayo, el día siguiente al fallecimiento de Leonardo, se expidió en Saint-Germain-en-Laye un edicto real. Teniendo en cuenta que hay dos jornadas a caballo entre este lugar y Amboise, parece difícil que el rey pudiera estar junto a Leonardo el día 2 y el 3 en Saint-Germain. En la actualidad, la veracidad del relato de Vasari depende del enigma, aún no resuelto, de si este edicto —al que acompaña la enfática inscripción, *Par le Roy,* pero que no está firmado por él— requería o no de la presencia del monarca en Saint-Germain.[93] Aunque en el proemio del testamento se habla de «la certeza de la proximidad de la muerte», lo cierto es que Leonardo nos abandona con un muy característico toque de incertidumbre, y, en ausencia de sus últimas palabras, la problemática anomalía del edicto de Saint-Germain nos recuerda lo arraigada que estaba en él la idea de que todo hecho hay que ponerlo en duda y verificarlo antes de darlo por cierto.

«La pérdida de Leonardo causó un enorme dolor en todos los que lo habían conocido», concluye Vasari. Llegadas las cosas a este punto yo al menos me olvido por completo del rey, pues a quien veo es a Francesco Melzi llorando junto a su lecho. Melzi demoraría hasta el 1 de junio el envío de una carta a Florencia para comunicar el fallecimiento de Leonardo a sus hermanastros. «Fue para mí el mejor de los padres —escribió—. Mientras conserve un hálito de vida en mi cuerpo sentiré la tristeza de su pérdida. Todos los días me dio pruebas de sentir por mí el más apasionado e intenso afecto».[94] Melzi, ese joven del que en realidad tan poco sabemos, correspondió con creces a ese afecto: a partir de entonces fue el di-

La *Dama que señala*.

ligente guardián y editor de ese «sinfín» de escritos y dibujos que —casi más que sus pinturas— nos conducen directamente al corazón de la vida de Leonardo, como si fueran una especie de memoria donde se abarrotan los testimonios fragmentarios de los trabajos de sus días, los secretos de sus sueños, el vuelo de su mente.

Sus restos mortales tuvieron menos suerte que ese cargamento metafísico de recuerdos, sueños y reflexiones. En mayo debió de celebrarse un entierro provisional, pues el entierro más solemne previsto en el testamento no tendría lugar hasta tres meses después: el certificado de inhumación que figura en el registro de la real colegiata de Saint Florentin lleva fecha del 12 de agosto de 1519. La iglesia sufrió graves daños durante la Revolución Francesa y en 1802 se decidió que era irrecuperable. Se procedió a demoler el edificio y tanto los emplomados como las piedras —incluidas las del cementerio— se destinaron a la reparación del castillo. Se cuenta que el jardinero de la iglesia, un tal Goujon, recogió los huesos que habían quedado desperdigados y los enterró en un rincón del patio; tal vez se encontraran entre ellos los restos de Leonardo.

En 1863, el poeta y leonardista Arsène Houssaye excavó el antiguo emplazamiento de la iglesia de Saint Florentin: entre los cascotes halló algunos fragmentos de la inscripción de una lápida («EO [...] DUS VINC»), así como un esqueleto casi completo que, debido al notable tamaño de su cráneo, le convenció de inmediato de que había dado con los restos de Leonardo. «Nunca habíamos visto una cabeza tan magníficamente diseñada por y para la inteligencia», escribió. «Transcurridos tres siglos y medio, la muerte no ha logrado aún reducir el orgullo de tan majestuosa testa».[95] En la actualidad, esos huesos reposan en la capilla de San Huberto, dentro del recinto del castillo, bajo una placa mandada colocar por el conde de París. Sin embargo, su única conexión con Leonardo es la dudosa deducción frenológica de Houssaye.

Entra dentro de lo posible que el espacioso cráneo que se halla enterrado en San Huberto alojara en tiempos la mente de Leonardo da Vinci, pero, en realidad, de lo único que podemos estar seguros es de que ya no es así. La jaula está vacía, la mente ha volado.

NOTAS

Las referencias alfabéticas remiten a los manuscritos y recopilaciones incluidos en el apartado de Fuentes. Las referencias a autor y fecha remiten a los libros y artículos citados en ese mismo apartado.

INTRODUCCIÓN

1. Ar 245v, fechado por comparación con CA 673r/249r-b, escrito el 24 de junio de 1518; véase Pedretti, 1975.

2. R 1566. En las transcripciones del testamento de Leonardo que han llegado hasta nosotros su nombre aparece en italiano, «Maturina», pero podemos asegurar casi con seguridad que era francesa, de ahí el nombre de Mathurine.

3. K² 50v.

4. Ben Jonson, *Timber, or Discoveries* (Londres, 1640), en *Complete Poems*, ed. G. Parfitt (Harmondsworth, 1975), p. 394.

5. El índice de manuscritos de Leonardo confeccionado por Richter en 1939 arroja un total de 5421 páginas (entendiendo por página cada cara de una hoja manuscrita), pero omite lo siguiente: los dorsos de los fragmentos pegados con goma en el Códice Atlántico, las cubiertas y contracubiertas con contenido manuscrito, y los dos códices de Madrid descubiertos en 1967. Todo ello suma un total de 7200 páginas. Véase Richter, 1970, 2, pp. 400-401; PC 1, pp. 92-97. Sobre el hecho de que el Libro W (así designado por Melzi, el secretario de Leonardo) fuera visto en Milán en 1866 y 1958: Pedretti, 1965, pp. 147-148. Véase Capítulo V, n. 17.

6. Charles Rogers, *A Collection of Prints in Imitation of Drawings* (2 vols., Londres, 1778), 1, p. 5. Sobre la procedencia de la compilación (probablemente adquirida en España por el conde de Arundel y vendida a Carlos, h. 1641) véase Clark y Pedretti, 1968, 1, pp. x-xiii.

7. Giambattista Giraldi Cinzio, *Discorsi* (Venecia, 1554), pp. 193-196. Lo cita como un recuerdo de su padre, Cristoforo Giraldi, diplomático de Ferrara en Milán.

8. L 77r.

9. CA 534v/199v-a.

10. RL 12665r. Estas líneas constituyen un añadido a su «Descripción del Diluvio», h. 1515, pero sin duda registran observaciones anteriores realizadas en Piombino, probablemente en el otoño de 1504.

11. K 1r. La página está muy borrosa; la lectura correcta de la segunda línea se realizó con ayuda de rayos infrarrojos en 1979.

12. Ar 1r, de principios de 1508, cuando Leonardo dio comienzo a la tarea de organizar sus manuscritos; cf. Leic 2r: «De forma, lector, que no debes extrañarte ni reírte de mí si saltamos de un tema a otro».

13. F 35r; RL 19095v; RL 19070v (cf. 19115r: «Mostrar cómo mueve la lengua el pájaro carpintero»).

14. CA 520r/191r-a; PC 2, p. 313. Lo escribió h. 1490-1492, sobre un dibujo de una espiral que tituló *Corpo nato dalla prospettiva* (Cuerpo nacido de la perspectiva): véase fig. p. 58. En la misma hoja, ahora separada (CA 521v/191v-b, R 1368), escribió, «*M°* [es decir, Maestro] Leonardo fiorentino in Milano». Otros autógrafos en los cuadernos: Fors 3 62v, h. 1493, escrito de izquierda a derecha (véase fig. 58); Fors I[1] 3v, *principiato da me Leonardo da Vinci*, fechado el 12 de julio de 1505; CA 1054r/ 379r-a, *Io Lionardo*, «Yo, Leonardo».

15. CU 122r-125v, McM 396-410.

16. Miguel Ángel, 1878, p. 12.

17. La edición más completa de los escritos de Vasari sigue siendo la de los nueve volúmenes de *Opere*, ed. G. Milanesi (Florencia, 1878-1885; 2ª ed. 1906), en la cual la Vida anotada de Leonardo es 4, pp. 57-90. Véase también *Le vite*, ed. R. Batterani y P. Barocchi (4 vols., Florencia, 1966-1976). La primera traducción al inglés fue una breve selección de William Aglonby, 1685; la traducción moderna más accesible es la de George Bull (Harmondsworth, 1987), en la que la Vida de Leonardo es 1, pp. 255-271. Sobre mis referencias selectivas a Vasari y otros biógrafos tempranos, véase Fuentes: Biografías tempranas.

18. Biblioteca Nazionale, Florencia, Códice Magliabechiano XIII 89 y XXV 636; véase Benedettucci, 1991.

19. Códice Magliabechiano XVII 17. El texto relativo a Leonardo ocupa los fols. 88r-91v y 121v-122r. Véase Fabriczy, 1893; Ficarra 1968.

20. La vida de Leonardo de Giovio *(Leonardi Vincii vita)* fue publicada por primera vez por G. Tiraboschi en 1796; en Richter 1970, 1, pp. 2-3 se encuentra el texto paralelamente en latín y en inglés. Texto adicional sobre Leonardo procedente de otra parte de los *Dialogi*, en PC 1, pp. 9-11.

21. Sobre la génesis de las *Vidas*, véase Boase 1971, pp. 43-48.

22. También se encuentra material sobre Leonardo en *Sogni e raggionamenti* (Sueños y discursos), de Lomazzo, un manuscrito de comienzos de la década de 1560 que incluye diálogos imaginarios (British Library, Add. MS 12196, 50r-224r, especialmente Raggionamenti 5 y 6, 117v-175r) y en *Idea del tempio della*

pittura (La idea del templo de la pintura) (Milán, 1590), también de Lomazzo. Su obra está recogida en *Scritti sulle arti,* ed. R. Ciardi (2 vols., Pisa, 1973).

23. RL 12726. Una copia, probablemente también de Melzi, se encuentra en la Biblioteca Ambrosiana de Milán.

CAPÍTULO I

INFANCIA. 1452-1466

1. Uzielli, 1872, doc.1.

2. E. Repetti, *Dizionario geografico della Toscana* (Florencia, 1845), 5, p. 789. Cf. Uzielli, 1896, pp. 36-42. En los años cuarenta la casa fue donada a la comunidad de Vinci por su propietario, el conde Gugielmo Rasini di Castelcampo; fue abierta al público en 1952, año en que se celebró el cuarto centenario del nacimiento de Leonardo.

3. Cianchi, 1960; Vecce, 1998, pp. 23-25.

4. ASF, Notarile anticosimiano 16192, 105v.

5. Véase Bruschi, 1997, sobre la posibilidad de que la fe de bautismo de Leonardo existiera todavía a mediados del siglo XIX. El 13 de octubre de 1857, Gaetano Milanesi escribió a Cesare Guasti: «Si va a Pistoia dígale, por favor, a Mons. Breschi que le agradecería mucho que me permitiera ver la fe de bautismo de Leonardo da Vinci que él ha descubierto». Breschi era diácono de la diócesis de Pistoia y Prato, a la que pertenecía la parroquia de Vinci. Al parecer, la petición de Milanesi no tuvo ningún resultado, aunque el reciente descubrimiento de una carta de Fr. Ferdinando Visconti, por entonces párroco de Vinci, dirigida a Breschi, ha despertado gran interés. Fue enviada el 17 de mayo de 1857 (cinco meses antes que la carta de Milanesi). Falta una parte, casi exactamente un cuadrado, de la segunda página. ¿Era ese el documento desaparecido? Si es así, ¿qué fue de él?

6. Cianchi, 1953, pp. 64-69.

7. Véase J. Temple-Leader, *Sir John Hawkwood* (Londres, 1992); T. Jones, *Chaucer's Knight: The Portrait of a Mercenary* (Londres, 1994); Chaucer, «The Parson's Tale», *Canterbury Tales,* Fragment X, 1 (ed. F. Robinson, Oxford, 1957, p. 254).

8. Cianchi, 1953, pp. 69-70; Vecce, 1998, p. 22.

9. Esta casa, que se describe como situada «en el *borgo*», se construyó probablemente en el terreno extramuros mencionado en el catastro de 1427. Se trata, casi con seguridad, de la que aparece descrita con más detalle en el catastro de 1451: Leonardo debió de conocerla bien de niño.

10. Viroli, 1998, pp. 7-9; este ejemplar fue quizá el que utilizó Maquiavelo más tarde, cuando escribió sus *Discursos sobre la primera década de Tito Livio* (1513).

11. Ridolfi, 1963, p. 4.

12. Sobre los comienzos de la carrera de Ser Piero: Cecchi, 2003, pp. 122-125; Vecce, 1998, p. 384. Sobre el distintivo: ASF, Notarile anticosimiano 16826, 1r.

13. Cf. declaración de Antonio da Vinci para el catastro de 1457 (véase n. 18), en la que dice de Francesco, «Está en el campo y no hace nada». Era una de las fórmulas para eludir impuestos.

14. Véase Eissler, 1962, pp. 95-98 para reflexiones psicoanalíticas sobre la «muy intensa» relación de Leonardo con Francesco.

15. El manuscrito, que contiene muchos errores de escritura, describe a Leonardo como *legittimo* ... *figluolo* de Ser Piero. El adjetivo es redundante, y generalmente se da por supuesto que era «ilegítimo» o «no legítimo» lo que se pretendía decir. La idea de que Caterina era de «buena sangre» puede quizá aludir a que también ella era hija ilegítima.

16. Schlossmuseum, Weimar; PC 2, p. 110: una hoja de estudios anatómicos originalmente unida a RL 19052.

17. Sobre Accattabriga y su familia: Cianchi, 1975, con facsímiles de documentos; Vecce, 1998, pp. 27-30.

18. ASF, Catasto antico 795, 502-503; Villata, 1999, nº 2. Es el primer documento oficial sobre la existencia de Leonardo.

19. En 1427 es «Monna Piera donna di Piero [Buti]», de veinticinco años; debió de morir joven, ya que en catastros posteriores la esposa de Piero Buti es Monna Antonia.

20. Sobre los otros hijos cuyas vidas se pueden rastrear: Piera se casó con un hombre de Vinci, Andrea del Biancho, en 1475, y ya era viuda en 1487; Lisabetta también se casó y, hacia 1490, tuvo una hija, Maddalena, la primera nieta, que sepamos, de Caterina.

21. CA 186v/66v-b. El original dice: *Questo scriversì distintamente del nibio par che sia mio destino, perche nela prima / ricordatione della mia infantia e' mi parea che, essendo io in culla, che un nibbio venissin me / e mi aprissi la bocha chola sua coda, e molte volte mi percuotesse con tal coda dentro alle labra.*

22. J. Parry-Jones, *Birds of Prey* (Newent, s.f.), 10.

23. Escrito así en la contracubierta del cuaderno y repetido casi idénticamente en fol. 18v.

24. Tn 18v: «El *cortone*, un ave de presa que vi cuando iba camino de Fiésole, sobre Barbiga, el 14 de marzo de 1505».

25. El origen del error está en la edición alemana del *Romance of Leonardo da Vinci* (1903), de Dmitry Merezhkovsky, que tradujo el término correcto en ruso *korshun* (milano) por *Geier*.

26. Freud, 2001, pp. 36-37.

27. *Ibid.*, pp. 41, 77. Freud basa una interpretación más amplia de la fantasía del milano en sus teorías sobre la sexualidad infantil expuestas en «Teorías sexuales de los niños» (1908). Identifica también en ella un contenido homosexual («la situación en la fantasía ... corresponde a una idea del acto de la fela-

ción»), es decir que encuentra en esa fantasía una relación inconsciente entre una fijación temprana respecto a la madre y la homosexualidad del adulto.

28. H¹ 5v. Esta versión del bestiario sugiere a Beck «que el 'sueño' del milano no fue tal sueño ni tampoco un recuerdo, sino una fantasía basada en la reconstrucción de un texto literario conocido por Leonardo» (Beck 1993, 8).

29. La relación entre las aves y la paternidad reaparece en otro lugar del bestiario: «Aunque las perdices se roban los huevos las unas a las otras, las crías vuelven siempre junto a su verdadera madre» (H¹ 8v); y en lo que parece un texto freudiano clásico: «Los pichones son un símbolo de la ingratitud, porque cuando ya no necesitan ser alimentados, comienzan a pelear con el padre, y la lucha no termina hasta que la cría expulsa al padre y se apodera de su esposa, convirtiéndola en suya» (*ibid.*, 7r).

30, I 64v, CA 1033r/370r-a.

31. CA 393r/145r-a; PC 2, p. 279. El camello: H¹ 10v. *Usare con* = tener trato con, de ahí que fuera eufemismo de conocimiento carnal. La frase se encuentra en el «Confessionale» del hermanastro de Leonardo, Lorenzo di Ser Piero da Vinci, h. 1520 (Florencia, Biblioteca Riccardiana, 1420, 80r). Se refiere a los hijos ilegítimos de hombres «que sólo se han acostado una vez con una mujer *[useranno un tempo con una femmina]* ...», por ejemplo, con una concubina o una sirvienta», un comentario que puede aludir a la relación de su padre con Caterina. Acerca de Lorenzo, véase Capítulo II, n. 90 más adelante.

32. Pfister, 1913, p. 147. Freud incorporó esta interpretación, con algunas reservas, en su segunda edición de 1919; véase Freud, 2001, pp. 70-72.

33. CA 765r/282r-b. Según una tradición poco fiable, el molino era propiedad de un tío de Leonardo, Franceso. A fines del siglo XVI había pasado a manos de la familia Ridolfi. Aparece en el «Plano güelfo» de Vinci (h. 1580) como «Mulino di Doccia di Ridolfi».

34. CA 1033r/370r-a. Sobre el cultivo del olivo en el siglo XVI, véase P. Vettori, *Trattato dello lodi de gl'ulive* (Florencia, 1569); Vezzosi, 1990.

35. En 1504-1505, fecha probable de la nota, Leonardo pintaba el mural de la *Batalla de Anghiari* en Florencia, un proyecto a gran escala que exigía cantidades industriales de pintura.

36. CA 18r/4r-b.

37. Ma I 46v-47r, mediados de la década de 1490; una prensa anterior movida por un caballo (*strettoio*), en CA 47r/14r-a. Véase Vezzosi, 1990, pp. 14-17.

38. Dante, *Paradiso*, canto 14, 129, juega también con *vinci=*vencer (verso 124); cf. Boecio, *De Consolatione*, L. 3: *Felice è quei che spezza il vinco del amor terreno*, «Feliz es el que rompe el vínculo del amor terrenal». Leonardo utiliza esta palabra en C 19v, para describir un juego en el que se utilizaba «un mimbre *[vincho]* y una flecha».

39. Acerca de los grabados de la Academia, véase Capítulo V, n. 111 más adelante; se escribe de diferentes maneras (con frecuencia, «Achademia»). Sobre la

fantasia dei vinci de Correggio (mecenas del amigo de Leonardo Antonio Cammelli), véase Kemp, 1981, p. 187.

40. CA 888r/324r. Una lista de h. 1490 (CA 611r/225r-b) incluye la frase *gruppi di Bramante*. Richter (R 1448) traduce *gruppi* por «grupos», pero probablemente, es una variante de *groppi*, una referencia a los diseños de nudos del amigo de Leonardo Donato Bramante.

41. Lomazzo, 1584, p. 430; PC 2, p. 328.

42. La «lista de libros de Madrid» de h. 1504 (Ma II 2v-3v) incluye tres ejemplares de Esopo: unas *favole d'isopo*, un *isopo in versi* y una edición francesa, *isopo illingia francosa*, quizá *Les fables de Esope* (Lyon, 1484).

43. Carta impresa en Florencia, en 1516, con el título *Carta de Andrea Corsali al Ilustre Duque Giuliano de' Medici que llegó de las Indias en el mes de Octubre de 1516*. Leonardo estuvo al servicio de Giuliano entre 1513 y 1516. Véase Vecce, 1998, pp. 317, 442.

44. Ammirato 1637, 2, p. 242.

45. Caballo visto por detrás: RL 12308r. Buey y asno: RL 12362r. Otros: Zöllner, 2003, nºs 89-93. También es temprano el estudio de proporciones de un caballo, RL 12318, relacionado, quizá, con el proyecto de Verrocchio para el monumento ecuestre a Bartolomeo Colleoni. Véase Clayton, 2002, p. 34.

46. Zöllner, 2003, nº 13, a punta de plata sobre papel preparado color amarillo. Vendido en subasta, «sobrepasó en unos segundos el precio de 3,500,000 libras esterlinas que se calculaba alcanzaría» (Maeve Kennedy, *Guardian*, 11 de julio de 2001).

47. RL 12653.

48. BM 1895-9-15-447 (Zöllner, 2003, nº 157); I 48r. Véase también RL 12361 —una sanguina con sombreado de mano derecha, por lo que puede ser una copia de Melzi— y RL 12714.

49. F 47r, h. 1508.

50. Véase Capítulo III, n. 10 más adelante.

51. H 109r.

52. RL 12363.

53. CA 477v/175-a.

54. Para una lista completa de las plantas y los árboles mencionados por Leonardo, véase Embolden, 1987, pp. 213-215. La forma en que representa los complejos matorrales de plantas silvestres se hace patente en sus estudios de zarzas (RL 12419-12420, '25-26, '29), probablemente relacionados con sus tempranos estudios para la *Leda*, h. 1504-1505, y en su representación de un bosquecillo (RL 12431r) con un único árbol *(robinia)* en el reverso.

55. CU 12r, McM 42.

56. BN 2038, 27v, antes parte de A, h. 1490-1492.

57. CA 505v/184v-c, R 493. La palabra «filósofo» parece haber sido tachada en el título.

58. Bramly, 1992, p. 86.

59. CU 12r-12v, McM 42.

60. Uffizi GDS 436 E; RL 12685.

61. Sobre los recientes intentos de identificar el paisaje, véase Natali, 1999, pp. 137-148, Nanni, 1999, pp. 7-17.

62. Tn 6v.

63. Landucci, 1927, p. 35. La Capella di Santa Cecilia de Lucca, que originalmente albergaba una imagen milagrosa de la Virgen, se hallaba también fuera de las murallas, aunque ahora se encuentra en el interior del arco mayor trazado por las murallas renacentistas.

64. Bramly, 1992, pp. 84-85; PC 2, p. 314.

65. Pedretti, 1992, p. 163.

66. CA 327v/119v-a: «Como no soy muy instruido, conozco a ciertas personas arrogantes que creen que pueden menospreciarme justificadamente por ser hombre iletrado».

67. Acerca de los dos sistemas educativos del Renacimiento italiano, véase Burke, 1972.

68. RL 19086.

69. Ghiberti, 1998, p. 46; Alberti, *De re aedificatoria* (1485; también llamado *De architectura*), 1, p. 3.

70. F 96v. Cf. E 55r.: «Mi intención es registrar primero la experiencia y luego demostrar, por medio de la razón, por qué tiene que ser así».

71. CA 323r/117r-b, uno entre varios textos titulados *Proemio* («Prefacio») y escritos h. 1490 (PC 1, p. 109). Su opinión se resume en uno de los *mottos* empiristas de la Royal Society: *Nullius in verba*, «No creas lo que te digan».

72. CA 392r/141r-b, R 660.

73. *Ibid.* Refiriéndose a Giotto, dice, «este arte decayó de nuevo, porque todos imitaban lo que él había hecho», pero volvió a revivir con «Tommaso el florentino, llamado Masaccio», cuyas «obras perfectas» se basaban de nuevo en el estudio de la naturaleza.

74. BN, 2038, 19r.

75. CA 349v/206v-a.

76. Vezzosi, 1998, p. 20, al interpretar los diseños geométricos de un folio conservado en el Christ Church College de Oxford. Cf. Leic 28v y F 48v sobre diseños toscamente dibujados de tornos de ceramistas.

77. La *Magdalena* de Donatello: Museo del Opera del Duomo, Florencia. La *Magdalena* de Vinci: Museo della Collegiata di Sant'Andrea, Empoli. *La Madona de la Bienvenida* ha sido atribuida a Bartolomeo Bellano.

78. King, 2000, pp. 113-117. El diseño de la barca ha sido objeto de debate. Una ilustración, casi contemporánea, de Marciano Taccola la representa como una carreta de catorce ruedas convertida en un vehículo para tierra y agua —como un camión anfibio moderno—, mientras que otras descripciones sugieren

una embarcación con ruedas de paletas. Obedecía a un motivo económico: el alto precio del mármol de Carrara se debía en parte al coste del transporte desde la cantera, situada al pie de los Alpes Apuanos, 100 km al noroeste de Florencia.

79. Sobre la zurdera de Leonardo, véase Bambach, 2003a, pp. 31-57; sobre la evolución de su caligrafía, véase PC 1, pp. 100-103. La primera noticia sobre su escritura especular se la debemos a su amigo Luca Pacioli: «Escribía al revés, con la izquierda, y no podía leerse su letra si no era con ayuda de un espejo o sosteniendo el reverso del papel contra la luz» *(De viribus quantitatis* [«Sobre el poder de la cantidad»], Bolonia, Biblioteca Universitaria MS 250, antes de 1508). Uno de los propietarios del Códice Leicester durante el siglo XVIII, probablemente el pintor romano Giuseppe Ghezzi, comparó su escritura con el hebreo («Escribía según la costumbre de los judíos») y creyó que la motivaba un afán de secretismo: «Lo hacía para que no pudieran leer fácilmente sus escritos». El hecho de que sombreara con la mano izquierda constituye una herramienta importante para identificar sus obras, especialmente los dibujos a pluma y tinta. Las líneas van por lo general (aunque no exclusivamente) de derecha a izquierda con una inclinación de abajo a arriba; indican la dirección de la línea un ligero quiebro al comienzo y un pequeño gancho angular en el lugar donde la pluma se levanta del papel. Leonardo podía dibujar con la mano derecha y escribir en la dirección convencional (véase ilustración), pero no se esforzó por hacerlo, como hizo Miguel Ángel, otro zurdo por naturaleza.

Capítulo II
Aprendizaje. 1466-1477

1. El padre de Miguel Ángel le colocó de aprendiz en el taller de Ghirlandaio el 1 de abril de 1488, dos semanas después de que cumpliera los trece años. El contrato estipulaba tres años de aprendizaje con una remuneración media de 8 florines al año (Vasari, 1987, 1, pp. 327-328) Botticini recibía también una paga en el taller de Neri di Bicci, en el que ingresó el 22 de octubre de 1449 (GDA, s.v. Botticini). Sin embargo, ambos tenían ya cierta formación artística y, por lo tanto, fueron admitidos como ayudantes *(garzoni)*. En el caso de un discípulo sin formación alguna *(discepolo)* era la familia la que pagaba al maestro el alojamiento y la manutención del muchacho. Esto debió de ser lo acordado entre Ser Piero y Verrocchio. Beck, 1998, pp. 5-6, y Brown, 1998, pp. 76-77, sostienen que Leonardo comenzó su aprendizaje hacia 1466. Autores anteriores como Clark y Venturier prefieren datar el comienzo hacia 1469-1470, basándose en que en la declaración de Ser Piero para el catastro de 1469, Leonardo figura aún como una de sus *bocche* en Vinci, pero hay que tener en cuenta que esa era una reclamación habitual en este tipo de declaraciones, y que, en cualquier caso, los inspectores la rechazaron, ya que pusieron junto al nombre de Leonardo una raya que significaba que que-

daba cancelada. Unos documentos descubiertos recientemente, en los que Ser Piero aparece como notario de Verrocchio en varios contratos de alquiler formalizados entre 1465 y 1471, han venido a validar la afirmación de Vasari según la cual el primero era «amigo» de Verrocchio; véase Cecchi, 2003, p. 124.

2. *Necrologia Fiorentina,* San Biagio; citado por Cianchi, 1953, p. 49.

3. Documentado por primera vez en la declaración de Ser Piero para el catastro de 1469 (ASF, Catasto 1469, Quartiere San Spirito, Gonfalone Drago, filza 909/239, carta 498). La casa fue derribada cuando se reformó la Via delle Prestanza (hoy Via Gondi) en la década de 1490.

4. Cianchi, 1953, p. 74.

5. Benedetto Dei, *Cronica Fiorentina* (1472), en Fanelli, 1980, pp. 82-85.

6. Kupferstichkabinett, Berlín. El plano es un grabado en madera atribuido al taller de Francesco Rosselli; su nombre se deriva de la cadena y el candado que figuran en la esquina superior izquierda (y que no aparecen en la reproducción de las pp. 62-63). Muestra una vista completa de la ciudad desde la zona comprendida entre Bellosguardo y Monte Oliveto. Véase L. Ettlinger, «A fifteenth century view of Florence», *Burlington Magazine* 581 (Junio, 1952), pp. 162-167.

7. Hibbert, 1993, p. 155.

8. Rubinstein, 1995, p. 72.

9. Bracciolini: *Dialogus contra avaritiam,* ed. G. Germano (Livorno, 1998). Savonarola: Lucas-Dubreton, 1960, p. 46n.

10. Landucci, 1927, p. 48 (20 de agosto de 1489); Lucas-Dubreton, 1960, p. 131.

11. Maquiavelo, *La Mandragola,* 2, 3, pp. 14-15.

12. Acusado de conceder cargos políticos a partidarios que no eran dignos de ellos, Cosimo respondió: «Con sólo dos brazos de tela púrpura se puede hacer digno a un hombre» (refiriéndose al tejido necesario para confeccionar el *lucco* o manto del legislador florentino). Medio siglo después, su bisnieto, el Papa León X, practicaba la misma política: «Asegúrate el Otto y la Balia [comités legislativos], y ... elige para el Monte [el banco de la ciudad] hombres fuertes, discretos, de confianza y totalmente leales a ti». Véase Villari, 1892, 2, pp. 43, 456. Sobre Cosimo: Kent, 2000.

13. Cecchi, 2003, pp. 123-124; otras instituciones religiosas que utilizaron habitualmente los servicios de Ser Piero fueron La Badia Fiorentina y Sant'Apollonia.

14. Vecce, 1998, p. 33. Cf. Vasari sobre los comienzos de la carrera de Brunelleschi, hijo también de un notario. Su padre quiso que siguiera sus pasos y se «disgustó» al comprobar que no mostraba aptitudes para ello. «Al ver que el muchacho estaba siempre investigando problemas de arte y de mecánica, le hizo aprender aritmética y a escribir, y le colocó después como aprendiz de orfebre con un amigo suyo, de forma que pudiera aprender a dibujar» (Vasari, 1987, 1, p. 134). Al parecer siguió el mismo camino que recorrería Leonardo cincuenta años después.

15. G. Calvi, RV 13 (1926), pp. 35-37. El contrato de arrendamiento está fechado el 25 de octubre de 1468; el edificio pertenecía a La Badia. En 1472 Ser Piero eligió esta iglesia para la tumba familiar (Beltrami, 1919, n. 6) y fue enterrado en ella en 1504.

16. Jardine, 1996, pp. 37-44.

17. CA 42v/12v-a, R 1439.

18. Hauser, 1962, 2, pp. 3-6.

19. Cristoforo Landino, *Comento sopra la Commedia di Dante* (Florencia, 1481), iv r; Baxandall, 1988, pp. 114-117.

20. Estas proezas se describen en la anónima *Vida* de Alberti, en latín, que ha sobrevivido en la transcripción del siglo XVI de Antonio Muratori; aunque escrita en tercera persona, es casi con seguridad una autobiografía precoz, y no muy fiable, de h. 1438. Véase Grafton, 2000, pp. 14-17.

21. *Ibid.*, p. 18. En una de sus facecias, Leonardo escribe acerca de «uno que censuró a un buen hombre por ser hijo ilegítimo». Este le replicó: «Si se me juzga de acuerdo con las leyes de la humanidad y la naturaleza yo soy legítimo, mientras que tú eres un bastardo porque te comportas como una bestia y no como un hombre» (Ma II 65r, PC 2, p. 276).

22. Grafton, 2000, pp. 9-29; M. Baxandall, «Alberti's self», *Fenway Court* (1990-1991), pp. 31-36.

23. Biblioteca Nazionale, Florencia, Codex Magliabechiano XI 121. En 1468 Toscanelli instaló, dentro de la cúpula de la catedral de Florencia, un gnomon de mármol, con el cual «podía saber cuando era mediodía con un margen de error de medio segundo» (F. Streicher, «Paolo dal Pozzo Toscanelli», *Catholic Encyclopedia* (Nueva York, 1912), vol. 14).

24. Citado en G. Uzielli, *La vita e tempi di Paolo dal Pozzo Toscanelli* (Roma, 1894), p. 20.

25. GDA s.v. Uccello.

26. Sobre la variada producción del taller de Verrocchio, véase Butterfield, 1997, Rubin y Wright, 1999. «Verrocchio y Compañía»: Clark, 1988, p. 49. Paul Hills observa acerca de la «creciente tosquedad» del estilo de Verrocchio debido al comercialismo: «Entre la invención y la copia, se pierde algo» («The power of make-believe», *TLS,* 7 de enero, 2000).

27. En 1462 una descripción sitúa la *bottega* de Verrocchio «al comienzo» *(a capo)* de la via Ghibellina, pero entonces la calle no empezaba, como hoy, en la esquina del Bargello; este tramo oeste de la calle se llamaba via del Palagio. La *bottega* se hallaba, probablemente, cerca del cruce actual de la via Ghibellina con la via Giuseppe Verdi. Véase Brown, 2000, p. 13. Esta es probablemente la zona a la que el diarista Landucci da el nombre de «Canto delle Stinche»; en su diario registra un asesinato que tuvo lugar allí, en 1500, «a la puerta de la carnicería que se encuentra en la esquina de la via Ghibellina, junto a Le Stinche» (Landucci, 1927, p. 176).

28. A Verrocchio, el exterior de la Porta alla Croce le traía otros recuerdos. En ese lugar, en agosto de 1452, Andrea, entonces adolescente, había tirado una piedra en el curso de una pelea con otros chicos dando con ella a un tejedor de lana de catorce años llamado Antonio di Domenico, quien murió a consecuencia de la herida. Como consecuencia, permaneció detenido durante algún tiempo acusado de asesinato involuntario. Véase Vasari, 1878, 3, p. 358n; Butterfield, 1997, p. 3.

29. Butterfield, 1997, pp. 21-31; acerca de Leonardo como modelo, Nicodemi, 1934, pp. 14-15, Brown, 2000, p. 10.

30. GDA, s.v. Ferrucci; otras páginas del cuaderno de dibujo se encuentran en Londres, Nueva York, Berlín, Dijon, Chantilly y Hamburgo. La página que contiene una línea escrita por Leonardo (Louvre) aparece reproducida en Pedretti, 1998, p. 22.

31. ASF, Tribunale della Mercanzia, 1539, 301r-302v; Covi, 1966, p. 103. El documento forma parte de una disputa legal entre el hermano de Verrocchio, Tommasso, y su albacea Lorenzo di Credi.

32. *Pistole d'ovidio* en una lista de libros de comienzos de la década de 1490 (CA 559r/210r-a); *ovidio metamorfoseos* en la «lista de libros de Madrid» de h. 1504 (Ma II 2v-3v). Leonardo cita textos de las *Metamorphoses* en un folio de h. 1480, CA 879r/320r-b.

33. El retrato de los Uffizi se ha atribuido a Di Credi, a Rafael y a Perugino; sobre el dibujo a pluma y tinta (Uffizi GDS 250E), véase Rubin y Wright, 1999, p. 144.

34. Gilbert, 1992, p. 34. Sobre el aprendizaje artístico en Florencia, véase también Rubin y Wright, 1999, pp. 78 y ss.; Luchinat, 1992.

35. Cennini, 1933, pp. 4-5.

36. PC 1, p. 11 (parte de un fragmento añadido a la *Leonardi Vincii vita*, de Giovio).

37. Rubin y Wright, 1999, nº 29; cf. RL 12515.

38. Los paños del estudio que vemos en la ilustración de la p. 98 (Louvre, Cabinet des Dessins RF 2255; Zöllner, 2003, núm. 183) son semejantes, pero no idénticos, a los del manto de la Virgen en la *Anunciación*. Se parecen también a los del vestido de la Madona de otra obra del estudio de Verrocchio, el retablo de Pistoia, obra de Lorenzo di Credi (h. 1476-1485). Pero se asemejan sobre todo a los del ropaje de la *Madona entronizada con santos*, de Domenico Ghirlandaio, de   h. 1484 (Uffizi), un dato más que sugiere el intercambio que existió entre los dos talleres.

39. Vezzosi, 1997, p. 32.

40. Paños en el *Trattato:* CU 167r-170v, McM 559-574. «Tejidos finos», etc.: RL 19121r.

41. El *Cristo joven* (il. p. 144), de unos 33 cm de alto, se conserva en una colección privada (Col. Gallendt, Roma). Acerca de si es esta la «cabecita» *(testicciola)* que poseía Lomazzo, véase Kemp, ALV 4 (1991), pp. 171-176; Pedretti, 1998b, pp. 15-16.

42. Lomazzo, 1584, p. 159.

43. CA 888r/342r.

44. BM 1895-9-15-474, punta de metal sobre papel color crema, fechado generalmente h. 1472-1475. Según Vasari, el Darío de Verrocchio fue encargado por Lorenzo de' Medici para enviarlo a Matthias Corvinus, rey de Hungría, junto con otra pieza que representaba a Alejandro Magno; reconocemos el eco de ese Darío en un perfil de terracota vidriada que procede del taller de los della Robbia (h. 1500) y que se asemeja mucho al dibujo de Leonardo. Existen otros perfiles en la obra de Verrocchio: el de uno de los soldados de su relieve de plata, *La decapitación de San Juan*, ejecutado para el Baptisterio en 1477-1480, y el de la estatua de Bartolomeo Colleoni que realizó en Venecia a mediados de la década de 1480.

45. No consiguió el encargo: seis Virtudes fueron pintadas por los hermanos Pollaiuolo y otra, *Fortitude* (Uffizi), la subcontrataron éstos a Botticelli (GDA 4, p. 493, s.v. Botticelli).

46. A 1r, R 628.

47. Véase Dunkerton y Roy, 1966, para el análisis técnico de las tablas florentinas correspondientes a las décadas de 1470 y 1480 que se conservan en la National Gallery de Londres (pintadas por Botticelli, Ghirlandaio, Filippino Lippi y otros). La elección del tipo de pintura por parte de los artistas era «relativamente conservadora»; algunos utilizaban óleo para algún color concreto, pero, por lo general, preferían «la tonalidad clara y brillante» del temple de huevo; «al parecer rechazaban, quizá con toda conciencia, la técnica más innovadora y experimental del óleo».

48. Baxandall, 1988, p. 6.

49. También se utilizaba una malaquita artificial, un precipitado de sales de cobre; es la que se encuentra en el paisaje de la *Batalla de San Romano*, de Uccello (National Gallery, Londres), de la década de 1450; véase Dunkerton y Roy, 1996, pp. 28, 31.

50. CA 704bv/262r-c; cf. una receta semejante en CA 195v/71v-a (R 619), una hoja que contiene fragmentos de poesía que pueden fecharse h. 1480 (véase p. 154).

51. Villata, 1999, núm. 17. Los Ingesuati, cuyo monasterio se hallaba al otro lado de la Porta a Pinti, eran también clientes de Ser Piero da Vinci (Cecchi, 2003, p. 123).

52. Paisajes mediocres: CU 33v, McM 93. *Anunciación* indecorosa: CU 33r, McM 92. La *Anunciación* de Botticelli no es la única candidata a las críticas de Leonardo (véase, por ejemplo, la de Luca Signorelli, Col. Johnson, Filadelfia). «¡Sandro!»: CA 331r/120r-d; la disputa que aquí se adivina puede ser parte de un conflicto mayor entre la religiosidad de Botticelli en su fase post-Savonarola y el orgulloso cientifismo de Leonardo (Argan, 1957, pp. 127 y s.)

53. Baxandall, 1988, pp. 111-114. Giovanni Santi o de Santis era un pintor de corte del duque de Urbino. El contexto aparente del poema es la visita del du-

que a Florencia en la primavera de 1482, pero parece ser que estos versos se escribieron antes. En 1482 Perugino tenía unos treinta y tres años y Leonardo treinta, por lo que ya no eran «jóvenes». Por otra parte, ninguno de los dos se encontraba ya en Florencia. El poema elogia también a Ghirlandaio, Filippino Lippi, Botticelli y Luca Signorelli *(il cortonese Luca)*. La frase *par d'amori* significa, probablemente, «iguales en número de devotos», igualmente admirados.

54. Sobre la *Anunciación* de Di Credi (Louvre), véase Marani, 1999, pp. 67-68; Zöllner, 2003, p. 220.

55. GDA 19, p. 675, s.v. Lorenzo di Credi; Covi, 1966.

56. Contratos de la *Madonna della Misericordia* de Piero de la Francesca, para el San Sepolcro, 1445, y de los frescos de Filippino en la capilla Strozzi, 1487; Baxandall, 1988, pp. 20-21.

57. Según Vasari, el *Tobias* de los Polliaiuolo (Museo Sabauda, Turín) fue pintado por los dos hermanos para el salón de gremios de Orsanmichele (Vasari, 1987, 2, p. 74).

58. Brown, 2000, pp. 14-19; cf. W. Suida, *Leonardo's activity as a painter,* en Marazza, 1954, pp. 315-329.

59. Scalini, 1992, pp. 62-63.

60. Landucci, 1927, pp. 33, 42. Gostanzo «ganó veinte *palii* [en distintas ciudades] con su caballo árabe», Draghetto (Dragoncito).

61. CA 629av/231v-b, R 707. Ejecutó los proyectos arquitectónicos del reverso para la residencia veraniega de Charles d'Amboise, h. 1508, lo que sugiere que la «comedia» se había de representar para los franceses en Milán. «Pájaros que podían volar»: Lomazzo, 1584, p. 106.

62. Baxandall, 1988, pp. 71-76; Ventrone, 1992, pp. 57-59.

63. Martines, 2003, p. 14.

64. Lubkin, 1999, ap. 4.

65. Maquiavelo: *Istorie fiorentine,* L. 7, capítulo 28 (Maquiavelo, 1966, 2, p. 729).

66. Col. Bartolini-Salimbeni, Florencia. La pintura se ha atribuido en ocasiones a Giovanni Battista Bertucci (o Utili).

67. Vasari, 1987, 1, pp. 235-236. La bola que vemos hoy no es la de Verrocchio, que fue desplazada por un rayo la noche del 17 de enero de 1600 y fue sustituida por la actual, mayor que la anterior, en marzo de 1602.

68. Landucci, 1927, p. 9, y la nota que cita algunos asientos en el *Quaderno di Cassa* del Departamento de Obras del Duomo.

69. G 84v.

70. Vasari, 1987, 1, pp. 146-147. El incidente no aparece en la biografía anterior atribuida a Antonio Manetti.

71. Sobre la construcción de la cúpula, véase King, 2001, pp. 83-107; R. Mainstone, «Brunelleschi's dome of S. Maria del Fiore», *Transactions of the Newcomen Society* 42 (1969-1970), pp. 107-126.

72. Kemp, 1989, pp. 219-222, en las que se basa este párrafo. Véase también Pedretti, 1976, pp. 9-13; Reti, 1965. Algunos detalles de mecanismos brunelleschianos representados en una hoja de 1478 (Uffizi GDS 446E) sugieren la última fecha.

73. Máquina para levantar pesos reversible o *collo grande* (ilustrado): CA, 1083v/391v (Kemp, 1989, Il. 120). Sobre este ingenio, llamado también «torno de buey» y un dibujo de él de Mariano Taccola, véase King, 2001, pp. 58-61. Grúa giratoria: CA 965r/349r-a (Kemp, 1989, Il. 121). Grúa sobre raíles: CA 808r/295r-b (Pedretti, 1976, Il. 7).

74. CA 909v/333v.

75. Cúpulas milanesas: B 18v, 21r, 22r, etc.; CA 849v/310v-a. Ladrillos colocados en forma de espina: CA 933v/341v-a.

76. ASF Accademia del Disegno 2, 93v; Villata, 1999, núm. 5.

77. G. Moreni, *Notizie* (Florencia, 1793), 6, p. 161; Ottino della Chiesa, 1967, p. 88; Marani, 2000a, pp. 48-52.

78. Brown, 1998, pp. 76-79, pp. 194-195.

79. El atril recuerda también la tumba de Carlo Marsuppini, esculpida en la década de 1450 por Desiderio di Settignano, la cual vio sin duda Leonardo en la iglesia de Santa Croce situada a pocos minutos del taller.

80. Kemp, 1981, p. 54. Errores de perspectiva: Clark, 1988, p. 53.

81. Baxandall, 1988, pp. 49-56.

82. *Ibid.*, p. 50, cita de Roberto Caraccioli, *Sermones de laudibus sanctorum* (Nápoles, 1489).

83. Clark, 1988, p. 62.

84. Natali, 1998, pp. 269-270; Cechi, 2003, pp. 126-127. Simone di Cione fue abad en 1471-1473 y 1475-1478.

85. CA 225r/83r-a, h. 1513-1515; PC 2, p. 351. Una carta de Amadori dirigida a Isabella d'Este registra un encuentro entre este y Leonardo celebrado en Florencia en 1506 (véase p. 375). Ottaviano de Medici (m. 1546) era un primo joven de Lorenzo que contrajo matrimonio con una nieta de este, Francesca.

86. Ottino della Chiesa, 1967, p. 89.

87. CU 6v, McM 24.

88. CU 135r, McM 554, de BN 2038 29r. Dibujos de dragones: RL 12370; Louvre, Col. Rothschild 7810.

89. Lomazzo, 1584, L. 2, capítulo 20; W. Suida, *Leonardo und sein Kreis* (Múnich, 1929), fig. 117.

90. Antonio fue el primer hijo legítimo de los doce que tuvo Ser Piero. La segunda, Maddalena, murió niña, pero el resto le sobrevivieron. Tuvo seis de su tercera esposa, Margherita di Francesco di Iacopo di Guglielmo (m. 1486), y seis de la cuarta, Lucrezia di Guglielmo Giuliani. Esta última era casi cuarenta años más joven que Ser Piero y doce años menor que Leonardo y sobrevivió a ambos. El más destacado de los hermanastros de Leonardo, fue el segundo hijo varón,

Giuliano (n. 1480), que pasó a ser notario de la Signoria en 1516 y *orator* florentino en la Liga Helvética en 1518. Lorenzo (n. 1484) fue comerciante en lana y autor de un edificante ensayo religioso, las «Confesionale» (véase Capítulo I, n. 31). Giuglielmo (n. 1496) heredó la casa de Anchiano, que en 1624 vendería su nieto del mismo nombre. El más joven, Giovanni (n. 1498), fue, al parecer «posadero y carnicero» en Mercatale, cerca de Vinci, donde Accatabriga había tenido su horno. El hijo de Bartolomeo (n. 1497), Pierfrancesco o Pierino da Vinci, fue un escultor de talento, pero murió con poco más de veinte años en 1553.

91. Ottino della Chiesa, 1967, pp. 89-90; Walker, 1967.

92. Sobre Ginevra y su familia véanse artículos en DBI; Fletcher, 1989; Cecchi, 2003, pp. 129-131. Cecchi destaca la presencia de Ser Piero como notario; entre 1458 y 1465, se ocupó de varios documentos de la familia Benci, incluido el testamento de la abuela de Ginevra, Maddalena, en 1460. Leonardo siguió siendo amigo del hermano de Ginevra, Giovanni (1456-1523), y en 1482 le dejó la inacabada *Adoración de los magos* para que se la guardara. (Vasari dice que la dejó «en la casa de Amerigo de Benci», lo que se ha interpretado a veces erróneamente como una referencia al padre de Ginevra; el autor se refiere al hijo de Giovanni que era el jefe de la familia cuando él escribió su obra). Leonardo menciona a Giovanni en dos notas de comienzos de la década de 1500: «el mapa del mundo que tiene Giovanni Benci» (CA 358r/130r-a) y «un libro de Giovanni Benci» (L 1v). Es posible que este último sea el libro de veterinaria (Jordanus Ruffus, *De medicina veterinaria)* que se conserva en la Biblioteca Laurentiana de Florencia y que lleva la siguiente inscripción *Questo libro è di Giovanni d'Amerigo Benci, 1485.* Es posible también que sea el libro que Leonardo describe en una lista de 1504 como *libro di medicina di cavalla* («libro de medicina para caballos»): véase Solmi, 1908, p. 92; PC 2, p. 361.

93. Como en todos los textos renacentistas, *virtus* o *virtù* tiene aquí un significado más complejo que el que se asocia hoy con el término «virtud». Filosóficamente se refiere a la esencia espiritual contenida o aprisionada en el mundo material, en el sentido que aún damos al término cuando hablamos, con cierta referencia a la alquimia, de las «virtudes» curativas de una determinada planta. En otro sentido, se refiere a cualidades personales, como el talento, la determinación, la excelencia o la capacidad intelectual. Leonardo utiliza con frecuencia el término con este significado.

94. RL 12558r. El Departamento de Procesado de Imágenes de la National Gallery de Washington ha generado una reconstrucción hipotética del retrato original de Ginevra basándose en el que conocemos, el estudio de las manos de Windsor y el ramillete de Verrocchio: Brown, 2000, Il. 3. El busto de Verrocchio no fue la única escultura de Ginevra: una lista de las obras destruidas por las hogueras de Savonarola en 1497-1498 incluye una cabeza de «la hermosa Bencia» (Butterfield, 1997, p. 96).

95. El ejemplar de Bembo de *De amore:* Biblioteca Bodleiana, Oxford, Can. Class. Lat. 156. *Bembicae Peregrinae:* Biblioteca de Eton College, Cod. 156. Véase

Fletcher, 1989, p. 811. El emblema del laurel y la palma que aparece en las *Peregrinae* (111v) fue dibujado por el amigo de Bembo, Bartolomeo Sanvito; se parece mucho a la versión de Leonardo y pudo ser fuente directa de esta. Un análisis técnico del retrato de Ginevra (Zöllner, 2003, p. 219) ha revelado que la leyenda del reverso decía originalmente *Virtus et Honor,* como en el emblema de las *Peregrinae.* Sobre Bembo, véase N. Giannetto, *Bernardo Bembo, umanista e politico veneziano* (Florencia, 1985). Su hijo fue el famoso humanista Pietro Bembo, uno de los interlocutores en *El cortesano* de Castiglione.

96. Poliziano, *Stanze per la Giostra* (1476), Libro 1, versos 43-44.

97. Brown, 2000, pp. 124-125.

98. Acerca del contexto filosófico de las pinturas de Botticelli, véase Gombrich, 1945; G. Ferruolo, «Botticelli's mythologies, Ficino's *De amore,* Poliziano's *Stanza per la giostra»,* *Art Bulletin* 3 (1965).

99. Ficino, *De vita coelitus,* capítulo 18, en *Opera omnia* (Basilea, 1576), p. 557; véase Yates, 1965, p. 71. Sobre Ficino y la magia, véase D. P. Walker, *Spiritual and Demonic Magic from Ficino to Campanella* (Londres, 1959).

100. Yates, 1965, pp. 281-282. El *furor amoris* («éxtasis de amor») que Ficino asocia con Venus se convierte en un motivo habitual de la poesía isabelina; una secuencia de sonetos del ocultista italiano Giordano Bruno, *Gli eroici furori* (Londres, 1586) podría ser un eslabón entre uno y otra. Esta influencia sugiere una remota pero atractiva consanguinidad entre la *Ginevra* de Leonardo y el poema *Venus y Adonis* de Shakespeare (1593).

101. Leonardo poseyó probablemente un ejemplar de la *Theologica Platonica* de Ficino, acabada en 1474 y publicada en 1482. En su lista de libros de h. 1492 (CA 559r/210r-a) incluye un libro o manuscrito que titula *de immortalità d'anima:* el subtítulo del libro de Ficino es *De animarum immortalitate.* Pero la frase *Ermete filosofo* («Hermes el filósofo») garabateada en la cubierta del MS M de París no basta para demostrar que Leonardo conocía las traducciones de Ficino de hermética mística, el *Pimander.* Llamar «aristotélico» a Leonardo no debe interpretarse como dogmático. El mismo Bembo, como observa Fletcher (1989, p. 814), «se resistió a los aspectos filosóficos del neoplatonismo de Ficino» profundamente influido como estaba por sus maestros de la Universidad de Padua, seguidores de Aristóteles y Averroes.

102. CA 18/4r-b, v-b (R1553, 1359). Sobre la identidad de Bernardo, véase PC 2, p. 384. Otro nombre que aparece en esta hoja es el de «Franco d'Antonio di Ser Piero», es decir, el del tío Francesco. Bramly (1992, p. 154) observa que las tres últimas palabras, escritas *di s pero* pueden leerse también como *dispero* («desespero»); resulta tentador ver en esto un comentario, en forma de juego de palabras, sobre la relación de Leonardo con su padre, aunque en este caso el nombre se refiere a su bisabuelo.

103. ASF, Ufficiali di Notte 18/2, 41v (9 de abril), 51r (7 de junio); Villata, 1999, núms. 7, 8.

104. Smiraglia Scognamiglio, 1896, pp. 313-315. Referencia a Milanesi: Vasari, 1878, 4, p. 22n. Uzielli, 1884, pp. 200-201, 441-448.

105. *Sogni* (véase Introducción n. 22 más arriba), 136v-137v. Posiblemente Lomazzo obtuvo información confidencial acerca de la vida privada de Leonardo a través de Melzi; seguramente hace referencia a algo que otros biógrafos también conocían pero que no mencionaban. Lomazzo fue discreto en el sentido de que nunca publicó los *Sogni*.

106. Ar 44r; Pedretti, 2001, pp. 71-74. En textos anatómicos, Leonardo utiliza generalmente la palabra *verga* o *membro* para designar el pene, pero véase RL 19030r, h. 1506-1508, donde se dice que el *cazzo* es «el ministro de la especie humana». Sobre «La polla que corre» (Fors 2 40r), véase Pedretti, ALV 4 (1991); A. Marinori, RV 24 (1992), pp. 181-188. Animales fálicos: CA 132-133v/48r-a, r-b.

107. Saslow, 1986; Rocke, 1996; Orto, 1989. Véase también Alan Bray, *Homosexuality in Renaissance England* (Londres, 1982).

108. Cellini, 2002, p. 301. Aunque Botticelli no fue condenado, uno de sus ayudantes lo fue en 1473. Véase R. Lightbown, *Sandro Botticelli: Life and Work* (Londres, 2 vols., 1978), 1, pp. 152-154.

109. Rocke, 1987.

110. Dante, *Inferno*, cantos 14-15. Complica la respuesta de Dante la presencia de su antiguo maestro, Ser Brunetto Latino, entre los condenados. Sobre las actitudes intransigentes posteriores a la bula papal de 1484, «Summis desiderantes affectibus», véase M. Consoli, *Independence Gay* (Viterbo, 2000), capítulo 1; T. Herzig, «Witchcraft and Homosexuality in Pico's *Strix*», *Sixteenth- Century Journal* 34/1 (2003), pp. 60-71.

111. Kupferstichkabinett, Berlín, Códice Hamilton 201; Vaticano, Biblioteca Apostolica, Reginense Lat. 1896. Contienen ilustraciones para 25 cantos del *Inferno* (las correspondientes a los cantos 2-7, 9 y 14 se han perdido), los 33 cantos del *Purgatorio*, y 31 cantos del *Paradiso* (faltan las correspondientes a los cantos 31 y 33, que posiblemente nunca se realizaron).

112. Giovanni di Renzo: ASF, Catastro 1427, Indice delle famiglie. Bartolomeo, Antonio, Bernardo: ASF, Catastro 1457, Sommario dei campeoni 2 (Santa Croce), C3. Uno de los tres cuyas propiedades se valoran conjuntamente en 1457 puede ser el padre de Giovanni (llamado así por su abuelo) y de Jacopo; su *portata* (filza 798, carta 78) no se ha encontrado hasta el momento, aunque Jacopo, que en 1476 sólo contaba diecisiete años, no figuraría en ella.

113. DBI s.v. Benci, Antonio (nombre de Polliaiuolo, ya que este último era un sobrenombre que aludía al oficio de su padre, que era pollero; que sepamos, no tenía relación ninguna con la familia de Ginevra).

114. CA 680v/252v-a. Fechada h. 1504-1505 por Pedretti (PC 2, pp. 311-312) por sus semejanzas con CA 84r/30r-b, que incluye un esbozo relacionado con el fresco de *Anghiari*. Un hombre de pie que aparece en RL 12328r, también de h. 1505, puede estar relacionado con el Cristo «adulto». Richter (R 1364n) sugiere, galante, pero de forma poco convincente, que el desastre provocado por

el Cristo Niño tuvo su origen en los estudios de la *Virgen con el Niño y un gato* de fines de la década de 1470, los cuales «debieron ser considerados extraños e irreverentes por las autoridades eclesiásticas».

115. CA 1094r/394r-b; 32r/9r-b.

116. BN 2037, 10r.

117. Ufizzi GDS 446E. Diferentes lecturas: R 1383; Thiis, 1913, p. 151; PC 2, p. 327-328.

118. Es, posiblemente, un patronímico de taller: «Fioravanti discípulo de Domenico». Inmediatamente saltan a la mente los talleres de Domenico Ghirlandaio y Domenico di Michelino (mencionados por Leonardo en una nota de h. 1480, CA 42v/12v-a), pero el nombre era muy común.

119. Sobre el Monumento Fortaguerri, véase Butterfield, 1997; GDA 19, pp. 675-676.

120. RL 12572. El estudio de San Donato (Col. Wildenstein, Nueva York) se atribuye a Verrocchio, pero un análisis reciente ha revelado pinceladas de mano izquierda en el sombreado del rostro y de la garganta. Se incluyó en la exposición *Leonardo e dintorni* (Arezzo, 2001).

121. RL 12685, h. 1503-1504, marcada como «Sangenaio». Acerca de la iglesia, véase G. Lera, *Capannori: vicende di una civiltà contadina* (Lucca, 1996), p. 88.

122. L. Bertolini y M. Bucci, *Arte sacra dal VI al XIX secolo* (Lucca, 1957), n. 210; Pedretti, 1998b, pp. 16-22; información local, 11 de junio de 2003.

123. D 4r.

124. Jean Lemaire, *Plainte du désiré* (1509), en Nicodemi, 1934, p. 8.

125. CA 807r/295r-a.

126. CU 20v, McM 51.

127. Fors 3 83r.

Capítulo III

Independencia. 1477-1482

1. ASF, Mediceo avanti il principato 37, 49; ALV 5 (1992), pp. 120-122.

2. ASF, Signori e Collegi 94, 5v (10 de enero de 1478), 27r (16 de marzo); Villata, 1999, núms. 9, 10.

3. Es posible que el autor del *Anónimo* se confundiera: Filippino pintó más tarde un retablo para el Palazzo Vecchio (h. 1486), aunque fue comisionado por el Otto di Pratica (la magistratura) y no está relacionado con el encargo de San Bernardo; también pintó un retablo para reemplazar a una obra inacabada de Leonardo (*La Adoración de los Magos* destinada al monasterio de San Donato).

4. Clark, 1933, pp. 136-140; véanse ils. de la p. 267.

5. B. Berenson, *Study and Criticism of Italian Art*, vol. 3 (Londres, 1916); S. Brandi, *La Fiera litteraria* (Roma, 1967).

6. E. de Liphart, *Starye Gody* (San Petersburgo, 1909, en Ottino della Chiesa, 1967, p. 90.

7. Embolden, 1987, p. 120.

8. Uffizi GDS 212F (ilustrado), en ocasiones atribuido a Verrocchio; Louvre, Cabinet des Dessins 486 (Zöllner 2003, núm. 118); BM 1860-6-16-100r (Zöllner, 2003, núm. 4).

9. C. Pedretti, «Il disegno di Oporto», RV 27 (1997), pp. 3-11. Listas de palabras de Windsor: RL 12561.

10. Virgen con el Niño y San Juan niño: RL 12276; Clark y Pedretti, 1968, 1, pp. 3-4. Virgen con el Niño y un gato: bocetos: BM 1857-1-10-1r, v (reverso ilustrado), 1860-6-16-98; Musée Bonnat, Bayona (Zöllner, 2003, núms. 110-113); estudios más acabados: BM 1856-6-26-1r, v; col. particular; Uffizi GDS 421E (Zöllner 2003, núms. 115-117, 119).

11. Sobre la conspiración, véase Martines, 2003; Acton, 1979; Maquiavelo, *Istorie fiorentine*, L. 8 capítulos 1-9 (Maquiavelo, 1966, 2, pp. 738-746); A. Poliziano, *Conjurationis Pactianae commentario*.

12. Martines, 2003, pp. 257 y ss.

13. Vasari, 1987, 1, pp. 239-240; G. Milanesi, *Archivio storico* 6 (1862), p. 5.

14. Landucci, 1927, p. 28, aunque según otra fuente contemporánea, la *Chronichetta* de Belfredello Alfieri, la ejecución tuvo lugar el día 29 (R 664n).

15. Musée Bonnat, Bayona. Poliziano describe a Bernardo como un «forajido» *(uomo perduto)*, pero los Baroncelli formaban un clan florentino establecido en el barrio de Santa Croce; Maddalena Bandini Baroncelli (m. 1460) era la abuela paterna de Ginevra de' Benci. No es imposible que Leonardo conociera al hombre cuya ejecución documentó.

16. ASF, Operai Palazzo, Stanziamenti 10, 79v, 80v.

17. Véase Brescia y Tomio, 1999, para los descubrimientos más recientes, incluida una transcripción del siglo XVII de su monumento funerario en Sant'Agata.

18. Ammirato, 1637, 2, p. 242. «Zoroastro», así llamado por el mago persa Zaratustra, aparece como «Geroastro» en la obra anónima *Antiquarie prospettiche Romane*, IV (véase Capítulo V, n. 119 más adelante). Ammirato añade dos versiones más: «Alabastro» y «Chiliabastro».

19. I^2 49v, R 704; cf. I^2 47v, que muestra prendas de vestir decoradas con conchas, cuentas y cordones.

20. H 106v.

21. Benvenuto della Golpaja, «Libro di macchine» (Venecia, Biblioteca Nazionale di San Marco, H IV 41); Pedretti, 1957, p. 26.

22. Ar 148r-v, R 1548-9.

23. ASF, Antica Badia Fiorentina, Familiari XI 322, pp. 146 y ss.; Brescia y Tomio, 1999, pp. 69-70. La carta menciona también a la hermana de Tomaso, Maddalena, «cabalgando furiosamente por los bosques» de Quaracci como una amazona.

24. CA 950v/346v-a. Sobre la tarántula, véase también H 17v: «La picadura de la tarántula fija a un hombre en su intención, es decir, en lo que estaba pensando cuando le mordió». Aunque el término designa hoy la araña peluda de la América tropical (género *Mygale*), la tarántula original era una araña grande que se encontraba en el sur de Italia (género *Lycosa*). Su nombre se deriva de la ciudad de Taranto. Se suponía que su picadura provocaba el «tarantismo», una enfermedad histérica parecida al baile de San Vito, aunque hoy se considera que este tipo de histerias se debían a un envenenamiento producido por la ergotina.

25. A. Grazzini, *Le Cene*, ed. Verzone (Florencia, 1890), pp. 140-141.

26. V. Borghini, *Discorsi* (Florencia, 1584), p. 163; Pedretti, 1976, Il. 13.

27. Vasari, 1876, 4, p. 446.

28. Aparatos hidráulicos: CA 1069r/386r-b (ilustrado), 1069v/386v-b; 26r/7r-a, 26v/7v-a; 1048r/376r-a (Zöllner, 2003, núms. 509, 511-514). Higrómetro: Louvre, Cabinet des Dessins 2022; Zöllner, 2003, núm. 130. Vasari dice también que, en su juventud, Leonardo «fue el primero que propuso canalizar el Arno entre Pisa y Florencia». Suele considerarse una confusión de Vasari con respecto a proyectos de canalización posteriores también de Leonardo (h. 1503-1504), pero es perfectamente posible que existieran asimismo esas propuestas. El proyecto frustrado de Brunelleschi de inundar la llanura en torno a Lucca (en guerra con Florencia en la década de 1420) constituiría un precedente.

29. CA 42v/12v-a.

30. A 64r, h. 1490-1492; PC 2, pp. 119-120. El tratado (Biblioteca Riccardiana, Cod. 211) pudo ser escrito por Brunelleschi, amigo de Toscanelli.

31. CA 5r/1 bis r-a.

32. Sobre Argyropoulos, véase DBI; G. Cammelli, *Giovanni Argiropulo* (Florencia, 1941).

33. Alberti, *De re aedificatoria* (1485), L. 10, capítulo 10; Pedretti, 1976, p. 8.

34. Uffizi GDS 447E; Pedretti, 1957, pp. 211-216.

35. «Antonio da Pistoia»: CA 18r/4r-b. Sobre Cammelli, véase DBI; A. Capelli, «Notizie di Antonio Cammelli», en Cammelli, 1884, XXV-LIX. Se le conoce también como Antonio Vinci por el lugar donde nació, San Piero a Vincio, entonces una aldea fuera de la puerta occidental de Pistoia.

36. Capelli, «Notizie» (véase n. 35), XXXIII, XLII, cita el soneto de Berni, «Il medico Guazzaletto», y los *Ragionamenti* de Aretino.

37. Cammelli, 1884, p. 180.

38. *Ibid.*, p. 165.

39. CA 80r/28r-b.

40. CA 195r/71r-a; Pedretti, 1957, pp. 79-89; Luca Pulci, *Pistole*, 8, pp. 130-132.

41. CA 55r/16v-a; PC 2, p. 386. Cf. el soneto de Cammelli contra Bellincioni, en el que presenta a este «coronado con una guirnalda de ortigas» (Cammelli, 1884, p. 53). Acerca de Bellincioni, véase DBI y la introducción de Fanfani a las *Rime* (Bellincioni, 1876). Bellincioni alabó en Leonardo «los dibujos y colores,

que asombran a antiguos y modernos» (Soneto 77, h. 1485-1490). Colaboró con él en Milán en 1490 (véanse pp. 257-258 más arriba).

42. National Music Museum, South Dakota, n. 4203 (http://www.usd.edu/smm); Winternitz, 1982, pp. 25-38; Katherine Powers, «The lira da braccio in the angel's hands in Renaissance Madonna Enthroned paintings», *Music in Art* 26 (2001).

43. Cellini, 2002, pp. 9-11.

44. T. Smollett, *Travels through France and Italy* (Londres, 1776), carta 27 (28 de enero de 1765).

45. CU 18v, McM 41. Sobre los himnos órficos de Ficino, véase Yates, 1965, pp. 78-80.

46. RL 12697; mi agradecimiento a Sasha, que tocó para mí esta melodía. Otra versión de esta adivinanza se encuentra en RL 12699.

47. La réplica de 85 cm construida por el fabricante de laúdes de Cremona Giorgio Scolari y el científico Andrea Iorio, especialista en acústica, fue exhibida en 2002. El instrumento de cuerda en forma de cabeza de monstruo (BN 2037, fol. C, antes parte del MS B, h. 1487-1490) es lo más cercano a la lira en forma de cráneo de caballo que conocemos, y podría ser la ilustración a la que se refiere Amoretti (1804, pp. 32-33). Sobre otras invenciones musicales de Leonardo, véase Richter, 1970, 1, pp. 69 y s., Winternitz, 1982.

48. A 22v.

49. CA 888r/324r. Richter lee «Atalanta» (R 680), aunque esta legendaria belleza griega se representaba generalmente corriendo y no levantando el rostro. Sobre Migliorotti, véase Vecce, 1998, pp. 72-75. Existe un fragmento del borrador de una carta dirigida a él («Talante») por Leonardo (CA 890r/325r-b).

50. Louvre, Cabinet des Dessins, 2022, h. 1480; Zöllner, 2003, núm. 130. El músico está arriba a la derecha; la hoja contiene también el diseño de un higrómetro acompañado de notas, y algunos estudios de figuras que sugieren *La Última Cena*.

51. RL 12276. La mitad inferior del boceto de un ángel arrodillado (BM 1913-6-17-1) está relacionada también con esta pintura, aunque no es un estudio preparatorio para ella.

52. Papa, 2000, p. 37.

53. Sobre la semejanza con Santa Maria Novella, véase Pedretti, 1988, p. 280; Papa, 2000, p. 40. Mi sugerencia según la cual la pintura podría haber sido un encargo de Rucellai es meramente especulativa, pero no más que la idea de que fue encargada para la capilla Ferranti de la Badia y que el *San Jerónimo* que pintó después para esta capilla Filippino Lippi (h. 1489) vino a sustituirla (A. Cecchi, *Uffizi studi e ricerche* 5 (1998), pp. 59-72). Sobre la posibilidad de que Leonardo viajara con Rucellai a Milán en 1482, véase p. 177 más arriba. Al parecer se llevó la pintura con él; un eco de ella aparece en la cubierta del poema milanés *Antiquariae prospettiche romane* dirigido a Leonardo h. 1495-1500. Es poco probable que el «San Girolamo» incluido entre las pinturas que poseía Salai, el discípulo

de Leonardo, en 1524 (Shell y Sironi, 1991) fuera el que hoy conocemos; pudo ser una copia ejecutada por él mismo. Un inventario de cuadros efectuado en Parma en 1680, incluye un San Jerónimo atribuido a Leonardo, pero la descripción y las medidas no coinciden con el que conocemos (Chiesa, 1967, p. 92). Según una conocida historia, el cuadro de Leonardo fue redescubierto a comienzos del siglo XIX por el Cardenal Fesch, tío de Napoleón, quien encontró una mitad en un baratillo de Roma, y la otra, muchos meses después, formando parte de un banco de zapatero. La historia suena a apócrifa (demasiadas coincidencias), aunque es cierto que en algún momento la pintura fue cortada en dos. En 1845, el Papa Pío IX la compró a los herederos de Fesch para el Museo Vaticano por 2,500 francos.

54. Landucci, 1927, pp. 44, 275. En una hoja posterior (CA 803r/294r-a, h. 1517-1518), figura un boceto de la planta de la leonera de Florencia *(stanze de lioni di firenze).*

55. RL 19114v. Bestiario: H[1] 11r, R 1232, cf. H[1] 18v.

56. RL 12692r. Sobre las fábulas de Alberti, con una ficticia «carta a Esopo», véase Grafton, 2000, pp. 213-214. Leonello d'Este también utilizó un león como emblema.

57. Ar 155r, R 1339.

58. Ar 224r, 231v.

59. Esto no excluye otras posibles glosas sobre la cueva, entre ellas una analogía freudiana con orificios corporales. La vulva abierta que vemos en una hoja anatómica de h. 1509 (RL 19095v, véase il. p. 471) puede sugerir que la «cueva oscura y amenazadora» se refiera, a un nivel subconsciente, a los inquietantes misterios de la sexualidad femenina. La idea de la cueva como «residencia de Plutón» puede estar también relacionada con la imagen misógina de los genitales femeninos como «infierno», como aparecen en el poema erótico de Ghigo Brunelleschi y Ser Domenico da Prato's titulado *Geta e Birria* (Florencia, h. 1476), en que el protagonista hunde su miembro «en las profundidades inconmensurables del infierno» *(senza misura nello 'nferno):* Leonardo poseía una copia de este poema en 1504. En una de sus fábulas (CA 188r/67r-b, R 1282), una copa de vino prepara para la «muerte» que significa ser tragado por las «sucias y fétidas cavernas del cuerpo humano».

60. Bramly, 1992, p. 156.

61. Vasari, 1987, 1, p. 331.

62. El memorándum de Leonardo *Fatiche d'erchole a pier f ginori / L'orto de medici* («Los trabajos de Hércules para Pierfrancesco Ginori. El jardín de los Medici»), CA 782v/288v-a, puede referirse a los jardines de San Marco y a la estatua que se proponía copiar, pero la nota está fechada h. 1508, mucho después de la muerte de Lorenzo.

63. E. Camesasca, *L'Opera completa del Perugino,* Rizzoli Classici dell'Arte 3 (Milán, 1969), pp. 91-92.

64. CA 429r/159r-c, R 1368A; cf. F 96v sobre los médicos como «destructores de vidas».

65. RL 12439, antes CA 902r/329r-b; Pedretti, 1957, Il. 23.

66. ASF, Corporazioni religiose soppresse 140/3, 74r; Villata, 1999, núm. 14.

67. ASF, *ibid.*, 75r, 77v, 79r, 81v; Villata, 1999, núms. 15-17.

68. Sobre la iconografía religiosa de la pintura, véase Natali, 2001, pp. 40 y ss.; Zöllner, 2003, pp. 56-59.

69. Beck citado por Catherine Milner, *Daily Telegraph*, 3 de junio de 2001. Una carta que denunciaba el proyecto calificándolo de «locura» fue firmada por cuarenta expertos, entre ellos Sir Ernst Gombrich (*Artwatch UK*, junio de 2001).

70. Conversación con Alfio del Serra, 29 de junio de 2001.

71. Melinda Henneburger, «The Leonardo cover-up», *The New York Times*, 21 de abril de 2002.

72. Sobre la exactitud de los grabados de Vasari: Boase, 1971, pp. 68-72. Sobre el Autorretrato en el Renacimiento: Zöllner, 1992; Woods-Marsden, 1998.

73. El rostro que aparecía en un medallón en el fresco de Mantegna *Santiago orando* (Erematani, Padua) era también, probablemente, un autorretrato, pero los frescos fueron destruidos por un bombardeo aliado en 1944 y en las fotografías de que disponemos no se distingue claramente.

74. Pedretti, 1998a, p. 25; Grafton, 2000, pp. 127-133.

75. Vecce, 1998, pp. 75-76; Pedretti, 1957, p. 34. Sobre una relación posterior entre Rucellai y Leonardo, véase Benvenuto della Golpaja, «Libro di macchine» (Capítulo III, n. 21), 7v, donde se dice que un dibujo de una máquina hidráulica es «una copia de un instrumento enviado por Leonardo da Vinci a Bernardo Rucellai»; el dibujo se asemeja a otros estudios de G 93v-95r, h. 1510.

76. Bellincioni, *Rime* (Milán, 1493), 1v; Uzielli, 1872, p. 99.

77. CA 1082r/391r-a. Doy los párrafos en el orden indicado por las correcciones del original (p. ej., el párrafo 9 que versa sobre armamento naval, aparece en el original después del párrafo 4). La renumeración es, evidentemente, posterior al texto, pero no puede serlo mucho más ya que es de la misma mano.

78. Catapulta: «Máquina militar antigua para arrojar piedras». Abrojo: «Pieza de hierro con cuatro puntas agudas para dificultar el paso de la caballería».

79. Sobre algunos dibujos relacionados con las armas descritas en la propuesta, la mayoría de ellos de mediados de la década de 1480, véase Capítulo IV, n. 9. Naturalmente, no se puede demostrar que sólo existieran sobre el papel. El ligero puente portátil del párrafo 1 se plasmó en el puente de madera que construyó Leonardo, «sin hierro y sin cuerdas», para las tropas de César Borgia en 1502 (Luca Pacioli, *De viribus quantitatis*, 2, p. 85), y algunas máquinas para desaguar zanjas (párrafo 2) fueron diseñadas para la frustrada desviación del Arno de 1503-1504 y probablemente llegaron también a utilizarse. Pero no tenemos documento alguno que demuestre que se construyeron armas reales de acuerdo con sus instrucciones.

80. Estudios para el monumento de Antonio del Polliaiuolo: Staatliche Graphische Sammlung, Múnich; Metropolitan Museum of Art, Nueva York.

CAPÍTULO IV
NUEVOS HORIZONTES. 1482-1490

1. CA 1113r/400r-b, con referencia a un viaje de Milán a Florencia en septiembre de 1513.

2. C 19v.

3. Bramly, 1992, p. 198. Sobre Ludovico Sforza, véase López, 1982; Malaguzzi-Valeri, 1913-1923; C. Santoro, *Gli Sforza* (Milán, 1929).

4. CA 199v/73v-a, h. 1510. Otros bocetos de planos de la ciudad se encuentran en RL 19115 y CA 184v/65v-b. Entre los primeros planos impresos, el más completo es el de Braun y Hogenberg's *(Civitatis orbis terrarum* (1572), vol. 1, plano 42), basado en un grabado de Antonio Lafreri de 1560. Al parecer, no existe ningún plano impreso anterior a la expansión del siglo XVI. La única puerta medieval que sigue en pie es la elegante Porta Nova (o Porta Orientale), de triple arco, construida en 1171.

5. Los relieves de la Porta Romana se encuentran hoy en el Museo d'Arte Antica del Castello Sforzesco. En el mismo museo se encuentra el relieve de una mujer haciendo un gesto obsceno (del que se ha dicho a veces que representa a la mujer de Barbarroja) procedente de la Porta Tosa, de la que se retiró en el siglo XVI por orden de San Carlos Borromeo.

6. Códice Magliabechiano II 4, 195; PC 2, p. 31.

7. Ma I, nota en la contracubierta.

8. Bramly, 1992, p. 200.

9. Cañón o mortero: RL 12652. Carro acorazado (ilustrado): BM 1860-6-16-99. Véase Kemp, 1989, pp. 138-139, 230-232.

10. Fundición de piezas de artillería: RL 12647.

11. CA 611r/225r-b, R 1448. Una pintura de la capilla de la familia Portinari en Sant'Egidio, descrita por Vasari, se identifica ahora con la *Pasión de Cristo* de h. 1470 del maestro flamenco Hans Memling (Galleria Sabauda, Turín). Su dramática representación de la Última Cena pudo influir en el tratamiento que dio Leonardo al mismo tema: véase R. Papa, «Giuda, disordine e la grazia», en Pedretti, 1999.

12. Sobre Dei, véase DBI; L. Courtney, *The Trumpet of Truth* (Monash, Australia, 1992); y su *Cronica*, ed. R. Barducci (Florencia, 1984). «In principio era buio»: Pulci, *Morgante maggiore* (1482), canto 28, 42; P. Orvieto, *Annali d'italianistica* I (1983), pp. 19-33.

13. Véase n. 50 más adelante.

14. Landucci, 1927, p. 33 y nota.

15. Sobre Bramante, véase DBI; A. Bruschi, *Bramante* (Londres, 1977); Malaguzzi-Valeri, 1913-1923, vol. 2: *Bramante e Leonardo.*

16. Sobre Ambrogio y su familia, véase Shell, 2000, pp. 123-130.

17. Beltrami, 1919, docs. 23-24. Sobre la compleja historia de esta pintura, véase Davies, 1947; Sironi, 1981; Marani, 2003; Zöllner, *Burlington Magazine* 143 (2001), pp. 35-37; Zöllner, 2003, pp. 223-224.

18. Clark, 1988, pp. 90-91. Uno de los problemas de este argumento es que la pintura tenía que encajar en un marco construido en 1482 (pagado a Maino el 7 de agosto de 1482). Un estudio para el Cristo Niño (BM 253a) está dibujado sobre un papel azul preparado, del tipo del que Leonardo utilizaba en Florencia, pero otras hojas de esa misma clase de papel (CA 1094r/394r-b; RL 12652r) incluyen dibujos ejecutados probablemente durante sus primeros años en Milán. Véase PC 2, p. 312.

19. ASM, Autografi dei pittori 102/34, 10; Glasser 1977, pp. 345-346. Un documento relativo, al parecer, al pago de 730 liras a Leonardo y los De Predis el 28 de diciembre de 1484 puede darnos la fecha en que se acabó de pintar el cuadro del Louvre (Shell y Sironi, 2000), pero Marani duda acerca de la lectura de esa fecha, que en su opinión es 1489 (Marani, 2003, p. 7).

20. Para algunos de los eslabones de esta cadena de conjeturas, véase Ottino della Chiesa, 1967, pp. 93-95; Marani, 2001, pp. 140-142; Gould, 1975. Sobre la presencia de Ambrogio en Innsbruck, véase Shell, 1998a, p. 124; Malaguzzi-Valeri, 1913-1923, 3, pp. 7-8.

21. RL 12519. Cf. Clark y Pedretti, 1968, 1, p. 92; Clayton, 2002, p. 55.

22. Sobre el escenario, véase R. Papa, «Il misterio dell'origine», *Art e dossier* 159 (2000).

23. Embolden, 1987, pp. 125-132.

24. Triv 6v, (R 891) con diagrama.

25. CA 184v/65v-b, R 1203, h. 1493.

26. CA 950v/346v-a. «Espíritu de vino = aguardiente». Cf. B 3v: «Observa cómo el espíritu reúne en sí mismo todos los colores y aromas de las flores silvestres».

27. B 15v-16r (ilustrado), 36r-39r, etc. La letrina: 53r. En el *studiolo* de Federico da Montefeltro en Urbino hay una pintura de la «ciudad ideal» que se atribuye a Francesco di Giorgio Martini, a quien Leonardo conoció en Milán. En una fase posterior de sus estudios sobre planificación urbana (n. 25 más arriba), Leonardo concibió un plan para dividir Milán en diez ciudades–satélite, con 5,000 viviendas en cada una de ellas. Cf. Fors 3 64v que estudia la zona comprendida entre la Porta Romana y la Porta Torsa, que representa una de las diez.

28. CA 1059v/381v-b, h. 1485.

29. *Daily Telegraph,* 17 de marzo de 2000 (preparación) y 27 de junio de 2000 (salto); *Sunday Times,* 2 de julio de 2000. El «lino cubierto» *(pannolino intasato,* literalmente, lino obturado) que especifica Leonardo debe de ser lino almidonado.

30. Inventario núms. JBS 17r, v (figs. pp. 205 y 208), 18r, v. Una de las alegorías (18r), que incluye representaciones de serpientes, zorros y un águila, tiene un sentido claramente político, aunque su mensaje es oscuro: véase Kemp, 1989, pp. 156-157.

31. Triv 96r, 98r; G. Perro, *Archivio storico Lombardo* 8, Pte. 4ª (1881); R 676n.

32. RL 19097, h. 1493.

33. Kunsthalle, Hamburgo; Zöllner, 2003, núm. 396.

34. Popham 1946, p. 58.

35. Sobre la caligrafía del MS B, véase la introducción de Marinoni a la edición facsimilar, 1990; Calvi, 1925, p. 45; Pedretti, 1995, p. 22.

36. Según unas notas de Gulielmo Libri, una de las páginas perdidas del MS B (fol. 3) estaba fechada en 1482. Véase PC 2, p. 401. El contorno fragmentario, pero inconfundible, de la *Leda* de pie del fol. 94r (ahora BN 2037, fol. D) es un misterio: no se conoce ningún estudio de Leda anterior a h. 1504. Quizá se deba a un calco involuntario a partir de una hoja posterior.

37. B 39v.

38. B 33r.

39. Kemp, 1989, pp. 236-239; M. Cianchi, 1984, pp. 45-55. Estos diseños son semejantes al ornitóptero de CA 824v/302v-a, también de h. 1487. El diseño de B 74v (ilustrado) constituyó la fuente principal para el modelo construido a tamaño natural por James Wink (Tetra Associates para la Galería Hayward de Londres, 1989). El modelo tenía una envergadura de 10 metros y medía unos 3 metros de largo. Construido a base de materiales mencionados por Leonardo, o que este pudo tener a su alcance —madera de haya, hierro y latón, cuerda de cáñamo, merlín alquitranado, cuero, sebo—, pesaba 300 kilos, lo cual ponía de manifiesto el problema principal al que se enfrentaban los proyectos de Leonardo con respecto a la aviación: la falta de materiales lo bastante ligeros como para alcanzar la proporción entre potencia y peso necesaria para volar.

40. B 89r.

41. Kemp, 1989, p. 236. Sobre la evolución de las máquinas para volar de Leonardo, véase Giacomelli, 1936.

42. B 88v.

43. B83v. Cf. Pedretti, 1957, pp. 125-129; Giacomelli, 1936, pp. 78 y ss.

44. El «Maestro Lodovicho», dado su título, no puede ser Ludovico Sforza, pero puede tratarse del ingeniero milanés Giovan Lodovico de Raufi (Calvi, 1925, p. 87).

45. Fors I², 14 folios, 13.5 x 10 cm, es el segundo de los dos cuadernos encuadernados juntos formando el Códice Forster I (el primero, de h. 1505, es posterior al segundo). Los códices Forster fueron propiedad de John Forster, amigo y biógrafo de Dickens.

46. Triv 2r. El Códice Trivulziano, 55 folios, 19.5 x 13.5 cm, es de un tamaño intermedio entre el B y el Fors I². Fue donado al Castello Sforzesco en 1935.

47. Belt, 1949. Sobre Bisticci: Jardine, 1996, pp. 137, 188-194.

48. Podría ser una edición de la obra de Alberto Magno sobre minerales, *Mineralium libri v* (Roma, 1476). Se cree que el *lapidario* de la lista de Madrid es el *Speculum Lapidum (El espejo de las piedras)* de Camillo Leonardi di Pesaro, publicado en 1502 y dedicado a César Borgia; Leonardo pudo conocer al autor, pero el libro es posterior a la lista del Códice Trivulziano.

49. CA 559r/210r-a; algunas notas del dorso reaparecen en A 52r.

50. CA 852r/311r-a; 265v/96v-b; R 1354. Una carta igualmente ficticia, de h. 1500, va dirigida al «Diodario [probablemente *Defterdar,* o gobernador local] de Siria» (CA 393v/145v-b, R 1336).

51. Anon, *Il Manganello,* Cvr; Pedretti, 2001, pp. 49-50.

52. I^2 139r; Antonio Pucci, *Reina d'Oriente* (Bolonia, 1862), p. 81. Al dorso (I^2 139v) hay un juego de palabras: *Delle taccole a stornelli,* que significa «Urracas y estorninos», pero también «ardides y poemas satíricos».

53. RL 12692r, v. Véase Marinoni, 1954, 1960.

54. RL 12693-6, 12699; CA 207v, 76v-a; Fors 1 41r, 2 63r.

55. CA 1033r/370r-a. Las profecías son posteriores, la mayoría de h. 1497-1500; existen unas 175 en total, casi todas ellas concentradas en dos folios del Códice Atlántico (CA 1033/370a, 393/145a) y en I^2 63-67.

56. Todas en CA 1033r/370r-a.

57. I^2 63v, 65r, Fors I^1 9v, CA 393r/145r-a.

58. La mayoría de las fábulas corresponden a comienzos de la década de 1490. Las de CA 323/117b y 327/119a están relacionadas con los breves ensayos titulados *Proemi* («Prefacios») que aparecen en las mismas hojas y que pueden fecharse h. 1490. Las de CA 188/67b («La hormiga y el grano de mijo», «La araña entre las uvas», «El asno que se durmió», «El halcón y el pato», «La araña y el avispón», «El águila y la lechuza», etc.) figuran en una hoja unida al CA 207/76a fechada el 23 de abril de 1490. Unas cuantas aparecen en el libro de bolsillo MS H, y son, por lo tanto, de h. 1493-1494.

59. CA 187r/67r-a, 188r/67r-b, 207r/76r-a.

60. CA 188v/67v-b (los dos primeros); CA 327r/119r-a (también en un folio desgarrado, CA 994v/358v-a, con el título *Risposta faceta,* «Una respuesta ingeniosa»); Triv 1v.

61. Beltrami 1919, docs. 31-33.

62. B 27r; Richter, 1939, Il. C5.

63. CA 730r/270r-c, R 1347A. Cf. Antonio Averlino (conocido como Filarete): «Demostraré que los edificios son como hombres vivos, y ... que enferman y mueren, y que a veces pueden curarse gracias a los oficios de un buen médico» *(Trattato d'architettura,* L. 1, 15). Las teorías médicas que subyacen a esta analogía se encuentran en textos como *De constitutione artis medicae,* de Galeno.

64. La maqueta le fue devuelta a Leonardo en mayo de 1490 para que la reparara, pero, al parecer, no se molestó en hacerlo; todavía en 1494 (Beltrami,

1919, doc. 54) el Duomo esperaba que devolviera 12 liras que le habían pagado. Entre los que presentaron propuestas para el proyecto del *tiburio* se hallaban también el ingeniero del duque, Pietro da Gorgonzola, el arquitecto florentino, Luca Fancelli, y Francesco di Giorgio Martini. Existe una reseña de Bramante sobre los proyectos que quedaron finalistas («Opinio supra domicilium seu templum magnum»), *Archivio storico Lombardo* 5 (1878), p. 547.

65. BN 2037 5v (ilustrado), B 17v, 22r, 25v, 39v, 56v, etc.; Richter, 1939, Ils. 89-93. Un templo similar del CA 717r/265v-a, también de h. 1487, recuerda el ábside de la catedral de Florencia.

66. Alberti, *De re aedificatoria*, L. 9, capítulo 6. Sobre la «progresión theta» y la teoría de las «proporciones inconmensurables» a las cuales pertenece, véase PC 2, p. 34. La visión de Leonardo «ejerció una profunda influencia sobre Bramante, aunque este último, debido a su maestría con respecto al volumen y al intervalo, supo evitar el efecto de acumulación que producen los diseños densamente recargados del primero» (Kemp, 1989, p. 206). Su *tempietto* de San Pietro in Montorio, Roma, h. 1502, se asemeja a los dibujos de Leonardo en el MS B.

67. CA 1111v/399v-b, h. 1490-1493. Cf. Ma I 11v, h. 1497: «ejes dentro de ejes, como en Chiaravalle».

68. B 11v-12r. Pedretti aduce pruebas paleográficas para demostrar que los dibujos fueron realizados en la primavera de 1489 o antes. El folio del MS B en que aparecen contiene caligrafía de tres tipos diferentes; la del último añadido se asemeja mucho a la de RL 19059, fechada el 2 de abril de 1489. Un contrato fechado el 28 de marzo de 1490, por el que se proporcionaría a Leonardo piedra para el pabellón, es una falsificación posterior (G. Calvi, RV 14, pp. 344-345).

69. El folio perdido (B 3): A. Houssaye, *Histoire de Leonard de Vinci* (Paris, 1869), p. 84. Notas sobre el sistema de calefacción: I 28v, 34r («para calentar agua en la caldera de la duquesa»). Véase Beltrami, 1894, capítulo 12.

70. Lubkin, 1999, p. 122.

71. Sobre Cecilia y su familia, véase DBI; Rzepinska, 1990; F. Calvi, *Famiglie notabili Milanesi* (Milán, 1874), vol. 3.

72. P. Ghinzoni, «Lettera inedita di Bernardo Bellincioni», *Archivio storico Lombardo* 16 (1889), pp. 417 y s.

73. Soneto, «Sopra il retracto di Madona Cicilia qual fece maestro Leonardo», en *Rime* (Milán, 1493), C6v-C7r.

74. CU 13 v, McM 33. En cualquier caso, la historia puede ser una ficción. Leonardo afirma también que una pintura puede asustar a un perro y hacerle ladrar, y que tenía una experiencia personal al respecto (CU 5v, McM 31), pero lo cierto es que los perros no pueden ver en una superficie pintada una representación de la realidad. Probablemente es también falso que Leonardo se dirigiera a Cecilia como «ilustre Cecilia, la más amada de las diosas»: estas palabras aparecen en una hoja mucho más tardía (CA 816r/297v-a, h. 1515) y no fueron escritas por Leonardo.

75. H 12r. En la misma página aparece otra versión titulada «La templanza es el freno de todos los vicios».

76. Bellincioni, *Rime,* soneto 128; C. Pedretti, *«La Dama con l'Ermellino* come allegoria politica», en S. Ghilardo y F. Barcia, eds., *Studi politici in onore di Luigi Firpo* (Milán, 1990), pp. 164 y ss. El diminuto dibujo circular de Leonardo (9 cm de diámetro) que representa un cazador de rostro ceñudo a punto de matar a un armiño (Fitzwilliam Museum, Cambridge; Zöllner, 2003, núm. 401) está sin duda relacionado con el folclore relativo al armiño y quizá con la investidura de Ludovico. El armiño era también el emblema de Ana de Bretaña, esposa de Carlos VIII, y de los duques de Urbino; suele identificarse el caballero de Carpaccio (Col. Thyssen-Bornemisza, Madrid) con Francesco Maria della Rovere, duque de Urbino.

77. De Aristotele Fioravanti a Galeazzo Maria Sforza, 1476, en M. Gualandi, *Aristotele Fioravanti, meccanico ed ingegnere* (Bolonia, 1870), p. 10.

78. Las cartas (Beltrami, 1919, doc. 51) fueron publicadas por primera vez por A. Luzio, *Archivio storico dell'arte* 1 (1888), pp. 45, 181.

79. Amoretti, 1804, pp. 155-158; cf. Rzepinska, 1990, en el que se basa mi relato de la suerte que corrió posteriormente el cuadro.

80. De Pietro Novellara a Isabella d'Este, 3 de abril de 1501 (véase Capítulo VI, n. 20). Sobre el taller milanés de Leonardo, véase Marani, 1998, Shell, 1995.

81. BN 2038 25r (antes MS A).

82. Sobre Boltraffio, véase DBI; Fiorio, 1998; M. Davies, *The Earlier Italian Schools,* catálogo de la National Gallery (Londres, 1961). Sobre Marco d'Oggiono, véase GDA; Shell, 1998b; D. Sedoni, *Marco d'Oggiono* (Roma, 1989).

83. G. Casio, *Cronica* (Bolonia, 1525), en Pedretti, 1998a, p. 27. En este epitafio Casio elogia a Boltraffio (m. 1516) como un pintor de retratos que «con el estilo y el pincel pudo hacer que un hombre pareciera más hermoso que como lo hizo la Naturaleza».

84. C 15v.

85. Curiosamente, los modelos son obras tempranas florentinas. El San Sebastián de Francesco se asemeja al dibujo de Leonardo del Bautista (RL 12572), fechado, por su relación con el retablo de Pistoia de Credi, a mediados de la década de 1470, mientras que la postura del Bautista de Francesco se asemeja a la del San Jerónimo de Leonardo.

86. J. Shell y G. Sironi, «Some documents for Francesco Galli 'dictus Neapolus'», RV 23 (1989), pp. 155-166.

87. H 106v.

88. CA 886r/315v-a (R 1344). Cf. CA 914r/335v-a (R 1345) con fragmentos semejantes de la misma fecha referentes a «dos *maestri* a los que he pagado continuadamente durante dos años».

89. Galeazzo (reclutado en marzo de 1494): H 41r. En cuanto a los otros: CA 189r/68r-a, 713r/264r-b, ambos h. 1497, lo que puede sugerir que Leonardo amplió la plantilla del taller para pintar *La Última Cena.*

90. Lomazzo, 1973, p. 87.

91. Sobre el *Retrato de un músico* (óleo y temple, 45 x 32 cm), véase Ottino della Chiesa, 1967, n. 25; Marani, 2000a, pp. 160-166.

92. RL 19115r. Sobre Gaffurio, véase DBI; C. Sartori, «Franchino Gaffurio», *Storia di Milano* (Milán, 1961), 9, pp. 740-748.

93. Marani, 2000a, p. 165. Otros posibles modelos son Josquin des Prez, un cantante francés que actuaba a veces en la catedral de Milán, y el tañedor de laúd Francesco da Milano.

94. El retrato de Lucrezia que pintó Leonardo fue elogiado por un poeta cortesano anónimo en tres epigramas latinos (CA 456v/167v-c, R 1560). El primero dice: «Vincius podía haber mostrado el alma de Lucrezia, como hace en todos sus retratos. No lo ha hecho, lo cual hace la imagen aún más verdadera, porque lo cierto es que el espíritu de Lucrezia pertenece a su amante Maurus [es decir, el Moro]». *La Belle Ferronnière* (óleo sobre tabla, 62 x 44 cm) puede ser el retrato de una «dama de Lombardía» que vio Antonio de Beatis en Blois en 1517 (véase p. 492), y es sin duda la «dama de Mantua pintada por Leonardo» que figura en un catálogo de 1642 de la colección real francesa. Recientemente se ha afirmado que tanto la *Ferronnière* como el retrato de Cecilia se pintaron en tablas procedentes del mismo nogal; si es así, el primero sería probablemente de h. 1488-1490, y por lo tanto no podría representar a Lucrezia: véase B. Fabjan y P. Marani, eds., *La Dama con l'ermellino* (Catálogo de exposición, Roma, 1998). Un análisis técnico anterior, llevado a cabo por el Louvre, identificó la madera de la tabla como roble (Ottino della Chiesa, 1967, n. 28).

95. David Brown pone en duda la teoría de Clark según la cual la *Madonna Litta* es la Virgen de perfil «casi terminada» que aparece en una lista de Leonardo de h. 1482 (véase Capítulo III, n. 4). Brown identifica tres dibujos preparatorios para la pintura como obra de discípulos milaneses. Uno de ellos, el que muestra a la Virgen de perfil (Metropolitan Museum, Nueva York) fue claramente desechado en favor del estudio de Leonardo que se conserva en el Louvre (ilustrado) y que muestra a la Madona con el rostro de perfil ligeramente vuelto, tal como aparece en la pintura terminada. Según esto, el estudio del Louvre habría sido ejecutado en Milán, y no, como sugiere la hipótesis de Clark, en Florencia. Brown encuadra la pintura en la tradición lombarda de Madonas amamantando al Niño (ejemplos de Foppa y Bergognone). Véase Brown, 1990. Berenson hizo algunos ácidos comentarios acerca de las empalagosas tendencias de los «Leonardeschi» : *North Italian Painting of the Renaissance* (Londres, 1907), p. 114.

96. En ocasiones se ha identificado a este joven con Francesco Archinto; el elaborado monograma de la firma dice «APMF», es decir, «Ambrosius Predis Mediolanus fecit».

97. R. Wittkower, «Inigo Jones: Puritanissimo fiero», *Burlington Magazine* 90 (1948), pp. 50-51. La de Jones es una de las primeras referencias a Leonardo que existen en Inglaterra. La primera aparece, creo, en la traducción que llevó a cabo

Sir John Harington en 1591 del *Orlando furioso* de Ariosto, aunque consiste solamente en la mención de un nombre («Leonard») en una lista de pintores italianos. La referencia original (canto 33, verso 2) apareció por primera vez en la edición de 1532 de *Orlando furioso*. Las referencias tempranas más extensas a Leonardo en inglés figuran en la traducción del *Trattato* de Lomazzo, que llevó a cabo Richard Haydocke, «estudiante de medicina» de la Universidad de Oxford, y se publicó en 1598.

98. J. Shell y G. Sironi, «Giovanni Antonio Boltraffio and Marco d'Oggiono: *La resurrezione di Cristo*», RV 23 (1989), pp. 119-154.

99. Los honorarios por *La Virgen de las rocas* fueron 800 liras, que, al cambio de la época, equivalían más o menos a 200 ducados.

100. Colluccio Salutati, *Tractatus de nobilitate legum et medicinae* (h. 1399), en White 2000, p. 50. Obstáculos en sus estudios de anatomía: CA 671r/247v-b.

101. RL 19021v.

102. Sobre la *Batalla*, grabado de Antonio del Pollaiuolo que circuló como plantilla para representar los músculos del cuerpo, véase Mayor 1984, p. 50.

103. RL 19059v, 19037v, esta última con un proyecto titulado «El orden del libro». Las dos hojas tienen adiciones escritas casi veinte años después, cuando Leonardo volvió a interesarse por la anatomía con renovado entusiasmo: la mayoría de las hojas de anatomía de Windsor corresponden al periodo tardío, h. 1507-1515. Otra página temprana es la que representa el sistema arterial en una figura de cuerpo entero (RL 12597r), la cual se relaciona con una de las intenciones del proyecto que consiste en «describir cómo los cuerpos se componen de venas». El «gidone» incluido en la lista de libros del Códice Atlántico (h. 1492) puede ser el manual para cirujanos titulado *Cyrurgia,* de Guido da Cauliaco, un libro útil para el estudiante de anatomía.

104. RL 19057r (ilustrado), 19058r-v, 19059r. En un estudio algo posterior (RL 12603) muestra las diferentes capas del cráneo («cabello, cuero cabelludo, carne lacterosa, pericráneo, cráneo, piamadre, duramadre, cerebro») y dibuja una sección de una cebolla como comparación.

105. RL 12603. La teoría básica, que Leonardo modifica, se encuentra en *De anima* de Aristóteles.

106. RL 12613v.

107. Muchos de ellos en Windsor (RL 12601, 12606-12607, 19132, 19134-19140, etc.), convenientemente reunidos y elegantemente analizados en Clayton, 2002; véase también Biblioteca Reale, Turín, inv. núm. 15574 DC, y Accademia, Venecia, inv. núm. 236r, v (Zöllner, 2003, pp. 226, 229-230).

108. Accademia, Venecia, inv. núm. 228.

109. Villata, 1999, núm. 44.

110. Para la respuesta de Lorenzo, fechada el 8 de agosto de 1489, véase L. Fusco y G. Corti, «Lorenzo de' Medici on the Sforza monument», ALV 10 (1997), p. 35.

111. C 15v. Pago recibido de Stanga: B 4r.

112. RL 12318r, h. 1479; resulta interesante comparar el estilo del dibujo con el estudio de proporciones sobre papel azul (RL 12319r), más vigoroso y detallado, realizado para el monumento Sforza.

113. RL 12358; Clark y Pedretti 1968, 1, p. 41.

114. RL 12357. El enemigo caído aparece también en el estudio de Polliaiuolo para el monumento de Múnich.

115. CA 399r/147r-b. El caballo al trote fue más tarde recortado de la página y se encuentra ahora en RL 12345.

116. RL 12319 (R 716), *il ginetto grosso di Messer Galeazzo;* RL 12294 (R 717), *Siciliano* ['El Siciliano'] *di Messer Galeazzo.*

117. De Pietro Aretino a Vasari, 7 de junio de 1536, en *Lettere* (Venecia, 1538), 101v; PC 2, p. 11.

118. Noyes, 1908, p. 254.

119. Fors 3 49v, R 1512. La planta, que se encuentra entre los pictogramas (RL 12692) es difícil de distinguir en reproducción, ya que sólo una parte de la punta de metal se ha rellenado con tinta; se repite, a la misma escala, en CA 217r/80r-a.

120. Baldassare Taccone, *Coronazione a sposalitio de la serenissima regina Maria Bianca* (Milán, 1493), p. 99.

121. Matteo Bandello, *Novelle* (Lucca, 1554), 1, p. 58, en *Opere*, ed. F. Flora (Milán, 1996), 1, pp. 646-647.

122. CA 1006v/361v-b; PC 2, p. 221.

123. Girolamo Cardano (Jerome Cardan), *De subtilitate libri xxi* (Basilea, 1611), p. 816.

124. Leic 9v, R 989.

125. H³ 137v, h. 1493-1494.

126. CA 207r/76r-a, R 1143; CU 20v, McM 51 (parte del *paragone*, o comparación entre la pintura y las otras artes).

CAPÍTULO V

EN LA CORTE. 1490-1499

1. Para los festejos, véase Malaguzzi-Valeri, 1913-1923, 1, p. 530; E. Solmi, *Archivio storico Lombardo* 31 (1904); Lopez, 1982, pp. 58-65. La pareja se había casado por poderes en 1488, pero la llegada de Isabel a Lombardía se vio ensombrecida por una pelea entre el secretario del Moro, Stefano da Cremona, y Giovanni Pontano, el secretario del rey de Nápoles (véase al respecto el colérico soneto de Bellincioni, «Contra il Pontano»), así como por la muerte de su madre. Es posible que Leonardo interviniera en los espectáculos que acompañaron al banquete de recepción que se celebró en Tortona en enero de 1489, que incluían una serie de episodios mitológicos: el que representaba a Orfeo tocando la lira, ro-

deado de una «troupe de guapos muchachos» *(stuolo di amorini)*, bien podría ser obra suya, y tal vez fuera la primera aparición en escena de Atalante Miglioroti en el papel que un año más tarde interpretaría para Isabella d'Este. Otro de los espectáculos consistía en la exhibición en la piazza de un autómata de tamaño natural que representaba a un soldado a caballo. El jinete, que tenía el rostro negro y vestía una túnica blanca, representaba al Moro ataviado con la vestidura de armiño que el rey de Nápoles, el abuelo de Isabel, le había obsequiado. Curiosamente, este «autómata» —que no debía ser otra cosa que un caballo de feria con un hombre en su interior accionando sus mecanismos— parece una versión temprana del Caballo Sforza. Aunque cuesta trabajo imaginar que hubiera alguien en Milán con más probabilidades de haber sido su creador que Leonardo, lo cierto es que no hay pruebas de que fuera él quien lo hiciera.

2. Bellincioni, *Rime*, 149v; Beltrami, 1919, doc. 41.

3. Biblioteca Estense, Módena, Cod. Ital. 521a; Villata, 1999, núm. 49.

4. B 4r, Ar 227r.

5. Castiglione, 1967, p. 66.

6. C 15v.

7. Tristano Calco, *Nuptiae Mediolanensium et Estensium principum* (Milán, 1634) pp. 94-95; G. Calvi, *Archivio storico Lombardo* 43 (1916), pp. 479 y ss.; Vecce, 1998, pp. 132-134. Americo di Vespucci asocia la imaginería del *uomo selvatico* a los indígenas americanos en su *De novo mondo* (Florencia, 1505). Del término *selvatico* (literalmente, «que habita en el bosque») deriva la palabra inglesa «savage» (la variante isabelina «salvage» es una forma de transición; el término se aplica a Calibán en *La tempestad* de Shakespeare). Charles d'Amboise, que más adelante sería uno de los patronos de Leonardo, tenía «una empresa que representaba a un hombre salvaje sosteniendo un garrote con hojas», a la que acompañaba la leyenda *Mitem animum agresti sub tegmine servo,* «Bajo mi tosca apariencia se esconde un alma gentil» (Clark y Pedretti, 1968, 1, p. 116).

8. CU 5r, 6v, McM 35, 24. Cf. RL 12371, un diablo cornudo con el bocio colgante (h. 1508).

9. RL 12585r; Winternitz, 1974, p. 129. Popham (1946, p. 60) señala la similitud, seguramente fortuita, con un dibujo de Durero que representa a un hombre tocando la gaita a caballo (V & A, Londres).

10. RL 12367.

11. RL 12492. Para una selección de estas figuras grotescas puede verse Clayton, 2002, pp. 73-99; cf. Clark y Pedretti, 1968, vol. 1, ap. B; Gombrich, 1954. Para las versiones de Hollar véase R. Pennington, *A Descriptive Catalogue of the Etched Work of Wenceslaus Hollar* (Cambridge, 1982); la «dama» (a la que Hollar llama la «Reina de Túnez») es la núm. 1603.

12. RL 12495. Dos de las figuras aparecen en *El Martirio de San Juan Evangelista* de Massys (Koninklijk, Amberes), h. 1508-1511, y tres en los *Esponsales grotescos* (São Paolo), que se comentan en el párrafo siguiente.

13. Richter, 1939, 2, p. 260. Cabe la posibilidad de que un texto fragmentario y parcialmente ilegible que figura al dorso del dibujo (R 1355, el texto es descifrado más a fondo en PC 2, p. 309) contenga alguna clave sobre el significado que le otorgaba Leonardo: «A los hombres que son gentiles y dignos de confianza los demás hombres los maltratan, como han hecho conmigo ... Aunque muy en contra de mi voluntad, conozco bien a ese hombre: es un receptáculo de villanía y un aviso para todos de que en su persona se reúne la más repugnante ingratitud y toda suerte de vicios». El cerco de rostros malévolos que rodea al anciano tal vez guarde relación con esa idea de Leonardo de que los demás hombres le «maltratan», pero el texto contiene muchas otras cosas en las que no se aprecia ninguna conexión con el dibujo.

14. Clayton, 2002, pp. 96-99.

15. CA 877v/319v-b, R 1534.

16. Lomazzo, 1584, pp. 106-107; PC 2, p. 259. Giraldi: véase Introducción n. 7.

17. Un hecho curioso relativo al MS C de París es que su encuadernación de cuero (que data de 1603) fue realizada pensando en un volumen de un formato bastante mayor. Pedretti ha demostrado que la parte que falta se corresponde con otro tratado sobre la luz y la sombra, al que Melzi recurrió para la compilación del Códice Urbinas, y al que denominó «Libro W». Al parecer se trataba de una reelaboración del material del MS C realizada con posterioridad por Leonardo (h. 1508). Probablemente fue separado del volúmen encuadernado en 1609, o algo antes, cuando el ejemplar se incorporó a la Biblioteca Ambrosiana; el libro que se describe en los primeros catálogos se corresponde con el que tenemos hoy. En 1866 se difundió la noticia de que un tal Dr. Ortori había descubierto un manuscrito desconocido de Leonardo que constaba de 112 páginas y «trataba de la luz en relación con la pintura» *(Gazzetta di Milano*, 30 de marzo de 1866). La descripción cuadra bastante con el 'Libro W', pero no se ha vuelto a saber nada de él, como tampoco de un rumor surgido en los años 50, según el cual, un documento de características similares había sido hallado en una de las bibliotecas milanesas del príncipe Borromeo. Véase Pedretti, 1965, pp. 147-148; Pedretti y Cianchi, 1995, pp. 24-25.

18. CA 676r/250r-a, R 111. La similitud del tipo de papel, así como la presencia de mellas de puntadas, parecen indicar que en tiempos esta hoja estuvo unida al MS C.

19. BN 2038 (ex MS A), 14v, 29r.

20. Triv 11v, R 177. El exégeta medieval Roger Bacon, por cuya obra se interesó Leonardo (Ar 71v), dice que el término «espiritual» en Aristóteles «no proviene del término espíritu, ni es una palabra que se utilice en el sentido que le es propio ... pues se le da simplemente el significado de imperceptible» *(Ciencia óptica,* capítulo 4, en PC 1, p. 167).

21. CU 208v, 196r, McM 844, 840.

22. BN 2038 14v. Cf. CU 41v, McM 132: «las sombras tienen un aspecto esfumado, esto es, impreciso»; asimismo RL 19076r: sombras con «bordes esfumados».

23. CU 49r-v, McM 218.

24. Lord Ashburnham adquirió treinta y tres de los folios sustraídos y los devolvió a París; hoy en día componen el BN 2038.

25. BN 2038 20v, R 520.

26. BN 2038 22v, R 508.

27. CU 33v-34r, McM 93. C. Pedretti analiza el tema en «Le macchie di Leonardo» (*Lettura Vinciana* 54, 17 de abril de 2004: publicación prevista para 2005).

28. Pacioli 1509, 1r; Lomazzo, 1584, p. 158; PC 1, pp. 76-82.

29. *Trattato di architettura civile e militare* (Biblioteca Laurenziana, Códice Ashburnham 361): el MS es de h. 1484 o anterior, pero las acotaciones al margen y los garabatos de Leonardo probablemente sean de h. 1504 (Vezzosi, 1997, pp. 96-97). Para la influencia de Francesco en los dibujos técnicos de Leonardo, véase Zwijnenberg, 1999.

30. Beltrami 1919, docs. 48-50. Según Richter, una planta con la leyenda *«sagrestia»* (B 52r) es un diseño para las sacristías de la catedral de Pavía, que fueron construidas en 1492. Véase Richter, 1970, 2, pp. 41, 80.

31. B 66r.

32. B 58r, R 1023 (chimeneas), R 1506 (Witelo); CA 609r/225r-a. El MS de Witelo «sobre óptica» que menciona Pacioli y la *prospettiva di Vitelleone* que menciona Lomazzo tal vez sean el mismo texto (PC 2, p. 187).

33. C 15v.

34. Sobre Salai véase DBI, s.v. Caprotti; Shell y Sironi, 1992. En un contrato de alquiler entre Leonardo y el padre de Salai (julio, 1501, Villata, 1999, núm. 153) el segundo es denominado «Pietro di Messer Giovanni da Oppreno», lo cual parece apuntalar la idea de que el abuelo tenía un cierto estatus social.

35. La primera mención del apodo «Salai»: H^2 16v. El nombre tal vez responda también a un retruécano relacionado con el taller: en argot, *salare* (salar o sazonar) tenía el sentido de «haraganear»; de modo que *salai* es una palabra real cuyo significado sería «Yo me escaqueo», y bien podría aplicarse a un joven aprendiz con tendencia a gandulear. En un documento de 1510 (Shell y Sironi, 1992, doc. 26) se menciona a «Giovanni Giacomo al que llaman Saliveni», pero probablemente se trate de una tergiversación del escribiente. El ilusorio «Andrea Salaino» es uno de los figurantes que aparecen en la estatua decimonónica de Leonardo que se levanta en la Piazza della Scala de Milán.

36. RL 12276v, 12432r.

37. Louvre, Dept. des Arts Graphiques 2251; Bambach, 2003, fig. 203. En las láminas de anatomía figuran dos perfiles de Salai: RL 19093r y Kunsthalle, Hamburgo (Pedretti, 2001, p. 63).

38. «Gastos de Salaino»: L 94r. Calzas rosadas: Ar 229v. Dote de la hermana: F, contracubierta.

39. La primera mención a Salai en un documento relacionado con la propiedad corresponde al 6 de marzo de 1510 (Shell y Simon, 1992, doc. 26). En sep-

tiembre de 1513 se la alquiló a un tal Antonio Meda (*ibid.*, doc. 27); pudo hacerlo en nombre de Leonardo, aunque ninguno de los documentos deja constancia de que fuera así.

40. CA 663v/234v-a, h. 1508.

41. Se ha postulado, de forma bastante poco plausible, que un breve memorando que figura en Leic 26v —*parla co genovese del mare* («habla sobre el mar con el hombre de Génova»)— alude a Colón, pero si bien es cierto que Colón era genovés, lo más probable es que cuando se escribió la nota estuviera ya muerto (m. 1506). A quien sí es más posible que conociera Leonardo es al navegante florentino Americo di Vespucci, el hombre que dio su nombre a «América». Vasari decía tener un boceto a carboncillo de Leonardo que era un retrato de Americo, en el que se le veía como «un anciano muy apuesto»; de ser así, tuvo que ser realizado en 1505 o en algún momento anterior (a partir de esa fecha Vespucci permanecería en España hasta su fallecimiento en 1512), y en realidad tendría que mostrarlo hacia los cincuenta años de edad. No cabe descartar que sea una obra más antigua y que el retratado sea el abuelo de Vespucci, que también se llamaba Americo (m. 1471). El «Vespuccio» que se menciona en una lista de h. 1503 (Ar 132v, R 1452) seguramente sea Agostino di Vespucci, el secretario de Maquiavelo.

42. Cadena montañosa: RL 12410, 12413-12414, comparadas con las fotografías de Grigne que figuran en Conato, 1986, pp. 119-204. Tormenta sobre una ciudad: RL 12409. Representación de aguaceros: CU 25r, McM 55.

43. Escritas por ambas caras en CA 573b/214e (R 1031-1032).

44. Fotografías en Conato, 1986, p. 201.

45. *Ibid.*, p. 206.

46. Leic 11v, R 1029.

47. Cabeza de oso: colección privada (antes en la colección Colville). Oso caminando: Metropolitan Museum of Art, Nueva York, 1975, 1, 369 (Zöllner, 2003, núms. 158-159). Debajo del segundo de ellos se adivina el dibujo de una mujer encinta.

48. RL 12372-12375, Clark y Pedretti, 1968, 1, p. 52.

49. Leic 4r; A. Recalcati, «Le Prealpi Lombarde ritratte da Leonardo» (ALV 10, 1997, pp. 125-131). Desde un punto de vista lingüístico podría tratarse del Monte Bo (altitud, 2,557 m.), que se encuentra al suroeste del Monte Rosa, pero no encaja con las descripciones topográficas de Leonardo.

50. Paracelso (es decir, Theophrastus Bombastus von Hohenheim), *Sieben defensiones,* capítulo 4, en *Opera,* ed. Johann Huser (Estrasburgo, 1603), 1, p. 159.

51. El hallagzo de los MSS de Madrid: *The New York Times,* 14, 15, 17 (etc.) de febrero de 1967; Reti, 1968. Es posible hacerse una idea aproximada de cuál fue la historia de los códices. Lo más probable es que se encontraran entre los manuscritos de Leonardo que Pompeo Leoni llevó consigo a España, y que en 1608 heredó su sobrino Polidoro Calchi; seguramente sean también esos «dos libros dibujados y escritos de puño y letra del gran Leonardo da Vinci, hombre de grandes

conocimientos y curiosidad» que Vicente Carducho vio en la biblioteca de Juan de Espina a principios de la década de 1620. Espina «no aceptó vendérselos por ningún precio al Príncipe de Gales [el futuro Carlos I] ... pues se consideraba a sí mismo el único propietario digno de tenerlos hasta que tras su fallecimiento fueran heredados por el Rey Nuestro Señor» (Reti, 1968, 1, p. 10). A pesar de todos los esfuerzos de Lord Arundel para «cambiar su insensato humor», Espina mantuvo su promesa y, cuando murió en 1642, dejó su colección al rey Felipe IV; los códices seguramente estarían incluidos en el legado. Debieron pasar de El Escorial a la Biblioteca Nacional en algún momento anterior a 1800, pues en esa fecha aparecen ya en el catálogo que preparó el bibliotecario, Antonio González; el hecho fue advertido más adelante por Tammaro de Marinis, pero las signaturas que figuraban en el catálogo remitían a otros libros y finalmente renunció a seguir su búsqueda (RV 2 (1906), p. 89 y ss.).

52. Ma II 157v, 151v.

53. Sobre las técnicas de fundición «a la cera perdida» durante el Renacimiento: Cole, 1983, p.124-125. Para las variaciones que Leonardo introdujo en dicha técnica: CA 976r/352r-c, PC 2, p. 12; Kemp, 1981, pp. 205-207.

54. RL 12346.

55. RL 12349. La hoja puede datarse en torno a 1492; contiene un breve texto sobre lo inconveniente que es estudiar un tema en el que no se está interesado, cuyo contenido se repite de forma casi literal en BN 2038 34r (anteriormente MS A), fechado el 10 de julio de 1492. Las poleas y las ruedas dentadas de la hoja de Windsor son equiparables a las de A 62r, donde figuran además dos cabezas de caballo que han sido cuadradas para establecer sus proporciones.

56. Ma II 140r (il. p. 313).

57. Vasari, 1878-1885, 4, p. 276; Vecce, 1998, pp. 138-139. El dibujo del *palazzo* que Sangallo diseñó para El Moro se encuentra en el Vaticano, Códice Barberiniano Latino 4424, 15v.

58. Los 12 brazos de altura (Ma II 151v) son confirmados por Luca Pacioli (*Divina proportione*, prefacio); véase R. Cianchi, RV 20 (1964), pp. 277-297, para otras estadísticas y estimaciones de la época. En 1977 Charles Dent, un piloto y coleccionista de arte norteamericano, tuvo la idea de recrear el Caballo a partir de las notas y los dibujos de Leonardo: el resultado final, una escultura (7 metros, 13 toneladas), realizada por Nina Akumu, fue exhibida en el hipódromo de San Siro de Milán en 1999 (Neil Ascherson, *Observer*, 25 de julio de 1999). La plaza mayor de Vinci posee una réplica de la misma a menor escala. El coste total de la escultura rondó los 6 millones de dólares.

59. Taccone: véase Capítulo IV, n. 120. Lancino Curzio, *Epigrammaton et sylvarum libri* (Milán, 1521), 1, 7r, 49r. Aunque suele decirse que el Caballo fue expuesto en la plaza que se abre delante del castillo, Beatrice Sforza, en una carta que escribió a su hermana Isabella d'Este el 29 de diciembre de 1493, dice que la «efigie» ecuestre de Francesco Sforza había sido erigida bajo un arco triunfal dentro de la

catedral (Archivio di Stato, Mantua, Vigevano E49/2; Vecce, 1998, p. 145).

60. Ma II 151v.

61. El tratado sobre «los elementos mecánicos» es mencionado en una nota de 1502 en relación con el tamaño más apropiado para las ruedas de los carros, «como ya demostré al principio del quinto [capítulo] de los Elementos» (L 72r), así como en algunas otras hojas de fecha posterior: RL 19009r, h. 1510, y CA 10r/2r-a, h. 1515. El «libro sobre física» es una obra perdida perteneciente a la misma época que Fors 2^2, h. 1495-1497, donde también se trata el campo de la física (o *de ponderibus,* «de la ciencia de los pesos»), así como la gravedad, la percusión, etc. Véase Pedretti, 1995, p. 35

62. Ma I 12v.

63. Ma I 100v; Reti, 1968, 1, pp. 16-17: la fórmula que proporciona Leonardo es «un compuesto compacto de estaño y cobre ($SnCu_3$) amalgamado a su vez con una aleación de estaño y cobre más suave».

64. Ma I 4r, 16r, Fors 22, 65r, v; Rosheim, 2001.

65. CA 812r/296v-a. *Repubblica,* 24 de abril, 2004: la reconstrucción incluía un modelo de exhibición (170 x 150 cm), un modelo operativo (50 x 60 cm) y una serie de diseños digitales interactivos (http://www.imss.fi.it). Sobre el reloj de Verrocchio, véase Vasari, 1987, 1, p. 240: el *putto* tiene «los brazos alzados para dar las horas con un martillo que tiene en las manos», algo que «pareció muy atractivo y novedoso en la época».

66. Rosheim, 2001, p. 23.

67. Lomazzo, 1973, 1, p. 299, 2, p. 96.

68. La llegada de Caterina: Fors 3 88r. Pagos que se le hicieron (dos de 10 sueldos cada uno), 29 de enero de 1494: H^3 64v. Gastos del entierro: Fors 2 64v.

69. Freud, 2001, pp. 75-76. Cf. Eissler 1962, ap. C; Fumagalli 1952, p. 56. En Fors 3 88v (es decir, al dorso de la nota donde se menciona la llegada de Caterina) figura la siguiente lista de nombres, «Antonio, Bartolomeo, Lucia, Piero, Lionardo», que según la interpretación de Vecce haría referencia a los abuelos de Leonardo, Antonio y Lucia, y a su padre, Piero: Leonardo habría tenido el arranque de escribir este árbol genealógico debido al estado emocional en que se encontraba tras la reciente llegada de su madre (Vecce, 1998, p. 142). Pero la identificación de Bartolomeo con el hermanastro de Leonardo que sugiere Vecce no parece posible: Bartolomeo no nació hasta 1497. Una nota incompleta (CA 195r/71r-a, PC 2, p. 310), *essapimi dire sella chaterina vuole fare* («y hazme saber si La Caterina quiere hacerlo»), probablemente se refiera a su madre, pero es de una fecha bastante anterior, h. 1480.

70. Fors 3 14r, 17v, 20v, 43v, 44v, 47v.

71. H 16v, 33v.

72. H 64v, 65v, 41r, 38r, 109r, 124v. Es posible que también visitara Cremona por esta época (H 62v): véase Capítulo VII, n. 92.

73. H 40r. Para el trasfondo político de estos emblemas, véase Solmi 1912, Reti, 1959. El esbozo de una cabeza de un joven negro (H 103v) seguramente es

una alusión al Moro; se conservan algunas descripciones (PC 2, p. 214) de una pintura alegórica ubicada en el Castello Sforzesco que mostraba a un criado negro (Ludovico) cepillando el vestido de una dama (Italia).

74. H 130v.

75. La leyenda (H 288v) se encuentra separada del dibujo (Musée Bonnat, Bayona, 656; Popham 1946, núm. 109b), pero no cabe duda de que se refiere a él.

76. I¹ 138v; cf. un dibujo relacionado en RL 12497. Leonardo introduce a la Pobreza con la palabra *ancora*, que aquí es empleada en su sentido narrativo de «entonces». («Entonces la temible figura de la Pobreza llega corriendo» etc.), lo cual parece indicar que está pensando más en una representación dramática que en una imagen pictórica.

77. CA 866r/315v-a. Sobre Bascapé: PC 2, p. 296. Bellincioni le dedicó un empalagoso soneto donde le pedía que tratara de conseguir que el Moro le diera permiso para publicar sus poemas (R 1344n).

78. H 31v.

79. H 105r.

80. Noyes, 1908, pp. 173-175.

81. Vecce, 1998, pp. 149-151; M. Sanudo, *La spedizione di Carlo VIII* (Venecia, 1873), pp. 118-119.

82. CA 914r/335v-a.

83. Bandello: véase Capítulo IV, n. 121.

84. En una carta dirigida al Prior Vincenzo Bandello, 4 de diciembre de 1497 *(Archivio storico Lombardo* 1 (1874), pp. 33-34), Ludovico enumera los trabajos que ha encargado y abonado para que se lleven a cabo en las Grazie (tribuna, sacristía, dormitorios, etc.). Las «pinturas» que menciona probablemente sólo hagan referencia a las obras de Leonardo: el fresco de Montorfano fue un encargo personal del prior. Además de *La Última Cena,* Leonardo pintó dos obras perdidas para las Grazie: un *Redentore* (Cristo Redentor), encima de la puerta que une el monasterio con la iglesia; y una *Assunta* (una Virgen de la Asunción) en el luneto que hay sobre la puerta principal de la iglesia; una obra que fue destruida cuando se amplió la puerta en 1603. La primera de ellas estaría emparentada con la *Cabeza de Cristo* del Brera de Milán, que seguramente sea una obra de Leonardo con repintes posteriores. Los pequeños retratos al óleo de Ludovico, Beatrice y sus hijos que figuran en las esquinas del fresco de Montorfano, casi indistinguibles en la actualidad, también son obra de Leonardo.

85. RL 12542. Una nota y un dibujo geométricos que figuran en la parte inferior de una hoja tal vez estén relacionados con la *Summa arithmetica* de Luca Pacioli (Venecia, 1494), de la que Leonardo poseía una copia. De ser así, la publicación de la obra (10 de noviembre de 1494) nos proporciona un *terminus a quo* aproximado para el estudio compositivo.

86. Accademia, Venecia, núm. 254; Popham 1946, núm. 162. Los retoques han alterado el propósito original de Leonardo, pero tanto el dibujo como la ca-

ligrafía son suyas.

87. Louvre, Cabinet des Dessins 2022 (Zöllner, 2003, núm. 130).

88. Judas: RL 12547r (ilustrado). Pedro: Albertina, Viena, inv. núm. 17614. Santiago: RL 12552r (ilustrado). San Felipe: RL 12551r. Manos: RL 12543r. Manga: RL 12546r.

89. Fors $2^1$6r, Fors 3 1v; Fors 2^1 3r, v. Cierto «Cristoforo Castiglione» aparece en un documento milanés de 1486 (Calvi 1925, p. 59); tal vez esté relacionado con el escritor Baldassare Castiglione, que estuvo en Milán en la década de 1490. Richter traduce «Giovan conte» por «el conde Giovanni», pero atendiendo a la forma en que lo escribe Leonardo, así como al hecho de que se diga que estaba «con» el cardenal (es decir, a su servicio), me lleva a pensar que en este caso Conte es un nombre en lugar de un título. Para el comentario de Luis de Aragón: Beatis, 1979, p. 182.

90. Fors 2 1v-2r; Clark, 1988, p. 152.

91. Para la profunda originalidad de la concepción de Leonardo de *La Última Cena*, véase Kemp, 1981, pp. 189 y ss.; Laurenza, 1999; Steinberg, 1973, 2002. Entre los críticos anteriores puede verse la monografía de Giuseppe Bossi, *Il Cenacolo* (Milán, 1810), así como el texto de Goethe, «Abendmahl von Leonardo da Vinci», en *Kunst and Altertum* (1818). Max Marmor (ALV 5 (1992), pp. 114-116) ha traducido el primer ensayo de Jacob Burckhardt sobre la pintura extrayéndolo de *Der Wanderer in der Schweiz* 5 («Bilder aus Italien»), 1839.

92. Marani, 2000a, pp. 13-14.

93. Pacioli, 1509, prefacio. El «instante dramático» que aquí se describe ha sido objeto de uno de los penetrantes análisis de Steinberg, donde éste propugna una interpretación «sacramental»: la obra contendría toda una gama de imágenes relacionadas con la Eucaristía, en las que estaría implícita una secuencia narrativa que iría desde el anuncio de Cristo hasta la administración de la primera comunión. La posición de las manos de Tadeo (el segundo por la derecha) puede indicar que está a punto de dar una palmada, como exclamando, ¡Qué os había dicho! (esa venía a ser la interpretación de Goethe), pero, según Steinberg, también podría pensarse que las está ahuecando preparándolas para recibir el pan eucarístico.

94. Para Giraldi, véase Introducción, n. 7.

95. Los datos técnicos en los que se basa este párrafo pueden verse en Barcelon y Marani, 2001, pp. 408 y ss.

96. CA 189r/68r-a (escrita de derecha a izquierda), CA 713r/264r-b. Un eco de la anterior puede verse en I 53v, «benedetto 17 de octubre», que sin duda es coetánea de la lista de la compra de fecha 17 de octubre de 1497 que aparece unas páginas antes (I 49v). Sin embargo, es posible que ésta señale el final del primer año de Benedetto.

97. Barcelon y Marani, 2001, pp. 413-414.

98. Beltrami, 1919, doc. 70; PC 2, p. 296.

99. CA 866r/315v-a, R 1344.

100. G. Bugatti, *Historia universale* (Venecia, 1570) 6, p. 689.

101. Vecce, 1998, p. 165.

102. Vasari, 1987, 1, p. 215.

103. Obras en la ventana: Ottino della Chiesa, 1967, p. 96; la entrada se conserva en una transcripción del siglo XVIII. Misiva de Ludovico a Stanga: ASM Registro Ducale, s.n., carta 16.

104. Beatis, 1979, p. 182; Vasari, 1878-1985, 5, p. 424; Barcelon y Marani, 2001, pp. 31-35.

105. Clark, 1988, p. 147. Kemp señala que los detalles que se han recuperado gracias a las últimas restauraciones «confirman lo que ya había intuido Clark cuando afirmó que la expresividad de los rostros había perdido fuerza debido a las restauraciones anteriores» *(ibid.,* Introducción, p. 31). En vida de Leonardo se hicieron cerca de una docena de copias: las primeras fueron dos pinturas al óleo, una de Bramantino (1503) y otra de Marco d'Oggiono (1506), ambas perdidas, si bien una copia posterior de Marco (h. 1520) se conserva hoy en el Brera de Milán. Dos copias al fresco, una de Antonio da Gessate (h. 1506) y otra de Andrea Solario (anterior a 1514), fueron destruidas en 1943 por los bombardeos aliados. La soberbia copia de Giampietrino, h. 1515-1520, que en tiempos estuvo en la Cartuja de Pavía, pertenece hoy a la colección de la Royal Academy y se conserva en Magdalen College, Oxford.

106. Barcelon y Marani, 2001, p. 328.

107. Adquisición de la *Summa:* CA 228r/104r-a. Sobre la influencia de Pacioli: Marinoni, 1982.

108. Pacioli, 1509, 28v. Los MSS que fueron obsequiados en 1498 se encuentran en Milán (Biblioteca Ambrosiana, MS A 170 sup.) y en Ginebra (Bib. Publique et Universitaire, MS Langues Etrangères 210); una ilustración tomada del Códice de la Ambrosiana se puede ver en Vezzosi, 1997, p. 81.

109. RL 19084r: «Quien no conoce la suprema certeza de las matemáticas se halla sumido en la confusión». Cf. G 96v.

110. CA 331r/120r-d. La geometría de la *Summa* de Pacioli deriva directamente de los *Elementos* de Euclides, aunque también toma algunos préstamos de Boecio, Sacrobosco y Leonardo Fibonacci (Leonardo da Pisa), así como de su antiguo maestro Piero della Francesca. La primera edición europea de los *Elementos,* una traducción del árabe al latín, databa de una fecha bastante reciente; había aparecido en 1482.

111. La Biblioteca Ambrosiana conserva seis ejemplares, inv. núms. 09595, 09596A-E. Véase Alberici, 1984, pp. 21-22; C. Bambach, ALV 4 (1991, pp. 72-98. Una copia de Durero, basada en 09596D, puede verse en Pedretti, 1992, p. 25. En una carta remitida desde Venecia (13 de octubre de 1506) Durero habla de sus estudios del «arte secreto de la perspectiva», así como de su intención de visitar a alguien en Bolonia para que le instruyera en dicha materia: es posible que esa persona fuera Pacioli,

cuya influencia se puede detectar en el grabado de Durero, *Melancholia I.*

112. G. Borsieri, *Supplimento della nobilità* (Milán, 1619), pp. 57-58; PC 2, p. 395.

113. CA 611r/225r-b (cf. Capítulo I, n. 40). Lomazzo, 1584, p. 430.

114. Noyes, 1908, pp. 161-163. Su opinión sobre Bramante es refutada en una serie de sonetos de Bellincioni. Una copia manuscrita del poema de Visconti «Paulo e Daria» (Kupferstichkabinett, Berlín) incluye unas miniaturas pro-Ludovico que presentan ciertos paralelismos con los emblemas políticos que realizó Leonardo h. 1493-1494. Visconti probablemente sea ese mismo «Bissconte» cuyo hijo murió combatiendo a los franceses en 1500, un hecho del que dejó constancia Leonardo (L, contraportada).

115. Vecce, 1998, p. 173.

116. CA 243v/89v-b, 1037v/372v-a, PC 2, p. 236.

117. CA 609r/225r-a, Fors 3 37v, Fors 2¹ 43v. El «Messer Fazio» que figura en la tercera entrada es Fazio Cardano, padre del matemático Girolamo Cardano (o Jerome Cardan).

118. Metropolitan Museum of Art, Nueva York, R 705A; Malaguzzi-Valeri 1913-1923, 1, p. 534; RV 11 (1920), pp. 226 y s.

119. Villata, 1999, núm. 111. Una muy útil edición de este raro panfleto se puede consultar en http://www.liberliber.it, donde aparece acompañado de una introducción de Rosanna Scippacercola. Sobre los distintos candidatos a su autoría, véase D. Brown, «The Apollo Belvedere at the garden of Guiliano della Rovere», *Journal of the Warburg and Courtauld Institutes* 49 (1986), pp. 235-237; E. Guidoni, *Ricerche su Giorgione e sulla pittura del Rinascimento* (Roma, 1998). Éste último data el poema en 1497 y se lo atribuye a Bramantino. La dedicatoria a Leonardo adopta la forma de dos *sonneti caudati* (sonetos con «coletilla»), un tipo de composición bastante común de los Burchiellesci.

120. Para los argumentos en favor de la autoría de Ambrogio, veáse Vecce, 1998, pp. 163, 401. Para otra firma acrónima suya comparable a la que aquí se recoge, véase Capítulo IV, n. 96.

121. P. Marani, *La pittura a Milano al tempo di Bramante* (Milán, 1995).

122. Podría pensarse en Gottardo Panigarola, que era el canciller de Ludovico desde 1481, como un posible comitente de los frescos, pero la familia Panigarola no tomó posesión de la casa hasta 1548 (G. Mulazzani, *Bramante pittore*, Milán, 1978, pp. 85-86).

123. Ficino, *Divini Platonis omnia opera* (Basilea, 1561), p. 637; Pedretti, 1977, n. 12.

124. Vincenzo de' Pagave, «Dialogo fra un forestiere ed un pittore» (Milán, Castillo Sforza MS C.VI. 28), xv-xvi; Pedretti, 1977, pp. 123, 129.

125. Bramante era muy aficionado a pintar filósofos: la primera obra suya de la que tenemos noticia, un ciclo de frescos pintado en el Palazzo del Podestà de Bergamo (h. 1478), también incluye una serie de «figuras de filosófos sentados» (GDA). En el presupuesto de Leonardo para las obras de decoración en Vigeva-

no, h. 1494, se incluyen «24 filósofos» (H 124v).

126. CU 127r-v, McM 420. Tal vez quepa ver un reflejo del rostro de Heráclito en un dibujo (BM 1895-9-15-481) donde se muestra a un hombre de cabello rizado que mantiene los ojos apretados: la obra se atribuye al artista Leonardesco Giovanni Agostino da Lodi (m. h. 1502). Las arrugas en torno a los ojos y el cabello rizado son similares a los del retrato de Bramante; ambas cabezas están ligeramente desviadas de la posición frontal, aunque en direcciones opuestas.

127. Beltrami, 1919, doc. 90.

128. Beltrami, 1920; cf. G. Biscaro, *Archivio storico Lombardo* 36 (1909).

129. Shell y Sironi, 1992, doc. 27. En un determinado momento, probablemente cuando se disponía a dejar Milán en 1499, Leonardo alquiló la propiedad a Pietro, el padre de Salai. En un *istrumento* del 29 de julio de 1501, redactado en Florencia (Villata, 1999, núm. 153), Leonardo consigna que Pietro ha efectuado el pago del alquiler. Oficialmente, sin embargo, parece que la propiedad le había sido confiscada durante la ocupación francesa (no se explica si no como pudieron restituírsela los franceses en 1507: véase p. 409). En la documentación posterior Salai parece ser la única persona que está a cargo de la misma. En su testamento (R 1539), Leonardo legó la mitad de la finca a Salai y la otra mitad a su sirviente Battista de Vilanis.

130. I 50r, 51r, 58r, 59r, 118v (R 1405-1406); L 91r; CA 422r/156r-a. Pedretti advierte que estos cálculos han de ser tomados con cautela: otros cómputos de Leonardo parecen indicar que 1 pertica = 1,862 brazos cuadrados. Véase Pedretti, 1972, pp. 290-291.

131. CA 1050v/377v-a; Pedretti, 1972, 22, pp. 291-292.

132. CA 484r/177v-b, 1079r/389r-b.

133. Pedretti, 1972, p. 16; Vasari, 1987, 1, p. 193 (Vida de Piero della Francesca).

134. La figura decorativa del salón de los Atellani era Barbara, la esposa de Carlo Attelani. Leonardo suele aludir a ella por su nombre de soltera, Barbara Stampa (CA 2r/1r-c). Véase p. 513 arriba.

135. I 118r-119v.

136. CA 426/158a (Embolden, 1987, fig. 27) incluye una serie de plantas, cálculos y notas de mano del propio cliente en el dorso, y las propias notas de Leonardo en el anverso. CA 1090r/393r-a (Embolden 1987, fig. 28) tal vez muestre parte de su proyecto para el jardín de los Guiscardi; en el centro aparece un sendero y en la parte superior un área circular que pudiera ser un estanque o un ninfeo.

137. B 12v.

138. Ottino della Chiesa, 1967, pp. 99-100.

139. Kemp, 1981, pp. 181-188.

140. Museo d'Arte Antica, Castello Sforzesco: guía, rm VII.

141. CA 187r/67r-a.

142. CA 773r/284r, R 1468. Arrigo vuelve a ser mencionado más adelante en

CA 570v/214r-b, h. 1506-1508, PC 2, p. 353.

143. Ma I 61r.

144. CA 289r/104r-b; I 28v, 34r

145. B. Corio, *L'historia di Milano* (Venecia, 1554), 49v.

146. CA 669/247a, R 1379; cf. G. Calvi, RV 3 (1907).

147. CA 628r/230v-c; Vecce, 1998, p. 208.

148. Beltrami, 1919, doc. 101. El depósito del dinero en Florencia se efectuó los días 7 y 15 de enero de 1500.

CAPÍTULO VI

EN MOVIMIENTO. 1500-1506

1. M. Brown, «'Lo insaciabile desiderio nostro de cose antique': new documents for Isabella d'Este's collection of antiquities», en Clough, 1976, pp. 324-353. Véase asimismo Daniela Pizzagalli, *La Signora del Rinascimento: vita e splendore di Isabella d'Este alla Corte di Mantova* (Milán, 2002); Jardine, 1996, pp. 408-416.

2. Jardine, 1996, pp. 410-411.

3. Archivio del Stato, Mantua, Gonzaga, 1439, p. 55; Beltrami, 1919, doc. 103. No está muy clara cuál es la relación entre el dibujo del Louvre y la pintura. Sabemos que Leonardo dejó en Mantua un dibujo de Isabella, pues un año más tarde ésta expresaba su deseo de que Leonardo le enviara «otro boceto de nuestro retrato» porque su marido había donado «el que él [Leonardo] dejó aquí» (carta a Fra Pietro Novellara, 29 de marzo de 1501: véase n. 20). Este dibujo lo mismo puede ser el del Louvre que no serlo. De hecho, la formulación de Isabella parece implicar que existía al menos otro «boceto» de su retrato, y no sería de extrañar tampoco que hubiera asimismo varios estudios más en distintas poses.

4. CA 638dv/234v-c, PC 2, pp. 196-198. Deliberaciones del Senado: Vecce, 1998, p. 191.

5. CA 215r/ 79r-c, h. 1515.

6. Ar 270v, h. 1517.

7. CU 3r, McM 18.

8. Sabba Castiglione, *Ricordi* (Venecia, 1555), 51v. La primera edición fue publicada en Bolonia en 1546. Vasari dice que el Caballo de barro fue «hecho añicos» cuando los franceses entraron por primera vez en Milán (Vasari, 1987, 1, p. 264), pero aparentemente seguía intacto en septiembre de 1501, que fue cuando el duque de Ferrara escribió a Milán para informarse de la posibilidad de adquirirlo (Villata, 1999, núm. 155).

9. Beltrami, 1919, doc. 101. En la cuenta se encontraban los ahorros que Leonardo había transferido desde Milán en diciembre de 1499. No hay ningún documento que indique que durante sus dieciocho años de estancia en Milán realizara alguna visita a Florencia, aunque a veces se ha señalado que h. 1495

pudo haber regresado brevemente. La idea deriva de un comentario de Vasari (un añadido a la segunda edición de las *Vidas),* según el cual, Simone del Pollaiuolo y Giuliano da Sangallo acometerion la construcción de la Sala del Consejo del Palazzo Vecchio «siguiendo sus juicios y consejos» (véase Vasari, 1987, 1, p. 267, aunque en la traducción que hace Bull de este pasaje la frase ha desaparecido). Las obras se iniciaron en 1495.

10. Pietro da Novellara a Isabella d'Este, 3 de abril de 1501: véase n. 20.

11. La primera vez que se menciona a Ser Piero como notario de los servitas tiene fecha del 20 de agosto de 1466 (Uzielli, 1872, p. 148; Cecchi, 2003, pp. 123-124).

12. Vecce, 1998, p. 199. Las vicisitudes por las que pasó luego el cuadro del retablo de la *Annunziata* son narradas en la *Vida de Perugino* de Vasari (Vasari, 1987, 2, p. 98).

13. Véase n. 20.

14. Hay quien piensa que ya había empezado a trabajar en el grupo de *La Virgen y Santa Ana* antes de dejar Milán, ej. Popham, que data el boceto veneciano y otro que se conserva en el Louvre «en torno a 1498-1499» (Popham, 1946, pp. 73, 152). Fra Sebastiano Resta, un coleccionista del siglo XVIII, afirma que durante su estancia en Milán de 1499 Luis XII encargó a Leonardo un cartón de Santa Ana, y que Leonardo «ejecutó un boceto preparatorio que hoy se conserva en la colección que los condes de Arconati tienen en Milán» *(Lettere pittoriche* (Milán, 1759), 3, p. 326; Ottino della Chiesa, 1967, p. 102). Sin embargo, no se considera que Resta sea una fuente muy fiable: estaba muy interesado en proporcionar un pedigrí a un cartón del mismo motivo, pero «más acabado», que él mismo poseía. La obra, pese a lo que él afirmaba, no es un original de Leonardo sino una copia del cuadro de *La Virgen y Santa Ana* del Louvre (o de su cartón) procedente de la colección Esterhazy de Budapest. Otra prueba que suele citarse en favor de la tesis de una fecha compositiva más temprana es un soneto del poeta boloñés Girolamo Casio, patrón de Boltraffio, el antiguo ayudante de Leonardo. El título de la obra es, «Para Santa Ana, a la que L. Vinci pintó sosteniendo en sus brazos a la M[adonna] que trata de impedir que su hijo coja al cordero». En 1500 Boltraffio estaba con Casio en Bolonia, y es posible que Leonardo los visitara cuando viajó de Venecia a Florencia en abril de ese mismo año, sin embargo, no hay indicios de que fuera entonces cuando se escribió el soneto; en el título se dice que Leonardo «pintó *[dipinse]»* a Santa Ana, lo cual parece apuntar más bien a la pintura del Louvre, que debió de ser ejecutada en Milán h. 1509-1511. El poema fue publicado por primera vez, sin fecha, en la *Cronica* de Casio (Bolonia, 1525).

15. Ese dibujo «de propia mano de Leonardo Vinci» le fue enviado al marqués por Francesco Malatesta. En la carta adjunta (Villata, 1999, núm. 146) añade, «Leonardo dice que para que sea perfecta [la replica de la villa] tendríais que transportar su entorno al emplazamiento donde queréis construirla»: un comentario irónico sin duda, aunque Malatesta parece habérselo tomado en serio.

16. RL 12689, probablemente obra de Salai; Ar 77r.

17. ASF, Carte Strozziane II 51/1, 454r-v; ALV 4 (1991), pp. 158-170. Una nota de H¹ 30v alude a ciertos objecciones que habían puesto «los molineros de San Niccolò, pues no quieren que se obstruyan sus aguas».

18. CA 618v/227v-a. (La nota está fechada a la manera florentina, «1500 a di 10 marzo», es decir, 1501).

19. G. Mongeri, ed., *Le rovine di Roma* (Milán, 1875), 57r. La obra es un facsímil litográfico del álbum de dibujos, que se conserva en la Biblioteca Ambrosiana de Milán; se atribuye a un artista del círculo de Bramantino (Vecce, 1998, pp. 200, 406).

20. Isabella a Novellara, 29 de marzo: Archivio di Stato, Mantua, Gonzaga F II 9, busta 2993, copialettere 12/80; Villata, 1999, núm. 149. Novellara a Isabella, 3 de abril: Archivio di Stato, Mantua, Gonzaga E XXVIII 3, busta 1103; Villata, 1999, núm. 150. Novellara a Isabella, 14 de abril (ilustrado; *ibid.*, núm. 151): antiguamente en el Archivio di San Fedele, Milán (G. L. Calvi, *Notizie dei principali professori di belle arti in Milano* (Milán, 1869), 3, p. 97), a principios de los años 80 se encontraba en una colección privada de Ginebra y desde 1995 pertenece a una colección privada de Nueva York (véase C. Pedretti, ALV 5 (1992), pp. 170-175). Girolamo Casio dice de Novellara que «sus sermones despertaban el odio [es decir, la envidia] de San Pablo» (*«in pulpito era per San Paolo odito»*) y que «murió joven y fue enterrado en Mantua» (*Cronica* (1525), 12r).

21. Florimond Robertet, Baron d'Aluye, Bury et Brou, que por entonces contaba unos cuarenta años, fue sucesivamente secretario y tesorero de Carlos VIII, Luis XII y Francisco I. Se conserva un medallón con un retrato suyo fechado en 1512 (Bibliothèque Nationale, París, Cabinet des medailles núm. 4003) en Starnazzi, 2000, ilustraciones 7, 8.

22. Noticias de prensa, 28 de agosto de 2003 (el robo tuvo lugar el día 27 a eso de las 11 a.m.); el valor estimado para la pintura es de 30 millones de libras esterlinas. Para un detallado estudio comparativo de las dos versiones, véase Kemp, 1992. Una tercera versión (también en manos privadas) se atribuye a Cesare del Sesto y fue expuesta en Camaiore en 1998 (Pedretti 1998b, cat. núm. 10). Una versión libre atribuida a Fernando Yáñez de la Almedina (seguramente el «Ferrando Spagnolo» de la contabilidad del fresco de *Anghiari:* véase p. 436) se encuentra en la National Gallery de Escocia en Edimburgo. Hasta hace poco una copia contemporánea de ésta última obra figuraba en la colección Paoletti Chelini de Lucca (V. Bernardi, «Una versione lucchese della *Madonna dell'Aspo*», *Noticiario filatelico* 134, agosto de 1972), pero parece ser que también ha desaparecido.

23. C. Pedretti, «The missing basket», en Starnazzi, 2000, pp. 49-50.

24. Starnazzi, 2000, ilustraciones 23-25.

25. Villata, 1999, núm. 154. Manfredo se hace llamar «orador ducal».

26. Beltrami, 1919, doc. 113.

27. Villata, 1999, núm. 159, en respuesta a la carta de Isabella del 3 de mayo (*ibid.*, núm. 158).

28. F. Guicciardini en E. R. Chamberlain, *The Fall of the House of Borgia* (Londres, 1989). Sobre la famila Borgia, véase Michael Mallett, *Borgias: The Rise and Fall of a Renaissance Dynasty* (Londres, 1969); Ivan Cloulas, *Les Borgias* (París, 1987); Russell Aiuto, *The Borgias* (Dark Horse Multimedia, 1999, en http://www.crimelibrary.com); Marion Johnson, *The Borgias* (Londres, 2002). Una obra difícil de encontrar, pero cuya búsqueda vale la pena es Frederick Rolfe (alias, Baron Corvo), *Chronicles of the House of Borgia* (Londres, 1901), el trasfondo de esta obra se investiga de una forma bastante entretenida en A. J. A. Symons, *The Quest for Corvo* (Londres, 1934), pp. 93 y ss.

29. Andrea Boccaccio, h. 1492, en Aiuto (véase n. 28). Sobre Cesare, véase DBI; Bradford, 1976. Su madre, Vanozza, regentaba una posada para turistas y peregrinos, llamada La Vacca, que aún sigue abierta en el Campo dei Fiori de Roma.

30. Villari, 1892, 1, pp. 291-293. El texto completo puede consultarse en Nicolás Maquiavelo, *Legazioni e commisssarie*, ed. S. Bertelli (Milán, 1964), 1, pp. 267-268. Cf. Vickie Sullivan, «Patricide and the plot of *The Prince:* Cesare Borgia and Machiavelli's Italy», *Journal of Medieval and Renaissance Studies* 21 (1993), pp. 83-102.

31. Masters, 1999, pp. 79-80.

32. L 1v, R 1416; Ar 202v, R 1420. La fecha de la última lista no es segura: atendiendo a la entrada donde se menciona unas «cajas que hay en la aduana» se ha datado en 1503, después de que Leonardo regresara de su aventura con César Borgia, pero también es posible que las cajas las hubiera traído de Milán en 1500 y aún siguieran en la aduana dos años más tarde; recuérdese lo mucho que tardó en pasar un bulto de ropas que fue transportado desde Roma, por el que pagó 18 liras de tasas de aduana en abril de 1505 (Beltrami, 1919, doc. 165). Otra de las entradas de la lista, *falleri*, se refiere al libro la *Epistole de Phalari* (1472), al que también se menciona en una nota de h. 1499 (CA 638b/234r-b).

33. Piombino: L 6v. Populonia: L 82v-83r.

34. Starnazzi, 1995, 1996, 2000, éste último incluye una serie de fotografías del Balze relacionadas con los paisajes de Leonardo (ilustraciones 26-30).

35. L 19v, 40r, 8r.

36. L 2r. Otra referencia al «Arquímedes del obispo de Padua» en L 94v. Solmi sugiere que «Borges» era en realidad Antoine Boyer, el arzobispo de Bourges, que por entonces era cardenal y residía en Roma (Solmi, 1908, p. 96), pero en una nota bastante posterior (CA 968b/349v-f, h. 1515) Leonardo habla de un «Arquímides completo» que se encontraba «antes en la biblioteca del duque de Urbino y fue tomado de ahí en tiempos del duque Valentino»: parece lógico pensar que éste sea el mismo manuscrito que esperaba obtener de César Borgia en 1502. Es posible que tuviera noticias del otro manuscrito a través de Pacioli, que era natural de Borgo San Sepolcro.

37. L 8r, cubierta, 78r, 46v, 36v. Vuelve a reconsiderar la idea de la fuente musical en Ma II 55r —«Probemos a crear una armonía a partir del chorro de agua

de una fuente mediante una gaita»— y decide «preguntar a Messer Marcello acerca de lo que dice Vitrubio sobre el sonido del agua». Un apresurado apunte en la cubierta de L, «Marcello vive en casa de Giacomo da Mengardino», alude seguramente a la misma persona: es posible que se trate de Marcello Virgilio Berti, un erudito colega de Maquiavelo que impartía lecciones en la universidad de Florencia.

38. L 47r, 77r.

39. K¹ 2r.

40. L 72r.

41. El original se conserva en Villa Melzi, Vaprio d'Adda (Archivio Melzi d'E-ril). El documento ha sido redactado por uno de los secretarios de César Borgia. Una carta autógrafa de Borgia dirigida a la Signoria florentina (Forli, 6 de abril de 1501) fue subastada recientemente por Sotheby's (Subasta de Libros y Manuscritos, 25 de mayo de 2000, lote 162). Una sola página escrita en «una cursiva cancilleresca muy elegante», con un sello heráldico de cera roja representando dos yelmos con penachos: se vendió por más de 7,500 libras esterlinas.

42. L 65v-66r.

43. Pacioli, *De viribus quantitatis* 2, p. 85 (Biblioteca Universitaria, Bolonia, MS 250, 193v-194r).

44. CU 59v, McM 266, describen los cuerpos contorsionados de los soldados, «que toman parte en tal discordia o, por mejor decirlo, en la más brutal de las locuras *[pazzia bestialissima]*».

45. L 29r; cf. CA 133r/48r-b.

46. Recuerda allí una conversación que tuvo en Nantes con el ministro de Asuntos Exteriores del rey: «Cuando el cardenal de Rouen me dijo que los italianos no comprendían la guerra, le respondí que los franceses, por su parte, no comprendían el Estado, pues si lo comprendieran no habrían permitido que la Iglesia tuviera tanto poder» (Maquiavelo 1961, pp. 43-44; 1966, 1, p. 67). En otras palabras, habían cometido una gran imprudencia al apoyar a César Borgia, porque de esa forma habían aumentado el poder del papado; un comentario que, considerando la fecha en que fue hecho, noviembre de 1500, resulta muy clarividente.

47. Despacho del 7 de octubre de 1502, en *Legazioni* (véase n. 30), 1, p. 341; Villari, 1892, 1, p. 310.

48. CA 121v/43 v-b.

49. Masters, 1999, pp. 85-87.

50. Plano: RL 12284. Borradores: RL 12686. En MS L figuran una serie de bocetos y datos similares, en este caso relacionados con Urbino y Cesena, que tal vez acabaran por traducirse en unos planos parecidos.

51. RL 12278. Sobre los planos de Leonardo de 1502-1504, véase Clayton, 1996, pp. 89 y ss.

52. Borradores y notas: RL 12682, CA 336r/122r-a.

53. RL 12277; Clayton, 1996, pp. 94-95. La escala es aproximadamente 1: 570,000. Para el uso que dio Leonardo al plano en Urbino, véase Susan Kish, «The cartography of Leonardo da Vinci», en *Imago et mensura mundi: Atti del XI° congresso internazionale di storia della cartografia,* ed. Carla Clivia Marzoli, 3 vols., Florencia, 1985.

54. Villari, 1892, 1, pp. 314-315.

55. *Ibid.,* 1, pp. 320-322; Viroli, 2000, pp. 62-65. Más adelante Maquiavelo relataría estos acontecimientos en un informe titulado secamente, «Descripción del método empleado por el duque Valentino para asesinar a Vitellozzo Vitelli» (Maquiavelo 1966, 2, pp. 785-791). Cf. Richard Cavendish, «Cesare Borgia at Senigallia», *History Today,* 12 de enero de 2002.

56. L 33v; cf. otra referencia a Siena, L 19v.

57. Maquiavelo, 1961, pp. 60-61; 1966, 1, p. 77.

58. El 4 de marzo retiró dinero de su banco florentino: véase n. 64.

59. Museo Topkapi, Estambul, E 6184; publicado por vez primera por E. Babingher, *Nachrichten der Akademie der Wissenschaften in Göttingen* 52 (1952), pp. 1 y ss. El documento está reproducido parcialmente en Vecce, 1998, ilustración 38.

60. L 66r, R 1109.

61. Vasari, 1987, 1, pp. 346-347; Condivi, 1976, capítulo 33.

62. PC 2, p. 214. Notas topográficas: CA 910r/334r. El puente fue diseñado por Andrea Gurrieri da Imola.

63. Véase «The Leonardo project», http://www.vebjorn-sand.com; *Guardian,* 1 de noviembre de 2001.

64. Los registros bancarios (Beltrami, 1910, doc. 123) datan la transacción el 4 de marzo, pero la nota de Leonardo reza, «El sábado 5 de marzo retiré 50 ducados de oro de Santa Maria Nuova, dejando en cuenta otros 450» (CA 211r/77r-b). Lo más probable es que sea el banco el que esté en lo cierto: el primer sábado de marzo de 1503 cayó en día 4. Al dorso de la nota de Leonardo pone *«in africo addì 5 di marzo* 1503», lo que indica que seguramente fue escrita junto al río Affrico que se encuentra extramuros de la ciudad.

65. Ar 229v. Al parecer, el color «rosa» *(rosato)* del que tanto gustaban Leonardo y Salai era considerado un signo de elegancia: en cierta ocasión, Cosimo de Medici, en un intento de adecentar un poco el desgalichado aspecto de Donatello, le envió una «capa rosa» para que la llevara los días de fiesta (Lucas-Dubreton 1960, p. 217). Traduzco *pitocco* por «túnica» *[tunic].* Los diccionarios antiguos definen esta palabra, hoy en día obsoleta, como «una vestimenta corta *[veste corte]* parecida a la *cotta* que usan los soldados»; ésta última es el tabardo *[tabard]* («una prenda de vestir suelta y sin mangas que cubre la parte superior del cuerpo»: *Shorter Oxford Dictionary).* El escueto *pitocco* contrasta con el *lucco,* una prenda similar a una toga que solían llevar los florentinos más pudientes. En *La mandrágora* de Maquiavelo (1516), un galán enamorado se atavía con un *pitocchino* antes de ir a rondar a su novia con su laúd. Leonardo tiene algunos comenta-

rios bastante mordaces sobre los «locos inventos» de la moda: las prendas, o bien se llevan tan largas «que los hombres tienen que ir con los brazos cargados de ropa para no pisarse las vestiduras», o bien «no pasan de las caderas y los codos y se llevan tan apretadas que son un verdadero tormento» (CU 170r-v, McM 574).

66. Beltrami, 1919, doc. 125; CA 98r/35v-a.

67. Tomado de un informe contemporáneo sobre el desvío del río a la altura de Pisa realizado por Biagio Buonaccorso (véase n. 73). Se puede encontrar una excelente relación del proyecto en Masters, 1999, pp 96-133.

68. Villata, 1999, núm. 178. Los bocetos de La Verruca están en Ma II 4r y 7v-8r, éste último muestra su emplazamiento en las colinas pisanas.

69. Boceto del Arno: Ma II 1r. Despacho de Guiducci: Villata, 1999, núm. 180.

70. *Ibid.*, núm. 181. El nombre de Giovanni di Andrea Piffero aparece con frecuencia en los documentos relativos al mural de *Anghiari:* se trataba de un intermediario entre Leonardo y la Signoria. Para la condición de *piffero* de Giovanni Cellini, véase Cellini, 2002, pp. 10-16.

71. CA 562r/210r-b, Masters, 1999, pp. 123-127. El itinerario previsto para el desvío del río puede verse en una serie de mapas abocetados: RL 12279, Ma II 22v-23r, 52v-53r.

72. Excavadora mecánica: CA 4r/1v-b, Zöllner, 2003, núm. 544. Para las cargas de una pala y de una carretilla: Ma II 22v.

73. Biblioteca Nazionale, Florencia, MS Maquiavelo, C 6, p. 78; PC 2, pp. 175-177. Una parte de este informe, que incluye un diagrama donde se muestra la ruta que seguía el desvío del río, aparece reproducida en Masters, 1999, fig. 7.4 (eso sí, impresa del revés). Cf. Landucci 1927, 216 (22 de agosto de 1504).

74. CA 127r/46r-b, R 1001; cf. CA 1107r/398r-a.

75. RL 12279, R 1006. Cf. RL 12678, 12683. El sistema de compuertas y represas para el canal se analiza en RL 12680.

76. Sassoon, 2002.

77. Hoy la *Mona Lisa* y *La Gioconda* se utilizan indistintamente para referirse al mismo cuadro, pero ese inveterado repartidor de comodines leonardescos que es G. P. Lomazzo los emplea sin duda para referirse a dos obras distintas: «el retrato de *La Gioconda* y el de la *Mona Lisa,* en los cuales, entre otras muchas cosas, ha captado a la perfección unos labios en el momento de soltar una risa» (Lomazzo, 1584, p. 434). El pronombre relativo que emplea es plural *(quali),* de modo que no cabe duda de que habla de dos pinturas diferentes. Tal vez la explicación haya que buscarla en ese conjunto de pinturas que se conocen como «las Giocondas desnudas», basadas quizá en un original de Leonardo, hoy perdido, donde se mostraría a una mujer con un pecho descubierto, pero con una pose similar a la de la *Mona Lisa.* La más conocida de todas ellas suele atribuirse a Salai y se encuentra en el Hermitage (véase p. 441). Cabe dentro de lo posible que Lomazzo esté haciendo una distinción entre el retrato original (la *Mona Lisa)* y su posterior versión picante *(La Gioconda).* En otra parte habla de una

Monna Lisa Napoletana (Lomazzo, 1590, p. 6), que tal vez sea también una referencia a la «Gioconda desnuda» (por contraposición a la *Mona Lisa* «florentina»), el problema es que también dice que la obra se encuentra en la colección real francesa de Fontainebleau y, por lo que sabemos, jamás hubo en ella una «Gioconda desnuda». La primera referencia documental a una pintura conocida como *La Gioconda (La Joconda)* data de 1525 (Shell y Sironi, 1991; Jestaz 1999).

78. La frase de Vasari permite suponer que escribió el pasaje antes del fallecimiento de Francisco I en marzo de 1547.

79. Cassiano dal Pozzo, cuya descripción de la pintura (Biblioteca Barberini, Rome, LX/64, 192v-194v) constituye la primera referencia que atestigua de forma fehaciente su presencia en las colecciones reales francesas.

80. J. Atkinson y D. Sices, eds., *Machiavelli and his Friends: Their Personal Correspondence* (De Kalb, Ill., 1996), p. 87. Por lo que sabemos, el único otro retrato que Leonardo pintó en Florencia fue la *Ginevra*, y no parece probable que Ugolini esté pensando en él: la obra había sido ejecutada hacía un cuarto de siglo y seguramente se encontraba en Venecia (Vasari desde luego no llegó a verla nunca). Otra posibilidad es que Ugolini se refiera a un retrato dibujado por Leonardo.

81. RL 12514; un dibujo derivado, que tal vez sea obra de Cesare da Sesto, se encuentra en Venecia (Accademia, núm. 141; Starnazzi, 2000, lámina 10). Ignoramos cuál era la pose de Isabella en su retrato inacabado (véase n. 3 arriba). En la carta que envió a Leonardo el 14 de Mayo de 1504 (véase p. 375) Isabella sugiere que, en caso de que a éste no le fuera posible viajar a Mantua, tal vez pudiera «cumplir nuestro acuerdo transformando nuestro retrato en el de una figura más gentil todavía, la de un Cristo Joven de unos 12 años de edad». Si a lo que se refiere cuando habla de «transformar» su retrato es a cambiar sus facciones, parece bastante poco probable que se tratara de un retrato de pleno perfil: era rarísimo representar a Cristo en esa pose.

82. RL 19055v (Anat MS B 38v). Un texto sobre ese mismo tema (RL 19046r, Anat MS B 29r) puede datarse h. 1508; véase PC 1, pp. 345-348.

83. La primera recopilación de material biográfico sobre Lisa se debe a Giovanni Poggi *(Il Marzocco,* 21 de diciembre de 1913; Poggi, 1919, p. 35). El estudio más exhaustivo sobre ella se encuentra en Zöllner, 1993, y en él he basado mi propia versión de su historia.

84. Maddalena contrajo matrimonio con Agnolo Doni a principios de 1504; los retratos que les hizo Rafael (Palazzo Pitti, Florencia) se fechan h. 1505-1506. Las afinidades con la *Mona Lisa* se aprecian sobre todo en su dibujo preparatorio (Louvre), en el que puede verse el marco de columnas que se sugiere en el cuadro de Leonardo. Estas vuelven a aparecer en otra obra de Rafael del mismo periodo, *Mujer con unicornio* (Galleria Borghese, Roma), cuya pose recuerda asimismo a la de la *Mona Lisa*. Rafael debió de ver el retrato, o el cartón, cuando estuvo en Florencia h. 1504-1506. Su *Virgen con el Niño y Santos* de San Florenzo, Perugia, que incluye la fecha «MDV» o «MDVI» (1505 o 1506) en el dobladillo del manto de la

Virgen, debió de ser ejecutada en Florencia; el Bautista que aparece a la izquierda evoca a un tipo de Leonardo que se puede ver en RL 12572, así como en la tabla central del retablo de Pistoia, una obra de Credi (véase p. 145).

85. Zöllner, 1993, p. 126; el Maestro Valerio falleció en enero de 1521.

86. Beatis, 1979, p. 132.

87. Sobre Pacifica Brandano, véase Pedretti, 1957, pp. 138-139; Ammirato 1637, 3, pp. 134-135. Ippolito, el hijo ilegítimo de Pacifica y Giuliano, fue nombrado cardenal por el papa Clemente VII. Sobre Isabella Gualanda, véase Vecce, 1990. Su amiga Costanza d'Avalos, duquesa de Francavilla, también ha tenido sus partidarios, siendo el primero de ellos Adolfo Venturi en su *Storia dell'arte in Italia* (Milán, 1925), 9, pp. 37-42: un poema de Enea Irpino *(Canzoniere,* MS h. 1520) parece aludir al retrato que le hizo Leonardo cubierta con un velo negro *(sotto il bel velo negro),* si bien los defensores de La Gualanda aseguran que es a ella a quien alude el poema. En fechas más recientes se ha propuesto también la candidatura de Caterina Sforza, la hija ilegítima del duque Galeazzo Maria, basándose en el supuesto parecido que existe entre la *Mona Lisa* y un retrato anterior de Caterina que pintó Lorenzo di Credi. Para Freud su famosa medio sonrisa era un recuerdo recobrado de la madre de Leonardo; para otros la pintura es un retrato idealizado que no representa a nadie en particular, o incluso una representación de la Castidad. A la vista de todas estas incertidumbres, Kemp optó por titularla lacónicamente *Retrato de una dama en un balcón* (Kemp, 1981), aunque ni siquiera un título como éste contentará a los que ven en ella a un hombre o al propio Leonardo travestido.

88. Beatis, 1979, pp. 133-134.

89. Shell y Sironi, 1991.

90. Una pequeña curiosidad documental: en la versión original de la *imbreviatura* donde se enumeran las posesiones de Salai, el nombre que se da a la obra no es *La Joconda,* sino *La Honda.* Si descartamos la superflua *h* latina llegamos a la conclusión de que el escribiente que redactó el listado creía que la pintura se llamaba *La Onda* , «La ola»: desde un punto de vista estrictamente cronológico éste es el primer título conocido de la obra.

91. Zöllner, 1993, p. 118. Zöllner se pregunta si no sería Piero del Giocondo la fuente que informó a Vasari de la pintura; pero lo cierto es que Vasari pudo haber tenido una fuente aún mejor: la propia Lisa. Sabemos que aún vivía en 1539, pues ese año transfirió la propiedad de una finca que tenía en Chianti a su hija Ludovica (el documento fue descubierto por Giuseppe Pallanti: *Sunday Telegraph,* 1 de agosto de 2004), y lo más probable es que todavía viviera en 1551. El hecho de que estuviera viva cuando Vasari escribió sobre la pintura parece respaldar la versión que éste da de los hechos: son este tipo de sencillos factores humanos los que suelen pasar por alto los ingeniosos proponentes de modelos alternativos.

92. Sassoon, 2001, pp. 113-115, citando la reseña que hace Gautier de la obra teatral de Paul Foucher, *La Joconde* (1855), así como *Les dieux et les demi-dieux de la*

peinture (París, 1865). A Gautier precisamente está dedicada la obra de Baudelaire, *Les Fleurs du mal* (París, 1857), en la que figura un espléndido poema en el que se menciona a Leonardo, «Les phares» («Los faros»): *«Léonard de Vinci, miroir profond et sombre ...»*, «Leonardo da Vinci, espejo profundo y oscuro».

93. Sassoon, 2001, pp. 128, 98, citando los diarios de Jules Michelet (ed. C. Digeon, París, 1976, 3, p. 83) y de Edmond y Jules de Goncourt (París, 1956, 1, p. 719).

94. Véase la introducción de Yeats a *The Oxford Book of Modern Verse* (Oxford, 1936), viii. El influyente ensayo que Pater dedicó a Leonardo apareció originalmente en *Fortnightly Review,* noviembre de 1869. Sassoon aprecia también ciertos ecos del tema en la obra de Joyce, *Portrait of the Artist as a Young Man* (1916): véase Sassoon, 2002, pp. 157-158. Para el «culto» a Leonardo durante el siglo XIX, véase asimismo Severi, 1992.

95. Oscar Wilde, «The Critic as Artist» (1890), en *Complete Works* (Londres, 1969), pp. 1028-1029. Véase asimismo su relato corto «The Sphinx without a Secret».

96. E. M. Forster, *A Room with a View* (1907; repr. Harmondsworth, 1955), p. 95.

97. Somerset Maugham, *Christmas Holiday* (1939), p. 213; Berenson, 1916, pp. 1-4; T. S. Eliot, «Hamlet and his Problems», en *The Sacred Wood* (1920, repr. 1960), p. 99.

98. Una versión tan exhaustiva como amena del robo y sus repercusiones puede hallarse en Sassoon 2002, pp. 173-210; McMullen, 1975, pp. 197-215. Véase también A. Manson, *Le roman vrai de la IIIe République* (París, 1957), vol. 3: *«Le vol de la Joconde».* Para las ramificaciones culturales del robo, véase Leader, 2002.

99. Alfredo Geri, en McMullen 1975, p. 209.

100. Véase Johannes Wilde, «The hall of the Great Council of Florence», *Journal of the Warburg and Courtauld Institutes* 8 (1944), pp. 65-81.

101. Villata, 1999, núm. 183.

102. ASF, Signori e collegi 106, 40v-41r (Villata, 1999, núm. 189). Cf. las *deliberazione* posteriores autorizaron un pago de 45 florines por tres meses, abril-junio de 1504 (ASF, Operai del Palazzo, Stanziamenti 10, 64v; Villata, 1999, núm. 194).

103. ASF, Signori e collegi 106, 36r; Villata, 1999, núm. 187. Para las actividades realizadas durante el mes de febrero que aparecen en el párrafo siguiente: *ibid.,* núm. 188.

104. CA 1109r/398v-c, PC 2, p. 382.

105. CA 202a/74r-b, v-c, R 669. Sobre Leonardo Dati véase Pedretti, 1972, pp. 417-425.

106. *Istorie fiorentine,* L 5, capítulo 33, en Maquiavelo, 1966, 2, pp. 656-657.

107. Una serie de bocetos preparatorios, entre los que se incluyen varios estudios de batallas (Accademia, Venecia, núms. 214-216; RL 12338-12339), jinetes individuales (RL 12340r; K 14v), caballos agonizantes (RL 12326r), y los soberbios estudios de figuras y cabezas que se conservan en Budapest (Szépmüvészeti Muzeum, inv. núms. 1174, 1175). Véase Zöllner, 2003, núms. 42-55.

108. A 30v-31r, «*Modo di figurare una battaglia*».

109. Villata, 1999, núms. 190-192. Leonardo dibujó la casa de campo de Tovaglia en 1500. Salai, por su parte, trató de sacar partido de la renuencia de Leonardo a satisfacer las peticiones de Isabella: «Un discípulo de Leonardo, llamado Salai, un joven muy competente para su edad ... se muestra deseoso de hacer algún trabajo primoroso *[galante]* para Vuestra Excelencia» (Luigi Ciocca a Isabella, 24 de enero de 1505: *ibid.*, núm. 210).

110. Amadori a Isabella, 3 de mayo de 1506: *ibid.*, núm. 227.

111. Sobre la biografía de Miguel Ángel, véase DBI, s.v. Buonarroti; Bull, 1996; Paul Barolsky, *Michelangelo's Nose: A Myth and its Maker* (University Park, Pa., 1991). Sobre la *Vida* de Ascanio Condivi (1553), una biografía de la época directamente influida por el propio Miguel Ángel, veáse Michelangelo, 1987. Sobre la rivalidad con Leonardo, véase Goffen, 2002.

112. Vasari, 1987, 1, pp. 337-338; Goldscheider, 1940, pp. 9-10. Una hoja con dibujos de Leonardo por ambas caras descubierta recientemente en Francia (Sotheby's la subastó el 5 de julio de 2000 y, según parece, fue adquirida por un coleccionista suizo por 1.3 millones de libras esterlinas) contiene un excelente dibujo a tiza y a tinta de Hércules con una maza. Pedretti sugiere la posibilidad de que tenga que ver con los hipotéticos trabajos de Leonardo para el bloque del *David (Guardian*, 18 de septiembre de 2000), pero es más probable que la monumentalidad de su estilo sea un eco del propio *David* en lugar de una idea para el bloque en su estado anterior al *David.* Tal vez pueda relacionarse con un memorándum de Leonardo acerca de una escultura de «Los trabajos de Hércules» destinada a Pierfrancesco Ginori, h. 1508 (véase Capítulo I, n. 62).

113. Anthony Burgess, «Michelangelo: the artist as miracle worker», *Sunday Times,* 2 de febrero de 1975.

114. Archivio dell'Opera del Duomo, Deliberazioni 1496-1507, 186; Villata, 1999, núm. 186.

115. Landucci, 1927, pp. 213-214.

116. En una pintura bastante más tardía de la Piazza Santa Trinità, obra de Giuseppe Zocchi (1711-1767), la logia sigue sin aparecer en los muros septentrional y occidental del *palazzo,* en cuya esquina suroccidental, no lejos del puente donde debía iniciarse la logia que daba al río, puede verse a un pequeño grupo de gentes. Véase la reproducción en Hibbert, 1994, p. 209.

117. Michelangelo a Giovanni Francesco Fattucci, 1523, en P. Barocchi y R. Ristori, eds., *Il carteggio di Michelangelo* (Florencia, 1965-1979), 3, pp. 7-9.

118. Vasari, 1987, 1, pp. 341-342. Los documentos que custodia la Fondazione Herbert Horne, Florencia, confirman lo que nos dice Vasari acerca del arriendo de Sant'Onofrio a Miguel Ángel. Véase L. Morozzi, «La *Battaglia di Cascina* di Michelangelo: nuova ipotesi sulla data di commisssione», *Prospettiva* 53 (1988-1989), pp. 320-324.

119. Ma II 128r, PC 1, p. 327; L 79r. Cf. E 19v-20r, un pasaje que comienza con las palabras «Oh, pintor anatómico», donde se desaconseja resaltar en exceso «huesos, tendones y músculos» porque eso hace «rígida» la pintura.

120. RL 12591r.

121. Ar 148r-v, 149v.

122. CA 877r/319r-b, transcrito parcialmente R 1534, addenda en PC 2, p. 378.

123. CA 196r/71v-b, R 1526.

124. Ar 272r, R 1372; cf. Eissler 1962, ap. C.

125. CA 178r/62v-a, R 1373A. Pedretti piensa que la letra, pese a estar escrita de izquierda a derecha, se corresponde con «el tipo de caligrafía que puede hallarse en los estudios para el canal del Arno», es decir, 1503-1504 (PC 2, p. 319). El ala mecánica que figura en el recto del folio se reproduce en RV 17 (1954), fig. 6.

126. CA 541v/202v-a.

127. Ar 271v. «Jacopo Tedesco», al que se cobraba 1carlino al día por el alojamiento y la comida, pagó 15 grossini el 9 de agosto y 1 florín el 12 de agosto.

128. Ma II 2v-3r. Véase Reti, 1968, pt. 2; Maccagni, 1974.

129. RL 12676r. Sobre Il Botro véase Capítulo VII, n. 26.

130. CA 765v/282 v-b.

131. En el castillo: Ma II 24v, a su lado figura esta nota, «El foso que estoy enderazando». Demostración: Ma II 25r (en realidad escribe «el último día de noviembre, Día de Todos los Santos»: otro error de datación). Desecación del pantanal: CA 381r/139r-a. Estos planes de drenaje y canalización parecen ser un reflejo del abortado proyecto de desviación del Arno: la maestría no se desperdicia.

132. Ma II 125r, PC 2, p. 189.

133. RL 12665r; véase Introducción, n. 10.

134. Ma II 112r.

135. Villata, 1999, núms. 211-212.

136. Tn 18r; Villata, 1999, núm. 218. Cf. Ma II 2r, «Sábado por la mañana, 1 florín a Lorenzo». En un memorándum de h. 1504-1505 (CA 331r/120r-d, R 1444) Leonardo escribe, *«Garzone che mi faccia il modello»* («Un ayudante que podría servirme de modelo»). Villata sugiere que se trata de Lorenzo, y que fue el modelo del ángel de la Anunciación en RL 12328r y del *San Juan* del Louvre (p. 469 arriba). Véase Villata, 1999, p. 184 n. 1, y RV 27 (1997).

137. GDA 19. 516-517, s.v. Llanos y Yáñez. La identificación de «Ferrando Spagnolo» con Fernando Yáñez pierde algo de fuerza debido a la existencia de un colega suyo de nombre bastante parecido, Fernando Llanos. Las fuentes los sitúan a ambos trabajando juntos en Valencia h. 1506-1510. La documentación sobre Llanos desaparece a partir de 1516; Yáñez en cambio vivió hasta 1531. Según señala Isabel Mateo Gómez en GDA «parece probable» que ambos se formaran en Italia «a juzgar por las innovaciones que introdujeron en la pintura renacentista valenciana»; Yáñez era el más dotado de los dos, su obra «más clásica y

serena, está ejecutada con mayor claridad y riqueza compositiva que la de su colega». Tal vez sea él ese «Ferrando» que se menciona en H 94r-v, en cuyo caso debió estar en Milán hacia mediados de la década de 1490; el nombre aparece junto al del arquitecto Giacomo Andrea. Para otra alusión a una pintura de «Ferrando» en Milán en 1494, véase Vecce, 1998, p. 152. Aunque estos datos por sí mismos no basten para demostrarlo, cabe la posibilidad de que formara parte de la *bottega* milanesa de Leonardo.

138. Ma II 2r.

139. Tavola Doria (col. privada, Múnich): Zöllner, 2003, pp. 242-243. Grabado de Zacchia: Vecce, 1998, il. 40. Sobre el grabado de Rubens véase Zöllner 1991; se conservan copias del mismo en la Royal Collection de La Haya y en la Armand Hammer collection de Los Ángeles, y también un grabado que de él hizo Gerard Edelink (Museo Británico).

140. Villata, 1999, núm. 221.

141. Carta a Alberto Lollio, 17 de agosto de 1549, en A. F. Doni, *Disegno* (Venecia, 1549), 47v-48r.

142. Sobre la disposición de la Sala del Consejo y las dificultades de interpretación de las pruebas de que se disponen, véase Rubinstein 1995, pp. 73-75; Johannes Wilde (véase n. 100), pp. 75 y ss.

143. Newton y Spencer, 1982.

144. *Daily Telegraph,* 17 de julio de 2000.

145. Melinda Henneburger, «The Leonardo cover-up», *New York Times,* 21 de abril de 2002.

146. Tn contracubierta, 18r.

147. Tn 18v. Hay quien sugiere que la fecha de esta nota (y por tanto la del «vuelo de prueba») ha de interpretarse según el sistema de datación florentino, es decir, marzo de 1506 en el cómputo moderno. Pero esa misma página contiene otra nota fechada el 14 de abril de 1505, relativa a la llegada del aprendiz Lorenzo (una fecha que confirman los archivos de *Anghiari*), y no parece probable que hubieran sido escritas con once meses de diferencia.

148. Tn 13v.

149. RL 12337.

150. La copia de Rafael: RL 12759. Cartón de Leoni: ASF, Archivio Mediceo de principiato, Miscellanea 109/54, 228; descubierto por Renzo Cianchi («Un acquisto mancato», *La Nazione,* 24 de noviembre de 1967). Las piezas de este inventario, que por entonces se encontraban en posesión de Giambattista, el hijo de Leoni, le fueron ofrecidas en venta a Cosme II de Medici, Gran Duque de Toscana. Entre ellas figuraba «un libro de unos 400 folios, cada uno de los cuales tenía más de un brazo de largo»; el compilador considera que el duque podría hacerse con él por 100 escudos. Se trata de una de las primeras noticias que tenemos del Códice Atlántico.

151. RL 12570r. Sobre Antonio Segni, véase Cecchi, 2003, pp. 131-133.

152. Alfonso d'Este a G. Seregno, 1 de abril de 1505 (Beltrami 1919, doc. 162); Vecce, 1998, pp. 295, 419.

153. Tn 10v.

CAPÍTULO VII
REGRESO A MILÁN. 1506-1513

1. Beltrami, 1919, doc. 176. Según se cuenta en el *Anónimo,* cuando marchó a Milán dejó en el Ospedale *«desegni ... con altre masseritie»* («dibujos y otras pertenencias»).

2. *Supplica* de 1503: Beltrami, 1919, doc. 120. *Arbitrato* de 1506: *ibid.,* doc. 170. Cf. docs. 121-122, 167-169, para la ulterior documentación burocrática.

3. Bramly, 1992, p. 354.

4. D'Amboise al gonfalonero Soderini, 16 de diciembre de 1506, Beltrami, 1919, doc. 180.

5. Borrador de una carta a Charles d'Amboise, principios de 1508, CA 872r/317r-b.

6. Notas y bocetos en CA 732bv/271v-a, 629b/231r-b, v-a. Cf. PC 2, pp. 28-31; RV 18 (1960), pp. 65-96.

7. Ma II 55r, se refiere a la fuente de Rímini que menciona en L 78r; *De architectura,* de Vitruvio L 10, capítulo 8.

8. RL 12951r, R 1104.

9. Una extensa descripción del «jardín de Venus» que figura en la extraña obra de Francesco Colonna, *Hypnerotomachia Poliphili* (Venecia, 1499) puede ser otra de las fuentes.

10. Villata, 1999, núms. 233-235. Las dos cartas ulteriores que se cruzaron entre D'Amboise y la Signoria (octubre-diciembre de 1506), así como las tres que siguieron a la intervención de Luis XII (enero de 1507): *ibid.,* núms. 236-237, 240-243.

11. CA 117r/41v-b.

12. Uzielli, 1872, núm. 13. El decreto de restitución fue expedido el 27 de abril: su propietario hasta entonces había sido un tal Leonino Bilia (Vecce, 1998, p. 269). En 1501 la tenía alquilada el padre de Salai, que vuelve a ser mencionado como inquilino de la misma en 1510 (Shell y Sironi, 1992, núm. 26); parece pues probable que residiera en ella durante todo este período a pesar de los cambios en la propiedad.

13. Jean d'Auton, *Chroniques de Louis XII,* en Bramly, 1992, p. 462.

14. Leonardo hace referencia a esta donación en unas cartas dirigidas a Geoffroi Carles y Charles d'Amboise a principios de 1508, de las que se conservan sus borradores (CA 872r/317r-b, 1037r/372r-a). Por entonces aún no le había reportado ningún beneficio a causa de una gran escasez de agua «debida en parte a la sequía, pero también a que no se han regulado las represas». San Cristofano se debe corresponder con el tramo Naviglio del entorno de San Cristoforo Baro-

na, que se encuentra al suroeste de la ciudad. Una nota del 3 de Mayo de 1509 (CA 1097r/395r-a) registra su presencia en ese lugar. El borrador de una carta posterior (CA 254r/93r-a, R 1350A) sugiere que los ingresos *(entrata)* por «la toma de agua en San Cristofano» ascendían a cerca de 72 ducados anuales. En su testamento (R 1566) la donación es denominada «los derechos sobre las aguas que el rey Luis XII, de piadosa memoria [le] donó».

15. Sironi, 1981, pp. 21-23; Beltrami, 1919, doc. 192.

16. Su nombre completo *(«Joannes Franciscus Meltius hic scripsit»)* está inscrito en un manuscrito de la Biblioteca Trivulziana, Milán, y es posible que Leonardo lo use en una nota de 1513 (E 1v, véase pp. 458-459). Sobre Melzi, véase Marani, 1998a; Shell, 1995; F. Calvi, *Famiglie notabili milanesi* (Milán, 1879), s.v. Melzi.

17. Biblioteca Ambrosiana, Milán, F274 inf. 8; véase Marinoni, 1982, p. 136. No obstante, en otra nota marginal, escrita con una tinta diferente, pero que también parece ser de mano de Melzi, se lee *«anno 19 fr. melzo»:* tal vez la datación se corresponda con un retoque posterior del dibujo.

18. La pintura pertenece a una colección privada de Milán: véase Marani, 1998a, pp. 382-383.

19. CA 1037v/372 v-a, R 1350.

20. RL 12280r, CA 65v/20v-b.

21. Shell y Sironi, 1992, núm. 38.

22. Sobre el testamento perdido del tío Francesco, véase Cianchi, 1953, pp. 77-78, 98-100; Cianchi, 1984. Entre las propiedades registradas a nombre de Francesco en el *catasto* de 1498 se incluían una pequeña casa *«nel castello»* (es decir, intramuros de Vinci), una casa con un viñedo en La Colombaia, un trigal en Mercatale y una granja con un olivar en Croce a Tignano (Smiraglia, 1900, doc. 21; Vecce, 1998, p. 251). Estas debieron de ser las propiedades que estaban en litigio. En el borrador de una carta, escrita con letra de Melzi (CA 939v/342v-a), el litigio es denominado expresamente «el asunto pendiente entre yo y mi hermano Ser Giuliano, que es el cabecilla de los demás hermanos».

23. CA 364r/132 r-a.

24. Villata, 1999, núms. 247, 249. La carta del rey viene refrendada por Florimond Robertet, el comitente de *La Virgen del huso.*

25. Archivio di Stato, Módena, Cancellaria Estense B4. Ippolito era Arzobispo de Milán desde 1497; en octubre de 1498 ratificó la transmisión de una propiedad a Mariolo de Guiscardi, que probablemente sea esa misma casa con jardín que remodeló Leonardo (véase Capítulo V, n. 136). El contacto del que Leonardo trata de sacar partido es por tanto milanés más que estense.

26. CA 571av/214v-a. Es Pedretti quien lee *«botro»* (PC 2, pp. 298-299); la interpretación de los anteriores transcriptores era «vostro» (es decir, «vuestra [sc. propiedad]») como hace Vecce, 1998, p. 271. Valor de Il Botro: Ar 190v-191r. El barranco: «Prueba en tu barranco cuál es la trayectoria que trazan los objetos al caer», Leic 9v.

27. CA 872r/317 r-b.

28. Piero Martelli (1468-1525), que pertenecía a una «familia inquebrantablemente fiel a los Medici», sería más tarde un destacado miembro del círculo platónico de Rucellai, el llamado Orti Oricellari (Cecchi, 2003, p. 133).

29. Vasari, 1878-1885, 6, p. 604. También se habla de cierta «Confraternidad de la Marmita», una especie de parodia de una cofradía, frecuentada por gentes como Rustici, del Sarto, Aristotile da Sangallo y varios otros, donde los pintores se dedicaban a crear retratos y figuras fantásticas con alimentos, en una clara anticipación de lo que luego haría Archimboldo, el maestro manierista especializado en retratos culinarios.

30. Ar 1r.

31. CA 571ar/214r-d, PC 1, p. 103, una hoja con notas acerca del agua y el vuelo.

32. El códice consta de dieciocho hojas de papel de tela dobladas en 36 folios. A finales del siglo XVII estaba en posesión del pintor romano Giuseppe Ghezzi, que afirmaba haberlo encontrado en Roma en un baúl de manuscritos y dibujos que había pertenecido al escultor Guglielmo della Porta. En relación con éste último (m. 1577) se puede trazar una vinculación que se remonta casi hasta el propio Leonardo, pues sabemos que en su juventud Guglielmo fue discípulo de su tío, Giovanni della Porta, un arquitecto y escultor que estuvo trabajando en la catedral milanesa en la década de 1520, y que este Della Porta mayor había sido a su vez discípulo del arquitecto Cristoforo Solario, a quien Leonardo había conocido en Milán (Beltrami 1919, doc. 205). Tras su adquisición por Thomas Coke, que debió comprárselo a Ghezzi entre 1713 y 1717, el códice pasó a Holkham Hall, la casa solariega de la familia en Norfolk, donde fue depositado en la biblioteca fundada por uno de los antepasados de Coke, el letrado isabelino Sir Edward Coke. El magnate petrolífero Armand Hammer lo adquirió en 1980 en una subasta, y durante un tiempo fue conocido como el Códice Hammer. En 1994 Bill Gates lo compró por 30 millones de dólares; en la actualidad se encuentra en su mansión de Seattle, lo que hace de él la obra de Leonardo que ha ido a parar más lejos. En un gesto de modestia, Gates ha renunciado a la posibilidad de cambiar su nombre por el de Códice Gates, permitiendo así que la obra vuelva a ser conocida como el Códice Leicester.

33. Leic 1r-v, cf. Pedretti, 2000, p. 11. En una página en blanco adjunta, Ghezzi dio al códice el siguiente título: *«Libro originale / Della Natura peso e moto delle Acque / Composto scritto e figurato di proprio / Carattere alla mancina / Dell' Insigne / Pittore e Geometra / Leonardo da Vinci»* («Manuscrito original acerca de la naturaleza, el peso y el movimiento de las aguas, compuesto, escrito e ilustrado a zurdas por el renombrado pintor y geómetra Leonardo da Vinci»), sin embargo, una mano anterior (perteneciente quizá a uno de los Della Porta) ofrecía un mejor sumario de sus contenidos: «Libro escrito por Leonardo Vincio donde se trata del sol y la luna, del curso de las aguas, de los puentes y del movimiento».

34. Leic 34r; cf. A 54v-56r.

35. Leic 13r, 16v; CA 571ar/214r-d.

36. Leic 2r.

37. Giorgio Nicodemi, «Life and Works of Leonardo», en *Leonardo da Vinci* (Nueva York, 1938), citado por White, 2000, pp. 6-7.

38. RL 19027r, v.

39. RL 19028.

40. RL 19054v.

41. RL 19095.

42. Véase, por ejenplo, el soneto de Antonio Cammelli, «Quando di Vener fu l'alma superba» *(Lubrici* núm. 4; Cammelli 1884, p. 200), en el que el «aguerrido capitán» logra abrir una brecha en la «empalizada» *(steccata)* tras un «arduo comba-t   e   »   .

43. RL 19055, antiguamente encuadernado junto a RL 19095. El interés que muestra por la embriología anticipa ya los famosos estudios de fetos humanos, RL 19101-19102, etc.

44. RL 19070v, R 796.

45. Landucci, 1927, p. 217: «El 24 de enero [1506] se aplicó la pena de horca a un joven, y los doctores y sabios del *Studium,* todos ellos hombres cabales y de gran erudición, pidieron permiso al Otto para disecarlo». La disección se prolongó durante toda una semana, a razón de dos sesiones por día, y se pareció bastante a un espectáculo teatral: «Mi Maestro Antonio fue todos los días a verla». Es posible que Leonardo hiciera otro tanto.

46. Sironi, 1981, pp. 23-26.

47. Ottino della Chiesa, 1967, p. 94. Hamilton se lo compró en julio de 1785 al conde Cicogna, administrador de Santa Caterina alla Ruota, que era el propietario de los bienes y documentos de la extinta Cofradía; le costó 1582 liras. De los descendientes de Hamilton pasó a Lord Lansdowne y luego al duque de Suffolk, que en 1880 se lo vendió a la National Gallery por 9,000 guineas.

48. La *Virgen de las rocas* suiza fue expuesta en el Palazzo Reale, Milán, en 2000. Véase F. Caroli, *Il Cinquecento Lombardo: Da Leanardo a Caravaggio* (Milán, 2000), cat. núm. II, 2.

49. Cu 25v, McM 57.

50. BM 1875-6-12-17r; Zöllner, 2003, núm. 27; Pedretti 1968, pp. 27-28.

51. *Daily Telegraph,* 16 de enero de 1996.

52. J. McEwen, «Leonardo restored», *Independent Magazine,* 20 de mayo de 1989, pp. 53-57.

53. Dalli Regoli, 2001, pp. 116-118. Es la única versión pictórica que se conoce de la *Leda arrodillada.* Cuatro cuadros de la *Leda* erguida que suelen datarse h. 1509-1510, o un poco más tarde, se encuentran respectivamente en los Uffizi (la que se conoce como *Leda Spirodon,* debido a su antiguo dueño, Ludovico Spirodon, que Marani atribuye a Fernando Yáñez, y Natali al taller de Lorenzo di Cre-

di: véase Dalli Regoli, 2001, p. 140); en la Galleria Borghese, Roma, atribuida a Il Sodoma; en Wilton House, Salisbury (véase il. 29), atribuida a Cesare da Sesto; y en la Colección Johnson, Filadelfia. Durante un breve periodo la *Leda Spirodon* fue propiedad de Hermann Goering, que se la había adquirido a la condesa Gallotti Spirodon en 1941.

54. El rostro de Leda: RL 12515-12158. Un eco bastante próximo de los rasgos de Leda puede verse en las obras de Giampietrino *Ninfa Hegeria* (Col. Brivio Sforza, Milán), *Venus y Cupido* (Col. Nembini, Milán) y *Cleopatra* (Louvre), y, en menor medida, en su *Dido* (Col. Borromeo, Isola Bella) y en su *Salomé* (National Gallery, Londres). Está demostrado que la postura de su *Venus* se basa en la de la *Leda* erguida. Cf. L. Keith and A. Roy, «Giampietrino, Boltraffio and the influence of Leonardo», *National Gallery Technical Bulletin* 17 (1996), pp. 4-19.

55. Informe técnico de Hans Brammer (Kassell, 1990), resumido por Jürgen Lehrmann en Dalli Regoli, 2001, pp. 116-118. Una conexión más entre Giampietrino y el taller de Leonardo h. 1509 es un poliedro pintado en la parte posterior de su *Virgen con el Niño* (Poldi Pezzoli, Milán), que está basado en una de las ilustraciones que hizo Leonardo para la obra de Pacioli, *Divina proportione* (Venecia, 1509), una copia de la pintura realizada por Giovan Battista Belmonte lleva inscrita la fecha de 1509.

56. Sobre Bernazzano, véase J. Shell y G. Sironi, «Bernardinus dictus Bernazanus de Marchixelis», *Arte Cristiana* 78 (1990), pp. 363 y ss. El registro de una deuda de 30 escudos que el padre y el tío de Francesco de Melzi tenían contraída con él (Shell y Sironi, 1992, p. 116) apunta a que dentro del «círculo de Leonardo» existían unas interrelaciones personales bastante complejas de las que apenas sabemos nada. Bernazzano era natural de Inzago, una localidad próxima a Milán: para su posible conexión con un fresco de la Última Cena en Inzago, véase n. 115.

57. RL 12343r, 12354r, 12355r, 12356r (ilustrada), 12360r, etc.; Zöllner, 2003, núms. 74-86. Clark fue el primero que estableció una distinción sistemática entre estos bocetos y los estudios para el Caballo Sforza: véase Clark and Pedretti, 1968, 1, pp. xxvi-xli.

58. CA 492r/179v-a, R 725.

59. F 87r

60. F 15r; Pedretti, 1995, p. 26. Cf. notas sobre la canalización del Adda, h. 1508, CA 949r/345r-b.

61. F 41v, R 1123A; cf. dos bocetos de murciélagos en vuelo en F 48v.

62. Membranas de las alas del murciélago: Tn 16r. Los murciélagos vuelan boca abajo: G 63v, h. 1510-1511.

63. F 59r, R 1148C.

64. F 4v.

65. RL 12689r, PC 2, pp. 127-128. Cf. F 41r, h. 1508: «La tierra no es el centro de la órbita del sol ni el centro del universo», un aserto relativista pero no expresamente copernicano.

66. F 12r.

67. Pulmones de un cerdo: cf. RL 19054v. Avicena: es decir, el científico árabe del siglo XI Ibn Sina. «Plano de Elefan»: posiblemente en referencia al templo de Siva en Elefanta, cf. descripción de un templo en CA 775v/285r-c. «Maestro Mafeo»: tal vez Rafaello Maffei, en cuya enciclopédica *Anthropologia* (1506) se menciona *La Última Cena*, o el anatomista veronés Girolamo Maffei, al que Leonardo debió de conocer a través de Marcantonio della Torre, que también era natural de Verona. Las crecidas del Adige: cf. Leic 20r, 23r.

68. MS D es una «versión meditada» de notas anteriores donde se somete asimismo a la prueba de la *«isperienza»*, la experimentación, a las autoridades (Avicena, Alhazen) en la materia (Pedretti y Cianchi, 1995, p. 25).

69. RL 19007v.

70. Pedretti, 1965, p.140.

71. Véase Pedretti, 1965 para una detallada reconstrucción del Libro A.

72. Ar 224r, 231v; Pedretti, 1957, pp. 90-98. Un folio que perteneció al Códice Atlántico (fol. 50) y que hoy se encuentra en una colección privada suiza contiene más detalles sobre la puesta en escena y su tramoya (C. Pedretti, RV 28 (1999), pp. 186-197). Pedretti relaciona el sistema de contrapesos con el de la máquina excavadora de MS F. En el verso de la hoja figura una breve nota sobre las aguas que se relaciona con las materias tratadas en Leic 18r-19v y Ar 136r-137v (éste último es un borrador que fue tachado al ser incorporado al Códice Leicester). Esos mismos folios del Códice Arundel contienen una serie de estudios a carboncillo de instrumentos musicales y figuras (estos últimos obra de un discípulo) que deben estar relacionados también con el *Orfeo*.

73. RL 12282r; el perfil es parecido a otro que aparece en Ar 137r.

74. *Corriere della sera,* 13 de septiembre de 2001; *Guardian,* 14 de septiembre de 2001: «Cuando los restauradores trataron la obra con agua y alcohol para desprenderla de su soporte, la tinta empezó a borrarse». Además de aparecer en el presupuesto del monumento a Trivulzio (véase n. 58), esta tinta verde amarillenta se encuentra también en un estudio para dicho monumento (RL 12356r), así como en una serie de planos para la villa de verano de d'Amboise (véase n. 6). Una página con un boceto del caballo del monumento a Trivulzio (CA 786v/290v-b) contiene igualmente unas cuantas cabezas repasadas por un discípulo con esa misma tinta. Véase PC 2, p. 15-17.

75. *Archivio storico italiano* 3 (1842), p. 207; Lomazzo, 1973, 2, p. 156.

76. CA 584r/218r-a.

77. S. Daniel, *The Worthy Tract of Paulus Jovius* (Londres, 1585), traducido de la obra de Giovio *Dialogo dell'imprese* (que fue escrita poco antes de fallecer en Florencia en 1552 y luego publicada en 1555); unos emblemas basados en ésta y otras obras aparecen en el *Pericles* de Shakespeare (h. 1608) 2, ii. Véase H. Green, *Shakespeare and the Emblem Writers* (Londres, 1885).

78. Sobre los emblemas renacentistas, véase M. Corbett and R. Lightbown,

The Comely Frontispece (Londres, 1979), pp. 9-34; F. Yates, «The emblematic conceit in Giordano Bruno's *De gli eroici furori*», *Journal of the Warburg and Courtauld Institutes* 6 (1943), pp. 180-209. Otras colecciones importantes son las de Gabriello Symeoni, *Imprese eroiche e morali* (Lyon, 1559), Scipione Ammirato, *Il Roto* (Nápoles, 1562) y Girolamo Ruscelli, *Le imprese illustri* (Venecia, 1566).

79. RL 12701, cf. dibujos abocetados en RL 12282. Reti intenta fecharlos en 1502, cuando Leonardo estuvo al servicio de César Borgia (Reti, 1959), pero es casi seguro que fueron realizados h. 1508-1509.

80. Clark señala que la palabra *«tale»* falta en el lema de un boceto anterior perteneciente a RL 12282: es decir, que en su forma definitiva encierra una alusión a un protector concreto («dicha estrella»), seguramente el rey Luis. Véase Clark y Pedretti, 1968, 1, p. 179.

81. M 4r. Cf. la observación estrictamente científica se encuentra en CA728r/270r-a, h. 1510: «Los vientos fuertes matan la llama, los leves la avivan». Un emblema similar que figura en G. Ruscelli, *Emblemata* (1583), lleva el lema *«Frustra»* («Frustración» o «Demora»).

82. RL 12700. Otro aparte que reza, *«'Non mi stanco nel giovare'* ['No me canso de ser útil'] es un lema de carnaval». El iris (Embolden 1987, p. 126) figura también en Ar 251v, aproximadamente por las mismas fechas.

83. Una acotación reza, «El fuego destruye toda sofisticación, que no es sino engaño; sólo preserva la verdad, que es oro puro». La terminología es química o alquímica: «sofisticación» = adulteración o impureza.

84. CA 522r/192r-a. Viene luego otro pago de «200 francos a 48 sueldos por franco» (= aprox. 500 liras o 125 escudos). Tales pagos fueron librados por el tesorero Etienne Grolier (el padre del escritor Jean Grolier), cuya muerte en septiembre de 1509 queda recogida en ese mismo folio de mano de un discípulo, probablemente Lorenzo.

85. F, contracubierta. La hermana que se iba a casar debía de ser o bien Lorenziola (que contrajo matrimonio con Tommaso da Mapello y ya estaba viuda en 1536) o Angelina (que contrajo matrimonio con Battista da Bergamo y enviudó en 1524).

86. RL 12280. El recto donde aparece la lista contiene una serie de estudios geométricos; el verso lo ocupa un dibujo anatómico de gran tamaño tomado de RL 12281. Para la datación de estas hojas, véase Clark y Pedretti, 1968, 1, p. 78.

87. CA 669/247a.

88. Sobre Bossi, véase DBI; Bossi, 1982. Consejo de Goethe: Pedretti, 1998c, p. 122, n. 6.

89. Biblioteca Ambrosiana, Milán, SP6/13E/B1. f.100, p. 196.

90. M. Armellini, *Un censimento della città di Roma sotto il pontificato di Leone X* (Roma, 1887), pp. 79, 90; Pedretti, 1998c, p. 128.

91. Una nota que figura junto a la cabeza en RL 12515 («Puede quitarse sin que se deshaga») parece indicar que las trenzas que lleva la modelo son un postizo.

92. RL 12281. Sobre la puerta de Fabbri, véase L. Beltrami, *La pusterla dei Fabbri* (Milán, 1900); aparece señalada (como «fabbri») en el boceto del plano de Milán de Leonardo, RL 19115v. Sobre Alfei y Bellincioni, véase Bellincioni, 1876, pp. 241-242. Una mujer de Cremona a la que alude Leonardo en H 62v, h. 1493-1494 («Una monja de La Colomba en Cremona hace unos bellos trenzados de paja») no parece que pueda ser La Cremona.

93. RL 12609.

94. Paolo Maria Terzago, *Museum Septalianum* (Tortona, 1664), núm. 33. En la pintura de Bergamo la mujer con el pecho descubierto está rodeada de flores. McMullen (1975, pp. 156-157) la llama la «prima» de la *Flora* o *Colombina:* esta segunda obra, que está también en el Hermitage, se atribuye a Melzi, pero no tiene la pose de la Mona Lisa. Otra «Gioconda desnuda» bastante célebre es la sirena de pelo crespo de Chantilly, una obra al carboncillo que fue perforada para pasarla a pintura. (McMullen, 1975, pp. 66-67). Pensando tal vez en estas descocadas versiones, en su guía de las pinturas de Fontainebleau (París, 1642), Père Dan trató de defender a Mona Lisa, asegurando que era «una virtuosa dama italiana y no una cortesana como creían algunos».

95. Ar 205v, PC 2, pp. 248-249.

96. RL 19009r.

97. RL 19016.

98. K 48v.

99. RL 19017r, R 1494 (un texto referido a los músculos del pie, que empieza así «Mondino dice que ...») y RL 12281.

100. RL 19063, R 1210.

101. RL 19071r.

102. RL 19000v, PC 2, p. 114.

103. Edward Lucie-Smith, «Leonardo's anatomical drawings», *Illustrated London News,* noviembre, 1979, pp. 94-95.

104. Kemp, 1981, pp. 270-277; RL 19099v; Embolden, 1987, pp. 93-94.

105. Beltrami, 1919, doc. 206.

106. G 1r. Otras observaciones acerca de los lagos de Brianza: CA 740r/275r-a.

107. Montañas sobre papel rojo: RL 12410-12416. «La grava es más blanca que el agua»: RL 12412.

108. RL 12416.

109. RL 19092v, R 1436.

110. RL 12400. Kemp (1989, p. 73) contiene una fotografía del mismo tramo del Adda en la actualidad.

111. CA 173r/61r-b; Embolden, 1987, fig. 36. Cúpulas: CA 414b/153r-e; Embolden, 1987, fig. 37. Véase asimismo RL 19107v, en donde figuran una serie de estudios arquitectónicos de la Villa Melzi, así como un ala de pájaro emparentada con los estudios acerca del vuelo del MS E. Puede verse un grabado de la Villa Melzi de Telemaco Signorini, h. 1885, en Nanni y Testaferrata, 2004, fig. 38.

112. RL 19077v. Sobre el asedio de Trezzo, véase Clark y Pedretti, 1968, 3, p. 32; L. Beltrami, *Miscellanea Vinciana* I (Milán, 1923).

113. RL 12579.

114. Clark, 1988, pp. 237-238; véase también Clayton, 2002, pp. 68-71, para otros dos retratos de ancianos (RL 12499, 12500): «Un anciano barbado que dibujaba un anciano barbado no pudo dejar de advertir que aquello guardaba cierto parecido con un autorretrato».

115. RL 12726; Clayton, 2002, p. 110. Sobre la copia que se conserva en la Biblioteca Ambrosiana, Milán, véase L. Beltrami, «Il volto di Leonardo», *Emporium* 49 (1919), p. 5. Además de los retratos grabados en madera que Vasari incluye en las *Vidas* (ed. 1568) y de la obra de Giovio, *Imagines clarorum virorum* (1589), se conservan retratos pintados en el Museo Giovio, Como (1536); en los Uffizi (de finales del siglo XVI: véase Ottino della Chiesa, 1967, p. 85); y en una colección privada (en un retrato triple de Durero, Leonardo y Tiziano, atribuido al taller de Angelo Bronzino, h. 1560-1565; véase Vezzosi, 1997, p. 128). Cuando fue restaurado el fresco de *La Última Cena* de San Rocco, Inzago, se anunció a bombo y platillo que era una obra de Leonardo ejecutada h. 1500 y que un apóstol barbado que figuraba en la misma era un autorretrato *(Times,* 24 de abril de 2000). Tales aseveraciones son autoexcluyentes: el apóstol en cuestión es demasiado viejo para ser un autorretrato de h. 1500, pues entonces Leonardo tenía cuarenta y ocho años (y su aspecto era, como he señalado, similar al del Heráclito de Bramante que figura en el fresco de la Casa Panigarola). Aun así, el apóstol presenta un cierto parecido con los retratos del Leonardo anciano y barbado; si el fresco pudiera ser fechado h. 1512 o algo después, el apóstol tal vez fuera un retrato suyo, aunque desde luego no sería uno de los mejores. Esa datación plantearía asimismo la posibilidad de que el autor del fresco fuera Bernazzano, un artista leonardesco que era natural de Inzago (n. 1492).

116. RL 12300v, aceptado por Clark con ciertas reservas como un retrato de Leonardo (Clark y Pedretti, 1, p. 17) y de forma bastante más entusiasta por Clayton (2002, pp. 110-112).

117. Véanse, por ejemplo, las imágenes inversas que aparecen al dorso de una de las Vírgenes con el Niño acompañadas de dibujos de gatos (BM 1826-6-21-1v); en un boceto para el monumento de Trivulzio (RL 12356v); en la plantilla para el cartón de Burlington House (BM 1875-6-12-17v); y en muchos otras hojas.

118. Iglesia de San Pietro e San Paolo (que incluye la antigua abadía de los Gerolamini o Jerónimos), Ospedaletto Lodigiano. El pueblo se encuentra 20 kilómetros al sur de Lodi. La abadía fue erigida en el siglo XV, bajo el patronazgo de la familia Balbi de Milán; antes fue un hospicio de peregrinos, el Ospedale di Senna, y es de ahí de donde se deriva el nombre del pueblo. Antonio de Beatis, que hizo noche allí el 1 de enero de 1518, lo describe brevemente (Beatis, 1979, pp. 184-185). Los contactos de Giampietrino con los monjes jerónimos del Os-

pedaletto se remontan a agosto de 1515 (C. Geddo, «La Madonna di Castel Vitoni», ALV 7 (1994), pp. 67-68; Marani, 1998c, pp. 282-283). El retablo (un políptico que hoy se encuentra desmontado, pero que conserva todas sus partes *in situ)* fue restaurado en 1996. Resulta muy propio que Giampietrino haya representado al venerado patrón de los monjes jerónimos con los rasgos de Leonardo, su venerado maestro.

✦

Capítulo VIII

Los últimos años. 1513-1519

1. Beltrami, 1919, doc. 215. Seguramente se trate de una lectura errónea del nombre Prevostino Piola o Piora, a quien Piattino Piatti dedicó un epigrama *(Elegiae,* 1508, viir); su hermana era la madrastra de Bernardino Corio, el cronista de los Sforza (Villata, 1999, núm. 285, n. 2).

2. Barbara Stampa: CA 2r/1r-c; Vecce, 1998, p. 301. La señora Crivelli y el capón: RL 19101r. Resulta bastante curioso que la pregunta aparezca encerrada en un marco como si fuera una inscripción y que encima de ella figure un dibujo de unos genitales femeninos. La hoja, que a juzgar por la referencia a Crivelli debe datar como muy tarde de 1513, contiene un espléndido dibujo de un feto (véase Il. 30).

3. Etapas del viaje: CA 260v/95r-f. Coste del porte a Roma: CA 1113r/400r-b. Esta última hoja contiene una nota sobre las distancias recorridas: «Milán-Florencia, 290 kms»; «Florencia-Roma, 190 kms». La fecha de su llegada a Florencia no está clara. Beltrami transcribió un documento de Santa Maria Nuova donde se registraba un ingreso de 300 florines que Leonardo realizó el 10 de octubre de 1513, pero Laurenza (2004, pp. 21-22) ha demostrado que se trata de un error de lectura.

4. CA 225r/83r-a, PC 2, p. 351. La lista se data a veces en 1515 (cuando Leonardo se hallaba de nuevo en Florencia).

5. Carta a Francesco Vettori, 10 de diciembre de 1513 (Maquiavelo, 1961, p. 19): «Bien recibido habrá de ser por un príncipe, sobre todo siendo éste un príncipe nuevo, y es así que se lo dedico a Vuestra Magnificencia Giuliano». Finalmente el libro sería dedicado al sobrino de Giuliano, Lorenzo di Piero de Medici, duque de Urbino.

6. C. Pedretti, ALV 6 (1993), p. 182.

7. «GLOVIS»: Vecce, 1998, p. 309. «Los pensamientos se vuelven hacia la esperanza»: CA 190v/68v-b, al que acompaña un boceto de un pájaro enjaulado que probablemente sea un *calandrino* o bisbita, un pájaro que, según la creencia popular (recogida en el bestiario de Leonardo, H 5r), ofrecía un pronóstico esperanzador a los enfermos, pero profetizaba la muerte de aquellos a los que no dirigía la mirada.

630

8. Beltrami, 1919, doc. 218. La residencia romana de Giuliano era el Palazzo degli Orsini de Montegiordano (hoy Palazzo Taverna), no lejos del Castel Sant'Angelo; quizá Leonardo se alojara allí mientras le preparaban su taller y sus aposentos en el Belvedere.

9. «Cloaca de iniquidad»: carta a Giovanni de Medici (Hibbert 1979, pp. 204-205), escrita a principios de 1492, cuando Giovanni fue elegido cardenal. La sífilis entre los eclesiásticos: Cellini, 2002, p. 44, a la que llama «el mal francés». El término «sífilis» no se empleaba todavía: proviene de un poema de Girolamo Fracastoro, *Syphilis* (1530), cuyo protagonista es un pastor al que Apolo castiga inoculándole el mal.

10. Embolden 1987, pp. 57-62.

11. Véase Capítulo III, n. 23.

12. CA 244v/90v-a.

13. *De Ludo geometrico:* CA 124v/45v-a. Lúnulas o *lunulae* geométricas: CA 266r/97r-a, 272v/99v-b, 316/114r-b, v-b. Cf. Pedretti, 1965, pp. 161-162.

14. El Rafael que pintó el retrato de Giuliano de Medici (véase il. p. 515) tal vez sea ese mismo «Rafaello da Urbino» que figura en dos listados de los empleados de la casa de Giuliano, abril de 1515 (ASF, Carte Strozziane I/10, p. 178-179; Laurenza 2004, ap. 3). Pero su presencia entre los sastres y los porteros resulta un tanto chocante, y no cabe descartar que se trate de algún anónimo tocayo suyo. Para los ecos de Leonardo en las obras romanas de Rafael, véase núm. 23. Castiglione pudo haberse encontrado con Leonardo en Milán en la década de 1490, por aquel entonces estudiaba en su universidad y además tenía contactos en la corte de los Sforza (cf. Capítulo V, n. 89). Los pasajes de *El Cortesano,* en los que estaba trabajando en Roma parecen indicar que tenía conocimiento del *paragone* de Leonardo —su comparación entre la pintura y la escultura— que fue obsequiada a Ludovico antes de 1498 (Castiglione 1967, pp. 96-102). Nombra a Leonardo (junto a Mantegna, Rafael, Giorgione y Miguel Ángel) como uno de los *«eccellentissimi»* pintores del momento *(ibid.,* p. 82) y sin duda se refiere a él cuando escribe: «Uno de los pintores más grandes del mundo desdeña el arte, para el que está tan dotado, y se ha puesto a estudiar filosofía; pero tiene en este campo unas ideas tan extrañas y unas revelaciones tan descabelladas que, a pesar de su enorme talento, a buen seguro que será incapaz de pintarlas» *(ibid.,* p. 149). Atalante: un fragmento de una carta dirigida a «Talante» (CA 890r/325r-b) debe datar de esta época.

15. Fósiles del Monte Mario: CA 253v/92v-c («Haz que te muestren donde se encuentran las conchas en el Monte Mario»), un fragmento de página que contiene unas lúnulas. El Monte Mario se encuentra al norte de la Ciudad del Vaticano. Cuentas: CA 109b/39r-b, 259r/94r-b. El giulio (una moneda acuñada por el papa Julio II) venía a equivaler a una lira.

16. E 80r, 96r.

17. CA 819r/299r-a, con letra de Melzi. Al parecer, Ser Giuliano tenía ciertas veleidades artísticas: un registro notarial conservado en ASF contiene unos cuan-

tos esbozos garabateados que Pedretti califica de «Leonardescos» (PC 1, p. 400). Según Milanesi (Vasari, 1878-1885, 6, p. 25), se le encargó que diseñara una serie de figuras alegóricas para el carnaval florentino de 1516 y posteriormente, durante ese mismo año, estuvo en Bolonia en una misión diplomática que le había encomendado la Signoria (ASF, Signore Responsive 35, p. 214).

18. Vasari, según parece, vio en Pescia estas pinturas (una de ellas era una Virgen con el Niño y la otra «un niñito») en casa de Giulio, el hijo de Turini, pero esa es la única noticia que tenemos de ellas.

19. CA 780v/287v-a, PC 2, pp. 388-390.

20. E 4v. Otras notas de acústica vocal, donde se incluyen detallados estudios de la estructura interna de la boca, la garganta y la traquea se encuentran en RL 19002, 19044-19045, 19050, 19055, 19068, etcétera.

21. G, cubierta. En esa misma fecha el Papa ratificó la donación a Giuliano de una larga extensión de las insalubres Paludi Pontine, los Pantanales Pontinos, del sur de Roma. El mapa coloreado de Leonardo RL 12684 quizá sea el resultado de una prospección de la comarca llevada a cabo entre la primavera y principios del verano de 1515.

22. Lomazzo citado en Rosheim, 2000, pp. 6-7. Michelangelo Buonarroti el joven (el sobrino de Miguel Ángel) dice del artilugio de Leonardo que «se puso en funcionamiento por el bien de la nación florentina»: *Descrizione delle nozze di Maria Medici* (Florencia, 1600), p. 10. Véase C. Pedretti, «Leonardo at Lyon», RV 19 (1962).

23. RL 12328r. Para los debates sobre la datación del *San Juan* de media figura, véase Zöllner, 2003, p. 248, Laurenza, 2004, pp. 33-34, y las fuentes que se incluyen en los mismos. Un ángel que figura en dos dibujos de Rafael de h. 1514 (Musée Bonnat, Bayona, 1707; Ashmolean Museum, Oxford, 538) presenta numerosas similitudes con el *San Juan* de Leonardo, pero aunque en un principio esto debía reforzar la tesis de la datación romana, tampoco cabe descartar que la influencia se remonte en realidad al antiguo prototipo florentino del ángel de la Anunciación.

24. Öffentliche Kunstsammlung, Basilea; Clark, 1988, il. 118, da la fecha de h. 1505-1507. Dibujo de Bandinelli: su actual paradero se desconoce, pero puede verse una fotografía del mismo en Pedretti, 2001, p. 44. Tal vez el anterior sea una pintura que estaba en posesión del duque Cosme de Medici, de la que Vasari ofrece la siguiente descripción: «la cabeza de un ángel con un brazo en el aire, escorzado del hombro al codo, que avanza hacia delante [*venendo innanci*, es decir, hacia el espectador], mientras la mano del otro brazo se apoya contra el pecho» (Ottino della Chiesa, 1967, p. 110).

25. CA 395ar/146r-b; Accademia, Venecia, núm. 138.

26. Existe la teoría de que fue sustraído de Windsor en el siglo XIX. Según Brian Sewell (*Sunday Telegraph*, 5 de abril de 1992), «Era bien sabido que las Colecciones Reales habían tenido en tiempos una serie de dibujos pornográficos de Leonardo. Recuerdo haberme sentido fascinado por la historia cuando estu-

ve trabajando durante un tiempo en Royal Library. El episodio forma parte ya de la leyenda del lugar. Según la versión que a mí me contaron, un hombre bastante corpulento, vestido con una capa a lo Sherlock Holmes, llegó un día para echarle un vistazo a los dibujos. Presuntamente, el hombre en cuestión era un eminentísimo erudito alemán. Al cabo de unos días resultó que los dibujos habían volado ... De lo que no cabe duda es de que los dibujos eran un verdadero engorro, y tengo la impresión de que todo el mundo se sintió muy aliviado cuando desaparecieron». Sewell añade que tanto Kenneth Clark como Anthony Blunt optaron deliberadamente por omitir cualquier mención a los mismos en sus estudios de las colecciones de la Reina.

27. A. Green, «Angel or demon?» (1996), en Pedretti, 2001, pp. 91-94.

28. Tomado del discurso de cierre de la doctora Laurie Wilson durante «Renaissance and Antiquity: Vision and Revision: A Psychoanalytical Perspective», Nueva York, 23 de marzo de 1991: el congreso en el que fue expuesto por primera vez el *Angelo*.

29. A. Pucci, *La reina d'oriente* (Bolonia, 1862), canto 3, 42. Para el conocimiento que tenía Leonardo de este poema, véase Capítulo IV, n. 52.

30. British Library, Cotton MS Titus C6, 7; Harley MS 6848, p. 185-186. Véase C. Nicholl, *The Reckoning* (Londres, 2ª ed., 2002), pp. 321-327, 389.

31. Sobre el *Baco enfermo* de Caravaggio (Galleria Borghese, Roma, h. 1593) y otras representaciones pictóricas de Baco, véase Maurizio Calvesi, «Caravaggio, o la recerca della salvazione», en José Frèches, *Caravaggio: pittore e «assassino»*, trad. Claudia Matthiae (Milán, 1995), pp. 148-151.

32. Fue descrito por primera vez por Cassiano dal Pozzo (Vatican, Barberiniano Latino 5688) con este comentario, «Es una obra muy delicada pero no resulta grata porque no alienta la devoción y carece de decoro». Aparece como *«St Jean au desert»* en los catálogos de Fontainebleau de Père Dan (1642) y Le Brun (1683), y como *«Baccus»* en el de Paillet (1695). *«Desert»* tiene aquí el sentido de un paraje vacío o desolado. Véase Marani, 2000a, núm. 25; Zöllner, 2003, p. 249.

33. Véase H 22v, R 1252: «La pantera es toda ella blanca con manchas negras en forma de escarapela». Cf. Dante, *Infierno*, canto 1, 32: «una pantera *[lonza]*, ágil y ligera, cubierta de una piel moteada». Hoy el nombre suele reservarse a los felinos americanos (pumas, jaguares, etc.) que carecen de manchas. Leonardo dice asimismo, «La pantera de África tiene la forma de una leona», según la creencia popular que consideraba que las panteras eran hembras y los leopardos machos.

34. Colección privada, Ottino della Chiesa, 1967, p. 109. Clark creía que tal vez Cesare hubiera pintado también el *San Juan en el desierto* del Louvre a partir de un dibujo de Leonardo (Clark, 1988, p. 251); los suaves tonos poéticos del paisaje hacen pensar en Bernazzano, que se encargó de los paisajes de algunos de los cuadros de Cesare. Un estudio a sanguina que estuvo en tiempos en el Museo del Sacro Monte de Varese, pero que hoy se encuentra perdido, quizá sea una copia de un cartón original de Leonardo *(ibid.,* il. 119).

35. Las tres palabras griegas aparecen transcritas en la *Historia naturalis* de Plinio el Viejo (L 36, capítulo 29), una obra que aparece en todas las listas de libros de Leonardo.

36. BN 2038 19v, R 654.

37. BN 2038 21r, R 606.

38. Leic 22v, cf. 30v; F 37v, de un texto con el siguiente encabezamiento: «Libro 43: Del movimiento del aire encerrado bajo el agua».

39. RL 12665 (R 608-609). Cf. CA 215r/79r-c, 419r/155r-a (R 610-611), 302r/ 108v-b, todos de h. 1515.

40. G 6v.

41. RL 12377-12386 (Zöllner, 2003, núms. 451-460) constituyen una serie unificada; otros dos, RL 12376 (relacionados con la nota que figura en G 6v) y RL 12387, probablemente sean anteriores. Popham define la serie como «un experimento abstracto que prácticamente no volvería a intentarse en Europa hasta los tiempos actuales ... En estos dibujos el científico ha quedado completamente subsumido: hay una suerte de ritmo interior que está dictando a Leonardo las formas abstractas de estas visiones» (Popham, 1946, pp. 95-96).

42. CA 671r/247v-b. Los borradores de esta carta, a veces repetidos, se hallan desperdigados entre varios folios: véase también CA 768r/283r-a, 500r/182v-c, 252r/92r-b, 1079v/ 389v-d (R 1351-1353A).

43. CA 213v/78v-b, R 855.

44. Véase Capítulo I, n. 43.

45. CA 429r/159r-c, R 1368A.

46. ASF, Carte Strozziane I/10, 160r; Laurenza, 2004, ap. 2. Se trata de un presupuesto de pagos mensuales *(«provisione»)* para los miembros del séquito de Giuliano, abril-julio de 1515, y no, como solía pensarse antes, unos pagos relacionados con el viaje que realizó el Papa a Bolonia a finales de aquel año. Leonardo recibe 40 ducados, de los que 33 son para su propia *provisione* y otros 7 para «Giorgio Tedesco». Gian Niccolò «el del guardarropa», que aparece mencionado en la carta de Leonardo, recibe 11 ducados; el secretario de Giuliano, Piero Ardingerli, 6.

47. Giovanni, aunque a menudo se diga lo contrario, no era uno de sus ayudantes: la carta deja meridianamente claro que es un maestro independiente provisto de un estudio separado en el Belvedere; hasta el momento no se ha encontrado ninguna documentación sobre él.

48. G 34r, R 885.

49. CA 534v/199v-a. Este bello eslogan forma parte de la polémica contra los imitadores; el pasaje se inicia con una recomendación de que se vaya a estudiar «en las calles, en la piazza y en los campos» citada en pp. 5-6.

50. Ar 88r. Cf. Ar 73, 78, 84 y ss., todos ellos fechados por Pedretti h. 1506-1508.

51. G 84v (véase p. 95), en relación con los espejos parabólicos para atrapar la energía solar. Los cálculos sobre la energía que se podría producir figuran en la página siguiente (G 85r).

52. Punto energético piramidal: CA 1036av/371v-a; cf. CA 750r/277r-a, donde se dan las dimensiones de la pirámide (base con lados de 4 brazos = 2.4 metros). Aplicaciones astronómicas: Ar 279v, PC 2, p. 135.

53. G 75v: *«ignea»* escrito del revés. Un tic secretista similar a éste se puede ver en Ar 279-280, donde el tema de los espejos solares figura bajo el equívoco título, *«perspectiva»*. Tal vez haya que entenderlo en relación con el supuesto fisgoneo de Giovanni degli Specchi.

54. RL 19102r, cf. 19101v, 19128r, etc.; para una datación más tardía de las notas, véase Laurenza, 2004, pp. 12-14. «El hospital» (CA 671r/247r-b) invita a pensar en el Santo Spirito, pero otra posible alternativa para la localización de estas disecciones romanas sería Santa Maria della Consolazione en el Campidoglio.

55. La bula papal, *Apostolici regiminis,* cuya promulgación tuvo lugar en diciembre de 1513, condenaba a quienes ponían en entredicho la inmortalidad del alma, tildándolos de «detestables y abominables herejes». La obra prohibida de Pomponazzi era *De immortalitate animae* (Roma, 1516). Véase G. di Napoli, *L'immortalità dell'anima nel Rinascimento* (Turín, 1963).

56. C. Frommel, «Leonardo fratello della Confraternità della Pietà dei Fiorentini a Roma», RV 20 (1964), pp. 369-373.

57. CA 179v/63v-a, R 769A.

58. Landucci, 1927, p. 205.

59. CA 15r/3r-b.

60. CA 865r/315r-b. Otro folio (CA 264v/96v-a) contiene unos planos para «las cuadras del Magnífico». A diferencia de los otros, este proyecto se hizo realidad: las obras en las cuadras mediceas se iniciaron al año siguiente.

61. Vasari, 1878-1885, 8, p. 159.

62. El retrato dibujado que tenía Melzi lo vio Vasari en Milán en 1566; por aquellas fechas aún seguía trabajando en los frescos del Palazzo Vecchio (la obra fue completada en enero de 1572). Es posible que también conociera el retrato de Leonardo que poseía Paolo Giovio (Museo Giovio, Como), que también era una derivación del dibujo de Melzi: véase Capítulo VII, n. 115.

63. Pedretti, 1953, pp. 117-120. La presencia de Leonardo en Bolonia el 14 de diciembre de 1515 contribuye a despertar aún más dudas sobre la autenticidad de una carta, hoy perdida, que supuestamente había escrito en Milán el 9 de diciembre. Dicha carta (Uzielli, 1872, núm. 23; PC 2, p. 304) está dirigida a «Zanobi Boni, *mio castaldo* [es decir, mi mayordomo]», y en ella se le reprende por la baja calidad de las «últimas garrafas de vino», que le ha causado una gran decepción sobre todo porque «las viñas de Fiésole, si estuvieran bien cuidadas, deberían producir el mejor vino de esta parte de Italia». No existe ningún otro testimonio sobre este tal Zanobi ni hay noticia alguna que permita suponer que Leonardo tenía viñedos en Fiésole (aunque habrá tal vez quien sostenga que esta circunstancia refuerza la verosimilitud de la carta, pues los falsificadores suelen explotar las conexiones ya conocidas en lugar de inventarse otras de las que nada se sabe). En 1822 la carta

era propiedad de un coleccionista llamado Bourdillon, que se la había comprado a una «dama que residía en Florencia». Contiene algunos consejos interesantes de viticultura, pero no parece muy probable que sea Leonardo quien los da.

64. Vecce, 1998, p. 329. En dos *canzoni* de Ariosto figura un epitafio.

65. CA 471r/172r-a, v-b. Parcialmente ilegible, pero lo que queda basta para leer *«fatto alli [...] sto 1516»*.

66. Aunque Tommaso Mapello, su cuñado, le hacía de representante en Milán y cobraba el alquiler en su nombre, es probable que Salai se quedara para ocuparse de un litigio relacionado con las obras que se habían llevado a cabo en el viñedo el año anterior. El 27 de octubre de 1516 (Shell y Sironi, 1992, doc. 37), dos ingenieros de la Comuna fueron requeridos para que arbitraran en la disputa. Salai estuvo sin duda en Francia con Leonardo, pues su nombre aparece en la contabilidad regia (véase n. 68), aunque no de forma continuada.

67. CA 237v/87v-b. Sobre CA 1024v/367v-c, es una lista de ciudades francesas y flamencas donde se celebraban ferias (Perpiñán, París, Rouen, Amberes, Gante, Brujas). Contiene asimismo una lista de nombres, todos ellos pertenecientes a familias de mercaderes (Portinari, Tovaglia, Ridolfi, etc.), que seguramente fueran los contactos comerciales que tenía en Francia.

68. Archive Nationale, París, KK 289; Shell y Sironi, 1992, núm. 38.

69. B. Cellini, *Discorso dell'architettura*, en *Opere*, ed. B. Maier (Milán, 1968), pp. 858-860.

70. Entre los frescos de la capilla, probablemente de finales del siglo XVI, figura una Madona de pie sobre una resplandeciente media luna, a la que una inscripción identifica como *«Virgo lucis»* («La Virgen de la luz»): tal vez resida aquí el origen del nombre Clos Lucé. En tiempos de Leonardo se llamaba simplemente Cloux, o, como él lo escribía, «Clu». Estos párrafos se basan en la visita que yo mismo realicé a Clos Lucé en diciembre de 2002, así como en las informaciones obtenidas en J. Saint-Bris, *Le Château du Clos-Lucé* (Amboise, n.d.).

71. RL 12727. El sombreado está ejecutado con la mano derecha. Clark atribuye el dibujo a Melzi, aunque debido a la «inusual sensibilidad» con que estaba realizado, en un principio pensó que debía de ser una obra de Andrea del Sarto, que estuvo en Amboise en 1518 (Clark y Pedretti, 1968, 1, pp. 185-186).

72. CA 476v/174r-b; Ar 71v.

73. Ar 269r. La misma ortografía figura en CA 284r/103r-b: *«di dell'Asensione in Anbosa 1517 di Maggio nel Clu»*, la nota de fecha más temprana que escribió Leonardo en Amboise (21 de mayo de 1517).

74. Para la mezcla de ficción y realidad en el drama de Webster véase Banks, 2002, pp. xvii-xxii.

75. Thomas Spinelly al cardenal Wolsey, julio de 1517, en Banks, 2002, pp. 186-187.

76. Beatis, 1979, pp. 131-134. El original de este diario se conserva en la Biblioteca Nazionale, Nápoles, X.F. 28.

77. Los comentarios de Pacioli acerca de la escritura especular de Leonardo (véase Capítulo I, n. 79) son sin duda anteriores a 1517 pero no habían sido publicados. Parece evidente que esa particularidad de Leonardo debía de ser más o menos conocida en Roma, que era donde residía el cardenal, pero el silencio de Beatis al respecto resulta sorprendente.

78. La inscripción, realizada quizá en el siglo XVI, imita la caligrafía de Leonardo: véase Richter 1970, 2, p. 343n, Popham, 1946, p. 154. El trazo de los hombros : Pedretti 1992, p. 36.

79. RL 12581. Kemp, 1989, p. 153; Dante, *Purgatorio*, Canto 28, 52 y ss.

80. CA 582r; 583r/217v-c, v-b; 209r/76v-b.

81. Romorantin a Amboise: CA 920r/336v-b. Solicitud de caballos: CA 476r/174r-b, v-c.

82. Cartas de Stazio Gadio y Luigi Gonzaga, mayo de 1518, Beltrami, 1919, docs. 240, 242.

83. Solmi, 1976, pp. 621-626; Vecce, 1998, p. 338.

84. Rider: RL 12574 (ilustrado). Hunter: RL 12575. Travesti: RL 12577. Cautivo: RL 12573 (ilustrado). Sobre la maestría de Leonardo con el carboncillo en sus años finales, véase Ames-Lewis, 2002.

85. Shell y Sironi, 1992, doc. 39. La suma que prestó ascendía a casi 500 liras, una muy considerable cantidad de dinero en efectivo. Los ingresos anuales que tenemos atestiguados (la contabilidad francesa más la renta del viñedo) suponían unas 320 liras al año. Tal vez estuviera haciendo buenos negocios como pintor.

86. Galeazzo Visconti a los Gonzaga, Beltrami 1919, doc. 240.

87. CA 673r/249r-b; 803r/294r-a.

88. R 1566. En el siglo XVIII, el testamento original estaba en posesión de la familia Vinci: fue publicado por Amoretti (1804, p. 121) a partir de una transcripción que Vincenzio de Pagave realizó en la década de 1770.

89. Shell y Sironi, 1992, p. 114 y doc. 41. Otros misteriosos tratos son los que revela un documento que aparentemente demuestra que «Messire Salay» recibió más de 6,000 liras a cambio de ciertas *«tables de paintures»* que suministró al rey Francisco (Jestaz, 1999, p. 69). Cabe colegir que se trataban de pinturas de Leonardo que Salai se había apropiado a pesar de que Leonardo se las había legado a Melzi. Tras la muerte de Leonardo, Salai vivió en Milán, en la casa del viñedo. El 14 de junio de 1523 se casó con Bianca Caldiroli, que aportó al matrimonio una generosa dote de 1,700 liras, pero tan sólo seis meses más tarde murió, un 15 de junio de 1524, *«ex sclopeto»* (es decir, de unas heridas): una muerte violenta a la edad de cuarenta y cuatro años.

90. En el *Anónimo Gaddiano,* que fue escrito a principios de la década de 1540, se ofrecen algunos detalles sobre el legado. Su fuente quizá fuera uno de los hermanastros de Leonardo, como parece indicar este añadido: «Dejó a sus hermanos 400 ducados que tenía depositados en el Spedale di Santa Maria Nuova, pero cuando después de su fallecimiento acudieron allí sólo encontraron 300». En

realidad la cantidad que sacaron de la cuenta en 1520-1521 ascendía a 325 florines (Uzielli, 1872, núms. 28-31).

91. «Oh durmiente»: CA 207v/76v-a, folio fechado el 23 de abril de 1490. «Todo mal»: H², 33v, R 1164. «El alma desea»: CA 166r/59r-b, R 1142.

92. RL 19001r (MS A, anatómico 2r).

93. En sus *Rime* (Milán, 1587), 93, Lomazzo parece sugerir que el rey no se hallaba junto al lecho: *«Pianse mesto Francesco re di Franza / quando il Melzi che morto era gli dissi / Il Vinci»* («Su Majestad Francisco, rey de Francia, lloró cuando Melzi le dijo que Vinci había muerto»). En principio este testimonio debería ser bastante concluyente, sobre todo teniendo en cuenta que Lomazzo conocía personalmente a Melzi, pero en otras relaciones suyas sobre los mismos hechos, las que aparecen en los *Sogni* y en la *Idea del Tempio* (Lomazzo, 1973, 1, pp. 109, 293), sigue la versión que da Vasari del episodio.

94. Uzielli, 1872, núm. 26. Al igual que sucedió con el testamento, el original de la carta de Melzi fue localizado y transcrito en Vinci en el siglo XVIII, pero desde entonces se halla desaparecido.

95. A. Houssaye, *Histoire de Léonard de Vinci* (París, 1869), pp. 312-319.

Manuscritos de Leonardo

Misceláneas

Ar Códice Arundel. British Library, Londres (Arundel MS 263). 283 folios, con un formato típico de 210 x 150 mm.
Edición facsimilar: *Il Codice Arundel* 263, ed. Carlo Pedretti y Carlo Vecce (Florencia, 1998), con reordenación cronológica de los folios.

CA Códice Atlántico. Biblioteca Ambrosiana, Milán. Miscelánea de dibujos y escritos, anteriormente de 401 folios en formato grande de 645 x 435 mm, compilada por Pompeo Leoni en el siglo XVI y reorganizada recientemente (1962-1970) en 12 volúmenes con un total de 1119 folios. La discrepancia obedece a que muchos folios de la compilación original tenían fragmentos pegados o montados en ellos; en la nueva organización estos fragmentos se han separado, arrojando un total de 1119 folios. Como es habitual, doy las dos referencias, la del folio nuevo y la del anterior: por ej. CA 520r/191r-a remite al recto del nuevo folio 520, que era el fragmento "a" del recto del antiguo folio 191.
Edición facsimilar: *Il Codice Atlantico,* ed. Augusto Marinoni (24 vols., Florencia, 1973-1980).

RL Royal Library, Windsor. Colección de 655 dibujos y manuscritos, catalogados como folios 12275-12727 (general) y 19000-19152 (anatómicos). Los folios anatómicos estaban encuadernados enteriormente en tres volúmenes: MS Anatómico A (= RL 19000-19017), B (= RL 19018-19059) y C, dividido en seis *"quaderni di anatomia"*, numerados I-VI (= RL 19060-19152).
Edición facsimilar: *The Drawings of Leonardo da Vinci in the Collection of Her Majesty the Queen,* ed. Kenneth Clark y Carlo Pedretti (3 vols., Londres, 1968).

Manuscritos de París

A MS A París. Institut de France, París (MS 2172). 64 folios, 212 x 147 mm. Véase también BN 2038.

B   MS B París. Institut de France, París (MS 2173). 84 folios, 231 x 167 mm. Véase también BN 2037.

C   MS C París. Institut de France, París (MS 2174). 42 folios, 310 x 222 mm.

D   MS D París. Institut de France, París (MS 2175). 10 folios, 158 x 220 mm.

E   MS E París. Institut de France, París (MS 2176). 96 folios, 150 x 105 mm.

F   MS F París. Institut de France, París (MS 2177). 96 folios, 145 x 100 mm.

G   MS G París. Institut de France, París (MS 2178). 93 folios, (originalmente 96), 139 x 97 mm.

H   MS H París. Institut de France, París (MS 2179). 142 folios, 128 x 90 mm. Consiste en tres libretas de bolsillo encuadernadas juntas: H^1 (fols. 1-48), H^2 (fols. 49-94) y H^3 (fols. 95-142).

I   MS I París. Institut de France, París (MS 2180). 139 folios, 100 x 75 mm. Consiste en dos libretas de bolsillo encuadernadas juntas: I^1 (fols. 1-48) e I^2 (fols. 49-139).

K   MS K París. Institut de France, París (MS 2181). 128 folios, 96 x 65 mm. Consiste en tres libretas de bolsillo encuadernadas juntas: K^1 (fols. 1-48), K^2 (fols. 49-80) y K^3 (fols. 81-128).

L   MS L París. Institut de France, París (MS 2182). 94 folios, 109 x 72 mm.

M   MS M París. Institut de France, París (MS 2183). 94 folios, 96 x 67 mm.

BN 2037   Institut de France, París (MS 2184). 13 folios, 231 x 167 mm. Anteriormente parte de MS B robado por G. Libri h. 1840 y devuelto por Lord Ashburnham (de ahí que se conozca también como Ashburnham 1875/1); más tarde en la Bibliothèque Nationale, de París. Aunque ahora se encuentra en el Institut de France, generalmente se utiliza la ordenación de la BN.

BN 2038   Institut de France, París (MS 2185). 33 folios, 212 x 147 mm. Anteriormente parte del MS A (corrió la misma suerte que el BN 2037). Conocido también como MS Ashburnham 1875/2.

Edición facsimilar: *I manuscritti dell' Institut de France,* ed. Augusto Marinoni (12 vols., Florencia, 1986-1990).

Otros cuadernos y manuscritos

Fors   Códices Forster. Victoria and Albert Museum, Londres. Tres volúmenes que contienen cinco cuadernos. Fors I^1, 40 folios; Fors I^2, 14 folios, 135 x 103 mm. Fors 2^1, 63 folios; Fors 2^2, 96 folios, 95 x 70 mm. Fors 3, 88 folios, 94 x 65 mm.

Edición facsimilar: *I Codici Forster,* ed. Augusto Marinoni (3 vols., Florencia, 1992).

Leic   Códice Leicester. Colección Bill Gates, Seattle. 88 folios, 94 x 65 mm. Conocido anteriormente como Códice Hammer.

Edición facsimilar: *The Codex Hammer,* ed. Carlo Pedretti (Florencia, 1987). *[El Códice Hammer de Leonardo da Vinci: las aguas, la tierra, el universo,* Los Ángeles, The Armand Hammer Foundation: Occidental Petroleum Corporation, 1983.]

Ma Códices de Madrid. Biblioteca Nacional, Madrid (MSS 8936, 8937). Ma I, 184 folios, 149 x 212 mm. Ma II, 157 folios, la mayoría 148 x 212 mm. Edición facsimilar: *The Madrid Codices,* ed. Ladislaus Reti (Nueva York, 1974). [*Códices de la Biblioteca Nacional de Madrid,* bajo las auspicios de la Dirección General de Archivos y Bibliotecas, Madrid, Taurus, 1974.]

Tn Códice del vuelo de los pájaros. Biblioteca Reale, Turín. 13 folios, 213 x 153 mm. Edición facsimilar: *Il Codice sul volo degli uccelli,* ed. Augusto Marinoni (Florence, 1976).

Triv Códice Trivulziano. Castello Sforzesco, Milán, Biblioteca Trivulziana MS N2162. 55 folios, 195 x 135 mm. Edición facsimilar: *Il Codice nella Biblioteca Trivulziana,* ed. A. Brizio (Florencia, 1980).

Selecciones y comentarios

CU Biblioteca Vaticana, Codex Urbinus Latinus 1270. Una selección de varios cuadernos y manuscritos hecha h. 1530 por Francesco Melzi; edición abreviada publicada como *Trattato della pittura* (París, 1651).

McM A. Philip McMahon, *The Treatise on Painting by Leonardo da Vinci* (2 vols., Princeton, NJ, 1956). Traducción (vol. 1) y facsímil (vol. 2) de CU; citado por número de sección (McM 1-1008).

R Jean-Paul Richter, *The Literary Works of Leonardo da Vinci* (2 vols., Londres, 1ª ed. 1883, 2ª ed. 1939, repr. 1970). Citado por número de extracto (R 1-1566).

PC Carlo Pedretti, *Commentary on the Literary Works of Leonardo da Vinci compiled by Jean Paul Richter* (2 vols., Berkeley, Cal., 1977).

Fuentes frecuentemente citadas

ALV *Achademia Leonardo Vinci: Yearbook of the Armand Hammer Center for Leonardo Studies at UCLA* (Florencia, 1988-).

ASF Archivio di Stato, Florencia.

ASM Archivio di Stato, Milán.

BM British Museum, Londres.

DBI *Dizionario biografico degli Italiani* (actualmente hasta la "G") (Roma, 1960-).

GDA *Grove Dictionary of Art,* ed. Jane Turner (34 vols., Londres, 1996).

GDS Gabinetto dei Disegni e delle Stampe (Gabinete de Dibujos y Estampas), Uffizi, Florencia.

RV *Raccolta Vinciana* (Milán, 1905-).

Biografías tempranas

Por razones de espacio no doy referencias a páginas en mis frecuentes citas de las
principales fuentes biógraficas tempranas sobre Leonardo (Antonio Billi,
Anónimo Gaddiano, Paolo Giovio, Giorgio Vasari). Las "biografías" de Billi, el
Anónimo y Giovio se reducen a un par de páginas; la *Vida* de Leonardo en las
Vidas de los artistas de Vasari es más larga, pero el lector interesado puede lo-
calizar facilmente las citas en la traducción al inglés de George Bull (véase
Vasari, 1987), en la que la *Vida* se encuentra en las pp. 255-271. Puede con-
sultar, además, la edición anotada de Milanesi (véase Vasari, 1878-1885). [En
cast.: *Las Vidas de los más excelentes arquitectos, pintores y escultores italianos desde
Cimabue a nuestros tiempos*, Madrid, Cátedra, 2002, pp. 471-479]. Para detalles
sobre estas fuentes, véase Introducción, n. 17-20, y el apartado siguiente de
«Libros y artículos».

LIBROS Y ARTÍCULOS

ACTON, Harold (1972), *The Pazzi Conspiracy,* Londres.

ALBERICI, Clelia (1984), *Leonardo e l'incisione: Stampe derivate da Leonardo e Bramante dal XV al XIX secolo* (catálogo de exposición), Milán.

AMES-LEWIS, Francis (2002), «La matita nera nella pratica di disegno di Leonardo da Vinci», *Lettura Vinciana* 41, Florencia.

AMMIRATO, Scipione (1637), *Opusculi,* 3 vols., Florencia.

AMORETTI, Carlo (1804), *Memorie storiche su la vita, gli studi e le opere di Leonardo da Vinci,* Milán.

ARGAN, Giulio Carlo (1957), *Botticelli,* Nueva York.

BAMBACH, Carmen (2003a), «Leonardo, left handed draftsman and writer», en Bambach, 2003b, pp. 31-57.

— (2003b) (ed.), *Leonardo: Master Draftsman* (catálogo de exposición), Nueva York.

BANKS AMENDOLA, Barbara (2002), *The Mystery of the Duchess of Malfi,* Stroud.

BARCELON, Pinin Brambilla, y MARANI, Pietro (2001), *Leonardo: The Last Supper,* trad. H. Tighe (ed. original 1999), Chicago.

BAXANDALL, Michael (1988), *Painting and Experience in Fifteenth Century Italy,* Oxford. [*Pintura y vida cotidiana en el Renacimiento,* Barcelona, Gustavo Gili, 1984.]

BEATIS, Antonio de (1979), *The Travel Journal,* ed. John Hale (Hakluyt Society, 2a. serie, 150), Londres.

BECK, James (1988), «Leonardo's rapport with his father», *Antichità viva* 27, núms. 5 y 6, 1993, «I sogni di Leonardo». *Lettura Vinciana* 32, Florencia.

BELLINCIONI, Bernardo (1876), *Le rime,* ed. P. Fanfani, Bolonia.

BELT, Elmer (1949), «Leonardo da Vinci's library», *Quarterly Newsletter of the Book Club of California,* otoño 1949.

BELTRAMI, Luca (1894), *Il castello di Milano sotto il dominio dei Visconti e degli Sforza,* Milán.

— (1919), *Documenti e memorie riguardanti la vita e le opere di Leonardo da Vinci,* Milán.

— (1920), *La vigna di Leonardo,* Milán.

643

BENEDETTUCCI, F. (ed.) (1991), *Il libro di Antonio Billi*, Anzio.

BERENSON, Bernard (1903), *The Drawings of the Florentine Painters*, 2 vols., Londres.

BOASE, T. S. R. (1979), *Giorgio Vasari: The Man and His Book*, Princeton.

BOSSI, Giuseppe (1982), *Scritti sulle arti*, ed. Roberto Paolo Ciardi, 2 vols., Florencia.

BRACCIOLINI, Poggio (1913), *Facezie*, ed. D. Ciampoli, Roma.

BRADFORD, Sarah (1976), *Cesare Borgia: His Life and Times*, Londres.

BRAMLY, Serge (1992), *Leonardo*, trad. Sîan Reynolds (ed. original 1988), Harmondsworth.

BRESCIA, Licia, y TOMIO, Luca (1999), «Tomasso di Giovanni Masini da Peretola, detto Zoroastro», RV 28, pp. 63-77.

BROWN, David A. (1983), «Leonardo and the idealized portrait in Milan», *Arte Lombardo* 67, pp. 102-116.

— (1990) «Madonna Litta», *Lettura Vinciana* 29, Florencia.

— (1998) *Leonardo: Origins of a Genius*, New Haven y Londres.

— (2000) «Leonardo apprendista, *Lettura Vinciana* 39, Florencia.

BRUCKER, Gene (1977), *The Civic World of Early Renaissance Florence*, Princeton.

BRUSCHI, Mario (1997), «La fede battesimale di Leonardo: Ricerche in corso e altri documenti», ALV 10 (suplemento).

BULL, George (1996), *Michelangelo: A Biography*, Harmondsworth.

BURCKHARDT, Jacob (1878), *The Civilization of the Renaissace in Italy*, trad. S. G. C., Middlemore, Londres. [*La cultura del Renacimiento en Italia*, Madrid, Akal, 2004.]

BURKE, Peter (1972), *Culture and Society in the Italian Renaissance*. Nueva York. [*El Renacimiento italiano: cultura y sociedad en Italia*, Madrid, Alianza Editorial, 2001.]

BUTTERFIELD, Andrew (1997), *The Sculptures of Andrea del Verrocchio*, New Haven y Londres.

CALVI, Gerolamo (1925), *I manuscritti di Leonardo*, Bolonia.

CAMMELLI, Antonio (1884), *Rime edite e inedite*, ed. A. Capelli y S. Ferrari, Livorno.

CECCHI, Alessandro (2003), «New light on Leonardo's Florentine patrons», en Bambach 2003b, pp. 121-139.

CELLINI, Benvenuto (2002), *My Life*, trad. Julia Conaway Bondanella y Peter Bondanella, Oxford. [*Vida*, Barcelona, Círculo de Lectores, 1998.]

CENNINI, Cennino (1933), *The Craftsman's Handbook*, trad. Daniel V. Thompson, Nueva York.

CIANCHI, Mario (1984), *The Machines of Leonardo*, Florencia.

CIANCHI, Renzo (1953), *Vinci, Leonardo e la sua famiglia*, Milán.

— (1960), «La casa natale di Leonardo», *Università popolare* 9-10, (septiembre-octubre 1960).

— (1975), *Ricerche e documenti sulla madre di Leonardo*, Florencia.

— (1984), «Sul testamento di Francesco da Vinci», *Nouvelles de la république de lettres* I, pp. 97-104.

CLARK, Kenneth (1933), «The Madonna in profile», *Burlington Magazine* 12, pp. 136-140.

— (1969) «Leonardo and the antique», en O'Malley, 1969, pp. 1-34.

— (1973) «Mona Lisa», *Burlington Magazine*, pp. 115, 144-150.

— (1988) *Leonardo,* ed. rev. con introducción y notas de Martin Kemp (ed. original 1939), Harmondsworth. *[Leonardo da Vinci,* Madrid, Alianza Editorial, 1986.]

CLARK, Kenneth, y PEDRETTI, Carlo (1968), *The Drawings of Leonardo da Vinci in the Collection of Her Majesty the Queen,* 3 vols., Londres.

CLAYTON, Martin (1996), *Leonardo da Vinci: A Curious Vision* (catálogo de exposición), Londres.

— (2002), *Leonardo da Vinci: The Divine and the Grotesque* (catálogo de exposición), Londres.

CLOUGH, C. (ed.) (1976), *Cultural aspects of the Italian Renaissance,* Manchester.

COLE, Bruce (1983), *The Renaissance Artist at Work,* Londres.

CONATO, Luigi Giuseppe (1986), «Elementi del paesaggio lecchese e Leonardo», en *Studi Vinciani* (q.v.), pp. 195-210.

CONDIVI, Ascanio (1976), *The Life of Michelangelo,* ed. H. Wohl (ed. original 1553), Oxford. *[La apasionada vida de Miguel Ángel,* Barcelona, Amigos del Círculo del Bibliófilo, 1981.]

COVI, Dario (1966), «Four new documents concerning Andrea del Verrocchio», *Art Bulletin* 48 (1), pp. 97-103.

DALLI REGOLI, Gigetta (ed.) (2001), *Leonardo e il mito di Leda* (catálogo de exposición), Florencia.

DAVIES, Martin (1947), *Documents concerning the Virgin of the Rocks in the National Gallery,* Londres.

DUNKERTON, Jill, y ROY, Ashok (1996), «The materials of a group of late fifteenth-century Florentine panel paintings», *National Gallery Technical Bulletin* xvii, pp. 20-31.

EISSLER, Kurt (1962), *Leonardo da Vinci: Psychoanalytic Notes on the Enigma,* Londres.

EMBOLDEN, William (1987), *Leonardo da Vinci on Plants and Gardens,* Bromley.

FABRICZY, Cornelius von (1891), «Il libro di Antonio Billi e le sue copie nella Biblioteca Nazionale di Firenze», *Archivio storico italiano* 7, pp. 299-368.

— (1893), «Il codice dell'Anonimo Gaddiano nella Biblioteca Nazionale di Firenze», *Archivio storico italiano* 12 (3, 4), pp. 15 y ss.

FARA, Amelio (ed.) (1999), *Leonardo a Piombino e l'idea di città moderna tra Quattro e Cinquecento,* Florencia.

FICARRA, A. (ed.) (1968), *L'Anonimo Magliabechiano,* Nápoles.

FIORIO, Maria Teresa (1998), «Giovanni Antonio Boltraffio», en *The Legacy of Leonardo* (q.v.), pp. 131-162.

FLETCHER, Jennifer (1989), «Bernardo Bembo and Leonardo's portrait of Ginevra de' Benci», *Burlington Magazine* 131, pp. 811-816.

FRANCK, Jacques (1995), «The *Mona Lisa:* should a myth be restored?», ALV 7, pp. 232-236.

FREUD, Sigmund (2001), *Leonardo da Vinci. A Memory of His Childhood,* trad. Alan Dyson (ed. original 1910), Londres.

FUMAGALLI, Giuseppina (1952), *Eros e Leonardo,* Milán.

— (1960), «Gli 'omini salvatichi' di Leonardo», RV 18, pp. 129-157.

GALLUZZI, P. (ed.) (1974), *Leonardo da Vinci letto e commentato* (VV. AA., *Letture Vinciane* 1-12 [1960-1972]), Florencia.

GERARD, Kent y HEKMA, Gert (eds.) (1989), *The Pursuit of Sodomy: Male Homosexuality in Renaissance and Enlightenment Europe,* Nueva York y Londres.

GHIBERTI, Lorenzo (1998), *I commentarii,* ed. L. Bartoli, Florencia.

GIACOMELLI, R. (1936), *Gli scritti di Leonardo sul volo,* Roma.

GILBERT, Creighton E. (ed.) (1992), *Italian Art 1400-1500: Sources and Documents,* Evanston, Ill.

GLASSER, H. (1977), *Artists' contracts of the Early Renaissance,* Nueva York.

GOFFEN, Rita (2002), *Renaissance Rivals: Michelangelo, Leonardo. Raphael, Ticiano,* New Haven y Londres.

GOLDSCHEIDER, Ludwig (1940), *The Sculptures of Michelangelo.* Con fotografías de J. Schneider-Lengyel, Londres.

GOLDTHWAITE, Richard (1980), *The Building of Renaissance Florence,* Baltimore.

GOMBRICH, Ernst (1945), «Botticelli's mythologies: a study in the Neoplatonic symbolism of his circle», *Journal of the Warburg and Courtauld Institutes* 7.

— (1950), *The Story of Art,* Londres. *[Historia del arte,* Madrid, Debate, 1999.]

— (1954), «Leonardo's grotesque heads: prologomena to their study», en Marazza 1954, pp. 199 y s.

GOULD, Cecil (1954), «Leonardo's great battle-piece: a conjectural reconstruction», *Art Bulletin* 36, pp. 111-128.

— (1975), *Leonardo the Artist and Non-Artist,* Londres.

GRAFTON, Anthony (2000), *Leon Battista Alberti: Master Builder of the Italian Renaissance,* Londres.

GREGORI, M. (ed.) (1992), *Maestri e botteghe,* Florencia.

HALE, John (1994), *The Civilization of Europe in the Renaissance,* Londres.

HAUSER, Arnold (1962), *The Social History of Art* (ed. original 1951), 4 vols., Londres. *[Historia social de la literatura y el arte,* Barcelona, Labor, 1992.]

HIBBERT, Christopher (1979), *The Rise and Fall of the Medici,* Harmondsworth.

— (1993), *Florence: Biography of a City,* Harmondsworth.

HOLLINGSWORTH, Mary (2004), *The Cardinal's Hat: Money, Ambition and Housekeeping in a Renaissance Court,* Londres.

JARDINE, Lisa (1996), *Worldly Goods,* Londres.

JESTAZ, Bertrand (1999), «François I, Salai et les tableaux de Léonard», *Revue de l'art* 126 (4), pp. 68-72.

Kemp, Martin (1981), *The Marvellous Works of Nature and Man*, Londres y Cambridge, Mass.

— (1986), «Analogy and observation in the Codex Hamner», en *Studi Vinciani* (q.v.), pp. 103-134.

— (1989), *Leonardo da Vinci* (catálogo de exposición), Londres.

— (1992), *The Mystery of the* Madonna of the Yarnwinder (catálogo de exposición), Edimburgo.

Kemp, Martin, y Walker, Margaret (eds.) (1989), *Leonardo on Painting*, New Haven y Londres.

Kent, Dale (2000), *Cosimo de' Medici and the Florentine Renaissance*, New Haven y Londres.

King, Ross (2001), *Brunelleschi's Dome* (ed. original 2000), Harmondsworth. [*La cúpula de Brunelleschi*, Barcelona, Apóstrofe, 2002.]

Laurenza, Domenico (1999), «Il teatro delle passioni», en Pedretti, 1999.

— (2001), *De figure umana: Fisiognomia, anatomia ed arte in Leonardo*, Florencia.

—(2004), «Leonardo nella Roma di Leone X: Gli studi anatomici, la vita, l'arte», *Lettura Vinciana* 53, Florencia.

Leader, Darian (2002), *Stealing the Mona Lisa: What Art Stops Us from Seeing*, Londres.

The Legacy of Leonardo (1998), trad. I. Coward, A. Curtiss y A. Ellis, Londres.

Lomazzo, Giovanni Paolo (1584), *Trattato dell'arte della pittura*, Milán.

— (1590), *Idea del tempio della pittura*, Milán.

— (1973), *Scritti sulle arti*, ed. Roberto Carlo Ciardi, 2 vols., Pisa.

Lopez, Guido (1982), *Leonardo e Ludovico Il Moro: La roba e la libertà*, Milán.

Lubkin, Gregory (1999), *A Renaissance Court: Milan under Galeazzo Maria Sforza*, Berkeley.

Lucas-Dubreton, Jean (1960), *Daily Life in Florence*, trad. A. Lytton Sells, Londres.

Luchinat, Cristina Acidini (1992), «Arts in the workshop during the Laurentian age», en Gregori, 1992.

Maccagni, Carlo (1974), «Riconsiderando il problema delle fonti di Leonardo: L'elenco di libri nel codice 8936 di Madrid», *Lettura Vinciana* 10 (1970), en Galluzzi, 1974.

MacCurdy, Edward (1938), *The Notebooks of Leonardo da Vinci*, 2 vols., Londres.

McMullen, Roy (1975), *Mona Lisa: The Picture and the Myth*, Boston.

Malaguzzi-Valeri, Francesco (1913-1923), *La corte di Ludovico Il Moro*. 4 vols., Milán.

Maquiavelo, Nicolás (1961), *The Prince*, trad. George Bull, Harmondsworth. [*El príncipe*, Madrid, Espasa Calpe, 1995.]

— (1966), *Opere*, ed. Ezio Raimondi, 2 vols., Milán.

Marani, Pietro (1998a), «Francesco Melzi», en *The Legacy of Leonardo* (q.v.).

— (1998b), «The question of Leonardo's bottega: practice and transmission of Leonardo's ideas on art», en *The Legacy of Leonardo* (q.v.).

— (1998c), «Giampietrino», en *The Legacy of Leonardo* (q.v.).

— (1999), *Il Cenacolo: Guide to the Refectory*, trad. Margaret Kunzle y Felicity Lutz, Milán.

— (2000a), *Leonardo da Vinci: The Complete Paintings*, Londres.

—(2000b), (ed.), «*Hostinato rigore*»: *Leonardiana in memoria di Augusto Marinoni*, Milán.

— (2003), «La *Vergine delle Rocce* della National Gallery di Londra: Maestro e bottega di fronte al modello», *Lettura Vinciana* 42, Florencia

MARAZZA, Achille (ed.) (1954), *Leonardo: Saggi e ricerche*, Roma.

MARINONI, Augusto (1954), *I rebus di Leonardo raccolti e interpretati*, Florencia.

— (1960), «Rebus», RV 18, pp. 117-128.

— (1974) (ed.), *Leonardo da Vinci: Scritti letterari*, Milán.

— (1982), *La matematica di Leonardo da Vinci*, Milán.

— (1982) (ed.), *Leonardo all'Ambrosiana*, Milán.

MARTINES, Lauro (1963), *The Social World of the Florentine Humanists*, Princeton.

— (2003), *April Blood: Florence and the Plot against the Medici*, Londres.

MASTERS, Roger (1999), *Fortune is a River: Leonardo da Vinci and Niccolò Machiavelli's Magnificent Dream to Change the Course of Florentine History* (ed. original 1998), Nueva York.

MAYOR, Hyatt (1984), *Artists and Anatomists* (catálogo de exposición), Nueva York.

MICHELANGELO (1878), *The Sonnets of Michael Angelo Buonarroti*, trad. J. A. Symonds, Londres.

— (1987), *Michelangelo: Life, Letters and Poetry*, trad. George Bull y Peter Porter, Oxford.

MICHELET, Jules (1976), *Histoire de la France au seizième siècle: Renaissance et reforme* (*Œuvres complètes*, 7), París. [*Historia de Francia*, Madrid, R.D.P., 1936.]

NANNI, Romano (1999), «Osservazione, convenzione, ricomposizione nel paesaggio Leonardiano del 1473», RV 28 pp. 3-37.

— (2001), «Leonardo nella tradizione di Leda», en Dalli Regoli 2001, pp. 23-45.

NANNI, Romano y TESTAFERRATA, Elena (eds.) (2004), *Vinci di Leonardo: Storia e memoria*, Vinci.

NATALI, Antonio (1985), «Re, cavalieri e barbari», *Uffizi studi e ricerche* 2.

— (1998), «Lo sguardo degli angeli: Tragitto indiziario per il *Battesimo di Cristo* di Verrocchio e Leonardo», *Mittelungen der Kunsthistorischen Institutes in Florence* 42, pp. 252-273.

— (1999), «La natura artefatta», en Fara, 1999, pp. 137-148.

— (2001), «Le pose di Leda», en Dalli Regoli, 2001, pp. 46-64.

NEWTON, H. Travers, y SPENSER, J. R (1982), «On the location of Leonardo's *Battle of Anghiari*», *Art Bulletin*, marzo 1982, pp. 45-52.

NICODEMI, Giorgio (1934), «I 'ritratti' di Leonardo da Vinci», RV 15, pp. 1-21.

NOYES, Ella (1908), *The Story of Milan*, Londres.

NULAND, Sherwin B. (2000), *Leonardo da Vinci*, Nueva York. [*Leonardo da Vinci*, Barcelona, Mondadori, 2002.]

O'MALLEY, C. D. (ed.) (1969), *Leonardo's Legacy*, Berkeley.

ORIGO, Iris (1992), *The Merchant of Prato* (ed. original 1957), Harmondsworth.

ORTO, Giovanni dall' (1989), «'Socratic love' as a disguise for same-sex love in the Italian Renaissance», en Gerard y Hekma, 1989.

OTTINO DELLA CHIESA, Angela (1967), *Leonardo pittore*, Rizzoli Classici dell'Arte 12, Milán. [*La obra pictórica de Leonardo*, Barcelona, Planeta, 1988.]

PAPA, Rodolfo (1999), «Giuda, il disordine e la grazia», en Pedretti, 1999.

— (2000), «Lo spazio dell'ascesi: Il San Gerolamo di Leonardo», *Art e dossier* 159, pp. 33-38.

PARK, K. (1994), «The criminal and the saintly body: autopsy and dissection in Renaissance Italy», *Renaissance Quarterly*, pp. 1-33.

PATER, Walter (1986), *The Renaissance*, ed. Adam Phillips (ed. original 1873), Oxford.

PEDRETTI, Carlo (1953), *Documenti e memorie riguardanti Leonardo da Vinci a Bologna e in Emilia*, Bolonia.

— (1957a), *Leonardo da Vinci: Fragments at Windsor Castle from the Codex Atlanticus*, Londres.

— (1957b), *Studi Vinciani*, Ginebra.

— (1965), *Leonardo da Vinci on Painting: A Lost Book*, Londres.

— (1968), «The Burlington House cartoon», *Burlington Magazine* 100, núm. 778.

— (1972), *Leonardo da Vinci: The Royal Palace at Romorantin*, Cambridge, Massachusetts.

— (1973), *Leonardo da Vinci: A Study in Chronology and Style*, Londres.

— (1975), «Perche la minesstra si fredda», *Lettura Vinciana* 14, Florencia.

— (1976), *Il primo Leonardo a Firenze*, Florencia.

— (1977), «The Sforza Mausoleum», *Gazette des beaux-arts* 89, pp. 121-131.

— (1986), «Postille all'onomastica Vinciana di Nando de Toni», en *Studi Vinciani* (q.v.), pp. 93-101.

— (1988), *Leonardo architetto*, Milán.

— (1992), *Il bello spettacolo*, ALV 5, pp. 163-165.

— (1998a), «Leonardo: Il ritratto», *Art e dossier* 138 (suplemento).

— (1998b), (ed.), *Leonardo e la Pulzella di Camaiore* (catálogo de exposición), Camaiore.

— (1998c), *Quella puttana di Leonardo*, ALV 11, pp. 121-139.

— (1999), (ed.), «Leonardo: Il Cenacolo», *Art e dossier* 146 (suplemento).

— (2000), (ed.), *Codex Leicester: Notebook of a Genius*, Sydney.

— (2001), (ed.), *L'Angelo incarnato tra archeologia e leggenda* (catálogo de exposición), Florencia.

PEDRETTI, Carlo, y CIANCHI, Marco (1995), «Leonardo: I codici», *Art e dossier* 100 (suplemento).

PFISTER, Oskar (1913), «Kryptolalie», *Jahrbuch für psychoanalytische und psychopathologische Forschungen* 5, pp. 117-156.

POGGI, Giovanni (1919), *Leonardo da Vinci: La «Vita» di Giorgio Vasari nuovamente commentata,* Florencia.

POPHAM, A. E. (1946), *The Drawings of Leonardo da Vinci,* Londres.

RETI, Ladislaus (1959), «'Non si volta chi a stella è fisso': Le imprese di Leonardo da Vinci», *Bibliothèque d'humanisme et renaissance* 21, pp. 7-54.

— (1965), «Tracce dei progetti perduti di Filippo Brunelleschi nel Codice Atlantico», *Lettura Vinciana* 4, Florencia.

— (1968), «The two unpublished manuscripts of Leonardo da Vinci in the Biblioteca Nacional of Madrid», *Burlington Magazine* 110, núms. 778, 799.

— (1974) (ed.), *The Unknown Leonardo,* Maidenhead.

RICHTER, Jean Paul (ed.) (1970), *The Literary Works of Leonardo da Vinci,* 2 vols., Londres.

RIDOLFI, Roberto (1963), *The Life of Niccolò Machiavelli,* trad. Cecil Grayson (ed. original 1954), Londres.

ROBERTS, Jane, y PEDRETTI, Carlo (1977), «Drawings by Leonardo da Vinci at Windsor newly revealed by ultra violet light», *Burlington Magazine* 119, núm. 891, pp. 396-408.

ROCKE, Michael J. (1987), «Il controllo dell' omosessualità a Firenze nel XV secolo: Gli Ufficiali di Notte», *Quaderni storici* 22 (3), pp. 701-723.

— (1996), *Forbidden Friendships: Homosexuality and Male Culture in Renaissance Florence,* Oxford.

ROSHEIM, Mark Elling (2001), «L'automata programmabile di Leonardo»,. *Lettura Vinciana* 40, Florencia.

ROSS, James, y McLAUGHLIN, Mary (eds.) (1981), *The Portable Renaissance Reader,* Harmondsworth.

RUBIN, Patricia Lee, y WRIGHT, Alison (1999), *Renaissance Florence: The Art of the 1470s* (catálogo de exposición), Londres.

RUBINSTEIN, Nicolai (1995), *The Palazzo Vecchio, 1298-1532,* Oxford.

RZEPIŃSKA, Maria (1990), *Lady with an Ermine,* trad. Mary Filippi (ed. original 1977), Cracovia.

SASLOW, James (1986), *Ganymede in the Renaissance: Homosexuality in Art and Society,* Londres. [*Ganímedes en el Renacimiento: la homosexualidad en el arte y en la sociedad,* Madrid, Nerea, 1989.]

SASSOON, Donald (2001), *Mona Lisa: The History of the World's Most Famous Painting,* Londres.

SCALINI, Mario (1992), «The chivalric 'ludus' in Quattrocento Florencia», en Gregori 1992, pp. 61-63.

SCHAPIRO, Meyer (1956), «Leonardo and Freud: an art-historical study», *Journal of the History of Ideas* 17, pp. 287-332.

Scritti vari in onore di Rodolfo Renier (1912), Turín.

SEVERI, Rita (1992), «The myth of Leonardo in English decadent writers», ALV 5, pp. 96-103.

SHELL, Janice (1995), *Pittori in bottega: Rinascimento a Milano,* Milán.

— (1998a), «Ambrogio de Predis», en *The Legacy of Leonardo* (q.v.), pp. 123-130.

— (1998b), «Marco d'Oggiono», en *The Legacy of Leonardo* (q.v.), pp. 163-178.

SHELL, Janice, y SIRONI, Grazioso (1991), «Salai and Leonardo's legacy», *Burlington Magazine* 133, pp. 95-108.

— (1992), «Salai and the inventory of his estate», RV 24, pp. 109-153.

— (1993), «Some documents for Giovanni Pietro Rizzoli: Il Giampietrino», RV 25, pp. 121-146.

— (2000), «Un nuovo documento di pagamento per «*La Vergine della Rocce*» di Leonardo», en Marani, 2000b, pp. 27-31.

SIRONI, Grazioso (1981), *Nuovi documenti riguardante «La Vergine delle Rocce» di Leonardo,* Florencia.

SMIRAGLIA SCOGNAMIGLIO, Nino (1896), «Nuovi documenti su Leonardo da Vinci», *Archivio storico dell'arte* 2, pp. 313-315.

— (1900), *Ricerche e documenti sulla giovanezza di Leonardo da Vinci,* Nápoles.

SOLMI, Edmondo (1908), *Le fonti dei manoscritti di Leonardo da Vinci,* Turín.

— (1912), «La politica di Ludovico Il Moro nei simboli di Leonardo da Vinci», en *Scritti vari* (q.v.).

— (1976), *Scritti Vinciani,* Florencia.

STARNAZZI, Carlo (1995), «Leonardo in terra di Arezzo», *Studi per l'ecologia del Quaternario* 17.

— (1996), «*La Gioconda* nella Valle dell'Arno», *Archeologia viva* 58.

— (2000), «*La Madonna dei Fusi» di Leonardo da Vinci e il paesaggio del Valdarno Superiore* (catálogo de la exposición), Arezzo.

STEINBERG, Leo (1973), «Leonardo's *Last Supper*», *Art Quarterly* 36 (4), pp. 297-410.

— (2002), *Leonardo's Incessant Last Supper,* Nueva York.

STITES, R. S. (1970), *The Sublimations of Leonardo da Vinci,* Washington, DC.

Studi Vinciani in memoria di Nando de Toni (1986), Brescia.

THIIS, Jens (1913), *Leonardo: The Florentine Years,* Londres.

TONI, Nando de (1934), «Saggio di onomastica Vinciana», RV 14, pp. 54-117.

UZIELLI, Gustavo (1872), *Ricerche intorno a Leonardo da Vinci* (1a. serie), Florencia.

— (1884), *Ricerche intorno a Leanardo da Vinci* (2a. serie), Roma.

— (1896), *Ricerche intorno a Leonardo da Vinci* (ed. revisada y ampliada de la 1a. serie), Turín.

VASARI, Giorgio (1878-1885), *Le opere,* ed. Gaetano Milanesi, 9 vols. Florencia.

— (1987) *Lives of the Artists,* trad. George Bull, 2 vols., Harmondsworth. [*Las vidas de los más excelentes arquitectos, pintores y escultores italianos desde Cimabue a nuestros tiempos,* Madrid, Cátedra, 2002.]

VECCE, Carlo (1990), «La Gualanda», ALV 3, pp. 51-72.

— (1998), *Leonardo,* Roma. [*Leonardo,* Madrid, Acento, 2003.]

VENTRONE, Paola (1992), «Entertainment in Laurentian Florence», en Gregori, 1992, pp. 57-59.

VEZZOSI, Alessandro (1984), *Toscana di Leonardo,* Florencia.

— (1990), *Il rinascimento dell'olivo: Leonardo e Botticelli,* Florencia.

— (1997), *Leonardo da Vinci: Renaissance Man,* trad. Alexandra Bonfante-Warren, Londres.

VILLARI, Pasquale (1892), *The Life and Times of Niccolò Machiavelli,* trad. Linda Vallari (ed. original 1878) 2 vols., Londres. *[Maquiavelo: su vida y su tiempo,* Barcelona, Grijalbo, 1984.]

VILLATA, Edoardo (1999), *Leonardo da Vinci: I documenti e le testimonianze contemporanee,* Milán.

VIROLI, Maurizio (2000), *Niccolò's Smile,* trad. A. Shugaar (ed. original 1998), Nueva York. *[La sonrisa de Maquiavelo,* Barcelona, Tusquets, 2002.]

WALKER, J. (1967), «Ginevra de' Benci by Leonardo da Vinci», *National Gallery of Art Report and Studies on the History of Art,* Washington, DC.

WASSERMAN, Jack (1975), *Leonardo,* Nueva York.

— (1989), «A Florentine *Last Supper* sketch: a question of gesture», ALV 2, pp. 110-113.

WHITE, Michael (2000), *Leonardo: The First Scientist,* Londres. *[Leonardo: el primer científico,* Barcelona, Debolsillo, 2003.]

WINNER, M. (ed.) (1992), *Der Künstler über sich in seinem Werk,* Hamburgo.

WINTERNITZ, Emanuel, (1974), «Leonardo and music», en Reti, 1974, pp. 110-134.

— (1982), *Leonardo da Vinci as a Musician,* New Haven y Londres.

WOODS-MARSDEN, Joanna (1998), *Renaissance Self-Portraiture: The Visual Construction of Identity and the Social Status of the Artist,* New Haven y Londres.

YATES, Frances (1965), *Giordano Bruno and the Hermetic Tradition,* Londres. *[Giordano Bruno y la tradición hermética,* Barcelona, Ariel, 1983.]

— (1983), «The Italian academies» (conferencia, 1949), en *Collected Essays* vol. 2, pp. 6-29, Londres.

ZÖLLNER, Frank (1991), «Rubens reworks Leonardo: the 'Fight for the standard'», ALV 4, pp. 177-190.

— (1992), «'Ogni pittore dipinge sé': Leonardo da Vinci and auto-mimesis», en Winner, 1992, pp. 137-160.

— (1993), «Leonardo's portrait of Mona Lisa del Giocondo», *Gazette des beaux-arts* 121, pp. 115-131.

— (2003), *Leonardo da Vinci: The Complete Paintings and Drawings,* Londres.

ZWIJNENBERG, Robert (1999), *The Writings and Drawings of Leonardo da Vinci: Order and Chaos in Early Modern Thought,* trad. C. van Eck, Cambridge.

ILUSTRACIONES

11. Leonardo, *La Virgen de las rocas (La Virgen y el Niño con san Juan niño y un ángel)*, 1483-1485 (Museo del Louvre, París. © Foto RMN - H. Lewandowski).

12. Leonardo, la *Dama del armiño (Retrato de Cecilia Gallerani)*, h. 1488-1490 (Colección Czartoryski, Muzeum Narodwe, Cracovia. Foto: © Scala, Florencia).

13. Leonardo (¿y Giovanni Boltraffio?), *Retrato de un músico*, h. 1488-1490 (Pinacoteca Ambrosiana, Milán. Foto: © Scala, Florencia).

14. Leonardo, *La Belle Ferronnière*, h. 1495 (Museo del Louvre, París. Foto: © Scala, Florence).

15. Atrib. Francesco Melzi, *Dibujo de perfil de Leonardo da Vinci*, h. 1510-1512 (The Royal Library, Windsor Castle (RL 12726). The Royal Collection © 2004, Her Majesty Queen Elizabeth II).

16. Leonardo, *Estudios de caballos*, h. 1493-1494 (?) (The Royal Library, Windsor Castle (RL 12321r). The Royal Collection © 2004, Her Majesty Queen Elizabeth II.

17. Leonardo, *La Última Cena*, h. 1494-1497 (Iglesia de Santa Maria delle Grazie, Milán. Foto: © Scala, Florencia. Cortesía del Ministero Beni e Att. Culturali).

18. Leonardo, *Cinco cabezas grotescas* (detalle), h. 1494 (The Royal Library, Windsor Castle (RL 12495r). The Royal Collection © 2004, Her Majesty Queen Elizabeth II).

19. Leonardo, *Estudios de los músculos de los labios* (detalle), h. 1506-1508 (The Royal Library, Windsor Castle (RL 19055v). The Royal Collection © 2004, Her Majesty Queen Elizabeth II).

20. Copia del *Estudio para las manos de Isabella d'Este* de Leonardo, comienzos del siglo XVI (Ashmolean Museum, Oxford. Foto: Bridgeman Art Library).

21. Leonardo, Reverso del *Retrato de Isabella d'Este*, h. 1500 (Museo del Louvre, París. © Foto RMN - M. Bellot).

22. Leonardo y ayudantes, detalle del puente de *La Virgen del huso (versión de Reford)*, h. 1501-1507 (?) (Colección particular).

23. Leonardo, *Mona Lisa*, h. 1503-1507 (y h. 1513-1515 (?)) (Museo del Louvre, París. © Foto RMN - Lewandowski).

24. Leonardo, cartón para *La Virgen y el Niño con Santa Ana y San Juan niño* (Cartón de Burlington House), h. 1507-1508 (© The National Gallery, Londres).

25. Taller de Leonardo, detalle de un boceto de cabeza de hombre, en la *Hoja de estudios de patas de caballo*, h. 1510 (?). Mostrado aquí como imagen especular del original y reproducido correctamente en la p. 507 (The Royal Library, Windsor Castle (RL 12300v). The Royal Collection © 2004, Her Majesty Queen Elizabeth II).

26. Giampietrino (Giovan Pietro Rizzoli), detalle del San Jerónimo de *La Virgen y el Niño con San Jerónimo y San Juan Bautista*, h. 1515 (San Pietro e San Paolo, Ospedaletto Lodigiano).

27. Leonardo, *Nubes de tormenta sobre un río o lago y árboles* (detalle), h. 1514 (?) (The Royal Library, Windsor Castle (RL 12379r). The Royal Collection © 2004, Her Majesty Queen Elizabeth II).

28. Leonardo, *San Juan Bautista*, después de 1510 (¿1514?) (Museo del Louvre, París. © Foto RMN - C. Jean).

29. Seguidor de Leonardo (¿Cesare da Sesto?), *Leda y el cisne*, h. 1505-1515 (?) (Colección del conde de Pembroke, Wilton House Trust, Salisbury. Foto: Bridgeman Art Library).

30. Leonardo, *Estudio del feto en el útero, así como de la estructura y tamaño de los genitales femeninos* (detalle), h. 1510-1512 (The Royal Library, Windsor Castle (RL 19101r). The Royal Collection © 2004, Her Majesty Queen Elizabeth II).

FIGURAS EN BLANCO Y NEGRO
(Los números remiten al número de página.)

22. Leonardo, páginas del MS B París que muestran un experimento con un ala artificial (Bibliothèque de l'Institut de France, París (MS B (MS 2173), 88v-89r). Foto: © RMN - R. J. Ojeda).

25. Leonardo, *Hoja de estudios de figuras geométricas y busto de un anciano de perfil* (detalle), h. 1490 (The Royal Library, Windsor Castle (RL 12283r). The Royal Collection © 2004, Her Majesty Queen Elizabeth II).

29. Leonardo, *Cabeza de hombre con barba (Autorretrato)*, h. 1512-1518 (?) (Biblioteca Reale, Turín. Foto: © Scala, Florencia).

34. (arriba). Fotografía contemporánea de Vinci, Toscana (Foto: © Corbis/David Lees).

34. (abajo). Fotografía de h. 1900 de la casa de Anchiano donde se dice que nació Leonardo (con el aspecto anterior a la restauración).

40. Leonardo, *Mapa del lecho de un río* (detalle), h. 1506-1507 (The Royal Library, Windsor Castle (RL 12676r). The Royal Collection © 2004, Her Majesty Queen Elizabeth II).

48. Leonardo, dibujos de pájaros volando, de *Sobre el vuelo de los pájaros* (Biblioteca Reale, Turín. Foto: © Scala, Florencia).

53. Seguidor de Leonardo, a partir de un esbozo de éste, *Leda y el cisne* (detalle), 1505-1515 (?) (Galleria degli Uffizi, Florencia. Foto: Archivo Alinari, Florencia).

54. Leonardo, *La Virgen y el Niño con Santa Ana*, h. 1502-1513 (?), marcada para mostrar el «pájaro oculto» de Oskar Pfister (Museo del Louvre, París. © Foto RMN).

56. (arriba). Leonardo, *Estudio de figuras trabajando*, h. 1506-1508 (The Royal Library, Windsor Castle (RL 12644r). The Royal Collection © 2004, Her Majesty Queen Elizabeth II).

56. (abajo). Leonardo, *Diseño de una máquina para moler colores*, h. 1504-1505 (Códice Atlántico (CA 765r). Biblioteca Ambrosiana, Milán).

58. (arriba). Grabado según Leonardo. Diseño para un emblema con la inscripción *«Academia Leonardi Vinci»*, h. 1500 (?) (Biblioteca Ambrosiana, Milán (9596B)).

58. (abajo). Leonardo, *Estudio para la cabeza de Leda* (detalle), h. 1506-1509 (The Royal Library, Windsor Castle (RL 12516r). The Royal Collection © 2004, Her Majesty Queen Elizabeth II).

63. (arriba izquierda). Leonardo, *Hoja con estudios de un buey, un burro y otras figuras*, h. 1478-1480 (The Royal Library, Windsor Castle (RL 12362r). The Royal Collection © 2004, Her Majesty Queen Elizabeth II).

63. (arriba derecha). Leonardo, *Estudio de caballo y jinete para La Adoración de los Magos*, h. 1481 (Colección particular. Foto: Bridgeman Art Library).

63. (abajo izquierda). Leonardo, *Estudio de un perro y un gato*, h. 1480 (© Patronato del Museo Británico, Londres (inv. 1895-9-15-477)).

63. (abajo derecha). Leonardo, *Estudio de proporciones de la cabeza de un perro*, 1497-1499 (Bibliothèque de l'Institut de France, París (MS I (MS 2180), 48r). Foto: © RMN - Le Mage).

66. (arriba izquierda). Leonardo, *Vista de Monsummano, 5 de agosto de 1473* (detalle), 1473 (Gabinetto dei Disegni e delle Stampe, Galleria degli Uffizi, Florencia. Foto: © Scala, Florencia).

66. (arriba centro). Leonardo, detalle de Monsummano, del *Mapa del Valle del Arno con propuesta de canal*, h. 1503-1504 (The Royal Library, Windsor Castle (RL 12685r). The Royal Collection © 2004, Her Majesty Queen Elizabeth II).

66. (arriba derecha). Fotografía contemporánea del mamelón de Monsummano (Foto del autor).

70. Leonardo, la *Anunciación* (detalle), 1472 (Galleria degli Uffizi, Florencia. Foto: © Scala, Florencia. Cortesía del Ministero Beni e Att. Culturali).

76. (arriba). Leonardo, Firma en uno de sus cuadernos, h. 1490 (Códice Atlántico (CA 520r). Biblioteca Ambrosiana, Milán).

76. (abajo) Leonardo, Extracto de una entrada en su cuaderno en la que aparece su firma, h. 1493 (Códice Forster (III, 141, 62v). Victoria & Albert Museum, Londres. Foto: © National Art Library, Victoria & Albert Museum).

80-81. Anónimo. El «*Plano de la cadena*» *de Florencia* (Carta della Catena), h. 1470-1472 (Museo di Firenze Com'era, Florencia. Foto: © Scala, Florencia).

94. (izquierda). Andrea del Verrocchio, *David*, h. 1466-1470 (Museo Nazionale del Bargello, Florencia. © Archivo Alinari, Florencia).

94. (derecha). Artista anónimo del círculo de Verrocchio y Lorenzo de Credi, estudio de un hombre desnudo posando como David, de un cuaderno de dibujo atribuido a Francesco de Simone Ferrucci, a principios de la década de 1480 (?) (Museo del Louvre, Cabinet des Dessins, París (RF 451r) @ RMN).

98. Leonardo, *Estudios de paño para una figura sentada*, h. 1475-1480 (?) (Museo del Louvre, Cabinet des Dessins, París (RF 2255). © RMN - J. G. Berizzi).

100. Leonardo, *Dibujo de un guerrero de perfil*, h. 1472 (© Patronato del Museo Británico, Londres (inv. 1895-9-15-474)).

106. (arriba izquierda). Escuela de Verrocchio, *Retrato de un hombre (¿Retrato de Verrocchio?)*, década de 1470 (Gabinetto dei Disegni e delle Stampe, Galleria degli Uffizi, Florencia (250Er). Foto: Archivo Alinari, Florencia).

106. (arriba derecha). Sandro Botticelli, *La Adoración de los Magos* (detalle), h. 1478 (Galleria degli Uffizi, Florencia. Foto: © Scala, Florencia. Cortesía del Ministero Beni e Att. Culturali).

106. (abajo izquierda). Pietro Perugino, *Autorretrato*, 1500 (Palazzo dei Priori, Collegio del Cambio, Perugia. Foto: © Scala, Florencia).

106. (abajo derecha). Lorenzo di Credi, *Autorretrato*, 1488 (Widener Collection. Image © Board of Trustees, National Gallery of Art, Washington, DC).

109. Taller de Verrocchio (¿y Leonardo?), *Tobías y el Ángel*, h. 1470-1472 (?) (© The National Gallery, Londres).

110. Andrea del Verrocchio, *Busto de Lorenzo de Medici*, h. 1480 (Palazzo Medici-Riccardi, Florencia. Foto: Archivo Alinari, Florencia).

118. (arriba). Filippo Brunelleschi, Cúpula de la catedral (Santa Maria del Fiore), Florencia, 1420-1446 (Foto: Archivo Alinari, Florencia).

118. (abajo). Leonardo, *Diseño de una máquina reversible para levantar pesos*, 1478 (Códice Atlántico (CA 391v). Biblioteca Ambrosiana, Milán).

123. Leonardo, *La Virgen del clavel*, h. 1472-1478 (?) (Bayerische Staatsgemälde-sammlungen, Alte Pinakothek, Múnich. Foto: © Scala, Florencia).

129. (izquierda). Andrea del Verrocchio, la *Dama del Mazzolino (Mujer con ramillete de flores)*, h. 1476 (Museo Nazionale del Bargello, Florencia. Foto: © Scala, Florencia. Cortesía del Ministero Beni e Att. Culturali).

129. (derecha). Leonardo, *Estudio de manos (¿Estudio para Ginevra de Benci?)*, h. 1476-1478 (The Royal Library, Windsor Castle (RL 12558r). Foto: Archivo Alinari, Florencia).

140. Sandro Botticelli, *Infierno XVI* (detalle), ilustración para la *Divina Comedia* de Dante, mediados de la década de 1490 (facsímil del dibujo original de la Biblioteca Apostólica Vaticana, Roma, reproducido en F. Lippmann, *Drawings by Botticelli for Dante's Divina Commedia* (Londres, 1896)).

144. *Cabeza de Cristo joven*, atribuida a Leonardo en el taller de Verrocchio, ¿década de 1470? (Colección Aglietti-Gallendt, Roma).

145. Círculo de Verrocchio, *Cabeza de un joven*, h. 1475 (Pierpont Morgan Library, Nueva York. Foto: © Scala, Florencia).

159. (arriba izquierda). *Estudio de cabeza de niño o* putto *(Dibujo preparatorio para la Madonna Benois)*, atribuido a Leonardo, h. 1478-1480 (Galleria degli Uffizi, Florencia. Foto: Archivo Alinari, Florencia).

159. (arriba derecha). Leonardo, *Mujer bañando a un niño (Il Bagnetto)*, h. 1480-1483 (Faculdade de Belas Artes, Universidade do Porto, Oporto (inv. 99.1. 1174)).

159. (abajo izquierda). Leonardo, Bocetos de un niño con un gato, h. 1478-1480 (Museo Británico, Londres (inv. 1857-1-10-1v). Foto: Archivo Alinari, Florencia).

159. (abajo izquierda). Leonardo, *Estudio para una Virgen con el Niño y un gato*, h. 1478-1480 (Museo Británico, Londres (inv. 1856-6-21-1r). Foto: Archivo Alinari, Florencia).

162. Leonardo, *Boceto de un hombre ahorcado (Bernardo di Bandino Baroncelli)*, 1479 (Musée Bonnat, Bayona. © Foto RMN - R. G. Ojeda).

170. (arriba). Leonardo, *Diseño de un mecanismo para abrir la puerta de una prisión desde dentro* (detalle), h. 1480-1482 (Códice Atlántico (CA 34r). Biblioteca Ambrosiana, Milán).

170. (abajo). Leonardo, *Aparatos de hidrotecnia (tornillo de Arquímedes) y otros estudios* (detalle), h. 1478-1480 (Códice Atlántico (CA 1069r). Biblioteca Ambrosiana, Milán).

172. Leonardo, *Hoja con estudios de agua pasando por obstáculos y representación esquemática de un remolino*, h. 1508-1510 (The Royal Library, Windsor Castle (RL 12660v). The Royal Collection © 2004, Her Majesty Queen Elizabeth II).

173. Leonardo, *Boceto de una máquina para volar*, h. 1478-1480 (Galleria degli Uffizi, Florencia (447Ev). Foto: Archivo Alinari, Florencia).

179. Atribuido a Ambrogio de Predis, *Ángel tocando una lira da braccio*, h. 1483-1508 (© The National Gallery, Londres).

181. (izquierda). Leonardo, *Dibujo de un instrumento de cuerda con cabeza de monstruo (Lira fantástica)*, h. 1487-1490 (Bibliothèque de l'Institut de France, París (MS 2184-Ashburnham, anteriormente MS B), fol. CR). © Foto: RMN - Le Mage).

181. (derecha). Leonardo, *Adivinanzas en forma de anotación musical*, h. 1487-1490 (The Royal Library, Windsor Castle (RL 12697). The Royal Collection © 2004, Her Majesty Queen Elizabeth II).

184. Leonardo, *San Jerónimo*, h. 1480 (Pinacoteca Vaticana, Vatican. Foto: © Scala, Florencia).

185. (arriba). Leonardo, Detalle del ángulo superior izquierdo de *San Jerónimo*, h. 1480 (Pinacoteca Vaticana, Vaticano. Foto: © Scala, Florencia).

185. (abajo). Leon Battista Alberti, fachada de Santa Maria Novella, Florencia, completada h. 1472 (Foto: Archivo Alinari, Florencia).

199. (arriba izquierda). Andrea Verrocchio, *David* (detalle), h. 1466-1470 (Museo Nazionale dell Bargello, Florencia. Foto: Archivo Alinari, Florencia).

199. (arriba derecha). Leonardo, Apunte de un hombre de perfil en una *Hoja de bocetos, diagramas y notas*, 1478 (Gabinetto dei Disegni e delle Stampe, Galleria degli Uffizi, Florencia. Foto: Archivo Alinari, Florencia).

199. (abajo izquierda). Leonardo, *Boceto para el* commentatore *de La Adoración de los Magos*, h. 1481 (Museo del Louvre, París. Foto: Archivo Alinari, Florencia).

199. (abajo derecha). Leonardo, *Aparatos hidráulicos y estudio con figura delante de un perspectógrafo* (detalle), h. 1478-1480 (Códice Atlántico (CA 5r). Biblioteca Ambrosiana, Milán).

203. Leonardo, *Lista de obras y materiales*, h. 1482 (Códice Atlantico (CA 324r). Biblioteca Ambrosiana, Milán).

212. Leonardo, *Plano esquemático de Milán*, h. 1508-1510 (Códice Atlántico (CA 199v). Biblioteca Ambrosiana, Milán).

213. (arriba). Escuela lombarda, *Retrato de Ludovico Sforza*, detalle del *Retablo Sforza*, comienzos de la década de 1490 (Pinacoteca di Brera, Milán. Foto: © Scala, Florencia. Cortesía del Ministero Beni e Att. Culturali).

213. (abajo) *Plano de Milán*, grabado de Josef Hoefnagel en *Civitates Orbis Terrarum*, ed. Georg Braun y Frans Hogenburg, h. 1572 (Colección Stapleton. Foto: Bridgeman Art Library).

216. Leonardo, *Dibujo de un carro falcado y un carro blindado* (detalle), h. 1487-1488 (Museo Británico, Londres. Foto: Archivo Alinari, Florencia).

217. Leonardo, *Estudio con un elevador para un cañón en una fundición de piezas de artillería*, h. 1487 (The Royal Library, Windsor Castle (RL 12647r). The Royal Collection © 2004, Her Majesty Queen Elizabeth II).

225. (izquierda). Leonardo y Ambrogio de Predis, *La Virgen de las rocas (La Virgen y san Juan niño adorando al Niño Jesús en compañía de un ángel)* (detalle), h. 1495-1499 y 1506-1508. (© The National Gallery, Londres).

225. (derecha). Leonardo, *Dibujo de cabeza y hombros de un niño desnudo de perfil*, h. 1495-1497 (The Royal Library, Windsor Castle (RL 12519r). The Royal Collection © 2004, Her Majesty Queen Elizabeth II).

228. Leonardo, *Notas y dibujos para una ciudad ideal*, h. 1487-1488 (Bibliothèque de l'Institut de France, París (MS B (Ashburnham), 15v-16r) © Foto RMN - R. G. Ojeda).

229. Leonardo, *Bocetos y notas para máquinas voladoras y paracaídas* (detalle), h. 1485 (Códice Atlántico (CA 1058v). Biblioteca Ambrosiana, Milán).

231. Leonardo, *Alegoría del Placer y el Dolor*, h. 1484-1486 (Governing Body of Christ Church, Oxford (inv. JBS 17v). Foto: Archivo Alinari, Florencia).

234. Leonardo, *Alegoría de la Envidia cabalgando sobre la Muerte*, h. 1484-1486 (Governing Body of Christ Church, Oxford (inv. JBS 17r). Foto: Archivo Alinari, Florencia).

237. (arriba). Leonardo, *Estudio para una máquina voladora*, h. 1487-1490 (Bibliothèque de l'Institut de France, París (MS B (MS 2173), 74). © Foto RMN - Bulloz).

237. (abajo). Leonardo, *Diseño para una máquina vertical para volar*, h. 1487-1490 (Bibliothèque de l'Institut de France, París (MS B (MS 2173), 80r). © Foto RMN - Bulloz).

246. Leonardo, *Hoja de jeroglíficos, principalmente en forma de pictogramas, con juego de palabras basado en el nombre de 'Leonardo'* (detalle), h. 1487-1490 (The Royal Library, Windsor Castle (RL 12692v). The Royal Collection © 2004, Her Majesty Queen Elizabeth II).

252. Leonardo, *Estudios de una edificación de planta central*, 1487-1490 (Bibliothèque de l'Institut de France, París (MS 2184 - Ashburnham, anteriormente MS B), 5v. © Foto RMN - Bulloz).

267. (arriba izquierda). Leonardo, *Estudio de una cabeza femenina (Estudio para la Madonna Litta)*, h. 1488-1490 (Cabinet des Dessins, Museo del Louvre, París. © Foto RMN - M. Bellot).

267. (arriba derecha). Leonardo, *Madonna Litta*, h. 1488-1490 (Museo Ermitage, San Petersburgo. Foto: © Scala, Florencia).

267. (abajo izquierda). Ambrogio de Predis, *Dama con collar de perlas (Retrato de Beatrice d'Este)*, h. 1490 (?) (Pinacoteca Ambrosiana, Milán. Foto: © Scala, Florencia).

267. (abajo derecha). Giovanni Boltraffio, *La Virgen con el Niño*, h. 1495 (Colección de G. G. Poldi Pezzoli. Museo Poldi Pezzoli, Milán).

271. Leonardo, *Estudio anatómico del cráneo humano, sección sagital, vista lateral*, 1489 (The Royal Library, Windsor Castle (RL 19057r). The Royal Collection © 2004, Her Majesty Queen Elizabeth II).

274. Leonardo, *El hombre de Vitruvio (Las proporciones del cuerpo humano según Vitruvio)*, h. 1490 (Galleria dell'Accademia, Venecia. Foto: © Scala, Florencia. Cortesía del Ministero Beni e Att. Culturali).

286. Giovanni Boltraffio, *Retrato de una joven (¿Isabel de Aragón?)*, década de 1490 (Pinacoteca Ambrosiana, Milán. Foto: Archivo Alinari, Florencia).

290. (arriba). Leonardo, *Estudio de dos máscaras de monstruos*, 1493-1495 (The Royal Library, Windsor Castle (RL 12367r). The Royal Collection © 2004, Her Majesty Queen Elizabeth II).

290. (abajo). A partir de Leonardo (¿Francesco Melzi?), *Estudio grotesco de una anciana*, h. 1490-1491 (RL 12492r) (The Royal Library, Windsor Castle. The Royal Collection © 2004, Her Majesty Queen Elizabeth II).

297. Leonardo, Bosquejo representando la penumbra de una sombra proyectada por un hombre en una ventana con forma de arco, h. 1490-1492 (Bibliothèque de l'Institut de France, París (MS A (MS 2172), 1r) © Foto RMN - G. Blot).

305. (arriba). Leonardo, *Dibujo del perfil de un joven (posiblemente Salai)*, h. 1508-1510 (The Royal Library, Windsor Castle (RL 12557r). The Royal Collection © 2004, Her Majesty Queen Elizabeth II).

305. (abajo). Giovanni Boltraffio (o a partir de Boltraffio), *Narciso*, h. 1500 (?) (Galleria degli Uffizi, Florencia. Foto: Archivo Alinari, Florencia).

306. Leonardo, *Retrato de un joven y un anciano*, finales de la década de 1490 (Galleria degli Uffizi, Florencia. Foto: Archivo Alinari, Florencia).

313. Leonardo, *Dispositivo destinado a la sujección del molde de un caballo para su fundición*, h. 1491-1493 (Biblioteca Nacional, Madrid (Códice II (MS 8936), 156v-157r). Foto: © Scala, Florencia).

314. Leonardo, *Estudio sobre la reducción de la fuerza al desenroscarse un muelle*, 1493-1497 (Biblioteca Nacional, Madrid (Códice I (MS 8937), 16r)).

328. (arriba). Leonardo, *Boceto preparatorio para «La Última Cena»*, h. 1494-1495 (The Royal Library, Windsor Castle (RL 12542r). The Royal Collection © 2004, Her Majesty Queen Elizabeth II).

328. (abajo izquierda). Leonardo, *Estudio para «La Última Cena» (Judas)*, h. 1495 (The Royal Library, Windsor Castle (RL 12547r). The Royal Collection © 2004, Her Majesty Queen Elizabeth II).

328. (abajo derecha). Leonardo, *Estudio de Santiago el Mayor para «La Última Cena»*, h. 1495 (The Royal Library, Windsor Castle (RL 12552). The Royal Collection © 2004, Her Majesty Queen Elizabeth II).

340. Jacopo de Barbari, *Retrato de Fra Luca Pacioli*, h. 1495 (Museo di Capodimonte, Nápoles. Foto: © Scala, Florencia. Cortesía del Ministero Beni e Att. Culturali).

341. Leonardo, Dodecaedro, Il. XXVI en *De divina proportione* de Fra Luca Pacioli (Venecia, 1509) (Bibliothèque Nationale, París. Foto: Bridgeman Art Library).

348. (izquierda). Donato Bramante, *Heráclito y Demócrito* (detalle), h. 1490-1497 (Pinacoteca di Brera, Milán, anteriormente Casa Panigarola. Foto: Archivo Alinari, Florencia).

348. (derecha). Leonardo, *El hombre de Vitruvio (Las proporciones del cuerpo humano según Vitruvio)* (detalle), h. 1490 (Galleria dell'Accademia, Venecia. Foto: © Scala, Florencia. Cortesía del Ministero Beni e Att. Culturali).

354. Leonardo, Detalle de la decoración de la Sala delle Asse, 1498 (Castello Sforzesco, Milán. Foto: Bridgeman Art Library/Alinari).

355. Detalle de la zona del viñedo de Leonardo, del *Plano de Milán*, grabado de Josef Hoefnagel en *Civitates Orbis Terrarum*, ed. Georg Braun y Frans Hogenburg, h. 1572 (Colección Stapleton. Foto: Bridgeman Art Library).

365. Leonardo, *Retrato de Isabella d'Este*, 1500 (Museo del Louvre, París. Foto: © Scala, Florencia).

378. Leonardo y ayudantes, *La Virgen del huso* (versión de Reford), h. 1501-1504 (?) (Colección particular).

380. Carta de Fra Pietro Novellara a Isabella d'Este, fechada el 14 de abril de 1501 (Colección particular, anteriormente en Archivio Gonzaga, Mantua).

387. (izquierda). Leonardo, *Retratos de un hombre barbado (¿César Borgia?)* (detalle), h. 1502-1503 (Biblioteca Reale, Turín (inv. 15573). Foto: Archivo Alinari, Florencia).

387. (derecha). Santi di Tito, *Retrato de Nicolás Maquiavelo*, posterior a 1560 (Palazzo Vecchio, Florencia. Foto: © Scala, Florencia).

393. Leonardo, *Plano de Imola*, h. 1502-1503 (The Royal Library, Windsor Castle (RL 12284). The Royal Collection © 2004, Her Majesty Queen Elizabeth II).

397. (arriba). Leonardo, *Proyecto para un puente sobre el Cuerno de Oro desde Pera a Constantinopla*, h. 1502 (Bibliothèque de l'Institut de France (MS L (MS 2182), 66r) © Foto RMN - G. Blot).

397. (abajo). Puente construido por el artista noruego Vebjørn Sand en Aas, Noruega, basado en el proyecto de Leonardo para un puente que cruzara el brazo de mar del Cuerno de Oro. (© Vebjørn Sand, reproducido por cor-

tesía de Brickfish Creative Services, International Project Liaison for the Global Leonardo Project. www.vebjornsand.com. Foto: Terje Sten Johansen/Studio S).

419. (arriba izquierda). Leonardo, *Estudio de las cabezas de dos soldados para «La Batalla de Anghiari»*, h. 1503-1504 (facsímil) (Gabinetto dei Disegni e delle Stampe, Galleria degli Uffizi, Florencia. Foto: © Scala, Florencia).

419. (arriba derecha). Leonardo, *Estudio de caballos e infantes, boceto para «La Batalla de Anghiari»*, h. 1503-1504 (Galleria dell'Accademia, Venecia. Foto: © Scala, Florencia. Cortesía del Ministero Beni e Att. Culturali).

419. (abajo). Atribuido a Pedro Pablo Rubens a partir de un original de Leonardo, *La Batalla de Anghiari*, anterior a 1550 y h. 1603 (Museo del Louvre, París. © Foto RMN - M. Bellot).

422. Daniele da Volterra, *Retrato de busto de Miguel Ángel*, posterior a 1564 (Casa Buonarroti, Florencia. Foto: Archivo Alinari, Florencia).

427. Aristotile da Sangallo a partir de *La Batalla de Cascina* de Miguel Ángel h. 1542 (Colección del conde de Leicester, Holkham Hall, Norfolk. Foto: Bridgeman Art Library).

428. Leonardo, *Dibujo a partir del David de Miguel Ángel y bocetos arquitectónicos* (detalle) h. 1504 (The Royal Library, Windsor Castle (RL 12591r). The Royal Collection © 2004, Her Majesty Queen Elizabeth II).

445. Leonardo, *Estudio para Leda arrodillada y el cisne*, h. 1504-1506 (© Colección Devonshire, Chatsworth. Reproducido con permiso de The Chatsworth Settlement Trustees).

453. Andrea Solario, *Retrato de Charles d'Amboise*, h. 1507-1509 (Museo del Louvre, París. © Foto RMN - G. Blot).

460. Francesco Melzi, *Retrato de joven con un loro (Autorretrato)*, década de 1540 (?) (Colección particular. Foto: Archivo Alinari, Florencia).

465. Giovanni Rustici, detalle del San Juan Bautista de *San Juan predicando a un levita y un fariseo*, h. 1506-1509, grupo escultórico de la puerta oriental del Baptisterio, Florencia (Foto: © Scala, Florencia).

470. Leonardo, *Análisis anatómico de los movimientos del hombro y del cuello*, h. 1508-1510 (The Royal Library, Windsor Castle (RL 19003v). The Royal Collection © 2004, Her Majesty Queen Elizabeth II).

471. Leonardo, *Mecánica muscular de orificios corporales, representación de una vulva dilatada*, h. 1508-1509 (The Royal Library, Windsor Castle (RL 19095r). The Royal Collection © 2004, Her Majesty Queen Elizabeth II).

479. Leonardo, *Dibujo preparatorio para el cartón Burlington (Estudio para La Virgen y el Niño con Santa Ana y San Juan niño)*, h. 1508 (Museo Británico, Londres (inv. 1875-6-12-17r). Foto: Archivo Alinari, Florencia).

480. Giampietrino (Giovan Pietro Rizzoli), *Leda arrodillada*, h. 1508-1513 (Staatliche Kunstsammlungen, Gemäldegalerie Alte Meister, Schloss Wilhelmshöhe, Kassel. Foto: AKG Images).

482. Leonardo, *Estudio para el monumento funerario del Condotiero Giangiacomo Trivulzio*, h. 1509-1510 (The Royal Library, Windsor Castle (RL 12356r). The Royal Collection © 2004, Her Majesty Queen Elizabeth II).

489. Leonardo, *Emblema con un arado y la inscripción, «hostinato rigore»*, h. 1508-1509 (The Royal Library, Windsor Castle (RL 12701r). The Royal Collection © 2004, Her Majesty Queen Elizabeth II).

495. (izquierda). Leonardo, *Estudio para la cabeza de Leda*, h. 1506-1509 (The Royal Library, Windsor Castle (RL 12517r). The Royal Collection © 2004, Her Majesty Queen Elizabeth II).

495. (derecha). Anon, *Donna Nuda* (la «Gioconda desnuda»), principios del s. XVI (Museo del Ermitage, San Petersburgo).

504. Leonardo, *Barcaza cruzando un río a vista de pájaro*, h. 1512 (The Royal Library, Windsor Castle (RL 12400). The Royal Collection © 2004, Her Majesty Queen Elizabeth II).

505. Leonardo, *Anciano sentado con estudios de agua*, h. 1513 (The Royal Library, Windsor Castle (RL 12579r). The Royal Collection © 2004, Her Majesty Queen Elizabeth II).

507. Taller de Leonardo, Detalle de un bosquejo del rostro de un hombre, perteneciente a una *Hoja de estudios de patas de caballos*, h. 1510 (?) (The Royal Library, Windsor Castle (RL 12300v). The Royal Collection © 2004, Her Majesty Queen Elizabeth II).

515. Copia a partir de Rafael, *Retrato de Giuliano de Medici, duque de Nemours*, s. XVI (Colección Jules Bach (1949 (49.7.12)). Todos los derechos reservados, The Metropolitan Museum of Art, Nueva York).

525. (arriba). Leonardo y discípulo, *Hoja de bocetos para el ángel de una Anunciación y varios estudios de máquinas, caballos y jinetes* (detalle), h. 1504-1506 (The Royal Library, Windsor Castle (RL 12328r). The Royal Collection © 2004, Her Majesty Queen Elizabeth II).

525. (abajo). Leonardo (¿repasado por un discípulo?), *Angelo incarnato*, h. 1513-1515 (Colección particular).

531. Taller de Leonardo (?), *San Juan Bautista (con los atributos de Baco)* (o *San Juan en el desierto)*, h. 1513-1519 (Museo del Louvre, París. © Foto RMN - C. Jean).

541. Leonardo, *Hoja de estudios embriológicos*, h. 1510 (The Royal Library, Windsor Castle (RL 19102r). The Royal Collection © 2004, Her Majesty Queen Elizabeth II).

547. (izquierda). Escuela francesa, *Retrato de Francisco I, rey de Francia*, h. 1515-1520 (Musée Condé, Chantilly. Foto: Bridgeman Art Library).

547. (derecha). *La mansión de Cloux* (hoy Clos Lucé) (foto del autor).

551. Rafael, *Retrato de un Cardenal (¿Luis de Aragón?)*, siglo XVI (Museo del Prado, Madrid. Foto: Bridgeman Art Library).

557. (arriba). Leonardo, *Dibujo de un joven a caballo disfrazado*, h. 1513-1517 (The Royal Library, Windsor Castle (RL 12574r). The Royal Collection © 2004, Her Majesty Queen Elizabeth II).

557. (abajo). Leonardo, *Dibujo de un hombre disfrazado de mendigo (o prisionero)*, h. 1513-1517 (The Royal Library, Windsor Castle (RL 12573r). The Royal Collection © 2004, Her Majesty Queen Elizabeth II).

559. Círculo de Leonardo en Francia (¿Cristoforo Solario o Francesco Melzi?), *El Château d'Amboise visto desde Clos Lucé*, h. 1516-1519 (The Royal Library, Windsor Castle (RL 12727). The Royal Collection © 2004, Her Majesty Queen Elizabeth II).

563. Leonardo, *Dama que señala en un paisaje (¿Matelda?)*, h. 1515-1517 (The Royal Library, Windsor Castle (RL 12581). The Royal Collection © 2004, Her Majesty Queen Elizabeth II).

Se han hecho todos los esfuerzos posibles por establecer contacto con los propietarios de los derechos de reproducción de las imágenes. Los editores corregirán todo error u omisión en futuras ediciones.

ÍNDICE ANALÍTICO

Leonardo da Vinci. El vuelo de la mente se terminó de
imprimir en octubre de 2005, en Litográfica Ingramex, S.A. de
C.V. Centeno 162, Col. Granjas Esmeralda, C.P. 09810,
México, D.F.

Certificado No. 02-2082